国家哲学社会科学成果文库

NATIONAL ACHIEVEMENTS LIBRARY
OF PHILOSOPHY AND SOCIAL SCIENCES

空间社会逻辑寻绎

胡潇 著

科学出版社

内 容 简 介

本书立足实践唯物论，研究人类生存空间与社会在实践中相互依存、彼此建构的辩证关系。社会化的空间被不断再建构；人与自然、空间，依据不同的生产方式形成各别的具体联系，带来空间社会化逻辑的历史性。社会实践及其主体，是空间生产的施动力量和受动对象，其部类特征与群体属性给空间社会化以经济、政治、文化的形塑和赋义。它们交互作用，生成社会化空间既"分形"相似、又区隔殊异的形态和秩序。探讨并解析其逻辑，对于深刻理解当代生存空间大变局中诸如空间生产、场所精神、空间正义、诗意栖居、行为脱域，以及社会行为方式时空机制转换等理论与现实问题，活化马克思主义空间哲学解释力，具有重要意义。

本书视角独特、论列前卫，内容丰富、究诘深邃而逻辑缜密，适合于对空间问题的哲学、社会学、建筑现象学有兴趣的研究者、高校教师和研究生阅读。

图书在版编目（CIP）数据

空间社会逻辑寻绎/胡潇著. —北京：科学出版社，2021.5
（国家哲学社会科学成果文库）
ISBN 978-7-03-068140-9

Ⅰ. ①空… Ⅱ. ①胡… Ⅲ. ①社会哲学-研究 Ⅳ. ①B0

中国版本图书馆 CIP 数据核字（2021）第 034321 号

责任编辑：杭 玫 李秉乾 / 责任校对：贾娜娜
责任印制：霍 兵 / 封面设计：黄华斌

科学出版社 出版
北京东黄城根北街 16 号
邮政编码：100717
http://www.sciencep.com

北京盛通印刷股份有限公司 印刷
科学出版社发行 各地新华书店经销

*

2021 年 5 月第 一 版　　开本：720×1000　1/16
2021 年 5 月第一次印刷　印张：29 1/2　插页：4
字数：420 000

定价：290.00 元
（如有印装质量问题，我社负责调换）

作 者 简 介

胡 潇 1947年出生，原籍湖南湘潭；1981年武汉大学哲学系研究生毕业；1992年晋升研究员，同时享受国务院政府特殊津贴；二级教授，博士生导师，国家优秀教师，广州市教学名师。先后在中共湖南省委理论研究室、湖南省社会科学院、湖南师范大学、广州大学等单位工作，历任处长、所长、主任、二级学院院长等职；曾兼任《管理世界》编委、《中国社会科学》特聘审稿专家，广东省学位委员会哲学学科评议组成员、广东省哲学学会副会长等学术职务。2018年5月后为岭南师范学院特聘教授。致力于马克思主义理论、社会文化哲学研究，出版《文化现象学》《世纪之交的乡土中国》《民间艺术的文化寻绎》《思想哲学》《唯物史观第一原理》《媒介认识论》《马克思的解释》《经典与现实的对话》等学术专著15部；在《中国社会科学》（正刊6篇）、《哲学研究》、《社会学研究》、《教育研究》、《文艺研究》、《马克思主义研究》等国家一级刊物发表论文23篇，其他刊物论文180余篇；获省部级科研、教学成果奖励16项，其中一等奖4项。

《国家哲学社会科学成果文库》
出版说明

  为充分发挥哲学社会科学研究优秀成果和优秀人才的示范带动作用，促进我国哲学社会科学繁荣发展，全国哲学社会科学工作领导小组决定自 2010 年始，设立《国家哲学社会科学成果文库》，每年评审一次。入选成果经过了同行专家严格评审，代表当前相关领域学术研究的前沿水平，体现我国哲学社会科学界的学术创造力，按照"统一标识、统一封面、统一版式、统一标准"的总体要求组织出版。

全国哲学社会科学工作办公室
2021 年 3 月

前　言

　　空间社会化问题的研究及其理论,在马克思恩格斯学说中占有重要位置,是其辩证法和唯物史观在空间社会逻辑寻绎和哲学探讨中的广泛运用。它们具体地展现在对人类生存空间的经济学、社会学、政治学、人文地理学、城市学、生态学和文化学等诸多问题的辩证分析与逻辑阐释中。其丰富思想,在传统的马克思主义研究中不幸被遮蔽了,未能引起足够的关注和深刻阐发。该领域的话语权,曾一度由西方马克思主义的开创者齐美尔独占先机,可惜当时应和者无。直到 20 世纪下半叶才由西方马克思主义研究者,如哈维、列斐伏尔、苏贾（又译索杰）、卡斯特尔、鲍德里亚、詹姆逊等在空间的社会学研究中重新唤起,复苏了大量重大问题的探讨。他们有许多建树,但对马克思恩格斯的空间学说深究不够,语焉不详,疏于科学解释,迷失甚多,误判不少,评价太低。列斐伏尔宣扬"空间的生产,在概念上与实际上是最近才出现的",似乎马克思恩格斯从未关涉,几近把空间生产论说成自己首创;哈维认为马克思未能在自己的思想里建立起一种具有系统性的、明显的关于地理空间的观点,这损害了他的政治视野;苏贾则在物理空间和想象空间之外弄出一个亦此亦彼的"第三空间",似在拓展空间的解释范式;詹姆逊将现代主义的思维方式归结为时间的,将后现代主义的思维方式归结为空间的,这对那些认为历史唯物主义是重时间而轻空间的言论起到了某种呼应作用,等等。他们的通病是把马克思恩格斯的空间辩证法、唯物史观下移至社会学的具体论域,造成其学理层次的降阶;把马克思恩格斯对资本主义工业化空间的病态生产和阶级对立中不平等分配的非正义措置,淡看为空间分置的一般社会、经济技术问题,掩盖了空间结构的阶级分野与政治性质;把马克思恩格斯立于当时交通、通信和社会、世界格局对社会实践之时空关系的某些具体结论，与当代新形势带来的社会行为时空关系变化简单对峙起来，忽略其科学分析方法和辩证思维的跨时代意义，放弃这种历史转型的深刻辩证逻辑分析。诸如此类偏颇与武断、肤浅与误判、碎片与歧义不少，甚至经过对某些论断的片面发挥而对马克思恩格斯的整体学说形成贬损者也不乏其例。这些学术史挑战，促使笔者关注经典作家空间思想的真实底蕴，回到原典本身，梳理、重释其思想，着力呈现一个本真意义上的马克思恩格斯空间学说，并澄清"空间生产""空间正义""空间对社会结构的规制"等诸多空间理念，与其基本哲学理念及空间社会哲学研究的内在关联。本着坚持和发展马克思主义相一致的宗旨，笔者深入发掘、认真阐明马克思恩格斯空间学说的基本理论和逻辑方法，将其置于开放状态，多角度地展开与现实生活的对话，与后继者会商，求其与时俱进；同时笔者注意发现、采撷后继者的新思想、新方法，作为进入新问题的通道，借以丰富马克思主义的空间社会哲学理论。在冷静对待诸家言说，弄清其与原生态马克思主义空间社会哲学的源流演化和异同，认真厘析和克服其中某些悖谬的同时，还马克思恩格斯空间社会哲学以整体性、科学性、原生态的真面貌，让其在人类文明进路中不断发展，永葆科学生机。为此，本书着力澄清马克思恩格斯空间社会哲学的科学特质。通过经典著作的研读和诠释，明确马克思恩格斯空间社会哲学的辩证法和唯物史观基础，揭示他们一以贯之地把社会生活的空间置于实践唯物论基础上加以分析、阐发的科学精髓，寻绎马克思恩格斯空间社会哲学从社会与自然、人类与环境、实践与空间的互依存、互施受关系说明人类生存空间诸多问题的逻辑理据，使其哲学原理在空间论域得到发散与彰显，又让空间诸问题的分析得到更鲜明的实践唯物论观照而增益其科学性。同时，对西方新马克思主义者之空间研究发生的误判和偏颇，正本清源，返本开新，明晰马克思恩格斯空间社会哲学与后继者理论的渊源流变，洗刷某些理论误解、误判，发扬光大其科学精神。此为本书立论的首要目的。

其次，本书所述亦在于认真厘析空间社会哲学研究的概念、范式与逻辑，努力实现该论域唯物史观研究的当代化。生活世界空间现象的唯物史观研究，在经典作家那里大多只有基本原理和逻辑范式的基础性论述，而且其时工业革命引发的空间社会化也远不如当今深远、广泛和复杂。面对全球化、城市化、网络化等派生的大量新型空间问题,需要有新的解释方法和范式,去实现唯物史观对新生空间现象的概括和说明。诸如中心与外围、领土空间与交往世界错位、城市内部空间多元化、城乡空间的分离与融合、生产空间与生态空间、虚拟空间与现实空间、空间行为的"泛在"和"脱域"、"以时间消灭空间"与"空间主导时间"的行为方式转换,以及物理—社会运动中空间与时间的辩证关系所引发的必然与自由、现实性与合理性、原因和结果、确定性与不确定性等历史辩证法内容的新思考,都需要撷取社会科学乃至自然科学如相对论、复杂系统理论的某些方法、范畴去理解。本书广泛借鉴相关科学的研究成果及其概念、方法,对其进行某些唯物史观、辩证法的对接乃至提升,实现空间现象社会哲学解释的拓展、转换和深化。

最后,笔者撰写本书还在于,着力回应现实生活中的空间实践挑战,对当代空间社会化的新格局、新秩序、新问题做出新的逻辑分析与理论诠释,为现实生活中空间—社会问题的解决提供新思维。中外学者对生存空间社会研究的高度热忱被激发,有深厚而强力的现实原因。当代世界人口迅猛增长,土地、资源及生存空间日趋稀缺、拥挤并发生某些恶变,而人类开发和利用空间的能力空前增强,在较大程度上加剧了人们对空间的关注与占有欲,从领土到资源,从战略要津到环境权力,从地球两极到外太空,都充满着博弈与抢霸之风。而更切身、更紧迫者,是自资本主义工业化以来相继发生的:土地、空间的资本化运作,伴随广大农村的城市化,人类栖居状态地覆天翻,生态问题与社会风险不断;生存空间的占有与利用,因人类交通、通信条件,尤其是网络空间的建构而极大改观,不断在社会、经济、政治、文化层面冒出诸如空间的资源分配、公平正义、社会错构、行为方式嬗变、环境保护、生态维权,以及空间再造、空间文化表达等现代与后现代的一系列紧张问题。这些现象的阐释及其社会矛盾的解决,强烈要求学术界把空间的生产、分配、利用、建构、管理与其机制、价值、意义之澄明,尽多地摆到科学研究的台面上来。而现代建筑技术的发展和超常运用,又带来了空间设计的"句法"革命,空间生产有了异常的赋义与释义,病态建筑屡有发生。电子、数字化文化与网络交流的崛起,还使虚拟空间、想象空间、交往空间有了崭新的样态与机制。它们都迫使人们对空间做出一种源于马克思恩格斯空间理论但又超出其历史视野的时代性理解。我国政府直面现实,在空间战略中系统提出:

要合理开发利用领土空间，追求生产空间的经济高效、生活空间的环境宜人、生态空间的绿水青山，以及太空与网络空间的安全运作，等等。所有这些问题的科学说明与合理解决，无不涉及世界观、方法论、价值观、历史观问题，也无不涉及许多基本哲学理念在空间问题上的具体运用。鉴于此，本书以清晰的问题意识为导向，自觉关注当今人类生存空间发展态势，关注中国城市化这一人类最大规模的生存空间挪移和重构，关注空间生产、分配、利用中的合理、合情、合法等科学与公平正义问题，关注网络空间带来的社会活动之虚拟与真实、"泛在"与"脱域"等新形式、新关系，关注当代空间实践的理论挑战与社会风险。所有这些问题，促使笔者以强烈和深重的人类命运共同体情怀，以求真问是、去伪证实的理性执着和学术担当，以经典作家的空间社会哲学思想为指南，广泛涉猎、采撷经济、社会、政治、文化等领域的科学与哲学理论，集约化地注入现实社会空间问题的思考与探讨中，为直面并有效地解决一些空间难题，在实践领域回应生活的呼唤，提供有益的哲学参验。

为了沿着正确方向去探索和解决预设的问题，本书的研究和论述，坚持经典作家关于空间社会问题之元哲学阐释的基本观点：

（1）马克思恩格斯对人类生存空间早有社会逻辑的深刻研究和科学诠释，必须坚持实践唯物论和唯物史观，从社会实践方面去理解生存空间结构及其演绎的内在秩序和历史逻辑。本书认为，人、社会和空间环境之间是一种实践性的互生成关系，人、社会事物和生存空间在相互生产、彼此建构、双向施受的过程中发生、发展。人的生命活动及社会的经济、政治、文化生活既受生存空间的制约、被动地育化于其中；又生产生存空间，即开发、改造、形塑和利用空间环境。社会生活世界，是人及其社会在生存空间长出来的事物，具有空间的形式与特征；生存空间又被打上了社会的、人化的实践烙印，是社会自身再生产的产物，具有社会属性和发展变化的历史逻辑，需要开展唯物史观和实践论、辩证法的深入研究。做好这两方面的科学研究和学理阐释，是发展空间社会哲学、丰富历史辩证法的双重学术使命。

（2）人类生存空间是物理空间和社会化空间的统一。空间是社会运行的物理形式，社会各类事物既存在于空间又构成空间。人类改造自然环境的力量无论有多大、作用有多深，都无法摆脱物理空间运行逻辑的制约。一切存在于物理空间的现象，如质量、距离、位置、引力、运动、速度、时空关系等，以及它们的内在机制，都将对人类活动、社会行为产生预设作用，并具有永恒的规定性，所以我们不能超越物理规定性来讨论空间的社会化生产和利用问题。这是社会空间论的唯物主义前提。但人类及其社会生活又非无意识、无意志、无能动性的自然物理现象。人在改造环境中改造自身，形成人及其社会生产与空间生产的一致。探讨空间的社会逻辑，必须以物质生产方式对社会生活与生存空间的双重再生产为基础，在人类实践与生存空间的相互建构中，揭示那些存在于物理空间的诸如物质、运动、能量、位置、距离、速度、相互作用、时空关系等现象和规律，经人类的实际利用和某些方面的社会化重构所出现的特殊机制，以及物理空间机制社会化利用的法则与意义。只有这样才能揭示和遵循空间的社会逻辑及其实践与认知的辩证法。

（3）社会事物是组织空间又被空间所组织的复合，其运动特征和法则建构并体现在空间的社会化形式及其演进逻辑中，须对社会生活部类实行各别的空间分析。人类生存空间格局各具特色，很重要的方面源于不同社会主体的不同实践、不同生活对空间的生产性建构。社会是一个复杂系统，各部类子系统、要素以其特殊方式作用于空间、构成自身持存的空间自组织，因而与物理—社会空间发生不同的结合方式，形成具体的社会化空间的部类形塑。本书展开对生存空间的社会历史形态和经济的、政治的、文化的领域分析，揭示这些方面的空间生产及其形塑特质，以及其内在的相互关系，借以深化空间的社会逻辑理解，增进空间社会哲学研究的具体性、系统性。

（4）空间思维逻辑与社会行为、认知方式具有内在的互动性、一致性。社会化的空间是社会事件、社会生活、社会实践的物质形式。生存空间生产和利用方式的改变，空间秩序和结构的改变，既是社会行为方式的变革，也是社会生活内容及其运行机制的转换，同时必然引发空间思维的时代迁转并受到特定空间思维的领引和支持。经由对社会生活空间法则之观照和理解方式的思维变革，必然引发社会运动的内容及其逻辑机理之理解的更新，最终导致社会历史认知方式改观。这些复杂问题的说明，须借鉴和撷取新兴科学思维方法，辅助和丰富辩证法与唯物史观的诠释，才能实现。

在这些基本理念推动下，本书的研究注重以下学理方法的自觉持守：

其一，返本开新，遵循历史与逻辑的一致。直面空间社会学说史的某些思想混沌，以尊重历史、尊重事实，坚持历史与逻辑相一致的理念和态度，在注重经典作家文本研读的同时，认真回溯其言说的原生态，实现语义与情境、认识与实践的具体统一；在彰显其思想的原叙事学理和当代解释力的同时，注重它们与现实生活、与后继学者的对话和比较研究，同时注意发现、撷取当代学者的新思想、新方法，作为进入新问题的通道，以丰富马克思主义的空间社会哲学理论，用科学事实、时代新声激扬经典作家的思想生机与社会活力，求其与时俱进。

其二，坚持哲学的抽象反思与叙事的理性具体有机统一。实行空间社会理论的唯物史观凝练，与用唯物史观嵌入空间现实问题和具体领域之观照、分析、诠释相结合。前者维持思想的整合与理论高度，后者实现理论的深入和论述的具体、内容的完整，达到在具体言说中有唯物史观的透视、反思和抽象，在逻辑演绎中有实在内容承载与"事实逻辑"依托。

其三，主从有序，实行一般与个别的辩证契合。将唯物史观作思想主旨一以贯之于全书内容的探讨和诠释，同时参验、撷取多种相关科学揭示的事实、成功的理论与方法，包括经济学、社会学、政治学、文化学、人文地理学、历史学和建筑现象学、相对论、量子力学、非线性复杂系统理论、社会生活的"云""钟"结合解释法则等有关思想，助益社会空间具体论域问题的探讨和诠释，既拓展唯物史观视野、丰富其语义，又贴近现实、介入生活，激活、强化、推广马克思主义的空间哲学思维。

本书的完成，笔者主要从以下几个方面创新性地展开了理论诠释。

首先，着力张扬经典作家空间社会哲学的当代解释力。这一学说，在原生态的马克思主义中是植根于辩证法和唯物史观基础性的理论，并加以演绎的，它广泛渗透在诸多社会问题的阐释中。然而，传统的马克思主义研究不幸把它遮蔽了，而新马克思主义的空间研究对它的论述又东鳞西爪，众说纷纭。为恢复原理之真实，笔者注重经典作家空间学说的元哲学研究，对其生成逻辑、学理结构、叙事方法及其学科分置与自洽等问题给予具体说明，并将它们的基本理念、方法延伸到当代社会生活的空间解释中，着力彰显其时代价值和中国意义。这样，也就十分自然地把当代全球化、网络化，尤其是中国城市化运动中冒出的诸多现实空间问题，推到了学术研究的前台，这也促使笔者对其发散地、直接地展开学术研究的决难释疑。面对中国这样一个约有 14 亿人口的世界最大国,在现代规模宏大、速度迅疾的城市化空间生产、空间挪移的历史未有之大变局中,所遭遇的实践和理论挑战,尖锐而紧迫。有巨量的空间重构、生态改观问题,更有由此生发的政治、经济、文化、社会历史等方面的空间实践与理论困惑,需要我们重新认识和深入探讨、说明。本书做了大量的经典与现实的空间对话,注重用马克思恩格斯及其后继者的科学理论审视、解析、澄清我们面临的一些重要空间问题。此外,本书还从具体到抽象,对当代空间实践、空间思维的深刻变革进行哲学概括与诠释,为创新性地研判社会行为的空间方式,认识和解决某些空间困惑,如城市空间无序筑造、"垂直主义"竞争、房地产空间正义、网络空间的社会意义、空间因素作用升位与社会认知及风险问题等,提供某些关涉空间社会逻辑的新思考与结论。

其次,紧随当代空间社会哲学研究的发展态势,笔者注意深化和更新诠释相关问题的学术思路,力图对研究方法进行创新。本书着力做了三项工作:一是系统梳理和分述了西方新马克思主义的空间理论,寻绎其原理、方法、态度,澄清思想是非,以资空间问题探讨;二是跨学科地综观空间论域问题,对城市建设、生态、建筑艺术、栖居文化、空间正义、生产关系空间构型、城乡空间形塑与人类历史分期、场所精神筑造与空间文化、网络虚拟与"泛在"空间、当代空间思维与历史辩证法等方面的前沿问题予以哲学介入和反思;三是关注、研读由量子力学、复杂思维、不确定性理论等新思想给空间社会哲学研究带来的挑战和提供的方法,取其精粹如大胆而慎重地采借微粒子"布朗运动"分析法则,非线性复杂系统思维如空间事物的接触律、分型论、耗散结构论、自组织性、共时态时空思维,社会生活的"云""钟"结合解释法则,以及建筑现象学分析方法等,融入空间之社会哲学研究和相关社会科学门类空间叙事的复合运用中,另辟思路,探讨和阐释当代社会空间实践的深层复杂问题和新的逻辑机理,革新空间研究与叙事方式。

最后,认真探究关于空间社会逻辑的创新性阐释,形成一些新的理念。一是在国内所见文献中首次阐明城乡空间格局是马克思用以界定人类历史形态的又一重要标准,即从生产方式出发,解释空间实践的社会逻辑;从空间形塑与社会生活方式的互关律着眼,解释城乡空间格局对社会形态的规定与表达机理;从人类历史活动的时空统一性及其不同方面的时空特殊性相一致的原理运思，解释社会形态及其实践活动的时代特色和转换机制。二是联系移动网络"泛在"服务技术和经济全球化新业态，论述生产关系跨领土空间建构的某些"脱域"性新机制。三是联系空间的社会生产和利用方式，运用空间连续性与间断性、栖居共享性与单元性相统一的原理，创新性地解释空间正义及其人权与产权关系，别开生面地论证了"房子是用来住的、不是用来炒的"重大方针的深刻学理依据。四是对社会生活因果律、必然与偶然关系给予时空分析，为深化哲学范畴研究做了新的尝试，同时为更新、拓展当代社会运行逻辑机制的时空解释提供了新思路。

本书的基本内容与结构：全书涉猎问题广泛，但题旨集中，即在唯物史观和辩证法基础上，将人类生存空间的实践与理论问题置于空间社会逻辑论域，布局十五章，分别对空间问题的唯物史观、空间的生产与经济学、空间与政治、空间与文化、社会行为方式转型与当代空间思维特质及社会认知方式更新等五个方面的内容，依次展开考察、探讨和阐释。

第一部分，关于空间问题社会哲学的经典著作梳理和思想逻辑诠释。"马克思恩格斯关于生存空间的社会审视""社会形态的空间界划"，以原典文献为依据，结合对人类空间实践的历史审视和现实考察，着重寻绎和阐发马克思恩格斯解释空间社会逻辑的基本理论框架和叙事方法，创新性地关注和说明马克思以社会的空间界划为标尺划分人类历史形态的重要理论，为全书的立论和具体问题的展开分析奠定唯物史观的理论基础。

第二部分，关于空间社会化的经济学—哲学探讨。"空间的生产与生产的空间"，以马克思关于空间和生产实践之互动关系的微观论述为线索，揭示物质生产与空间生产的相关性，论述不同生产方式的空间组织特征，确认特定空间秩序对生产方式的反制和建构性，为空间的经济学诠释奠基。"经济空间的'中心'与'外围'"，首先在空间生产和生产关系再生产的互关性基础上讨论了社会经济产业结构的空间分布机制，然后结合当今世界经济的区划和生产力布局，对中心与外围的空间关系，从分工和协作、经济落差、科技发展与交通不平衡等方面做了分析，批评了以往欧洲中心论的世界经济空间秩序观，对中国"一带一路"倡议的重大世界意义给予空间论说明。"生产关系空间运行的'泛在'和'脱域'"，则依据当今交通尤其是移动网络服务技术和世界市场、虚拟经济条件的"泛在"性，探讨了生产关系跨国土空间建构和"脱域"运行的新现象,对经济全球化做出了空间论的新诠释。

第三部分,从政治论域对空间社会逻辑做出政治—哲学的考察、说明。"空间政治学言说",着眼于社会政治生活的阶级分野、权利配置与组织运行的空间秩序、规范和要求,探讨它们的空间机制和互关律,进一步阐发了马克思恩格斯当年以英国工人空间栖居状况的考察和论述为出发点的政治—空间论思想,发散性地延伸到当代相关现象的说明。"空间正义的唯物史观叙事",在澄清马克思的空间正义论基础上,以其为指南剖析当今空间正义的诸多问题,现实地、创新性地强化其当代解释力,并对房地产资本化运作与民生、人权关系做了哲学观照和评析,为"房子是用来住的、不是用来炒的"方针做出学理论证。"意识形态的空间形塑",则对政治中枢、政治宣教场所和公共政治活动空间的意识形态赋义和释义,做出了实证分析和理论说明,具象地揭示了空间生产和利用的社会政治意蕴,也为从空间政治言说转向空间文化诠释提供过渡环节。

第四部分,生存空间的社会文化—哲学研究。"空间现象的文化解读",从经典作家的相关文献梳理中,聚焦于对空间距离、城乡关系、环境景观的文化内涵和气象的透视,抽象、凝练出其中的空间文化理念,为本部分各章节论述奠基。"空间文化释义分类",就如何处理空间文化解释中的主、客体之间及空间实践门类与空间界域文化意识之间的关系,做出了方法论的剖析和诠释。"空间意象经营的文化机理与'句法'",以建筑现象学的背景知识为支撑,对空间景观意象营构的文化机理和建筑的"空间句法",在相互印证基础上做了空间社会文化—哲学的说明,使空间生产的文化嵌入和象征性表达之论述,得到了建筑现象学的印证与机理性发散。"场所精神与空间文化",把文化的空间生产和形塑具体化入场所精神的解读中,通过对场所精神与栖居主体生活方式交互创造的机制分析,使之获得具体的有实证意义的说明。"空间文化现象解读的主体性与历史性",则在社会实践的历史发展中具体探讨了空间文化的演变及解读方法的历史具体性,彰显主体文化的涵构对空间文化生产和认知的人学意义。

第五部分,对当代社会行为和思维方法的空间范式进行哲学分析,揭示它们与空间实践和社会认知的内在联系。"社会行为方式变革的空间诠释",

立足于当代社会生活的物质技术基础,以及全球化、城市化、网络化的时空新格局,对生活世界时空关系的转型、网络虚拟空间与社会知行方式变革,进行了社会行为的空间机制剖析,突出空间研究的时代感和现实性,亦使社会行为研究更有充盈的时空依据和深邃的机理揭示。"当代空间思维与社会认知",作为全书的思维高潮,以当代社会实践的空间性凸显为依据,就社会行为中的偶然和必然、原因和结果关系,给出了时空分析的全新思考和阐释,并从时下空间的生产性与被生产性,空间实践的时空关系变换,空间秩序与社会规律的内在联系之创新性阐释中,对空间思维逻辑的时代特质给社会认知的深刻影响做出说明,旨在强化课题研究对于社会现象审视的哲学穿透力。

  本书是全国哲学社会科学规划办公室2013年立项的重点课题研究结果,该项目结题获优秀评价。研究过程的一些阶段性成果已发表学术论文17篇,其中《中国社会科学》3篇(内刊1篇)、《哲学研究》2篇,其余发表在《哲学动态》《江海学刊》《天津社会科学》《学术研究》等重要刊物上,它们产生了积极的社会影响。有3篇论文被《新华文摘》《中国社会科学文摘》共5篇次转载,6篇论文被中国人民大学复印报刊资料转载。据中国知网统计,上述文章已被学者下载11 000多次,引用134次,本书的研究引发了更多学者对空间哲学的关注和积极反馈。特别需要指出的是,《中国社会科学》刊发的文章《空间的社会逻辑》即本书第一章(本书略作改动)的内容,于2015年获广东省政府优秀社会科学成果一等奖,并被中国社会科学院社会学所收入年度文选,由中国社会科学院学部委员景天魁教授主编的《时空社会学:拓展与创新》,作为国家哲学社会科学成果文库立项在人民出版社出版,并计划译成英文出版在海外发行,这是学界对笔者劳动成果的高度肯定与鼓励。同时,据12位专家的两次评议意见,他们一致认为本书深化和拓展了空间问题的马克思主义研究,对空间生产与社会结构互动的辩证关系、对马克思以城乡空间关系形态作为历史分期的划界标尺、对空间正义的唯物史观解释等,都是富有创新意义的;此外,还为正确认识和处理城市化过程中的空间生产诸如城市规划、空间文化建设、房地产开发等问题,以及对社会、经济、政治、文化的空间生产与释义,提供了新的思路。

当然，囿于主、客观原因，本书对一些问题的研究和论述难免存在某些欠缺，亦因文稿体量太大，有些内容如生态空间只好略过，存在言不尽意的遗憾。这些，期盼专家、读者批评指正。

愿与同仁继续努力，让空间的哲学和哲学的空间更加宏远、深邃，乐见复兴路上的人们都诗意地栖居在大地上！

胡　潇

2021 年 4 月

目　　录

前言

第一章　马克思恩格斯关于生存空间的社会审视 ⋯⋯⋯⋯⋯ 1

　第一节　空间的社会化形塑 ⋯⋯⋯⋯⋯⋯⋯⋯⋯⋯⋯⋯ 2

　　一、城乡迁转的空间构建 ⋯⋯⋯⋯⋯⋯⋯⋯⋯⋯⋯⋯ 5

　　二、社会分工的空间配列 ⋯⋯⋯⋯⋯⋯⋯⋯⋯⋯⋯⋯ 10

　　三、阶级对立的空间划界 ⋯⋯⋯⋯⋯⋯⋯⋯⋯⋯⋯⋯ 13

　　四、民族差异的空间图绘 ⋯⋯⋯⋯⋯⋯⋯⋯⋯⋯⋯⋯ 15

　　五、人际交往的空间集结 ⋯⋯⋯⋯⋯⋯⋯⋯⋯⋯⋯⋯ 17

　第二节　社会的空间化措置 ⋯⋯⋯⋯⋯⋯⋯⋯⋯⋯⋯⋯ 21

　　一、空间占有呈现社会权益格局 ⋯⋯⋯⋯⋯⋯⋯⋯⋯ 23

　　二、空间栖居寄寓人生品质 ⋯⋯⋯⋯⋯⋯⋯⋯⋯⋯⋯ 25

　　三、空间样态展示主体的社会存在 ⋯⋯⋯⋯⋯⋯⋯⋯ 27

　　四、空间筑造表征社会发展轨迹 ⋯⋯⋯⋯⋯⋯⋯⋯⋯ 32

第二章　社会形态的空间界划 ⋯⋯⋯⋯⋯⋯⋯⋯⋯⋯⋯⋯ 41

　第一节　古典古代社会的历史：城市乡村化 ⋯⋯⋯⋯⋯ 43

　第二节　亚细亚的历史：城市和乡村无差别的统一 ⋯⋯ 47

　第三节　欧洲封建社会的历史：从乡村出发，在城乡对立中行进 ⋯⋯ 52

　第四节　现代历史："农村城市化" ⋯⋯⋯⋯⋯⋯⋯⋯⋯ 57

第三章　空间的生产与生产的空间 ⋯⋯⋯⋯⋯⋯⋯⋯⋯⋯ 64

　第一节　"空间生产"的解读 ⋯⋯⋯⋯⋯⋯⋯⋯⋯⋯⋯ 67

第二节　物质生产中的空间形塑……………………………………70
　　第三节　空间实践论对空间先验本体论的改写……………………76

第四章　经济空间的"中心"与"外围"……………………………………86
　　第一节　产业结构布局与生产关系的空间生产……………………87
　　第二节　经济"中心—外围"空间格局的复合成因…………………92
　　第三节　"中心—外围"经济空间解释模式的反思…………………97
　　第四节　经济"中心—外围"空间关系的深刻变革…………………102

第五章　生产关系空间运行的"泛在"和"脱域"…………………………108
　　第一节　社会生产的地理学"脱域"…………………………………109
　　第二节　生产要素的全球化配置与流转……………………………115
　　第三节　世界市场与泛在交易………………………………………119
　　第四节　经济现象空间解释的学理诉求……………………………126
　　　　一、经济现象的分析不可缺失空间视野………………………127
　　　　二、经济关系的考察要突破领土圈限…………………………128
　　　　三、经济运行机制全球化与治理权变…………………………130

第六章　空间政治学言说…………………………………………………133
　　第一节　空间政治学的唯物史观立论………………………………135
　　第二节　主体群分的空间聚落………………………………………139
　　第三节　空间政治权益格局…………………………………………150
　　　　一、政治权益的空间匹配………………………………………150
　　　　二、空间的政治营构与权力行使方式…………………………153
　　　　三、政治权力空间象征释义……………………………………156

第七章　空间正义的唯物史观叙事………………………………………162
　　第一节　空间正义的立论基础：人权与产权关系…………………163
　　　　一、从生产方式出发考察空间正义……………………………163
　　　　二、空间非正义的产权论归因…………………………………166
　　　　三、空间正义人权论的经济学证实……………………………171

第二节　空间正义审视的普遍性和特殊性 ······ 175
　　　　一、空间生产一般与特殊关系蕴含空间正义的解释学依据 ······ 175
　　　　二、空间连续性与间断性统一中的正义综观 ······ 179
　　　　三、空间形塑同一性与差异性关系的正义要求 ······ 182
　　第三节　空间正义体认的场所性还原 ······ 185
　　　　一、场所作为社会关系纽带是理解空间正义的逻辑原点 ······ 187
　　　　二、不同场所的时空秩序、特质演替与形态彰显是空间正义的写照 ······ 189
　　　　三、栖居的场所感是形成空间正义共识的精神条件 ······ 191

第八章　意识形态的空间形塑 ······ 195
　　第一节　政治中枢的意识形态聚焦 ······ 197
　　第二节　政治宣教场所的意识形态昭示 ······ 200
　　第三节　公共政治场所意识形态的多维成像 ······ 203

第九章　空间现象的文化解读 ······ 210
　　第一节　空间"距离"的文化透视 ······ 210
　　第二节　城乡空间的文化观照 ······ 217
　　第三节　空间景观的能、所言说 ······ 222

第十章　空间文化释义分类 ······ 229
　　第一节　空间文化的地理学考问 ······ 230
　　　　一、空间文化叙事的大、小"宇宙" ······ 231
　　　　二、空间物境与主体心境 ······ 234
　　第二节　社会实践基础上的空间文化书写 ······ 240
　　　　一、空间实践—文化的互建构与自组织 ······ 240
　　　　二、空间文化的情理氤氲 ······ 251

第十一章　空间意象经营的文化机理与"句法" ······ 262
　　第一节　空间形塑中自然秩序的文化转换 ······ 262

　　第二节　空间生产的实用价值与人文赋义……267
　　第三节　空间向度的文化意涵……271
　　第四节　场所意象的"图""底"关系……273

第十二章　场所精神与空间文化……279
　　第一节　人与物的场所共生……281
　　第二节　场所精神对社会人生的复现与演绎……286
　　　一、外师造化与神往自然……288
　　　二、生活方式的空间形塑……292
　　　三、从物用到场所精神升华的人文逻辑……297
　　　四、场所精神营建中的时空错位……305

第十三章　空间文化现象解读的主体性与历史性……314
　　第一节　空间文化体认的主体性……314
　　第二节　空间文化解读的历史性……318
　　　一、空间实践方式与空间文化解读方法……319
　　　二、空间文化解读与空间生产的历时性同构……323
　　　三、空间文化现象解读中的时境理致……328

第十四章　社会行为方式变革的空间诠释……333
　　第一节　生活世界时空关系的转型……333
　　　一、社会转型与生活世界时空关系变构……334
　　　二、社会行为方式空间性强化的表现和机制……341
　　　三、主体行为方式嬗变的时空新态势……343
　　第二节　网络虚拟空间与社会知行方式变迁……348
　　　一、虚拟空间同现实空间的仿、真关系……348
　　　二、虚拟空间形态之虚和功用之实的两重性……349
　　　三、虚拟空间对社会生活时空秩序的变构……349
　　　四、虚拟空间对主体行为方式及意义世界的复建……351
　　　五、超域性空间生产与全球化思维……352

第十五章　当代空间思维与社会认知 ································· 356
 第一节　社会生活逻辑寻绎的空间之维 ··························· 357
 第二节　社会结构网络化与空间思维 ······························· 364
 第三节　纵向因果的时间序与横向互动的空间系之辩证分析 ········· 371
  一、横向并存、互动的空间因素作用升位与社会结构变化 ······ 374
  二、空间因素的"两重性"与因果作用转换 ······················ 376
  三、空间因果论与观察、理解社会的思维范式 ··················· 378
 第四节　社会事件必然的历时性和偶然的共时性 ··················· 384
  一、必然与偶然的时空分析 ······································· 384
  二、社会空间因素的"布朗运动"机制 ······························· 390
  三、从空间论域重估偶然性的社会认识论意义 ··················· 398

参考文献 ··· 404

附录一　恩格斯空间理念的辩证释义 ······························· 408

附录二　海德格尔"诗意栖居"的空间思辨 ······················ 422

附录三　笔者学术成果要目 ··· 434

索引 ··· 438

后记 ··· 444

Contents

Introduction

**Chapter 1 Marx and Engels' View on Living Space from
          Social Perspective** ·· 1
    Section 1 Shaping Space by Way of Socialization ································ 2
        1.1 Spatial Construction by Way of Urban and Rural Migration ········ 5
        1.2 Spatial Arrangement by Way of Social Division of Labor ········ 10
        1.3 Spatial Demarcation by Way of Class Opposition ····················· 13
        1.4 Spatial Mapping by Way of Ethnic Differences ······················· 15
        1.5 Spatial Aggregation by Way of Interpersonal Communication ·· 17
    Section 2 Social Arrangement in Virtue of Spatialization ···················· 21
        2.1 Space Possession Presents the Pattern of Social Rights and
            Interest ·· 23
        2.2 Space Dwelling Settles the Quality of Life ······························· 25
        2.3 Space Pattern Shows the Existence of Subjective Society ········ 27
        2.4 Space Construction Represents the Track of Social
            Development ··· 32

Chapter 2 Spatial Delimitation of Social Form ····································· 41
    Section 1 The History of Classical Ancient Society: Rural
               Urbanization ··· 43
    Section 2 History of Asia: The Uniform of Urban and Rural Areas ······ 47
    Section 3 The History of European Feudal Society: Starting from the
               Rural Areas and Marching in the Paradox between Urban
               and Rural areas ··· 52

Section 4 Modern History: "Rural Urbanization" ···································· 57

Chapter 3 Production of Space and Space of Production ···················· 64
 Section 1 Interpretation of "Space Production" ································ 67
 Section 2 Space Shaping in Material Production ···························· 70
 Section 3 Rewriting Transcendental Ontology of Space by Theory of Spatial Practice ·· 76

Chapter 4 "Center" and "Periphery" of Economic Space ···················· 86
 Section 1 Industrial Structure Layout and Spatial Production of Production Relations ··· 87
 Section 2 The Complex Causes of Economic "Center-Periphery" Spatial Pattern ·· 92
 Section 3 Reflection on the Explanation Model of "Center-Periphery" Economic Space ····································· 97
 Section 4 The Profound Change of Economic "Center-Periphery" Spatial Relationship ·· 102

Chapter 5 "Pan-Existence" and "De-Horizon" of Spatial Operation of Production Relations ··· 108
 Section 1 The Geographical "De-Horizon" of Social Production ········· 109
 Section 2 Global Allocation and Circulation of Production Factors ······ 115
 Section 3 Market and Pan-Existence Transaction ···························· 119
 Section 4 Theoretical Demands of Spatial Interpretation of Economic Phenomena ·· 126
  4.1 The Analysis of Economic Phenomenon Should Not Lack Spatial Vision ·· 127
  4.2 The Investigation of Economic Relations Should Break through the Limitation of Territory ·································· 128
  4.3 Globalization of Economic Operation Mechanism and Governance Contingency ·· 130

Chapter 6 Discurive Demand on Space Politics ·············· 133
    Section 1 Space Politics from the Perspective of Historical
               Materialism ·············· 135
    Section 2 Spatial Settlement of the Group-graded Subject ·········· 139
    Section 3 Spatial Pattern of Political Rights and Interests ·········· 150
        3.1 Spatial Matching of Political Rights and Interests ·········· 150
        3.2 The Political Construction of Space and the Way of
             Performing Power ·············· 153
        3.3 Symbol Interpretation of Political Power Space ·········· 156

Chapter 7 Narration of Spatial Justice by Way of Historical
             Materialism ·············· 162
    Section 1 The Theoretical Foundation of Spatial Justice: the Relationship
               between Human Rights and Property Rights ·········· 163
        1.1 On Spatial Justice from the Perspective of Mode of
             Production ·············· 163
        1.2 Analyses to Theory of Property Right Characteristic with
             Spatial Injustice ·············· 166
        1.3 Economic Confirmation of Human Rights Theory
             Characteristic with Spatial Justice ·············· 171
    Section 2 A Survey of the Universality and Particularity of Spatial
               Justice ·············· 175
        2.1 Hermeneutic Basis of Relationship between the Universality
             and Particularity of Space Production Containing the Spatial
             Justice ·············· 175
        2.2 A Comprehensive View of Justice in the Unity of Spatial
             Continuity and Discontinuity ·············· 179
        2.3 The Justice Requirement of the Relationship between
             Identity and Difference in Space Shaping ·············· 182

Section 3　The Place Restoration of Space Justice Recognition ············ 185
　　3.1　As a Social Link, Place Is the Logical Origin of
　　　　 Understanding Spatial Justice ·································· 187
　　3.2　Space-Time Order, Environmental Characteristics and Place
　　　　 Form of Demonstration of Spatial Justice ···················· 189
　　3.3　The Sense of Place Dwelling Is the Spiritual Condition
　　　　 for the Consensus Formation of Spatial Justice ················ 191

Chapter 8　Spatial Shaping of Ideology ································ 195
　Section 1　Ideological Focus of Political Center ···················· 197
　Section 2　Ideological Declaration of Propaganda and Education
　　　　　　 Places ·· 200
　Section 3　Multi-Dimensional Image of Ideology in Public Political
　　　　　　 Places ·· 203

Chapter 9　Cultural Interpretation of Space Phenomenon ············ 210
　Section 1　Cultural Perspective of Space "Distance" ················ 210
　Section 2　Cultural Perspective of Urban and Rural Space ·············· 217
　Section 3　Signification and Signal Speech of Space Landscape ········· 222

Chapter 10　Classification of Interpretation to Space Culture ············ 229
　Section 1　Geographical Examination of Space Culture ················ 230
　　1.1　The Large and Small "Universe" of Space Culture
　　　　 Narration ··· 231
　　1.2　Spatial Circumstance of Thing and Inner Circumstance
　　　　 of Mind ·· 234
　Section 2　Culture Writing on Space Based on Social Practice ············ 240
　　2.1　Spatial Practice— Mutual Construction and Self
　　　　 Organization of Culture ·· 240
　　2.2　The Emotional and Rational Enshrouding of Spatial
　　　　 Culture ·· 251

Chapter 11 Cultural Mechanism and "Syntax" of Spatial Image Management ······ 262
  Section 1 Cultural Transformation of Natural Order in Space Shaping ······ 262
  Section 2 Practical Value and Humanistic Meaning of Space Production ······ 267
  Section 3 The Cultural Meaning of Spatial Dimension ······ 271
  Section 4 The Relationship between "Figure" and "Bottom" of Place Image ······ 273

Chapter 12 Place Spirit and Space Culture ······ 279
  Section 1 Place Symbiosis of Human and Object ······ 281
  Section 2 The Reappearance and Deduction of Place Spirit to Social Life ······ 286
    2.1 Learning from Nature and Yearning for Nature ······ 288
    2.2 Spatial Shaping of Lifestyle ······ 292
    2.3 Humanistic Logic of Spiritual Sublimation from Substance to Place ······ 297
    2.4 Space-Time Dislocation in the Construction of Place Spirit ······ 305

Chapter 13 Subjectivity and Historicity in the Interpretation of Spatial Cultural Phenomena ······ 314
  Section 1 The Subjectivity of Space Culture Recognition ······ 314
  Section 2 The Historicity of Space Culture Interpretation ······ 318
    2.1 Spatial Practice and Spatial Culture Interpretation Methods ······ 319
    2.2 Interpretation of Space Culture and Diachronic Isomorphism of Space Production ······ 323
    2.3 Time, Environment, Unity and Theory Principle in the Interpretation of Space Culture ······ 328

Chapter 14 Spatial Interpretation of the Change of Social Behavior in Space ·········· 333

   Section 1   The Transformation of Space-Time Relationship in Life World ·········· 333

      1.1 Social Transformation and Allostery of Time-Space Relationship of Lifeworld ·········· 334

      1.2 The Performance and Mechanism of Spatial Reinforcement of Social Behavior ·········· 341

      1.3 The New Situation of Time and Space in the Evolution of Subject's Behavior Mode ·········· 343

   Section 2   Cyberspace and the Evolutive Way of Social Knowledge and Action ·········· 348

      2.1 The Simulation Relationship between Virtual Space and Real Space ·········· 348

      2.2 Duality between Void Form of Virtual Space and Real Contents in Function ·········· 349

      2.3 The Allostery of Virtual Space to the Order of Time and Space in Social Life ·········· 349

      2.4 The Reconstruction of the Subject's Behavior and Meaning World by Virtual Space ·········· 351

      2.5 Transcendental Spatial Production and Global Thinking ·········· 352

Chapter 15 Contemporary Spatial Thinking and Social Cognition ·········· 356

   Section 1   The Space Dimension of Seeking the Logic of Social Life ·········· 357

   Section 2   Networking of Social Structure and Spatial Thinking ·········· 364

   Section 3   A Dialectical Analysis to the Time Order of Vertical Causality and the Horizontal Interaction of Space System ·········· 371

      3.1 Elevation of Horizontal Co-existence and Interaction of Spatial Factors Action and Changes of Social Structure ·········· 374

3.2　The Duality of Spatial Factors and the Transformation of Causality ··· 376

3.3　Spatial Causality and the Thinking Paradigm of Observing and Understanding Society ······································ 378

Section 4　The Diachronic and Accidental Synchronicity of Social Events ··· 384

4.1　Space Time Analysis of Necessity and Contingency ············ 384

4.2　"Brownian Movement" Mechanism of Social Spatial Factors ·· 390

4.3　Reassessment of the Social Epistemological Significance of Contingency from the Perspective of Space Theory ········ 398

References ··· 404

Appendix 1　Dialectical Interpretation of Engels' Space Concept ·········· 408

Appendix 2　Space Speculation on Heidegge's "Poetic Dwelling" ·········· 422

Appendix 3　Author's Main Academic Achievements ······················ 434

Index ·· 438

Postscript ··· 444

第 一 章
马克思恩格斯关于生存空间的社会审视

空间，作为万事万物的存在形式，既是人类实践展开的场域，亦是人类生命寄寓的处所。马克思说过，人作为"自然存在物"，是"现实的、有形体的""自然实体"，它"站在牢固平稳的地球上"。[①]每一代新人的生命活动发生在先于其生命降临的"历史自然"的空间中，但人类实践与交往活动、社会关系、精神文化生活，在一定空间展开和持存的同时，本身又作为空间实践、空间事件、物质存在点缀和塑造着空间。这使空间在人类实践中发生着由自然向社会、由物理向人文空间的让渡与转换。此类自然史与人类史的交互作用而形成的在空间方面自然与社会人文的互渗和互生成，要求我们把空间置于两者关系中去认识，在实践基础上去揭示空间社会化和社会空间化的两相性与内在机制。空间作为生产、生活的基本要素，是物质地、实践地进入人类社会的。通过实践这一中介联系起来的社会与自然，两个领域之于人的关系具有空间同一性："这里和任何其他地方一样，自然界和人的同一性也表现在：人们对自然界的狭隘的关系制约着他们之间的狭隘的关系，而他们之间的狭隘的关系又制约着他们对自然界的狭隘的关系。"[②]显然，马克思之谓"狭隘的关系"，就人在自然界中的位置而言，是一个与自然接触面窄、生产简陋、作用范围小、规模细微、自主性生存空间不展开的格局；相应地，在人的社会关系中则是一种交往闭锁、联系简单、活动半径小、组织不健全、

[①]《马克思恩格斯全集》第42卷，人民出版社1979年版，第120页。
[②]《马克思恩格斯全集》第3卷，人民出版社1960年版，第35页。

主体性不成熟、社会生活不展开的空间状态。人与人在空间中的权益、活动方式、各种交往关系，跟人在生产实践中对自然进行的物质、能量、信息的变换和交流，在内容与形式的结合上，既双向互动、彼此生成，又具有互凝结、互表征的空间同一性。这两个领域空间关系的对应性，诚如钟情于空间社会学研究的美国新马克思主义者苏贾所认定的："对空间结构的分析，并不是社会结构分析的派生物或附属物。……确切地说，两者是相互依存的。……离开社会结构，空间结构就不可能得到理论上的阐述，反之亦然。再者……离开空间结构，社会结构就不可能得到实践，反之亦然。"[①]这一逻辑，具体地是由空间的社会化形塑和社会的空间化措置展现出来的。深入揭示其机理，是我们理解马克思恩格斯关于空间之社会逻辑思想的重要途径，亦能为我们自觉处理当下迅疾的全球化运动、超大规模的城市化浪潮中冒出的诸多空间问题，提供理论参验。

第一节　空间的社会化形塑

空间的社会化，谓环绕人类社会的自然空间，经受着人类实践的生产性重构。人类在改变其生存空间物理形态的过程中，依循生产方式的发展，从政治经济文化活动、结构及其运作等方面，对空间展开社会性形塑。例如，商品交易活动对市场、城市、口岸、码头、商会、银行、海关等空间事件的创造与发展；社会管理与政治生活中的阶级分划、机构设置、职能运行、人财物及信息的流转与集散，在建筑、装备、交通、通信等物质设施方面形成的空间物理性生产与社会性重构等，都展现了人类对生存空间的多重社会化形塑。社会生活本质上是实践的、物质的活动，它们必然在作为物质运动形式的空间中发生和展开；也必然作为一种物质的空间事件和力量，影响和改变人类生存的空间。人类社会生活及其物质实践，内容丰富，永不止息，它

[①] [美]爱德华·W. 苏贾：《后现代地理学：重申批判社会理论中的空间》，王文斌译，商务印书馆2004年版，第88页。

们对空间的筑造和再生产，亦形形色色且不断变构。社会生活各个方面都以其特殊的方式生产着空间，形成自身的空间存在方式，具体而实际地改变人与人、社会与自然的空间关系，生成互有特性的社会化空间。

要从哲学上理解社会实践—生活对空间的重构与形塑，必须从社会与空间的实践关系去理解和说明生存空间的意义。马克思有一个总体性理念，即"自然界的社会的现实"，是由人类社会实践不断再生产出来的，必须纳入"关于人的自然科学"之范围去研究，即从人类物质实践和生存的物质环境之互动关系中，去社会地、人类学地揭示自然演变的社会历史机制和社会发展的自然物质基础。[①]他在探讨和说明空间的社会化现象及其内在机制时，坚持从社会生产力对空间的再生产作用的角度去分析问题。他首先肯定了空间对于社会生活的实践性意义："空间是一切生产和一切人类活动所需要的要素。"[②]任何从事物质生产的人，其劳动不仅要改变劳动对象原来的空间场所、存在的空间样态，甚至内部的空间结构，才能制成产品；而且，他实施和完成这些生产作业，总要借助一定空间区位，作为实践的场所，同时作为活动交换的舞台，以便于实施生产行为。这既使其生产实践影响或重塑空间，又作为空间事件直接生成空间，并且接受空间对自身的制约。生产实践多方面地赋予其直接关涉的自然空间以生产要素的社会属性，推动它向人类活动域生成。

然而，社会的生产力对空间的再生产，如同它生产任何产品那样，不能脱离生产关系。人们推动生产力作用于自然空间及相关物质对象、制造相应产品的过程，受生产关系的制约，按照一定社会经济结构、交往方式进行生产，将实践的社会属性、形式烙在空间生产及其产品上面，追求着经济、社会、政治、文化等方面的价值在空间产品中实现。美国著名的马克思主义理论家哈维，始终关注空间的社会化生产和资本化营运问题，他以强烈的现实感且不无实证地指出："空间实践只是通过它们开始活动于其间的社会关系的结构才会获得它们在社会生活中的功效。在资本主义的社会关系下，空间实践变得充满阶级含义。……空间实践呈现出特定的含意，这些含意被调动起

[①]《马克思恩格斯全集》第42卷，第129页。
[②]《马克思恩格斯选集》第2卷，人民出版社1995年版，第573页。

来，并以特殊方式通过阶级性或其他社会实践而被投入空间中。"①

这种经由生产实践造成的社会存在，其意旨与空间密切相关。德国哲学家海德格尔，素以存在主义的深刻思考著称，他在诠释存在与时间关系的同时，从未忽略存在的空间性研究，对空间与人类生活尤其是筑造、栖居之关系更具独到见解。他认为："空间……意味着为定居和宿营而空出的场地。一个空间乃是某种被设置的东西，被释放到一个边界中的东西。边界并不是某物停止的地方，相反……边界乃是某物赖以开始其本质的那个东西……因此，诸空间乃是从诸位置那里而不是从'这个'空间那里获得其本质的。"②质言之，他认为，社会事物及其主体的处所、位置、地位，直接就是其空间的实质所在。文明人类的生活空间，形成于人类的诸如建筑一类改变自然空间样态的筑造中。"由于筑造建立着位置，它便是对诸空间的一种创设和接合。由于筑造生产出位置，故随着对这些位置的诸空间的接合，必然也有作为 spatium 和 extensio 的空间进入建筑物的物性构造中。"③此处，海德格尔以其哲学的思辨揭示出了一个基本道理，即任何人的生存空间之具体格局，都是由人类在其中进行的筑造活动，措置的具体事件、物象及其相互关系构成的；它们的空间存在方式，折射着人的社会存在——栖居的本质意蕴。人社会性地生存于空间中，使被这种生存所生产的空间也有了社会性。

现在，我们要从马克思恩格斯关于空间生产的思想中加深理解的理念是，人类在对空间之物理性的改造或再生产过程中，如何使空间的生产烙上人类学、社会化的印记，使空间的生产如何成了空间的社会化形塑。经典文献提供的证据表明，马克思是依据生产方式的历史变迁，从对生产力与生产关系给空间之双重再生产的分析出发，去进行空间社会化重构现象之解析的。在谈到工业革命改变人类劳动的空间形式时，他明确指出，"资本主义生产实际上是在同一个资本同时雇用较多的工人，因而劳动过程扩大了自己的规模并提供了较大量的产品的时候才开始的。较多的工人在同一时间、同一空间

---

① 薛毅主编：《西方都市文化研究读本》第 3 卷，广西师范大学出版社 2008 年版，第 311 页。

② [德]海德格尔：《海德格尔选集》下册，孙周兴选编，上海三联书店 1996 年版，第 1197 页。

③ [德]海德格尔：《海德格尔选集》下册，第 1201 页。

（或者说同一劳动场所），为了生产同种商品，在同一资本家的指挥下工作，这在历史上和逻辑上都是资本主义生产的起点。"①大机器生产力之所以成为资本主义生产之历史与逻辑的起点，就在于它从生产力方面实现了自然力代替人力、机器代替手工工具、科学技术代替生产经验的逻辑演替，并且在劳动方式上以工厂制取代手工作坊。生产力这些变革，在空间上要求生产资料集中、工人集中、资本集中，最后是生产管理权的集中，这构成了资本主义生产关系的历史起步。生产要素的空间组分及其结合方式的改变，既是机器生产力对空间的物理性形塑，也是资本主义生产关系对空间的社会性重构。马克思依据这种空间社会化的逻辑，从工厂制的空间组织形态、劳动场所的野蛮状况，到资本的广泛集中及其对人的普遍异化等方面，进一步阐释了工人的阶级属性及其空间苦难的内在关联："工人的民族性不是法国的、不是英国的、不是德国的民族性，而是劳动、自由的奴隶制、自我售卖。他的政府不是法国的、不是英国的、不是德国的政府，而是资本。他的领空不是法国的、不是德国的、不是英国的领空，而是工厂的天空。他的领土不是法国的、不是德国的、不是英国的领土，而是地下若干英尺。"②在这里，马克思打破工人生存空间之自然的、地理的、民族方域的划界，而从工人阶级之社会属性、经济属性的普遍意义，去分析其生存空间的构成机制和特征，具体地强调了工人生存空间的阶级性、社会性形塑和"没有祖国"的世界无产者性质。他为我们理解空间社会化现象给出了一个重要的致思路向：人类生存的空间秩序形成于空间的社会性生产，各种空间结构既为社会所建构又建构着社会，我们要从生存空间的物理性形态和社会化意义的结合上，去考察与澄清相关问题。基于此，梳理和诠释马克思恩格斯关于空间社会化的论述，我们能够从以下视角得出许多有益的理念。

一、城乡迁转的空间构建

马克思曾经以城乡空间变迁为标识来界定人类历史的分期："古典古代的历史是城市的历史（如古希腊城邦—雅典、斯巴达，腓尼基城邦—泰尔、西

---

① 《马克思恩格斯全集》第 23 卷，人民出版社 1972 年版，第 358 页。
② 《马克思恩格斯全集》第 42 卷，第 256 页。

顿，玛雅城邦，古罗马城邦等—笔者注），不过这是以土地财产和农业为基础的城市；亚细亚的历史是城市和乡村无差别的统一（真正的大城市在这里只能干脆看作王公的营垒，看作真正经济结构的赘疣）；中世纪（日耳曼时代）是从乡村这个历史的舞台出发的，然后，它的进一步发展是在城市和乡村的对立中进行的；现代的历史是乡村城市化，而不像在古代那样，是城市乡村化。"[1]这在马克思关于人类社会发展的历史分期学说中，是一个十分重要的思想。它既不同于按社会阶级结构分期的历史"五形态"传统说法，又不同于按人在依附与自由之关系变构中自主状态的"三形态"人学说法，而是以人类生存空间的城乡建构形态来划分人类历史。仅此一点足以证明，马克思极其关注和高度认可人类社会的不同时期、物质实践的不同状态对生存空间带来的不同的生产、构建和形塑，以致人们可以从生存空间的形态去判定历史发展的分期。如果说，社会化的空间是人类活动的物质形式和实践结果，那么，从城乡迁转的空间变换去审视和界定人类社会的历史分期，自然是一种充满历史辩证法睿智的创见，具有学理与现实相一致意义上的科学性与合法性。马克思的见解，除了有充分的历史根据外，还革命性地发挥了黑格尔的辩证法思想，彰显着一种辩证否定的逻辑与历史的统一：由古代城邦国家"城市乡村化"的社会，到城乡相统一的亚细亚社会，然后到城乡对立的日耳曼社会，再到"乡村城市化"的现代社会，最后自然要走向城乡差别消失的共产主义社会。要对马克思这种从人类生存空间的转型去划分历史发展阶段的学理做出详细说明，自然不是三言两语能够济事的；但对空间巨变的现代工业社会——乡村城市化的一个时期做出简要分析，从中检索和说明马克思关于空间之社会化形塑的理念，同时揭示城乡空间转型所带来的社会变迁的依据，则既是可能的，更是必要的。

马克思提出的，"现代的历史是乡村城市化"的灼见，完全建立在对大工业生产实践给人类生存空间带来城市化形塑之历史事实基础上。[2]大机器工业生产力，"建立了现代的大工业城市——它们的出现如雨后春笋——来代替

---

[1]《马克思恩格斯全集》第46卷，人民出版社1979年版，第480页。
[2]《马克思恩格斯全集》第46卷，第480页。

自然形成的城市……它使城市最终战胜了乡村"[①]。机器大工业对生产资料、工人和资本的工厂制集中，对人财物流通的市场集中，对交通枢纽建构的地理集中，对信息生产、传播与利用的群体集中，最终是所有这些要素的城市化空间集中，造成了农村政治经济文化要素、活力的大量流失而向城市聚集。对此，马克思进一步指出："在生产力发展的一定阶段上，总是需要有一定的空间，并且建筑物在高度上也有它一定的实际界限。生产的扩大超过这种界限，也就要求扩大土地面积。"[②]这种情况，成了工业革命以来，世界城市化持续发展、城市规模不断扩大的重要驱力。世界性的造城立市运动伴随大机器工业生产力的发展不断推进，使得农村集镇化、集镇城市化、城市都会化。当年，恩格斯所描述的英国情况，真实地记录了城市化运动给空间带来的社会变构：19世纪40年代前后，英国工业领域，机器的数量和工人的数目在飞速增长，生产力水平在快速提高，社会生产的空间集中创造了工业中心，把许多偏僻的、很少开垦的地方变成了熙熙攘攘的闹市，这种工业魔杖一挥，造就了利物浦、曼彻斯特这样的大城市。[③]接下来近200年的造城运动，令全世界城市数量增加，规模扩大，地租升级，空间紧张，整个人类社会运动的中心点都分布在城市，社会政治经济文化的主体都在市民化。例如，美国的芝加哥、底特律，中国的上海、香港、广州，特别是深圳等爆发式扩展的城市，在不长的时间内城市人口以十倍、数十倍的速度增长。相应地，城市面积急剧扩大和建筑物的普遍增高，使得城市空间立体式膨胀。

从几何学的思维范式来讲，空间至少由长、宽、高三个维度六个面构成。人类生存的空间都是接地的，因而说到空间必然以土地为基座，所有空间的生产、占有和利用方式，最终都要还原为土地的占有与经营方式。城乡转型，使城市和乡村的存在状态、发展趋势产生空间变迁的经济张力，除了工商业发展、市场经济繁荣，以及交通、通信的极大改善之外，还有一只巨大的看不见的手在推动，那就是马克思所说的，土地的商品化流转、地租化经营。"地租并不把人束缚于自然，它只是把土地的经营同竞争联在一起。……作为

[①]《马克思恩格斯选集》第1卷，人民出版社1995年版，第114页。
[②]《马克思恩格斯全集》第25卷，人民出版社1974年版，第880页。
[③]《马克思恩格斯全集》第2卷，人民出版社1957年版，第287—288页。

地租,土地所有权丧失了不动产的性质,变成了一种交易品。只有在城市工业的发展和由此产生的社会组织迫使土地所有者只去追求商业利润……教他把自己的土地所有权看成仅仅是一架为他铸造货币的机器以后,才可能有地租。地租使土地所有者脱离土地,脱离自然,他甚至可以完全不了解自己的领地,正像英国那样。……地租是将田园生活卷入历史运动的动力。"①土地的商品化流转与地租化、资本化经营,将延续数千年的田园生活卷入了新的城市化大潮,因为它切断了土地与原来占有者自营农牧业的天然联系,切断了占有者、土地耕种者与土地稳固而静态的空间铆接,瓦解了封建宗法关系与土地之空间同构的板结状态。诚如马克思所说的:资本主义的生产方式"它一方面使土地所有权从统治和从属的关系下完全解放出来,另一方面又使作为劳动条件的土地同土地所有权和土地所有者完全分离,土地对土地所有者来说只代表一定的货币税……以致在苏格兰拥有土地所有权的土地所有者,可以在君士坦丁堡度过他的一生。这样,土地所有权就取得了纯粹经济的形式,因为它摆脱了它以前的一切政治的和社会的装饰物和混杂物"②。这使土地占有者能离开土地空间而占有土地,使土地利用者不占有土地而能利用土地,使土地上的经营能从原来的农牧业向任何一种其他产业转移,使脱离了土地所有关系的原居民能到异地谋生、栖居。土地的这种资本化经营,为城市化提供了工业、建筑、住宅、交通及其相关设施的用地和原始的非城市空间,又使城市的空间有了大批居民的迁入和资本、产业的集中,各项事业得以活跃起来,为市场化地利用土地奠定了主、客体的物质基础。因此,它根本性地、大规模地改变了乡村的原生态空间,使整个人类的空间环境被城市化运动形塑:地表的生命空间,动植物资源覆盖幅员和耕地面积大量减少;江河湖海沿岸城市如线串珠,自然、清澈、奔流的许多江河被一座座城市纽结,如网的交通道路串通东西南北,农产品输入城市,土地的产出更多的是满足城市生活的餐桌需要和生产中的轻工业原材料需要,而城市工业品连同许多生活垃圾的下乡,则在满足乡村生活需要的同时也不时污染了乡土。至于城市那连片的工厂、企业、住宅、街市、交通设施、机关大楼,更是大面

---

① 《马克思恩格斯全集》第4卷,人民出版社1958年版,第186页。
② 《马克思恩格斯全集》第25卷,第697页。

积地蚕食了乡村土地上的绿水青山，乡村相对于城市的原有生态，在地体、地表与实践方面发生了空间转变。资本、技术、青壮劳动力、知识、信息等文明要素从四面八方向城市汇集，乡土社会的凋敝、衰落与城市的膨胀、勃兴相随发展，以往城乡二元结构的社会空间，变为城市主导乡村的格局。

如果说城市化成为一种历史发展的社会大趋势，那么，城市化的空间形塑，又会作为一种既定事实，反过来影响甚至规定社会、经济、文化的空间建构和发展趋势。市化进程必然遇到这样的情况：每一座大城市或一个城市群，都会要求它们的郊区、它们的食品和水资源供应基地，其人口规模的扩大也要求住宅建设、文化教育、就业岗位、市场、通信设施、医疗卫生等产业链和社会服务与之相适应，有一种相洽的空间匹配。恩格斯从英国城市化过程深刻关注到了这样一个现象："大工业企业需要许多工人在一个建筑物里面共同劳动；这些工人必须住在附近，甚至在不大的工厂近旁，他们也会形成一个完整的村镇。他们都有一定的需要，为了满足这些需要，还须有其他的人，于是手工业者、裁缝、鞋匠、面包师、泥瓦匠、木匠都搬到这里来了。这种村镇里的居民，特别是年轻的一代，逐渐习惯于工厂工作，逐渐熟悉这种工作；当第一个工厂很自然地已经不能保证一切希望工作的人都有工作的时候，工资就下降，结果就是新的厂主搬到这个地方来。于是村镇就变成小城市，而小城市又变成大城市。城市愈大，搬到里面来就愈有利，因为这里有铁路，有运河，有公路；可以挑选的熟练工人愈来愈多……这里有顾客云集的市场和交易所，这里跟原料市场和成品市场销售有直接的联系。这就决定了大工厂城市惊人迅速地成长。……人口的这种集中在商业中也沿着同样的道路进行着。"① 正是大工业这种强大的社会经济力量，造就了超级大城市，使城市人口比农村人口大幅增长起来，使很大一部分居民脱离农村生活的简陋状态。这种城市的自我衍生、城市反作用于当初催化城市发展之大工业的现象，诚如列斐伏尔所指出的那样，城市空间对于构建它们的工业生产与社会具有强大的反作用："工业化，曾经是都市活动的生产者，现在正反过来被其所生产……当我们用'都市革命'时我们指转型的整体，这种转型贯穿于当代社会并且引起了从经济发展和工业化问题占统治地位的时期向都市问题

---

① 《马克思恩格斯全集》第2卷，第300—301页。

具有决定性意义的时期的转变。"①这或许是城市化空间问题在当代学术桌面凸显出来的更深层的原因。城市已成为一种社会形态、生活方式、文明集结、精神状貌,并且影响和规定当今人类生活的方方面面。它们实证:工业文明的空间制造物,将作为一种物质存在反制于人类历史的形态和走向。历史的因果链条不断延伸,原因的结果会转化为结果的原因。当初大机器工业造成的城市化空间结果,目前正多方面地作为孕育现代社会生活形态、格局、特征的空间原因而发生着巨大作用,乃至世人面对的全球化,在特定意义上也成了全球的城市化与中心城市的全球化。人类正面临城市化的巨大诱惑和巨大压力,困境迫使先行者开始寻求进入"后都市时代"的通道。对此,正与城市化"热恋"的国人,是否也需有"他者"思维或"另类"筹划呢?

二、社会分工的空间配列

唯物史观认定的社会分工有两个含义:一是指人类活动中宏观的社会分工,即物质生产和精神生产,以及生产与交换的社会分化;二是社会经济内部的专业、产业分工。

在谈到宏观意义上的社会分工及其对空间的生产时,马克思恩格斯有这样的说明:"物质劳动和精神劳动的最大的一次分工,就是城市和乡村的分离。城乡之间的对立是随着野蛮向文明的过渡、部落制度向国家的过渡、地方局限性向民族的过渡而开始的,它贯穿着文明的全部历史直至现在。……在这里(城市),居民第一次划分为两大阶级,这种划分直接以分工和生产工具为基础。城市本身表明人口、生产工具、资本、享乐和需求的集中这个事实;而在乡村则是完全相反的情况:隔绝和分散。"②现实表明,现代的城市化仍然与物质劳动和精神劳动的深度分工相联系。因为机器大工业生产力采用自然科学技术,突破了人的感性能力所及的手工实践经验局限,使物质生产既在动力方面突破了人畜自然力的限制,又于作业方面打破了手工劳动在功率强度及操作的连续性、精准性、协同性方面的局限。科学技术的广泛运用,使科学发现和技术发明专门化、职业化、产业化,形成规模空前的科技群体,

---

① 薛毅主编:《西方都市文化研究读本》第4卷,第238页。
② 《马克思恩格斯选集》第1卷,第104—105页。

并且从原来的行会师傅、技师等职业队伍中分离开来；而大工业、大市场的复杂管理，也同样企业经营队伍专门化、扩大化。这样，以往仅限于意识形态与非意识形态领域而存在的精神生产与物质生产的分工，现在扩大到整个经济社会领域，形成居民的两极化，即资本家与工人的阶级划分，以及白领与蓝领的分野，大家都屈从于自己的职业。精神劳动在城市集中，带来了消费、享乐、资本、市场在城市空间的高密度配置。同时，科学技术生产和管理劳动的专门化，还进一步推动了大机器生产的科学化，高效能、连续性、多面体的大工厂作业，又加剧了工人、生产资料、资本、市场、交通、经济调控权力在城市的集中，城市的增加和拓展便成了机器大工业的历史必然。

社会分工带来了人类生存空间的新变化，并带来了一个十分重要的阶层即商人阶层的独立和崛起，这又直接推动了新兴城市的勃发。马克思恩格斯充分肯定了这一经济分工转化为空间实践、空间形塑的历史事实："分工的进一步扩大是生产和交往的分离，是商人这一特殊阶级的形成。这种分离在随历史保存下来的城市里被继承下来，并很快就在新兴的城市中出现了。这样就产生了同邻近地区以外的地区建立贸易联系的可能性。""随着交往集中在一个特殊阶级手里，随着商人所促成的同城市近郊以外地区的通商的扩大，在生产和交往之间也立即发生了相互作用。城市彼此建立了联系，新的劳动工具从一个城市运往另一个城市，生产和交往间的分工随即引起了各城市间在生产上的新的分工，不久每一个城市都设立一个占优势的工业部门。最初的地域局限性开始逐渐消失。"① 这种由商业阶层及其经商活动兴起而形成的造市运动，是历史的真实存在。人类空间生产实践表明，"城市"原本是由"城"与"市"两个社会职能的空间构成。"城"者，行政、军事地域之要冲，为政治、文化因素和人口集聚地，负有镇关守土、经国济民、社会治所的功能；"市"者，属于商业的概念，即商品交换的场所。故早期的城市政治军事社会管理的功能居于首位，只是到了产业革命，工商业等方面的经济因素才急剧上升而带动城市迅速发展。另外，商业从生产中分离出来，从而促进城市的发展，其直接的致因属于社会交往、生产关系的变革，是它们推动了城市的规模扩大和数量增加，从而导致人类空间生产的根本性变革。由此可见生产

---

① 《马克思恩格斯选集》第 1 卷，第 107 页。

关系、社会结构的力量直接介入了生存空间的生产，加重了空间形塑的社会化特性。时至今日，全世界将近一半人口聚居于城市；中国的城市化方兴未艾，数亿人口涌入城市，带来了城市空间的急剧膨胀，这更是市场经济发展的直接产物。它完全印证了马克思恩格斯关于社会分工重塑生存空间的论述。

社会分工，也包括超经济区域的国际分工或生产力门类的全球化布局。这方面的空间实践，给人类生存空间以更大规模的社会化形塑或再生产，在更广泛的领域改变着地球生态和生命圈的空间样式。人类历史进到大航海时代，由于欧洲对香料及丝绸等东方商品的需求日益增加，加上列强对殖民地和财富的狂热追求，在地理大发现与世界航路开通的背景下，欧洲经济中心逐渐由地中海移至大西洋沿岸，带来了葡萄牙、西班牙、英国、荷兰等国港口城市的兴盛。紧接着，西方发达资本主义国家对印度、中国等古老东方帝国的大举入侵，形成世界性的宗主国与殖民地的政治与经济分割。这种超出经济区甚至国家领土空间限制的经济分工与交往，是由资源分布、科技优势、地理便利、产业集结、世界市场、资本经营、地缘政治等世界性经济—社会因素凝聚起来的力量，从国际社会结构出发对人类生存空间的全球化形塑，是世界资源、世界资本、世界工厂、世界市场的空间对接与建构。诚如马克思所说的，工业革命带来的"交通运输工具的变化，旧的生产中心衰落了，新的生产中心兴起了。随着运输工具的发展，不仅空间运动的速度加快了，而且空间距离在时间上也缩短了"[①]。这直接造成了世界市场和经济中心的空间漂移。到了后殖民时代，世界性的分工与交往仍然在持续引发人类生存空间的社会化再生产。如同今天我们看到的，中东、俄罗斯的油气生产，新西兰的毛纺、乳制品生产，瑞士的手表工业和金融业，德国的机械制造业，加拿大的粮食生产，澳大利亚的矿业生产，中国的轻纺产业等国际性的经济分工和生产力布局，带来的政治、经济、文化之地理空间生产及其利用方面形成的社会特色与关联。这类生存空间全球化的社会性形塑，足以让人们觉知其中由社会经济实践铸造的空间特色，而淡忘其自然天成的地理景观。正因如此，那些原生态的山水景致、莽原风光成了让人们小心保护起来的重

[①]《马克思恩格斯全集》第24卷，人民出版社1972年版，第277—279页。

要遗产与旅游资源。原始空间的增值与珍藏，在一定意义上则由工业化空间生产的泛滥所致。

三、阶级对立的空间划界

空间，既然是人类生产、生活不可或缺的资源，亦是其活动形式，那么，人类的阶级划分与社会分层，各类社会成员因其生存格局，政治、经济与文化地位，社会权力拥有状态，交往方式，主体角色等社会特质方面的差异，必然形成对生存空间占有与使用的社会划界。马克思恩格斯在对资本主义经济方式及其阶级划分给空间带来的社会性形塑，做过多方面的分析和论述，反复审视和阐释了生存空间分配与利用的阶级差异。例如，恩格斯对城市工人与贵族的生存境况、贫民住宅与商贸建筑的社会性差异堆砌出来的空间形塑，就有如此真切描述：在英国曼彻斯特，"工人住宅区散布在全城隐蔽的地方，躲藏在富丽堂皇的贵族区、繁荣的商业区的背后，仿佛是'奥吉亚斯的牛圈'（希腊神话中奥吉亚斯王的巨大而极其肮脏的牛圈。这里指极端肮脏的地方）"。"这种伪善的建筑体系或多或少地为一切大城市所具有；零售商因其所经营的商业的性质就必须住在繁华的大街上；这种街上好房子总比坏房子多，这一带地价也比偏僻的地方高。但是曼彻斯特是唯一的城市这样有系统地把工人阶级排斥在大街以外，这样费尽心机把一切可能刺激资产阶级眼睛和神经的东西掩盖起来。整个城市建筑没有一定的规划，是偶然地堆积起来的。"①从字面意义上看，此处的描绘似乎有一个逻辑悖论：既然城市是"偶然堆积起来的"，建筑没有精心规划，那么，占据繁华大街的商业资本家在城市空间分割中就没有"费尽心机"地掩盖贫民窟。其实这里的真实情况是，地租的巨大级差，使穷人无法立足城市建筑的黄金地段，他们被挤到城市的阴暗角落，而不能与富人为邻；同时商业经营对商品陈列、购物环境、招揽顾客的空间美化要求，也不让贫民窟与之接近。往日旧金山的唐人街（当年的"唐人街"就是被卖的"猪仔"与黑人、穷白人的安身之地，当局明令穷人居住在特定区域以免"污染"其他地方——笔者注），以及诸多穷人

---

① 《马克思恩格斯全集》第2卷，第328页。

聚集的城乡接合部脏乱差情况那样，贫富的差异造成了空间占有的社会分野，空间栖居错落中表面上的个人随机选择，隐蕴的实质内容是社会按资本逻辑经营城市的必然结果。即使像爱丁堡那样曾经环境优美、建筑典雅的历史名城，一旦让资本家主宰了土地—空间的经营，但是其局面还是像恩格斯所描述的那样："这个城市由于它的位置优越，不愧有现代雅典之称，但是在这里，新市区里的贵族区的富丽堂皇和住在旧城的穷人们的肮脏贫穷也成了一个惊人的对比。"①诚如恩格斯尖锐所指出的："一边是……享乐，精神活动，无害身心的娱乐，一边却是极端的贫穷！财富，辉煌的客厅，欢乐的笑声，轻率而粗暴的笑声，近旁却是富人不能理解的那种由贫穷造成的灾难！欢乐无意识地但残酷地嘲笑着底层呻吟的人们的苦难！"②这就是由阶级剥削与压迫造就的人间天堂与地狱的两重世界！

美国马克思主义理论学者哈维曾经对城市空间的阶级划分做过如此阐释："那些有权力支配和制造空间的人就拥有了再生产和提高他们自己力量的关键工具。因此，任何改造社会的计划都必须同空间实践的变革进行复杂的斗争。"③面对城市空间占有与利用方式的主体性社会分化，我们必须"把空间生产看作是资本积累和阶级斗争动态中的一个基本环节"④。资本家的产业拓展，经济运作的空间规模扩大，自然使他们在挥霍浪费、骄奢淫逸的生活之外，把越来越多的资本当作不动产扎在地上——嵌入空间中。这不仅加剧了不同资本的空间角力，而且给城市普通居民尤其是工人阶级以更大的生存压力，常使劳苦大众"无立锥之地"。空间上演的这类社会矛盾、阶级冲突，比现实大地上的争斗并无半点不现实。如果说，封建社会的中国皇帝宣称"普天之下，莫非王土"，反映了封建专制的空间理念的话；那么，在市场经济社会，人们也可以说"普天之下，唯有资本乐园"，同样是可信的。因为即使在我们追求社会和谐的环境里，市场经济及其资本运作，仍然给人们带来收入水平的巨大鸿沟，社会分层已是不争的事实。对于那些一个月收入仅 4000

---

① 《马克思恩格斯全集》第 2 卷，第 314—315 页。
② 《马克思恩格斯全集》第 2 卷，第 312 页。
③ 薛毅主编：《西方都市文化研究读本》第 3 卷，第 308 页。
④ [美]大卫·哈维：《希望的空间》，胡大平译，南京大学出版社 2006 年版，第 56 页。

多元的农民工,无论怎样辛苦挣钱,他也拿不到一张进入每平方米数万元房舍入住证!空间资本化对于异类人群的排他性是如此坚决、如此鲜明的。资本在城市的集中及其通行的逻辑,必然把穷人与富人分配在不同的生存空间。哈维机智地发现了一个严酷的现象:"金钱提供了进入社区的通道,使之从另一方面来说较少排他性。边界是漫散的、灵活的,主要取决于能够影响个人财产价值的外在作用的空间域。"[①]我国政府在平民住宅建设、分配上所做的种种努力,或许正是为了弥补资本逻辑的自发运动,对空间生产和资源分配、利用方面之普通市民诉求的忽略,但它们无法抹去空间占有和利用已然的贫富分化。这种让人痛惜而且担心不止的空间支配权的社会分化,促使一些学者产生了试图将土地—空间的社会权益属性与资本属性统一起来的学术冲动,但土地—空间的市场流转与资本化运作,往往不顾人们的良好愿望,刚性地将空间的社会权益向资本拥有者倾斜。羊城某别墅区房价为每平方米10万元,一套别墅售价1亿元,豪富让小康人家汗颜(后来因销售困难,商家只好把盖好的别墅全部推倒,重建小面积的连体别墅,但每单元仍要二三千万元)。这种局面,还要困扰人们多久、困扰到什么程度,恐怕连《正义论》作者罗尔斯也给不出正义的答案。因为空间的两重属性天然对立,由市场经济及其资本运作带来的空间公平、正义问题,靠市场经济本身的自发调节断然无法实现。

四、民族差异的空间图绘

在人类工业革命史上,由于率先发展的资本主义国家,都是依托大机器生产力的带动而较早跨入工业文明社会、都市文明社会,以及比较富裕之社会的。这种不同国家社会发展的历时性差异,展示在空间并存关系中,便成了城市与乡村、文明与野蛮,发达与落后、贫穷与富裕的空间分割与从属关系:"资产阶级使乡村屈服于城市的统治。它创立了巨大的城市,使城市人口比农村人口大大增加起来,因而使很大一部分居民脱离了农村生活的愚昧状态。正像它使农村从属于城市一样,它使未开化和半开化的国家从属于文明

---

① 薛毅主编:《西方都市文化研究读本》第3卷,第313页。

的国家，使农民的民族从属于资产阶级的民族，使东方从属于西方。"①人类文明的这种空间版图，在某种意义上，是资本主义国家的社会结构、民族关系之空间形塑，在全世界的放大或者空间上的复制与延展，表现出了一种空间社会化形塑的历史运动。发达资本主义国家以市场开发、生产资料占有、资本垄断、交通命脉掌握、金融与技术控制为手段，将资本主义的社会关系嵌入世界空间。马克思恩格斯在《共产党宣言》中指出："大工业建立了由美洲的发现所准备好的世界市场。世界市场使商业、航海业和陆路交通都得到了巨大的发展。这种发展又反过来促进了工业的扩展；同时随着工业、商业、航海业和铁路的扩展，资产阶级也在同一程度上得到了发展，增加了自己的资本，把中世纪遗留下来的一切阶级排挤到后面去。"②"不断扩大新产品销路的需要，驱使资产阶级奔走于全球各地。它必须到处落户，到处开发，到处建立联系……资产阶级，由于开拓了世界市场，使一切国家的生产和消费都成为世界性的了……古老的民族工业被消灭了，并且每天都还在被消灭。"③"资产阶级……把一切民族甚至最野蛮的民族都卷到文明中来了。它的商品的低廉价格，是它用来摧毁一切万里长城、征服野蛮人最顽强的仇外心理的重炮。它迫使一切民族——如果它们不想灭亡的话——采用资产阶级的生产方式；它迫使它们在自己那里推行所谓的文明……它按照自己的面貌为自己创造出一个世界。"④这就是资本逻辑在资产阶级的利益、意志驱动下，对人类生存空间产生的解构与重塑，它让资本主义绝对性地获得了空间的社会表达。就整个世界历史进程而言，确如马克思所说的，资产阶级"按照自己的面貌为自己创造出一个世界"，这体现了资本逻辑的空间霸权、地理霸权、世界霸权。它通过全球化市场经济的刚性秩序，将五花八门的经济活动都纳入资本运行的轨道。

这里，需补充说明的一个问题是，当资本、人口、工业等因素的空间集中造成了城市的兴起与发展之后，城市的空间反过来又会作为一种既定的社

---

① 《马克思恩格斯选集》第1卷，第276—277页。
② 《马克思恩格斯选集》第1卷，第273页。
③ 《马克思恩格斯全集》第46卷，第7页。
④ 《马克思恩格斯全集》第46卷，人民出版社1995年版，第47页。

会环境、驱动力量和优势条件，吸引更多的资本、人口、工业、科技等现代文明要素流向城市，形成新一轮的空间集合。正如哈维所指出的：资产阶级一旦掌权，就会在某种程度上凭借内外部的地理转型来继续追求他们自己的革命使命。在内部，大城市的创建和快速的城市化使农村屈服于城市的统治。把分散的人口和私有财产转变为最终在民族国家法律和军事机构中得到巩固的大规模集中的政治和经济力量。①这种情况，已为工业革命以来西方发达国家持续发展的历史所证实。它们表明，城乡的空间分化，将演变成为民族的先进与落后之发展历程的时间性差异。世界的经济、文化、人才资源越来越多地流向发达地区、发达国家，曾在空间上占据经济发展先机的民族，形成了与后发民族更为显著的贫富差异。经济优势的空间对资本流动产生显著的马太效应，形成更大规模、更高层次的社会资源与文明要素的集中。与经济空间的差异相适应，在自然生态、人居环境的空间格局方面，发达与落后地区的差异、矛盾也日益突出。发达国家的先污染、先受益，把利益攫为己有，把污染留给世界的空间处理方式，让落后地区受污染之害，环境、人口压力增大而缺少发展之机，历史上出现的民族不平等依然呈现在现实的生存空间中。

五、人际交往的空间集结

恩格斯曾经如实地描绘过英国产业革命引起的社会交往变化，对其空间依托的生产性措置：大工业使许多企业、工人在工厂社区集中，形成衣食住行等多方面的需要，"于是手工业者、裁缝、鞋匠、面包师、泥瓦匠、木匠都搬到这里来了"。与此相应的还有市场、银行、证券交易所等机构的布设。②在这种城市空间拓展和变形的叙述中，恩格斯给我们展示了分析社会交往对城市空间措置现象的三条致思之路：一是工业发展及工厂的星罗棋布，造成大量新的社会需要，因而产生大量新的交往关系，工厂社区因此成为承载和驱动社会交往新的击发点；二是大量新型交往活动、交往关系，加剧人口的城市大集中，又衍生出制衣店、面包房、鞋铺、泥木坊、旅店、酒肆、茶楼、

---

① [美]大卫·哈维：《希望的空间》，第24页。
② 《马克思恩格斯全集》第2卷，第300—301页。

学校、医院等各种让新的交往活动、社会生活得以展开的空间支撑点，催化城市空间的进一步延伸；三是市场、交易所、交通要道等空间事物，作为社会交往的空间场所与产物，它们又会作为吸附各种流通要素、发展相关交往活动、凝集交往关系的纽带，推动社会交往的活跃与空间拓展。它们在被社会交往所生产、承载和支持社会交往的同时，亦作为空间事件、空间支点、空间凝集与发散力量，生产着社会交往。

沿着恩格斯的指示前行，我们发现，社会多种多样的交往其形形色色的空间措置是共时态、对应性地展开的。举凡有商品—货币交易的地方，都有市场、银行、商店、车站、码头、货栈、仓库、酒店、旅馆、工商税务机关、街市、住宅等设施，都有大大小小的企业、车水马龙的交通、熙熙攘攘的人流和物流，它们构成了多样而不失统一的市场经济空间景观。这统一之处，即市场—资本逻辑运行的空间建构与设施筑造，必然推动城市化的空间拓展；这多样之处，则是各具特色的企业、林林总总的交往方式、千姿百态的空间生产，以及由此构成的纷繁复杂的空间占有和利用方式。稍稍有点社会常识的人都知道，商店与货栈、酒店与码头、交易所与银行、海关与税局等，各组对应机构之间具有不同的职能、布设与空间形态乃至氛围。这些方面的内容，构成了社会交往的类别与层级，并造成相应的空间聚落。

西方马克思主义德国学派的开创者齐美尔，是继马克思恩格斯之后，最先对城市空间给予社会哲学深刻关注的人。他曾提出两个理解空间社会化现象的重要概念：一个是社会交往的"转动点"；另一个是社会空间事件相互作用的"分级化"。按照他的解释，所谓"转动点"就是："一个利益对象物在区域空间上被固定住，促使形成某些围绕着它组成的特定的关系形式。此时，任何方式的谈判、经济上的大宗交易围绕着不动产进行，任何的不动产真正是不稳定的关系和相互作用的这样一种稳定的转动点。"[①]也就是说，空间的不动产——各类负有特殊职能的筑造物、场所，在市场经济运行中，会焕发一种凝聚力，它们按照自身的经济—社会职能，将相关活动及其交往关

---

① [德]齐美尔：《社会是如何可能的：齐美尔社会学文选》，林荣远编译，广西师范大学出版社2002年版，第301页。

系都集合到本己的空间生产所形成的物质设施中来。人们围绕各类不动产开展经济—社会事务，其空间先在的诱导和约束作用，源于这些不动产是按照经济—社会活动的特定功能组合成空间据点或大本营的。它们本身被社会赋予了某些职能，承载并实现着某些交往活动的要求，这是社会与经济—交往关系之物理—空间的集合与表现。因而，它们成为多样而不稳定的交往关系及其相互作用的稳定性纽结，以不动产稳定动产的交易，以物的建构和布施制约利益角逐的空间与杂乱无章的个体市场行为。它们以人力的保障、设备的支持、组织的服务、信息的网络、经济的结算、行为的规制、争讼的裁决等社会化空间形式的功能，推动市场、资本、交往等方面的活动与关系。换一个角度看，这体现了人为的社会化空间对经济、社会关系及其行为的生产与约束。社会、经济生活中的不动产，作为社会、经济实践产生的空间产品、空间形塑、空间秩序，反过来再生产、再维系原来生产自身的诸种因素。这就是空间生产的社会自为性与反身作用，体现了社会塑造空间与空间物性地凝结社会之双向作用的辩证统一。基于"转动点"这样的空间存在方式和社会功能，齐美尔对此概念作如是说：人们在城市空间以不动产的资本形态生成和占据的各类筑造物，它给予生机勃勃的市场交易及其相对主义的本质以极大的牢固性。正是基于这种空间黏连机制，"转动点"对周边地带能进一步形成一些经济的吸附和集合作用。它们按照一定的距离、相互作用和相互依附，把各种要素牢牢地凝聚为一个体系。① 围绕固定点，"意味着一种力量的相互补充，因而意味着力量的增加，力量的增加需要并且因此也产生着一个空间的支撑点"②。这些由社会活动因素、力量及各类关系凝固而成的城市生活的空间转动点，其空间实效，是市民生活方式表现为稳定化和牢固的秩序。它们被社会实践、社会生活、社会交往及其关系所生产，反过来又以一种空间化的物性秩序和力量，承载、维系、再生产社会的实践、生活、交往及其关系。最典型的转动点，莫过于带着巨大社会活性力量的各类市场、政府机关、学校、宗教设施等经济、政治、文化机关，真实而生动地展示出了它们为社会生活所生产，同时再生产着社会生活那样一种极其深邃的社会辩证机

---

① [德]齐美尔：《社会是如何可能的：齐美尔社会学文选》，第303页。
② [德]齐美尔：《社会是如何可能的：齐美尔社会学文选》，第305页。

制。"每一座城市都会在其身上产生无数的、持久的和变换无定的交往行动的转动中心。交往愈是活跃,它对各种城市的要求就愈坚定……社会的生机勃勃才真正形成,才为持久价值的积淀赢得某一种结晶点,即使这些持久价值也仅仅存在于关系和运动的持恒的形式之中。"①

城市,也包括整个社会,在空间实践中生产出来的各类活动、交往及其关系的场所、机构、设施,作为空间事件与事务的空间结构,作为将社会的各种要素、力量凝聚起来、旋转起来的空间结晶点,它们的规模、形态、能量、功用、上下左右之联结方式是各不相同的。它们之间有社会利益、功能、地位的权重差异,有介入社会生活之广度、深度、频率、持久性的差异,还有在人文地理位置上中心与边缘、接近与疏远、直接与间接、聚集与分散等多方面的"距离"关系。这些特殊性,使人们围绕各类空间"转动点"而发生的联系、展开的活动具有相应的社会—空间的层级性。正如一座天主教堂和一座寺庙,对于不同信仰的社会成员而言,其心理—文化距离,一定会形成精神空间和物质空间的双重划界,产生不同方向的接近或疏远。也正如某一大市场对近旁的市民与远离它的山民,其魅力及其对生活的影响也不可同日而语,对于前者而言,逛市场可能是其日常生活,对于后者而言,则可能因距离遥远以产生较多诱惑与影响。社会内在构成的相互作用产生一种分级化:空间上的接近或者远离,在空间社会化的格局上要求或者容忍能何种程度变为现实,"空间距离的意义仅仅是排除感性的近所引起的动荡、摩擦、引力和斥力,因此在整个进行社会化的心灵过程之中,为智慧的过程赢得多数的位置"②。一如前述,像恩格斯所谈到的:"城市愈大,搬到里面来就愈有利,因为这里有铁路,有运河,有公路;可以挑选的熟练工人愈来愈多……这里有顾客云集的市场和交易所,这里跟原料市场和成品市场销售有直接的联系。这就决定了大工厂城市惊人迅速地成长。……人口的这种集中在商业中也沿着同样的道路进行着。"③完全可以说,齐美尔关于交往距离的接近形成城市生活"转动点"的理念,与恩格斯关于经济—社会交往的空间便利,

---

① [德]齐美尔:《社会是如何可能的:齐美尔社会学文选》,第304页。
② [德]齐美尔:《社会是如何可能的:齐美尔社会学文选》,第309页。
③ 《马克思恩格斯全集》第2卷,第300—301页。

成为城市化新增长点之客观依据的理念，完全是一脉相承的，后者对前者的释读和发挥在语义逻辑上是明显一致的。

基于这些客观缘由，恩格斯、齐美尔在诠释社会交往分级化现象的空间机制时，向人们揭示了一个道理：人类在生存空间中形成的交往距离之差异，实际上也是社会成员相互作用在形式和内容方面分级化的结果。社会交往的相互作用在一定空间发生和存在，同时又作为构成空间关系、空间事件与空间形态的驱动力量，空间实践生产着空间，实现着社会生活领域、要素、秩序的空间化配置。人类历史上，伴随生产力每一次划时代的发展而形成的社会关系、结构、体制和运行机理的变化，必然出现的是生存空间的社会性再生产，是对原来空间格局的社会性突破，并使人类的活动空间不断重组、变构、换形。当今，人类活动遍及地球每个角落，呈立体性向广处、深处、高处延伸。社会实践活动的触角深入到地下、深海、太空，不仅在量上扩大了社会影响及其重构生存空间的强度、规模，而且在质上改变了空间再生产的社会方式并给生存空间酿成新的社会特性。这些，使空间的社会化形塑，将出现类似于地球南北极的观察站联系、太空航行的天上秩序、网络交往的空间原则等一系列新的社会化空间样式。它们仍然是人类生存空间的社会化形塑、重构或再生产，只是规模空前宏大，内容空前丰富，影响空前深远而已。

第二节　社会的空间化措置

社会生活及其关系对人类活动空间的实践性建构，当作一种广义的产品，便是社会生活方式在空间的物理性凝固与表征。如果说，空间的社会化形塑，是实践主体按照自身生存要求对空间进行的自为性变构；那么，社会活动的空间性凝固与表征，则是社会生活在空间的物理性定形，是以空间分割、局域形制、环境安排，以及这些要素彼此关联方式，对社会活动、结构、关系、功能、机理等内容形成的自在规定与展现。现实生活与交往中，我们经常遇到一个社会组分现象："物以类聚，人以群分。"其实二者是彼此联系的：群分的人，相应地造成了其所属物的类聚——空间事件的集合与空间特质的接近；反过来，类聚的物——人为空间事件的簇合、属人空间样态的接近，同样规定着其主体社会属性的集结、分类与交往方式的划界，是人之社会性的空间展示。当年恩格斯曾经在英国目睹：在城市的生活空间中，"由于无意识的默契，也由于完全明确的有意识的打算，工人区和资产阶级所占的区域是极严格地分开的"①。这种住宅的阶级划界及其空间形塑，正是受剥削、受压迫的劳动人民与骄奢淫逸的剥削阶级之政治经济文化分野，在空间占有与利用方式上垒起的樊篱。它们将阶级间的矛盾、冲突塑在砖砌石垒的栖居筑造物上，留下了有形与无形的界别，从空间的物质性存在方面凝固和表征着社会生活的大格局。

马克思关于社会主体在空间栖居方面的对象化凝固，有过深刻论述，为我们理解人之社会性的空间规定与表征问题，提供了精准的思维逻辑。他指出："你同人和自然的一切关系，都必须是你的现实的个人生活的、与你的意志的对象相符合的特定表现。"②人类的物质生产"是人的能动的类生活。通过这种生产，自然界才表现为他的作品和他的现实。因此，劳动的对象是人的类生活的对象化；人不仅像在意识中那样理智地复现自己，而且能动地、现实地复现自己，从而在他所创造的世界中直观自身"③。"社会是人同自然界的完成了的本质的统一，是自然界的真正的复活"④。所有这些论述中，马克思都突出了一个中心命题：包括生存空间在内的整个人为世界，人与自然相统一的现实环境及各类空间事件，都是社会实践的作品，是人之生命本质力量的对象化投射与物性复现。人化的自然因而社会化形塑的空间，直呈主体自身的社会规定性，成为主体观照自我的大地之镜，反过来它们又作为既定的现实规制人生。确然，进行这样的逻辑推导与理性、价值研判，我们能从马克思恩格斯的思想中获得诸多的具体支持。

---

① 《马克思恩格斯全集》第 2 卷，第 326 页。
② 《马克思恩格斯全集》第 42 卷，第 155 页。
③ 《马克思恩格斯全集》第 42 卷，第 97 页。
④ 《马克思恩格斯全集》第 42 卷，第 122 页。

一、空间占有呈现社会权益格局

深谙马克思恩格斯空间学说的哈维，十分清醒地意识到：对空间占有和利用方式的背后，是资本权益的社会分割及相关权利的掌控。空间占有的研究表明，空间被个人、阶级，或其他社会团体使用和占据的方式，具有鲜明的差异，乃至被系统化、制度化。空间的支配反映了个人或强大的团体在处理空间关系、距离摩擦等问题时，总是按照有利于自身权益的方式予以安排，表现出一种空间强权。[①]哈维的见解，既为社会化的空间实践所证明，亦在马克思恩格斯关于社会生活空间性记录的论述中深有渊薮，表明了在这一问题上他是对马克思恩格斯空间学说的直接延伸。

空间作为人类生产、生活的要素，必然遭遇各类主体占据中的社会纷争。其被分割的实际状况，一定与社会财富的阶级占有状况相一致，因而空间也将社会的权益关系展示在空间事件及其形态的措置中。马克思指出："凡是自然力被垄断并保证使用它的产业家得到超额利润的地方，不论是瀑布，富饶的矿山，盛产鱼类的水域，还是位置有利的建筑地段，那些因对地球的一部分享有权利而成为这种自然物所有者的人，就会以地租形式，从执行职能的资本家那里把这种超额利润夺走。……这种土地所有权，在和产业资本结合在一个人手里时，实际上可以使产业资本从地球上取消为工资而进行斗争的工人的容身之所。在这里，社会上一部分人向另一部分人要求一种贡献，作为后者在地球上居住的权利的代价，因为土地所有权本来就包含土地所有者剥削地体，剥削地下资源，剥削空气，从而剥削生命的维持和发展权利。不仅人口的增加，以及随之而来的住宅需要的增大，而且固定资本的发展（这种固定资本或者合并在土地中，或者扎根在土地中，建立在土地上，如所有工业建筑物、铁路、货栈、工厂建筑物、船坞等），都必然会提高建筑地段的地租。在这里，要考察两个要素：一方面，土地为了再生产或采掘的目的而被利用；另一方面，空间是一切生产和一切人类活动所需要的要素。从这两个方面，土地所有权都要求得到它的贡赋。""在迅速发展的城市内，特别是在像伦敦那样按工厂方式经营建筑的地方，建筑投机的真正的基本对象是地

---

① 薛毅主编：《西方都市文化研究读本》第 3 卷，第 310—311 页。

租，而不是房屋。"①这里，马克思论及的土地及地体、地下资源和空气等空间元素的剥削性占有，实质上都是对人类生存之空间要素的资本宰制。在资本主义社会中，土地—空间作为生产条件、资源、要素，不同社会主体形成了不同的占有状况和价值关系。农场主占有土地，或作农林牧之用，或将土地出租给其他产业资本家之用；产业资本家拥有或租赁土地，或开采地下资源，或作交通、工业建筑、房地产开发之用，获得地体、资源乃至空气、阳光的使用权利；而广大劳动者特别是工人阶级，诉求土地上安身立命的空间权利只在于有一个做工的场地和一个栖身之所，他们须以出卖劳动力的收入去支付地租、房租，获得些许的空间性生产要素和狭窄、简陋的蜗居条件。更有甚者，即使工人的容身之所如此糟糕，他们仍然还不时受到空间初始占有者即土地主的逼迫和驱赶。情况如马克思所描述的："大地主们只要决定不准在他们的领地上建筑工人住宅，他们对穷人的负担马上就可以减轻一半。那些可以'任意支配自己财产'的地主，凭借绝对的土地所有权，竟能够像对待异邦人那样对待土地的耕种者并把他们从自己的庄园上赶出去。"②而购置或租赁土地的工业资本家，"为了从空间上夺回在时间上失去的东西，就要扩充共同使用的生产资料如炉子、厂房等等，一句话，要使生产资料在更大程度上集中起来，并与此相适应，使工人在更大程度上结集起来"③。

诸如此类的空间权益关系，以及由此衍生出来的空间利用方式，形成的农场、牧场、工厂、矿山、道路交通、住宅、乡村、城市等空间生产和营运样态，都是各社会群体通过其经济力量对空间权益的拥有和实际应用，遂成空间五花八门的社会性形塑。它们不仅使自然空间向社会空间转换，而且让社会权益关系、社会生活格局得到空间的确认、保障、展示和规定，实现了自然空间与社会空间的某种一致，使空间生产为社会权益所支配，使社会权益为生存空间所固化。

---

① 《马克思恩格斯选集》第 2 卷，第 572—573 页。
② 《马克思恩格斯全集》第 23 卷，第 748 页。
③ 《马克思恩格斯全集》第 23 卷，第 521 页。

二、空间栖居寄寓人生品质

空间，当作人类生存的基础与条件，当作被社会生产出来的人的无机的身体和精神生活的某种原型，它展现着主体的本质属性、生命力量和生存样态。正是基于对资本主义空间生产以及社会化空间复现各类主体生存样态的关注，马克思在《资本论》第 1 卷对机器生产的时空分析中，结合工人的劳动、生活情况，专设一节讨论关于占有空间的情况，从空间处所分析了童工的生活惨状："在一所花边学校里，有 18 个女孩和一个老板娘，每人占有 33 立方呎的空间；在另一所臭气熏天的学校里，有 18 个人，每人占有 $24\frac{1}{2}$ 立方呎。"① 而当时"根据伦敦卫生视察员们的共同意见，在卧室或工房中，每个人至少应占有 300 立方呎的空间"②。这就是说，贫困学生被挤压在不到正常生活需要 1/10 的空间里。工人居住空间之恶劣在工业革命初期日甚一日。因为大批农民进城使栖居空间拥挤，而工人住宅租赁又因租客支付能力有限而难达到其他产业的赢利水平，故新建住宅少，拆毁旧房移作他用多。1851—1861 年，"英格兰的 821 个地区拆除的房屋却越来越多……1861 年居民人数虽然比 1851 年增加了 $5\frac{1}{3}\%$，但是他们居住的房屋却减少了 $4\frac{1}{2}\%$"③。更让马克思难以容忍的是，人们勉强栖身的狭小空间，内部情形十分悲惨："这也许是一座破落的茅屋，只有一间卧室，没有火炉，没有厕所，没有可以开关的窗户，除了水沟而外没有任何供水设备，没有园圃，但工人对这种虐待也无可奈何。"④ 那些栖身于蚁穴般空间的人们，全然无法顾及男女老少的空间隔离与起居体面。"已婚的和未婚的成年男女常常挤住在一间狭小的屋子里，这定会使人相信，在这种情况下羞耻心和庄重感被最粗暴地伤害了，道德的败坏几乎是必然的！"⑤ 与此相反的是，那些身家亿万、权重一方的贵族、资

---

① 《马克思恩格斯全集》第 23 卷，第 513 页。
② 《马克思恩格斯全集》第 23 卷，第 514 页。
③ 《马克思恩格斯全集》第 23 卷，第 748—749 页。
④ 《马克思恩格斯全集》第 23 卷，第 750 页。
⑤ 《马克思恩格斯全集》第 23 卷，第 751 页。

本家、豪富，为自己筑造了富丽堂皇的宫殿、园林雅致的豪宅、舒适宽绰的别墅，过着普通人难以企及的天堂般的生活。所以，马克思认为，住在茅屋里的人和住在皇宫里的人，想的问题和想问题的方法是不一样的。人们的社会存在、身份、地位、生活品质等主体性规定，都通过其住宅空间那样真实地集中表达出来。

这种不同空间样态里的不同社会主体的不同生活方式，不仅是社会分化的程度、主体支配财富权力，在空间占有和利用方式上造成的社会化形塑；而且，空间尤其是其基座——土地的占有，还会作为社会分化的结果向加剧这一分化的原因转换，再生产并维系着这种社会分化及相应主体的社会品质。其中，重要的内在机制，就是土地之于其占有者的"人格化"。马克思写道：如同"产品会成为对生产者独立的权力一样，土地也会人格化为土地所有者，也会用后腿站立起来，并且作为一种独立的权力，要求在它帮助下生产出来的产品中占有自己的一份……是土地所有者得到了这个产品的一部分，以便用来高价变卖和挥霍浪费"①。阶级是在经济的土壤中孕生出来的，一旦它的成员在经济空间立足站稳之后，这个空间也就会以一种人格化的力量，维系和强化其主体的社会身份与品格。

生存空间，是栖居者物化的人格、放大的身躯、精神的寓所和立体的生活形象。在谈到空间—栖居与人之社会存在的关系时，海德格尔曾作如是说："'我是''你是'意味着'我居住''你居住'。我是和你是的方式，即我们人据以在大地上存在的方式，乃是 Buan，即居住。所谓人的存在……也就意味着：居住。"②海德格尔从主体的空间居住方式、状况出发，揭示我之所以是我，你之所以是你的现实根据，意在表明人的空间生存方式，规定、体现着人的本旨。虽不能说海德格尔是在直接诠释马克思的见解，但他从人的居住样态——空间存在方式去思考主体的社会属性之根基的致思理路，却十分类似于马克思的理念。人们的空间栖居状况，包括其大小、方位、设施、建筑、气候、生态、交通、服务等质量因素，它们既是社会分层的物性表征，又是生成人们社会差异、社会属性的物质条件，还是维系主体某些社会特质的环

---

① 《马克思恩格斯全集》第 25 卷，第 932 页。
② [德]海德格尔：《海德格尔选集》下册，第 1190 页。

境因素。这里横着一条无声而有形的生活逻辑：那些拥有豪宅数栋的富人新贵，同那些安居尚且艰难的无房者，不可能有同样的生活方式、价值观念和思维方法，因为他们生活在两个无法跨通、不可共语的空间。这是一个难以否定的事实！①

空间与社会人生的内在关联表明：在人的实践作用下，自然空间向社会空间转换；同时是人之劳动、生存的物理空间，向人的社会、政治、精神生活之社会空间的转换。它们在空间现象中镌刻着人与社会、人与自然的多向作用、多重关系、多种品格，映照人的全部生活，以致英国工人运动在反抗资产阶级的斗争中，也对生存空间做了重要的政治区分，那就是恩格斯所肯定的："对宫廷宣战，给茅屋和平！"②这是新兴阶级在空间的社会化、实践性出场；也意味着主体的革命性总是由扭转乾坤的历史运动所造成，其欲火涅槃，伴随着对原有生存空间的社会性解构与重塑。

三、空间样态展示主体的社会存在

当作人类活动形式的空间，是社会主体之身体运动、物质实践、社会交往、生命力量与价值展开的现实场域和样态。空间并非消极容纳人类活动的盛器，相反，人类活动及其造物建构生存的空间，要接受空间的规制。当我们把空间作为社会关系中的人和人的社会关系之凝结与展示时，自然地，要从人对自然亦从人对社会事物的对象性关系，以及这些关系的社会规定性，去考察人为空间形态的社会意义。正如齐美尔所指出的："国家创造的个人或者创造国家的个人之间的结合方式与领土十分密切地结合在一起。"③

马克思早把这样思考问题的学理告诉了我们。他认为，"只有当对象对人说来成为人的对象或者说成为对象性的人的时候，人才不致在自己的对象里丧失自身。只有当对象对人说来成为社会的对象，人本身对自己说来成为社会的存在物，而社会在这个对象中对人说来成为本质的时候，这种情况才是

---

① 《马克思恩格斯全集》第 2 卷，第 312—313 页。
② 《马克思恩格斯全集》第 2 卷，第 587 页。
③ [德]齐美尔：《社会是如何可能的：齐美尔社会学文选》，第 294—295 页。

可能的"①。这段德国式的思辨语言表明，人的生存空间成为属人的对象性存在，径直说，成为对象性的人，是以人作为社会的存在物，以对象成为社会性的对象为条件的。社会从来不是一个非物质、非感性、非时空的抽象物；环绕人类的空间也从来不是一个非实践、非人类、非社会的洪荒世界。相对于空间的社会主体性而言，"人的本质是人的真正的社会联系、社会本质，而社会本质不是一种同个人相对立的抽象的一般的力量，而是每一个单个人的本质，是他自己的活动，他自己的生活，他自己的享受，他自己的财富"②。因而相对于主体的社会化空间，同样是由主体的生产、生活、财富、交往等生命要素、社会事件实践地建构而成。顺着马克思的思路向前推进，我们自然得到三个启示：一是人们必须结成一定的社会关系，才能展开对包括空间在内的整个生存世界的能动作用，才能在对空间的社会性形塑中建构、确认并拥有自己的生命空间。二是人的社会本质寓于单个人的实践、生活、享受、财富等支撑生命活动的现实要素中，这些要素既社会性地又个体性地建构人的空间，从生活场域、文化场域及其物象形态等方面给人以属人的规定性，它们是人的空间性或空间的人性体现。三是空间在何种意义上成为人的存在方式，成为人的对象化或生命力量的投射与复现，取决于由社会赋予人的本质力量，这无论是从认识还是从实践或者从价值关系，都是如此。所有这些问题，一如马克思所深入诠释的："只有在社会中，自然界对人说来才是人与人联系的纽带，才是他为别人的存在和别人为他的存在，才是人的现实的生活要素。"③"对象如何对他说来成为他的对象，这取决于对象的性质以及与之相适应的本质力量的性质；因为正是这种关系的规定性形成一种特殊的、现实的肯定方式。"④"我们看到，工业的历史和工业的已经产生的对象性的存在，是一本打开了的关于人的本质力量的书，是感性地摆在我们面前的人的心理学；对这种心理学人们至今还没有从它同人的本质的联系上，而总是仅仅从外表的效用方面来理解。"⑤"人只有凭借现实的、感性的对象才能表

---

① 《马克思恩格斯全集》第 42 卷，第 125 页。
② 《马克思恩格斯全集》第 42 卷，第 24 页。
③ 《马克思恩格斯全集》第 42 卷，第 122 页。
④ 《马克思恩格斯全集》第 42 卷，第 125 页。
⑤ 《马克思恩格斯全集》第 42 卷，第 127 页。

现自己的生命。"①凡此种种可鉴，我们必须从人的社会联系、从人的本质力量、从人的生命之实践性表达、从人的对象化存在，所构建的感性世界之自然性与社会性、自在性与人为性的统一中，去理解空间的形塑问题，只有这样才能澄清空间社会化、社会空间化的内在本旨，才能更深刻地理解人生活剧的空间上演。

海德格尔以其德国人特有的哲学睿智，如此深究了这一空间问题的奥义："人的存在基于栖居。"②"人与位置的关联，以及通过位置而达到的人与诸空间的关联，乃基于栖居之中。人和空间的关系无非从根本上得到思考的栖居。"③他几乎把栖居当作了人生的根基，把空间当作了生命的躯体，把住宅当作了生命空间的结晶，因而总是在人的"存在—栖居—空间"三点一线的逻辑链条上思考和解释人生的达道。其实，马克思恩格斯又何尝不是如此呢？

恩格斯在《英国工人阶级的状况》之调查研究中，一再关注工人居住的惨境及由资本逻辑造成的社会致因："属于旧曼彻斯特的那几百所房子老早就被原来的住户遗弃了，只有工业才把大批工人赶到里面去；只是工业才在这些老房子之间的每一小片空地上盖起房子，来安置它从农业区和爱尔兰吸引来的大批的人……只是工业才可能把刚摆脱农奴制的劳动者重新当做（作）无生命的物件，当做（作）一件东西来使用，才可能把他赶进对其他任何人都是太坏的住所……所有这些都只是工业造成的。"④恩格斯的研究成果深刻影响了马克思，马克思在《资本论》的写作中，表达了对恩格斯所研究的工人生存空间状况同样深切的关注，并由此展开了对资本主义的土地利用方式、城市建设方式、劳动者非人的空间生存方式的猛烈讨伐。这些研究与批判，确证了马克思恩格斯都一致地从人的生存空间状态去观察社会的病垢、揭示致病的生产方式根源，最终肯定了空间的社会性形塑。我们有充分的理由，从马克思恩格斯关于空间社会化建构的论述中，得出"空间样态展现主体的社会属性"之结论。诚如列斐伏尔所说的，"在即时的、生活的层次上，空间

---

① 《马克思恩格斯全集》第42卷，第168页。
② [德]海德格尔：《海德格尔选集》下册，第1192页。
③ [德]海德格尔：《海德格尔选集》下册，第1200页。
④ 《马克思恩格斯全集》第2卷，第335页。

在所有的方面爆炸，不论其为生活空间、个人空间、学术空间、监狱空间、军队空间或医院空间。在各处人们都理解到空间关系也正是社会关系"①。

这种空间关系与人之社会交往、社会属性的相互对应、相互规定现象，也普遍地存在于当代人的现实生活中。君不见，城市作为当年工业资本主义的图腾，生产、流通和消费的中心，现在依然根据人的资本力量和社会角色分配空间并决定其使用方式，使有个性的个人常因物质条件变为外在偶然的个人，借助支配空间之权力大小而各别地成为社会交往差异化的主体。生存空间作为特殊的产品——商品，有使用价值、交换价值的两重属性。一方面，主体占有生存空间的状况和使用方式，决定其生活质量和生活方式，使其能获得与其空间占有状况相适应的社会权益、身份等次。另一方面，生存空间成为价值——人身的物象符号与信用标志，成为交换的中介与交往的密码，如住宅的大小和区位、职业的社会层级与职位、社会关系网络的规模和效能，甚至儿女就学就业的地理区位等，都成为人的价值尺度和身份符号。在城市居民把空间作为自身生存的环境、场域、基础的过程中，空间则演化为其主体的自我形象、符号和社会面具，并投射和复现其生命本质力量和社会文化人格。主体和空间之间，有一种双向的互建构、互规定关系：主体在塑造空间、刻印自我，把自身对象化、物化、空间化的同时，又接受着社会生产、社会关系所建构的生存空间给自己的多维规定，成为大地之子、城市或乡村之民、社会之角色，把由自然物象、社会形态、生存境况、主体地位、身份背景等空间元素构成的人身特质融入内在世界中。人塑造着空间，但他在既定的空域进行空间生产，他依据社会化空间提供的可能性进行生命样式的形塑和空间的出场、上演。人塑造并拥有特定的空间，特定的空间生长并制约着特定的人。这种主体的空间性和空间的主体性之间的辩证关系，立体地表征着社会的人和人的社会。它们是社会空间化的重要内容。

说到生存空间样态展示主体的社会属性问题，我们还须回到马克思，从他对黑格尔法哲学一个理念的深刻辨析中去领悟其内在机理。马克思数落黑格尔一个十分可笑的理念：在黑格尔关于土地私有权的说法中，"他认为，人作为人格，必须使自己的意志这个外在的自然界的灵魂，具有现实性，因此，

---

① 薛毅主编：《西方都市文化研究读本》第 3 卷，第 28 页。

他必须把这个自然界作为自己的私有财产来占有"。马克思将黑格尔的说法进行归谬推导："如果这就是'人格'的规定,就是人作为人格的规定,那末（么）,由此可以说,每个人都必须是土地所有者,以便作为人格而实现。土地的自由私有权——一种十分现代的产物——据黑格尔说,不是一种确定的社会关系,而是人作为人格对于'自然界'的关系,是'人对一切物的绝对占有权'。"接下来是马克思的批判与反驳："首先,很明显,一个人格不能单凭自己的'意志'硬说自己是一块土地的所有者,而不顾他人也要在这块土地上体现的意志。""此外,'人格'在什么地方确立实现自己意志的界限,他的意志的存在是在整个一个国家内实现,还是需要占有一大批国家,以便'表示我的意志对物的至高无上',这是绝对不能看出的。"再者,黑格尔认为,"'占有完全是零星的；我不能占有比我的身体所接触到的更多的东西,但是,另一方面,外界的东西比我所能把握的更为广大。因此我占有某物时,总有他物与之相联系。我用手占有,但手的范围可以扩大。'但是,和这个物相联系的,又有另一个他物。因此,我的意志作为灵魂注入土地的界限,就消失了。'当我占有某物时,理智立即推想到,不仅我直接占有的东西是我的,而且与此有联系的东西也是我的'"。因此,黑格尔在关于人格与土地占有的关系之理念中,"对土地所有权的实际性质'一窍不通',因为这个概念从一开始就错了,就把一个完全确定的、属于资产阶级社会的、关于土地所有权的法律观念,看作绝对的东西"。[①]马克思在社会主体之人格与土地（空间）之占有的关系问题上对黑格尔的理论究诘表明,社会主体对于他的生存之基——土地、外部空间之占有,首先,是作为一种社会关系来确认与实现的,而非依据个人人格去确认和实现。因为在社会生活中每个人都有自己的人格意愿,在土地—空间之占有上必然产生相互冲突,这就构成了空间占有的社会关系。其次,占有多大空间,或占有怎样的空间,或怎样地占有空间,才算人格实现,这不是由个人人格决定的,而取决于主体所处的社会地位、所属的社会结构、所拥有的经济与技术力量。最后,主体占有了某处土地—空间,而它们又与他物、他空间相联系,主体能否绝对占有与他已占据的某地块—空间相联系的他物呢,还得由主体的社会属性规定。所有这些都表明,主体对土地—空

[①]《马克思恩格斯全集》第25卷,第695页。

间之占有和利用，并不直接由其个人人格决定，而是由那孕育个人人格的社会所决定。这无论是就主体能否占有空间，能占有多大空间而言，还是就主体如何处理所占有空间与相涉他物的关系，如何具体地利用和再生产其空间而言，都是如此，只能由主体处身其间的社会所规定。个人对其安身立命的土地—空间的关系，绝不直接是单个人与外界自然的关系，而是经由个人所属的社会才能形成个人对土地、空间的现实关系。土地、空间的主体占有及其特殊的形塑、利用方式，虽然客观地表征了主体的某种个人品格，但它不取决于人格，而取决于决定个人人格的那个社会，只能是其社会存在的空间物象化。因此，土地—空间的社会化形塑，内在意义的一个重要方面，是由主体之社会规定性、由生成主体人格背后的那个社会，由空间生产者的社会存在，具体而生动地规定着主体的空间生产实践。主体的空间占有、空间实践及其形成的具体空间格局，一定出自主体之社会属性，是社会生成的主体对所占空间进行的社会化形塑。正是基于这样的因果关系，我们才能在社会主体对生存空间的占有与使用方式或状态中，发现它们对主体社会属性的展现。因此，我们绝不能像黑格尔那样，把一个法权理念绝对化而演变为空间占有的决定因素，也不能把土地、空间占有状况对主体人格的表征误认为是人格直接决定主体对空间的占有和利用。这是马克思在批判黑格尔过程中，给我们展示的原理性结论。

四、空间筑造表征社会发展轨迹

马克思依据工业革命不断造成空间重构的历史事实，充分肯定了在社会经济发展的推动下，人类"空间生产"的历时性。他在考察英国工业革命、交通变革与经济活动空间迁转的历史相关性时指出："一条从生产地点通往内地一个人口聚集的主要中心的铁路,可以使内地的一个不通铁路的较近地点，比这个自然距离较远的地点，绝对地或相对地变远。……随着交通运输工具的变化，旧的生产中心衰落了，新的生产中心兴起了。随着运输工具的发展，不仅空间运动的速度加快了，而且空间距离在时间上也缩短了。……交通特别便利的情况以及由此而加速的资本周转（因为资本周转是由流通时间决定的），反过来既使生产中心又使市场加速集中。随着大量人口和资本在一定的地点这样加速集中，大量资本也就集中在少数人手里。同时，生产地点和销售地点的位置还会移动和变迁,因为交通工具发生变化,二者的相对位置也随着发生了变化。"①因此,在环绕人类的生存空间中,"周围的感性世界决(绝)不是某种开天辟地以来就已存在的、始终如一的东西,而是工业和社会状况的产物,是历史的产物,是世世代代活动的结果"②。

当我们充分肯定了空间作为"自然界的社会的现实",由人类的物质生产实践按照社会的状貌不断再生产出来的事实之后,接下来的必然性结论便是:随着物质生产方式的发展变化,以及社会的变革与进步,作为这些物质运动的具体形式,或作为它们的实践成果——人类生存空间的再生产方式及其生成的客观形态,也必然历史地、具体地与人类社会同步发展。这构成了空间对人类社会生活表征和规定的历时性。

一向关注"自然的历史与历史的自然"相一致的马克思,坚持用自然—历史的方法去说明空间的社会化与社会的空间化问题。他特别关注并努力践行的是,对封建社会及其手工劳动与资本主义社会及其大机器生产的空间生产、利用方式的比较研究。马克思认为,封建社会的手工劳动方式,是分散的、小规模的、低效率的,对空间触动不大,活动范围狭小,因而社会生活的地理雕刻是相对狭窄的、浅陋的、纹迹稳定的,对空间的生产、占有和利用,具有鲜明的社会宗法性、地缘闭塞性、历史凝滞性。马克思做过这样的描述和研判:在封建领主占有土地—空间的条件下,生活在其领地的农民、短工、仆人,与环境、空间的关系,除了经济、政治的一面,"同时又有某种感情的一面",形成"人与土地的温情脉脉的关系"。这一切使地产的开发、利用,以及空间的占有与形塑出现了某种"个性化""人格化"特征。社会生活及其主体的"风尚、性格等等依地块而各不相同;它们仿佛同地块连(联)结在一起,但是后来把人和地块连(联)结在一起的便不再是人的性格、人的个性,而仅仅是人的钱袋了"③。这自然是资本力量取代宗法力量而对空间形塑带来的颠覆性变革。

后封建社会空间利用方式出现的历史飞跃,把资本主义机器大工业生产

---

① 《马克思恩格斯全集》第 24 卷,第 278—279 页。
② 《马克思恩格斯全集》第 3 卷,第 48 页。
③ 《马克思恩格斯全集》第 42 卷,第 80、84 页。

对封建手工劳动方式的取代，以及商品竞争的市场经济对宗法社会自然经济的取代，都留在了空间实践的革命中。马克思反复究诘人类文明的这种飞跃，历史地描述了空间生产的社会化变局并揭示了其中的原因。他认为，机器大工业作为资本主义生产和社会发展之"历史与逻辑的起点"，是通过生产资料、工人进而资本在城市空间的大集中而发生的。人、财、物由乡村转入城市，带来了农民向城市的迁移，推动土地之农耕利用向牧业、加工业、城市建筑、交通等产业利用的迁转，推动了城市化的空间生产。许多地方出现了如社会学家斯科特说的那种情况：从资本主义历史的开端起，工业化和都市化的模式总是紧密地彼此盘绕，正如它们也总是一同服从周期性的重构。他为了证明自己的结论，分别提出了19世纪英国的伯明翰、布拉德福、利兹、曼彻斯特、谢菲尔德诸地，伴随工业革命深化发生的城市化空间生产；第二次世界大战后以美国的芝加哥、底特律为代表的城市，伴随大规模工业生产体系之建构而出现的空间重构；还提出了高新技术革命过程像美国的佛特沃斯、丹佛、休斯敦、菲尼克斯等城市，伴随信息化新产业发展而出现的空间变迁，等等。这些空间社会化现象，展示了资本主义历史地理中的特殊结合；它们可以被视为过去两个世纪经济秩序和不同时期、不同地方流行的生活方式的高度凝练。[①]

城市化运动的社会经济要求，是把包括土地—空间在内的各种生产要素纳入工商业资本运作的轨道，通过市场交易实现生产要素的配置，推动生产力的现代转型。这样，便带来了土地—空间占有和利用的资本化、市场化和大量的工业化，人们或以地租方式取得它的使用权，或以购置地产因而兼营地产与工商业而取得土地—空间的使用权。土地—空间的市场流转，带来的经济—社会变革。正如马克思所说的："地产一旦卷入竞争，它就要像其他受竞争支配的商品一样遵循竞争的规律。它同样会动荡不定，时而缩减，时而增加，从一个人手中转入另一个人手中，任何法令都无法使它再保持在少数特定的人手中。"[②]这样，也就破坏了以往乡土社会那种土地耕种和居民生活空间的一致性、稳定性，迫使广大农民背井离乡进城务工，从而"把绝大多

---

① 薛毅主编：《西方都市文化研究读本》第4卷，第246页。
② 《马克思恩格斯全集》第42卷，第87页。

数居民推进工业的怀抱",割断了人们对土地——特定空间的依赖与眷恋。①以往那种依托狭小的自然—社会空间所形成的狭隘社会交往关系,在熟人社会、地缘纽带中维系的乡里乡亲、守望相助、休戚与共的交往方式,以及将家庭伦理关系、情感意识延伸和放大到邻里关系中去的泛血缘风俗习惯,也随着经济的激烈竞争、利益的锱铢必较而沉入市场交易和赢利主义的行为中了,人们学会用货币支付手段来处理各种经济—社会关系。劳动力的市场调配、社群的不断重组与交往意识的更新,必然破坏传统乡村社会生于斯,老于斯的超稳定居制、守土情结和生存空间的闭锁格局,引导并支持人们的空间流动与栖居迁徙,进而引起整个社会生存空间的大变构、大挪移。基于这样的历史景况,社会实践及其交往关系,同生存环境—土地—筑造—栖居等空间因素的多向互动,使任何稍稍留意历史痕迹的人们,都能在产业转移、城乡变迁、道路兴废、建筑更迭、居制革新的历史发展中,看到空间的社会形塑与人类社会生活方式变化两者相互推动的轨迹。空间是凝固化的时间。这历史天空留下的关于不同时期社会结构的物质记载,像一本本展开的历史典籍,将社会变迁以空间形塑方式摄录在其历时性的篇章中。恰如马克思所说的:"在地租方面,历史不仅不给我们现成的土地清册,反而经常把现有的一切土地清册加以改变或全部推翻。"②关于这类问题,只要瞧瞧今日中国之域中,规模浩大的工业化、城市化运动,伴随着土地的市场流转和租赁经营,而对生存空间形成的天地翻覆之变,内中的缘由和机制,就不难理解了。

法国城市社会学奠基人,对马克思空间生产理论、空间社会学有创造性发展的思想家列斐伏尔,曾提出"空间三元素":空间实践、空间的再现、再现的空间,尝试在历史辩证法论域建立一种"时间—空间—社会"的解释范式,认为人类生存空间并非外在于生产关系,其本身就是生产关系的产物和现实载体,同时又反作用于生产关系的再生产和社会形态的演变。秉持这一理念,他科学地认定:"空间的生产,不能够与某种特定的物品、某种商品的生产相比。然而,物品的生产和空间的生产之间,存在着某些关系。后者属

---

① 《马克思恩格斯全集》第42卷,第86页。
② 《马克思恩格斯全集》第4卷,第188页。

于某些特定的团体，它们占有空间是为了管理它、利用它。空间，还有一些其他的东西，都是历史的产物，而且，这里所说的历史，是那种典型意义的历史。空间的学科应该分布在多种层面上。"①伴随空间实践方式变迁而出现的社会发展、生活改观，在空间留下的历史印痕，造成的不同空间社会化形态，也相应地促成了空间观念的历史转型。哈维认为："伴随着从异教信仰向基督教的转变，中世纪人的空间观念经历了一种彻底的结构转型。宇宙空间、社会空间和意识形态空间都被赋予了等级结构。"②哈维描述的空间理念之历史变化，归根结底是空间形塑的社会实践变化，进而整个社会生活的变化在空间生产及其观念上的聚焦。人们通过对空间社会性形塑之经济—文化因的寻根，追踪有关价值、意义之空间象征体系的形成，发现不同的时空形式源自不同的社会实践。这意味着，空间和时间是多维度的和等级的，它们依赖于被观察的各种社会实践的类型。③也就是说，封建社会政治经济权利占有的等级制，必然造成该社会之空间生产和利用方式的等级划界，从而也形成与社会等级相应的空间秩序。以中国封建社会而论，不仅皇帝对皇族成员及各级官员断断续续、形形色色地实行着土地分封制，民间财阀也不能随意兼并土地；而且，土地的利用方式尤其是栖居之所的筑造，从皇城到各级官邸再到民宅，无一不从形制、内外装饰等方面实行严格的等级划分。

基于此，我们必须对资本主义社会发生、演变过程作历史地理学的空间关注和拷问。地域和空间、长期与短期视野之间的辩证对立，更深刻地存在于一个时空维度转换的框架中。这种转变，是"通过时间消灭空间"的资本主义社会空间化运作法则实现的。美国城市社会学家福格尔森认为，"我们如何处理时空压缩，对这个问题的研究揭示了时空经验的转变如何在诸如美学和文化再现这样的领域产生新的斗争，社会生产和再生产的根本过程如何深深地包含在不断转变的时空视野里。时空性的生产既是一般社会过程的构造性和根本性要素，又是创造价值的根本性要素。那一原则跨文化地，并以一

---

① 薛毅主编：《西方都市文化研究读本》第 3 卷，第 53 页。
② 薛毅主编：《西方都市文化研究读本》第 3 卷，第 97 页。
③ 薛毅主编：《西方都市文化研究读本》第 3 卷，第 98 页。

种完全不同的生产模式和显著不同的社会构型保持着。在今天，需要在理论上对如何以及为什么必然会出现那种情形进行说明"[①]。这些情况表明，"特殊的空间实践和社区建设过程——与特殊的文化实践和意识形态倾向相联系——产生于不同的物质环境。经济压迫的状况和社会—政治的统治所产生的空间实践和社区形态风格完全不同于通常在其他阶级氛围中所发现的"态势。[②]回望历史的天空，我们能够很清晰地发现社会变迁如何造成了改天换地之空间形塑的变化。

1840年底，年轻的恩格斯在游历"齐格弗里的故乡"时，曾记录了自己参观不同宗教建筑所产生的一段真情实感："我穿过回声飘荡的哥特式拱形门道，来到教堂前面。希腊式的建筑使人感到明快，摩尔式的建筑使人觉得忧郁，哥特式的建筑神圣得令人心醉神迷；希腊式的建筑风格象艳阳天，摩尔式的建筑风格象星光闪烁的黄昏，哥特式的建筑风格象朝霞。"[③]恩格斯对不同风格的空间筑造，产生了如此丰富而明丽的情感反应，背后的深刻原因是这些建筑的空间形塑，表征了筑造这类空间的那些社会的情态与面容。人类生存的空间设计史表明：空间生产特别是建筑方面的空间形塑，本身受到社会生活、理性认识、审美观念和物质技术条件的制约，它们物性地将这些社会因素及其变化刻录在自身中。

任何建筑的规划、设计与施工，都是依据国家、企业或者个人的经济条件和利益诉求，同时也根据社会的生活方式、各主体间的相互关系和风俗习尚等人类文化学因素，来确定建筑理念和采用物质技术的。因为只有这样才使建筑及其空间形塑，呈现出历时性的社会化形态。回顾空间形塑的建筑史，我们发现：古希腊的宗教空间筑造及其尺度原型，多以放大的人体为样本，这与当时人们对人性的迷惘、对神祇的信仰、对人生的抽象沉思相关，天神的空间描绘投射了地上人世的模样。摩尔式的建筑，与摩尔人的归去来兮相关。作为北非的阿拉伯人，摩尔人是跨海而来的异族，自8世纪起统治安达鲁亚西地区近800年，最后被迫退出西班牙。这种历史渊源，既使摩尔人的

[①] 薛毅主编：《西方都市文化研究读本》第3卷，第136页。
[②] 薛毅主编：《西方都市文化研究读本》第3卷，第314页。
[③] 《马克思恩格斯全集》第41卷，人民出版社1982年版，第139页。

宗教建筑糅杂伊斯兰教和基督教的建筑风格，又让其文明造物散落他乡。其宗教建筑之艺术的复合性与人去楼空的栖居易主，确实让人忧郁不爽，让人感受星光黄昏，追忆无限。整个西方建筑史，其空间筑造的风格转换，总是或隐或现地演绎着社会历史的进步与易容。古罗马的空间生产与建筑充满着凝重、稳定、恢宏的气势，像厚重的石材墙体、巨大的宫殿、压制力强大的穹隆顶等，无一不是现实权力的展示，精神文化力量的表征，是由古希腊对天人关系的沉迷向世俗生活回归的空间——建筑表达。再说哥特式建筑的向度对比与空间连续性：法国、英国和德国的哥特式建筑，大都将墙面的视角效果弱化到最低程度，把各类线条、骨架、装饰都紧张地集合到刺向青天的屋宇尖端，产生一种摆脱地面吸附力、打破横向平衡而垂直向上的天际线景观，形成冲破宁静、沉闷而向上奋斗的空间气势。这些，自然与当时社会推崇天国的神圣，挤压世俗的灵魂、力求现实的超升不无关系。此外，英国的哥特式建筑又不同于其他地方孤立的教堂建筑，其本土社会矛盾和张力渗透到世俗建筑中并主导这些建筑，表现了中世纪城市规划空间叙事的连续性，在社会生活层面，则内藏着缓和神圣天堂与世俗民生、王权贵族与市民社会之矛盾、冲突的努力，在王权之外展示了历史进程的丰富性。再看文艺复兴时期空间建筑形塑的规律性措置。当时出现的大量建筑，一反哥特式空间形塑尺度失衡、突兀无序的状态，而寻求一种合乎基本数学关系的空间配置、规律性秩序，强调对城市建筑空间的理性控制。于是，人们在空间建筑中抛弃了宗教的狂热和种种压抑人性的神性权威与紧张感，开始尊重人身活动的正常尺度与世俗生活的社会需求，空间生产逐渐被注入科学理性与人文精神相统一的意趣。这与文艺复兴运动打倒神性、复苏理性、张扬人性的社会变革，彼此呼应，相得益彰。当代挪威以建筑现象学研究闻名于世的诺伯舒兹主张，人类活动的各类场所，是由物质环境、空间事件、人类行为构成的统一体，具有形态、质感和社会—文化属性。他坚持"重返于物"的现象学方法研究空间建筑的场所精神，明确认定：注重人与自然及人与人对话的科学理性、社会体制与人本意识，取代了人神对话的抽象空间理念，使近代建筑的"宇宙式秩序的意义已退化成具体化的政治、社会或经济结构的空间系统。例如美国城市格子网的平面并不表示任何宇宙论的概念，而是表明一个机会'公开'的世界。这世界是水平式与垂直式地开放。社区水平式扩展，个人的成就借着由标准的地基所耸起的建筑物高度来暗示"①。诺伯舒兹就建筑空间处理方式变迁的这一社会哲学分析,是很有说服力的。此外,我们还将在现代城市建筑的空间形塑中,深刻领悟栖居空间的建构,在满足社会物质生活需要的同时,关注对文明进步、时代精神丰富而具象的表征。现代城市空间设计,注入了生态平衡、环境优化的新理念,这无疑是对工业化造成的空间畸变、环境恶化的社会性纠正。同时,在民居设计和建筑中,人口压力与空间拥挤,也抑制了人们对那些夸富炫贵、规模恢宏、体量厚重之空间栖居的过分追求,而推行一种平实适用、轻松活泼的生活空间。并且,依据电视一类新文化生活方式对家庭居制的影响,以及核心家庭的人口状况,调整了住宅空间布局,扩大了家庭活动中心的客厅面积,缩小了卧室的单位面积,强化了起居单元的个性化与私密性,等等。所有这些,都是现代社会及其生活方式的空间写照与保障。

上述空间生产与历史发展轨迹双向互动、相随发展的事实告诉我们,空间的再现包括所有符号和意义、代码和知识,它们允许这样的物质实践被谈论、被理解,无论是以日常常识的措辞,还是以有时鲜为人知的、研究空间实践包括工程学、建筑学、地理学、计划学、社会生态学等方面的学科行话。②在一定意义上,再现的空间是社会发展的符号化表达,如各类象征空间的物质构造,符号空间,特别是人工环境、绘画、博物馆等,都试图将社会生活的可能意涵尽量渗进各种空间实践,让主体在空间"阅读"中能获取更多的社会文化价值。因此,空间筑造对社会发展轨迹的历时性表征,还深深地存在于不同时期的人们依据自身的社会处所对前有空间筑造的解读中。人们不把地理人文景观仅仅看作物质地貌,而是当作可深入阅读的"文本",从中获得关于民族的故事,关于前人生活方式及其政治理想、道德观念、审美情趣、宗教信仰等方面的信息。在空间者解读看来,象征空间和空间秩序安排的符号学创建了各种必须依据社会进行阅读的文本。③而且,它们不是

---

① [挪]诺伯舒兹:《场所精神:迈向建筑现象学》,施植明译,华中科技大学出版社2010年版,第71页。
② 薛毅主编:《西方都市文化研究读本》第3卷,第308—309页。
③ 薛毅主编:《西方都市文化研究读本》第3卷,第116—117页。

永恒不变的，也非一个空间形塑只有一种可解读的意义。在空间筑造对于社会变迁的赋义和释义的诉求与叙述中，既存在双重编码现象，即一种地理景观可能被另一种表征方式包裹起来，又存在历时性地复读现象，即后继的人们会依据自身的生活方式与社会需要，对先人留下的空间遗产做出当下的重释，多少不一地赋予它们在筑造之初并未明确宣示的社会意义。他们就像今天的故宫游客，更多的是欣赏建筑文化的辉煌，领略皇家权贵的生活，猜想宫闱的秘密，而不会像故宫当年的主人那样拘泥于封建礼教的规范，去理解和对待空间的社会意义。这使地理景观、空间筑造的社会意义解读，多少染上了人们现实生活的色彩，形成社会文化的层层晕圈。它们使空间筑造对于社会生活及其变迁轨迹的表征，不仅见之于空间生产的当时赋义，而且也彰显于后来人对它们的重新释义。此后者，通过对空间形塑的建构性解读，在观念世界具体地、与时俱进地实现着空间筑造对社会发展轨迹的历时性表征。它们与空间的物质生产融于一体，形成了空间的物理筑造和心理构建对社会生活历时性的双重展现。因而，我们在研究和揭示空间的社会逻辑过程中，要深入理解关于特定空间的赋义与释义的社会分歧及语义逻辑的变迁，要注意揭示为什么同样的地理景观对不同的人具有不同的意义，以及它们的意义是怎样被改变、如何被解读的。空间筑造对于社会进步的表达史，同时也是其叙述方式、被言说意义及其语境不断刷新、重构的意义筑造史、空间文化的社会解释史。这要求我们超出空间单纯物理意义的局限，从更广泛的社会、经济、政治、文化视域，提高认识和处理空间社会化生产及当代城市化过程中发生的空间冲突、秩序紊乱、意义模糊等不良现象的自觉性。

第 二 章
社会形态的空间界划

　　人类社会形态演变的科学说明，是唯物史观的重要内容。马克思在自己的艰辛探索中，对此进行了多方面的考察和诠释，为辨识和澄清社会历史形态的特质和演化规律制定了科学范式。在《政治经济学批判》中，他先后从三个方面提出了界划人类历史形态的标尺：一是生产方式尺度。1859年1月他在《〈政治经济学批判〉序言》中描述了社会生产方式的历史演进："大体说来，亚细亚的、古代的、封建和现代资产阶级的生产方式可看作是社会经济形态演进的几个时代。"①二是社会主体生存状态尺度。他在1858年8—10月的论著中谈道："人的依赖关系（起初完全是自然发生的），是最初的社会形态，在这种形态下，人的生产能力只是在狭窄的范围内和孤立的地点上发展着。以物的依赖性为基础的人的独立性，是第二大形态，在这种形态下，才形成普遍的社会物质变换，全面的关系，多方面的需求以及全面的能力的体系。建立在个人全面发展和他们共同的社会生产能力成为他们的社会财富这一基础上的自由个性，是第三个阶段。第二个阶段为第三个阶段创造条件。因此，家长制的，古代的（以及封建的）状态随着商业、奢侈、货币、交换价值的发展而没落下去，现代社会则随着这些东西一道发展起来。"②三是以城乡历史格局为坐标的空间尺度。1857年底马克思在研究和阐释资本主义社会以前"公社的各种形式"时，用黑格尔否定之否定的逻辑式论证了人类社

---

① 《马克思恩格斯全集》第13卷，人民出版社1962年版，第9页。
② 《马克思恩格斯全集》第46卷，第104页。

会演变的历史—空间轨迹:"古典古代的历史是城市的历史,不过这是以土地财产和农业为基础的城市;亚细亚的历史是城市和乡村无差别的统一(真正的大城市在这里只能干脆看作王公的营垒,看作真正的经济结构上的赘疣);中世纪(日耳曼时代)是从乡村这个历史的舞台出发的,然后,它的进一步发展是在城市和乡村的对立中进行的;现代的历史是乡村城市化,而不像在古代那样,是城市乡村化。"①马克思关于人类社会发展历史分期的上述"三个尺度",都出现在他的《政治经济学批判》文稿及其《序言》中,发生于1857年底至1859年初的13个月内,这说明他对问题的思考具有高度的集中性、连贯性,使"三个尺度"存在内在的理性自洽,成为观察和研究人类历史形态视角不同但逻辑一致的解释范式。

在以往的对马克思主义的研究中,人们高度关注了界划人类历史形态的"生产方式尺度""主体生存状态尺度"的诠释,且做了大量工作,论著可谓丰富。而对以城乡空间关系之历史格局为坐标划分社会形态演变的"空间尺度"及其解释机理,则基本上无人问津,使其成了历史发展理论研究的盲区。这对于全面、系统、科学地理解马克思关于社会形态划界的历史学说,对于以其唯物史观之空间理论来考察历史、观照现在、预见未来,尤其是正确理解当下中国如火如荼的城市化运动,已经不能再漠然视之、无限延迟了。

马克思将社会经济方式及整个历史活动都纳入城乡空间关系进行考察,以其为观察和研判人类社会样态的标尺,这自然既是一个深刻而现实的社会本体论问题,更是一个复杂的社会认知辩证法问题。科学理解这一学说,必须把社会发展样态的城乡空间界划,依照马克思的逻辑回置于社会演变的历史过程,从各历史时期之城乡空间的具体形塑,对社会生产方式的反身"生产"及其真实表征,去审察和揭示社会形态演变与城乡空间关系建构的相关律,借以证明其作为历史标识对于社会形态划分的有效性与合法性。

---

① 《马克思恩格斯全集》第46卷,第480页。但在此前的1845—1846年撰写的《德意志意识形态》一书中,马克思就明确指出:"古代的起点是城市及其狭小的领域,中世纪的起点则是乡村。"并从生产力发展和生产方式变迁的角度对此论断展开了历史的诠释。可见其从空间界划说明社会形态变迁是一贯的思想,而且与从生产方式出发说明社会形态的理念是相互贯通的。以上见《马克思恩格斯选集》第1卷,人民出版社2012年版,第149—151页。

第一节　古典古代社会的历史：城市乡村化

马克思认为，人类文明史第一个典型阶段，是古典古代城邦国家及其社会形态展开的历史。"城市乡村化"是这段历史的社会特征和空间形塑，其内在根据是社会结构以土地所有制与金属工具装备的农业生产力为基础。马克思以古希腊、罗马为代表的城邦国家社会形态，亦即奴隶社会的典型样态为蓝本，对其历史发展轨迹进行了生产方式与城乡空间格局相结合的解释。

对此，他的历史发现与认定是："在古代人[希腊人和罗马人]那里，工业已被认为是有害的职业（是释放的奴隶、被保护民、外地人干的事情）等等。生产劳动的这种发展（即这种劳动作为只是为农业和战争服务的自由人的家庭劳动，或者作为为宗教祭祀和共同体服务的工业，如建造房屋、修筑道路、兴建庙宇等等，而从单纯从属于农业的状况中摆脱出来），是必然要完成的，这是由于同外地人交往，由于有奴隶，由于要交换自己的剩余产品等等；这种发展使那种成为共同体的基础的、因而也成为每一个客观的个人（即作为罗马人、希腊人等等的个人）的基础的生产方式发生解体。交换也起同样的作用；还有债务等等。"[①]这一论述，比较全面地展示了奴隶制城邦社会的生产方式及其解体的原因。

在马克思看来，古希腊、罗马人的生产方式，始终是以土地的所有关系为基础的。他指出，"只要对罗马共和国的历史稍微有点了解，就会知道，地产的历史构成罗马共和国的秘史"[②]。他认为，古典奴隶制的城邦国家形式，赖以发生和持存的物质基础，是土地的所有关系、社会成员对土地的占有与使用方式。其立论前提是，在以农业为主导甚至在手工业未被大机器工业生产力取代之前："土地是一个大实验场，是一个武库，既提供劳动资料，又提供劳动材料，还提供共同体居住的地方，即共同体的基础。人类素朴天真地

---

① 《马克思恩格斯全集》第 46 卷，第 495 页。
② 《马克思恩格斯全集》第 23 卷，第 99 页。

把土地看作共同体的财产，而且是在活劳动中生产并再生产自身的共同体的财产。每一个单个的人，只有作为这个共同体的一个肢体，作为这个共同体的成员，才能把自己看成所有者或占有者。"①"土地本身，无论它的耕作、它的实际占有会有多大障碍，也并不妨碍把它当作活的个体的无机自然，当作他的工作场所，当作主体的劳动资料、劳动对象和生活资料。"②作为人类生命活动产生的摇篮，作为一切劳动对象、资料的产出之所，作为一切社会生产的展开场所，土地是人类生命活动的首要前提，是一切物质生产活动得以生成和发展的根本依托。土地作为人类生存的自然前提，其物质承载和产出，对于社会的生成和发展具有先在的预设性。人类总是只能首先依据他们面临的地理环境去展开自己的生命活动，进行与土地空间相适应的各种营生。地理环境，作为人类生存和社会实践的底盘，在很大程度上规定着社会生产方式发展的可能性。这在人类更多地依赖土地产出，对自然作用甚微的手工体力劳动时代，更是如此。基于这样的史实，马克思在考察"资本主义生产以前的各种形式"时，始终以土地所有关系及土地使用方式作为历史分析的基础，因此也就构成了对社会形态划界的以城乡关系为坐标的空间尺度。

马克思把古希腊、罗马城邦国家的经济形式当作从社会原生态演化出来的形式之一。这种社会形式以人类"共同体作为第一个前提"，它不是一般地"把土地作为自己的基础，而是把城市即已经建立起来的农村居民（土地所有者）的居住地（中心地点）作为自己的基础。在这里，耕地表现为城市的领土；不[像在第一种形式中那样]村庄表现为土地的单纯附属物"。"这种家庭组成的公社首先是按军事方式组织起来的，是军事组织或军队组织，而这是公社以所有者的资格而存在的条件之一。住宅集中于城市，是这种军事组织的基础。"③使"这种共同体继续存在下去的前提，是组成共同体的那些自由而自给自足的农民之间保持平等，以及作为他们财产继续存在的条件的本人劳动。他们把自己看作劳动的自然条件的所有者；但这些条件还必须不断地

---

① 《马克思恩格斯全集》第46卷，第472页。
② 《马克思恩格斯全集》第46卷，第475页。
③ 《马克思恩格斯全集》第46卷，第474—475页。

通过劳动才真正成为个人的人格的、他的个人劳动的条件和客观因素"①。社会主体"集中于城市而以周围土地为领土；为直接消费而从事劳动的小农业；作为妻女家庭副业的那种工业（纺和织），或仅在个别生产部门才得到独立发展的工业（古罗马的匠人等等）"②。这种"城市乡村化"的社会空间特征，自然既是当时生产力、生产方式造成的，因而也成为其历史形态的真实写照或空间表达。马克思深刻揭示了这一历史的真实：耕作在古代社会"居于支配地位的民族那里，连工业、工业的组织以及与工业相应的所有制形式都多少带着土地所有制的性质；或者像在古代罗马人中那样工业完全附属于耕作"③。"家庭手工业劳动和工场手工业劳动，作为农业（它是基础）的副业，在古代……欧洲……就是这种自然经济赖以建立的生产方式的条件。"④这些论述，大体揭示了古典古代城邦社会之所以是"城市农村化"社会的内在机制，即既在经济上保持着农业社会以土地农作营生为主的生产方式，又在政治军事方面构建了城邦体制及其社会治理形式。以典型的小农经济方式为历史活动之支撑，以军事要塞与政治辖治相统一的共同体组合形式，把附属于土地的村庄变成了以耕地为领土，以土地所有者为市民资格，以住宅集中为空间格局的城邦国家，生成了城市营生的农业经济内容、农业经济的城市空间形式那样一种城邦社会。这一"城市农村化"的社会空间形制，成了希腊、罗马奴隶制社会之经济生活及其政治模式的空间形态。

希腊城市的农村化，也物象地表现在城市建筑之空间形塑的农村化方面。当代美国城市文化、城市史学家芒福德，十分关注城市空间筑造与社会发展形态的内在联系，在对公元前4世纪的希腊古城建筑考察中发现："到公元前6世纪末，希腊城市已经开始成形，但它的形式尚且带有乡村风味，而且往往是天然形成的，而这个容器中所包含的生活却比容器本身更有意义。至公元前4世纪时……阿蒂卡地区最引以为荣的希腊城市，在其街道布局和建筑

---

① 《马克思恩格斯全集》第46卷，第476页。
② 《马克思恩格斯全集》第46卷，第476页。
③ 《马克思恩格斯选集》第2卷，第25页。
④ 《马克思恩格斯全集》第25卷，第886页。

物等方面，也无非就像一个农村城镇。"①雅典"卫城脚下那一大片零乱的房舍……是用土坯作墙，瓦片作屋顶，有些甚至是用泥巴和笆片作墙，茅草作屋顶建造而成的，全都带有简陋农村的印记"②。此时城市对于乡村的明显的依靠，不仅表现在依靠乡村提供粮食，还表现在需依靠乡村提供上千种生活必需，甚至需要乡村提供精神营养。③城市建筑不仅简陋，且缺少缜密而连续的规划，似乎一切都像农民在水土交互作用中经营农田那样随机、率性和将就：除个体建筑外，没有总的建筑中轴线，没有连续感，没有视觉的渐进，也不追求对称形式，建筑物完全暴露在视野之内，四面都多经修饰，形式随走近时视角的变化而变化。④而罗马城的建筑，其空间布局也更多的是表征着政治、军事权力的要求，未能反映城市经济功能与市民精神的特质。其标志性建筑——罗马帝国广场的空间布局是：从共和广场的轴线中段向西北延伸。其性质成为皇帝们为个人树碑立传的纪念场地；其布局特点是实体与空间转合，极力彰显帝王业绩；其设计手法为轴线对位，柱廊烘托，不断扩大体量的雕塑，表征统治者野心的膨胀；其特点是广场形式由开敞转为封闭，由自由转为严整，形成三度空间艺术组群，建筑物构成巨大空间，辉煌而广阔，明朗而有秩序，彰显城邦国家的严肃政治和统治权威。那些真正属于城市灵魂的内在因素，在广场的空间形塑中则少之又少，这从另一侧面透出了城市之城市化之不足。所有这样一些建构方式、活动空间的分割状态和城市的空间形塑，无不为马克思关于古希腊、罗马城邦社会是城市乡村化的社会之论断，提供了实证。马克思从古希腊、罗马之城市乡村化的考察中，关于人类生存空间与社会经济政治格局相互生成的历史叙述，从发生学角度如实阐明了"空间生产"的辩证法：物质生产创新生存空间及其使用方式与结构秩序，而社会生活空间的形制又再生产出相应的经济政治关系与制度。这是以空间坐标为尺度界划人类社会形态，其合法性的历史底里。

---

① ［美］刘易斯·芒福德：《城市发展史——起源、演变和前景》，宋俊岭、倪文彦译，中国建筑工业出版社 2005 年版，第 169 页。

② ［美］刘易斯·芒福德：《城市发展史——起源、演变和前景》，第 174 页。

③ ［美］刘易斯·芒福德：《城市发展史——起源、演变和前景》，第 182 页。

④ ［美］刘易斯·芒福德：《城市发展史——起源、演变和前景》，第 173 页。

第二节 亚细亚的历史：城市和乡村无差别的统一

亚细亚历史，时长近三千年，在人类社会发展史上既非一个独特的社会形态，也非一个单纯社会地理学现象。而且，马克思在不同的论域对它的赋义与释义也有很大差异，要对它给出一个既符合历史真实，又能贯通马克思前后理念的界定，的确需花些心思和笔墨。在此，容笔者先对马克思给出的"亚细亚的历史是城市和乡村无差别的统一"这一命题的本旨，做出"面对事实本身"的解读，即在对历史的客观过程之回溯中展示亚细亚社会的基本特征。进而从中揭示这一历史时期社会生活的空间实践与空间形塑，之所以呈现出"城乡统一"特征的缘由。

马克思认为，亚细亚初期历史中的社会生产方式，首先是劳动和劳动条件的天然统一。亚细亚公社中的"劳动者把自己劳动的客观条件看作自己的财产；这就是劳动同劳动的物质前提的天然统一。因此，劳动者[甚至]不依赖劳动就拥有客观的存在。个人把自己看作所有者，看作自己现实条件的主人"。这使那"原来囊括一切和包罗所有人的公共财产本身，则作为特殊的公有地与这些数量众多的土地私有者一起存在"。[①]马克思的解释表明，劳动者天然地充当着土地财产的主人，那原本公有的财产便不仅一般地包括公社所有的土地，而且还特殊地包含与土地天然一体的劳动者本身。这样，土地便既为公社共有，又为劳动者个体私有；劳动者既是公社的天然构成主体，又是具有实践个性的本己自我。劳动者进而一切社会主体，都处在与土地及其空间处所的主、客体及公有、私有者两重天然统一中，那分属于不同产业、不同社会主体的城市与乡村的土地及其空间的对立，已经没有存在的条件，处于一体无分状态。自然，亚细亚的这种土地所有关系，只能相对其社会原生态而言，对于进入文明期久长的中后期亚细亚社会，则不复如此。此时的亚细亚社会，其城乡空间格局尚未形成后来城乡二元结构的那种差别与对立。

其次，亚细亚社会是一个超稳定的、自然经济的社会。马克思认为，这

---

① 《马克思恩格斯全集》第46卷，第471页。

是与其物质生产的原地循环、经济的自给自足、社会分工混沌、交往空间闭锁、活动场域稳定相互作用、彼此依存的。"亚细亚形式必然保持得最顽强也最长久。这取决于亚细亚形式的前提：即单个人对公社来说不是独立的，生产的范围仅限于自给自足，农业和手工业结合在一起，等等。"①如此，"生产方式本身越是保持旧传统（在农业中，传统的方式是保持得很久的，而在东方的那种农业与工业的结合中，保持得更久），也就是说，占有的实际过程越是保持不变，那么，旧的所有制形式，从而共同体本身，也就越是固定"②。"因为公社的单个成员对公社从来不处于可能会使他丧失他同公社的联系（客观的、经济的联系）的那种自由的关系之中。他是同公社牢牢地长在一起的。其原因也在于工业和农业的结合，城市（乡村）和土地的结合。"③这里，马克思关于亚细亚社会的超稳定性论述，实际上暗含社会产业结构、经济交往方式、土地所有关系、主体社会身份四者的互关性。产业结构中农业的主导地位及与手工业的混沌一体，决定着劳动者、劳动组织乃至劳动空间的亦农亦工及其相互渗透，且预设着经济生活的自给自足，延滞了城市的商品经济功能及其自身的发展。"真正的大城市在这里只能干脆看作王公的营垒，看作真正的经济结构上的赘疣。"④亚细亚社会这种在经济与政治方面诸多的空间错位，犹如中国封建社会长期存在的"南富""北贵"那样，经济、政治的空间错位不但没有导致城乡对立，反而由于两者的相互依存而使城乡关系达成了一种空间差异化的统一。这种生产方式和社会结构，必然导致亚细亚社会同质化的空间延展和时间推移。

再次，亚细亚社会是一个土地所有与占有相分离的社会："在亚细亚的（至少是占优势的）形式中，不存在个人所有，只有个人占有；公社是真正的实际所有者；所以，财产只是作为公共的土地财产而存在。"⑤即是说，亚细亚的土地归国家或公社所有，但国家与公社对土地的所有并非占有，占有者乃实际耕种或使用土地的人们。土地所有权与实际占有、使用权具有二元性，

---

① 《马克思恩格斯全集》第 46 卷，第 484 页。
② 《马克思恩格斯全集》第 46 卷，第 494 页。
③ 《马克思恩格斯全集》第 46 卷，第 494 页。
④ 《马克思恩格斯全集》第 46 卷，第 480 页。
⑤ 《马克思恩格斯全集》第 46 卷，第 481 页。

其基础是土地可收回的分封制,以及普遍存在的租种制度。人们向土地所有者提供一定的实物地租、贡赋、劳役等形式的剩余劳动,便能获得土地的占用与使用权。这里没有资本主义条件下土地的资本化经营,土地极少进入流通领域当作商品交易,从而发生所有权的转移。这种土地所有关系的主体归属,既形成了亚细亚社会的剥削方式,又把农业生产者、经营者牢牢吸附在土地上,以"生于斯,死于斯"的超空间稳定,阻断了城乡之间的人口流动,化解了城市拓展而对城乡关系形成的空间肢解力。同时,它还把从经济主体之社群归属关系去确定与土地空间的关系那样一种领地空间的社会释义,转换为社会的领地空间释义,即依照人们与土地的关系去确定其社会归属,确认其社会地位、角色与权利。土地对于主体的经济归属性,使它成为主体之社会、政治、文化属性的规定者和表征者。主位上人占有或使用土地,客位上土地孕育人、规范人、标识人。语言学中的能指与所指关系,在亚细亚之人、地关系的"空间句法"中,可以相互置换、彼此表征。社会关系的这种空间实践,使亚细亚为数不多、规模不大、经济功能不强的城市,处于广大农村汪洋大海般的小农经济包围中,消融了城乡关系的空间紧张与对立。

最后,亚细亚社会是一个中央集权、国家高度掌控经济职能的社会。这很大程度上是由亚细亚社会的空间形态决定的,体现出一种地理环境——空间生产与社会关系建构的人文地理辩证法。马克思认为:"气候和土地条件,特别是从撒哈拉经过阿拉伯、波斯、印度和鞑靼区直至最高的亚洲高原的一片广大的沙漠地带,使利用渠道和水利工程的人工灌溉设施成了东方农业的基础。"①"节约用水和共同用水是基本的要求,这种要求,在西方,例如在弗兰德或意大利,曾使私人企业家结成自愿的联合;但是在东方,由于文明程度太低,幅员太大,不能产生自愿的联合,因而需要中央集权的政府进行干预。所以亚洲的一切政府都不能不执行一种经济职能,即举办公共工程的职能,这种用人工方法提高土地肥沃程度的设施靠中央政府办理。"②亚细亚社会的中央政府因国家统一治水、管水的环境—经济需要,实行中央集权,恰如马克思所说的:"在亚细亚各民族中起过非常重要作用的灌溉渠道,以

---

① 《马克思恩格斯选集》第 2 卷,第 762 页。
② 《马克思恩格斯选集》第 2 卷,第 762 页。

及交通工具等等，就表现为更高的统一体，即高居于小公社之上的专制政府的事业。"①早期，中央集权主要是因为治水、防灾等环境及其自然因素要求国家集中经济职能所致。到中后期，亚细亚社会的中央集权则多方面地体现在政治、社会、文化等领域。依中国历史而言，有秦王朝统一六国后书同文、车同轨、思想一统的焚书坑儒等中央政府集权之举；有举全国之力筑万里长城、建阿房宫等超大工程。往后，又有隋朝开挖京杭大运河、明朝建紫禁城之类的超大工程。这类起于经济又不止于经济，形成政府办社会之事、行企业之功的专擅传统，不仅严重阻碍了社会的成熟，而且类似于"皇家监制"的经济集权还多方面阻滞了产业社会分工和城乡经济的社会化进步，经济的市场发育受到严重影响，使城乡关系长期处于宗法一统、皇权管控的混沌状态。"在这里，与这些乡村并存，真正的城市只是在特别适宜于对外贸易的地方才形成起来。"②这是亚细亚社会城乡统一、空间无争的又一重要原因。它以空间的社会形塑直接和间接地表达了封建社会的政治经济活动方式，也成为后者的维系力量，再次展示了人类生存空间的社会形塑与社会形态在实践中的彼此依存与互动。因而城乡空间的历史格局必然成为社会形态界划的标尺。

依据经典作家的诸多论述，笔者认为，亚细亚历史总体来讲，是一个以亚洲地域命名，从原始社会末期一直延续至封建社会末期的漫长历史过程。这是言之有据的。马克思曾明确指出：在亚细亚的所有制形式中"部落内部的共同性还可能表现出来：统一体或是由部落中一个家庭的首领来代表，或是由各个家长彼此间发生联系。与此相应，这种共同体的形式就或是较为专制的，或是较为民主的。……在这里，与这些乡村并存，真正的城市只是在特别适宜于对外贸易的地方才形成起来，或者只是在国家首脑及其地方总督把自己的收入（剩余产品）同劳动相交换，把收入作为劳动基金来花费的地方才形成起来"③。马克思在亚细亚所有制名下，从部落社会讲到农村公社，讲到专制政府，讲到国家首脑，讲到殖民地总督，等等，叙事的时间跨度，

---

① 《马克思恩格斯全集》第 46 卷，第 474 页。
② 《马克思恩格斯全集》第 46 卷，第 474 页。
③ 《马克思恩格斯全集》第 46 卷，第 474 页。

经历了人类历史三个时期即从原始社会末期到奴隶社会、到封建社会、到半封建半殖民地（资本主义）社会的诸多形态。它表明马克思是将亚细亚作一种多形式的制度和跨社会形态的历史去考察和诠释的。马克思还说过："仔细研究一下亚细亚的，尤其是印度的公有制形式，就会证明，从原始的公有制的不同形式中，怎样产生出它的解体的各种形式。例如，罗马和日耳曼的私有制的各种原型，就可以从印度的公有制的各种形式中推出来。"[1]马克思把古印度亚细亚社会的公有制认作罗马奴隶制、日耳曼封建制的"原型"，足以表明亚细亚既肇端于典型奴隶社会之前，又成为封建社会的原点。亚细亚社会形态的非典型性、非单一性、多元复合性，才使其有了顽强的持续过渡性，得以跨越几个历史时期而分别以当下社会形态的方式面世。同时，亚细亚社会的这种复合性、过渡性，使社会发展中城乡空间对立的矛盾没有上升为全社会的矛盾，它们被社会的混沌状态遮盖和淹没了，城乡空间关系大体处于和谐一致的状态。

对此，当代日本著名的马克思主义学者望月清司曾给出了另一种见解：在世界历史的时间序列中，亚细亚、古代世界、日耳曼世界存在一定的时间差，因此可以按纵向联结起来，但是在承认这一点的同时还要看到，马克思是想从原理上将它们视为在空间上异质的文明圈，即所谓三种形式是三种历史空间中的形式。[2]这就是说，在马克思关于历史发展进程之序的论述中，亚细亚社会、古典古代城邦社会、日耳曼封建社会等三大历史形态，从其发生学看，是有先后次序的，具有历时性；但从其持存的地理学看，它们又不完全是前后继替的，更多的是空间中异质的文明圈，是三种历史的空间形态或空间的三种历史形态，具有部分的共时性。而且，其历时性与共时性都是历史发展的客观真实，一者对于另一者，在历史的解释力方面没有优先权，叙述的差别只是针对不同的历史问题而言的。这样去理解亚细亚问题，既坚持了唯物史观的时空统一性，又契合马克思论此问题的空间语境，突显了社会实践及历史叙事的空间辩证法。

---

[1]《马克思恩格斯全集》第31卷，人民出版社1998年版，第426页。
[2][日]望月清司：《马克思历史理论的研究》，韩立新译，北京师范大学出版社2009年版，第349—350页。

第三节　欧洲封建社会的历史：从乡村出发，在城乡对立中行进

封建社会的历史形态既典型又普遍存在，人们对它的认识总的来说共识大大多过歧见，是一种与讨论亚细亚社会完全相反的学术场面。那么，马克思把以"日耳曼"命名的中世纪社会形态，作为人类历史长河中的一个阶段，又是如何从城乡关系的空间格局加以诠释的呢？唯物史观关于生产方式决定社会历史形态的理念，以及人类生存之所的土地空间之占有与使用方式铸造和表征社会生活方式的理念，这两种思想的内在一致，让马克思一以贯之地把它们贯彻到了日耳曼封建社会形态的研究和解析中，使划分人类历史形态的空间尺度具体展示了对封建社会的解释力。

马克思说的"日耳曼社会"之典型意义，乃指欧洲封建社会形成的地理路径或该社会历史过程的空间迁转形态，而非社会历史一个静态的空间形式。日耳曼人，在其由野蛮向文明进发的乡村起点上，历史端头的社会形态处于原始公社解体状态。它在 200 余年的大迁徙、大冲突、大融合过程中，实现了本民族由原始社会向封建社会的历史突进。被它所征服并带进封建社会的罗马人，在文明进程中高于它们一个历史阶梯。日耳曼人入主的西罗马帝国，处在奴隶社会解体时期。它的历史进程和大量蛮族征服文明民族一样，"野蛮的征服者总是被那些他们所征服的民族的较高文明所征服，这是一条永恒的历史规律"[1]。对于日耳曼的历史跃迁，马克思在《德意志意识形态》中做过更具体的说明："封建主义决（绝）不是现成地从德国搬去的；它起源于蛮人在进行侵略时的军事组织中，而且这种组织是在征服以后，由于被征服国家内遇到的生产力的影响才发展为现在的封建主义的。"[2]日耳曼这样一个长期迁徙不定的民族，其军事组织及其作用发挥，是其生产、生活方式的政治延

---

[1]《马克思恩格斯全集》第 9 卷，人民出版社 1961 年版，第 247 页。
[2]《马克思恩格斯全集》第 3 卷，第 83 页。

伸，且有直接的社会经济功能。频繁迁移又经常作战的日耳曼族长期实行"亲兵制""侍从制"，亲兵、侍从以战功效忠军事首领，军事首领供应武器装备、生活给养。日耳曼征服西罗马帝国，占有大量土地并且定居下来以后，其军事首领将抢占的土地以采邑方式分配给属下人员，于是大量连带农奴的土地便以战利品分割的方式给了地位不等的军事人员，由此奠定了从农村出发依然把主要社会舞台定在农村的封建社会基础。这样的经济基础，使原来日耳曼公社那种狭隘的军事首领、部族酋长政治体制无法再适应新的生产方式了，必须建立一整套功能复杂的国家政权组织。与此互成历史机缘的是，日耳曼人中那些早就介入罗马帝国政坛的要员，把从罗马那儿获得的政治智慧和文明成果，自然地用到封建国家的政治建设中来了。这使蛮族人进了政治培训的速成班，步入了政治发展的快车道。

日耳曼人入主高于其历史发展水平的奴隶社会又被征服者所征服的复杂历史事实，以及活动的空间转场，决定了对马克思以"日耳曼"命名的中世纪封建社会的历史形态及其空间实践的理解，无论是社会变迁中的空间生产转型，拟或是社会的空间措置变构，都必须当作一个历史发展过程去分析。其中隐含深邃的历史辩证法，要求我们从社会形态变迁及其持存的过程性、建构性、两极融合的驳杂性，去观察、理解、诠释这一中世纪封建社会形态之空间界划的时代特质。

首先，我们必须如实考察历史出发点的日耳曼社会形态及其乡村原点的空间特征。在马克思笔下，日耳曼社会以乡村为舞台，就土地这一社会生产的空间场所、生产资料及整个历史活动的空间基座而言，其大致情况是："劳动的个人，即自给自足的公社成员，对他们劳动的自然条件的[另一种]所有制形式，是日耳曼的所有制。"① 其公社成员，"也有一种不同于个人财产的公有地，公社土地或人民土地。这种公有地，是猎场、牧场、采樵地……当它必须充当这类形式的生产资料时，是不能加以分割的"②。"因此，公社便表现为一种联合而不是联合体，表现为以土地所有者为独立主体的一种统一，而不是表现为统一体。因此公社事实上便不是像在古代民族那里那样，作为

---

① 《马克思恩格斯全集》第46卷，第478页。
② 《马克思恩格斯全集》第46卷，第480—481页。

国家、作为国家组织而存在，因为它不是作为城市而存在的。为了使公社具有现实的存在，自由的土地所有者必须举行集会。"①这种日耳曼的"公民大会"，促进了公社成员对土地占有、使用的关系，同公社成员之间的经济、政治、文化交往关系，自恰地成为社会有机体的中间环节；使日耳曼社会松散的乡村联系，同一家一户相对独立的土地占有、使用的状况相适应：经济上的家庭独立经营与社会政治文化方面间或的公民大会联结相互依存。"不是个人财产表现为以公社为媒介，恰好相反，是公社的存在和公社财产的存在表现为要以他物为媒介，也就是说，表现为独立主体互相之间的联系。"②这种农村公社的经济方式及其以乡村为活动舞台的社会空间格局，是日耳曼人向封建社会进发的原点。虽然它的文明程度低于奴隶社会，但土地的少量公有和绝大部分的私人占有与使用方式，以及公社成员之间没有形成奴隶社会严酷的等级和对抗，却为日耳曼人在征服西罗马帝国、进入封建社会，提供了一种既能顺当地实行土地私有、家庭经营的经济体制，又能超越奴隶制尖锐对抗的历史便利。因之，日耳曼人开创封建社会形态在空间上以农村为原点，实质上乃是其公社所有制、公民大会政制，以及家庭手工劳动的经营方式，为封建社会的发生学原点。

其次，日耳曼蛮族之所以征服了高出其文明程度的西罗马帝国，有一个复杂发展过程的历史量变作支撑。在日耳曼人征服罗马帝国之前，它已经有了近200年的自身渐变、力量积累乃至一定程度地学习罗马文明的进化过程。这一自行进化过程，就活动场所来说，乃是日耳曼人走出森林，走出蛮荒，走近文明，靠拢城市的空间转场，因而也是蛮族在空间转场中文明进化的历史转场。在原初的"日耳曼人那里，各个家长住在森林之中，彼此相隔很远的距离，即使从外表来看，公社也只是存在于公社成员每次集会的形式中，虽然他们的自在的统一体体现在他们的家世渊源、语言、共同的过去和历史等等当中"③。之后，到了塔西佗时代即1世纪，日耳曼人已永久定居，农业所占比重增加，土地制度开始按公社成员地位分配，社会出现等级分化，有

---

① 《马克思恩格斯全集》第46卷，第480页。
② 《马克思恩格斯全集》第46卷，第481页。
③ 《马克思恩格斯全集》第46卷，第480页。

了早期农村公社马尔克的雏形。日耳曼人由以往的血缘氏族向地域氏族转变，由若干村落组成土地公有私用的农村公社。马克思认为"氏族部落比地区部落古老，而且几乎到处被后者排挤"①。这种历史变迁，实际上内含一种社会结构的时空转换。氏族部落是依血缘建构的，表现为社会组织的纵向延伸，更多地体现着人类生命活动的时间维度。地区部落则依地缘—业缘纽带按并存方式横向建构，更多地体现着社会生活的空间维度。故在日耳曼人的文明进步中，生存空间的拓展与形塑，社会组织、交往关系日益空间化的建构，是空间向度的地域社会不断取代时间向度的氏族社会。这自然是日耳曼人经大迁徙进入西欧后，其社会由于生产力的发展，并受到罗马帝国私有制影响所发生的故事。原来的氏族公社很快发展成土地公有私用的马尔克组织，向土地私有制社会过渡。

与此同时，自公元前2世纪以来，日耳曼人在与西罗马人不断激化的冲突中，社会生产力得到长足发展，金属加工技术普及全境，人们掌握了铁器的热锻、冷锻、熔接和铆合工艺，农村公社已经有能力快速地把森林辟为耕地，农业开始向犁耕文明转变。这种生产方式及其农耕文明的进展，表现在社会的空间实践中，则是社会主体对地理环境开发利用的深度和广度日益拓展，对不同土地空间的适应性以及活动地域的稳定性大大增强。其空间生产和利用方式，逐步形成了吸纳、创造、承载、存储高密度文明因素的社会条件。伴随与罗马帝国广泛的冲突性接触，大量罗马文明因素不断浸润日耳曼社会，形成了两种人、两种社会制度、两种文化互相作用的历史过程。它为日耳曼人最后通过军事胜利，消灭罗马帝国，进而对其奴隶社会予以革命改造，解构自身的氏族组织，跃进封建社会，奠定了现实可能性。

最后，日耳曼人构建的封建社会，是一个工商业与农牧业、城市经济与乡村经济、因而空间的城乡关系不断形成矛盾冲突的社会，历史由农村出发向城乡二元结构的转场，多方面地造成了城乡对立的空间冲突。

其一，欧洲进入封建社会本来就是通过两个途径实现的。一是东罗马帝国通过和平方式由奴隶社会过渡到封建社会；二是日耳曼人通过武力方式灭了西罗马帝国，限制了原有工商业和手工业的发展，而使日耳曼人的传统农

---

① 《马克思恩格斯全集》第46卷，第479页。

业成了社会经济的主体,封建庄园经济模式改造了原来的马尔克经济模式,并重塑了城市的工商业。进入封建社会的这一通途,必然地在空间实践中埋下了城乡对立的矛盾。社会发展史表明:欧洲中世纪历史的起点在日耳曼人那里之所以由城市转到了乡村,是因为其驻足立命的农村原本地广人稀,居住分散,征服者的入侵并没有使人口大量增加、生产方式因而生存空间彻底改变,这种起点决定了历史形态的惯性转移。与希腊、罗马原来的城邦制情况相反,封建制度的发展是在一个宽广得多的地盘上开始的,这个地盘是由罗马的征服,以及起初与此有关的农业的普及所准备好了的。随着封建制度的充分发展,土地占有的等级结构及与之有关的武装扈从制度使贵族掌握了支配农奴的权力,整个社会便在乡土世界长期运行。①应当说马克思对封建社会的日耳曼进程,提供了以生产方式为基础的空间解释范式。

其二,日耳曼人把封建制度铺向欧洲大陆后,社会分工和资源配置的城乡分化加剧,经济、政治、文化生活轴心转入城市。这不仅改变了原来"日耳曼的公社并不集中在城市中"的历史旧貌,而且"由于这种集中(即集中在作为乡村生活的中心、作为农民的居住地、同样也作为军事指挥中心的城市中),公社本身这时便具有同单个人的存在不同的外部存在"。②主体的社会空间——那有别于个人存在的"外部存在",即群体之社会性实践、社会性交往的空间存在,不仅是主体社会性的丰富与发展,更是社会关系、组织的成熟与完善。马克思从人们实践的社会性及社会关系对生存的空间方式之特定的生产与建构,去认识和解释社会形态及其主体属性,而非从人的内部世界去考察人的本质和社会形态,充分展示了历史观的实践唯物主义精神。在马克思看来,城市是人口、生产资料、资本、享乐和需要的集中;与之相反的乡村则处于孤立和分散。这种经济空间的对立,是劳动者屈从于分工、被迫从事某种专门活动的鲜明表达,它们把一部分人变成受局限的城市动物,把另一部分人变为受局限的乡村动物。③这一从社会分工引出经济资源配置、主体生活方式之城乡分化的论述,为我们从社会空间方面去认识和说明人类

---

① 《马克思恩格斯全集》第 3 卷,第 27 页。
② 《马克思恩格斯全集》第 46 卷,第 479—480 页。
③ 《马克思恩格斯全集》第 3 卷,第 57 页。

历史发展阶段的特质，展示了一种实践唯物论的元叙事方法。

其三，日耳曼封建社会的城乡对立，乃是其社会二元结构的空间表征，是城乡之间在产业结构、社会政治文化及其居民主体性差异的空间界划。马克思认为，"古代人一致认为农业是自由民的本业……在农业中民族的古老部落保持着自身，而在居住着外地商人和手工业者的城市里这个民族便起了变化，同样，土著居民也被吸引到有利可图的地方去"[①]。这表明，自然经济中的农民，趋于环境、作业、生存方式的自我重复，经济的自给自足、不假外求，在空间实践方面造就了安稳、封闭的传统乡村。而易地进城营生的商人和手工业者，必定改变原来消极顺应环境的保守状态，更注重商品交易、经济竞争与财富增加的机遇寻求、环境选择和场域营建，注重人财物的集中、重组与流动，这自然塑造着城市世界的空间特质。城乡经济方式的差异是其社会空间疏离、对立的必然致因，它们使封建社会的发展必然在城乡对立中进行。

第四节 现代历史："农村城市化"

马克思所谓的"现代的历史"，相对于我们今天而言应是近现代的历史，即资本主义随同工业化以来的社会发展时期。其典型社会形态是在大机器工业生产力基础上的资本主义社会和正在顽强发展的社会主义社会。人类社会这一历史发展时期，其空间实践及社会形态的空间样式之所以是"农村城市化"，完全是生产力工业化、社会分工与协作深化、经济市场化、经营资本化，以及科学技术、交通现代化的必然要求和产物。

马克思在谈到大工业与传统手工业的社会差异时指出："古代人从来不曾超出道地的城市手工艺的范围，因此从未能造成大工业。大工业的首要前提，是把全部农村纳入不是使用价值而是交换价值的生产。玻璃厂、造纸厂、炼铁厂等等，是不能以行会的方式经营的。它们要求大规模的生产、广大市场

---

① 《马克思恩格斯全集》第46卷，第478页。

的销路、操在企业家手中的货币财富。"①他充分肯定了工业化生产力的组织单元必须是超出手工作坊狭小规模的工厂制企业，生产力的运行空间急剧扩大，同时肯定了农村的商品生产，必然随同大工业的城市集中而形成生产空间的城市化转移。

乡村城市化，作为生产方式变革的空间产物有其内在必然性：先于工厂而又孕育工厂的手工工场的产生，在为出口、为国外市场而大批生产的地方快速发展起来，它们既产生在大宗海陆贸易的基地、贸易中心地，又助推了这些地方的经济集中和空间拓展、市场扩大、环境改善，如意大利的君士坦丁堡、弗兰德，荷兰的阿姆斯特丹，西班牙的巴塞罗那等。并且，受到对外口岸、商贸中心之经济运行空间接触律、吸引力的作用，工场手工业不仅抛弃了自给自足的传统而加入商品市场，同时那些直接服务于航运、贸易、工厂生产的如造船、铁木工业、建筑业等，因在地经贸中心的大规模需求，也相应地改变了原来小作坊的手工生产方式，转向工厂制生产。②而当工业的工厂化机器生产在城市集中发生以后，便与它的母体——手工作坊有了竞争的优势。手工作坊的狭小空间不能实现大规模、高水平的分工与协作，不能推动生产要素的社会化组合；手工劳动方式限制了科学技术的大机器运用与自然力的深度开发、利用，所以生产率水平低下；而简单的行会机构更是不敌大工厂、大公司所具有的系统掌握信息、捕捉市场机遇和应对风险的自组织功能。这些，决定了城市大机器工厂生产方式，与广大农村的手工劳动及其作坊模式，不能长期并存，前者必然被后者所改造、所同化、所吞没。这样的经济趋势和结果，必然造成经济空间大规模的农村城市化。

城市化的大机器工厂生产，必然带来大批劳动力离乡进城，催生为工厂生产、为市民生活服务的大量次生企业，再次地把农村的家庭工副业、作坊手工业吸引进城市，造成人口、生产企业、资本要素的城市化聚集。恩格斯从英国城市化过程深刻关注到了这一现象："大工业企业需要许多工人在一个建筑物里面共同劳动；这些工人必须住在附近，甚至在不大的工厂近旁，他们也会形成一个完整的村镇。他们都有一定的需要，为了满足这些需要，还

---

① 《马克思恩格斯全集》第46卷，第515页。
② 《马克思恩格斯全集》第46卷，第515页。

须有其他的人,于是手工业者、裁缝、鞋匠、面包师、泥瓦匠、木匠都搬到这里来了。这种村镇里的居民,特别是年轻的一代,逐渐习惯于工厂工作,逐渐熟悉这种工作;当第一个工厂很自然地已经不能保证一切希望工作的人都有工作的时候,工资就下降,结果就是新的厂主搬到这个地方来。于是村镇就变成小城市,而小城市又变成大城市。城市愈大,搬到里面来就愈有利,因为这里有铁路,有运河,有公路;可以挑选的熟练工人愈来愈多……这里有顾客云集的市场和交易所,这里跟原料市场和成品市场销售有直接的联系。这就决定了大工厂城市惊人迅速地成长。"①这种由工厂制大机器生产所带来的三大产业在城市的快速聚集,使大机器生产方式"建立了现代化大工业城市(它们像闪电般迅速地成长起来)来代替从前自然成长起来的城市。凡是它所渗入的地方,它就破坏了手工业和工业的一切旧阶段。它使商业城市最终战胜了乡村"②。这些从经济发展、生产方式变迁出发来解释农村城市化现象,来说明资本主义工业革命以来人类生存空间的城市化形塑,进而从空间实践来说明社会历史形态的观点,实质上是对生产方式决定和标识社会形态这一规律的另一种方式的表述,最终仍然统一于从生产方式出发去解释历史形态的唯物史观。

在马克思关于"现代的历史是乡村城市化"的理念中,大机器生产方式与乡村城市化命题之历史逻辑关系的建构,又与他对空间之城市化利用机制的揭示密不可分。他认为,是大机器生产力"建立了现代的大工业城市——它们的出现如雨后春笋——来代替自然形成的城市……它使城市最终战胜了乡村"③。机器大工业对生产资料、工人和资本的工厂制集中,对人财物流通的市场集中,对交通枢纽建构的地理集中,对信息生产、传播与利用的社会文化集中,最终是所有这些要素的城市化空间集中,使农村政治经济文化要素大量向新旧城市转移,要求扩展城市空间。但社会对空间的城市化利用本身不可能完全摆脱空间对人类实践的制约,如城市建设受到建筑高度的限制,就迫使人类从广度方面扩大城市规模与增加城市数量,进而加剧乡村城

---

① 《马克思恩格斯全集》第2卷,第300—301页。
② 《马克思恩格斯全集》第3卷,第68页。
③ 《马克思恩格斯选集》第1卷,第114页。

市化程度。马克思有这样的解释:"在生产力发展的一定阶段上,总是需要有一定的空间,并且建筑物在高度上也有它一定的实际界限。生产的扩大超过这种界限,也就要求扩大土地面积。"①这种情况,成了世界城市化持续发展、城市规模不断扩大的重要内驱力。经由大机器工业生产力发展的持续推动,世界性的造城立市运动加速了空间的城市化生产。19世纪40年代以来,资本主义发达国家的工业生产力发展,工人队伍急剧壮大,社会经济要素快速的空间集中,伴之以交通、通信条件的改进,创造了许多工业中心,把大批穷乡僻壤变成了商品交易繁荣、人财物如潮涌动的城市。在这种工业魔杖的驱使下,近200年的造城运动,令全世界城市数量增加,规模扩大,空间紧张,整个人类社会运动的中心点都扎进城市。像美国的芝加哥、底特律,中国的北京、上海、香港、广州特别是深圳等爆发式扩展的城市,一个多世纪甚至三十余年,城市人口十倍、数十倍地增长。相应地,城市面积急剧扩大,伴随建筑物的普遍增高城市空间立体式膨胀。

农村城市化的空间变迁,是通过市场经济对自然经济的改造实现的。社会生活的城市化,必然是经济的市场化,前者为后者提供空间,后者为前者提供动力与内容,以此形塑和扩大了城市空间。这一过程伴随着货币向资本的经济转化:"货币转化为资本的方式,在历史上往往非常明显地表现成这样:例如一个商人委托许多以前以农村副业的形式从事纺织的织工和纺工为他劳动,把他们的副业变成他们的本业。结果,商人就把他们掌握在自己手里,并把他们作为雇佣工人置于自己支配之下。后来又使他们离开家乡,将他们联合在一个作坊里——这是第二步。很明显,在这个简单的过程中……商人所做的一切,只是逐渐把他们限制在这样一种劳动形式之内,这种劳动形式使他们依赖于出售,依赖于买者,依赖于商人,最终他们就只是为他而生产,并通过他而生产。"②货币向资本转化,如同一只巨大的看不见的手在推动农村城市化,若从城乡空间转换来看这一现象,那就是马克思说的土地的商品化流转、地租化经营。"只有在城市工业的发展和由此产生的社会组织迫使土地所有者只去追求商业利润……教他把自己的土地所有权看成仅仅是一架为

---

① 《马克思恩格斯全集》第25卷,第880页。
② 《马克思恩格斯全集》第46卷,第514页。

他铸造货币的机器以后，才可能有地租。地租使土地所有者脱离土地，脱离自然……是将田园生活卷入历史运动的动力。"①历史上，"城市和乡村的分离还可以看作是资本和地产的分离，看作是资本不依赖于地产而存在和发展的开始，也就是仅仅以劳动和交换为基础的所有制的开始"②。城市的资本家正是凭借土地的资本化运作，迫使庄园主、小农生产者放弃了土地、离开了土地，从而"消灭手工业劳动、劳动的小土地所有制"③，为城市发展提供了大量土地和丧失了土地耕种条件的劳动力。这既为城市扩大拓展了空间，又使传统的乡村空间烙上城市的章纹，并被纳入城市经济政治文化圈而被城市化。

这一过程，奠定了"资本的历史条件之一"，即"一部分农村居民的被剥夺和被驱赶，不仅为工业资本游离出工人及其生活资料和劳动材料，同时也建立了国内市场"④。城市化过程成为与经济市场化、生产工业化、劳动方式工厂化、土地经营资本化相统一的历史过程，正是农村城市化能作为资本主义或现代社会形态之空间界划最为深邃的底里和根据。它们同时实现着生产力、生产关系、生存空间利用方式的互动性变革，奠定了资本主义经济形态的逻辑起点，即"较多的工人在同一时间、同一空间（或者说同一劳动场所），为了生产同种商品，在同一资本家的指挥下工作，这在历史上和逻辑上都是资本主义生产的起点"⑤。资本主义社会发生史的真实是："资产阶级反对封建贵族的斗争是城市反对乡村、工业反对土地占有、货币经济反对自然经济的斗争。"⑥大工业生产促使超级大城市的形成，使城市人口比农村人口大幅增长起来。而城市的自我衍生又反作用于当初催化城市发展的大工业，诚如列斐伏尔所指出的那样："工业化，曾经是都市活动的生产者，现在正反过来被其所生产……当我们用'都市革命'时我们指转型的整体，这种转型贯穿于当代社会并且引起了从经济发展和工业化问题占统治地位的时期向都市问

---

① 《马克思恩格斯全集》第 4 卷，第 185—186 页。
② 《马克思恩格斯全集》第 3 卷，第 57 页。
③ 《马克思恩格斯全集》第 46 卷，第 515 页。
④ 《马克思恩格斯全集》第 23 卷，第 815—816 页。
⑤ 《马克思恩格斯全集》第 23 卷，第 358 页。
⑥ 《马克思恩格斯选集》第 3 卷，人民出版社 1995 年版，第 507 页。

题具有决定性意义的时期的转变。"①近代以来，世界人口生态的空间格局表明，乡村城市化的速度愈益加快。据统计分析，全世界总人口 1930 年达到 20 亿人，1960 年达到 30 亿人，而城市人口则从 1920 年的 1.06 亿人增加到 1960 年的 3.54 亿人，增幅达到 247%。②城市人口增长速度高于人口自然增长速度近 4 倍。城市人口的剧增，是通过原有城市规模扩大和新城市建设作为空间条件实现的。1950 年，全世界 10 万人口以上的城市有 484 个，1970 年增至 844 个。100 万人口以上的大城市在 1950—1980 年由 71 个增加到 234 个。根据美国《全球 2000 年报告》，新兴经济体国家和地区有 400 个城市突破了 100 万人口大关。发展中国家城市化增长的势头有增无减，持续而迅猛。随着改革开放深入和经济的快速增长，中国 1999 年的城市已经达到了 666 个，比 1980 年增长了 3 倍，其中特大城市和大城市 75 个。③人类进到了 21 世纪，世界城市化进程没有"刹车"，当代世界必将是城市化的世界。总的趋势是城市越来越多，规模越来越大。它根本性地、大规模地改变了历史遗留下来的城乡生态空间，使整个人类的空间环境被城市化运动形塑，以往城乡二元结构的社会空间，变为城市主导乡村的格局。此种城市化进程正在我国发生，既是社会进步的福祉，也内生着自然退化的危机。近 10 多年来，我国每天消失 80 个村落，城镇化率每年都在以 1.36 个百分点快速增长，城镇化率已相当于世界平均水平。④但是，其中的社会体系和自然生态建设明显滞后于城镇化步伐，成为社会摩擦系数增大的重要原因之一。人类面临城市化的巨大诱惑和压力，困惑迫使先行者开始寻求进入"后都市时代"的通道。对此，正与城市化"热恋"的国人，是否也需有"他者"思维或"另类"筹划呢？然而无论如何，马克思对于人类社会形态之空间界划的思想原则如：从生产方式出发解释空间实践的社会逻辑；从空间形塑与社会生活方式的互关律出发解释城乡空间格局对社会形态的规定与表达机理；从人类历史活动的

---

① 薛毅主编：《西方都市文化研究读本》第 4 卷，第 238 页。
② [美]贝利：《比较城市化：20 世纪的不同道路》，顾朝林等译，商务印书馆 2008 年版，第 80 页。
③ 秦奋：《世界城市化发展趋势》，《决策与信息》2009 年第 2 期。
④ 赵晓林：《拯救中国村庄——中国 10 年消失 90 万个自然村 村落价值堪比长城》，《济南日报》2012 年 6 月 7 日。

时空统一性及其不同方面的时空侧重性相一致的原理出发，解释社会形态及其实践活动的时代特色和转换机制；从城乡关系之空间格局变迁规律出发解释社会形态演替的历史逻辑；等等，都是我们在深化唯物史观研究，探讨中国特色城市化道路过程中，必须认真思考、深入理解和科学对待的。它们是马克思留给我们的一份尚需深度开发、利用的宝贵思想遗产。

第 三 章
空间的生产与生产的空间

  人类物质生产实践是人与空间发生关系,实际地改变空间、改变人与空间的关系,进而改变空间思维方式的根本基础。事实表明,在人类发展史上,"'每一个可能的世界都具有自己的独特空间结构',而每一个与众不同的社会构型都有自己的独特时空结构和与众不同的运动规律"。社会实践和过程的差异产生了空间的差异,产生了不同的空间法则。[①]社会物质生产是构成社会空间的原动力和原型。随着生产力及其科学技术划时代的发展,人类生活的空间关系和思维方式也相应地发生深刻变革。自然经济时代,人类的空间实践牢牢地附着于狭窄的农牧业土地上,与自然界进而与社会成员相互之间发生狭隘的交互关系,其空间思维也相对封闭而保守,对自然表现出一种无奈又带有几分畏惧的崇天敬地意识和天道管制人道的社会生活秩序原则,大众有一种与天地浑然一体的空间幼稚思维。工业革命以来,人类凭借科学技术与大机器生产力,以高速、便捷的交通工具征服了距离的遥远,以大面积、大规模、深层次的方式改变着地表景观,并且通过社会分工及其对生产要素的重组改变了人类的栖居方式,生产了大片与往日农村、乡土社会截然不同的工商业城市,加上世界市场的开拓和交通、通信手段的工业化,人类与自然空间的关系发生深刻变革。生产实践创造的人为空间大规模地改写了原生的自然空间,以世界为舞台的空间活动格

---

  ① [美]戴维·哈维:《正义、自然和差异地理学》,胡大平译,上海人民出版社2010年版,第288页。

局取代了原来安土难移的狭窄空间模式,生命活动与人类历史世界化。由此,被人类社会物质实践所建构的新的生存空间理念,开始在一些先进的科学家、思想家头脑中萌发出来,并有了一些具象的叙述,马克思的世界历史观是这一空间结构变迁及其观念反映的科学概括。历史推移到了当代,人类的实践凭借高强度、高精度的现代科学技术,空间生产力极大提升:高速交通能让人们在全球范围建立 12 小时生活圈,地球上不再有陌生的蛮荒之地;人工生产、重组空间的力量空前增强,不仅能实现沧桑之变,而且大规模地实行空间的城乡重构,新兴的现代大都市连片崛起带出了世界性的城市化运动,城市空间建构成了当代人类空间格局的基调。同时,人类的足迹踏上太空、月球,进入两极、深海,并借助科学仪器让人的感知能力切入微粒子世界。人类行为空间的高度、深度和广度非以往任何时代可比,广度达至 200 亿光年之远,深及数千米海底世界,精微度达到一般显微镜下不可见的微粒子世界,"可上九天揽月,可下五洋捉鳖"不再是诗词咏叹!而且,在爱因斯坦相对论的说明中,时空随着物质运动的变化在极高速情况下发生"弯曲",空间远不是一个经典力学描述中的不变形式。空间由具体的空间事件所组成、所建构,随物质运动的不同而改变。人类的物质生产力及其生产关系、社会关系,作为空间实践的社会内容,它们既成为生产和建构空间的力量,又被空间所建构和形塑。因此,当代人类的空间实践、社会生活的空间结构,作为一种实践性的存在,必然孕育和生发出与之相适应的当代空间思维。当然,社会主体作为空间因素处于空间事物的相互作用中,基于这种相互作用,空间特征才得以作为相互作用的某些属性表现出来,才作为关系中事物的质和事物质的关系,生产、维护和规制着空间的因素,包括社会的空间和空间的社会。从这种意义上思考空间,它便是空间事物存在论、功能论和意义论的统一。

当我们把空间和人类物质生产问题联系起来思考时,就不能离开对马克思恩格斯相关理论的回顾。马克思恩格斯的空间学说,有一个基本的理念必须深入理解并一以贯之,那就是他与恩格斯在《德意志意识形态》中明确提出的关于"自然的历史与历史的自然"相一致的思想。在他们看来,"历史可以从两方面来考察,可以把它们划分为自然史和人类史。但这两方面是密切相联系的；只要有人存在，自然史和人类史就彼此相互制约"[①]。马克思在论及"人们为了能够'创造历史'，必须能够生活"的唯物史观基本问题时，特别加上了一条边注："黑格尔。地质学、水文学等等的条件。人体。需要，劳动。"[②]这里透露了一个十分重要的思想，即马克思在对唯物史观基本问题的思考中，在借鉴黑格尔历史辩证法的同时，划出了一条优先思考地质、水文等自然空间问题，然后进到人的自然存在与生理进化；最后由人的生存需要及通过生产劳动对需要的创造与满足而引发人与自然之关系的变化，这样一种由自然而人、而社会、而历史的逻辑路线。这种由自然出发的历史思维，使马克思把唯物史观的基石奠定在人对自然的实践关系——生产劳动中。他认为，在大机器工业生产力诞生之前，人与自然之关系在实践和认识的两个方面都有一个不展开的状态："这里和任何其他地方一样，自然界和人的同一性也表现在：人们对自然界的狭隘的关系制约着他们之间的狭隘的关系，而他们之间的狭隘的关系又制约着他们对自然界的狭隘的关系，这正是因为自然界几乎还没有被历史的进程所改变。"[③]显然，这里所谓的"狭隘的关系"，首先是一个空间不展开，接触面窄，生产内容片面，作用范围局限，规模细微的空间问题；是一个社会交往空间与人在生产实践中对自然进行物质、能量变换的空间之同一性问题。马克思批判了把历史与自然对立起来的态度，指出"历史的自然和自然的历史"是相互统一而非彼此对立的。"如果考虑到，在工业中向来就有那个很著名的'人与自然的统一性'，而且这种统一性在每一个时代都随着工业或快或慢的发展而不断改变，就像人与自然的'斗争'促进生产力在相应基础上的发展一样，那末（么）上述问题自然也就不存在了。"[④]基于这样一种从人与自然之历史地、具体地在实践中不断达成统一的"自然—历史"观出发，马克思在物质生产维度展开了对空间问题的思考和解释，揭示其中的哲学意蕴。

---

① 《马克思恩格斯全集》第 3 卷，第 20 页。
② 《马克思恩格斯全集》第 3 卷，第 31 页。
③ 《马克思恩格斯全集》第 3 卷，第 35 页。
④ 《马克思恩格斯全集》第 3 卷，第 49 页。

第一节 "空间生产"的解读

支持马克思从人与自然的实践关系去理解空间现象,把自在的天然空间变成人为的、属人的社会空间,进而作为经济活动要素的空间去理解的,是马克思的实践唯物论。

在《关于费尔巴哈的提纲》和《德意志意识形态》两著作中,马克思把劳动生产实践提到理解外部世界的基础性地位,指出:"这种活动、这种持续不断地感性劳动和创造、这种生产,正是整个现存的感性世界的基础。"①他揭露了直观唯物论的思想缺陷:"从前的一切唯物主义(包含费尔巴哈的唯物主义)的主要缺点是:对对象、现实、感性,只是从客体的或者直观的形式去理解,而不是把它们当作感性的人的运动,当作实践去理解,不是从主体方面去理解。"②鉴于人类的物质生产劳动成了整个环绕人类之感性世界的基础,逻辑的结论,必然要从人的主体及其活动方面去理解世界。这样一来,在马克思的世界视域中,便出现了一个逻辑难题:"先于人类历史而存在的那个自然界",在人迹遍布地球的今天"任何地方都不再存在",人化自然已是当今人类生活面对的真实世界;但即使是"在这种情况下,外部自然界的优先地位仍然会保持着"。③由此,出现了自然人化的实践在形成人类感性世界过程中的基础性地位,同人化自然对人类生存的优先性地位,两者如何统一的问题。

实现上述两者统一的途径,仍然只能到人类的物质生产实践中去寻求。在马克思看来,自然界对于人类活动的优先地位是有条件的:首先,它只能相对于因为实践而与自然界产生了区分的人类才有意义。其次,它只是相对于物质生产实践主体而言的,它表明人"一方面具有自然力、生命力,是能动的自然存在物;另一方面,人作为自然的、肉体的、感性的、对象性的存

---

① 《马克思恩格斯选集》第1卷,第77页。
② 《马克思恩格斯选集》第1卷,第54页。
③ 《马克思恩格斯选集》第1卷,第77页。

在物,和动植物一样,是受动的、受制约的和受限制的存在物"①,即使是实践主体也不能摆脱自然界对其生命活动的预先规定性。最后,自然界的优先地位,还表现在前人留下的对自然实践改造的成果,将作为后继人类的历史活动前提而产生预设作用。当我们从马克思那里澄清了这些问题之后,自然界的优先地位与实践对于感性世界的基础地位之统一,也就不难解决了。其中的理据有四:一是自然界的优先地位是就物质世界的自在性而言,实践对于感性世界的基础地位是就人化自然的自为性而言;二是自然界的优先地位是就物质系统的结构而言,实践对于感性世界的基础地位是就人化自然的功能而言;三是自然界的优先地位,是就其孕育人与自然之关系的物质基元性而言,实践对于感性世界的基础意义,是就其生成和维系人与自然之对象性关系的配置作用而言;四是自然界的优先地位,是就人类生命活动的物质条件而言,而实践对于感性世界的基础意义,是就主体生命本质力量的能动性和客体物质被改造的现实可能性而言。

当我们明确了这些基本理念之后,自然就能更深刻地领悟马克思在物质生产实践基础上所论述的人与自然的同一性了:"因此,如果把工业看成人的本质力量的公开的展示,那么,自然界的人的本质,或者人的自然的本质,也就可以理解了。"②所谓"自然界的人的本质",是其在人类实践改造中按人的方式向人展开的本质,是其被人化、对象化从而为人所属——"成为人的无机的身体"的那种样态。③所谓"人的自然的本质",即人经过实践的锻造而形成的那种凭借工业手段、科学技术能动地作用于自然,把自身本质力量外化、物化的那种物性的能动力量和情状。所有这些使"两个本质"相统一的机理,无不出于实践,无不是人的内在尺度和物的外在尺度于人类生存空间的实际统一。而且,这种"统一性在每一个时代都随着工业或快或慢的发展而不断改变"④。因此,在环绕人类生存的空间中,"周围的感性世界决(绝)不是某种开天辟地以来就已存在的、始终如一的东西,而是工业和社会状况

---

① 《马克思恩格斯全集》第42卷,第167页。
② 《马克思恩格斯全集》第42卷,第128页。
③ 《马克思恩格斯全集》第42卷,第95页。
④ 《马克思恩格斯全集》第3卷,第49页。

的产物,是历史的产物,是世世代代活动的结果"①。"在人类历史中即在人类社会的产生过程中形成的自然界是人的现实的自然界;因此,通过工业——尽管以异化的形式——形成的自然界,是真正的、人类学的自然界。"②从特定意义而言,马克思对人类生存空间的生产力解释,实际上是人类学自然观在空间视域的表达。

基于此,马克思的唯物论便与旧唯物论揖别了。他将人类的感性物质世界不仅看成是客观存在,而且看作人类生产实践的造物和历史结果;他不仅在物质生产基础上对人与自然的关系做了"实践的"唯物论解释;而且在此基础上对人类史与自然史的关系,做了"历史的"唯物论说明。

既然自然的历史与历史的自然在人类物质生产实践中相一致,那么,我们理所当然地能够在马克思关于物质生产实践的科学分析中,理解他对物质世界及其空间存在方式的生产性之经济学—哲学的关注和解释。而且,也正是这种关注和解释,反过来生成和发展了唯物主义的辩证法和历史观。可以说,马克思对外部世界与人类关系的生产性解释,既使其物质生产理论成为人类学——社会历史观的基石,又使其物质观、世界观找到了赖以坚持唯物辩证法、历史观的现实根据。由是,马克思对人类物质生产实践的时空规模、条件与机理的分析,也将物质存在的空间形式由物理的自在状态之科学观照,转换为生产性的人为状态之经济学—哲学观照。伴随马克思关于生产方式对社会历史之决定作用的解释,他对空间之生产性的经济学—哲学解释,以及由此建构的空间学说,也相应地成了唯物史观致思路径的一个理论之维。

著名的马克思主义学者列斐伏尔充分意识到了从生产的方面解释空间的重要意义,他指出:"由空间中的生产,转变为空间的生产,乃是源于生产力自身的成长,以及知识在物质生产中的直接介入。这种知识最后会成为有关空间的知识,成为空间之整体性的资讯。空间中的生产并未消失,而是被引至不同的方向""现代经济的规划倾向于成为空间的规划。"③列斐伏尔的见解是深刻而机敏的,也如实地切中了始自马克思的空间生产理论之主旨。然

---

① 《马克思恩格斯全集》第3卷,第48页。
② 《马克思恩格斯全集》第42卷,第128页。
③ 薛毅主编:《西方都市文化研究读本》第3卷,第24页。

而，不无遗憾的是，他对马克思关于空间生产之理论关注不够，肯定不足，而盲目地将这一见解的发明权置于自己名下。列斐伏尔曾经这样地宣扬自己"生产空间"的研究成果："'生产空间'是令人惊异的说法：空间的生产，在概念上与实际上是最近才出现的，主要表现在具有一定历史性的城市的急速扩张、社会的普遍都市化，以及空间性组织的问题等各方面。今日，对生产的分析显示我们已经由空间中事物的生产转向空间本身的生产。"[①]思想史的真实究竟如何呢？后面的分析，会证明笔者关于"空间生产"的研究是始于马克思的判断。

第二节　物质生产中的空间形塑

马克思从人与自然的关系是由物质生产历史地、具体地建构起来的理论原则出发，很顺畅地然而却是非常深邃地分析了人类物质生产对生存空间的再造或重构运动。其中有一个不言自明的逻辑前提：既然人所面对的感性世界在人类生产中被不断改造，那么，这一感性世界的空间形式也自然会被生产实践重塑。换句话说也一样，既然物质生产实践本身是一种特殊的物质运动，那么，随着生产力的发展，物质生产实践规模、样态的改变，人类活动于其中的生产空间也必然被生产力所生产。因而，列斐伏尔将"空间中的生产"与"空间的生产"割裂开来分析，是没有道理的。无论是实践还是思维的逻辑，前者必然导致后者，到了工业生产力问世之后，前后两者就走向同步运动的共时态了。

认定工业生产力改变人类的生存空间，首先在于工业生产力的物质技术方式要求不同于手工劳动的空间形式。马克思认为，"资本主义生产实际上是在同一个资本同时雇用较多的工人，因而劳动过程扩大了自己的规模并提供了较大量的产品的时候才开始的。较多的工人在同一时间、同一空间（或者说同一劳动场所），为了生产同种商品，在同一资本家的指挥下工作，这在历

---

① 薛毅主编：《西方都市文化研究读本》第3卷，第24页。

史上和逻辑上都是资本主义生产的起点"①。生产要素在空间的集中和使用规模的扩大,作为工业革命中资本主义生产之历史与逻辑起点,本身是具有历史之逻辑必然性的。

其中,最根本的原因是生产采取了大机器的物质技术。在机器生产代替手工劳动的条件下,工人能在同一时间加工手工劳动根本无法加工的巨量劳动对象,这必然引发生产资料的大集中。生产资料在大机器工业中的运作带来了手工分散劳动、小规模协作无法实现的空间的节约和经济利用,带来了工人的大集中,进而是产品生产的集中与流通渠道的整合,最后便是资本的集中。正如马克思所说的,大工业把以前分散在不同空间的生产活动组合在一个工厂中,在同一空间集中生产,表现为"许多同时劳动的工人在同一空间(在一个地方)的密集、聚集"②。这必然使生产单元的空间样态变形。因为"共同使用的生产资料的规模会增大。20个织布工人用20台织机劳动的房间,必然比一个独立织布者带两个帮工做工的房间大得多"③。这种生产要素的集中与使用规模的扩大,既是大机器工业生产力对直接生产活动的空间组织方式的深刻变革,它带来了近现代生产力的不同空间格局;同时,它又在工厂制的直接生产过程之外,引发了人类活动空间的大改组、大形塑。

马克思恩格斯多次论述了大机器工业生产方式所造成的城乡空间分划、人财物大集中的城市化运动。马克思指出,"现代的历史是乡村城市化"④,且这种城乡空间变迁完全是由大机器生产力及其工厂制生产组织方式推动的。机器大工业"建立了现代的大工业城市——它们的出现如雨后春笋——来代替自然形成的城市……它使城市最终战胜了乡村"⑤。因为大机器生产方式,不但把主业工人、生产资料、资本及其市场集中连片地组织起来,而且让那些为专业生产、工厂营运、市场交易服务的交通、通信设施,以及饮食起居、医疗卫生、文化教育等三产业也跟随工厂布局迅速盘结、漫延开来。

---

① 《马克思恩格斯全集》第23卷,第358页。
② 《马克思恩格斯全集》第47卷,人民出版社1979年版,第291页。
③ 《马克思恩格斯全集》第23卷,第361页。
④ 《马克思恩格斯全集》第46卷,第480页。
⑤ 《马克思恩格斯选集》第1卷,第114页。

它们或沿交通网路，或紧靠工厂企业，或邻近城镇市场而席卷土地、空间，使乡村城市化，悠闲自在的乡民急促地加入快节奏的市民生活行列。[①]例如，1845 以来的英国工业领域，机器的数量和生产力，以及工人的数目都飞速增长，生产的集中创造了工业中心，进而把许多偏僻的甚至蛮荒之地变成了经济发达、商贾云集的城市。似乎是工业魔杖一挥，诸如利物浦、曼彻斯特这样的大城市及其附近的市镇神奇般地从地上冒了出来。对此，马克思恩格斯有过极其精准、深刻而具有强烈现实感的论述，揭示了大机器工业生产力、工厂生产方式、城市化运动三者之间的有机联动，如实地确证了为列斐伏尔误读的关于空间生产之理论的发端。下面的叙述会使我们更清晰地看到，马克思当年关于大机器工业生产力对空间的生产的分析和说明，是多么鲜明地体现了他一再坚持的那种"历史与逻辑的一致"！

马克思依据工业革命及其造成的空间重构运动之历史事实，继续深化关于"空间生产"问题的研究与阐释。他告诉我们，大机器工业生产力的发展，有一个对动力、原材料、水土等资源、交通运输乃至气候等广义的地理环境——空间的依赖与重组要求。当年，英国产业革命的首发因素是纺织工具珍妮机的诞生以及瓦特蒸汽机的发明与使用。生产工具与动力革命，带动了机器制造业、冶金业、采矿业、道桥建筑业、交通运输业等一系列的产业革命。它使原材料、加工、产品运销、市场、城市建筑与服务系统纷纷在彼互联系的空间中相继伴生。其中，除了产业点的聚集与延展外，交通设施和人、财、物的流转，便成为重塑空间景观和重组空间结构的基本力量。马克思充分肯定了产业地理分布、生产力空间布局对交通运输的依赖与改观的情况："一条从生产地点通往内地一个人口聚集的主要中心的铁路，可以使内地的一个不通铁路的较近地点，比这个自然距离较远的地点，绝对地或相对地变远。……随着交通运输工具的变化，旧的生产中心衰落了，新的生产中心兴起了。随着运输工具的发展，不仅空间运动的速度加快了，而且空间距离在时间上也缩短了。……交通特别便利的情况以及由此而加速的资本周转（因为资本周转是由流通时间决定的），反过来既使生产中心又使市场加速集中。随着大量人口和资本在一定的地点这样加速集中，大量资本也就集中在少数

[①]《马克思恩格斯全集》第 2 卷，第 300—301 页。

人手里。同时，生产地点和销售地点的位置还会移动和变迁，因为交通工具发生变化，二者的相对位置也随着发生了变化。一个生产地点，由于处在大路或运河旁边，一度享有特别的地理上的便利，现在却位于一条铁路支线的旁边，这条支线要隔相当长的时间才通车一次。另一个生产地点，原来和交通要道完全隔绝，现在却位于好几条铁路的交叉点。后一个生产地点兴盛起来，前一个生产地点衰落了。因此，运输工具的变化，在商品的流通时间，买和卖的机会等方面造成地点差别，或者使已有的地点差别再发生变化。"[1] 在这里，马克思十分明确而具体地论述了机器大工业、商品市场在交通运输发展的支持下，对人类活动空间的生产与再生产运动。他所谈到的这种因交通条件变化而引发的生产力空间布局，进而人类活动的空间结构不断重组情况，至今还在持续。在全球化加剧的当下，连山村农民都知道这样一个基本道理："要致富，修好路。"交通改善，是缩小城乡距离、产业距离、产销距离，最后是缩小贫富差距的重要物质条件。因为它能根本性地改变人类活动的空间条件和彼此交往的空间关系。当年，资本主义产业革命不仅伴随着地理大发现，而且有跨洋过海的世界航路开通，更有陆地交通的铁路运输大发展。恩格斯曾指出了工业对交通的改进作用："建立工业的最直接的结果就是交通的改善。"[2] 工业和交通的相互助长，多方面地重塑了人类的空间。正如人们所讲的，"铁路改变和消灭着空间"。在特定意义上，这句话如实地表达了为马克思所深刻论述过的，大工业生产力的发展引发了人类对空间的持续再生产。

大机器工业生产力对空间的生产与再生产，在中国成为"世界工厂"的今天，同样十分鲜明地、迅疾地、大规模地、飓风式地再一次展示出来。三四亿劳动力从沉静数千年的广大农村向城镇迁移、集中，一块块经济开发区抹去了以往乡土乐园的绿水青山，一片片工业区在良田沃土上冒了出来，一座座新城镇拔地而起，一个个老城市被彻底翻新继而疯狂地膨胀……这种对人类生存空间的生产力再造与重塑运动，给中华文明带来的巨大而深刻的影响，是以往任何一次伟大的历史变革不可比拟的。以往的历史运动只是改变

---

[1]《马克思恩格斯全集》第24卷，第278—279页。
[2]《马克思恩格斯全集》第1卷，人民出版社1956年版，第673页。

着地球居民的社会政治经济关系，而少触动他们的生存空间和生态环境。但现在由工业发展而造成的城市化运动，数亿人口的空间大挪移，却根本地改变了人与自然的空间关系，改变了人对自然的居间样态，进而也改变了空间中的自然状貌和自然环境中的空间样式：在地体——田土山水林路组合，地域——农工商各业及城乡布局，地利——生产力及其产业空间分布，地气——水文与大气质量状况，地产——动植物、矿产资源储量与开采等方面，都产生了结构性巨变。全球性的这种由生产力发展造成的地表物理—生态的空间重塑，其影响力正向远离人类生产活动的地球极地和高空大气层伸延，地球的生命圈、大气圈的组分发生着人类不曾料想的重组和变异。其规模、深刻性与宏远性，远超出当年曾经关注并科学阐述过这些问题的马克思视域，这依然是由"大工业生产力——城市化"这样一种生产力对空间的生产和再生产运动造成的。它没有改变马克思从生产力的空间生产所揭示出来的历史逻辑，只是因为生产力运动大大超出当年的规模，而使这一逻辑表现得特别突兀，甚至带有几分悲剧色彩而已！

　　形势的发展，依旧如当年马克思所说的："大工业建立了由美洲的发现所准备好的世界市场。世界市场使商业、航海业和陆路交通都得到了巨大的发展。这种发展又反过来促进了工业的扩展。"① "不断扩大新产品销路的需要，驱使资产阶级奔走于全球各地。它必须到处落户，到处开发，到处建立联系……由于开拓了世界市场，使一切国家的生产和消费都成为世界性的了……古老的民族工业被消灭了，并且每天都还在被消灭。它们被新的工业排挤掉了，新的工业的建立已经成为一切文明民族的生命攸关的问题；这些工业所加工的，已经不是本地的原料，而是来自极其遥远的地区的原料；它们的产品不仅供本国消费，而且同时供世界各地消费。旧的、靠本国产品来满足的需要，被新的、要靠极其遥远的国家和地带的产品来满足的需要所代替了。过去那种地方的和民族的自给自足和闭关自守状态，被各民族的各方面的互相往来和各方面的互相依赖所代替了。物质的生产是如此，精神的生产也是如此。各民族的精神产品成了公共的财产。民族的片面性和局限性日

---

① 《马克思恩格斯选集》第1卷，第273页。

益成为不可能,于是由许多民族的和地方的文学形成了一种世界的文学。"①
"资产阶级,由于一切生产工具的迅速改进,由于交通的极其便利,把一切民族甚至最野蛮的民族都卷到文明中来了。……它按照自己的面貌为自己创造出一个世界。"②工业不再固定在狭窄的土地上和有限范围的市民生活中,用以代替这些的是快速的空间流动与空间重塑。资本与现代工业生产力的结合,具有粉碎、分割及区分空间的能力,吸收、改造甚至恶化古老文化环境的能力,制造空间差异同时又架设空间桥梁、密切空间联系的能力。因而,这种生产力对空间的再生产,不仅是城镇的兴衰,乡村的变迁,人口、资本和产业的集散,同时更深层次地表现在空间关系的改变中:开放代替封闭,联系代替孤立,同一代替差异,集合代替分散,畅通代替阻隔,接近代替疏离,等等。在通信条件极大改善的今天,全球化、地球村的新空间理念正在变成现实。它们以新的事实一道再次确证了马克思关于生产力之空间生产的逻辑铁律。

马克思曾经指出,工业生产力及其带来交通的发展往往能"用时间消灭空间"③,这种时空关系的逻辑变换,伴随着空间关系的持续转型。这些转型,刻画了现时代从高速公路与铁路到航运、空运,直至赛博空间(Cyberspace)等方面的空间特征。它们削弱了空间的自在性、绝对性,强调了空间及其关系的人为性、相对性,尤其是网络文化对空间的虚拟、对物理—社会空间的超越、跨通,更使新的文化生活方式伴随资本逻辑的扩张,似乎有了摆脱空间限制的神奇。这使文化发展的时空逻辑出现了某种变构,时间的速率更高了,瞬间的传播与普及,让空间阻隔微不足道。时空关系似乎发生了相对论式的弯曲:单位时间拉长了,地理空间变小了,交往距离缩短了,区域特性式微了。空间的历时性似乎在削弱,共时态的特征则被放大。文化流播、持存之历时性的加快,以其空间共时态的自洽性增强、分隔性缩小为条件。后者支持和生成前者,前者寓于后者之中并通过后者表达自身。这些,正是日益增强的空间生产性,在社会文化生活空间衍生出来的现象。

---

① 《马克思恩格斯选集》第1卷,第276页。
② 《马克思恩格斯选集》第1卷,第276页。
③ 《马克思恩格斯文集》第8卷,人民出版社2009年版,第169页。

第三节　空间实践论对空间先验本体论的改写

把空间置于人类物质生产过程加以考察和说明，必须从哲学层面回答社会化空间与人类生活物质事件的关系问题。其一，人类曾把空间当容器，是措置事物之所，但这样的直观体验很成问题：空间是事物之容器，容器又是由什么构成和决定呢？容器的边际在哪里，容器自身怎样安放，容器之外是什么？这一切对于直观思维而言都是无解的。其二，空间的历史和形态怎样解释，空间有无时间史、演化史，空间是否随着物质运动而具体改变？具体事物有始有终，空间是否亘古不变？其三，人类的生存空间和宇宙空间是何关系，人类被置于空间一域，它在何种意义上是空间的主宰或造物？其四，人类与生存其中的直接空间有何关系，只是被空间盛下还是不断地创造、建构自身的空间；只是空间的事物还同时是生产空间的主动力量？其五，物质生产力改变和生产着生存空间，那作为物质生产力得以组织和运行的生产关系及其他社会关系，是否也介入空间生产，是否也像生产力那样受到生存空间的形塑而被其所生产？诸如此类的"天问"，无一不是关涉人类社会历史解释的根本问题或唯物论法则一类的基础性"前设"。人类随着物质生产力的发展和科学技术的进步，在不断地深入展开对这些问题的思考和解释。

这一系列空间问题集的解答，有两条相互缠绕的逻辑线索。一是把空间直观地看作事物容器的形而上学空间本体论，认为空间构成事物而非事物构成空间，空间永恒不变，它们对于一切事物是天然的原初存在，因而空间与人类实践、社会发展无关，不会受到后者的影响。这是一种空间先在论的思维，它根本否定了空间是物质运动的形式，否定了空间是由物质运动所建构、所规定的。顺此而来，自然地否定了人类实践和社会生活对生存空间的建构作用，否定了生存空间的生产性、实践性、历史性和社会性。二是认为空间是由物质事件、运动构成的，空间是物质事件相互联系、相互作用的秩序和格局，因而也是其产物和表现过程。具体空间由具体物质事件的相互关系所建构和决定，不同的物质事件和运动状态有不同的空间格局，因而空间是被构建的，存在历史的具体性。相对于人类栖居其中的生存空间，它是人类及其社会这一特殊物质事件的造物，是社会历史运动的形式，是不断被人类实践所开发、所创造、所改变的。美国学者萨克主张摒弃以抽象的几何空间学理谈论社会化的空间，认为"空间的科学概念依赖于我们如何设想空间及其特征与规律和理论语境中的物质和时间的物理范畴所发生的相互联系。……在物理学中，这种争议的核心是：绝对空间与相对空间之间，以及接触作用与超距作用之间的区别"。人们的行为、接触及能量守恒定律影响了社会科学的概念。[①]此即是说，社会科学所论之空间，是以物理空间为基础，通过空间事物的接触及其交互作用，发生物质、能量、信息的交流和变换，具体空间形态因此不断改观，进而使空间成为物质的绝对性和形态的相对性相统一的存在。这一理念到了当代，则被列斐伏尔概括为"空间生产论"，受到人们的广泛关注和认同。

我们可以把"空间生产论"抽象到更高的哲学层面，即实践唯物论的生存空间观。这一理念不仅根本改变了人们形而上学地对空间做出的独立论、先在论、不变论的错误体验和解释，而且为唯物辩证地理解人类生存空间提供了实践唯物论的思维方法前设。故此，笔者认为同样是唯物史观—实践唯物论的创立者马克思恩格斯，率先对人类生存空间做出了实践性、创造性的说明。

第一，马克思充分肯定了人类历史的自然前提：依靠物质生产力而展开的人与自然的物质、能量变换关系。作为物质事件，人类和动物一样是一种空间性的客观存在，它依赖自然，属于自然。"自然界是人为了不致死亡而必须与之不断交往的、人的身体。……因为人是自然界的一部分。"[②]人类生存的"第一个需要确定的具体事实就是这些个人的肉体组织，以及受肉体组织制约的他们与自然界的关系"[③]。人的机体组织是自然的造物，这决定了人与自然的关系是自然界一切空间事件本有的关系。但人又超出一般的空间事物，它以自身的劳动改造自然，满足需要。有些吊诡的是，人类的劳动又只能在

[①] [美]罗伯特·戴维·萨克：《社会思想中的空间观：一种地理学的视角》，黄春芳译，北京师范大学出版社2010年版，第58页。
[②] 《马克思恩格斯全集》第42卷，第95页。
[③] 《马克思恩格斯全集》第3卷，第23页。

物质空间中进行，劳动是人"以我的特殊生命和自然界的普遍生命的相互作用为基础的"①。人类劳动改变大量自然事物的天然形态，改变它们的相互关系和空间存在方式，改变田、土、山、水、路、植被乃至地体等因素构成的地表景观；此外，还通过栖居空间的筑造改变着人类在空间的生存方式，由以往直接以肉体承受自然空间因素的冲击变为以建筑空间设施遮蔽或阻隔空间因素的直接冲击，增加了空间的安全性，同时也相应地增强了人类生命活动对建筑空间的依赖性。正是这样一些空间事件的发生史，人造空间的积累史，生存场所和环境的空间筑造史，使人类对于空间有了实践和观念的双重改变。因而，对环绕人类的生存空间、环境，必须给予实践唯物论的理解，即在空间中"对事物、现实、感性……把它们当作人的感性活动，当作实践去理解"②。人类的实践是改造空间环境和改善人类自身的统一，"环境的改变和人的活动的一致，只能被看作是并合理地理解为革命的实践"③。这是实践唯物论的空间观念，它为后来的空间马克思主义学者如列斐伏尔等的"空间生产论"，奠定了思想前提和理论原型。

第二，人类改造自然及其空间环境，是一种自我投射、自我复现的对象化行为，是人按照自身生命的本质力量及生存、发展需要对空间的形塑。马克思经此理路进一步展开了对空间的实践唯物论解释。他指出，"在通常的、物质的工业中，人的对象化的本质力量以感性的、异己的、有用的对象的形式，以异化的形式呈现在我们面前"④。因此，"如果把工业看成人的本质力量的公开的展示，那么，自然界的人的本质，或者人的自然的本质，也就可以理解了"⑤。人类组织和发动物质生产力，把社会生活所要求的物质资料从自然界中生产出来，因而在自然环境或空间中留下了生产力运行的印痕与造物，使自然界有了人化的，乃至人类心像的塑造，构成了"自然界的社会的现实"⑥。如此一来，在人类生息的各个地方便因为人的影响而使

---

① 《马克思恩格斯全集》第3卷，第569页。
② 《马克思恩格斯全集》第3卷，第3页。
③ 《马克思恩格斯全集》第3卷，第4页。
④ 《马克思恩格斯全集》第42卷，第127页。
⑤ 《马克思恩格斯全集》第42卷，第128页。
⑥ 《马克思恩格斯全集》第42卷，第129页。

其成为具有历史意义的空间,"在那里,某些事情发生了,今天仍然被记着,它们在代与代之间提供了连续性和同一性;地方是产生重要话语的空间,这些话语建立了身份、定义了天职、预想了命运;地方是这样一种空间,在其中,我们交换誓言、做出承诺并提出要求"①。例如,在封建制的农业社会,土地归属关系的主体性及其耕作的社会方式,使"地块随它的主人一起个性化,有它的爵位,即男爵或伯爵的封号;有它的特权、它的审判权、它的政治地位等等。土地仿佛是它的主人的无机的身体"②。显然,这种社会主体对土地、环境、空间的形塑和留痕,已经不止于生产力的内容,它把生产力的经济形式即生产关系连同生产力一道嵌入了空间的社会生产中。空间生产,不复只是人性、人形的对象化,而且更多的是社会生产力、生产关系的对象化。由于人们必须结成一定的生产关系才能组织和发动生产力去改造自然、生产空间,因而这种生产关系也必然带入空间建构中。这是使空间自然因素在社会成员中进行物质、能量、信息交流和整合的基本前提。诚如马克思所说的:"只有在社会中,自然界对人说来才是人与人联系的纽带,才是他为别人的存在和别人为他的存在,才是人的现实的生活要素。"③由此,当代空间思维在超越原生天然空间理念的过程中,在叙述"空间生产"的学说中,特别关注社会生产关系对空间的生产或者形塑,形成了空间与社会关系相互生产的新思维。

第三,人类生存空间是社会关系的造物,是物理空间和社会空间的统一。关于工业大机器生产力给人类空间实践带来交通工具的革命、因而造成空间行为巨大变革的情况,马克思也很早就给予了科学的关注和说明。他曾经谈道:"由于大工业所造成的日益发达的交通工具而得到发展,这种交通工具把各地的工人彼此联系起来。只要有了这种联系,就能把许多性质相同的地方性的斗争汇合成全国性的斗争,汇合成阶级斗争。"④人类凭借这样的物质件,改变了社会生活的空间形态,使"过去那种地方的和民族的自给自足和闭关

---

① [美]戴维·哈维:《正义、自然和差异地理学》,第349—350页。
② 《马克思恩格斯全集》第42卷,第83—84页。
③ 《马克思恩格斯全集》第42卷,第122页。
④ 《马克思恩格斯选集》第1卷,第281页。

自守状态，被各民族的各方面的互相往来和各方面的互相依赖所代替了。物质的生产是如此，精神的生产也是如此"①。资产阶级奔走于全球各地，到处落户、开发，到处建立联系，不断扩大产品销路。它迫使一切民族采用资产阶级的生产方式，推行资本主义文明，它按照自己的面貌为自己创造出一个世界。②正是这样一种资本主义剥削关系对现实环境和空间秩序的客观要求，使资本主义社会的空间生产不仅留下了工业化生产力的形态，而且更深刻、更尖锐地留下了社会关系的空间形塑。马克思反复展示了它们的残酷画面：伴随着新航路的开辟和地理大发现，一场场血雨腥风的殖民掠夺和原始积累活动大规模展开，"美洲金银产地的发现，土著居民的被剿灭、被奴役和被埋葬于矿井，对东印度开始进行的征服和掠夺，非洲变成商业性地猎获黑人的场所：这一切标志着资本主义生产时代的曙光"③。资产阶级"无情地斩断了把人们束缚于天然酋长的形形色色的封建羁绊，它使人和人之间除了赤裸裸的利害关系，除了冷酷无情的'现金交易'，就再也没有任何别的联系了"④。所有这些改变，都是从赋予空间要素特别是空间的基座——土地一类要素的资本主义经济利用方式开始的。在原来封建制度下，土地还浸泡在宗法制度中，"与资本不同，地产是还带有地方的和政治的偏见的私有财产、资本，是还没有完全摆脱周围世界的纠缠而回到自身的资本，即还没有完成的资本"⑤。而当土地成为固定资本加入资本再生产的循环运动之后，便融入统一的空间经济运作，摆脱了土地自然区位的狭隘性，摆脱了土地产权归属关系与其主体社会属性的特殊联系，甚至也遮蔽了土地的物用价值而以货币化的抽象形式出现在社会空间的经济实践中。这样，生产关系的空间格局就有了对空间生产力全球化的适应，以往的闭关锁国状态不断被"世界历史"潮流冲击，变为各民族、各国家的相互开放、密切往来。其典型现象是世界市场的勃兴，空间的工业化、城市化生产。城市空间成了劳动力、生产资料、科学技术、资本高度集中和快速再生产的场所。空间的资本化打破了各类经济要素地方

---

① 《马克思恩格斯选集》第 1 卷，第 276 页。
② 《马克思恩格斯选集》第 1 卷，第 276 页。
③ 《马克思恩格斯全集》第 23 卷，第 819 页。
④ 《马克思恩格斯选集》第 1 卷，第 274—275 页。
⑤ 《马克思恩格斯全集》第 42 卷，第 110 页。

性的自然限制，使资本主义生产方式的触角延伸到各个国家、地区和民族的一切角落，"从而使一种世界主义的、普遍的、摧毁一切界限和束缚的能量发展起来"①。可见，伴随生产方式变革，人类生存的空间便不再只是受到生产力运动的作用而被物性地改造，同时还受到生产关系再生产的作用而被社会地改造。空间不再是一种天然的、先在的原始形态，也不再是一种单纯的物理形态，它直接具有社会的构型而成为一种社会现象。

第四，空间生产是双向的，即被社会再生产与对社会关系再生产的统一。这就是说，纳入社会实践的生存空间，它在接受社会关系再生产的同时，还作为一种力量、前提和格局对生产它的社会关系形成反作用、反生产运动，形成空间对社会的再生产。马克思对这一现象也有历史的叙述。他首先肯定了生产关系随同生产力运动而对空间形成的再生产机制，指出大工业"采用机器生产以及实行最广泛的分工"②，"机器的发明完成了工场劳动同农业劳动的分离。从前结合在一个家庭里的织布工人和纺纱工人被机器分开了。由于有了机器，现在纺纱工人可以住在英国，而织布工人却住在东印度。在机器发明以前，一个国家的工业主要是用本地原料来加工。例如，英国加工的是羊毛，德国加工的是麻，法国加工的是丝和麻，东印度和黎凡特加工的则是棉花等等。由于机器和蒸汽的应用，分工的规模已使脱离了本国基地的大工业完全依赖于世界市场、国际交换和国际分工"③。世界市场、国际交换和国际分工必然带来世界性的普遍交往，把最遥远的地区和不同的民族连在一起，形成全球空间范围内的有机统一体。这样的空间社会格局一俟形成，又会作为一种既定的模式与力量，要求人们的社会关系必须适应这种经济行为的空间方式。如世界市场建立后，那些曾经自我封闭的落后民族或地区，并不需要强国船坚炮利轰击其国门也会在经济方面自行对外开放，形成了使农村屈服于城市，使未开化和半开化的国家从属于文明国家，使农民的民族从属于资产阶级民族，使东方从属于西方的早期全球化运动。④又如国际分工好

---

① 《马克思恩格斯全集》第42卷，第113页。
② 《马克思恩格斯选集》第1卷，第113页。
③ 《马克思恩格斯选集》第1卷，第166页。
④ 《马克思恩格斯选集》第1卷，第276页。

像把国民经济分成若干行业布局在不同地区的专业流水线那样，甚至把单一产品的生产线分成若干布局在不同地区的专业操作台那样，以生产专业化在不同空间严密而细致的编配，彻底解构了以往小而全的经济方式。这从空间对经济关系的再生产过程看，则是发达资本主义国家对世界经济空间的社会化生产形成的格局，成了后发国家加入经济全球化运动，调整和改变原来不相适应的生产关系而必须遵循的既定空间模式。简言之，是先行生产关系的空间格局对后发空间群落社会关系的再生产。就人类历史世界化而言，则是发达国家占据的经济政治文化中心，从空间上把自己的社会模式以墨渍浸染般的方式向周围、向边缘地带拓展、渗透、同化的过程，空间再生产模式的横向拓展，实际上是社会经济关系的世界性空间趋同。

第五，对生产关系再生产的空间机制分析。这方面的理论探讨马克思只提出了一个基本原则，即伴随生产力对空间的再生产，与之相随并受之规定的生产关系，必然要与生产力造成的空间结果和格局相适应，而接受生产力空间布局、空间运行机制的规定，进行自身的再生产。因而生产关系被空间再生产，实际上是它接受生产力运行的空间机制之规定性的表现，最终仍然是生产力决定生产关系这一唯物史观第一原理所解释的社会规律在发生作用。马克思的这一思想原理，在当代西方马克思主义空间问题研究者那里得到了深入细致的时代性说明和发挥。他们所做的建树概括起来主要有以下几点。

一是对空间的研究由空间中事物的生产转向空间本身的生产的研究，认为"空间一向是被各种历史的、自然的元素模塑铸造，但这个过程是一个政治过程。空间是政治的、意识形态的"[①]。

二是认为生存空间是一种社会关系，人工环境是社会关系的浓缩。不过它内含于财产关系（特别是土地的拥有）之中，也关联于形塑这块土地的生产力。空间里弥漫着社会关系；它不仅被社会关系支持，也生产社会关系和被社会关系所生产。[②]这一理念，把人类栖居其中的空间视为社会实践与自然造化的合力产物，深刻揭示了社会关系与生存空间相互生产的辩证机制，空

---

① 包亚明主编：《现代性与空间的生产》，上海教育出版社 2003 年版，第 62 页。
② 包亚明主编：《现代性与空间的生产》，第 48 页。

间和社会彼此都不能自外于对方而存在、而发展。

三是认为"空间生产就如任何类型的商品生产一般。然而，货品生产和空间生产间有交互关系。后者使占有空间的私人团体可以经营并剥削它"[①]。这是解释空间何以成为生产经济关系的物质力量的另一思路。当空间也作为物质产品置于社会经济生活中而被人们生产、占有、买卖和享用时，那么这些产品也将同任何其他进入社会经济生活中的物质产品那样，要求与生产、占有、买卖和享用它们的主体行为相适应的生产关系。正如土地的农业租种不同于土地及其建筑物的产权货币化交换一样，农业地租并未将土地作为物质生产品出售，它可以让租佃者在宗法关系中与土地这一空间生产资料直接相结合，而形成宗法性的有人身依附要求的生产关系。在市场经济条件下，土地这一空间元素当它作为建筑或商业用地时，它便成为被建筑和工商业加工过的产品而随同建筑设施一道被推进商品—货币流通关系中，这种空间产品必然要求经营它们的主体彻底摆脱对土地因而对地主的依附关系，而作为独立自主的市场主体自由经营空间产品。后者建构的自然是市场经济关系，它们体现了空间产品的生产和流通对生产关系的生产机制。

四是当空间被人类作为一种活动方式、行为法则或生活秩序而生产出来并给予社会确认之后，那么，这样的空间便具备了社会经济政治和文化的多重含义与功能，它们会以一种既定的社会意义、行为规则和生活秩序规范和再生产出与之相适应的社会关系。社会生活空间，作为由生产力铸造、并受到社会关系模塑的物质运动的社会方式，它同样会以一种模式培育、规范存在于其中的各种社会关系。从特定意义上讲，由生产力和生产关系共同生产的空间，当作产品、当作环境、当作行为秩序、当作生产与生活场所，它们都是既定的客观事实和实践条件。相对于一切后发的生命活动和社会交往关系，它们都作为历史地形成的前置条件或实践预设，规范着后来的社会行为方式，因而实际地表达着社会生产方式在空间秩序里的前后承续。当代空间生产率先研究者列斐伏尔已经关注到了这种空间生产社会关系的历史机制，认为每一代人面临的现实空间都清晰地铸塑和表现着历史上的社会关系，社会空间本身是过去行为的产物，它允许有新行为产生，同时能够促成某些行

[①] 包亚明主编：《现代性与空间的生产》，第62页。

为并禁止另一些行为。①质言之，它是以历时态的方式，在共时态的空间与社会关系彼此生产中实现着生产方式，进而社会关系的自我生产和新旧套嵌、演替。对比福柯和诺伯舒兹分别对中世纪和近代空间给社会关系的形制之论述，我们能更加具体地把握空间模塑社会关系的历史机制。福柯认为：粗略回顾空间概念史，我们可以说，中世纪时存在一种层级性的地点整体：神圣地点与凡俗地点；围护地点与开放、暴露地点；城市地点与乡村地点（所有这些都牵涉了人们的生活）。在当时宇宙论的理论中，有一个超天国地点相对于天国，依次，天国地点又相对于现世地点。在某些地点里，事物被暴力移换安置；而在其相对的地点里，事物有它的自然基础和稳定性。就是这个完整的层级、对立与地点的交错，构成了可泛称为中世纪空间的定位空间。②建筑现象学家诺伯舒兹对空间生产社会关系的近代情形则给出了一个场所论的解释："近代，宇宙式秩序的意义已退化成具体化的政治、社会或经济结构的空间系统。例如美国城市格子网的平面并不表示任何宇宙论的概念，而是表明一个机会'公开'的世界。这世界是水平式与垂直式地开放。社区水平式扩展，个人的成就借着由标准的地基所耸起的建筑物高度来暗示。"这就是一种空间的场所精神对人们行为方式的引导、表征和规范。③它们在一个重要方面体现了空间格局对行为方式的塑造，对社会关系的生产。

总结上述，当代空间问题的探索者、思考者和解释者，经过对空间现象从透明的形式到混沌的内容，从内容的实在性到"纯粹"形式的非实在性，这样一种循环往复的研究和考察④，完全退去了空间先验本体论的原始色彩，而将它作为一种实践、一种社会活动的形变过程、一种社会与自然或人类行为与空间相互创造的运动加以确证和解释。其中的基本理念主要有以下几项：其一，环绕人类的空间的自然形态在物质生产中不断消失，但其重要性并未减少。其二，任何一个社会，任何一种生产方式，都会生产出自身的空间。社会空间包含生产关系和再生产关系，并赋予这些关系以合适的场所。其三，

---

① [美]迪尔：《后现代都市状况》，李小科等译，上海教育出版社2004年版，第60—70页。
② 包亚明主编：《后现代性与地理学的政治》，上海教育出版社2001年版，第19页。
③ [挪]诺伯舒兹：《场所精神：迈向建筑现象学》，第71页。
④ 包亚明主编：《现代性与空间的生产》，第78页。

空间成为一种生产物,人们对空间的认识就是生产过程的复现与展示。要从关注存在于空间中的事物转移到关注空间生产,这一认识具有辩证特性,需区分与知觉相联系的空间实践、与概念相联系的空间再现、与生活栖居相联系的表象空间,三者根据各自不同的条件,在不同程度上作用于空间的生产。其四,每一种生产方式都有自身的独特空间,从一种生产方式转到另一种生产方式,必然伴随着新空间的生产。判定新空间的出现,确认它在什么情况下意味着新生产方式的产生,需要深入具体地厘清相应的空间符码和空间生产形态相应的历史分期。[①]应当说,列斐伏尔的"空间生产论"将马克思实践唯物论的自然观发挥到了极致,它不仅深入说明了自然环境、空间的人化意义或被生产性,而且更加自觉和明晰地解释了社会关系和生存空间的相互生产和相互规定的机制,让生存空间这一社会物质运动的形式与社会运动这一物质内容之间的关系,有了一种更深刻的历史辩证法叙述。

---

① [美]迪尔:《后现代都市状况》,第60—70页。

第 四 章
经济空间的"中心"与"外围"

  人类社会各个国家、地区经济生活的等差与历史发展水平的落差，在社会—空间结构上表现为中心与外围的关系，这一命题最先是由阿根廷著名经济学家劳尔·普雷维什提出来的，作为描述世界经济发展状况和利益格局的一种模式。他认为，当今世界经济发展格局有一种"中心"与"外围"的空间结构。"中心"是资本主义发达国家构成的、对世界经济起轴心推动作用的地带，让欠发达国家和地区对它们产生强大的向心力；而"外围"则是分布于发达国家和地区周边，并受其深刻影响的欠发达地带。"外围资本主义是依照过去的国际分工和比较优势格局所安排的世界体系的组成部分。这是附加的、附属的资本主义，是在先进国家的霸权和市场规律统治下从属于先进国家利益的资本主义。"在经济发展中，"中心起一种主动作用，外围则起一种被动作用"。中心的、与一种很先进的结构相适应的东西被扩散到外围国家来，包括科学技术、生活方式、社会制度和思想文化向外围的扩散和辐射。[①]作为拉美发展主义理论的创始人，普雷维什提出"中心"与"外围"的理论，意在改造这种充满危机和变数的不合理经济关系与空间结，积极倡导新的世界经济秩序。因为他强烈地感知，20世纪中叶以来，由于技术变迁、国际分工重构、市场容量及需求弹性、收入弹性等一系列条件的变化，对发展中国家初级产品出口产生了不利影响，在国际市场上出现了发达国家对发展中国家

---

  ① [阿根廷]劳尔·普雷维什：《外围资本主义：危机与改造》，苏振、袁兴昌译，商务印书馆1990年版，第23、27、33页。

严重的利益盘剥。这在空间上表现为经济实力强盛的中心地带与经济贫弱的外围地区在地位、作用和权利等方面的分野。面对这一不合理的经济—社会空间关系,站在维护发展中国家和民族利益立场上的普雷维什,于1949年5月向联合国拉丁美洲和加勒比经济委员会递交了一份题为《拉丁美洲的经济发展及其主要问题》的报告,系统、完整地阐述了他的"中心—外围"理论。我们借鉴这一空间分析的社会逻辑,观照今天的国内经济布局和经济全球化格局,能发现许多需要重新澄清和诠释的问题。

第一节 产业结构布局与生产关系的空间生产

空间的生产,包括生产力和生产关系两个维度,它们既会给空间造成生产方式的形塑,同时又受到既定空间的反制,被地理环境、交通条件、产业分布、市场发育等空间因素所"生产"。以上两项的交互作用,在生产关系的空间格局方面,既形成生产的区域特质,又生成社会经济和产业结构的空间分布特征。因此,探讨空间的经济特色,或研究经济的空间布局,必须结合空间与生产关系的相互生产机制,才能把问题的解释落到科学的坚实基础上。其中,重要的一环是生产关系的地理学或空间论叙事,尤须关注交通、通信条件,即从社会关系及其活动空间彼此联通、互动的方式,去分析空间位置的变迁与经济格局,也即从社会交往方式的变构,进而从社会空间因交通而派生的互关性特质,去诠释生产关系形态的地理学致因与空间形态的经济学底色。这从空间自身的理论看,则是空间的连续性与间断性的统一,空间互动的接触律与局部分割的自组织性的结合,在生产关系之空间建构中的实际体现。

关于这方面的空间叙事,马克思曾做出过深入而缜密的分析。他写道:"一条从生产地点通往内地一个人口聚集的主要中心的铁路,可以使内地的一个不通铁路的较近地点,比这个自然距离较远的地点,绝对地或相对地变远。……随着交通运输工具的变化,旧的生产中心衰落了,新的生产中心兴起了。随着运输工具的发展,不仅空间运动的速度加快了,而且空间距离在时间上也缩短了。……交通特别便利的情况以及由此而加速的资本周转（因为资本周转是由流通时间决定的），反过来既使生产中心又使市场加速集中。随着大量人口和资本在一定的地点这样加速集中，大量资本也就集中在少数人手里。同时，生产地点和销售地点的位置还会移动和变迁，因为交通工具发生变化，二者的相对位置也随着发生了变化。一个生产地点，由于处在大路或运河旁边，一度享有特别的地理上的便利，现在却位于一条铁路支线的旁边，这条支线要隔相当长的时间才通车一次。另一个生产地点，原来和交通要道完全隔绝，现在却位于好几条铁路的交叉点。后一个生产地点兴盛起来，前一个生产地点衰落了。因此，运输工具的变化，在商品的流通时间，买和卖的机会等方面造成地点差别，或者使已有的地点差别再发生变化。"①马克思这一段论述比较集中地深入分析了地理交通条件的变化，必定引发生产与经济中心的兴衰或位移，进而引发生产关系空间构型的改变，这样一种生产关系地理学、空间论原理。他澄清了生产关系与生存空间因交通变化而发生的互动和涵变关系。其一，地理交通的改变，使现代交通所到之地成为新兴的经济中心，而让那些依旧留在古老交通格局中的原有经济中心衰败下去。快捷的交通甚至让偏远的地方比旧时靠近城市但现代交通不发达的地方更具有经济发展的凝聚力和发散力，而成为新起的产业中心，如改革开放中蓬勃生长出来的浙江义乌国际商贸重镇，原本为金华市代管的一个农业县区，远在经济中心之外。后经小商品贸易大规模聚集，倒逼交通快速发展，直至国际空港建成，其经济的扩张与辐射力，已超出原来代管它的金华市。其二，铁路等现代快捷的交通条件，能提高速度、缩短距离、压缩空间、延伸时间，不仅实现了生产时空成本的节约与增值，更使经济布局改观，生产关系的空间格局变迁。现代生产关系的元素如市场、资本、信息、劳动力能更为平衡而均质地分配在生产空间中，激活与强化了生产关系对空间的形塑与利用能力。其三，生产、运输、交易、市场条件因交通改善而优化，能加快资本循环和人财物流转，在提高生产率的同时，拓展和强化了生产关系对社会生活的渗透和组织、协调、优化能力，提高对市场信息的选择和应变力，使之能

---

① 《马克思恩格斯全集》第 24 卷，第 278—279 页。

更好地适应与推动社会生产力的发展。因之，地理交通的变革与改善，也在空间位置优化、空间交往便捷、空间利用增效、空间结构完善等方面，增强了生产关系的自组织性和社会调节力，推动生产关系的某些变革与调整。

马克思在对资本主义工业化的历史考察中，具体地论述了大机器工业生产方式如何凭借现代交通条件改变生产关系的空间格局，进而又依凭新的生产空间布局发展市场经济关系的情形。他做出过这样的描绘："大工业企业需要许多工人在一个建筑物里面共同劳动；这些工人必须住在附近，甚至在不大的工厂近旁，他们也会形成一个完整的村镇。他们都有一定的需要，为了满足这些需要，还须有其他的人，于是手工业者、裁缝、鞋匠、面包师、泥瓦匠、木匠都搬到这里来了。这种村镇里的居民，特别是年轻的一代，逐渐习惯于工厂工作，逐渐熟悉这种工作；当第一个工厂很自然地已经不能保证一切希望工作的人都有工作的时候，工资就下降，结果就是新的厂主搬到这个地方来。于是村镇就变成小城市，而小城市又变成大城市。城市愈大，搬到里面来就愈有利，因为这里有铁路，有运河，有公路；可以挑选的熟练工人愈来愈多……这里有顾客云集的市场和交易所，这里跟原料市场和成品市场销售有直接的联系。这就决定了大工厂城市惊人迅速地成长。……人口的这种集中在商业中也沿着同样的道路进行着。"①这简直是一幅交通改观、工业生产、空间格局变构、生产关系发展的经济—地理学系统多相互动的历史画卷。其中，大机器工厂制造业发展，带来人口在主产业、服务业的集中，推动乡村、小镇的城市化，铁路等现代交通支持和加剧了城市化的发展，最后便是产供销的空间对接，人财物的快速流转，原材料、工业品、金融市场的空间跨通或集合，经济地理的空间变构，推动资本主义新型生产关系的纵深发展。所有这一切，无一能离开铁路运输这一被喻为消灭和改造空间的交通大动脉对物质、能量、信息的大输送、大挪移功能。这样一来，资本主义经济关系及其空间格局的改观，正如英国工业革命所展示的情况那样："英国工业领域（机器的数量和生产力，以及工人的数目都飞速高涨）生产的集中创造了工业中心，把许多偏僻的很少开垦的地方变成了热闹的熙熙攘攘的地方，这种工业魔杖一挥，创造了利物浦/曼彻斯特这样的大城市及其附近

---

① 《马克思恩格斯全集》第 2 卷，第 300—301 页。

的城市。"①

社会学家哈维，非常忠诚地坚持了马克思从交通变革空间格局出发对生产关系发展做地理学解释的思想，并在自己的研究深化了对它的理解。他认为：创新浪潮随着时间的推移经常与空间转型——铁路、轮船、汽车工业、航天和电信——密切联系在一起。跨国公司能够迅速地把资本和技术从一地转移到另一地，能够选择不同的资源、劳动力市场、消费市场和盈利机会，因此在组织自身的地区分工时，跨国公司的大部分力量源自其驾驭空间和利用地理差异的能力，而家族企业没有这种能力。不管怎么说，资本主义发展过程中生产、消费和交换地理的明显转型所产生的深远影响就其本身而言确实是值得研究的。②在哈维看来，新的生产技术变革和生产方式改观，新的交通方式，都程度不一地重组社会经济关系的空间格局。收费公路、运河、铁路、汽船和电报、无线电和汽车、集装化运输、喷气飞机运输、电视和远程通信等，已经改变了时空关系，并促成新的物质实践和新的空间再现模式。③他甚至引述诗人海涅关于巴黎铁路的礼赞，充分肯定现代交通对改变社会交往格局那种移山挪海般的建构之功："诗人海涅对巴黎至里昂铁路的开通发出了这样的惊叹：'我们看待事物的方式、我们的观点现在会发生多么大的变化！甚至基本的时空概念都变得摇摆不定。铁路杀死了空间。我觉得好像全部的山林都在向巴黎逼近。即使此刻，我也能闻到德国欧椴树的气息；北海的拍岸海浪就在我门前翻滚。'"④这表明地理交通的改进，已经突破单纯改变经济关系的领域，而进到了深刻影响人们的认知方式和思想文化交往关系的方面。

那么，不愿意简单重复马克思理论原则的哈维，又是怎样深入论证他所坚持的地理交通深刻影响社会生产关系的理念的呢？他从空间事物能量施放的作用力与事物间距离成反比这一机械力学原理出发，去考察和说明事物的相互作用因交通改变距离而增强互动性及其作用力的规律性，提出了生产关

---

① 《马克思恩格斯全集》第 2 卷，第 287—288 页。
② [英]德雷克·格利高里、约翰·厄里编：《社会关系与空间结构》，谢礼圣、吕增奎等译，北京师范大学出版社 2011 年版，第 141 页。
③ [美]戴维·哈维：《正义、自然和差异地理学》，第 272—273 页。
④ [美]戴维·哈维：《正义、自然和差异地理学》，第 275—276 页。

系地理学叙事的因果律依据。他指出：那些使因果力量得以有效传播的交通或路径的某些变化，会导致距离和位置之重要性发生变更。如果路径是直线，而且道路也无等级之分，那么，地理上彼此相近的城市和城镇，从因果关系上讲也许是很近的。但是，如果延绵弯曲的道路能够把相距遥远的大都市紧密地连接在一起时，那么，从地理上讲，距离这些城市很近的小城镇反而显得很遥远或很孤单。从而，位置和距离之重要性依赖于现存的交通路线，而这些交通路线又依赖于空间中的物的分布状况和模式。[①]由此出发，哈维真切地发现现代生产方式及其生产关系，一方面凭借工业生产力对空间的生产而得以建立和发展，另一方面一旦它们成了气候又会作为一种历史的既定力量纵深地进行着空间的再生产、再创造，为自身的发展拓宽和优化空间格局，形成一种不断突破空间障碍的张力。这样，在生产实践和空间形塑的互动中，就发生了以下这样一种生产关系空间再生产的循环运动：围绕新的交通和通信系统、基础设施、新的生产和消费中心及风格、新的劳动力聚集，以及改进了的社会基础（包括治理体系和对地方的调节），对地方的地理构型进行重塑。当新的地方创造出来的时候，老的地方不得不贬值、破坏和重新开发。庄严的城市变成了遗产中心，采矿业社区成为鬼城，旧的工业中心非工业化了，投机性发达市镇或者高尚社区在资本主义发展的边界或在非工业化社区的灰烬中诞生。因此，资本主义的历史不时地被剧烈的空间重组所打断。[②]

其实，哈维关于生产关系和经济地理空间因工业与交通发展而不断被再生产的理论说明，决非只限于资本主义社会，在现代化、城市化、全球化深入发展的今天，它具有广泛的普适意义。只要看看我国类似于深圳这样的边陲小镇一跃而为现代大都市，只要看看我国几纵几横的高速铁路、公路的通达，是如何根本改变国家的经济地理和产业发展版图的，我们就有足够的理据，肯定从交通方面对生产关系变迁作地理学或空间论的叙事，是一种事属必至、理有固然的当然之举了。而且它们将给当代唯物史观以新的解释力。

---

① [美]罗伯特·戴维·萨克：《社会思想中的空间观：一种地理学的视角》，第12页。
② [美]戴维·哈维：《正义、自然和差异地理学》，第340—341页。

第二节　经济"中心—外围"空间格局的复合成因

普雷维什认为：拉丁美洲落后状况的改变，需要并正在突破陈旧的国际分工格局。以往传统的国际劳动分工将世界经济分成了两个部分：一个部分是"大的工业中心"；另一个部分是为大工业中心生产粮食和原材料的"外围"。在这种"中心—外围"的关系中，工业品与初级产品生产之间的分工不是互利的。由于技术进步及其传播机制在中心和外围间的不同表现和不同影响，这两个体系的利益关系不对称。对此，普雷维什指出：历史地看，技术进步的传播一直是不平等的，率先实现技术进步的国家首先获得竞争优势成了世界经济体系的中心，而后推广新技术的国家因为失去发展先机则沦落为服务于中心地区的经济外围，长期从事初级产品的生产和供应。中心和外围的形成，作为技术进步及其成果在世界经济体系中发生和传播的不平衡性所导致的结果，虽具有一定的历史必然性，但它的持续存在就失去了历史的合理性，必须用新的经济秩序取而代之。这无论对于整个世界还是在一国之内，情形都是如此。[①]

经济中心区域的形成，如前所述，早为马克思恩格斯所关注，并从发生学上指出它们最初是工业革命的产物。大工业企业把许多工人聚集到一个共同空间集体劳动，工人必须就近居住，带来了社会、经济、文化等各类服务机构和从业人员的趋附性汇集，从而形成一些功能完整的市镇。企业社区有多种需求，于是建筑、生活服务、集市、学校、医院、金融、通信事业也相应地发展起来。这些行业又会生成新的经济体，使生产、营商环境改善，引来更多企业，并推动交通发展，形成沿江河、沿铁路的城镇群落。大工厂城市迅速发展，形成最初的区域经济中心。[②]产业革命史上，英国19世纪中期因大机器生产力迅长，工人数量剧增，企业衍生和汇聚，让许多偏僻之地变

---

① [阿根廷]劳尔·普雷维什：《外围资本主义：危机与改造》，苏振、袁兴昌译，商务印书馆1990年版，第50、51、174—178页。
② 《马克思恩格斯全集》第2卷，第300—301页。

成繁荣的工业—经济中心。"工业像魔杖一挥,创造了利物浦、曼彻斯特这样的大城市及其附近的城市。"这便是经济中心滥觞的产业成因。[①]当然,在往后的社会、产业、科学技术、市场的发展中,经济中心—外围的关系之建构因素就远为复杂了。

用经济中心与外围空间关系的理论来审视中国的经济格局,我们或许能更深刻、更具体地把握空间的经济学解释机理。毋庸讳言,中国的经济版图是五颜六色、高低不平的。从最直观的国内生产总值(gross domestic product,GDP)能耗来说,前些时候经济的粗放型增长给中国的继续发展埋下了隐患。中华人民共和国成立50多年间,中国每万元GDP能耗一直保持在国际水平的3—4倍。[②]直到近些年,经过技术革新和环境整治,这一指标才有较快下降,但仍然成倍地高出世界平均水平,以致我国把减排降耗作为经济发展的要务和世界环境治理的大国担当。经济快速增长背后的资源和环境重负,不仅意味着经济发展的可持续性受到考验,更加直接的是投资过热之下,高通胀率和不良债务隐患给暗流涌动的金融战争制造了容易被人破袭的薄弱环节。因此,从世界经济版图来看,中国的快速崛起,当然极大地改变了以前那种处于外围地带、多方面被动受压的局面。但是,就现代经济的物质技术构成、能耗物耗与效益之比、人均GDP水平、生态环境的负荷等现代文明所给出的经济水平衡量尺度来分析、度量,中国在世界经济格局中,显然还未真正进入中心地带,许多时候只是把自身的经济触角伸进了中心区域,形成了一些产业、一些领域中心、外围犬牙交错的"插花"地带。这首先自然是科学技术的不济,资源人均占有不平衡所造成的暂时被动。

如果没有凭借当代高新科技支撑起来的、领引世界经济发展和参与制定社会行为规则这样一些方面的话语权,中国只会沦为美国的制造工具与生产车间,而我们自己还为制造过程中的高GDP而沾沾自喜。中国本身知识创新能力与技术创新能力上的欠缺,在欧美技术垄断的大环境下,受益于制造业迁徙而飞速发展的中国,成了欧美国家的廉价工厂。2008年中国在次贷危机中的坚挺,为美国海外企业9560亿美元的盈利贡献了不小的力量,而其国

---

① 《马克思恩格斯全集》第2卷,第287—288页。
② 卫星:《上海金属》2004年第8期。

内企业盈利才不过 5320 亿美元,海外企业盈利是国内企业盈利的 1.8 倍。从投入产出的获利比量数据看更加明显,中国制造产品每花 1 美元,就有 55 美分流向美国的工作岗位。同时,中国人民是用超乎西方经济列强的坚忍、勤劳和智慧,赢得了快速发展的机遇和成就。仅从每人年平均工作时数看就可见一斑,中国劳动者一年工作时间平均为 2400 多小时,远超美国的 1800 多小时。中国崛起是改革开放的历史性成功,是全体人民奋发努力自己创造的历史性成就,绝非美国所赐。相反,美国不仅在享用中国崛起的经济果实,更是借用了中国之手,为自己进一步研发高新技术,腾出了制造业空间,甚至连工业垃圾都向中国倾倒。凡此种种,足见美国某些政客所谓"美国给中国带来了现代化,中国占了大便宜,舒服日子过得太久了"的论调,是多么阴暗、虚伪和苍白!

关于经济发展的空间运动之关系或秩序的描述,中心和外围的理论还告诉我们,二者不只是经济体内部生产力的地理布局,同时还存在经济结构的巨大差异。作为科学技术进步原生地的工业中心,凭借先发优势,有条件将各类新技术迅速而均衡地传播到它的整个经济体系,形成中心地区现代化生产技术的同质性,用先进生产手段覆盖社会经济的中间产品、最终消费品生产的广泛领域。从而形成了经济中心的整体优势和强大竞争力,反过来加强和固化了本土的中心地位。而外围地区的经济结构则多是异质性的,因为从中心地带传播而来的新技术在时间上先后不等、在水平上参差不齐、在产业中覆盖不均,使较先进的、中间状态的和落后的生产技术,在国民经济的不同区域、各个部门同时并存。也正因此,中心与外围地区形成了发展状况和利益关系的不对称、不平衡。

值得我们高度重视的是,构成区域中心的许多特大城市,它们在经济—社会发展中具有一种客观的比较优势。美国专门研究复杂适应系统的圣菲研究所的"科学家发现了城市的独特代谢方式:生物的体型越大,代谢率越慢;而与之相反的是,城市的面积越大,代谢率越快。……城市人口每翻一倍,居民的创造力、生产力和健康指数就平均提升 15%"[1]。这种让当今世界超

---

[1] [美]理查德·佛罗里达:《新城市危机:不平等与正在消失的中产阶级》,吴楠译,中信出版集团 2019 年版,第 21 页。

大城市仍然熠熠生辉的内在机制,是由支持这些城市经济体系独特优势的创新驱动力和高附加值产业集中为基础的。在这些城市,通常有文化教育、科学研究、技术开发、经济集结的人才优势和产业优势,如金融、媒体、科技研发、商贸和娱乐业的聚集,随之而来形成大量"总部经济"体的集合。正是它们这些创造力、领引力、扩张力、生产力的强大优势,带来了中心城市快速的自我更新和超常发展,形成了让周边地区无法替代的领引机制与力量。我们在关注区域平衡发展的同时,不可抹煞先进城市尤其是国际大都市的空间区位优势和社会进步中的历史方位特质。

因此,从世界经济大融汇和经济发展的具体空间格局来审视"中心—外围"理论,笔者认为即使是在全球化的今天,它仍然是有相当解释力的。它有益于我们深刻揭示生产关系跨国建构趋同性中的差异性、矛盾性乃至对抗性。这方面的原因有原发性的,也有次生性的。从初始致因而言,率先凭借高新科技手段进行工业革命的如英国、荷兰、法国等国,在经济发展中因为空间的相近与彼此互动作用的强烈而有效,它们对新技术与工业革命形成的新体制发生空间内的地区共振,相继快速地形成相互作用、相互借鉴中的推广与普及,因而在资本运行中更早也更多地获得世界市场中那高出平均利润率水平的相对剩余价值,拥有经济市场竞争和赢利能力的优势。与此相反,那些外在于率先进行工业革命之中心区域的落后国家,由于空间阻隔和交往不便,工业革命无论从体制还是从物质技术乃至思想文化方面,都迟迟不能企及中心地带的发展水平。故它们总是以低水平的物质技术条件进行低效率的生产,以低价格的、低收益的态势向发达的中心国家和地区输送廉价初级产品和原材料,进行利益不对等的交换。这在相当一段时间内,不仅支持着中心地带的发达,而且也维持着外围地区的落后。在这里,工业革命和新技术采用的时间差演变成了经济发展水平、态势的空间差。反过来,这种工业发展的区位差异,又作为原因生成并维持着经济发展的空间落差。原因的结果,再循环地成了结果的原因。

世界经济发展中的中心与外围分立和落差的次生原因,则是来自社会制度差异、市场规则制定权的拥有及其造成的世界贸易条件恶化,它们共同进行着中心与外围经济反差性趋强的空间生产。

首先,工业中心生产的终端产品与外围地区生产的初级产品形成的区间贸易，其利益关系的不对称加剧了中心与外围之间的发展反差和不平等。中心国家利用高新技术形成的高效率，进行知识密集型、高产出的生产，把成本低、物耗少、附加值高的产品投入世界市场，与不发达的外围国家生产的那些物耗高、低廉劳动价值密集、没有多少科技含量和附加值的初级产品相交换，贸易额度越大，中心国家和外围国家之间的利益关系越悬殊，经济空间的区隔越显著，边界越是难以平夷。因为技术落后、效率低下的初级产品生产，粗放条件下简单地增加投入，其结果只能是边际收益递减，进一步拉大与中心国家的经济差距。

其次，中心与外围在遭遇贸易周期下降运动的冲击时结果是不一样的。经济中心国家的工业制成品因其低耗和高附加值具有市场垄断性质，而外围国家的初级产品却分散进入市场并仰仗中心国家的工业景气度、采购指数和定价权。当工业成品生产萎缩时，无法直接进入社会消费领域的初级产品价格下跌的程度会比制成品严重得多，因而外围国家要承受更大的经济损失。这样，贸易周期的反复出现，就意味着初级产品与制成品之间价格差距的不断拉大，从而使外围国家的贸易条件及其市场赢利能力更趋恶化，因而加固了两类经济区的社会空间壁垒。

再次，世界资本主义经济体系"驱动中心"范围的扩大，如从英国向美国延伸，使世界市场的竞争激化，加剧了列强对势力范围的争夺，于是有了由中心国主导的诸如世界关税贸易总协定一类的贸易规则制定和强权秩序的确立，如美国成为经济驱动中心之后，就改变了英国中心时期不对从"外围"国家进口初级产品设置关税壁垒的做法，而凭借其自然资源的丰富增设进口初级产品的关税，造成美国的进口系数非常低下，对外围国家初级产品的出口贸易产生严重扼制，使其生产失去发展空间和动力，进一步恶化了中心与外围经济空间的格局。经济态势的这一变异，其原因又部分地来自经济中心的转移及其与外围国家之资源分布、地理储量和距离远近等空间因素自身。总之，世界经济体系"中心—外围"关系的形成和演变，很大程度上是人类生产方式的变革与发展所派生的空间实践，对经济空间生产和再生产造成的结果，它在一个很重要的方面形成了生产关系跨国建构的初始动因与模式。

最后，经济空间之中心和外围的区划，在经济要素全面货币化、资本化的今天，还取决于单位空间内资本沉淀的密度与厚度。不同地区和国家，其地理空间位置是中心区、亚中心区还是外围区，很重要的一个方面看它们所在地的资本投放密度和增长效益。在世界市场中，某一地区、某一国家拥有足够资本便能在世界各地买到需要的经济要素，从而平夷资源、制造业乃至科学技术发展的某些地区差，适度改变远离中心或隔离于中心之外区域的不利地位。诚如哈维所说的，空间障碍的消除和"通过时间消灭空间"的斗争对于全部资本积累的动态来说都是根本性的，并且在资本过度积累危机时期更是剧烈。通过向新领域的地理扩张，以及建构全新的空间关系来吸收剩余资本（有时是剩余劳动力）可以说是很显著的，诚如列斐伏尔所指出的那样，空间关系及全球空间体制的建构是资本主义残存到 20 世纪的主要手段之一。①

第三节 "中心—外围"经济空间解释模式的反思

我们需要进一步探讨的是，在当今全球化条件下普雷维什提出的关于资本主义经济体系"中心—外围"的空间解释模式，是否仍然具有解释力，它需要做出哪些方面的新思考和新说明。

笔者认为，对上述问题的回答，首先必须审视普雷维什对世界经济体系"中心—外围"空间格局的解释方法，进而做出新的补充性分析和诠释。当年产业革命英国率先发展资本主义，成为这一经济体系的中心区域。这首先得益于大机器生产物质技术的采用及后续新科技的发展，此为原发性的历史事实。但仅仅凭借这一原发性的事实还不足以说明经济体系"中心—外围"空间格局的全部根据。历史上，资本主义母体作为经济体系的动力中心和主导中心，对后发国家和落后民族在经济交往中的不平等关系的建构和维持，绝不只是凭借科学技术的率先发展及产业革命的历史先机那样一种单纯的"经济—技术"优势和力量。与此相随的，还有资本主义的制度创设对后发资本

---

① ［美］戴维·哈维：《正义、自然和差异地理学》，第 273—274 页。

主义国家、对还未进入资本主义社会的更落后的国家所形成的制度优势。不同社会制度，以及同一资本主义制度的不同成熟程度，它们在空间上的处所和位置关系，乃是构成经济体系"中心—外围"空间格局的重要历史条件。中心是借助社会体制方面的率先变革而形成的对他体制、他国家、他地区的区位优势，借以展开彼此的经济竞争而获得中心的主导权和制度红利。因而经济体系"中心—外围"的空间格局，虽然首先是一个经济事实和经济关系，但绝不只是经济事实和经济关系，在其前后左右，还有丰富而尖锐的政治的、社会的乃至文化的比拼和角力。其中不争的事实是，伴随资本主义母体的强盛和对外的力量发散，出现了大量对后发国家和地区这些"外围"空间的军事入侵和殖民统治，资本的输出和国际性的超额赢利，总是仰仗政治和军事的强权介入。在资本掠夺性经营所及的空间不平等关系背后，从来是船坚炮利的示威，从来少不了步兵、骑兵、炮兵乃至飞机、航空母舰、导弹的投入和对弱者的打压。中心国家资本的超额赢利，是在经济"巧取"的幌子下大量地依靠战力"豪夺"的强盗行径去支持、去补充、去最终实现的。这无论是当年英国对印度贸易的经济搜刮，还是对中国的鸦片战争；无论是英国作为第一个经济中心的空间隆起，还是英国殖民者开疆拓土把美国复制成更为强大的中心；更无论是当年初兴的美国还是当下超霸的美国，无一不是伴随着血腥、野蛮的殖民掠夺或暴力推动与维持的资本、货币战争。因此经济体系"中心—外围"的空间格局，从来不是平面的经济版图界划，而是立体的各种权力对抗、位置比拼和系统冲突形成的空间关系。时至今日，世界局部冲突不断，作为世界经济体中心的美国，在强化各种经济措施以发展和维系其经济霸主地位的同时，则是不遗余力，到处穷兵黩武，颠覆一个又一个弱势国家"不听话"的政权，弄得这些地方内乱不止，民族仇杀不休，国无宁日，生灵涂炭，陷于苦难深渊。看看美国兵燹所至地区，如阿富汗、伊拉克、利比亚及现在水深火热的叙利亚，个中内秘就大白于天下了。美国中心霸主虽无攻城略地，但其战争背后强加的政权颠覆、政制败坏、民族撕裂、生存环境恶化等灾难不断，不仅惩罚了那些不遂其愿、不为其利的异己性外围力量，也给其他敢于效法者以警告。同时，美国还大做军火生意，扩大资本输出，抢占资源市场，推行着、维护着所谓"美国优先"新形式的"中心—外围"空间格局，并且是诉诸许多新式手段去维持这种浸透美国利益、意志的经济秩序和地缘关系。更甚者，奉行霸权主义的美国政治、经济寡头，还变本加厉地针对为减少中心与外围地区、国家利害冲突和政治军事摩擦、对抗而共建的一系列规范、体制大兴杀伐，毁约、退群不止，大量掀翻原有良序，让一己之私的单边主义到处施虐为害。并无端对和平崛起的中国等新兴经济体公开树敌，痛下杀手，万般刁难、打压，唯恐近其一步，缩小了中心—外围的差异。这些现象，无疑极化了中心—外围的差异性，给世界和平发展与人类文明进步注入了极其危险、邪恶的因素，是表面上的民族主义而实质上的帝国主义在全球化、世界政治经济秩序和空间关系中的发酵、败坏。对此，我们在运用经济发展之"中心—外围"空间模式的理论，分析和说明当今世界经济空间划分态势时，必须予以足够关注。要在经济空间秩序的晃动与裂变中，看到政治军事等非经济力量的介入和作为，不要陷于唯经济论、唯市场论的片面性，要特别提防新型冷战乃至局部热战在"中心—外围"之间的疯狂重演。

在观察当代世界经济体系出现的"中心—外围"空间格局时，须分析这一格局及其解读方法的时代性更新。当我们把这一问题置入全球化和经济信息化的环境中来观察和思考时，情况正在发生着许多不同于当初普雷维什提出"中心—外围"经济空间解释模式的变化。在全球化运动中，世界经济关系之"中心—外围"理论所假定的"整体性"特征，一方面在更加凸显，另一方面又在悄悄变构。美国取代当年英国霸主地位而依然维持着它强大的中心位置。世界各国在应对经济全球化加速发展的挑战时，遭际是不对等的。第一、第二、第三世界国家历史发展状况不同，不是处在同一起跑线上，应对全球化、经济信息化挑战的能力也不均衡。一些起步较晚的国家在经济全球化的漩流中难以自立或从容应对，在全球化大潮中挣扎沉浮，千方百计地要挂靠到美国这艘超级经济航母上才可免于被吞没，从而使本国在相当长的一段时间内仍然只能处在外围的地位上，如中东的一些卖资源的国家，还有像阿基诺当政时的菲律宾这样力量弱、骨头软、信誉差的附庸体，只好不惜牺牲民族发展和崛起空间，以"傍大款"的卑颜屈膝为国计民生之举措。与此不同的另一种景观，则是一些起步较晚而奋起自强的国家，通过自身的改革开放，抓住经济全球化和知识经济带来的国际关系及各国地位可能重新排列组合的机遇，自力更生乘势而上，经济飞速发展，逐步摆脱外围地位，或成为世界经济体系的次中心或地区中心,如在改革开放中成功实现经济腾飞一跃而为世界第二大经济体的中国,就是这方面的典范。还有俄罗斯、印度、巴西等新兴金砖国家都多少属于此列。中心霸主美国很不乐见也很不适应这种新型经济空间格局的出现及由此形成的挑战,于是决然要从与伊斯兰外围世界的纠缠中解脱出来,将力量挪到亚太地区,针对中国这些新兴大国或地区中心,所带来的对原有中心与外围关系的改变和调整,搞"再平衡",要把新的经济空间格局重新打回旧格局中去。这是美国亚太地区再平衡及其新版"印太战略"的中心主旨。同时,那些在经济力量对比关系中失去旧时地位和风光的国家如总想乱中取利的日本,则不惜以次中心、"亚老大"的身份与美国中心霸主联手,向外围国家勾连示好,企图纠合一个区域性的"中心—外围"次级格局以逞其强、以博其利。这当然是企图重温旧梦、重当中心霸主的司马昭之举。这一作乱亚太地区的新形式,一则表明全球化运动中原来的中心与外围之间在经济结构及其空间关系上的差异性仍将继续存在,在某些情况下甚至还会有所加剧与扩大。二则说明中心与外围的旧格局在悄然变构,一些新兴大国、经济强体客观上会形成对"中心—外围"旧格局的挑战,会局部性地改变其原有的空间秩序和彼此关系。三则表明世界经济体系之"中心—外围"格局,会形成原级、次级的梯度次第展开态势,一些区域性或多国联盟性的中心在兴起,如欧洲联盟等地区中心就是对原来美国独大中心的权利关系和空间秩序的改变。四则作为原来的外围国家也在结成区域性的联盟,以彼此抱团、相互支持去维护自身利益,抗击中心国的经济压榨和政治扼制,伸张自己的权益,如东南亚国家联盟(简称东盟)就是这种形势下的产物。五则中心、外围发生经济联系的内容与形式也在改变。原来是工业成品与初级产品的交换关系,现在由于大量地境外投资,中心国家经济触角四处延伸,直接到资源丰厚的国家和地区开矿办厂,就地生产,自寻市场出路,同时又以自身的高附加值产品作为向外围国家输出的贸易品,换取外围国家的工业制品。这形成了经济体系"中心—外围"交换关系的新特质:以知识产品、文化信息服务产品外销交换外围国家的工业成品。它将工业生产中初级产品、原材料长途运输的费用减降下来,又将工业制造中产生的"三废"留在外围地区,避免了工业生产对中心国的过度污染。这是中心对外围进一步的损人利己!它在人类生存空间的质量方面,造成了中心与外围的差异和权利不对等。当中国自豪地称道自己已成为"世界工厂"的时候,当我们由以往出口初级产品而提升为出口工业成品大国的时候,我们在庆幸经济发展伟大成就的同时,千万不能忘记制造业的外向型经济发展中暗藏的负面价值和环境隐忧。须知当今中国,虽然在经济体量上也算成了一个世界有强大经济牵引力、驱动力的次中心国家,但中国商贸出口产品以汽车制造业、家电制造业、冶金工业与轻纺工业为主,科技含量稍低,物质消耗高,环境代价大,这仍然规定着我们在许多方面还停留在外围状态。单位工业产值的物耗、能耗与碳排放水平仍然大大高于美国、日本等发达国家。据《世界经济展望报告》,2017年、2018年全球碳排放量分别比上年增加1%和2%,除中国之外的新兴经济体如印度等国,碳排放量增幅更大;而七国集团除美国因自然灾害影响外都呈下降态势。① 表面上看,中国的人均碳足迹已经正在接近欧洲平均水平。但欧洲的碳足迹水平较高,可能主要来自跨国旅行较多的交通能耗、取暖降温高耗能消费方式,以及高能耗农业生产所致,而非工业制造的粗放式生产。在经济活动中,电力、工业和交通运输部门的碳排放量占排放总量的60%—70%,中国有近1/5的碳排放量是国际货物进出口造成的,再加上"世界工厂"制造业形成的碳排放带来的环境影响,断然不可小视。在世界经济贸易中,中国物质产品的进出口是顺差,而科技文化知识产品及服务业的进出口则是逆差,这也足以说明中国在许多方面仍然保留着"外围"经济空间的历史特征。相比之下,美国则把经济发展的重点转到第三产业。2001年以来,美国政府强调服务业、教育业、医疗业、金融业的大力发展,成为经济的主要增长点。于是在对外经贸交往中便以科技产品、文化教育产业、服务业和金融业这些"无烟工业"的输出换取外围国家的工业品,以保护其气候安全、能源安全、经济安全、环境资源和生活质量的优越条件。应当说,这是知识经济条件下,中心与外围经济交往关系在内容方面的一大改观:由以往工业中心向外围输出终极产品,进口原材料和初级产品,大量地变为现在的由中心向外围地区输出科技产品、文化知识产品和金融产品,即使是物质产品也是高附加值的;而进口的则是在外围地区生产的物质性成品或初级产品。伴随这一变化的,还有大量能耗高、污染重、劳动力密集的制

---

① 宋峰、刘中军:《全球碳排放量2018年再创新高》,《生态经济》2019年第2期。

造业由中心向外围挪移，因而形成从外围进口工业成品的增加。这种形势，使世界贸易在中心与外围国家之间已远远不限于最终产品，许多情况下最终产品的制造—输出之中心，只是掌握核心技术和资本力量而大量进行中间产品装配的优势经济体。这种中心与外围经济交往内容的改变，使其经济区位、空间质量、生态环境的等差，出现了新的发展落差。而发达的中心国家，对自己曾经给地球生态造成的高污染，对高污染产业外迁给欠发达的外围地区带来的严重污染，概不认账，概不负责，反过来还要强征"外围"地区国家的碳排放税，这无疑是新形势下"中心"对"外围"的一种环境挤压，表现着空间关系与权利的不平等。

第四节 经济"中心—外围"空间关系的深刻变革

世界经济体系的中心与外围之空间格局的形成，是特定历史条件下的产物；而且其具体交往模式和地理分布也是随着历史的发展而改变的，十足是一个历时性现象。任何事物都是相比较而存在、相斗争而发展的。中心国家发展的优先地位，是依赖于外围国家发展滞后而持存的。中心国家雄厚的资本积累，使其有很强的实力开发高新技术，创造新产品，采取新的经济体制，促进生产，提高生活的文明程度。这会在经济交往中很鲜明地给不发达的外围国家以强烈的刺激和示范，客观地动员它们努力效法，急起直追。外围国家不甘落后，通过出国留学、引进先进企业和科技人才，进口高新技术产品等多种方式，学习和采用发达地区的先进科学技术和经营体制，促进本国的科技进步与经济发展。当然，要把高科技革命和知识经济全球化提供给后发的外围国家实现跨越式发展的可能性，尽快变成现实，还必须像中国这样，在深入广泛的体制改革和对外开放中，创造物畅其流，人尽其才，财尽其用的良好社会条件。然而，人们在许多外围国家却看到了与此相反的景象：富豪群体往往只模仿中心国家的高消费而不认真学习、推广其高科技，自噬了经济发展潜力。正如普雷维什所指出的，"有利上层的、不公平的收入分配，推动这些阶层模仿中心的消费形式。由此而发展起来的特权消费社会意味着资本积累潜力的一种巨大浪费"①。因此，要根本改变社会财富被少数富有者挥霍浪费而不用于科技振兴和经济发展那样一种造就和维持外围落后局面的体制顽疾，才能实现外围向"半外围"、向地区中心、向与中心国家建立新型大国关系的良好态势转化。有研究表明，一个国家出口产品科技含量的高低是与其人均 GDP 数量的提升成正比的。当人均 GDP 在 2000 美元左右，主要出口低技术产品；在人均 GDP 达到 6700 美元左右，则多出口中技术产品；人均 GDP 达到 31 000 美元以上，则主要出口高科技产品。②可见，努力发展高新科学技术、提振经济竞争力，是后发国家摆脱被世界市场边缘化的基本路径。举目世界迅速崛起的新兴经济体，上述情况正在变为现实：据统计，世界新兴市场国家从 1999 年到 2008 年出口的工业制成品上升到了 79.5%，大大高出自然资源的出口量，以致初级产品在出口贸易中的占比由 20 世纪 60 年代的 45%下降到 20%左右。③中国的外贸出口，也走过了由石油资源出口为第一大宗产品，到由服装这一劳动密集型产品出口取而代之，再到家用电器这一科技含量更高的产品占据鳌头这样的发展过程。现在，我国的服务贸易比重已跃居国内贸易首位，在出口贸易中比重也不断增加，这自然是科技进步、产业升级带来的崭新局面。它们表明，外围国家在世界经济交流中被动局面的打破，需要努力建设比较完整的现代工业体系，要着力提高人民的科技文化水平和支付能力，扩大内需市场，减少对中心国家的过分依赖，改变进出口的不良结构，才能逐步脱离憋屈的困境。

在这方面，还有一个需要引起我们特别关注的问题，那就是在中心与外围之空间关系的发展变化中，社会经济的不同发展阶段，其中心和外围各自的内部空间结构也有不同的样态。工业化初期，经济中心是以少数工业城市为依托的，如当年英国的曼彻斯特，其强大的对外围地区的经济辐射力，把大量外围资源及本土的生产要素吸入中心，使中心区极化，少数主导城市迅速膨胀。进到工业化比较成熟的时期，中心区域的资本过于集中，生产要素

---

① [阿根廷]劳尔·普雷维什：《外围资本主义：危机与改造》，苏振、袁兴昌译，商务印书馆 1990 年版，第 35 页。

② 徐林清、潘丽丽：《新兴市场国家制成品出口技术构成的收敛趋势研究》，《世界经济研究》2012 年第 8 期。

③ 谢骏：《中国出口商品结构分析》，《浙江工商职业技术学院学报》2002 年第 4 期。

过剩，促使中心区的经济力量向外扩散，寻求和开辟新的经济空间，大量向外围区域投资转产，中心区由点到面板块化，外围区则因内敛外引形成与中心区接轨或直通的若干次小经济中心，承接主导中心的发展势能，成为经济由中心向外围扩散的梯度发展的空间节点。待到当今全球化、经济空间一体化时代，市场经济体制全世界通行，包括各类资源在内的生产要素在世界市场全方位流动和配置，工业化初期那种中心与外围地区之工业成品与初级产品、原材料的交换方式已在很大程度上被改变。由于现代发达国家已不是一两个国家，而是外延成了几个片区，如美国及西欧诸国。发达的中心区变成核心国和次生区域，有了多个地区性的中心串联，如日本和北欧诸国，都是世界经济体的亚中心。在经济中心内部延伸、外拓的同时，世界市场的空间发散和生产力的全球化布局，国际分工协作的深化，原属"外围"区的一些国家如当今的四个"金砖"国——中国、俄罗斯、印度和巴西，都成为区域性经济中心。其间，也不乏像俄罗斯这样曾经是东方世界的强大中心国或像莫斯科这样的城市中心点，由于联盟解体、经济政治衰弱而沦为半外围半中心点。中国则基本摆脱了原来受屈辱受打压的外围国地位，而成为世界性的工业制造中心，并逐步成为世界现代化的强大动力源。虽然由于制度和对外关系的差异，以及当今经济地理格局的变化，中国不会变成像当年的英国和现代的美国那样的霸主式中心，不会从经济、政治、军事上打压和虐待弱小的外围国家，但其经济体量和经济影响力仍然使之成了亚太地区的经济中心之一，且在世界经济联动中产生了越来越大的张力。与此同时，由于交通的发展，新资源的重新发现和开采，世界性企业的跨国建构和全方位布局，超级中心在扩散，次级中心在生成和发展，如中国的迅速崛起，以及像北京、上海、广州、深圳、天津、杭州、重庆等地区中心城市的发展，使之在地区中心国内又成为诸如"环渤海湾""京津冀""长三角""珠三角""粤港澳大湾区"等空间配置体系的中心点，分别对该区域的省市（区）构成一种经济主导和牵引作用，形成国内中心与外围的关系。也有某些原来的中心在式微和削弱，如英国、荷兰、俄罗斯等国家在世界格局中，美国的底特律等城市在国内格局中，伴随经济全球化的空间重组失去了原来的中心或区域次中心主导地位。

在经济中心与外围空间关系的变构中，沿交通线路展开的各经济节点间的联通力量，是推动空间关系变革的重要因素。因为快捷而强大的交通不仅能使空间距离有效克服，缩小中心与外围的地理位置差异，而且能把不同地域的优势资源在形成经济效益的现实空间中有效地组织起来，实现中心的泛化和外围向中心的聚集。这一交通条件对经济空间中心与外围关系的改变，最有说服力的典例是中国正在推行并初见巨效的"一带一路"倡议。"一带一路"倡议，分别指的是"丝绸之路经济带"和"21世纪海上丝绸之路"。这一倡议构想，非常契合沿线国家共建、互荣、同享的需求，为它们的优势互补、开放发展启开了新的机遇之窗，成为国际合作新平台。"一带一路"贯穿亚欧非大陆，将活跃的东亚经济圈与发达的欧洲经济圈直接联网，并将途经经济发展潜力巨大的大片腹地国家纳入经济合作、互动的体系，形成经济空间强大的交互作用，共享发展效益。它使中国经中亚、俄罗斯至欧洲，经中亚、西亚至波斯湾、地中海；南至东南亚、南亚、印度洋、太平洋地区各国，依托国际大通道，以沿线中心城市为支撑，以重点经贸产业园区为合作平台，共同打造新亚欧大陆桥、中蒙俄、中国—中亚—西亚、中国—中南半岛等国际经济合作走廊。它将上海合作组织、欧亚经济联盟、中国—东盟等国际合作组织整合升级，成为更好地发挥地缘政治优势，推进多边跨境贸易，实现经济空间的次中心与欧美中心地区互联互通的重要平台。同时也将有效改变中国受地理区位、资源禀赋、发展基础等因素影响，所形成的对外开放东快西慢、海强陆弱的格局，改善国内中心地区和边缘带的经济发展落差。"一带一路"倡议体现和平、交流、理解、包容、合作、共赢的精神，现已联通60多个国家，获得广泛支持，有望构筑全球经济贸易新的大循环，成为继大西洋、太平洋之后的第三大经济合作、发展空间，有效改变历史上形成的以欧美为中心、亚太地区为次中心及外围的经济空间旧格局，带动超过世界人口60%的、约46亿人的地区务实合作，建设政治互信、经济融合、文化包容的利益共同体、命运共同体和责任共同体。这是中国对世界经济中心与外围不合理空间秩序的变革、完善，所贡献的伟大智慧和实践力量。它是对帝国主义时代的旧格局和当代霸权主义、单边主义的挑战与化解，因而招致美国霸权的应激反应和强烈不满，当属自然。这恰恰从另一方面证实了它的革命性、正当性与世界合法性意义。

所有这些经济中心与外围的空间关系及其演化机制表明：

第一，中心和外围的关系是人为的而非天然的，是历史的而非永恒不变的，而且在不同的经济发展时期其生成流变的机制不一样。当年英国称霸世界现在成为二等强国，美国虽然还不可一世但它已经强烈地感受到了多重挑战，中国曾经饱受欺凌现已和平崛起成为第二大经济体，经济总量超过美国只是时间问题。世界历史各领风骚一时期，流变的空间，沉浮的位置，改写的秩序，变换的角色，是历史的真实。最先进的理念是构建人类命运共同体，解除以强凌弱、以富压贫、以大欺小的旧秩序、旧格局。中国正在联合一切进步力量，为此努力向人类做出历史性贡献。

第二，中心和外围的关系在全球化、现代化、经济信息化及交往网络化的今天，变得越来越具有相对性。科学技术及其互联网服务的"泛在"，经济活动的"脱域"，使经济中心泛化，日益增多的区域中心在崛起，改变着一国一地主宰整个世界经济的格局。即使像美国这样的超级中心国，也在危机中走到靠举债渡难的地步，以致原本属外围的中国成了美国的最大债主。但当今美国政要无视中心与外围关系相对性趋强的现实，顽固坚持天下第一的霸权主义、单边主义，无疑是一种对抗历史潮流的倒行逆施，难有善果。

第三，中心国有其自身的中心与外围，外围国或次中心国也有其内部的中心与外围，如上海对于"泛长三角"、广州和深圳对于"泛珠三角"地区的空间关系，不同经济圈有不同的中心与外围，它们构成局部经济空间的亚中心与外围的格局，承接、延伸、传递着世界级中心和外围的经济空间互生成、互作用、互依存的运行机制。

第四，中心与外围这一经济运行的空间格局，其经济交往和利益关系的处理，也因发生国的地位、制度、在国际社会的角色、软硬实力的强弱和科学技术、产业结构的不同，而具有诸方面的多样性，不可用工业发展的某一时期或某一特殊模式去界说所有中心与外围的一切关系。例如，瑞士作为第二世界国家，是欧洲中心区的半外围国家，但它主要向外输出钟表和乳制品，而没有多少资源与初级产品出口，同时作为"世界银行"它又拥有最大量、最完备的金融服务输出，它是这方面的世界级中心。尤其需要充分肯定的是，中国依据自身国力的增强实行扩大对外开放的战略举措，不仅有"一带一路"这样的世界性创举在改造旧的经济格局，而且有许多创新性的经济治理措施在克服、缩小中心与外围体的隔膜和差距。2018年11月首届中国国际进口博览会在上海举行，来自世界各地 80 多个国家和地区、3600 多家企业参展、洽谈，奏响共享机遇、共同发展的时代乐章，构建了一个跨洲越洋、缩小中心—外围空间差距的大交流平台，以市场集合方式对经济中心体的单边主义发出了强烈的否定信号。即使在新型冠状病毒肺炎疫情世界横行的严峻情况下，第三届中国国际进口博览会仍有注册采购商 40 万人代表 11.2 万家企业参会。它实证了中国倡导的"以开放的姿态拥抱世界，以合作的精神互惠互利"之多边主义，赢得了最广泛的认同与支持。

所有这一切表明，中心与外围的关系，最抽象的概括只是一种经济交往的空间关系，而要深入理解这些关系如何具体地生成和发展，其具体内容和运行机制，则要联系经济形态演变史、地缘政治经济关系、国家间制度关系、实力对比关系，以及世界势力范围的划分情况，多维度地进行具体分析，才能使这一描述世界经济体系空间关系的理论、模式，获得时代的生机和具体的解释力。中心与外围经济空间格局，也像其他任何空间关系一样，永远是由发生于其中的空间实践、空间事件生产出来并维持下去的。其意义总是在于引导人们由空间格局出发，去深入关注、考察和说明其中的空间事件和空间实践，赋予它们以具体的历史的意义。因此，我们应当切实地揭示中心与外围之间的空间格局何以形成与维系，结构如何，动能矢量，以及趋向何方、结局怎样、意义何在等机理性问题，从经济地理学的空间解析角度，为实现区域经济的科学布局与顺利发展，为全球合理的分工协作及生产力的合理配置，为建立和谐互利高效的国际与区域社会经济关系，防范和化解单边主义引发的世界性风险，推进和完善多边合作秩序，提供科学的理论分析和价值论证。

第 五 章
生产关系空间运行的"泛在"和"脱域"

英国著名历史学家吉登斯,主张社会空间结构与主体实践具有内在的互动性,在《现代性的后果》一书中,研究和诠释了在全球化、网络化条件下,人们的活动不再拘泥于特定僵固的物理空间现象,提出了"脱域"概念:"社会关系从彼此互动的地域性关联中,从通过对不确定的时间的无限穿越而被重构的关联中'脱离出来'。"[1]亦即说,社会主体在经济生活中建构的生产关系,以及维持和再生产这一关系的行为,摆脱了与特定空间事物、场域的直接作用与彼此关联的地域性限制,随机地在时空维度上联结和延展,形成社会交往的异时空套嵌与经济关系的空间不确定性。生产关系与社会空间原本是彼此生产和相互规定的。生产关系运行机制的现代变化带来其空间关系的非空间建构。"脱域"作为社会行为及其关系建构现代性的重要特点之一,它以经济空间的虚拟和泛在,表征着当代生产关系建构和运行的新机制:一是它的跨地域性,生产关系及其经济活动主体越出所属领土的国别性和社会性,实行跨地域、跨社会属性混搭,形成经济活动的异域异质性套嵌。二是经济的符号化营构,凭借超越于具体个人与群体的普遍性交往媒介,如货币、证券等价值符号,实行经济的非物质架空运营。三是利用网络构建虚拟经济空间,以零重量、零实体空间展开经济活动,生成类似于波普尔"世界 3"的生产关系。所有这些生产关系运行的"脱域"性,皆以"泛在服务技术"为支撑。

---

[1] [英]安东尼·吉登斯:《现代性的后果》,田禾译,译林出版社 2011 年版,第 18 页。

"泛在技术",即"泛在网技术",它以铺天盖地的移动互联网装备为物质技术条件,以无所不在、无所不包、无所不能为功能特征,以任意时空、对象事物、主体无阻隔联系为目标。经济全球化迅猛发展,社会信息化、网络化水平快速提升,"泛在网络社会"已渗透到包括生产关系在内的人类行为各个方面。凭借日新月异的通信技术、信息技术、射频识别技术等高科技手段,那种能让人与人、人与机器、人与物甚至物与物直接联通的泛在网络系统日渐发达,广泛进入人们的生活世界,这种"泛在技术"支持和促进了生产关系的脱域建构。"泛在"与"脱域",在经济交往和世界性组织、营运中,形成了彼此依赖和互动的机制。技术的"泛在"服务,让社会实践尤其是经济活动及其关系大量地脱离人与事物出场的特定物理空域,克服相互作用的直接性和临场空间限制,成为可能无所不在的行为,发生在物理空间的无域之域。经济及交往全球化的发展,又在通信、市场及社会事务观察、理解、实践、控制等方面的全域性和全程化方面,提出了超越物理时空限制的"泛在"之技术、认知和服务要求,以此实现脱域经营与治理。从特定意义讲,"泛在"本身就是"脱域","泛在"之无处不在、无所不行,带来了社会活动及其技术支持的无所不有。这在经济生活中即表现为依托交往的网络化,营运的符号化,管理的数据化,情境的虚拟化,实现着生产的全球化,市场的世界化,服务的全域化,使生产关系能够摆脱传统社会在地性建构的许多约束,形成了大量非地理性特质。这样,既对以往唯物史观主要以国家领土空间为据,评判生产关系的国别社会空间属性之传统解释提出了挑战,又在非地理资源竞争的意义上强化了空间的经济争夺与权利博弈。它们使全球化有了更多维面的意涵,使当代生产关系的建构、营运和解释,在空间社会属性方面平添了前所未有的复杂性,亟待我们深入探讨和重新理解。

第一节 社会生产的地理学"脱域"

世界经济史表明,生产关系的脱域建构受到工业革命及市场经济的资本推动。资本具有一种自我扩张的强烈躁动力,马克思曾指出,资本的扩大再生产要求开发地球上一切物体的有用性,"要探索整个自然界,以便发现物的新的有用属性;普遍地交换各种不同气候条件下的产品和各种不同国家的产品;采用新的方式加工自然物,以便赋予它们以新的使用价值;要从一切方面去探索地球,以便发现新的有用物体和原有物体的新的使用属性,如原有物体作为原料等等的新的属性;因此,要把自然科学发展到它的顶点。"[1]"因此,只有资本才创造出资产阶级社会,并创造出社会成员对自然界和社会联系本身的普遍占有"。[2]社会物质生产的发展,当人类有了以前所未有的广度和深度向自然世界进军的需求和科学技术手段之后,其必然趋势便是对地理空间之民族和国家分割性的超越。"资本按照自己的这种趋势,既要克服民族界限和民族偏见,又要克服把自然神化的现象,克服流传下来的、在一定界限内闭关自守地满足于现有需要和重复旧生活方式的状况。资本破坏这一切并使之不断革命化,摧毁一切阻碍发展生产力、扩大需要、使生产多样化、利用和交换自然力量和精神力量的限制。"[3]这样,必然将生产全球化的可能性不断变成现实。

经济全球化,从生产关系环节看,即物质生产力的跨国性布局。它首先依托于生产的国际分工和协作,但又超越了传统生产力囿于地理限制的那种分工和协作形态。质言而论,每个深入世界市场的能力超强的企业、生产单元或主体,都有既属于世界经济一部分,又自成体系而成为建构世界经济的社会基础这样的双重属性。豪气地说,可以这样表达其全球化的角色属性:"世界是我们的,我就是世界的。"

此中,已经蕴含对传统生产方式在空间关系方面的多重突破。

其一,企业生产、经营不再受动于原来的地理资源导向,而转变为全面依循市场导向。生产的行业、门类布局,产品的专业选择和品种、规格、数量安排,不再局限于本地资源优势,也不局限于本地市场和国家采购意向、实力,而更多地面向世界市场,作为世界经济参与者组织生产、经营。置身世界市场的企业,不在乎经济空间的国内与国外,在异地还是本地投资经营,

---

[1]《马克思恩格斯全集》第46卷,第392页。
[2]《马克思恩格斯全集》第46卷,第393页。
[3]《马克思恩格斯全集》第46卷,第393页。

全取决于科学技术、市场开发、劳务成本、交通条件等经济因素的获利效率。当今世界有发达国家的大量企业到后发国家投资兴业，也有不少欠发达国家的企业到发达国家投资办厂，来来往往，进进出出，熙熙攘攘，皆为取利。印度的软件和服务业出口贸易值，仅以 1998 年计算，包括专业服务、项目开发、软件包等在内的软件产品出口占到总出口的半壁江山。[①]2009 年，印度在全球软件外包市场中的份额为 51%，2012 年进一步提高到 58%。是年，印度软件及服务业总产值已达约 1000 亿美元，直接雇用约 250 万人，成为印度国民经济中举足轻重的部类。[②]成如此态势，主要因为印度劳动力廉价吸引大量相关产业的外资进入，以及本土人均资源相对匮乏而优先发展信息产业所致。经济全球化中这一崭新现象表明，信息服务业务与物质产品的产供销业务形成了空间分离。国际呼叫中心的大量业务并不在信息产品的产销地，而在由类似印度这样一些劳务成本低廉的非信息商品生产地，提供信息产品的市场营销服务。这类离岸服务业还大量存在于金融、通信、运输、医疗和公共事业等领域，它们生动地体现了当代社会经济关系的营构，凭借发达交通和高新网络通信、服务技术，形成了对空间距离的超越和空间关系的重构。人类当代空间技术引发的这种生产之空间关系的变革，改变了生产要素、主体、单元于属地空间直接编配的方式。它呈现着社会生产环节空间运行方式的变革，包括跨领土空间生产的脱域性经营。

其二，生产活动"无限域"与生产力布局"无边界"。经济地理学意义上的全球化理论有一派观点认为，全球化生产是一种将资本、技术和人整合到了一个"无边界"的世界，成就一个单一的世界市场和巨大的"地球村"，生产活动超出了单个国家的主权领土空间及其政府直接管辖空间。这在很重要的一个方面体现了生产关系脱国家主权空间之域的建构机制。此类"脱域"机制的生产空间特质，就是生产活动无限域和生产力布局、挪移无边界。无限域生产，即无处不可生产，它是生产力布局无边界在劳动技术方式上的"泛

[①] 狄承峰：《印度软件产业发展的经济学分析》，《北京师范大学学报（社会科学版）》2004年第1期。

[②] 周博：《对中国与印度软件产业发展及现状的分析》，《软科学》2003年第2期；王健编译：《印度软件产业发展现状分析》，《中国经济网》2014年4月1日。

在化"支持；生产力布局无边界，则是生产活动无限域的空间关系配套，生产活动有了全球化的空间现实性，能把生产点定在整个地球任意之处。生产定点无界，相对于地"球"而言，其每一处生产地点都具有暂时性、可移动性，且既是中心又是边缘，既是点又是世界。点的无界是因生产空间能无穷变幻和多向建构、挪移，如同几何学上的点没有面积、圆球上的点都是中心那样。具体地说，这种生产之空间技术特征有二。

一是国界无限，特定生产技术持有者和资本投注者的经营，不局限于其所属国家，而在世界各地组织生产，或者经济总部不在本土境内，而在境外组织全球性的生产经营。并且，或许是网络泛在服务技术对网上交易的直接支持，使那些能顺利运用这些技术的产业得以优先发展起来。除了证券、期货、银行等资本市场交易之外，那些直接营运泛在服务技术的，如通信网络、网络传媒、电子商务、网络教育等产业同样脱域化地迅速发展起来。例如，现在智能手机销量仍占全球"泛在"服务工具市场份额第一名的三星集团，其收入达到韩国 GDP 的 1/5。总部虽在韩国，但它在 68 个国家建立了 427 个分支机构，拥有包括 13 000 名科研人员在内的员工 23 万之众，有 20 个品种世界销量第一。生产和销售主阵地完全不在本土，是通过全球性的生产、销售网络把产销主阵地定在中国和欧美等国家或地区，仅中国就有深圳、惠州、天津等 14 个生产基地，10 个技术研发中心，11 个销售基地。作为全球性跨国公司，相对其本土总部，公司绝大成分都是名副其实的"外企"。[①]

二是产品以元件分散化生产、虚拟化整合、即时性组装的方式经营。这方面的成功典范是 1984 年成立的戴尔公司，经过 20 世纪 90 年代以来的艰苦创业和战略革新，它在 21 世纪初就拥有 35 000 多名员工，用户分布近 200 个国家和地区，年收入接近 300 亿美元。现在它的 PowerEdge 服务器运作的网络能提供 20 多种语言与货币报价，每一个季度有超过 10 亿人次浏览。戴尔公司利用互联网"泛在"服务技术实现了自身的超常发展：它创建 6 年后即于 1992 年就进入《财富》杂志美国 500 强的第 48 名，2001 年排名第 10 位，2011 年则上升至第 6 位；1998 年，戴尔公司就被《商业周刊》列为全球

---

① 周禹、杜贺敏、崔海鹏：《三星崛起之道：东方式管控+西方式变革》，机械工业出版社 2010 版，第 2、15 页。

100 家信息高科技公司排行榜的首位。戴尔公司的巨大成功不是科技原创,而是生产的组织机制在时空关系方面的独创。它充分利用"互联网+"方式,大规模、全方位地将消费者、采购、订制生产、即地分销、售后服务等环节高效而系统地联结起来,实行全域、全程服务的立体整合。它在世界多地设立企业,依据网购客户订单采购标准化的元器件,按规格款式个性化要求订制产品、快速直销到客户手中。如此,极大地压缩了元件和产品的库存时间,从 60 天缩减至一周左右;在供应环节上,戴尔公司要求其公司的主要零部件供应商仓库与戴尔公司的距离不超过 15 分钟路程,它的最大竞争对手康柏电脑公司需要几千个小时才能定购到零部件,而戴尔公司则能在几分钟内完成;大幅删除流通环节,直面顾客,充分、迅疾地满足顾客个性化需求,市场得到快速开拓和有效维系。[①]这种凭借"泛在"技术实行"脱域式"生产的经营模式,充分利用网络空间取代物理空间,以"即时生产"实现对"充分备料"式生产的仓储时空压缩,以网络直销对销售商场的空间取代,实现了时间节约、空间节省与资本有效利用的一体化。它凭借因地制宜、灵活布设企业和就近分销的优势,以优质信息资源的合理开发、利用而有效配置生产要素,部分地代偿有形的物质资源功能,超越经济地理的诸多限制推行全球化经营。它有效地实现了企业经营信息界面扩大与产销物理空间占用缩小的良性互动,产销流程加快、成本节约与市场份额扩大互动,生产单元占用空间压缩和企业布点范围扩大、领域增多、空间拓展互动,为经济全球化、企业高效度布局、高强度产生、高频度运营,提供了"泛在化"的时空运作模式。

其三,生产与经营借助现代信息技术解构了以往作业的时空模式,一改先前历时性的线性顺序推进方式,为今天共时态的网络运作。生产过程网络化、信息化、全域化的"泛在"方式,使经济意义上的生产成了物质性生产和精神性生产、物质产品生产和精神产品生产合二而一的过程。"一个网络就是一个信息的加工厂。当一个产品的价值随着其中所蕴含的知识的增加而提高时,产生这些知识的网络其价值也随之增加。"[②]同时网络及其对信息收集、

---

① 江南:《直销之王——戴尔公司 16 年辉煌创业路》,《中外企业文化》2001 第 1 期。
② [美]凯文·凯利:《失控》,陈新武、陈之宇、顾珮嵚等译,新星出版社 2010 年版,第 286 页。

加工、传输、存储和反馈的强大功能,极大地改变了社会生产的运作方式与时空结构,共时态的网络化生产取代了历时态的线性化生产。工厂生产,以往遵循着从设计到生产再到配送的线性路径。新型的生产程式,是在灵活多样的网络化组织中展开的,产品的生产历程同时散布在众多不同部门的不同工位上,且常常溢出了工厂本部,以致很难说每个产品构件发生的时间顺序与空间场所。企业经济的"整张网络同时在行动。营销、设计、制造、供应商、购买者都被卷入到创造一个成功产品的过程中。产品设计意味着要让营销、法律和工程团队同时都来参与,而不是像过去那样顺序完成"①。这种网状的全要素、共时态、多空间并行的生产方式,自然依托无所不在的市场,有更细密的分工和更广泛的协作,并借重"泛在"网络技术和服务手段,完成了生产技术时空组合方式的历史性变革。如美国的苹果产品系列那样,"微处理器是从 Synertek 买的,其他的芯片则来自日立、德州仪器和摩托罗拉,显示器是日立的,电源是阿斯泰克的,打印机则来自东京电子和奎茂。同样,通过把应用软件的研发外包给微软、市场推广外包给麦金纳顾问公司、产品设计外包给青蛙设计公司、配进外包给 ITT 工业集团和 ComputerLand,苹果公司最大程(限)度地降低了内部的事物性服务和资本投入"②。多类型、多功能企业以各自技术优势同时加入某类产品的生产、营销和服务,使历时态经营向共时态转换,无疑是以协作扩大、空间拓殖、生产的局域性淡化、经营和服务"泛在化"而实现的。它造成了整个生产关系之生产环节的脱域性建构与运行,奠定了生产关系异域异质嵌套的物质基础。

在此,还需要进一步强调的是,当代物质生产技术和信息技术日新月异,"工业 4.0"即全自动化,将使人类的社会生产和生活全面智能化、高度网络化、整体全球化,地球居民的一切行为都将纳入系统运行中,社会实践的时间统一性与空间全域性都将进到一个全新境界。空间的分割与联系断裂,将像时间的中断那样成为不可能。世界如同一个互联共动、有机协调的浩大系统,每一重大实践都将可以全域展开、无所不在,因而经济乃至整个社会生活的"泛在"和"脱域"联动,将达到一个空前的高致状态。表达和维系这

---

① [美]凯文·凯利:《失控》,第 286 页。
② [美]凯文·凯利:《失控》,第 284—285 页。

种由社会生产出发展开的创造性劳动的关系及其时空结构和秩序，也将遭遇空前广泛而深刻的挑战和变革。其中，时空的物理秩序与人类安排和利用时空的社会—技术秩序如何协调，将是人类社会在空间生产和利用中必须艰辛而慎重解决的历史性难题。

第二节 生产要素的全球化配置与流转

依据马克思的政治经济学和唯物史观来考察生产关系，分配是一个不可缺失的环节，它体现狭义生产关系的本质要求，又是制约生产、交换和消费等经济环节的利益基础与结构性要素。分配首先是生产资料在社会主体间的分配，它制约社会主体间的经济利益分配，表达生产资料所有关系对整个生产关系的规定性。经济要素分配，还包括生产、交换环节中不可或缺的生产资料、劳动力、环境资源、时空条件、科学技术、资金等经济要素在社会经济系统各领域、各部类、各产业中的配置。这后一种分配受到前者的制约并体现前者的总体要求。而因其不是所有制意义上的生产资料及物质利益的分配，故更能活跃地体现在生产关系的脱域建构中。

生产关系跨领土空间的脱域建构，并非完全脱离所有制关系空间归属的经济行为。生产资料所有制，根本性地制约着人们在经济生活中的地位和作用，潜在地制约着生产力空间布局和产业地区结构的决策。生产关系的脱域建构不能回避生产资料所有制主体的在地性问题。它既要一定程度地维系生产资料主体及其利益归属的在地性，又成为支持经济活动因而生产关系脱域运行的经济工具，摆脱空间两歧性的出路，在于生产资料的货币化及货币运作的资本化。货币资本的全球化配置与流通，使生产资料所有者能摆脱生产要素物理形态的时空限制，而凭借非物理形态的货币资本在任何区域购置物质生产要素实施生产，保证生产力布局及其主体利益实现的全球化延展。从所有制构成方式与企业经营模式而言，这首先得益于全球性股份制经济的大规模发展，使生产要素的世界市场配置成为现实。它们有效地将生产资料和企业资产转换成货币资本，通过企业上市交易，让企业资产所有者以股东身份在任意地域持股，成为脱域的所有者；还能将企业跨国上市，在异地让他国公民参股，实现企业生存与资产所有者控股的双重脱域。这种所有制关系的货币—证券化虚拟，在性质上模糊了公有或私有的简单划界，模糊了企业所有者、经营者的国民身份及业界分割，很难准确认定这样的企业只是哪一空间的哪些主体所有。上市公司持股者在市场上进进出出、自由买卖，至少在可能性上造成了企业产权所有者能经常易位并形成空间漂移，使企业主体及空间所在形成很大的可变性，它带来了企业产权配置对经济全球化的市场性和空间性适应，进而实现着生产关系的脱域建构及其所有制的异分同构，即在生产资料分配方面打破了所有制属性及领土空间的严格限制。这是生产资料微观分配关系变革，带来生产关系局部属性改变、经济活动空间关系变化彼此互动的突出表现。

社会主体间的生产资料分配，在生产关系脱域建构中还有一个现象不容忽视，即来自不同国家、不同地区的和所有制身份不同的主体，合资办企业，让企业在空间关系的建构和适应方面有了脱域的自由度和灵活性，只要环境宽松哪里都可让企业安家。这淡化了所有制严格的主体性划界和空间隔阂，对以往所有制主体的经济属性与空间归属的森严壁垒，是一种经济空间和物理空间的双重超越。

生产资料分配关系的空间变革，还有一种形式，就是多种所有制经济跨国界脱域混搭。各类跨国公司在异国他乡落地生根，与不同于本土制度之生产关系中的企业同生共荣，形成跨国企业的多种所有制成分并存。它们既有源自母国的经济制度属性，又如变色龙一般在各种经济活动中融入异制、异质的当地环境，像欧美外资企业在社会主义中国安家一样。它们在适应中国体制的同时，也带来了其出生地的一些社会特质和元素。在多种所有制经济单元的丛林中，"丛林法则"一定是在相互调适中共同遵守的。这就提出了异质生产关系的企业何以能脱域跨国建构的问题。生产资料所有制是否还对生产关系的性质具有无条件的规定性，尤其是多种所有制主体共存于一个企业的现象，其企业的生产关系属性如何界定？这是生产关系脱域异质混搭向政治经济学提出的挑战与拷问，有待人们回答。

生产关系第二重意义上的分配环节，即生产要素在社会经济各部门、各次产业之间，在经济地理不同区域中的配置。当今世界市场的经济环境，生产要素配置已由自然经济条件下的资源导向和计划经济条件下的政府导向,转化为市场配置。生产要素市场配置的基本指令是供求关系和价值规律。某一产业、门类、产品的生产供不应求,价格上涨,资本的逐利驱动,就会引导生产要素向这些领域集中;反之,供过于求,生产要素就会部分地流出这些领域而投向新的经济门类。诚如马克思所说的:"社会需要,即社会规模上的使用价值,对于社会总劳动时间分别用在各个特殊生产领域的份额来说,是有决定意义的。"[①]市场供求关系及其波动具有时空性。供需的不平衡总是通过区域市场的供求关系变动而生成、解决的。某地域一些商品供大于求,商品甚至生产企业会向供不应求的地区转移。当今市场信息的世界性反馈灵敏,商品全球化供需自平衡机制健全,过剩产业更多的是向新的生产门类转移,包括转向新的地区、国家。不能忽略的是,供需关系是一个复杂链条,包括劳动力、土地、原材料等生产要素的供给情况及其对生产成本的影响。当这些因素供大于求而价格低廉时,会以"洼地效应"吸引产业资本进入,形成新的经济群落。亚洲、非洲一些后发国家吸引外资入境办企业,基本动因源自生产要素低廉而构成的资本凝聚力。在全球多边开放条件下,当廉价劳动力和生产原材料不能同资本有效结合时,这些经济要素又会以商品输出方式进入资本充裕和市场开阔的他国、他地区。那些中期、短期劳务输出和不同形式的移民,多是生产主体主动响应市场召唤而寻求与生产资料相结合机会的行者,深刻体现了市场机制对生产要素配置的自组织性。它给生产关系脱域异质建构提供了主体性动源。美国硅谷高科技产业中的学者和工程师,有 1/3 的人来自美国之外。因为硅谷的科技条件优越,报酬丰厚,高科技人才需求量大,对一些科技产业相对落后、科技人员就业不理想地区的科技劳动者,形成了强大的吸引力。他们部分放弃或变换原生产关系给予的社会规定性,而以新型生产主体嵌入新质态的生产关系,实现劳动力的使用价值。劳务输出中那些短期迁徙的生产者,难免不兼具双重身份,或是原资本主义生产关系中的主体,进入了社会主义生产关系的国度与企业;或是像中国这样具有中国特色的社会主义国家的公民,出国从业进入了资本主义的国度和企业。他们在经济活动和社会生活中,都受到有别于祖国体制的另类生产关

[①]《马克思恩格斯选集》第 2 卷,第 545 页。

系规定。劳务输出者以双重社会身份,实现生产关系的主体跨通和身份兼容,在生产要素的世界市场配置中,满足着生产关系脱域异质建构的主体性要求。这种一人两制的生产关系主体性状况,在诸如地位、权力、责任、角色、行为方式及思想观念方面,必然产生某些自我重影和人格双相现象。至于那些长期移民获得不同制度国家的双重国籍者,便在异质性社会关系及其法律认可中形成社会主体、生活方式、文化属性等方面的双重性存在。目前,我国科技人力资源总量已逾7000万人,其中为数不少者在不同体制的国家之间来来往往、停停走走,对生产关系尤其是狭义的精神生产关系的跨国脱域性建构产生的作用之大,是万不可低估的。他们在行为、认知和价值取向等方面受到不同社会的政治经济文化的复合影响,其生产关系归属的主体间性、国别性、混合性,更值得劳动地理学、社会心理学和唯物史观深度关注。

生产要素的全球化配置和跨国脱域分配之必要与可能,也因为当代科学技术作为首要的生产力因素全面进入经济系统,使知识经济和经济信息化成为现实。这给生产力空间布局带来重大而复杂的影响。首先,科学技术的研发和采用,很难固定在一种狭窄的物理—社会空间内。科技知识本性无私,能用来为全人类服务,且运用范围越广泛其实践价值体现越充分。同时,它们在推广普及中还能经由实践的检验、推动获得自身的丰富与发展,天然具有一种人类性和全球化的空间扩展趋势。可以说,科学技术发展在为经济全球化提供物质技术条件的过程中,还为其形成精神酵素和文化驱动力,为生产关系非领土空间的脱域建构提供信息技术、交往便利方面的物质手段和精神条件,形成"脱域"的"泛在"科技支持。其次,科学技术促进了社会开发、利用各类资源的广度、深度和有效性,降低了能耗、物耗,节约了空间、时间,以及人力、财力,使经济全球化、生产要素的世界市场配置和全域分配,有了更大的便利和收益。科学技术推动生产要素全球化配置,促进生产关系跨国脱域建构的作用毋庸置疑。最后,生产关系的泛全球脱域建构,也是科学技术自身研发这一精神生产的必然要求。研发科学技术的精神生产,是社会整个生产关系的重要组成部分,它依赖但同时强烈地反作用于物质经济的生产关系。科学研究和技术开发,需要广泛的学术交流、信息沟通、资源共享、相互合作和彼此借鉴,学术资源的人类共享和科技人才的全球流转,是科学技术快速发展的社会条件。知识生产要素的组织和科技成果的社会化运用，自行构建并始终依托着一种脱域性的思想文化生产关系的，即最具世界性的第三产业的生产关系。它们以其"泛在"的物质技术和服务，支持和推动第一产业及第二产业的全球化，直接构建生产关系的脱域性。所有这些发生在生产要素多重分配关系中的脱域行为，都推动、组织、支持也依赖着生产关系多方面的脱域建构。它们成为研究当代生产资料分配关系及生产要素市场配置机制不可回避的全球性问题。其内在联系和规律性的深刻诠释，将为政治经济学和唯物史观生产关系理论的当代创新和发展，提供新的契机。

第三节　世界市场与泛在交易

在谈到生产关系的交换环节时，马克思指出：交换作为经济活动及其关系，分别有直接生产中发生的各种活动与能力的交换，生产者之间的生产资料及生产者与消费者之间生活资料的商品—货币交换，"交换的深度、广度和方式是由生产的发展和结构决定的"[①]。但交换绝非纯粹被动环节，它反作用于生产。"例如，当市场扩大，即交换范围扩大时，生产的规模也就增大，生产也就分得更细。"[②]马克思一个多世纪前的这一论述，在生产和交换空前发达并历史转型的今天，其基本原理的科学性并未失效。历史发展带来的崭新变化，只是在经济全球化、市场世界化、交通现代化、通信网络化的条件下，交换与生产的关系内容更复杂、作用更深刻、互动更广泛、反应更灵敏了，因而其运行的时空关系和形式亦出现了需要我们深切关注的时代特征。它们同样为生产关系的脱域建构提供着重要的内在驱力和经济—社会—科技方面的"泛在"支持。

（1）"泛在"网络服务技术对经济交易的空间脱域形成强大支持和推动作用，促进了世界市场空间的密实性拓展和营运的节律性提速，交换的内容、规模与流量迅猛升级。在这方面，中国国际进出口贸易剧增的情况最有代

---

① 《马克思恩格斯选集》第2卷，第17页。
② 《马克思恩格斯选集》第2卷，第17页。

表性。我国自 2001 年加入世界贸易组织到 2017 年的 17 年间,货物贸易和服务贸易进出口额累计分别达到 20 万亿美元和 3.7 万亿美元,对外直接投资超过 1.1 万亿美元,为各国创造了大量贸易机会、投资机会和就业机会。十八大以来,我国对世界经济增长贡献率超过 30%,成为世界经济发展的主要动力源和稳定器。①这种跨洋越洲、遍布世界、介入各类市场的经济大循环,是依托大交通、大网络、大储运、大集散的经济交易手段、条件和空间设备实现的。纵观今日之世界市场,国际贸易无不是在各种跨国性的购物中心、交易中心、物流中心、仓储中心、网络计算中心、金融服务中心等新业态、新设施蓬勃发展中完成的。它们使经济交易由以往过于密集的中心区域向外围地带扩散,大面积地结束了许多偏远地方外在于世界统一市场的封闭、孤独状态,引发了经济的世界空间同构与共振。经济交换活动以"泛在网"的空间运行方式,推动世界市场空间的紧密联系和异域同构。世界四大顶级超市之一美国的沃尔玛,2009 年已在美国、墨西哥、加拿大、阿根廷、巴西、中国、韩国、德国、日本、英国等国家开设了 7899 家商场,员工总数达 190 多万人,年销售额近 4000 亿美元,每周的顾客量达 1.75 亿人次。②而创造销售神话的法国家乐福,作为世界大卖场业态的首创者和世界第二大国际化零售连锁集团,在开疆拓土、联通世界经济生活方面似乎更胜一筹。2013 年拥有员工总数就已超过 33 万人,近万家营运零售单位,业务范围遍及世界 26 个国家和地区。公司旗下经营业态多样化:大型综合超市、折扣店、便利店及会员制量贩店,为顾客提供种类齐全的低价产品和全方位服务。③此类顶级跨国公司,不但把生意做到曾被市场遗忘的一切角落,而且与所在国家和地区于在地供应方面建立了良好合作关系,几乎全部销售本地产品,并积极开展社区服务、参与慈善公益活动,实实在在地融入了包括社会主义中国在内的不同体制中的生产关系。它们的活动在消除空间壁垒、打破各种市场隔阂方面功不可没。同时,因为其经济活动、营运组织的"脱域",必然要求

---

① 钟山:《开放的中国与世界共赢》,《今日中国》2018 年第 8 期。
② 李平:《浅析零售巨头——沃尔玛选择国际目标市场的战略》,《商业经济》2009 年第 10 期。
③ [法]雅克·博切:《家乐福神话》,龚兆华译:东方出版社 2014 年版,第 39 页。

也在客观上促进了网络"泛在"服务体系的建设。例如，数字化、网络化、智能化技术的发展与广泛运用，已经并将继续成为全球经济布局和专业分工协作新的空间格局的建构力量。远程办公，电视会议，网上金融、购物和无人超市，以及随之而来的网络课程教学与医诊，物联网与智慧城市、智能家庭等"泛在"服务和"脱域"行为，正日益广泛深入地嵌进了人类的生活世界，甚至商家通过商品—货币交换，隐在地实行社会—文化互动。人们在接受商品及销售服务的同时，也接受了商品及其文化对消费者自身的生产，不自觉地按照商品及其服务方式内含的社会文化精神塑造了作为被服务者的自身。这使社会生产关系不仅在经济—物质层面发生了超地域、跨国界的脱域建构，而且在社会—文化层面形成了企业母国与客居地的融合，产生了超地理间距的共振。

至于网络电商的非物理空间交易方式，其"泛在"性对生产关系的脱域建构作用，更非实体商场交易可以比拟，有时甚至要验明企业主体的国别"正身"都十分困难。由马云创办的阿里巴巴企业，曾遭遇过"正身"不明的困惑和尴尬。企业由马云创办、主持，就其法人身份而论是中国企业；但它注册在开曼群岛，并由日本和美国企业占公司多数股份，这让它被政府视为"外企"无法在中国上市，而投身美国市场。但美国政府却以马云的中国公民身份认定阿里巴巴是中国企业。此局面曾让马云在一段时间内左右为难。其实，这一企业"正身"之惑，恰好在一个重要方面表明网络电商"泛在"和"脱域"相互依存的空间机制。由它造成的整个生产关系脱域异质同构的全球化常态，给企业社会属性的研判，带来了由企业主体之国别属性，或以本地采购、销售，或以注册地国土空间社会归属作为界划标志而无法厘清、澄清的复杂性。或许，一个大型跨国企业，因其法人主体、参股者、从业者、注册地、上市国家、总部及商贸活动实际发生地的种种空间错位，以及由此造成的所有制成分、经营、管理体制的多元性，让我们无法甚至也没有必要去清楚解析其生产关系归属的社会性质。

（2）市场交换关系的全球化建构，反过来促进了交往的空间技术创新，形成空间实践与生产关系脱域构型的互生成机制。世界市场的发展，其物质技术支持，从工业革命时代的海轮航运、火车运输走到今天，历时200多年间，除了现代越洋跨洲的集装箱大货船、十万吨级油轮和大型运输机、高速公路、铁路等现代运输工具的不断发展，极大地提高了运力，实现了巨量物资、人员全球大挪移，使社会生产、生活得以克服空间障碍之外，现时经济交往、商贸方式的显著变革，就是尽量减少经济交流中的物资、人员挪移及其空间占用，用"泛在"网络信息技术的代码传输、数字化经营，使经济的空间交流急剧扩大而物质要素的空间占有、易动相对减少，为生产关系的脱域建构、全球化整合和协调运行，在交往方面创造了新的条件。

其一，资本的多重虚拟，使交换关系从"商品—货币"简单的现货、实物交易部分地变为衍生品的代码交易，极大地延伸和丰富了世界市场的交易方式和时空范围。马克思在对资本市场交易的批判性考察中深刻分析过它的"信用和虚拟资本"现象："随着商业和只是着眼于流通而进行生产的资本主义生产方式的发展，信用制度的这个自然基础也在扩大、普遍化和发展。大体说来，货币在这里只是充当支付手段，也就是说，商品不是为取得货币而卖，而是为取得定期支付的凭据而卖。为了简便起见，我们可以把这种支付凭据概括为汇票这个总的范畴。"①虚拟资本的初始形态是由制造空头汇票一类行为产生出来的。"空头汇票，是指人们在一张流通的汇票到期以前又开出另一张代替它的汇票，这样，通过单纯流通手段的制造，就制造出虚拟资本。"②虚拟资本本质上是把货币、有价证券等现实资本的表征物变为商品，在流通过程中，经营主体不是用货币购买实物商品，而是把货币、有价证券的不同形式当作商品进行买卖。资本的证书只是"现实资本的纸制复本，正如提货单在货物之外，和货物同时具有价值一样。它们成为并不存在的资本的名义代表"。"它们的价值额的涨落，和它们有权代表的现实资本的价值变动完全无关。"③在此，马克思已就虚拟资本与现实资本的关系，以及它们在社会经济交换中的作用机制和发展趋势做了原则性的说明。他认为，随着劳动生产力的发展，市场会扩大，并且会远离生产地点；因而信用必须延长；投机的要素必然越来越支配交易。在这里，信用就是不可避免的了；信用的数量和生产的价值量一起增长，信用的期限也会随着市场距离的增加而延长。

---

① 《马克思恩格斯全集》第25卷，第450页。
② 《马克思恩格斯全集》第25卷，第451页。
③ 《马克思恩格斯全集》第25卷，第540—541页。

在这里是互相影响的。①马克思虚拟资本的理论表明：①它是实在资本的复制品；②它是可进入交易领域的价值符号；③它与生产过程、流通环节及经济交往规模互相影响，彼此间有一种时空关系方面的自变、应变互动机制。正是这些因素，使我们在关注现代经济交换关系的时空变换中，须认真对待虚拟资本的价值延异及其脱域运行机制。因为虚拟资本能作为实物资本、货币资本的代码而进行指征性交易与流转，使得物质产品和资本市场交易有了超越物理空间的可能性，也使得整个生产关系的组织和运行有了摆脱地理局限的脱域机制，能从人与物、物与物、物与货币的交集性直接变换关系中解脱出来。

其二，当代"泛在"技术和"脱域"交易的相互推动，是生产规模扩大和世界市场拓展及运行提速的重要驱力。脱域交易的话语性前提是资本、实物交易的符号化，这为虚拟资本市场做好了准备。而"泛在"技术则为此前的虚拟资本市场插上了腾飞的金翅。以我国股市体制创新为例：深圳中商情大数据股份有限公司在《中商情报网讯》2020年7月22日发布的《科创板白皮书2020》公布的数据显示，中国股市科创板自2019年7月开市一年间共批准140家公司上市，合计融资2179亿元，总市值逾2.79万亿元。②新辟科创板市场，通过关键制度改革，高科技企业创新发展示范效应不断增强，其市场包容性、行业集聚性、品牌示范性充分得到显现，资源配置效率大幅提升，既有效解决了高新科技企业发展的资金问题，又通过市场竞争的有效维持，活化了这类企业的市场适应力和自谋发展的内在创造力。并且，它们还直接或间接地支持、丰富、推动了整个资本市场的多样化延伸发展。股票一类虚拟资本交易提供的初始平台，让大量金融衍生品得以联袂出场。股市的不断建设，我国以货币、债券、股票等传统金融产品为基础，以杠杆性的信用交易为特征，金融市场出现了多品种加速发展的良好势头。此中许多运作方式与机制普天一理：期货合约，将世界市场的交易实行巨量金融衍生，

---

① 《马克思恩格斯全集》第25卷，第544页。
② 深圳中商情大数据股份有限公司：《〈科创板白皮书2020〉发布：科创板上市公司总市值逾2.79万亿元》，https://baijiahao.baidu.com/s?id=1673012736255847381&wfr=spider&for=pc，2021年3月30日。

使虚拟资本大规模扩张、高速运行；期权合约，通过合约合同买卖超实际经济时空地获得某种市场预判的选择权，对市场行情走势进行预期性博弈；远期合同，即合同双方约定在未来某一日期以协议价格进行项目交易，同样是超前约定的、无具体空间限制的市场价格涨落趋势博弈，等等。金融衍生品的这些种类及运作机制，使它们有零和博弈、跨期性、脱域性、联动性、不确定性、高杠杆性、虚拟性和交易目的多重性等特征。它们在世界市场交易中能加大货币资本的积累并强化其经济功能，刺激资本的集中与周转，提高经济运行效率，扩展新经济门类的空间。符号化虚拟金融交易的这些时空机制，与生产关系的全球化脱域建构及其运行方式相互适应，既是其产物，又反过来成为其经济支持方式。

虚拟资本是现实资本的符号性复制。从金融符号学角度看，它们作为实体资本这一所指内容的能指形式，渐行渐远地离开了资本初级符号与实体资本还多少持存的那些直接联系。市场与生产企业之间、市场与市场之间、需求与供给之间的空间距离不断扩大，靠信用市场维系其权益兑现。故虚拟资本链的延伸与市场空间距离增大是相向而行的。金融产品信用期的延长，必然是其空间的拓展及服务的"泛在化"增强，后者要求也助长信用产品、金融工具的多维虚拟、延伸。人们借助信用衍生产品，通过信用风险的定价、交易、利润兑现，吸引更多投资、投机者参与信用风险市场博弈。凭此，金融机构更长时间地保持与客户的业务关系，广开融、投资渠道，聚集、激活货币资本，带动实体经济发展，密切各类市场的有机联系，让整个社会的经济活动在空间距离扩大、时间周期延长的情况下，其每一环节和各个阶段都能得到金融市场适时的信号引导与资本支持。它们以虚拟经济手段和空间脱域性的经济信号刺激与资本动员，引导和推动世界各地的相关实体经济和产业部门，超前利用资源合理配置生产要素，在当下与未来的结合上，大时空尺度、远时空距离地做好经济决策和发展战略。这从金融产品交易和资本循环的时空转换方面，支持和带动了生产关系超既定时空的脱域运行。

实物商品与资本市场的符号化交易，使交换关系与生产关系的脱域建构相契合，还得益于"泛在式"交易技术、交易方式的采用。现代网络、信息、服务等"泛在"技术的兴起与广泛采用，在便捷地处理各种信息的同时，建构了网上交易的崭新方式。网上证券交易、网上银行业务、网上票证定购、网上物流办理，以及经济主体间一般社会交往的网络平台操作，无一不给人类生活带来极大便利。这些无所不在、无所不能的"泛在"功能，集中体现在时间节约和空间压缩、虚拟和脱域的优势上。

网上交易作为无纸化处理信用关系、结算交易的方式，大大节约了纸张、表格、钞票、信用卡等有形物质工具的使用及其物理空间的挤占。现代计算机网络技术的迅速发展，运算速度以每 18 个月提高 1 倍，通信能力每 6 个月提高 1 倍的速度，成几何级数地提升信息处理能力，为全球物流、资本流、信息流的传输、监控和处理，提供了超物理空间限制的有效物质技术保障。正如《失控》一书作者凯利指出的：引入市场的"网络逻辑已经塑造出了一些产品，而这些产品正在塑造着今天的商业。'即时现金'，这种从 ATM 机里吐出来的东西，只有在网络环境下才会出现。类似的还有形形色色的信用卡、传真机，以及在我们生活中随处可见的彩色打印机"①。它们根本性地颠覆了以往经贸活动的空间结构，重塑了现代经济行为脱域的空间模式，为经济信息化、全球化提供了便捷而可靠的交流技术。

据有关方面统计，2020 年我国那种发展速度快、企业估值在 10 亿美元以上的泛电商"独角兽"企业已有 117 家，总估值达到 3828.8 亿美元，它们成为经济运营的重要支柱。②电子商务规模持续扩大，创新融合不断加速，引领作用日益凸显。试想，在疫情困惑的条件下，网络购物对于既满足人们避免过多外出、聚集的要求，又实现货畅其流，与传统商业模式相比，其优势自然十分明显。最大的效益是免去人员的空间流动，以节约交通时间、缩略空间距离的方式，去实现马克思说的"以时间消灭空间"，即以最快捷的办法促进和保障经济交往的空间跨越与畅通。若将这一时空优势置于国际社会来考量，那么交易时空的压缩与节省，必然成为生产关系脱域建构的物质技术基础。

人们凭借"泛在"网络在虚拟经济空间随时随地处理各类经济交往事务，以无定在而又无所不在的交往方式给经济关系的脱域运行创造了空间条件。

---

① [美]凯文·凯利：《失控》，第 276—277 页。
② 秦知东：《2020 年度中国泛电商"独角兽"数据报告》，《计算机与网络》2021 年第 3 期。

其无所不在正在于其"无所"与"泛在",因为它带来了地理局限的终结。恰如《当代经济地理学导论》一书所描述的:这意味着只要有合适的信息和计算机系统,就可以有更宽的地理区位选择面。①对凭借网络处理经济事务的人们而言,"地理终结"意味着一系列更加宽广的"泛在"交流与服务在人们需要的地方展开。证券交易所如此,银行如此,商店如此,售票大厅如此,大数据交易中心如此,企业和政府管理的某些公务场所也如此,都以交往空间和交流活动的虚拟,实现着对物理空间的缩略与取代,对现实交换的模拟与转换,使全球化经济交往有了空间超越的现实性。

第四节　经济现象空间解释的学理诉求

从历史唯物主义观察经济现象的传统理论视域和分析方法,有两个基本特征:一是把"物"定义为实体性的物质元素,如物质生产力及其要素如生产者、生产工具、生产对象、生产出来的物质产品,还有那依托于物质实体经济元素运作的物质生产关系。二是从生产资料的所有关系出发去分析生产关系的运行机制和社会历史属性,并且是以国家为单位去考察生产关系的建构、运行机制及其与上层建筑的关系,从而建立起对一个国家的经济政治文化结构分析和社会历史属性研判。这些理论作为,不能一概否定其合理性与合法性,尤其在进行社会主义的国家制度和与他制度国家的意识形态论证和论战时,还是发挥了很大的思想文化功能。但历史走到今天,在全球化日益浓烈,知识经济日益凸显,世界经济日益一体化,国际社会关系日益多样而互渗的今天,如果只局限于对人类经济生活作实体物质的考察,而否认经济空间也是一种生产生活要素,具有强大的经济意义;如果只局限于从单一国家界域考察生产力和生产关系的运行机制和属性,以及它们对社会生活整个体系的单一领土空间的建构,那是断然不可的。它们会因为对空间分析的遗忘或忽略,对生产力和生产关系的全球化考察与诠释,而让理论与实际形成

---

① [英]尼尔·寇、[加]菲利普·凯利、[新加坡]杨伟聪:《当代经济地理学导论》,刘卫东、马丽、张晓平等译,商务印书馆2012年版,第98—99页。

分离,在科学意义上发生失真。正是由于这样的原因,经济现象的空间分析,便对唯物史观传统的经济论提出了诸多诘难。

一、经济现象的分析不可缺失空间视野

毋庸置疑,人类进行的经济活动最根本的当然是物质资料和物质生活的生产和再生产,它们是建构人类生命活动体系与整个社会的基础。但基础性的内容并非经济现象的全部。正如任何物质运动都必须以时间和空间为存在的方式一样,作为物质运动的特殊类型,人类的经济生活或者作为其基础性内容的物质生产,也必须以时空作为自己存在和发展的方式。空间既然是物质资料生产的方式,它们的格局及不同空间的关系,必然与物质生产形成相互依存、相互生成、相互规定的关系。一方面,空间是由物质生产实践建构或者形塑的空间,物质生产活动本身作为构造人类生存的、经济的空间事件,经济空间的样态和格局决定于物质生产的科技形态、社会水平和历史性质,有什么样的物质生产,就会塑造什么样的经济空间,因而使人类处在什么样的环境和空间中展开生命活动。这是空间解析的本体论。但是,空间并非绝对被动的因素,它对于物质生产力和生产关系的存在、发展和社会意义的展开,同样具有某种再生产和再规定的作用。其一,人类生存空间是自然造化和物质生产实践双重作用的产物。在不同的自然地理环境中,生产遭遇不同的资源与水文气象和地表条件,这些因素将先在地决定着人类特别是文明初期人类生产的内容、方式和效益,并继发性地影响着以后很长时段的社会生产及其经济样态。因而不能离开空间分析去诠释经济现象。其二,每一代新人展开物质生活再生产的空间,非但不是原生的自然物理空间,甚至也非单纯由物质生产实践造成的空间。前人留下的空间是今人展开新的生产活动的前提。其中包含自然的演变结果、先辈物质生产实践的造化,还有那些由政治斗争、军事冲突、社会变构给空间带来的具体影响。所以物质生产的场域,总是"历史的天空"。其三,社会物质生产的空间,直接是生产的要素,空间距离的接近或快速通过,能提高生产要素的产出率,使同样的物质能量消耗产生更好的经济效益。而合理的分工协作,在宏观上能实现生产单元和产业结构有效的空间结合,实现经济效益的最大化;在微观方面,则能实现储运、厂房、机械工具、作业场所的有效利用,提高劳动生产率。

因此，对生产要素的科学匹配及对生产力的解析，都不能离开空间分析。其四，生产关系的运动，从生产、分配、交换到消费的相互衔接和彼此保障，都必须依赖社会空间的有效利用与切实保障。生产关系组织状态和运转效能，很多方面体现在空间的节约、空间的拓展、空间障碍的克服和空间关系的协同上，因而对生产关系的属性分析及它适应生产力发展要求的有效性，也体现在生产关系的空间结构方面。所以，唯物史观对生产方式的历史考察和现实分析，都不能忽略它对经济空间的创造和空间对生产方式的反制。从特定意义上讲，社会经济生活的空间模式或格局，本身就是生产方式的，或者说，它是生产方式的"方式"。人们完全可以从社会经济生活的空间形态判定生产方式的历史性质，正如手工作坊的生产空间格局不同于机器大工厂一样，也正如世界市场的空间运行不同于《清明上河图》描写的集市一样，空间运作方式也是生产方式的物理—经济尺度。

二、经济关系的考察要突破领土囿限

全球化运动自工业革命伊始，经世界市场的建立和发展，直到今天已有200多年的历史。其间人类的生产关系建构模式也在空间结构上发生了多次演变。由局部的资本主义发展到世界性的资本主义，由自由资本主义发展到垄断资本主义，由单边的资本主义发展到资本主义与社会主义的斗争、血拼，再进到现在的两种制度的全面竞赛、共存，以及局部经济关系的互渗、接轨和同构，这些社会历史发展阶段的演进，都伴随着生产关系空间结构的变迁。当代，全球化的纵深发展，资本运作在经济生活中已经全方位展开，不同制度、不同国家间的经济互渗、合作与混搭，成为普遍现象。各种形式的资本输出与引进，各类企业的跨国兴办与经营，各具特色的跨国公司雄居世界经济舞台，多种所有制主体参股合资兴办超所有制关系的混合经济体，凡此种种，莫不在物理形态上超越了国土空间的限制，莫不在所有制形态方面超越了资本主体的身份界限。这种种形式的生产关系跨国、跨所有制空间的混合，对唯物史观的生产关系解释提出了创新要求。例如，资本主义国家的资本和企业进入社会主义的中国，或中国的资本和企业进入资本主义国家，或股份制经济的资本混合持股甚至不同资本主体共同参与管理，或者更为复杂的虚拟资本的利益博弈关系，这些跨行跨界跨国跨制的生产关系混搭与异质同构，到底用什么方式去界定生产关系的属性或"主义"之别呢？社会主义国家的资本及其企业纳入资本主义国家生产关系运行的轨道和秩序，或者相反，资本主义国家的资本及其企业纳入社会主义国家生产关系运行的轨道和秩序，其生产关系的属性或社会身份怎样解释呢？或者无须解释，或者它们构成"主义"之外的经济关系，等等，实属需要重新思考的问题。单从一个国家领土空间内的社会经济属性，去解释生产关系的非领土空间建构，肯定是无解的。笔者认为，生产关系除了有其社会属性规定的内容外，还有大量非社会属性规定的中性内容或普适组分和机制，如凡搞市场经济则不论是何制度，必定一律按价值规律办事；凡是社会化生产，必定有部类分工和产业结构；凡是资本运作，必定有投入产出率和平均利润率的作用机制与效益核算，等等。这些生产关系的共性因素或许是生产关系跨国跨制共建的基础和依据。那么，它们又怎样与体现生产关系社会属性的因素相结合呢？它们作为"生产关系总和"的构件又是怎样支撑上层建筑并接受其反作用的呢？生产关系在物理空间上的跨国建构，是以它在社会制度空间上的跨界建构为前提的。主要以跨国公司为实体依托的生产关系跨国建构的现实情况表明，跨国经济活动之展开，既非单纯经济的，又非单一由资本主体所属国或企业所在国的经济政治文化体制决定的。跨国公司经济活动全球化的纵深拓展，面临内外体制整合的双重挑战。它们除了受到资本拥有者所属国各种基本制度的基本规定之外，还必须适应企业入驻地的政治、经济环境，必须多方面地谨慎对待东道国的社会形态、组织建构、文化传统和市场体制，要努力克服社会政治文化差异给经济活动可能带来的限制，努力实现企业的"地方化"，乃至在待人接物、洽谈业务的方式方法上都充分照顾到属地的传统习惯和风土人情，增加润滑剂以降低摩擦系数，保障经济活动的顺利展开。因此，经济全球化，跨国公司的世界性运营，并不能掩盖客观存在的资本输出国和输入国的社会空间在政治文化和生活方式等方面的巨大差距。这些两重身份的经济体如同操双语的侨民，其内在的主体性和对外部环境的适应策略，往往是既有冲突又有整合的，成为一种名副其实的经济"混血儿"。因而它们的社会属性及其与驻地经济政治文化体制的相处关系，是一个复杂的多面体，三言两语难尽其详。面对这样一些由生产关系空间结构变迁引出的重大现实和理论问题，唯物史观是不能默然无语的。

三、经济运行机制全球化与治理权变

经济运行机制全球化与治理权变必然引发国家与跨国企业关系的重构、国家操控经济方式的变型与放权,以及非政府组织对生产关系的建构力增大和非国家联盟体部分地代行国家职能,这些因素决定着对社会生活空间格局的分析,要实行国家与社会、国家与非国家的统一。在解读经济全球化的现象中,西方学界有一种"超全球化主义",认为全球化是一种力量,将资本、技术和人整合到了一个无边界的世界。根据这种观点,全球化创造了一个单一的全球市场和一个巨大的"全球村",这种现象和过程本身是单个国家政府既不能阻止也不能控制的。在描述这一新型的全球系统时,那些超全球化主义者构造出了一种普遍观念,即国家作为政治—经济宏观管理机构的职能已经结束了。[①]持此类观点的人认为大型企业的力量和国际金融主宰并推动了资本和技术的全球流动。因而导致了民族国家经济操控力式微,部分国家职能消亡。这类观点有人认同,有人批判,莫衷一是。但笔者认为,简单地说民族国家职能消亡显然是不符合事实的,但一概否认经济的全球化和超大型跨国公司的横空出世,对国家职能及其政府行为没有深刻影响也是浅表之见。从行为的空间分析来说,经济全球化和跨国公司的超主权领土空间经营,势必改变全球化低水平状态下或介入全球化不深的民族国家相对封闭状态下国家与企业的关系,以及国家管控经济、治理社会的方式。这些方面,就一般意义而言,中国的改革开放所采取的各类举措,大体演绎了全球化进程带来的主要变化。举其要者说,它们表现为政企分开,改变国家直接经营和管控企业的体制;市场调节空间的拓展,国家计划管制范围的收缩;法制管理、以经济手段管理和服务性管理的方式,大量取代行政管理,简政放权让企业自主经营、给足自由竞争的社会活动与权益空间,等等。假如我们把人类的社会生存空间当作一个常量,那么,很显然地是处于其中的空间事件则必然会存在相互占有空间份额的此多彼少或彼多此少的比量关系,以及此近彼远或彼近此远的间距比量关系。并且根据"地理学第一原理"揭示的空间事件

[①] [英]尼尔·寇、[加]菲利普·凯利、[新加坡]杨伟聪:《当代经济地理学导论》,第153页。

互关律，可以肯定：越相近的事物关系越直接，相互作用力越大，相关度越高，相互规定性越强。因此，就国家、政府和社会经济实体的关系而言，全球化使大量跨国公司走出国门，在异国他乡获得新的生存和发展空间。它们远离了经济母国及其政府，要独立面对和处理由异国异域的环境提出的问题，满足其要求。这与祖国及其政府之空间的远离，与世界市场的更加贴紧与融入，必然导致政府管控的间接化。它们既是这类经济体自主空间放大的原因，又是其市场行为半径增大的结果。但同时，跨国企业还必须接受入驻国政府的相关治理与服务，从这层意义上讲，全球化及其跨国企业的活动空间拓宽，又意味着经济治理空间尺度的放大与升级。企业经济行为不但要直接或间接地受到多国政府的管理，而且要接受由市场行为自身孕育出来的非政府的经济组织的约束与规范，如世界贸易组织、国际货币基金组织、世界银行、经济合作与发展组织、联合国；还有大区域的联盟或集团组织，如有准国家意义的欧洲联盟、亚太经济合作组织、东盟、加勒比共同体等区域经济组织，它们有彼此共同制定和必须认真遵守的经济规则和组织法条，对各类相关企业的行为给出秩序和规制。这些自理性的管理，是社会经济管理职能及其空间秩序的重组，过去由国家办理的许多事务现在由各类社会性、跨国性组织代行。这种国家职能在国际社会空间中的延伸和交织，以及许多亚国家职能的跨国行使，都是国家与经济体关系的变革，也是国家职能及其行使方式的空间重组。正如经济地理学家的研究成果所揭示的那样：全球化趋势和不断变化的国际关系正对这种以国家为核心的经济管治模式日益提出挑战，特别是随着国际机构和大区域组织的崛起，国际合作和国家间经济政策协调的重要性进一步凸显。经济治理权从国家尺度转移到更高地理尺度的权力机构可被视为一种"尺度上升"的过程。①

国家治理经济的职能空间变化，经济组织行为方式变化引发的与国家社会政治生活之关系的变化，从唯物史观的理论框架来讲，则是经济基础与上层建筑关系的变化，同时也是社会经济、政治与思想文化三大基本结构关系的变化。它们既表现为三者社会空间关系的变化，又表现为权利与义务、结

---

① [英]尼尔·寇、[加]菲利普·凯利、[新加坡]杨伟聪：《当代经济地理学导论》，第169页。

构与功能、形式与内容关系的空间重构。因此，由经济行为的空间尺度、国家及其政府的职权范围与强弱的尺度之改变，也意味着社会基本结构及其运动机制实现的空间尺度变化。由空间关系改变而引发的各基本社会组分相互关系及其运行机制的变化，要做出科学的解释，必须同样引入空间分析方法，才能做出合乎实际的科学说明。人类生存空间在广泛重塑，我们需要重释社会关系的空间建构法则和新的运行机制。

第 六 章
空间政治学言说

　　社会政治生活与政治权力是源于一般社会生活又高于它们的,与任何社会现象一样具有空间属性。美国社会学家萨克主张,人的生存空间既非自然常态也非外在变量,而是随同社会实践被连续建构的,必然深刻受到经济、政治生活的影响及其赋义。他认为在国家的演变史中,"为了使这个权力变得更易接近、可见或'真实',国家就被赋予了物的最基本的特性——空间位置和广延。在文明社会,国家的政治权力是区域性的或领土性的。国家因为被置于空间中而得以具体化。权力的区域化会提供一种广泛的主张,一旦成功,控制就会得以实行。通过领地来表达权力……无论一个国家可能或确实是其他何种状况,它都是领土性的"[①]。从这样一个基本事实出发,在空间的政治学观察和思考中,我们不难发现,"社会政治矛盾都是在空间中产生的。因此,空间矛盾推动了社会关系矛盾的产生。换句话说,空间矛盾'表现'社会政治利益和力量之间的冲突:只有在空间中,这种冲突才有效地发挥作用,这样,它们就成为空间的矛盾"[②]。这些关于空间与政治关系的论述表明,空间作为一切物质运动存在的形式,也是政治运动展开的形式;空间中的事件、设施之生成、占有、享用和运作,是政治权益的负载和展示,因而使它们的空间成为政治的空间;政治权益的得失与大小,亦由其空间占有的大小和质量属性所体现或规定;空间区域的隶属与交互作用关系,展现了政治权

[①] [美]罗伯特·戴维·萨克:《社会思想中的空间观:一种地理学的视角》,第191页。
[②] [美]戴维·哈维:《正义、自然和差异地理学》,第312页。

益的层级与相属关系；社会集团的政治地位与空间位置相对应，中央与地方、轴心与外围、上与下、大与小等，都是一定权利关系的立体呈现。

有鉴于此，对空间进行唯物史观的思考，必须关注空间的政治意义，审视政治生活、政治现象的空间秩序。政治生活作为一种社会行为，有其物质性的内容，它要通过权力配置、阶级划分、机构运行、力量平衡、人员群分、栖居和行动的空间、场所安排来实现。这些内容，既和物质生活相联系，又要通过一定的物性行为来完成。因此，它们也和其他一切空间事件一样，既生产空间、形塑空间，又需要空间并被空间形塑和组织。因此，列斐伏尔十分肯定地确认，"存在着一门空间的政治学，因为空间是政治性的"[①]。空间与政治的相互构成机制，无非两个方面，一方面是政治诸元素、事件、主体成分相互依存的系统化存在所形成的空间共在性；另一方面则是其诸要素、事件、主体成分相互作用与联动而形成的空间接触律，两者交集便演绎着政治的空间和空间的政治。相对于第一个方面，马克思曾在写作《资本论》过程中深刻地关注和思考过这一问题："一物和另一物有距离，这个距离的确是该物和另一物之间的关系……当我们说距离是两物之间的关系时，我们是以物本身的某种'内在的'东西，某种能使物互相存在距离的'属性'为前提的。……它们二者都存在于空间，是空间的两个支点，也就是说，我们把它们统一为一个范畴，都作为空间的存在物，并且只有在空间的观点上把它们统一以后，才能把它们作为空间的不同点加以区别。它们同属于空间，这是它们的统一体。"[②] 将马克思关于社会空间事件的这一原理性论述导入政治现象的理解，我们便能发现，政治生活中的事件因为它们具有空间的共在性，即以空间占有性为前提，其空间存在形式便成为认识它们特性的重要基础；并且只有当这些空间事物属于同样的社会范畴因而具有政治关系的内在性时，才足以获得空间政治学解释的可能性。相对于社会化空间影响政治生活而言，马克思则认为，两个空间事物的距离同时又是不局限于它们间的这种距离关系，"它除了能够表示……两物的距离外，同样能够表示其他两物的距

[①] [法] 亨利·勒菲弗：《空间与政治》（第二版），李春译，上海人民出版社 2008 年版，第 52 页。

[②] 《马克思恩格斯全集》第 26 卷，第 3 册，人民出版社 1974 年版，第 154 页。

离。但是还不止于此"①。此亦即说，空间事物的间距，一则不只是一维的间距长度，它们同时还有位置、规模、作用力、矢量等方面的互关性、联动性，二则空间中的两事物还分别与其他事物发生联系，当把社会事件放到空间秩序中加以说明时，往往是介入了造成这些现象的系统，诸如空间政治现象背后有经济、社会、文化因素在综合作用那样。只有这样思考问题，空间的政治学解释才能既保障其空间的三维性，又符合政治现象自身的复合性与致因的系统性。遵循这样两条原则去观察和说明空间的政治意义与政治现象的空间机理，需要对一些重要问题做出唯物史观的深刻审视。

第一节 空间政治学的唯物史观立论

关于空间政治学理念的唯物史观立论，马克思恩格斯曾经有过许多论述。马克思在其东方社会理论中，曾以亚细亚社会的经济、政治结构的地理关系论述过空间和政治结构、政治体制的相关性。他认为，亚细亚社会之所以是一个中央集权、国家高度统一经济职能的社会，很大程度上是由这一社会的地理条件、空间环境决定的。他写道："气候和土地条件，特别是从撒哈拉经过阿拉伯、波斯、印度和鞑靼区直至最高的亚洲高原的一片广大的沙漠地带，使利用渠道和水利工程的人工灌溉设施成了东方农业的基础。"②节约用水和共同用水是基本的要求，这种要求，在西方，如在弗兰德或意大利，曾使私人企业家结成自愿的联合，但在东方，由于文明程度太低，幅员太广，不能产生自愿的联合，所以就迫切需要中央集权的政府干预。因此，亚洲的一切政府都不能不执行一种经济职能，即举办公共工程的职能，这种用人工方法提高土地肥沃程度的设施靠中央政府办理，中央政府如果忽略灌溉或排水，这种设施立刻就荒废下去。亚细亚社会的中央政府因国家统一治水、管水的环境—经济需要，所实行的中央集权，实际上是在其漫长的历史发展中，所

---

① 《马克思恩格斯全集》第26卷，第3册，第154页。
② 《马克思恩格斯选集》第1卷，第850页。

形成的一种经济、政治、社会、文化等多因素互动的格局。正如马克思所说的:"在亚细亚各民族中起过非常重要作用的灌溉渠道,以及交通工具等等,就表现为更高的统一体,即高居于小公社之上的专制政府的事业。"①透过上述马克思关于社会政治体制的地理、空间影响因子的历史分析,我们能清晰地领悟隐蕴其中的唯物史观致思逻辑。首先他肯定了地理、空间条件深刻制约着物质生产方式的事实,然后以此为基础进一步揭示了空间经济致因对国家政制的规定性,即国家政制依据特定空间环境的经济要求而以与之相适应的方式组织社会经济生活,使建于其上的政权组织和运行方式直接和间接地受动于空间环境的作用。这不仅使政治承受着空间的影响,而且使社会空间的组织与管理有了相应的政治色彩。马克思的空间政治学理念,在中世纪漫长历史中反复为客观事实所证明。我们看到,因为大型水利工程需要国家兴办与统一管理,这一环境与自然因素导致了早期亚细亚社会的中央集权。后来,中央集权则更多的是出于军事、政治方面之领土完整、主权安全和独立的要求。秦王朝书同文,车同轨,举全国之力修筑万里长城便属此类。封建社会的自然经济、小农经营,如一袋子结构疏离的马铃薯,要使它们凝聚起来,自然必须依靠强大而集权的国家机器。同时,这又导致在文化上将血亲关系泛化,移悌作顺,移孝作忠,建立专制的"家天下"的宗法统治。我们虽不能把以往的王朝政治都直接归结为自然地理等空间因素使然,但政治体制和政治生活,与社会化的空间,不可回避地具有彼此依存、相互生产的机制。这是古今中外并非鲜见的历史事实。

恩格斯在讨论空间政治的社会逻辑时,很早就注意到了空间占有和分割的政治属性。他在著名的《英国工人阶级状况》一书中,从城市社会学的视角切入空间占有的贫富阶级对立现象。因为空间不仅是一种物理秩序,对于人类社会它更是一种财富生产的资源和展示的场所,进而是不同阶级的人们之经济、政治生活状态的形塑和表征。经济状况、政治地位、权利格局不同的阶级,被措置在不同的空间环境和秩序中。他对城市工人与贵族的生存境况、贫民住宅与商贸建筑的社会性差异堆砌出来的空间做过如此描述:在英国曼彻斯特,工人住宅区散布在全城隐蔽的地方,隐没在富丽堂皇的贵族区、

---

① 《马克思恩格斯全集》第 46 卷,第 474 页。

繁荣的商业区的背后，仿佛是"奥吉亚斯的牛圈"，即极端肮脏的地方。"这种伪善的建筑体系是或多或少地为一切大城市所具有；我也知道，零售商因其所经营的商业的性质就必须住在繁华的大街上；我知道，在这种街道上好房子总比坏房子多，这一带地价也比偏僻的地方高。"① "但是曼彻斯特是唯一的城市这样有系统地把工人阶级排斥在大街以外，这样费尽心机把一切可能刺激资产阶级眼睛和神经的东西掩盖起来。整个城市建筑没有一定的规划，是偶然地堆积起来的。"② 城市空间的这种阶级划界，一方面表现为"偶然堆积起来的"现象，形成于财富比量在空间占有方面的"无意识的默契"；另一方面"也由于完全明确的有意识的打算，工人阶级和资产阶级所占的区域是严格地区分的"。③ 空间分割阶级对立如此鲜明，其中隐匿着一条由经济差异上升到政治显形的历史唯物主义逻辑。其真实情况是，地租的巨大级差，使穷人无法立足于城市建筑的黄金地段。他们被房地产市场的无形之手推到城市的阴暗边角，不能与富人为邻；同时商业经营对商品陈列、购物环境、招揽顾客的空间要求，也不让贫民窟与之接近。贫富的差异造成了空间阶级占有的政治形态，它是城市筑造和经营沿着资本逻辑展开必然形成的空间政治格局。

"空间和空间的政治构建是社会关系的表现，同时也反作用于社会关系。"④

认识、解析和处理空间问题，应该坚持唯物史观的辩证方法，揭示空间的政治形塑与政治的空间彰显之互相依存、彼此联动的机制。空间的政治现象、机理并非只是社会经济生活、利益格局的消极产物。正如唯物史观所认定的那样，政治是经济方式的必然产物，但又是它的集中表现，并且反过来作用于经济生活。政治与经济这种复式的逻辑关系，同样曲折地表现在空间政治现象中。

深刻研究过空间与社会政治生活之关系的列斐伏尔曾经指出："情况表明，空间是政治性的。空间不是一个被意识形态或者政治扭曲了的科学的对

---

① 《马克思恩格斯全集》第2卷，第328页。
② 孙江：《"空间生产"——从马克思到当代》，人民出版社2008年版，第20页。
③ 《马克思恩格斯全集》第2卷，第326页。
④ [美]爱德华·W. 苏贾：《寻求空间正义》，高春花、强乃社等译，社会科学文献出版社2016年版，第94页。

象；它一直都是政治性的、战略性的。……这正是因为这个空间已经被占据了、被管理了，已经是过去的战略的对象了，而人们始终没有发现它的踪迹。以历史性的或者自然性的因素为出发点，人们对空间进行了政治性的加工、塑造。空间是政治性的、意识形态性的。它是一种完全充斥着意识形态的表现。"①这一见解表明，人类生活于其中的空间，它们不仅是物质的进而经济的存在，而且是政治的、文化的存在，空间是任何公共生活形式的基础，空间是任何权力运作的基础。②作为阶级存在和活动的处所，作为政权持存和演替的场域，空间从来都是国家重要的政治工具。一方面，空间是被政治地、战略性地生产出来，是被各种历史的、政治的元素假以与自然的、物理的元素相结合而模塑、铸造出来的。这使社会政治的空间作为一个"历史的自然"过程在政治生活中不断再生产出来。这个空间社会化、时代化的过程也就是一个政治过程。社会化的空间是政治的、意识形态的，空间形态、秩序、场所精神记载着政治的历史印痕，展示各种意识形态。正是基于空间的这种固化的意识形态性、政治性，它又作为政治生活的历史基因、传统秩序、文化底蕴影响着、不断再生产出新的政治理念和行为方式，先在地规范着政治生活的某些内容。就像世界五大皇宫之首的中国紫禁城，虽然跨越明清两朝，更迭24届皇权，但其空间格局及其表征的政治秩序，却一再地让皇朝的权力秩序大体一致地在原地上演。其中，一条与北京城中轴走向相一致的轴线贯通整个皇宫，沿线如是安排政治场所：外朝以"太和""中和""保和"三大殿为主体布列其上，内廷以"乾清宫""交泰殿""坤宁宫"三大后宫居中延伸，中轴宫殿两旁还对称分布着许多殿宇，"文华""武英殿"置于两翼，布局严谨有序，进出和使用这些空间都以皇朝权力等级为依据，僭越即为扰乱朝纲。这种空间固化的政治文本如同皇朝法典，规制人们的权力结构、朝廷秩序和政治生活方式，先在性地培育和制约君臣、主仆关系，从空间格局和意义秩序方面再生产出皇朝政制。此种空间的政治权力配置，古今一贯、中外皆是。研究权力空间化现象的西方学者莱特同样深切关注到了这一事实：在这个自我封闭的空间中有一个分层的、可见的和功能性的秩序得以建立与

---

① [法]亨利·勒菲弗：《空间与政治》（第二版），第46页。
② 包亚明主编：《后现代性与地理学的政治》，第3—4页。

维持。商人和工匠家庭住在小的、外围街道上的住宅里，而主轴（一种线形的）旁最巨大的堂皇住宅，则分配给有名望的大人物。这个案例，发生在城市设计上——不只是作为阶级支配与剥削的装置而运作，同时也作为一个形塑过程，缠绕并监视居住其间的每一个人。①这一现象同样印证了哈维对于空间与社会政治生活内在关联的论述："在某种社会空间结构中分配位置意味着不同的作用、行动能力和权力的获得。对于评价行为和认同行为来说，使事物获得位置是根本性的。定位和生产位置对于在任何社会秩序中的社会发展、社会控制和获得权力都是基本的。因此，位置建构过程与时间和空间的社会建构内在相关。"②分析政治与空间关系的这种复杂机理，人们不难理解，在社会现实生活中的确存在一门空间的政治学，因为空间本来是政治性的。③空间成为国家最重要的政治工具，国家利用空间以确保中央对地方的控制，维持严格的层级差异及其与总体的一致性，以及各政治组分必要的区隔。空间的层级和社会阶级相对应，每个阶级大体都有其栖居群落和空间区位。在剥削制度的社会，属于劳动阶级的人自然因其难以立足优越空间或极端边缘化而比其他阶级局蹙、孤立、惨苦。据此，我们有理由认定，政治和空间有一种相互生成、彼此表征的关系，它们在社会空间上演着政治的历史活剧。

第二节 主体群分的空间聚落

"物以类聚，人以群分"，这话极有空间政治的哲理。文明社会以来，人类不同集团分化为不同阶级，这"群分"的人，作为生存空间的建构力量，因其政治经济地位、角色、权益的不同归属，也必然发生空间的同类相吸、异类相斥，形成物理位置、范围、社会环境方面的"类集"，即阶级的空间分野或主体群分的空间错落。谈到这一现象，苏贾认为：空间结构并不仅仅是阶级冲突自我表现的竞技场，而且确立各种阶级关系的处所在某种程度上也

---

① 包亚明主编：《后现代性与地理学的政治》，第38页。
② [美]戴维·哈维：《正义、自然和差异地理学》，第302页。
③ [法]亨利·勒菲弗：《空间与政治》（第二版），第52页。

是一条途径，况且在构建各种决定性的社会形态的概念时其概念具有一席之地。①这表明，作为主体阶级关系的建构和措置，总要经由空间的阶级界划即群分主体的聚落而实现。因而对空间做出政治学分析，不能回避空间分割的阶级差异与历史属性。这一现象的考察并不复杂。唯物史观认为，阶级是一些占有生产资料的多寡不同，获取财富的方式不同，拥有不同经济、政治权利和资源支配权的社会集团。它们社会属性的物化生产、存在和维系，只能发生在生存的空间关系中并以行为的空间方式展现出来。

首先，空间作为一种社会生产与生活的物质资源、环境条件，它必然受到社会阶级对物质资源占有和利用方式的深刻影响，给空间占有和生产的形态带来阶级差异即政治主体聚落的深刻印记。那些更多地占有物质生产、生活资料的剥削阶级、统治集团，它们必然更多地占用空间以措置和营运其巨大规模的物质财富，或者更多地拥有同样作为物质资源的空间，如占据广阔的领地、国土，丰富的森林、矿产、水土资源，发达的交通条件，相对优越的气候环境等空间资源。对于中世纪国土空间的阶级占有形态马克思曾经说过："封建的土地占有已经包含土地作为某种异己力量对人们的统治。农奴是土地的附属物。同样，长子继承权享有者即长子，也属于土地。私有财产的统治一般是从土地占有开始的；土地占有是私有财产的基础。"②在这里，人类社会成员结成的有机体不只是被动地从属于环境，还同时将自身的某一结构、属性嵌入环境，因而也建构和改造环境，使政治主体的行为图式融进空间事物的创造中，赋予它们以属人的、阶级性、政治性的意义。正如英国学者马西指出的，"空间上分异的生产类型，是社会结构和阶级关系中的地理分化的基础之一"③。这样，空间里的土地资源和土地资源基础上的空间，既是阶级划分的条件又是其结果，封建社会的领主和农奴的阶级关系，就通过他们与土地空间的不同关系而产生和维持。因为土地是这一社会最基本的生产资料，空间土地资源的不同占有状况造成了阶级的矛盾、冲突。反之亦

---

① [美]爱德华·W. 苏贾：《后现代地理学：重申批判社会理论中的空间》，第88页。
② 《马克思恩格斯全集》第42卷，第84页。
③ [英]多琳·马西：《劳动的空间分工：社会结构与生产地理学》，梁光严译，北京师范大学出版社2010年版，第111页。

然，社会群体之所以划分成不同的阶级，是因为他们占有了不同的土地—空间资源，必然会以空间占有形式表征各阶级的生存状态和社会地位、权力。并且，空间资源的阶级占有形式，还随同社会经济形态的差异而显示出封建地主阶级同后来的资产阶级与土地—空间资源发生联系的阶级差异和历史特征来。马克思深刻剖析了这一现象："在封建的土地占有制下，领主至少在表面上看来是领地的君主。同时，在封建领地上，领主和土地之间还存在比单纯物质财富的关系更为密切的关系的假象。地块随它的主人一起个性化，有它的爵位，即男爵或伯爵的封号；有它的特权、它的审判权、它的政治地位等等。土地仿佛是它的主人的无机的身体。因此俗语说：'没有无主的土地。'这句话表明领主的权势是同领地结合在一起的。同样，地产的统治在这里并不直接表现为单纯的资本的统治。属于这块地产的人们对待这块地产勿（毋）宁说就像对待自己的祖国一样。这是一种狭隘的民族性。"①封建地主阶级占有的土地—空间资源人格化、政治化的这一状况，"与资本不同，地产是还带有地方的和政治的偏见的私有财产、资本，是还没有完全摆脱周围世界的纠缠而回到自身的资本，即还没有完成的资本。资本必然要在它的世界发展过程中达到它的抽象的即纯粹的表现"②。到了市场经济的资本主义社会，剥削阶级对土地—空间资源占有人格化的"这种假象必将消失，土地这个私有财产的根源必然要失去一切政治色彩，而表现为私有财产、资本的单纯统治；所有者和劳动者之间的关系必然归结为剥削者和被剥削者的经济关系；所有者和他的财产之间的一切人格的关系必然终止,而这个财产必然成为实物的、物质的财富；与土地的荣誉联姻必然被基于利害关系的联姻代替，而土地也像人一样必然降到买卖价值的水平。地产的根源，即卑鄙的自私自利，也必然以其无耻的形式表现出来。稳定的垄断必然变成动荡的、不稳定的垄断，即变成竞争……在这种竞争的过程中，地产必然以资本的形式既表现为对工人阶级的统治，也表现为对那些随着资本运动的规律而升降浮沉的所有者本身的统治。从而，中世纪的俗语'没有无主的土地'被现代俗语'金钱没有

---

① 《马克思恩格斯全集》第 42 卷，第 84 页。
② 《马克思恩格斯全集》第 42 卷，第 110 页。

主人'所代替。后一俗语清楚地表明了死的物质对人的完全统治"①。商品化使社会"从现实的发展进程中必然产生出资本家对土地所有者的胜利，即发达的私有财产对不发达的、不完全的私有财产的胜利，正如一般说来运动必然战胜不动，公开的、自觉的卑鄙行为必然战胜隐蔽的、不自觉的卑鄙行为，贪财欲必然战胜享乐欲，公然无节制的、圆滑的、开朗的利己主义必然战胜地方的、世故的、呆头呆脑的、懒散的、幻想的、迷信的利己主义，货币必然战胜其他形式的私有财产一样"②。资产阶级凭借资本的力量对社会经济生活中空间资源的占有，以表面上更加"文明"的交换形式完成了土地、空间资源占有从封建宗法形态向资本化形态的转换。表面上它否定了封建制土地占有强烈的宗法政治色彩，但实质上它凭借手头的资本力量使土地一类空间资源的剥削阶级抢占更加残酷、血腥，英国工业革命中"羊吃人"的圈地运动，就是人类生存空间最野蛮的阶级斗争，表面上温软的土地—货币资本化交易，背后是劳动阶级、广大农民的流离失所，被挤出赖以生存的空间。它留下了空间政治学成像与解释的阶级血拼资料与悲惨图绘。所有这些都确凿表明："空间结构化是社会关系的空间维度。由于社会关系即阶级之间的斗争，所以空间结构化也属于阶级斗争。这不仅因为空间结构是阶级斗争的结果，而且因为它还是阶级斗争的筹码乃至手段。"③

其次，社会生活的空间一旦烙上了阶级的政治印记，它们又会成为一种阶级对立的物质形态和客观现实，维护、固化甚至加剧阶级间的分殊，鲜明地展示出阶级分化的空间隔阂。哈维曾经对城市空间的阶级划分做过如此阐释：那些有权力支配和制造空间的人就拥有了再生产和提高他们自己力量的关键工具。因此，任何改造社会的计划都必须同空间实践的变革进行复杂的斗争。④因为空间在成为生产、生活资源或资本再生产的社会经济要素进而成为措置经济权益之现实场域的同时，也成为政治生活资源进而成为展演政治权力及其阶级意志的场域，成为阶级斗争和实施阶级统治的条件、工具和舞

---

① 《马克思恩格斯全集》第42卷，第84—85页。
② 《马克思恩格斯全集》第42卷，第110页。
③ [英]多琳·马西：《劳动的空间分工：社会结构与生产地理学》，第118—119页。
④ 薛毅主编：《西方都市文化研究读本》第3卷，第308页。

台。面对社会生活的有限空间，不同阶级之间不仅存在领地、区域的抢占，更存在空间共处中各阶级生产和利用方式的斗争，形成空间及其建构秩序的阶级专属。尤其在当今时代，面对城市空间占有与利用方式的主体性分化和阶级、阶层等差，我们必须把空间生产看作是资本积累和阶级斗争动态中的一个基本环节。① 资本家的产业拓展，经济运作的空间规模扩大，自然使他们在挥霍浪费空间资源的生活之外，把越来越多的资本当作不动产扎在土地上，嵌入空间中。这不仅加剧了不同资本的空间角力，而且给城市普通居民尤其是工人阶级以更大的生存压力，常使许多劳苦大众"无立锥之地"。空间上演的这类社会矛盾、阶级冲突，与现实大地上的争斗相比并无半点不现实，它们具有由经济而政治的复杂社会意义。

这种社会景观，导致了人们对特定生活空间赋义与释义的社会分歧与语义逻辑的政治变迁，在一个重要方面表征了社会秩序的异动和政治秩序的改变。无产阶级革命史上，1871年巴黎公社成员曾把保卫公社紧迫的组织工作放在一边，而立刻拆毁旺多姆圆柱。因为它象征长期统治他们的反动势力，它作为巴黎城市空间组织的政治象征，作为资产阶级以城市网格建筑将工人驱离市区中心的标志物，从符号价值方面彰显了资本主义社会秩序。巴黎公社的革命，在一段时间内带来了社会关系和日常生活的变局，人们强烈要求重建巴黎的内部空间，于是推倒旺多姆圆柱的公共场景，庄严宣示公社对城市空间权力的政治变更。公社的许多成员重新占领了他们以前被粗暴夺去的栖居空间，而且还以公社的革命意象重塑城市空间本身的社会意义，借以建立另一种新社会秩序。但随着公社的失败，反动势力又重建旺多姆圆柱，表征对旧秩序的恢复与对公社革命的反攻倒算。

再次，空间的占有与使用方式的阶级差异与政治秩序，加剧了自然方面人类的共有空间和社会方面不同群体特有空间的相互背离。自人类的生存空间有了阶级性的政治意蕴之后，空间占有、生产与使用的阶级差异与政治意图，很早就受到了思想家的关注。古希腊时代的柏拉图在其著作《国家篇》中指出：城邦"由许多城市组成，而不是我们所说的城邦只有一个城市。在这些城邦中，相互敌对的至少有两种，一种是穷人的城邦，一种是富人的城

---

① [美]大卫·哈维：《希望的空间》，第58页。

邦，各自还可以分成许多部分。如果你把它们都当作一回事来处理，那么你就根本不可能命中目标；但若你能分别考虑，把财产、权力、民众分别赋予不同的部分，那么你就总是拥有最多的盟友和最少的敌人。只要你们的城邦按照刚才经提出来的秩序得到良好的治理，她就能够成为最强大的城邦"①。这位睿智的哲学家深刻洞见了空间因人们的贫富分化而形成阶级差异的事实，并从国家治理和城市秩序维护的政治学角度，提出了将阶级分化的人们，相应地在城邦空间秩序安排和社会组织管理方面分而治之，让其各得其所、各安其居，借以巩固和彰显城邦政治权益的空间政治学理念。他的空间政治学思想，被后来的空间阶级划界现象一再印证。近现代城市生活史表明：资本在城市的集中及其通行的资源配置逻辑，必然把穷人与富人措置在不同的生存空间。因而空间结构通过管理者、工人及政治代理人的政治经济战略和斗争而确立、强化，其角力和变革是政治斗争的内容。反过来，亦可以说，管理者、工人、政治代理人等在这种斗争中也被塑造。②列斐伏尔认为，当今资本主义社会的城市化后果，使富人的生活空间与周围普通居民的生活空间形成隔离，它们伴随着城乡接合部的郊外空间和贫困空间的建构，在空间生产中"对生产关系进行再生产，而这种生产关系就是阶级关系。这种隔离在理论上和实践上，对都市形成了一种否定，然而，这样一来，它还是对都市进行了揭发。都市郊区的被遗弃、被忽略的特征，就是这样的揭发者"③。这即是说，空间生产的阶级分野使"它没有任何的纯洁性。它本身也是根据'生产者'的意见和利益而被生产出来的，尽管它作出了一副要公平地取代自然的样子而出现在了自然的土地上"④。空间的商品化、资本化，使人们对空间的位置、环境质量及其规模的选择，对社区空间的迁移和出入，其万能的许可证就是货币。空间对于有充裕货币的富人是广泛开放的，而对于穷困者则具有莫能涉足与层层隔离的封闭性。资本力量铸造的金钥匙让人们能自由出入栖居空间，"金钱提供了进入社区的通道，使之从另一方面来说较少排他性。

---

① [古希腊]柏拉图：《柏拉图全集》第 2 卷，王晓朝译，人民出版社 2017 年版，第 394 页。
② [英]多琳·马西：《劳动的空间分工：社会结构与生产地理学》，第 319 页。
③ [法]亨利·勒菲弗：《空间与政治》（第二版），第 70 页。
④ [法]亨利·勒菲弗：《空间与政治》（第二版），第 125 页。

边界是漫散的、灵活的，主要取决于能够影响个人财产价值的外在作用的空间域"[1]。这种空间支配权的社会分化，让我们看到了生存空间在自然属性方面的人人平等与社会属性方面的按资本分配的冲突，看到了自然空间提供的公平、正义的可能性，被空间的市场瓜分与资本运作破坏殆尽。它们不顾人们的良好愿望，自发地将空间的社会权益向资本拥有者倾斜，带来空间公平与正义的严重缺失。对此，若从空间政治学解释的语义逻辑来分析，则是共有空间的可能性公平、正义和特有空间现实性的不公平、非正义的阶级反差。就此，亚里士多德关于共有空间与特有空间的理念能提供理解的思维之匙。他把空间分为两类：一方面是共有的，即所有事物存在于其中的空间；另一方面是特有的，即具体事物所直接占有的空间。"共有空间"是所有物体赖以存在因而都占有的共同场所；"特有空间"是每个物体得以彰显并具体在共同场所中占有的特殊场所。"特有空间"也可视为"直接空间"，它是由具体事物直接面对、直接规定、直接持存而构成的界面，其空间形态、大小、位置、属性与空间中的存在者相互规定、直接同一。如果说，人类每一社会成员来到世间天然地拥有呼吸空气、接受阳光普照、饮用水源、获得基本生存资源的公平权利，那么，在存在阶级差异的条件下这种生命空间的公平性却被经济、政治资本占有的不公平性重新配置，造成了空间占有与社会秩序的非公平性现实。自然空间公平拥有只是一种抽象的可能性，而社会化了的空间之非公平拥有则成了具体的现实性。人类对空间的认识，似乎走着两条相反的路径，对自然空间的认识是从身处其中的具体空间、特有空间开始的，由个别走向一般。而对社会空间的公平、正义追求，似乎是从空间之于人的一般自然属性、关系开始的，用人类一般的、普适的空间生存形式、意义，去要求和实现各类人员皆应有的具体空间生存条件，体现着自然对社会空间的原始规制、一般空间理念对具体空间存在的指引和演绎。当然，这种逻辑并非只是思维的或语义的，更主要的它是一种历史的、社会实践的逻辑。因为后者的实现，必须借助人类社会生活条件的极大丰富、社会秩序的公平正义、社会成员的自由全面发展，才能历史地、具体地实现。它客观地表现为阶级消亡、财富按需分配、资源公共拥有、特权基本消灭的历史过程。如果说，

---

[1] 薛毅主编：《西方都市文化研究读本》第 3 卷，第 313 页。

马克思恩格斯指出的自然界和人的同一性表现在:"人们对自然界的狭隘的关系制约着他们之间的狭隘的关系,而他们之间的狭隘的关系又制约着他们对自然界的狭隘的关系"①,是自然界几乎还没有被历史的进程所改变情况下人与自然界同一性的历史表征的话;那么,在生存空间广泛、深刻地成为人类生产结果的情况下,人类与自然广泛的、科学合理的关系之建立,也必然依赖于人与人之间广泛的、公平正义之社会关系的建立。并且,空间资源的有限性和人类生活在自然空间方面的不可间隔性,也会呼唤并促成这种社会关系的建立。另外还需关注的是,随着人类交通、通信工具的现代化,随着泛在技术服务的推广,人们的交互作用也日益多面而强烈。这类技术方式使社会主体相互作用的距离,得到某种克服而强化了彼此的联系。基于此,我们当重新理解布尔迪厄的论断:社会空间的建构方式,乃是位居此空间的行为者、群体或制度之间越接近,它们的共同性质便越多,反之,距离越远则共同性质越少;空间的距离——纸面上的——与社会的距离相符。②领悟其中的信息:一是不能把作用距离局限于物理空间,居间距离相远者未必政治经济的交互作用和彼此融合就会趋弱。二是"纸面上的与社会的距离相符"之见解极有深意,它帮助我们延伸思维:网络空间的距离及其对物理空间距离的虚拟和克服也是同功的,与真实距离的社会效应有某种一致性。因为凭借科技手段进行非物理空间的接触和交互作用,同样能实现如物理空间内直接触碰的政治角力,像网络战争便是典型。

最后,阶级对立之所以在当今社会加剧空间划界,使不同社会群体的空间错落超越自然秩序而固化社会格局,还在于空间的商品化交易,使空间资源的商品—货币交换过程的同质性与空间社会生产、使用的具体性能实现无障碍转换。列斐伏尔认为:商品世界随后引发了某种对空间的态度,某种施于空间的行动,甚至某种空间概念。实际上,所有由黄金这个交换之神凭空建立起来的商品链、循环体系和网络,都具有一种明显的同质性。然而,在商品链中,每一个位置和环节,都被物占据着。因此,商品空间可以定义为由各种特异性组成的同质性。按照这种方式理解的空间,既是抽象的又是具

---

① 《马克思恩格斯全集》第3卷,第35页。
② 包亚明主编:《后现代性与地理学的政治》,第296页。

体的;除了其所组成部分的可交换性,它没有具体的存在,所以是抽象的;它在社会上是真实的,并且同样地存在某处,所以又是具体的。这就是空间,它是同质的然而又被分解成碎片。[①]现实生活的空间生产和使用状况表明,自然空间给予社会成员共享的原始可能性或物理意义上的普惠性,之所以能够被空间的社会生产之阶级性消解,在于空间使用的具体性被其抽象化的货币当量或交换价值所溶解,变成了同质化的近似几何学的抽象空间。其中,让货币持有者实现对空间的资本化拥有,即把自然空间、社会成员可能共享的空间变成一部分人超量占有或阶级差异化使用的特殊空间。这并非都是暴力抢夺,而主要是通过将土地、空间资源商品化购买、资本化经营所实现空间的阶级占有和盘剥,进而实现空间的政治化分割。这样,也就在理性与实践逻辑相一致的意义上形成了"空间的政治经济学"所要解释的机理:首先,是土地、空间的流通,尽管过去它们被称为不动产住宅的市场已经被普遍化了。人们处理空间,也就是住宅单元的方式,是让它们恢复均质性,可以和其他部分比较,因而也可以交易。建筑业也不再是第二产业了,不再是一个从属的经济部门了,它变成了首要的部门。它不仅仅起着反馈的作用、平衡的作用和复兴的作用,更起着刺激现有资本主义经济的作用,它变成了生产的一个核心分支。[②]空间资源商品化进入流通领域,不仅退去了空间难以量化的具体规定性和混沌莫辨的不可移动性,它们通过房地产使以往的"不动产"能在交换中流动起来,实现由总体性的空间到个别占有和使用空间的转换。其次,土地的资本化也使抽象意义上的共有空间、非具体性的几何—物理空间,得以货币化、商品化地分割,变成可以让人们实际占有和具体使用的碎片化空间。空间在具体使用——社会再生产中,同阶级主体的政治经济权益、地位和角色相一致,变成与社会主体相结合、相一致的具体空间和所属空间。其中,虽然这个资本主义社会的空间追求的是理性,然而在实践中,它却被商业化、碎片化,并被一部分一部分地出售。由此,它是总体性的,同时又是零散性的。它显出了逻辑性,并被不合理地分割了。人们发现,资产阶级,作为统治阶级,拥有对于空间的双重权力:首先,通过被扩展到了整个空间

[①] [美]戴维·哈维:《正义、自然和差异地理学》,第312页。
[②] [法]亨利·勒菲弗:《空间与政治》(第二版),第132页。

的土地私有制而保持了集体和国家权力的运行；其次，通过总体性，即知识、战略和国家本身的行为。在两方面之间，存在一些冲突，特别是在抽象的空间（想象的或者观念的、总体性的和战略性的）与直接的、被感知的、实际的、被分隔和被售卖的空间之间。在制度性的规划上，这些矛盾出现在了管理的普遍性规划和空间商品的局部性规划之间。①空间的分割与使用之所以发生国家经营的普遍性和具体商品化运作的局部性的矛盾，根源依然在自然空间的社会共享性与社会化空间的私人占有性的冲突。前者是国家作为普遍利益的代表，多少是站在"全民"代表的立场上，从空间公平拥有和使用的自然可能性出发，对空间资源如田、土、山、水、路、气和动植物、矿产资源等因素的全面规划与统筹安排，它们多少是自然可能性与社会空间需要，亦即社会生活人均空间资源供需关系的统筹，因而其规划也多少是国家理性的或社会逻辑的，虽然比较抽象，但它是空间处分的社会总体设计。诸如大气污染的极限、一个国家的耕地红线、人口生育计划与空间资源的匹配等，均属此列。但当空间资源经过商品化具体地被不同社会主体拥有并加以特殊的生产和使用之后，空间无论是其归属还是其形塑，无论是其功能还是其受益者，都特异化、碎片化、私有化了。它们构成空间阶级、社团与个人占有、生产、使用的局部性特质，更加鲜明而尖锐地突显了空间按资分划的阶级或阶层属性。空间分划的这种阶级性、局域性、碎片化，使各类局部空间、具体场所在其现象学的社会政治形态方面，总是会产生大大小小、或轻或重的内聚力和排他性，形成脱离纯自然空间、肢解社会总体空间的特殊性来，以致不顾大气、太阳、水流等不可分割的物理因素，使空间成为彼此切割的社会主体"群分"场所。这一空间变构表明，自然作为空间，和空间一道，被分成了碎片，被分割了，同时以碎片的形式被买卖，并被整体地占据。按照新资本主义社会的要求，它被这样地破坏了、改变了。②这同样导致了空间消费的特征：它与物品的消费是不同的，不仅仅是因为其规模和数量，还因为其独有的特征，即空间的连续性和它被占有、被消费的间隔性，还有空间的永续性和生产与消费的片断性之间，总是存在永不消逝的对立统一关系。生

---

① [法]亨利·勒菲弗：《空间与政治》（第二版），第42页。
② [法]亨利·勒菲弗：《空间与政治》（第二版），第38页。

存空间总体上属于拥有和生产它的人类，但就具体情形而论，每一个别空间都负载不同的利益，从属不同的社群，成为不同经济－政治主体的处所，人们以不同的方式拥有和使用、生产和维系其空间形态和秩序。这亦如哈唯所言：资本本身代表自己的形象，创造了物质景观；形成的地理景观是过去资本主义发展的最高荣耀。①

　　空间利用的自然可能性在商品过程变为空间利用的社会现实性，似乎经历了两个彼此反向运动的社会经济逻辑环节。一是空间由总体性的人类拥有变为具体性的社会成员拥有，在总体空间局部化过程中，空间由抽象理念形态变为具体实践形态，实现着由一般到特殊，或由抽象到具体的飞跃。二是这一过程的实现，必然地经过了空间商品化环节，因而空间的商品—货币交换行为，又使各具体的、局部性空间的形态、功用、使用价值、所属主体特质都在舍象中隐身了，化为可以用货币计量的一般性价值而得以交换，使总体性空间得以局部化、主体化。其中的机制是：空间的可交换性引发了一种严格的量化行为。这种量化延伸到了住宅周边的道路、设施、环境。所谓的天然的特殊性，在均质化过程中消失了：位置，以及"使用者"的身体和物理存在。以技术为外表的这种量化，事实上和金钱有关。②空间的局部化和实用性分置，好像成了一个"飞去来器"的运动：空间的商品—货币交换，是具体使用价值的舍象而致价值抽象，得以用货币计量所完成；而空间的局部性分置、具体使用，却又经由观念上的自然性的抽象空间变换为实践中社会性的具体空间而实现。以上两者内隐着一种由具体—抽象—再具体的逻辑运动，它们彼此交织、相互联动、循环往复，实现着自然的总体空间不断社会性地局部化、主格化的运行。最终以空间经济运作的形式，实现着空间拥有、形塑、使用的政治性和阶级化。因此，我们对空间做出政治经济学的阶级分析，必须明了这样一种道理："处理空间问题的方法不能够仅仅包括一种形式的、逻辑性的方法；它应该而且同样也能够是一种辩证的方法，对社会和社会实践中的空间的矛盾加以分析。"③

---

① ［美］爱德华·W. 苏贾：《寻求空间正义》，第85页。
② ［法］亨利·勒菲弗：《空间与政治》（第二版），第109页。
③ ［法］亨利·勒菲弗：《空间与政治》（第二版），第49页。

第三节 空间政治权益格局

空间的政治学解释,一个很重要的内容,就是要了解政治权益的空间形塑和空间秩序的政治权益内涵。这一问题得以确立,有存在论、功能论和意义论三个方面的根据。其存在论依据,是社会政治活动的客观性、物质性,使它必须借助一定的空间才能发生、持存和开展。其功能论的依据,是空间的政治化和政治的空间化,使空间的生产、形塑、配置、营构,有了政治的功能或作用,空间行为成为一种政治工具与手段。其意义论的依据,在于空间与政治权益的相互创造,使空间形态、格局、秩序有了象征、宣示、规范政治权益的作用。以上三者相互缠绕、叠加,构成了空间政治学的权益格局内涵。

一、政治权益的空间匹配

之所以会发生政治权益与这些空间因素的匹配关系,有较复杂的机制性原因可寻。

首先,空间是任何公共生活形式的基础。空间是任何权力运作的基础。[①]福柯1982年道出的这一观点,从存在论的意义上说明了政治权益作为一种明显具有物质性、实践性的行为和现象,它们具有空间形式。政治权力的存在和行使,需要人、财、物的支持,需要动用各种物质手段,需要调动社会成员的行为,还需要有相应的包括社会实践者在内的物质承担者受纳和表达政治权力的作用。所有这些,无一不构成相应的空间事件,无一不引发空间的生产与形塑,也无一不受到某些空间秩序的制约。由政治权利运行的这种空间存在论机理所致,社会政治矛盾都是在空间中产生的。因此,空间矛盾推动了社会关系矛盾的产生。换句话说,空间矛盾"表现"社会政治利益和力量之间的冲突:只有在空间中,这种冲突才有效地发挥作用,这样,它们就成为空间的矛盾。[②]政治力量之间的矛盾、冲突与社会空间之矛盾、冲突的同

[①] 包亚明主编:《后现代性与地理学的政治》,第3—4页。
[②] [美]戴维·哈维:《正义、自然和差异地理学》,第312页。

构性，作为一种社会运动与其空间形式的存在论匹配关系，它从历史辩证法的方面实证了社会运动内容与形式的一致性，它是政治权益在空间建构方面具象的宏大叙事。

其次，政治权益的大小，常常以权益主体所掌握的领地空间之范围、其中经济、社会力量之权重为客观前设，治地之空间规模及其经济、社会力量，决定了政治权益的大小和权益主体地位的高低。中国古代社会的府、州、县建制，当今社会的省、地、县建制，直接依据便是治地国土空间的大小、经济体量的规模及其战略地位的高低。其中又有一种治所空间和治域范围的比配关系。省、地、县三级政府治域有大小之分，故三级政府不仅有权力的大小之分，而且治所相应地有城市位置、市政设施、空间建筑方面的等级区别。它们之内在联系便是治域规模，与人、财、物体量及信息流量，与政府管理事务、服务的工作量，进而是公务员、事业机构人员数量，最后是这些因素的空间容纳量与权力配置之间，所形成的量比关系，即政府的权力空间在治域和治所方面有一种匹配律。权力的空间匹配律，是世界性的。人们在研究中发现，政治权益是"被分配在空间中的。因而，劳动力的技术分工和社会分工，就投射在了地域上，而且是根据世界性的规模，也就是世界市场来确定的，通过与地方性的、地区的、国家的、大洲的标准来确定"①。因此，空间格局的政治权益研究，须认真关注社会空间战略中权力关系的重要性和分配机制：当权者，集团、管理机构、资本和资本家、制度、人民，国家等之间的关系，经济与政治的互动关系，由此揭示其作用和意义。②

最后，政治权益的社会实现形式，制约着空间生产的特殊向度。政治权益既包括社会成员的可在法制秩序内通过平和的方式实现的权利，也包括新旧社会交替过程或非常时期通过军事等暴力手段实现的权利；既包括经济民生方面的基本人权，也包括思想、政治、文化等方面的创造、表达和发展的自由民主等高阶权利。权利内容和层级不同，意味着它们实现的社会条件和方式不同，意味着需要也必然会创造相应的社会空间格局、秩序，去保障和实现这些内容和形式各不相同的权利。例如，通过战争等军事行为所实现的

---

① [法]亨利·勒菲弗：《空间与政治》（第二版），第152页。
② [法]亨利·勒菲弗：《空间与政治》（第二版），第154页。

政治权利，权利的空间格局总是和军事运动交织在一起，要用军事活动诸多特殊的空间要求来布置和完成政治权利的空间建构。军事要塞、交通关隘、前沿阵地、战略后方、攻防绝地、三军布局等空间因素的运筹和配置，就会作为一种实现政治权益的特殊空间形式而发生作用。其最大特征是要满足军事运动的组织严密性、铁的纪律性、行为博弈性、效果制胜性和权利安全性要求。哪怕是安营扎寨、屯兵布防的空间格局，都使军事等级可从其空间配置本身读出来，那就是为不同级别的军事集团保留的武器、装备、帐篷和建筑物所占有的不同位置，它们准确地构筑了一个军事—政治权力的金字塔。因为军事活动的权力集中与等级、命令森严的特征，需要这种金字塔式的空间秩序的支持和保障。

社会环境的多变性，政治权益的多元性，权益实现方式的多样性，使社会成员以阶级、阶层为群落生活在一组关系中，这些关系描绘了不同的基地，而它们不能彼此化约，更绝对不能相互叠合。[①]这决定了我们对空间格局的政治学叙事必须在微观方面关注其多样性、具体性和差异性。在社会政治领域，人们并非生活在一个均质的和空洞的空间，相反地，却生活在全然地浸淫着品质与奇想的世界里。我们的基本知觉空间、梦想空间和激情空间本身，仍紧握着本体的品质：那或是一个亮丽的、清轻的、明晰的空间；或再度地，是一个暗晦的、粗糙的、烦扰的空间；或是一个高高在上的巅峰空间，或相反的是一个塌陷的泥浊空间；或再度地，是一个像涌泉般流动的空间，或是一个像石头或水晶般固定的、凝结的空间。然而，这些分析虽然根本地反映了我们的时代，但主要却涉及内部空间。[②]这类空间情境、氛围的形形色色，虽然大量地并非全由其物理格局展示，而是因为社会情境、主体心态和权利享有状况所致，是权利主体内部空间的外在投射，但对空间在其物理结构基础上做出一种社会政治文化的情态分析，确实把政治权益的社会状况、主体反应，在空间特质方面给出了更细微的解释，使空间与政治权益的互生成、互适应机制更加具体地彰示出来了。

---

① 包亚明主编：《后现代性与地理学的政治》，第21页。
② 包亚明主编：《后现代性与地理学的政治》，第20页。

二、空间的政治营构与权力行使方式

空间政治的现象学客观地表明,当人们栖居其中的空间成为阶级分化与政治生活的造物、结果时,当空间在社会化中不断染上政治色彩也成为一种重要的政治资源之后,空间对于成就其政治属性的创造力量及社会政治实践,便会形成一种巨大的历史性反作用:它们在被社会成员的政治生活所创造的同时,也作为一种环境力量、空间秩序和场所精神,预设、训育和创造着政治生活中的社会成员及行为方式。正是由于空间和政治这种相互创造的机制,空间的生产、分配与形塑也就被社会政治生活的主导力量,当作一种重要的资源与手段,用以维护、行使和实现自己的政治权利。这样,在空间的再生产过程中,也就是把社会政治秩序、原则、权益反复嵌入空间实践与秩序中,借以实现社会政治关系的再生产。这一现象在阶级分化比较严重的地方更为突出。空间政治学研究深刻地发现,"资本主义中的社会关系,也就是剥削和统治的关系,是通过整个的空间并在整个的空间中,通过工具性的空间并在工具性的空间中得到维持的"[1]。所谓"工具性的空间",即出于政治目的通过对空间秩序、格局的特别安排而实施政治的空间手段,让空间的政治化运作成为达成政治目的的工具。具体而言,就是统治阶级把空间当成了一种工具来使用,一种用来实现多个目标的工具:分散工人阶级,把他们重新分配到指定的地点;组织各种各样的流动,让这些流动服从制度规章;让空间服从权力;控制空间,并且通过技术官僚,管理整个社会,使其容纳资本主义生产系。[2]

空间能成为一种政治工具,其基本前提是人们把栖居其中的空间政治化了,使它具有了政治的意涵和力量。其决定性的机制是各类社会成员既不能摆脱对这种政治化空间栖居的依赖,而政治主导力量又有足够的条件和方法掌控和运用这些空间政治资源去引导、安排和组织人们的空间生活秩序与政治行为方式,使之纳入一种既定的政治关系和社会秩序中。当代资本主义世界,政治空间的拥有者、主导者和使用者,总是让工人阶级在空间中遭受着

---

[1] [法]亨利·勒菲弗:《空间与政治》(第二版),第136页。
[2] [法]亨利·勒菲弗:《空间与政治》(第二版),第139页。

多种支配，究其根源，是因为存在一种空间的政治，越来越有效力，越来越有针对性，其设计越来越精心。空间变成了工具性的。在这些战略所分布或者所发生冲突的那些地方和环境中，很长时间以来，空间就不再是地理意义和几何意义上的那种中性的了。①在这种十分直观的因果联系中，空间的政治化是工人阶级受制于政治空间的前提和根据。但这种空间的政治化，作为资产阶级让工人陷入受支配、受压抑状态的根源的归因性解释并不深刻、完整。因为假设劳苦工人大众根本不在乎那政治、那空间时，空间的政治化及其对工人的囚困、奴役也就不可能了。实际生活的因果链还需延伸发掘，人们的空间受困是因为政治背后有经济，经济背后是民生，大众民生通过经济环节而与之所派生、所决定的政治发生了深刻关联。社会政治主导力量，之所以能够把自然空间政治化，进而变成行使政治权力的手段，就在于他们通过对空间这一须臾不可或缺的基本生活资料的经济—政治设计和安排，而达到对民生、民众的社会支配和政治统治。例如，国家工程建筑用地的征收，公路、铁路修筑中的路向与站点设置，旧城改造中的民居拆迁，工矿企业区域的配套设施与住宅安排，商业网点、学校、医院等公共服务设施的空间布局，等等，这一系列空间资源的调配与组织，或商业作价，或行政划拨，或政府统筹，或民意听证，在各种权益的平衡、转移与实现过程中，空间资源的处置除了用市场交易的经济方式之外，则是靠政府行为去完成。而且即使是经济手段处理问题，也深刻地渗透着空间营构和运作的政治意向。因此，空间资源便充当一种政治工具去实现国家的或社群的某些政治目的。空间的交易、营构、转型、分配与使用，意味着不同空间主体的权益博弈与兑现，意味着主体对空间体积的占有、特殊功能的发挥、空间经济诉求的满足及其在社会政治地位、身份、责任和名誉方面得到的保障等。不同主体的政治意向、理念、目的，一定程度都是在空间事物中或通过它们而得以实现。这样，空间在政治化过程中无形地使政治化的空间成了政治资本或政治工具。

空间作为一种政治工具或手段，还表现在一些特殊空间的营构与功能发挥中。例如，军事对峙中的海、陆、空禁区设置，国家部门机要区的禁入和特殊防卫，法庭和监狱对人身行为的特殊要求与惩戒、训导，教堂、宗祠、

---

① [法]亨利·勒菲弗：《空间与政治》（第二版），第150页。

庙宇、学校、政治宣教场所对政治理性、制度的宣示与教化等，所有这些空间构成的政治软、硬环境与条件，都是国家政治制度、法理以及政治行为方式的空间形塑，它们对人们的政治生活，因而对统治者的政治理想和目的之实现，形成一种空间的教化、训导、规范和治理作用。这中间的大量政治功能是刚性施予的，它们体现着空间被政治生活形塑之后，便成为一种既定的有强大规定性的政治环境、手段，反过来对政治生活、秩序、主体行为方式和目的起着再生产、再施予、再确认的作用。其中，政治化的特殊空间之所以能够从不同的角度以不同的方式对主体形成特殊的政治规训，以空间秩序及其场所精神的力量维系和再生产出一定的政治生活理念、规范、关系和秩序，都在于以有形或无形的空间力量作用于人的身心进而思维与行为而得以实现。例如，在强制囚犯改恶从善，养成合乎规范的行为方式过程中，国家通过监狱的高墙、铁门、电网等空间建筑，隔断与外界社会自由生活环境的联系，给犯人以信息贫乏、交流简单、内心孤独、自省持久的压力与引导，保障监狱管制、训导的信息不受外界干扰、单向度、高强度地渗入人犯头脑中，使其经过痛苦狱炼而向善。再如，对不守狱规的人犯禁闭于空间狭窄的囚室，这除了隔离以防事故之外，就是以行为空间的极大收缩压抑正常行为的人格空间和活动半径，造成巨大心理压力借以惩戒违规行为、收敛和消解囚犯的野性。这类空间的政治化形塑和对应主体的特殊安置，让空间通过法律—技术—物理—心理—社会意义的连锁反应，达到规训和教化置身于其中之社会主体的效果。正如福柯在研究这类特殊空间时所发现的，高墙是可怕的，在这种封闭的囚室里，在这种人间坟墓中，复活新生的迷思很容易产生，在黑夜和沉寂之后，就将是新的生活。[①]类似如此的，还有教堂那狭长而高耸的空间布置，让人的灵魂在圣灵空间的挤压中摆脱尘世纷扰，近天入圣，奔向天堂，受到空间氛围的物理—社会文化的洗礼。之外，还有国家权力机关的空间筑造如军营、法院，文化机构如学校、政治宣教场所、政治化地标空间建筑等，无一不是行使国家政治权力的某种工具性元素。它们的社会文化效应表明，空间的政治化营构与政治化的空间形塑，是政治行为之空间范式

---

① [法]米歇尔·福柯：《规训与惩罚：监狱的诞生》，刘北成、杨远婴译，生活·读书·新知三联书店1999年版，第268页。

一体两面、相互依存、彼此互动的有机现象。

三、政治权力空间象征释义

恩格斯曾经说过，住在皇宫里的人和住在茅屋里的人思想观念是不一样的。[①]这不仅是存在决定意识的认识论规律使然，而且还是人类的空间生产、空间栖居方面，社会主体和生活空间、场所在相互创造中的一致性机制使然。场所、空间作为人类栖居其中的创造物，它们是人的本质力量、社会属性、自我意识的对象化投射和物性复现，因而栖居空间大到都市环境、小到房屋住宅无不是一种物理和精神文化空间的复合。生存空间是人的写照，是社会的模印，是政治的镜像，具有强烈而丰富的意识形态属性。

从政治学角度来思考象征权力现象，实质上它是借助"鼎"、兵符、印章、尚方宝剑、手谕、证件、着装乃至交通工具等负载某些特殊政治意涵的交往性、证明性物件，以具象符号的形式表征着主体拥有或被授予了某种权力。象征权力实为能指符号对于所指权力的表达。它在社会政治生活中表征着权力的施授、实行和流动，是权力符号化、流转性的体现。当我们把象征权力现象纳入政治空间来审视和讨论时，这个权力的象征符号便是以空间形态展示出来的。它比一般的权力信物、凭证更为抽象，而且是固定在特殊的环境中，不能由行为主体随身携带，只能让进入或涉及这些空间者意识到空间所象征的某些权力，以规范和约束自己的政治意识和行为。现实社会中大量存在涉及权力的空间象征现象。对于国家皇宫、中央首府、国务政治广场、市政厅、法庭、监狱等严肃的政治活动场所，因为它们是国家行使政治权力的特殊场所，因而这类空间散发着权力的庄严宣示气息，进入这些场所的人们多少会体验到某种政治权力的存在及其对行为的一些特殊要求。中国北京的天安门城楼，不是任何人随意登临的，它体现了国家政治大典的参与权力和肃穆的政治氛围。亦如美国的白宫也非随意出入那样，它给国家首脑、政要一种场所的权力赋予和表征。

空间的权力象征，以空间的规模、形态、秩序规定和表征着人的权力身

---

① 《马克思恩格斯选集》第 4 卷，人民出版社 2012 年版，第 243 页。

份，同时也以政治权力秩序的空间形塑宣示政治生活法则与行为规范。这种历史事实生动而精准地留在描述权力、权位空间的某些语言中。在我国文言文中，素称皇帝为"陛下"，皇子为"殿下"，同僚为"阁下"。下臣对皇帝之所以尊称"陛下"，"陛"本为宫殿台阶，群臣议政，因皇帝高高在上，距群臣远，群臣不能与皇帝直面而言，得先和立于陛下的传话者言说让他代为传达。这样，久而久之，立于陛下位置说话的群臣便以君臣间的距离、位置区分而恭称君王为"陛下"了。所谓"殿下"，原指殿阶之下，后来成为中国对君王嫡系成员的尊称，仅次于代表君主的"陛下"。汉朝开始称呼太子、诸王为"殿下"，三国开始亦称皇太后、皇后为"殿下"。所谓"阁下"，因朝臣、高官府邸多有亭台楼阁，故以栖居格局相称为"阁下"。这些政治权力的身份、地位差异，用主体立身的空间位置称谓、指征，活生生地反映了空间形态、秩序对于政治权力的象征意义。它们至今还影响着空间的形塑，正如福柯所指出的，空间位置，特别是某些建筑设计，在一定历史时代的政治策略中，扮演了重要的角色。①

空间形塑的权力化与权力的空间象征或象征权力的空间表达，有一种由主体政治行为的空间规训所形成的对空间位置—权力—地位匹配关系的社会体认、逻辑把握的主体性支持。人们的社会行为之所以能够凭借其空间特质，使政治秩序客观地呈现为一个按照空间结构之机理、分化之距离的逻辑而组织起象征体系，使社会化的空间具有政治权力象征的意涵，乃是因为这样的空间实践本身就是一个生活方式，以及具有不同生活方式的群体所形成的空间。在社会生活中，人们对空间格局、秩序及其内在意涵的建构与体悟，是其"源自社会空间中的某个确定位置"，人们对置身其中的特定空间之权力意涵的赋义与释义，会有不同的，甚至是相互敌对的观点出现，因为观点乃视其所采取的观看地点而定，行为者对这个空间的看法，乃是植根于他在空间中的位置。②社会主体在特定的空间格局、秩序中形成对权力的象征图式及其被感知，乃是因为空间实践本身具有特殊的权益关系，不仅空间自身本来具有物理意义上的使用价值，更因为这种价值对不同空间行为者有不同的配置，

---

① 包亚明主编：《后现代性与地理学的政治》，第30页。
② 包亚明主编：《后现代性与地理学的政治》，第298页。

让人们在不同位置以不同身份、不同方式开展活动。这样，人们的"空间处所—行为方式—权益配置"的关系之"格"，便在长期的空间实践中形成了一种稳定的、几近刚性的价值—逻辑关联。它们对于穿行其间的每一代新人既作为前定的社会—空间秩序规训其行为，又通过他们的实践把这种空间的社会文化逻辑不断地再生产出来，形成与空间规范广泛作用的共时性相联系的历时性逻辑延伸，循环往复的空间实践锻炼，使人们将上述空间逻辑关系转化为认知定势和行为习惯，以致对附着其中的权力意涵成为可以不假思索的情境反射，鲜明而强烈的空间权力象征便图式化地嵌入了人们的文化无意识深处，作为"集体无意识"被人们反复地甚至是不自觉地赋义和释义。这一空间象征权力有这样一种认识机制：在空间权力上，行为者的表征随着他们的位置及附着其上的利益、他们的习性而变，后者乃是借以感知与评价实践的思想文化及价值观念的前结构，是持续经验一个社会位置所需的认知与评价的文化背景。人的空间行为习性为生产实践所培养、所建构，反过来又成为感知与评价社会实践的潜意识系统，它们是在特定的空间—社会位置上形成互动关系的。主体的空间行为习性暗含对自己所在地方，以及对他人所在地方的感觉及其烂熟于心的处理经验。鉴于权力的空间象征，是经由主体置身的环境、位置之隐在意义的感知范畴，而被认识到的那样一种形象，因而权力的象征关系，倾向于再生产并强化建构社会空间之结构的权力关系。它源自这样的事实：行为者将感知与评价空间权力的主观结构，在评价和处理空间关系时加诸社会世界的客观结构，而前面这些结构正是出自后面这些结构。也就是说，空间之所以能够被当作某种权力的象征对待，或具有某种规范人们行为的功能，乃是对这一权力的空间象征做出解释或体悟到其中寓意的主体，是站在他们特定的空间位置所征的社会立场去观察、思考和说明问题的。他们基于以自身栖居的空间所形成的空间权力认知定势与行为习惯，去感知和适应生活世界的空间权力。茅屋里的人不仅和皇宫里的人想法不一样，而且茅屋里和皇宫里的人彼此对对方的空间在政治权益方面会形成截然不同的感受和体验。《红楼梦》描写的刘姥姥进大观园所出现的茅屋里的人对宫殿空间生疏、敬畏、惶恐等复杂感受，用透露出了异质空间的人对另类空间，总是带着与其生活方式、栖居空间原型相一致的理解结构去解读另类空间。在这里，权力的空间象征总是被异质空间栖居者的客位文化立场所体认，因而发生空间权力意识的差异、矛盾乃至冲突。1927年,在如狂飙般兴起的湖南农民运动中的激进者,用一双带着黄泥巴的双脚踏进地主老财的高楼大瓦屋、闺房密室看过究竟,甚至很"痞子"地跳上少奶奶的牙床上滚上几滚,用对空间私人权的极端践踏,表达他们内心对土豪劣绅、宗法权力积蕴深久的仇恨及其政治挑战。这些,生动展示了空间象征权力的阶级冲突。

在探讨政治权力的空间象征问题的学者中,美国后现代地理学者苏贾关于"第三空间"的理论范式有新的解释力。他深度发挥了列斐伏尔的空间生产理念,认为空间是一个以物理空间为基础的不断在社会实践、社会生活中被人化、社会化、文化的现象。它可以分为三个层次的存在方式:第一空间是感性的、物理的空间,第二空间是精神空间,第三空间则是具有多重意义的社会空间。第三空间概念具有列斐伏尔始终要赋予社会空间的多重意义,它既是一个区别于其他空间(物理空间和精神空间,或者说第一空间和第二空间)的空间,又是超越所有单一空间的混合物。[①]同时相对于空间认识论,苏贾认为空间具有一种三元组合关系,即"空间实践""空间的再现""再现的空间"。[②]第三空间是经过空间生产的实践进到社会、政治、文化赋义和想象的空间,再到呈现、展示社会关系及政治规定性的"再现的空间"。在概念化赋义的精神空间,作为空间创造者的各类专家、设计者和国家政要,他们都把实际的和感知的当作是构想的,这种构想的空间还与生产关系特别是生产关系所强加的秩序或设计相连。这种秩序通过控制知识、符号得以确立:它控制译解空间实践的手段进而控制空间知识的生产。[③]很显然,第二空间是生产关于社会空间之知识的空间,是符号学家或译码员的空间,亦即是把社会生产关系、政治秩序观念地注入空间生产的设计与解读过程的精神活动空间。[④]而作为社会生活方式、格局、秩序实际"再现的空间",作为栖居者的现实栖居,它主要包括两个方面的内容:第一,这是被社会秩序统治的、让栖居者被动体验或屈从的空间,它以象征手法遮蔽物理空间而把所指意义物

---

① [美]索杰:《第三空间:去往洛杉矶和其他真实和想象地方的旅程》,陆扬等译,上海教育出版社2005年版,第79页。
② [美]索杰:《第三空间:去往洛杉矶和其他真实和想象地方的旅程》,第83页。
③ [美]索杰:《第三空间:去往洛杉矶和其他真实和想象地方的旅程》,第85页。
④ [美]索杰:《第三空间:去往洛杉矶和其他真实和想象地方的旅程》,第85页。

化在空间形态、格局和秩序中,实现了对空间观念赋义、占有的客观呈现。第二,这里"不仅是权力的空间再现","而且是空间再现所施行的权力",它把真实的和想象的、物质的和思维的、自然的和社会政治的空间元素平衡地融为一体。①在这样的空间里,充满了政治和意识形态,充满了资本主义、种族主义、父权制,充满了其他具体的政治实践活动。它们是生产、再生产、剥削、统治与服从的社会关系的具体体现。"它们是为了斗争、自由与解放而选择的空间。"②

其实以上各种说法可以进行分类,哲学家和数学家的空间来自思辨或者说头脑的抽象,属于精神空间,而建筑师和规划师的空间立足于空间的物质形态,属于物质空间,社会科学所关心的是空间中的社会行动和社会关系,属于社会空间。这是空间解释的三种基本向度。如果说人类对空间的认识最初是以精神空间和物质空间为两条基本进路的话,社会空间无疑成为当代认识空间的主导性理路,社会视角把精神与物质空间有机地结合在一起。

苏贾上述关于"第三空间"及其与社会现实生活的真实联系,颇具深意地以空间再现的方式立体地、形象地展示了一种唯物史观的成像机制。社会各类成员分别栖居其中的空间,原始的基底都是物理的感性空间,经过人们在实际的栖居筑造中将现实的社会关系、秩序作为设计理念和栖居愿景赋予空间的意象中,然后变成物化的空间现实,即让人们实际地栖居其中的社会化的空间。这种被人们按照社会关系内在秩序生产出来的空间,在实现权力的空间再现的同时,让栖居者在接受并服从某种空间秩序的过程中接受某种由空间表征的权力,达到对栖居者施行权力的政治目的。这一由自然而社会、由经济而政治、由实践而观念的空间设计、生产、栖居过程,历史地、系统地、立体地展现了唯物史观对权力之空间象征的释义。它能让我们在对政治性的空间和空间政治所进行的分析、释读中,看到了社会生活空间镜像的真实内涵,看到了政治权力的空间呈现与作用机制。人类栖居空间的生产、占有与享用,背后是一系列复杂的经济、社会、政治、文化行为和意义。社会性的空间生产,是"以历史性的或者自然性的因素为出发点,人们对空间进

---

① [美]索杰:《第三空间:去往洛杉矶和其他真实和想象地方的旅程》,第86页。
② [美]索杰:《第三空间:去往洛杉矶和其他真实和想象地方的旅程》,第87页。

行了政治性的加工、塑造。空间是政治性的、意识形态性的。它是一种完全充斥着意识形态的表现"①。我们在栖居空间的意义能指与所指的逻辑关联中,不仅读出了主体对空间富有社会、政治诉求的空间生产,以及其中主体的空间形塑之能动性、创造性,而且还深刻体验到了空间象征权力对栖居者的社会规训和政治约束,让主体在充满政治权力规范的空间生活中默受一种空间象征权力的化育和规制。这就是空间生产与空间栖居、政治空间与空间政治、主位空间与客位空间的辩证统一。它们显示的信息是:社会空间总体生产的主导者,始终在积极利用那些表达意识形态的各种载体,特别是空间表现载体,终究会要谋求意识形态及其空间形塑与社会群体、阶级地位、角色、权力相适应,与社会生产关系相适应,最终是与生产力现状及其进一步发展的可能性相适应。②这构成了政治权力的空间书写和解读的内在历史观法则。

---

① [法]亨利·勒菲弗:《空间与政治》(第二版),第46页。
② [法]亨利·勒菲弗:《空间与政治》(第二版),第120页。

第 七 章
空间正义的唯物史观叙事

空间正义的考察和诠释，是一个极为重要的理论与现实问题。英国空间社会学家马西认为："一般意义上的空间不平等，是一件很复杂的事情，它将随时间的推移发生形式和类型上的改变。它可能会在底层的地区间关系的性质方面、在它所测量的社会差别和不平等方面、在其地理形态方面发生改变。"①空间平等的根本意义即是空间正义问题。它既是社会生活的基本诉求，又是包括空间生产、空间经营、空间资源分配和享用在内的所有空间实践不可回避的问题。随着全球化、城市化以前所未有的强度、广度、深度展开，大量社会公平正义问题不断聚焦于空间，形成了普遍性的空间正义理论呐喊和实践诉求，驱使人们多角度深入探讨和解析这一问题。但实践的感触和生活化的理解不能取代唯物史观对空间正义的学术思考与社会逻辑揭示，空间治策的寻求、研制同样无法替代空间正义的学理疏浚和法则寻绎。关于这一问题的社会原因揭示，西方马克思主义学者反复关注并做出了一些学术探讨。但真正最早关注并对问题的社会逻辑解释给出唯物史观奠基的，是马克思和恩格斯。他们对城市建设工业化、空间生产资本化的批判，为我们在新形势下研讨与澄清空间正义问题，留下了深刻的致思理路。从唯物史观角度解释空间正义问题，必须深入说明这一现象赖以立论、赖以诠释、赖以体认的逻辑理致，从理论与实践的结合上澄清问题的真义和演化机制。

---

① [英]多琳·马西：《劳动的空间分工：社会结构与生产地理学》，第118页。

第一节　空间正义的立论基础：人权与产权关系

空间正义，是社会正义以空间物化方式的形塑，是社会正义的立体表征。了解空间正义，必须坚持唯物史观，把正义的界说立论于社会生产方式基础上。马克思的正义观认为，"只要与生产方式相适应，相一致，就是正义的；只要与生产方式相矛盾，就是非正义的"[①]。基于这样的正义原理，马克思恩格斯在空间正义论域无论是对非正义现象的批判，还是对其成因的分析，都牢牢立足于生产方式进步与否的考量，去揭示空间正义状况与生产方式的正相关性或同构性。其中，他们尤为注重从空间人权与空间要素的产权关系展开空间正义的解释，留下了如此的致思辙痕。

一、从生产方式出发考察空间正义

早期，马克思恩格斯出于对无产阶级苦难状态的巨大同情和关切，对英国工人的栖居境况及其城市空间权益格局进行了大量实证考察与分析，把资产阶级压榨工人的社会不公与城市空间的工业化生产、资本化经营结合起来深入进行社会批判。恩格斯在对曼彻斯特、利物浦、兰开夏郡等工业化城市空间布局和工人栖居状况的实地调查与统计材料分析中，翔实而深刻地揭示了工人生存惨境与资本主义经济运行法则的内在联系，痛斥城市空间生产和分配的极端非正义性。在恩格斯笔下，深受资本家残酷压榨的工人阶级，同样是在城市生存空间饱受资本力量无情挤逼的苦难居民：工人聚居区的"小宅子又坏又破，砖头摇摇欲坠，墙壁现出裂缝，涂在里面的泥灰也已经脱落了"，街道又脏又乱，臭气熏天[②]；坑坑洼洼的河岸布满了工人栖身的乱七八糟的矮小平房，一个不到30平方英尺（1英尺=0.3048米）的蜗居是将厨房、起居室、卧室混为一体的洞穴[③]。"总之，在曼彻斯特的工人小宅子里，既不可能保持清洁，也不可能有什么设备，因而也就谈不上家庭乐趣；在这些住

[①]《资本论》第3卷，人民出版社2004年版，第379页。
[②]《马克思恩格斯全集》第2卷，第325页。
[③]《马克思恩格斯全集》第2卷，第332页。

宅里，只有那些日益退化的、在肉体上已经堕落的、失去人性的、在智力上和道德上已经沦为禽兽的人们才会感到舒适而有乐趣。"①对于工人栖居的这类惨况，恩格斯将它们作为对资本主义剥削制度的腐败性、残酷性的空间形塑或具象摹状加以解释，它们是资本主义社会非正义性造成的苦难现实。他对工人栖居空间的不道德、非人性状况进行了制度层面的经济追溯，发现，"只是工业才把大批的工人（就是现在住在那里的工人）赶到里面去；只是工业才在这些老房子之间的每一小片空地上盖起房子，来安置它从农业区和爱尔兰吸引来的大批的人；只是工业才使这些牲畜栏的主人有可能仅仅为了自己发财致富，而把它们当做（作）住宅以高价租给人们，剥削贫穷的工人，毁坏成千上万人的健康；只是工业才可能把刚摆脱掉农奴制的劳动者重新当做（作）无生命的物件，当做（作）一件东西来使用，才可能把他赶进对其他任何人都是太坏的住所，而这种住所工人得花自己的血汗钱来享用，直到它最后完全倒塌为止；所有这些都只是工业造成的"②。这是就工人栖居空间之非正义性向资本主义剥削制度及其空间工业化形塑发出的正义讨伐。它让人们清晰地看到，在工人栖居空间的筑造和安置中，那些资本人格化了的房地产主，全然不顾工人生存的人道需求，践踏其空间栖居的基本人权，使他们蜗居所在的街道"是极其糟糕极不清洁的，建造时一点也没有考虑到空气是否流通，所考虑的只是业主的巨额利润"③。那些自由派厂主、曼彻斯特的"要人"或"大亨"对城市"这种可耻的建筑体系"负有重大责任。④恩格斯对空间非正义状况的描述与祸因追问，以客观事实感性地确证了房地产经营的资本化对工人空间生存权的深重压制。空间资源支配者，对城市空间的规划、资源配置、用途安排，除了追求空间投资的最大利润之外，就是完全按照空间产权的矢量来处理建筑格局和栖居秩序，大同小异地展现出这样一幅幅栖居空间的阶级界划："一条平均一英里（1 英里=1609.344 米——笔者注）半宽的带子把商业区围绕起来。在这个带形地区外面，住着高等的和

---

① 《马克思恩格斯全集》第 2 卷，第 345 页。
② 《马克思恩格斯全集》第 2 卷，第 335 页。
③ 《马克思恩格斯全集》第 2 卷，第 345 页。
④ 《马克思恩格斯全集》第 2 卷，第 328 页。

中等的资产阶级。中等的资产阶级住在离工人区不远的整齐的街道上……而高等的资产阶级就住得更远,他们住在……郊外房屋或别墅里,或者住在……空气流通的高地上。"①这种空间栖居的强烈反差和权益对峙,正是资本主义社会关系在空间生产和分配中的典型表达。恰如空间正义研究者苏贾所言,空间正义,无论如何界定,只能通过带有资本主义发展特征的社会生产关系转型才能实现。这些社会或阶级的关系明显地塑造着空间。②

在恩格斯关于英国工人栖居空间非正义性的调查和批判的同时,马克思则用异化理论和人本唯物论思想对城市工人聚居区地狱般的空间惨状也给出了与恩格斯如出一辙的描述:"人又退回到洞穴中,不过这洞穴现在已被文明的熏人毒气污染。他不能踏踏实实地住在这洞穴中,仿佛它是一个每天都可能从他身旁脱离的异己力量,如果他交不起房租,他就每天都可能被赶出洞穴。工人必须为这停尸房支付租金。明亮的居室……光、空气等等,甚至动物的最简单的爱清洁习性,都不再成为人的需要了。肮脏,人的这种腐化堕落,文明的阴沟,成了工人的生活要素。"③在深刻揭示工人阶级栖居空间的非人状态时,马克思将其与整个资本主义生产方式无国界区分地给工人的经济、政治虐待联系起来做统一解释:"工人的民族性不是法国的、不是英国的、不是德国的民族性,而是劳动、自由的奴隶制、自我售卖。他的政府不是法国的、不是英国的、不是德国的政府,而是资本。他的领空不是法国的、不是德国的、不是英国的领空,而是工厂的天空。他的领土不是法国的、不是英国的、不是德国的领土,而是地下若干英尺。"④工人没有祖国,没有领土,没有立足之地,其空间赤贫是其财产赤贫的写照!

马克思对工人栖居空间黑暗境况的揭示和对资本主义空间生产非正义性的讨伐,是他从人本唯物论转向实践唯物论、确立唯物史观的重要契机。在《1844 年经济学哲学手稿》完成的第二年,亦即恩格斯的《英国工人阶级状况》完成之际,马克思写出了标志着唯物史观理论奠基的天才提纲——《关

---

① 《马克思恩格斯全集》第 2 卷,第 327 页。
② [美]爱德华·W. 苏贾:《寻求空间正义》,第 83 页。
③ 《马克思恩格斯全集》第 42 卷,第 133—134 页。
④ 《马克思恩格斯全集》第 42 卷,第 256 页。

于费尔巴哈的提纲》，之后与恩格斯一道立即投入唯物史观经典《德意志意识形态》的写作，短时间内两人同时完成了由人本唯物论向实践唯物论的思想飞跃。这一绝非偶然的思想史奇观，如实地证明了空间正义研究与唯物史观创立的相互联动、原生一致。

之后，马克思在唯物史观指引下，对资本主义生产方式进行了资本论的政治经济学深入研究，与此科学创造之举的天然共生论域即"空间正义"问题仍然如影随形地以应有之义反复被深刻关注。21年后马克思在1867年出版的《资本论》第1卷中，继续之前严肃提出的工人栖居空间非正义的批判性话题：工人"住的地方是在房屋最便宜的地区；是在卫生警察的工作收效最少，排水沟最坏，交通最差，环境最脏，水的供给最不充分最不清洁的地区，如果是在城市的话，阳光和空气也最缺乏"①。并且，他对这些空间非正义性的本质和致因，展开了资本论的追问。在他看来，城市空间生产和占有受资本逻辑支配，是其非正义性的祸根：资本家"拆除建筑低劣地区的房屋，建造供银行和百货商店等用的高楼大厦，为交易往来和豪华马车而加宽街道，修建铁轨马车路等；这种改良明目张胆地把贫民赶到越来越坏、越来越挤的角落里去。另一方面，每个人都知道，房屋的昂贵和房屋的质量成反比，房屋投机分子开采贫困这个矿山比当年开采波托西矿山花钱少，赚钱多。在这里，资本主义积累的对抗性质，从而整个资本主义财产关系的对抗性质"演绎到了极致。②马克思对于空间生产和资源配置的非正义性，自觉做出了生产方式的解释，说明人权、正义、空间生产和经营直接在社会生产方式基础上相互联系，以政治经济学的具体研究升华和强化了空间正义的唯物史观叙事原则。

二、空间非正义的产权论归因

马克思在深刨空间生产非正义性祸根过程中，展示了这一现象侵害人权的直观性、尖锐性特征："任何一个公正的观察者都能看到，生产资料越是大量集中工人也就越要相应地聚集在同一个空间，因此，资本主义的积累越迅

---

① 《马克思恩格斯全集》第23卷，第721页。
② 《马克思恩格斯全集》第23卷，第722页。

速，工人的居住状况就越悲惨。"①换言之，房地产等空间资源产权化越彻底、资本化越强势，工人阶级和劳苦大众栖居空间的人权状况就越糟糕。在马克思恩格斯展示的城市景观中，工厂、商店、银行等资本、财富的空间聚集、扩张，与工人栖居之地的挪移、压缩、败坏同步反向推进。这种空间生产和资源配置的资本化，直接否定人权指向的空间正义，让栖居文明发生严重倒退：城市居住状况"灾祸达到较严重的程度时，几乎必然会使人们不顾任何体面，造成肉体和肉体机能如此龌龊的混杂，如此毫无掩饰的性裸露，以致使人像野兽而不像人"②。空间非正义的人权讨伐，让马克思激愤不已地揭示和批判了工业化以来的空间生产和资源分配，由资本主义财产关系的对抗性所导致的恶毒践踏人权的共同特征。哈维对马克思当年愤怒讨伐、现今依然存在的空间资本化现象做出了当代的剖析：资本将自身呈现为一种按照自身创造的物质景观，这种景观作为使用价值增加资本的积累。由此产生的地理景观就是过去资本主义发展的无上荣耀。但是，地理景观同时也表示死劳动对活劳动的支配。资本主义的发展一方面要保存建成环境中过去资本投资的交换价值，另一方面又要摧毁这些投资的价值以便为积累开辟新空间。③

在深入批判空间资源产权化、资本化引出的非正义现象时，马克思科学地探讨和揭示了其中的致因和作用机制，表达了一个重要的学理思想，即土地等空间资源的人权与产权关系，是理解、评价和实现空间正义的根据。面对市场经济中每一平方英寸（1英寸=0.0254米）的空间都被商品化和资本化的严峻现实，以及由此造成的空间享用在大小、优劣等方面十分不公平的现象，马克思给出了一个由经济学上升到哲学理性的解释。他引述赛·兰格《国家的贫困》一书的结论披露了问题的本质：城市空间的非正义，"任何情况下都不像工人阶级的居住条件这样露骨、这样无耻地使人权成为产权的牺牲品。每个大城市都是使人成为牺牲品的场所，都是一个祭坛，每年要屠杀成千上万的人来祭祀贪婪的摩洛赫。"④ "摩洛赫"是古腓尼基人所奉祀的火神，传

---

① 《马克思恩格斯全集》第23卷，第721页。
② 《马克思恩格斯全集》第23卷，第723页。
③ [英]德雷克·格利高里、约翰·厄里编：《社会关系与空间结构》，第118页。
④ 《马克思恩格斯全集》第23卷，第722页。

说他以人为祭品，每时每刻都要有新的牺牲者去满足他那永不满足的贪婪。马克思借此典故，对房地产等空间资源经产权化交易，作为固定资本加入资本循环，借助城市化、工业化所推动的市民人口剧增、栖居空间趋紧、工人贫困加剧的态势，日甚一日地使空间栖居的人权沦为空间产权的牺牲，造成普遍性的空间非正义事实，进行了逻辑归因的梳理和寻绎。在对空间要素之人权满足，与空间产权化、资本化压制所形成的空间正义与非正义冲突的叙事中，马克思秉持一个深刻而明确的理念：栖居空间的人权是空间正义的基底。

人权，就其完整的意义而言，就是人人自由、平等地生存和发展的权利，或者说，就是人人基于生存和发展所必需的自由、平等权利。它具有普适性和道义性，不能因为政治和经济地位的差异而受侵害或被剥夺。马克思认为，在生存和发展方面人人都享有自由、平等的基本权利，"承认真理、正义和道德是……彼此间和对一切人的关系的基础"；"一个人有责任不仅为自己本人，而且为每一个履行自己义务的人要求人权和公民权"。[①]这种人权观，当然是建立在人人平等、自由发展那种美好的社会愿景中。

把这样的人权诉求引入空间生产和资源分配中来，空间人权的实现就是要为每个人生存和发展的自由、平等提供基本保障。它作为空间正义的内核，须在空间生产和享用中使土地、环境等空间资源向人生成，为人服务，满足社会生活的基本要求。空间、外界自然，作为人的"无机身体"，它们天然具有一种让人类每个成员公平享有的可能性，这是空间人权的自然基石。在人与自然的关系中，人作为大地之子生而平等，应当同样地享有生存、栖居所需的土地、阳光、空气、水源及其他空间要素，空间因素这些方面的广泛供给也为人类平等地享有它们提供了物质条件。但在人与人的关系中，天然的空间资源之平等享有的可能性，必须借助社会政治经济关系对空间资源实施以人为本的配置方可实现。空间人权要求栖居之所的筑造以及生产与生活所需之最基本空间资源的分配，首先应当满足人类生存、栖居和发展的人权需求，而不是为了投资、投机和谋利。但房地产等空间要素的产权化、资本化，则作为经济变量对空间人权得以实现的自然可能性产生否定作用，成为侵害

---

① 《马克思恩格斯全集》第16卷，人民出版社1964年版，第16页。

空间人权从而导致空间非正义的主要致因。它们使社会中部分有产者按照资本的持有量和固定资产的投资额来分配空间资源，必然地解构人类各成员与空间的天然平等关系。人的正当栖居要求被扭曲：有钱人的空间占有欲极端膨胀并得到奢侈性满足；而贫穷者生命活动的正常需求却被严重压抑而得不到基本保障。人的发展空间条件也以金钱、资本拥有量为配置标准，在空间方面扼杀了大批经济支付力不足的社会主体之发展要求与潜力。至于人们在生活空间中的文化多样性、道德理想、人格彰显的个性化诉求，在冰冷、严酷的金钱、资本运动面前更无从实现。空间人权遭遇空间要素产权的资本化压制，破坏了它的现实性，成为空间产权的牺牲。这是通过空间的工业化生产、资本化运作而派生出来的一切空间非正义性的总根源和集中表现。

当然，马克思在强调空间资源之产权必须为人权提供保障，借以实现空间正义时，并没有陷入正义论的乌托邦。他深知，一切"权利永远不能超出社会的经济结构以及由经济结构所制约的社会的文化发展"[①]。人权亦复如此。生产资料私人占有、资本的增值贪婪与生产社会化、人权普世性的固定矛盾，使由人权确认的自由、平等不断地与其内容相分离、与其本质相对立，以致人的生存、发展之自由、平等权利仅仅局限于市场交易原则形式上的表达，蜕变为维护私有财产和资本运作的人权。马克思一向认为：在资本主义社会，"平等和自由不仅在以交换价值为基础的交换中受到尊重，而且交换价值的交换是一切平等和自由的产生、实现的基础。作为纯粹观念，平等和自由仅仅是交换价值的交换的一种理想化的表现；作为在法律的、政治的、社会的关系上发展了的东西，平等和自由不过是另一次方的这种基础而已"[②]。因而"平等地剥削劳动力，是资本的首要人权"[③]。实际上这是在富人和穷人不平等的前提下的平等，无异于把不平等叫作平等。基于这样的虚伪性人权，其平等和自由的空间演绎，即是列宁一针见血地指出的，"是富人用资产阶级报纸谎言这样的劣等烧酒来麻醉人民的自由，是富人保持自己的地主宅第和最好的

---

① 《马克思恩格斯选集》第3卷，人民出版社2012年版，第364页。
② 《马克思恩格斯全集》第46卷，第197页。
③ 《马克思恩格斯全集》第23卷，第324页。

建筑等等的'所有权'的自由"①。所有这些资本主义社会口头倡导的人权与实际产权的根本冲突无不表现为一系列人权与产权的逆反：当它被认为是理性的，它却是资本逻辑的产物；当它被认为是社会公共理性的表达，它却实实在在地服从于产权的要求，充任资本运动的意识形态符号。

马克思恩格斯对此问题的叙述没有停留于范式、概念的逻辑推导，而是具体地进行了机理性的揭示和正义论的讨伐。他们认为，空间元素产权化、资本化，之所以能够非正义地压制和排斥人类生存和发展的空间人权，就在于资本主义的生产方式既生产了大量离乡进城的廉价劳动力，又以追求房地产投资高额回报的空间生产、经营方式压缩了工人满足居住需要、实现环境改善的可能性，造成栖居空间刚性需求扩张，与工人支付能力下降、社会供给恶化的尖锐对立。"机器技术等等的不断改善经常使大量工人失业；在这种社会中，工业的剧烈的周期波动一方面决定着大量失业工人后备军的存在，另一方面又时而把大批失业工人抛上街头；在这种社会中，工人大批地拥（壅）塞在大城市里，而且拥（壅）塞的速度比在当时条件下给他们修造住房的速度更快；所以，在这种社会中，最污秽的猪圈也经常能找到租赁者；最后，在这种社会中，作为资本家的房主总是不仅有权，而且由于竞争，在某种程度上还应该从自己的房产中无情地榨取最高的房租。"②与此同时，在城市改造和空间重构过程中，由于旧有"住宅的租价，甚至在住宅中挤得极满的时候，也永远不能超出或者最多也只能极缓慢地超出一定的最高限额。于是这些住宅就被拆毁，在原地兴建商店、货栈或公共建筑物。……结果工人从市中心被排挤到市郊，工人住宅以及一般小住宅都变得稀少和昂贵，而且往往是根本找不到，因为在这种情形下，建造昂贵住宅为建筑业提供了更有利得多的投机场所"③。这样，一边是原有住宅被直接或变相强拆，另一边是无房的市民与涌入城市的工人住宅紧缺。底边人群面临栖居空间的灾难性恶变，无法幸免地要为应对这一灾难而做出包括呼吸新鲜空气、饮用洁净水、保护生活隐私、维持有道德与尊严的家庭生活、方便就医和上学、满足基本的社

---

① 《列宁选集》第3卷，人民出版社1972年版，第712页。
② 《马克思恩格斯全集》第18卷，人民出版社1964年版，第263—264页。
③ 《马克思恩格斯全集》第18卷，第239页。

交和文化生活在内的空间人权的种种牺牲，不断向产权献上人权祭品。这种空间产权及其资本化与人权的对立，实质上是剥削与被剥削的资本主义经济关系的空间形塑和立体表达。

三、空间正义人权论的经济学证实

马克思关于空间非正义致因在于产权对人权的压迫和损害的立论，不仅有显然的社会学事实证据，更有深刻的经济学、资本逻辑理由。以土地为基座的包括自然条件和人工建筑成分在内的空间诸要素的产权化、资本化，之所以挤压和部分剥夺贫苦大众的空间权利，全在于资本增值的刚性逻辑破坏了人权兑现的经济依托。空间诸要素的产权化，将人类生活之物质形式与社会关系载体的空间之所有权、使用权、受益权、处分权加以主体归属的资本化确认，集中体现为空间基础的土地之产权复合体。地产权是诸多空间要素权属关系的综合，包括空气、阳光、物产、地体等自然因素的权属关系，以及建筑于其上的房屋、设施、交通等人工环境诸因素的权属关系。后者作为一切空间投资形成的固定资本沉淀，给土地、空间的原生态因素以巨大的经济变量，导致空间因素之自然权属关系，即平等归属于土地上一切居民之权益关系的解构，在人权方面派生出空间生产和分配的非正义性来。因为空间生产有同任何商品生产一样的属性，有彼此依存、联动、转换的交互关系。后者使占有空间的私人团体可以经营并剥削它。而且，依据马克思的意见，人们是把土地等空间资源当成资本增值的商品，还是满足社会共同体生活要求的珍贵资源，将在空间态度方面为空间问题的处置之正义与否提供精神条件："因为我们将土地视为属于自己的商品，所以就滥用它。当我们将土地视为我们所属的共同体时，或许就会带着爱和尊敬来使用它。"[1]

以地产权为基础的空间产权之资本化运作，对空间人权的压制、剥夺，实际上是空间生产的资本逻辑对空间人权化配置之人本逻辑的解构。在初始状态下，土地使用者拥有包括土地所有权、开发权、使用权、受益权在内的土地产权束。一俟以土地为基的空间要素产权化、资本化之后，社会生活的

---

[1]《马克思恩格斯全集》第30卷，人民出版社1995年版，第177—178页。

空间重构，便成为土地—空间产权主体依据资本逐利驱动而进行利益权衡和博弈的过程。土地供给，更多地成为土地所有者、开发商彼此博弈与协商的过程。土地产权转移和利益兑现过程，即空间要素的再组织、再开发、再交换，是资本周转的运动，也是空间权利在不同主体间竞争和分配的结果。土地所有者将地产权出让给开发商，如果是土地自然形态的产权出让，则是将农、林、牧、渔等生态产业用地变为工矿业或城市建筑用地，其主体权益变更则是土地上农林牧渔业等经营者、生产者与土地原来的所有关系、作业关系断裂，作业者被迫放弃原有空间的生计，毁掉安身立命的基础。这一过程往往是在强势的资本主体与弱势的土地主及作业者不对等的博弈中完成的，因而难以公平交易：造成土地物产的低水平作价、土质改良投入的损失、民居拆迁的低价补偿，以及人们为生存空间丧失或挪移要付出巨大经济损失和生态、社会代价。这方面最残酷、最典型的样本，是英国农村城市化中的地产权转移形成的"羊吃人"失业悲剧，以及农民进城沦为流离失所者的非人惨境。土地产权化交易、资本化营运，使土地原有居民、作业者拥有的生存权、经营权等基本人权，成为空间转型、产权转移、非正义生产中最大的牺牲者。至于郊区城市化和旧城改造过程中，土地上原有建筑物的拆毁和新城区建筑的替代，导致居民空间权益的涨落，则较为复杂。若是新城中心区、高档住宅区、商业圈用地上的被拆迁户，他们一般能得到较丰裕的经济补偿，能顺利购房搬迁甚至获得某些创业资本；或是自主开发与出租土地，获得地产投资的高额回报，享受某种空间转型的产权经济福利。但这种原有居民的空间优势权利，是以土地开发或租赁者付出高额空间代价为补偿机制的，它们以此类空间产品的消费者如房产购买者付出巨大代价、严重牺牲其空间权益而兑现。资本主体追逐空间投资利润，是整个空间再开发过程的经济本质属性。开发商在土地上盖房子，筑造各类设施，实现货币资本向地产、房产一类固定资本转化，然后又将它们的地产权连同房屋等空间产品推向市场进行交易，变现投资，收回利润。这一过程，伴随着资本在城市中心地带密集投放，引发区间所有固定资本联动升值的效应。因为：一方面，单位空间资本容积率越高，意味着人财物密度加大，空间趋紧而需求高涨，使房地产坐地升值；另一方面，中心地带必然是公共服务投资的密集区，环境快速改善，土地、空间级差提升必然拉动房地产等固定资本迅猛增值。其结果，只能使原来房地产产权的拥有者更加暴富，让进城务工的新增市民须以更高昂的代价求得栖居空间，他们或是贫穷无立足之地，或是勉强供房而一辈子成为房产权者的债奴。可见，空间的产权化、资本化天然地具有一种维护富人、剥夺和压迫穷人、加剧两极分化、制造空间非正义的势能。资本通过不动产运作获利的躁动，成为空间再生产、资源再分配的推动力和价值目标。在市场经济条件下，栖居空间本身已成为资本循环的一个重要因素或媒介。正是空间生产及其产品的资本化恶性经营，"对级差地租的更加普遍的追逐产生了资本投资强度上的地理差异，常常会确保资金充足的地区越来越富，而资金贫乏的地区则相对地越来越穷。不管怎样，级差过程是纯经济的，同时又是生态的、社会的"①。

城市空间重塑过程，发生着诸如所有权和开发权转移、不同利益群体栖居空间更替，以及社会关系空间重组等变化。它们是一个资本与权利联合驱动下的物质空间和社会空间协同重组的过程。不同主体的空间权利，依其空间生产投资量诸如地产权、房产权的拥有量而差异性地得到实现。这种空间产权的资本化配置，必然是人们经济关系甚至整个社会关系之权利、地位不平等配置的产物，因而本然地成为空间非正义之经济根源。它们多方面地阻碍了不同社会主体对空间权益基本诉求的实现，使一部分人的空间产权之拥有及其资本化增值，建立在另一部分人空间基本权益受损乃至丧失的基础上。同时空间生产的资本化运作，使空间经营成为资本谋利的途径和手段，它似乎有了某种拜物教魔力，变为驱使人、奴役人的工具。由是，激励富豪阶层更加不择手段地占有与掠夺空间资源，进一步强化空间资源占有不平等造成社会不公、不正义的根源性作用，空间格局成了社会不公的形塑和再创者。哈维在对巴黎城市空间社会品格的考察中做出了这样的解读：巴黎的房地产所有权所具有的社会意义与社会定位出现剧烈变化；房地产越来越被视为一种纯粹的金融资产，一种虚拟的资本形式，它的交换价值被整合到一般的资本流通当中，完全支配了使用价值。②空间这种片面的经济开发和资本定位，

---

① [美]大卫·哈维：《希望的空间》，第74页。
② [美]大卫·哈维：《巴黎城记：现代性之都的诞生》，黄煜文译，广西师范大学出版社2010年版，第135页。

还损害了空间利用中社会、生态、文化价值的保护和提升，损害了空间合理利用的人类性、普世价值和代际公平。因此，我们必须在空间生产、资源分配的人权与产权的平衡中去审视和实现空间生产的正义性。

面对资本逻辑绑架的空间生产工业化、资源配置商品化和贫苦大众居住环境、空间人权严重恶化等大量非正义的空间现象，马克思恩格斯发出了空间革命的呐喊："必须这样安排周围的世界，使人在其中能认识和领会真正合乎人性的东西，使他能认识到自己是人。……既然人的性格是由环境造成的，那就必须使环境成为合乎人性的环境。"①很显然，这是对资本主义社会那种让空间人权成为产权牺牲品的非正义空间生产的彻底颠覆：维护和实现空间人权，让空间产权服务于人权，不能用空间资源在商品——货币交易中的市场正义取代空间资源社会化配置的人权正义。此为马克思主义空间正义观的圭臬！地理学家苏贾曾经指出，在马克思恩格斯的经典著作中已有强烈的地理和空间直觉，只是它们没有得到充分的诠释而已。②当代西方马克思主义城市学派的研究者，在审视空间生产和资源配置的正义性过程中，不断把马克思恩格斯创立的评价和实现空间正义的思想推向广阔、精深的境界。人们强烈意识到，资本主义和新资本主义的空间，乃是量化与愈益均质的空间，是一个各元素彼此可以交换因而能互换的商业化空间③；故而"要想理解非正义的地理形态何以形成，需要我们关注财产权的潜在机理"④。依据这样一些关于空间正义的思想法则来理解习近平所说的，"房子是用来住的、不是用来炒的"这一意见，我们不难认定它极好地表达了空间正义的理念。其中，将栖居空间的生产目的定位于满足人的居住，既在使用价值方面维护了房地产业正当而合理的物用价值，又在保障居者有其屋的人权方面坚持了社会公平正义原则；同时在经济政策、市场管理和政府监督方面，昭示了维护社会主义经济的基本原则，必须防止房地产业的无序投资和过度投机，背离社会主义正义原则，引发金融乱象，扭曲供需关系等社会风险。这是平衡空间领域的

---

① 《马克思恩格斯全集》第 2 卷，第 166—167 页。
② [美] 爱德华・W. 苏贾：《后现代地理学：重申批判社会理论中的空间》，第 129 页。
③ 包亚明主编：《现代性与空间的生产》，第 55 页。
④ [美] 爱德华・W. 苏贾：《寻求空间正义》，第 42 页。

人权与产权关系，实现空间正义的重要战略思维。在这方面，我国著名房地产企业深圳万科企业股份有限公司多年来秉持"让建筑赞美生命"的理念，积极表达了空间生产普惠性的人文关切，其企业文化受到人们的广泛赞同，它体现了一种社会对空间正义的整体性、全面性诉求。

第二节　空间正义审视的普遍性和特殊性

公平、正义，从来是生成于社会主体之多数人与少数人、普遍性权益与特殊性权益的关系中，并通过对它们的正当处理而得以实现的。基于此，包括空间正义在内的一切正义问题，国外学者主要从三个视角进行论证：一是自由主义主张优先个人权利，认为个人权利、个性化空间诉求重于集体权益和空间总体格局，资源再分配中不能为了集体利益而损害个人利益，要首先考虑"最不利者"的利益。二是社群主义主张群体空间权益高于个体的空间权益，空间生产和资源再分配要优先满足群体利益。三是超越自由主义和社群主义的分歧，主张在"承认差异"基础上的"差异正义论"，即既要观照空间栖居的差异，又须秉持空间生产和资源配置之损、益方面的平衡性、普世性和包容性，注重从空间产生的过程正义来理解正义空间，而非只追问空间生产的结果正义。这些歧见和争论，应当说与正义空间的生产和资源利用过程之共性与个性的辩证机制有密切联系，其存在论和现象学的根据内蕴于此。

一、空间生产一般与特殊关系蕴含空间正义的解释学依据

空间正义的客观基础，是自然空间给予人类利用的普遍可能性与人类各别主体开发利用的特殊性之间存在的对立统一关系。马克思认为，人类对包括生存空间在内的自然界之能动开发和利用，是以人的特殊生命活动方式及其利益诉求，与自然界提供的普遍性生命保障及其对人类利益的普惠性，实践结合起来的过程。他曾经指出，劳动是人"以我的特殊生命和自然界的普

遍生命的相互作用为基础的"①。但由于人类对自然的认识、对自身特殊利益及其在自然界实现途径的认识、对开发和利用自然界普惠可能性之手段、工具的掌握等方面的差异性、局限性，人类的索取和自然界的供给可能出现种种矛盾和困难，具有价值实现的不确定性和非正当性。马克思肯定了这个深邃的事实："单个生命和普遍生命之间的这种两极的关系表现为它们有时互相斗争，互相敌对，而有时又互相制约，互为基础。"②马克思关于人对包含空间在内的自然界的生产总是有个体生命与普遍生命的对立统一关系的论述，是十分深刻而科学的。人的生活空间作为实践产物是充满主体个性的。空间是人身生命活动的展示形式，"身体的时空'是一种它所从属的更大时空的浓缩符号'"。因此，"在某种特定实践类型中形成的时空模式也是行动者自我的形式（以及规定着他们自身的特别的自我—他人关系的形式）"。结果使"价值意义和主体建构两个难题（更为）明显地交叉在一起"。③主体的空间生产和栖居是人格化的，但又不能脱离整个社会及其空间，这自然形成空间特殊性和普遍性要求的矛盾。在各别场合下由亿万个主体自行生产、经营和赋义、释义的空间，往往是色彩纷呈、高度碎片化的。因为"由许多生产者和消费者组成的'解释共同体'的碎片化世界，那些生产者和消费者拥有各种特殊的知识/经验/想象，在特殊的制度语境、特殊的劳动分工和社会关系样态中活动，并且在特殊时刻特殊位置上活动。各种各样碎片化的制图和无法比较的（和不可转换的）投射产生于身体在世界中的独特位置，同样，这些解释共同体之间的不可沟通性以完全相同的方式成为碎片化的后现代敏感性的永久性特点"④。这样的空间生产、生活状况，天然地决定了主体个性化的空间和空间之自然和社会属性的普遍性要求之间，不仅会形成风格、样态和价值方面的差异，而且会以各自的理由影响空间正义的理解和实现。

毫无疑义，当人们特殊的生命活动方式及其利益诉求，违反了自然规律和社会公平，引发了社会与自然的冲突而败坏了自然生态与空间和谐，进而

---

① 《马克思恩格斯全集》第 3 卷，第 569 页。
② 《马克思恩格斯全集》第 3 卷，第 568 页。
③ [美] 戴维·哈维：《正义、自然和差异地理学》，第 248—249 页。
④ [美] 戴维·哈维：《正义、自然和差异地理学》，第 326—327 页。

损害了社会生活的正常进行时,那么这种特殊的生命活动方式与利益诉求便会在空间方面必然表现出它的非正义性。将上述马克思的深刻思想导入空间生产的正义性考察中,我们不难发现空间正义在人与自然关系之维的规定性。

空间生产和利用的正义性,一个重要方面来自土地、空间一般的自然—社会属性和具体开发的经济性、实用性之间存在的内部张力。马克思用其与前述思想方法大致同格的逻辑揭示了其中的机理:"在这里,要考察两个要素:一方面,土地为了再生产或采掘的目的而被利用;另一方面,空间是一切生产和一切人类活动所需要的要素。"[①]很明显,那对于一切人类所有生命活动需要给予满足的,当然是自然界、空间资源的普世价值,是其自然—社会的一般属性;而基于具体的经济、实用目的对空间的开发利用,则是空间的特殊形塑及其价值的个性化实现。马克思的意见,原则地揭示了空间价值属性的一般与人们的具体价值诉求和具体利用方式的特殊,因而空间价值的普世性与其价值实现的特殊性之辩证关系,为空间正义的理解给出了又一叙事逻辑。

我们必须确认一个基本事实,即人类生存的空间在其总体性上是混沌一体的。每一群体聚落之区虽有分隔,但在阳光、空气、雾雨、温度、土地、水流等元素的宏观分布或运行方面是不可完全隔断的。人类同在一个太阳下、一个地球上,受到宇宙天体宏观运动和地球物理、化学运动的同样作用。类似于大气温室效应,臭氧层空洞,两极冰山消融,空气污染,生态败坏等事件,从来是跨洲跨洋的全球性事件,某一局域的人难以置之度外、独善其身。这些由人的活动引发的空间负效应,不管其制造者来自何方,往往会弥散全球,殃及全人类。这样,就发生了一种空间生产的非正义事实,即败坏空间、环境质量的生产行为是个别的,而其灾祸的承受则是普遍的,造成了少数人的谋利贻害让多数人甚至全人类埋单的不正义事实。与之相反,地球空间的原生自然,虽然在资源、气候等因素的地理分布上也不完全均衡,但它们给了人类选择和重建的均等机会和可能性。从空间自然因素向人类生成、为人类服务的天然可能性而言,空间具有一种原初的普世公平性、正义性。正是这一"类化"的天然正义,给人类提出了维护生态平衡和空间正义的普世性

[①]《马克思恩格斯选集》第 2 卷,第 573 页。

要求与价值原则。不管何种民族、哪个群体，都有义务维系地球这一人类家园的整体安全和永续发展。空间生产的一切行为，虽然利益特殊、目标各异、路径相揖、方法不同、结果难料，但不能给他者、他域制造灾难或贻害，这是空间正义的基本要求，也是空间原初的自然正义之一般性，对空间生产具体正义之特殊性的社会规定。作为发展中国家的中国，认真履行着这方面的大国责任，于 2016 年 4 月 22 日毅然和西方诸多发达国家签署了需要我们做出多方面产业结构调整、付出很大经济代价的全球大气治理的《巴黎协定》，推动了世界发展中国家和发达国家在公正合理地治理全球空气污染中的合作共赢，共有 175 个国家签约参与此项全人类统一的空间实践。这一伟大合作、伟大工程，相对于治理历史上遗留下来的严重大气污染，它属于治理空间生产消极后果的"纠正正义"；而相对于继续展开的空间生产而言，它属于空间的"生产正义"。后者强调采用新的科学技术与生产方式，改变严重污染空气、环境的野蛮生产方法，按照空间生产后果只能由全球居民统一行动来解决的方式和要求，严加协同治理。其中，虽然发达国家在污染空间—大气—环境方面，随同其工业化的先行而生成、累积的破坏性后果更多，理应责任更大。但因为他们的经济体量大，依经济体量按比例承担治理责任，以一种按经济现有水平同比例地分摊治理污染之历史后果的责任，多少体现了一种空间治理的公平与正义。它们是以经济规模并存的横向比量关系，对应于历时性污染后果的治理与应负责任的纵向比量关系；是以新的空间生产正义对污染的历史性后果之纠正正义的对接，是对历史责任的现实追诉。这一过程，既是社会生活总体空间对局域空间之规定性的实践表达；也是局域空间实践对社会生活总体空间系统的作用整合；同时还是历时性空间生产正义和共时性空间生产正义的融汇，体现了空间正义之部分与整体、历史与现实之间的辩证关联。

　　当然，我们主张和追求空间正义，不能止于人和自然的关系，也不能单面地以社会普遍性遮蔽和压制主体正当的个性化空间权利和要求。社会及其空间正义要维护大多数人的权益，但同时要兼顾少数人或人的个别性正当权益。人的生活方式是多样性的，对空间的生产和利用也是千姿百态的。生活的空间具有差异性甚至对立性：私密空间与公共空间，家庭空间与社会空间，文化空间与物用空间，休闲空间与工作空间等，充满着使用价值和场所精神的差异，它们都有表达和实现的正当性。因而，我们并非生活在一个均质的和空洞的空间中，相反地，生活在全然地浸淫着品质与奇想的世界里。我们的基本知觉空间、梦想空间和激情空间本身，仍紧握着本体的品质：那或是一个亮丽的、清轻的、粗糙的、烦扰的空间；或是一个高高在上的巅峰空间，或相反的是一个塌陷的泥浊空间；或再度地，是一个像涌泉般流动的空间，或是一个像石头或水晶般固定的、凝固的空间。[①]空间功能、形态和意义的差异，往往是其所属主体之地位、权益、职业、身份和角色的差异。如迪尔所说，"存在于场所之中和场所之间的差异源自生活世界中的个人心理与个人经验，这种差异清楚地表现在许多方面（如符号、住宅差别、土地的规划等）。另一种说法认为，文化与作为媒介的人在空间关系的生产与再生产中起着相当重要的作用"[②]。正是基于空间生产和栖居的主体差异性、特殊性，因而在思考和说明空间正义问题时，必须关注这一问题，并恰当地处理好它们与空间之自然、社会属性的普遍性之关系，才能获得正义。

二、空间连续性与间断性统一中的正义综观

从物质运动形式的自然秩序而言，空间是一个无限的三维连续体，各类具体的空间域无法与域外空间隔绝。而就具体的物质存在尤其是人类栖居其中的具体空间而言，空间是由具体物质运动、人类的具体行为建构的，它有丰富的具体性、场域性、间隔性。因而，人类的生存空间是连续性和间断性的统一。连续性表现为空间生产动态的整体集合，其行为与后果既不能自外于地球，又不能相互隔离、彼此孤立、永恒稳定。间断性表现为空间的区划与生产、栖居的特质，是空间具体性、多样性和相对稳定性的实践表达。同样，这两者具有内在的辩证机制：连续性是间断性的整合与超越，间断性是连续性的"分殊"和具体化，任何生存空间都是连续与间断的统一。据此，空间正义要求处理好空间生产和资源配置的整统性与区隔性的实践关系。

对这一问题，福柯给出了颇有深见的解释，他认为人们生活在既相互联系又彼此区分的、由各类具体场所联结而成的空间集合体中：我们生活的空

[①] 包亚明主编：《后现代性与地理学的政治》，第20页。
[②] [美]迪尔：《后现代都市状况》，第88页。

间是一个关系的总体，不同位置之间的关系是不可消除、不可公约的。①在福柯看来，社会生活空间总体，对局部空间有一种统摄与整合机制，它是局部空间的异中之同，分中之统。但人类的生存空间是动态的，不仅空间要素本身具有一种局部和总体不可阻隔的融通性、穿越性和互渗性，而且人类生存本身也是在不同空间中持续转移的、换位的，活动空间充满着形态、质量、规模、秩序方面的变量。人生一世作为空间事物，它是移动和静止的统一。在移动中人们给不同栖居空间以作用，并接受它们的空间规定性。在相对静止的定居点、社区、寓所中，人们依照自身的角色、地位、权益、空间生产能力和特质筑造并享用有主体特色的空间，画出一幅幅不同于周边环境的空间景观，为社会生活空间的多样性施以浓墨重彩。后者构成具有个性色彩的无数"异质空间"，它们体现了生存空间及其筑造行为的具体性，既是对意象朦胧的一般性空间的形塑与"分殊"，又是具体栖居行为的空间显形和定格。它们在接受空间一般化的自然—社会规定性基础上，把不同社会主体、群落的空间栖居诉求、特色投射于不同空间中，形成了空间生产—栖居的多元性、多样性、非均质性。一切生存空间无不是空间的总体统摄性和局域多样性的对立统一。因此，福柯认为，人们生活于其中的空间，将人从自身中抽取出来，使其生命、时间和历史被腐蚀。这种空间撕抓、噬咬着主体，因其中安置了各种个体和事物而成为异质性空间，它被涂上各种各样亮度不等的色彩。②福柯的见解，既肯定了空间的整体性对于各类具体聚落空间之个性化色彩的吞噬即统摄，又确认了栖居空间之物用构成、环境色彩和具体形态、景观的特质，以及它们不可还原为太虚境界的实在性、不可叠合的相对独立性。人类栖居空间的连续性、总体性、共性，既是自然空间见之于物理、生物等方面属性的存在论基底，又是其被生产、被形塑的一般社会属性，它们成为空间聚落化、局域化、间距化、差异化的存在论支托。而各类具体的空间生产和空间享用的特色，是与空间主体的个性、特质相联系、互依存的。它们是与社会主体的生活需求，以及求真、向善、审美、崇圣等价值的个性化确认相联系的。对此内容的关注和意义确认，在空间正义的范式内，必然只能依

---

① [法]福柯：《异质空间》，《世界哲学》2006年第6期，第53页。
② [美]爱德华·W. 苏贾：《后现代地理学：重申批判社会理论中的空间》，第26页。

据人类群落的多元性、生活方式的特殊性、空间生产和享用的区位性、适宜性，与人类生存空间之自然形态、属性的多样性、可重构性之互联互动机制而定。因而，它们生成并表征着更多趋向主体个别性、自我选择性和能动建构性的存在，其空间特质闪耀着个体主义在空间生产和消费方面的正义观与自由度。空间正义内容应当在社会的空间生产及其形成的空间格局上得到还原。在现实性上，它们是由空间生产者个别的主体性及其生产能力、技术条件方面的差异，与空间资源的具体配置、空间的社会政治文化形塑等方面的理念与现实，相互结合、彼此创生的过程与结果。其中的空间正义是一种"两歧性"的存在。对于相互区别的社会群体、个体之空间栖居诉求的实现而言，其具有合情、合欲、合用及诸方面合理、合法的正义性，是不同主体所在、所愿、所需、所是的空间确证。但与空间质量、规格、秩序等方面却又存在巨大差异，空间资源配置严重不均，上升到对于阶层冲突、阶级对立的空间格局而言，其又具有空间的非正义性。因为它不仅破坏了人类生存空间连续性所要求的空间整合与区域和谐，而且其中还存在空间生产权的以大欺小，空间占有的以强凌弱，空间享用的以富压贫，空间权利和责任的极不对称等不合理、不合情乃至不合法的社会病端与负面效应。

苏贾认为，空间资源"分布不平等是空间差异加剧过程中最明显的结果，这些结果通常产生于众多并常常对立的角色所做的大量个性化决定。在资本主义城市工业化伊始，城市地理就是这样被塑造的，多数都是为了使富裕阶层和权贵阶层获利。正像恩格斯所指出的，对信奉城市生态学模式的曼彻斯特和芝加哥学派而言，工业资本主义城市更倾向于围绕中心城市进行发展"[①]。而且，这种空间生产和资源享用的不平等及主体间的矛盾、冲突，在空间生产和资源分配、享用之社会经济秩序失衡、法制治理失控的情况下，可以引出空间权利和责任、义务的异常错位，以致发生空间支付与获得严重倒挂、责权利不一致的非正义现象。例如，拥有大量资本的富豪、权贵，凭借巨大的空间生产支付能力筑造属于私己的栖居之所，拥有富丽堂皇的建筑、优美宜人的环境和豪华设施。它们的存在和维系，不但会引出像美国总统特朗普的"海湖庄园"那样一些影响当地航班起降的私人空间特权，而且会产生许

---

① [美]爱德华·W. 苏贾：《寻求空间正义》，第45页。

多诸如垃圾处理、交通空间大量占用、挤压周边建筑等需要扼制其他社会主体合理空间需要才能满足的问题。其中的悖论是：空间权利按资配置，富豪者超强的空间生产能力会让空间设计朝着有利于己而不利于竞争者的向度倾斜；由这类社会强势者的空间投资赢利和超值空间消费派生出来的空间责任，如废气排放、污水净化、环境治理的经济份额则往往按人分配。空间生产和享用的权益单向度地朝资本强势者聚集；而空间生产义务及空间享用的负效应担责却多向度地朝全社会扩散，让广大非受益者一并承担，形成空间权利与义务不对等、不公平、非正义的事实。此类空间权益格局背离了向"最不利者"倾斜的正义原则，反而是向"最有利者"集中，造成空间权益分布在贫富栖居者之间的巨大反差和非正义性。集中到一点，仍然是马克思说的，"人权成了产权的牺牲品"。

三、空间形塑同一性与差异性关系的正义要求

在谈到空间生产和栖居的社会共同要求和主体个性满足这一直接关系空间正义的问题时，哈维给出了两个极有思考价值的意见。第一，要认真关注和恰当处理在人类生存与自然环境关系中出现的需要面对的一系列共同责任："我们对于人类和自然的共同责任需要在多种时空规模间以一种更加动态的、共同进化的方式连接起来。小型栖息地的保护、生态修复计划、城市设计、矿物燃料的利用、资源利用模式、民生保护制度、某些地域性特殊文化形态的扶持、从全球层次到地方层次生存机会的提高，等等诸如此类的问题都需要以某种方式联合起来，作为因素计入一个更加广泛的意义内：政治经济的替代方案如何可能从受阶级束缚的资本主义制度的生态矛盾中产生出来。"[①]这种关涉人类命运的重大问题要求一切国家、民族、社群、主体毫无例外地承担责任，化解困难与风险，它成为世界性空间生产和栖居的普遍性正义要求。然而，人类在空间方面的主体性需求和个性自由，也必须在承担共同责任的前提下予以满足。这是另一种意义上的空间正义。第二，哈维主张在社会空间关系中，每个自主自由的人应当"学会在他者的世界中成为一

---

① [美]大卫·哈维：《希望的空间》，第227页。

个与众不同的自己"①。这就是说,空间实践中的正义,要求人们必须处理好与自然、社会的"大自我"同自我本位的"小自我"的关系,勿以小我损大我,当然也不能以众暴寡,压制合理的个性化诉求。处理好这一关系,在空间形塑方面就是要实现同一性与差一性的和谐发展。

这样的空间机制也隐匿着空间正义与否的矛盾性。空间的正义和非正义不是彼此隔绝的现象,往往相互交织。列斐伏尔认为,空间的主要矛盾源自私人财产造成的空间粉碎化、对可以互相交换之断片的需求,以及在前所未有的巨大尺度上处理空间的科学与技术、资讯能力。"中心/边缘"的矛盾来自"全体/部分"的矛盾,因为所有的全球性构造,都导致集中的中心性的建立。②空间生产及其资源投放的市场化配置、资本化运作,各局部空间主体对特殊利益、超额投资回报的追逐,让空间生产势成零和博弈,统一的空间分割成许多用途特殊、格局各异、品质对立、景观冲突的碎片,斑斑点点、嶙峋突兀,场所、区域和谐的毗邻关系变得紧张。这些,都对蕴含社会普世价值的总体空间形成肢解、反叛乃至对抗,造成空间秩序建构和关系处理中的诸多非正义性。但各个局部空间生产的角力,不是均衡的,那空间资本投放的密集区会成为旋流中心,对周围空间生产要素产生龙卷风式的吞噬作用,快速而大规模地稀释其资源,造成中心压制边缘的空间非正义或非正义空间。因此,在空间生产要素和可享资源、权益的市场化配置中,等价交换一类的市场正义本身就蕴含某些社会的非正义因素或内容。空间生产和资源享有的经济正义与社会正义之间,必然存在某些不一致、非同构的现象,需要用后者领引、规范和纠正前者自发产生的某些消极作用,它成为实现空间正义的深层内容。这是理解和叙述空间正义不可忽略的辩证逻辑。

当然,在认真关注空间生产、空间形塑及其权益追求与享用的主体差异性,给空间的总体性、统一性带来矛盾和损伤等一类非正义作用的时候,我们也须清醒意识到,维系空间适度的差异性,防止空间生产中机械性的简单复制,也是空间正义本身的应有之义。这在大规模城市化的今天,在工业文

---

① [美]大卫·哈维:《希望的空间》,第219页。
② 包亚明主编:《现代性与空间的生产》,第51页。

明仍然支配着空间生产的今天，尤其值得重视。当年马克思就曾深刻揭示过资本主义社会的城市化对土地开发、空间筑造的地租利润追求与房屋建筑机械化复制的病态统一："在迅速发展的城市内，特别是在像伦敦那样按工厂方式经营建筑的地方，建筑投机的真正的基本对象是地租，而不是房屋。"①这是地产权资本化主导的空间生产机械性复制，挤压空间栖居多样性方面的人权，所造成的空间非正义。

社会正义原则的本义，在空间生产中，是维护多数和保护少数、强调和谐一致与尊重个性自由的辩证统一。这首先表现为空间的公共性和私密性之间存在需要我们认真关注的内在联系，即空间的双重"我性"："在我们的涵构中，'创造性的参与'表示两种物：首先是私密性'内部'的实现，集结构成个人存在内涵的意义，具体表达了个体的认同；其次是公共性'外部'的创造，集结公共生活的组织、使生命所依赖的意义（价值观）明显地表达出来。……主题是由内部与外部之间一种典型的空间关系以及某些地方性中有意义的装饰主题表达出来。"②这也就从空间场所与外部环境或其他场所的关系，提出了空间中的大我与小我或"我"的内、外空间的关系，它们的恰当处理，直接涉及空间正义的实现。

在空间资本化运作的市场行为中，有一个成本节约或追求边际效益的妙方，那就是模式化的流水作业，尽量降低空间生产过程之设计、施工、耗材、装饰等多样性增加的费用。空间形塑的同态化，空间格局的同构化，空间功能的同质化，空间文化的同域化等，让全世界金融商务中心的高层建筑、一般市民栖居的住宅建筑、群众文化生活的广场建筑、公共活动的场所建筑等空间产品的生产方式日益趋同。例如，民居外墙一概的马赛克装饰、高层建筑一概的玻璃幕墙结构、大学校园建筑一概的"一塔湖图"布局、商业步行街一概的霓虹灯闪烁等，让人们看过了一座城市就几乎跑遍了整个世界的城市。这千篇一律、千城一面、千房一色的空间雷同、克隆，普遍地压抑、消解了一般大众在空间格调、景观文化等方面的自由选择和个性化诉求。其寓形于当代空间实践，使空间生产和栖居中人类的差异性日益为资本主义人造

---

① 《马克思恩格斯选集》第 2 卷，第 573 页。
② ［挪］诺伯舒兹：《场所精神：迈向建筑现象学》，第 182 页。

空间的贪婪扩张所吞噬，一种与社会主义相关联的哲学人类学必须高度关注如何保留人类差异性的问题。①现代城市栖居的空间体验告诉我们：不同社会主体在空间生产和栖居中的适度差异，不仅是社会存在论的多元性体现、社会意识论的多样性表达、社会价值论的多向性展开，社会生存论的多维性彰显，因而是空间正义在主、客观结合上的庄严诉求；而且，这种空间差异和矛盾还常常表现为空间资源的主体需求和实际分配之间的差异，成为对空间生产之主体需求的差异性满足或适度平夷的重要内容，为人们形成空间正义共识提供包容性支持。因而，在追求空间正义的过程中应秉持"大同"与"小异"辩证统一的法则。在空间规划和生产的宏大叙事方面，在人类生存空间总体安全方面，在空间权益的合理分配方面，要坚持绝大多数人的价值主张和社会诉求，不能以少数资本富豪的空间谋利损害了空间生产的社会大局。而在空间栖居的微叙事方面，则应关注不同群体的特殊化、个性化诉求，尊重差异性、多样性，保障少数人、弱势群体的合理需要与正当权益，以其对栖居空间的自由选择、设计、生产的丰富性展示、差别化实现，增加生存空间总体的层次性与合理性，以更富社会和谐、友善的空间筑造，实现特殊群体的一般要求和一般群体的特殊要求，在多数与少数、强势与弱势群体间，形成真正的公平与正义。

第三节　空间正义体认的场所性还原

空间正义叙事，如正义的内涵从来就有时空的具体性那样，关于它们的考察和阐释，也必须置于空间本身的具体性中。空间的任何意义，都是与社会主体生存于、栖居于其中的具体空间相联系的。这具体的空间或空间的具体，是由地体、环境、物产、交通、建筑、生活设施、交往活动、栖居者自身及社会关系、文化氛围等因素统一构成的各类"场所"展现出来的。当作

---

① ［英］安东尼·吉登斯：《历史唯物主义的当代批判：权力、财产与国家》，郭忠华译，上海译文出版社2010年版，第258页。

栖居的天然物理场所，空间能满足人对空气、阳光、水、地体和物产的需要，它们与人身生命活动的物质、能量变换须臾不可离异因而成为人的"无机的身体"。而就栖居者在空间生产、环境建设、场所筑造和生命活动、社会交往的展开与维系中，对社会政治经济文化需要和属性等多方面的对象化诉求与空间实现而言，场所则是其主体的综合性外化和表征，是主体性多面体的投射与复现，乃至可以说它们是主体化了的"有机身体"或社会形象、精神寓所和文化雕塑。在马克思看来，"人创造环境，同样环境也创造人"[1]，并且人与自然、环境的关系，同人与人的社会关系是相互制约、彼此创造的[2]。依据这样的实践唯物论理念去观察现实生活，我们不难发现，人的栖居场所之筑造的样态、质量、风格、功用等属性，以特定方式实现主体对社会生活的权益、需求与理想，是其社会地位、角色及交互关系的立体形塑与感性呈现，是社会正义之"筑、居、思"的微观显形。场所在表征、复现和确证主体的社会正义理念和诉求的同时，也培育和支持着人们的社会正义意识与愿景，因而场所体验成为空间正义叙事的重要内容，乃至逻辑起点。这不仅从空间实用价值的切身性、具体性来说是如此，而且从人类认识世界、认识社会的过程、顺序来说，也是从主体对寓居其中的场所之感知开始的。人的"意识起初只是对周围的可感知的环境的一种意识，是对处于开始意识到自身的个人以外的其他人和其他物的狭隘联系的一种意识"[3]。人对世界的认识开始于近身空间即场所，决定着栖居主体无论是对空间正义的自我意识与确证，或是对其空间社会格局的价值分享和秩序认同，都是通过对场所这一联通社会总体空间与具体生活空间的中介环节之实际体验完成的。人们不仅用眼睛、用理智，而且用感觉、用整个身体来感受空间。这种感受越是详尽，就越能够清楚地意识到空间内部所蕴含的矛盾。这些矛盾促成了抽象空间的拓展和另类空间的出现。社会主体对其生存空间的这种认识和理解机制，制约着人们对空间的思考和评价，表现为空间正义叙事逻辑的场所性还原。

---

[1]《马克思恩格斯全集》第 3 卷，第 43 页。
[2]《马克思恩格斯全集》第 3 卷，第 35 页。
[3]《马克思恩格斯全集》第 3 卷，第 35 页。

一、场所作为社会关系纽带是理解空间正义的逻辑原点

著名文化学家布尔迪厄认为：社会学必须研究关于社会世界之感知的社会视野机制，这些视野来自空间的社会建构又反作用于社会化空间的建构。人们建构社会化的空间，在接受空间对思想的影响之同，亦会形成各自对空间的批判与筑造意识。人们关于空间及其呈现的社会生活的看法，之所以会有差异甚至相互敌对，多因看问题的地点、方位、视角不同，行为者对空间的看法，根植于他在生活世界中的空间位置。[①]这一见解表明，空间作为社会关系的存在方式、中介和形塑，它一方面制约着人们观察和思考问题的立场、观点，另一方面它又是理解社会关系，形成诸如社会公平、正义、和谐一类社会与人际知觉的存在论前提。因而，谈论空间正义更须以人们的栖居及作业场所为言说的出发点。

人是场所的创造者与主体，但人又被场所创造。一方面，场所作为人生栖居、劳作、交往、成长的具体空间，其位置、交通、环境、建设状况、文化氛围给人生以特定境遇和影响。场所诸因素，作为栖居主体对空间自行选择和具体设计、生产、筑造的结果，寄寓着他们对自然、对社会、对生活的美好愿景、价值追求、实践规划的旨趣，集人之社会属性和心性品格的对象化投射与实践性复现于一体。另一方面，场所作为社会空间生产、资源配置和权益定位的具体格局，作为社会关系对具体成员之地位、角色、责权利、文化属性等因素具体确认的空间施予，又成为社会关系对主体生活的空间形塑，进而成为对主体的一种社会化生产途径，培养主体的社会属性。栖居场所作为"自然界的社会的现实"[②]，是社会化了的环境、自然空间，所以它们"对人说来才是人与人联系的纽带，才是他为别人的存在和别人为他的存在，才是人的现实的生活要素"[③]。栖居场所因而成为主体生命出场之所、上演之台，更是社会要求主体以如此方式出场、如此展示生命本质力量的规训之所、化育之地、支托之处。主体和社会互动的交集，使空间场所成了主体人生成

---

① 包亚明主编：《后现代性与地理学的政治》，第 300 页。
② 《马克思恩格斯全集》第 42 卷，第 129 页。
③ 《马克思恩格斯全集》第 42 卷，第 122 页。

败、权利得失、价值盈亏、文化顺逆的真实写照与度量尺度。其中，个体诉求和社会施予是两个较力的变量。如果主体诉求在场所中的实现远低于期望值，或者社会空间福祉兑现的水平远低于社会空间规训的强度，那么，这种空间对于栖居其中的主体一定是不公平、非正义的。相反，如果场所的空间资源配置与主体诉求及其生命力量的投射、劳动付出相对平衡，或者社会给予的场所福祉、权益与提出的义务、要求相一致，那么，场所的栖居主体也会认同空间的大体正义。虽然我们在主体对于其栖居场所的正义性评价中，不能忽略人们能动的建构作用，但场所作为社会总体空间配置给各别主体的生命活动之所，具有一种总体空间对各别空间、历史形成的空间对当下生活空间之深远而具体的预制性，场所形成机制及其空间赋义之深层的内容，是社会权益结构、生活方式对人的规定性。苏贾对此做出了符合唯物史观的解释："人类空间性的所有形式与表现是由社会产生的。或者可以说，我们通过基本相同的方法，造就了我们的地理，好或者不好，正义或者非正义。并非在我们自己选择而是在由过去的社会—空间形成过程和当前由长期的历史、社会构成的地理所产生的真实世界的环境中，我们创造了自己的历史。"[①]自然—社会空间大环境、历史形塑而成的大格局，皆为营建各别具体场所的总背景、大前提和根本依据。场所空间的生产、营构和享用，内含空间生产的选择性和不可选择性、历史前定性和当下建构性、主体形塑性与被塑形性的深刻辩证法，因而它们成为社会主体的具体空间实践与社会总体空间实践相联系的节点，既影响社会空间的正义性，更受到社会空间正义的影响，表征和诠释着空间的社会性正义与否。这无论是场所空间的资源配置、环境建设、文化赋形，还是栖居之秩序安排和主体诉求之满足，都是如此。它们终究是社会的权益格局在不同人群之不同生活场所的配列。其间的正义与非正义，自然是社会的，或成为社会正义与否的展示窗口。人们确信这样的结论：为了改变生活，我们必须首先改造空间。[②]

[①] [美]爱德华·W. 苏贾：《寻求空间正义》，第99页。
[②] 包亚明主编：《现代性与空间的生产》，第103页。

二、不同场所的时空秩序、特质演替与形态彰显是空间正义的写照

列斐伏尔认为，空间生产及其形成的格局、特质是需要做如下分析的，"绝对空间：本质上处于自然状态，一旦被占领，就会相对化并具有了历史性；抽象空间：与积累的空间联系在一起，在其中，生产和再生产过程相互割裂，空间呈现出工具性特征；矛盾空间：抽象空间的内在矛盾，导致了老一代和新一代的分裂；差异空间：是不同空间的镶嵌拼接"[①]。这就是说，任何具体的空间都是在历时性和共时性交织中存在和发展的，其正义与否也具有常量和变量、标量和矢量相互交织的辩证统一性。其中，绝对自然空间在社会生产中的历史性形塑、着色，会改变其原生态与场所居民的境遇关系；空间历史性生产的结果沉积与现实的崭新构建会让场所处于"新故相资而新其故"的不断转型中；不同场所在空间中的联通和镶嵌，则会使差异性场所处于相对独立和彼此互渗的联动中。所有这些空间生产引发的场所变幻，就像电影画面"蒙太奇"式的形象组合会导致观众视觉在时空中跃动一样，主体通过空间形象、位置、距离、色彩等感性因素的梯度变化，会扩展和强化对栖居之所的特殊体验。因而，人们对场所空间的评价具有明显的相对性，其所理解与秉持的正义、"公平的观念不仅是因时因地而变，甚至也因人而异"[②]。空间场所的改变，相对于主体而言，既是栖居者的迭代更替，也有他们共时态的迁出和搬进。主体的空间易位，伴随着他们生活条件、生存方式的更新，环境体验、栖居意识的变化，这必然导致对空间正义与否的不同评价和诉求。当这类具体场所意识隐蕴的空间正义评价标准和实践诉求，由点到面汇成一种社会趋势时，那么，不仅是空间正义的理念发生了变革，在深层方面则可能是社会权益结构、社会关系乃至整个生活方式在进行一场悄悄的革命。看看我国住宅的商品化改革及筒子楼的消失，看看人们对栖居之所的努力追求中赋予的深重人生价值，我们可以清晰地发现中国人的场所意识和空间正义思想、诉求发生了多么深刻的变革！在由以往的"居有定所"到现在"居者有其屋"的观念变化中，人们对栖居之所的空间诉求除了遮风避雨、防寒保

---

① 包亚明主编：《现代性与空间的生产》，第86页。
② 《马克思恩格斯全集》第18卷，第310页。

暖、家庭安顿、饮食起居、生儿育女、养老颐年、宾客往来、生计作业等物性使用价值之外，还多方面地赋予了经济状况、财富积累、社会地位、角色面具、生活格调、人生象征等社会文化符号的意涵。其空间正义的意识觉醒和实践诉求，是远远高于、多于、强于、深于居有定所的那种状态。空间正义内涵，是伴随人们社会需要之丰富和发展，以及栖居场所意识的改变而提升的。

空间生产引发场所环境质量和价值的涨落，很多方面是因交通导致场所的距离、位置、关系的改变而实现的。而且这种改变不是单向度或一维性的。马克思在分析社会生产改变具体场所的空间关系时曾揭示了这样一些复杂现象："整个社会生产的进步，一方面，由于它创造了地方市场，并且通过采用交通运输工具而使位置变得便利，所以对作为级差地租原因的位置，会发生拉平的作用；另一方面，由于农业和工业的分离，由于大的生产中心的形成，而农村反而相对孤立化，所以又会使土地的地区位置的差别扩大。"①交通建设、市场开拓的资本化运作，难以公平合理地惠及社会生活的各个区域、各类场所，有些地方位置改变、交通便利，享受了空间生产福祉，获得感自然增进人们的空间正义感。相反，那些在社会性的空间生产中其栖居场所或被边缘化、疏离化，或因交通受到多重污染和不良空间元素的侵扰，其空间利益或环境生态损失带来的被剥夺感、失落感，自然会引发人们对空间形成强烈的非正义感乃至恶性反感。地理正义论研究者苏贾秉持同马克思完全一致的观点，进一步阐发了这一现象的内在机理。他指出："缩短距离的行为是空间存在和社会地理产生的基本部分。它与正义理论性有关。这意味着无论我们做什么，如果有的话，很少完全均匀或者任意地分布在空间。我们的行为和活动往往会或多或少出现节点，集中在特别的中心地带或集聚地带，这种集聚将根据接近中心或节点的位置和可及性而产生分配不均的优势和劣势。这些人类空间组织的本性或本体论特征会产生更复杂的和非正义的经验主义地理。"②这些理论观点的关键在于，人们生存的空间环境发展的不平衡是形成和维持个体和社会的不平等，进而导致社会和空间非正义性的一个重要因

---

① 《马克思恩格斯选集》第 2 卷，第 556 页。
② [美] 爱德华·W. 苏贾：《寻求空间正义》，第 69 页。

素。当然，栖居空间的场所增值还是减值，除交通投资外，还有诸如公共服务设施投资、环境保护和美化投资、房地产投资等空间资源增量注入造成的社会经济生态文化效应的变化，它们的配置情况，更是多方面地引发对空间生产正义性的评价。一般而论，空间正义认可度与单位空间投资密度是成正比的，投资力度大给场所带来环境改善和公共服务产品供给增加，使栖居者有更多空间资源的享有和获得感，会增进其对场所价值、空间正义的确认。然而，它们也会从反面使那些空间资源没有相应增加的区域、场所的主体产生空间不平衡、非正义的体验，形成对社会空间生产正义性的负面评价。

三、栖居的场所感是形成空间正义共识的精神条件

马克思的实践唯物论认为，人作用于环境并接受环境制约，在改造环境中同时改造自身。空间实践表明，"人们的行为与集体社会背景构成人类活动的真实'发生'，这会发生在特定的地方和空间，因此人们往往聚集在一起，寻求亲近以减少穿越距离时在时间和能源上的消耗"[1]。栖居于特定场所的人们，长期的相互交往多少会形成一种空间的命运共同体意识，对社区、邻里产生"我们感"，把社区场所的兴衰、好坏作为命运与共的寄托，在地域、场所情结中形成十分敏感的比较意识和积极的公平正义关注。恩格斯说过，在自然经济条件下，"风尚、性格等等依地块而各不相同；它们仿佛同地块连（联）结在一起"[2]。这就是环境育化出来的栖居主体的场所人格。诸如此类的场所感，不仅使人们体验到自身栖居与城市的某种一致性，而且还让人们在生活小区生成特殊的家园归属意识。这是他们熟悉而亲切的地方，这里的街道、里巷和建筑物通过习惯性的空间行为在联想中统一起来，成为主体方位识别的标志与社会交往的聚落，给人带来愉悦的体验。栖居空间的认同感十分重要。人的生活的环境不只是有领引和规范其行为的空间结构、秩序，更包含了社会认同感赖以持存的明确客体与场所精神。人类的社会认同必须以场所的认同为前提。久居一地一旦对特定场所形成牢固的方位意识、氛围意识、

---

[1] [美]爱德华·W. 苏贾：《寻求空间正义》，第68页。
[2] 《马克思恩格斯全集》第42卷，第84页。

归属意识、自足意识之后，人们对栖居空间及其与周围更大空间的拼接关系，往往能给出积极评价，在公平正义的价值层面获得自我认同与确证。空间正义性的认同，扎根于人们对栖居位置、环境质量、生活条件、文化美誉等因素构成的场所精神中。当栖居场所和周围空间的和谐关系被破坏或者发生此消彼长的逆演进时，这些场所精神的积极评价就会被空间格局变化所解构，出现对生活场所共荣意识的颠覆性理解，人们会强烈感受空间分配的如此不公，进而激发对空间非正义的尖锐批判和革命性诉求。

主体和栖居之所的权属关系，以及场所给栖居者之肯定性的或否定性的存在感，是形成空间正义性评价之现实的和心理的双重前设。马克思对非正义空间的批判和认知机理揭示，确证了这一命题。在他看来，正是栖居之所的异化和痛苦，让人们强烈感受到了资本主义空间生产的非正义性："人回到穴居生活，然而是在一种异化的、敌对的形式下回到那里去的。野人在自己的洞穴——这个自由地给他们提供享受和庇护的自然要素——中并不感到更陌生，反而感到如鱼得水般的自在。但是，穷人的地下室住所却是敌对的'具有异己力量的住所，只有当他把自己的血汗献给它时才让他居住'；他不能把这个住所看成自己的故居——在这里他最后会说：我在这里，就是在自己家里——相反地，他是住在别人的家里，住在一个每天都在暗中监视着他，只要他不交房租就立即将他抛向街头的陌生人的家里。"①此处，马克思提出了关于栖居空间正义性评价的两个重要理据：物理境况和社会性状态。野人洞穴和穷人的地下室出租屋，后者的物理境况比前者虽然文明、优越许多，但其社会性状态却大不如前者。因而单就场所的物理状况是无法评价其正义与否的。主体从来是依据自身和场所、空间的权属关系以及由此得到的存在感、获得感、自主感，去评价空间正义与否的。空间正义本身是主体与场所、空间之和谐的、友善的、愉悦的关系之价值认定，是人们对环境的一种主体性的积极理解、正值把握与肯定性的评价。野人洞穴对于原始人不会形成非正义感，因为场所归属于主体，野人回到属于自己的洞穴，如鱼得水，非常快适，感到熟悉、自由和安全。现代人仍然有此熟悉而强烈的体验，所谓"金窝银窝，不如自家的狗窝"，说的正是此理。与之相反，穷人回到不属于他的

---

① 《马克思恩格斯全集》第42卷，第141页。

地下室出租屋，虽然物理状况比野人洞穴要文明许多，但它终究是一处充满异己性、敌对性的场所，是一处不交血汗钱就不得安身的他人之所，随时可能被驱赶出门，并且处处受到房主的监视，感受不到一丝一毫的安全、温馨、自在和自尊。此类场所、空间的经济权属关系及其派生出来的道德、人权待遇，必然让栖居者深恶其非正义性。这是马克思对空间正义审视的场所性还原给出的一个重要解释范式。他从对不同主体与场所的不同权属关系及其获得的不同存在感的分析出发，揭示了它们将深刻影响主体对场所、空间之正义性的评价，进而证明这一评价并非完全由场所空间的物理品质所决定。更重要的，是场所、空间的社会状况影响着主体对它们的正义性评价，因为后者嵌入了主体的社会关系。空间、场所是否被主体高度认同，对于实现空间正义具有重要现实意义。这在当今城市化建设中仍不乏深刻的经验教训。我国领城市现代化风气之先的上海，在空间生产布局中出现了现代化大一统的赶潮：开大马路，盖大商场，立高端写字楼，把昔日许多便民小店和穿堂里弄挤出了街市，甚至古羊路整体搬迁，市容面目全非，居民生活不便，引发了人们对往日上海民生空间的强烈回味。《上海市城市总体规划（2016—2040）》（内部刊物）表达了人们对城市空间布局有这样一些充满反思、纠错意识和民生建设愿景的空间正义的诉求，即人们希望，未来的上海，建筑是可以阅读的，街道是可以漫步的，公园是可以品味的，天际是可以眺望的，上海的城市表情是大气而谦和，优雅而温馨，令人愉快的。大市民普遍渴望有各种便利的十五分钟生活圈，有生机蓬勃、充满上海文化气息、历史韵味和时代生机的优美社区、市容。这无疑是一种由场所体验支撑的空间正义共识。

空间正义的认知和评价总是具体的。人们对栖居之所的比较及其形成的差异感，同样会直接地、强烈地影响主体对空间正义性的体验与确认。马克思尖锐而深刻地揭示、诠释了这一空间正义的解释学逻辑："一座房子不管怎样小，在周围的房屋都是这样小的时候，它是能满足社会对住房的一切要求的。但是，一旦在这座小房子近旁耸立起一座宫殿，这座小房子就缩成茅舍模样了。这时，狭小的房子证明它的居住者不能讲究或者只能有很低的要求；并且，不管小房子的规模随着文明的进步而扩大起来，只要近旁的宫殿以同样的或更大的程度扩大起来，那座较小房子的居住者就会在那四壁之内越发觉得不舒适，越发不满意，越发感到受压抑。"[①]由此可见，场所、空间各方面质量的不平等，以及它们的社会反差加剧，是唤起人们进行空间正义审视和批判的强大现实力量。空间非正义的批判意识，只是对地域发展不平衡、相关空间不平等这一客观现实的反映而已。正如沃尔泽所说的，正义理论对差别是警觉的，对边界十分敏感。[②]

---

① 《马克思恩格斯选集》第1卷，第345页。
② [美]迈克尔·沃尔泽：《正义诸领域：为多元主义与平等一辩》，褚松燕译，译林出版社2002年版，第421页。

第 八 章
意识形态的空间形塑

列斐伏尔在关于空间的政治赋义与释义中曾反复强调,"空间一向是被各种历史的、自然的元素模塑铸造,但这个过程是一个政治过程。空间是政治的、意识形态的"[①]。讨论空间生产的文化意涵及栖居空间对于精神文化生活的规定性,我们不能回避那集中体现了一个国家、一个时代之文化精神的意识形态,以及与空间生产的深刻关联。民族的、国家的意识形态,是特定历史时期社会的思想上层建筑。从社会生活的本体而言,它是对经济基础、生活方式的思想观念表达,是与物质生产方式相匹配的精神生产、生活方式的聚焦。社会意识形态既集中表达了统治阶级对其代表的物质生产方式及其决定的社会生活总体格局、根本权益关系的理解、维系和操控,又作为一种文化发展的"黄金储备"承接着民族的历史传统,并且,还亦真亦幻地叙述社会发展的趋势,预示现实生活的理想未来与美好愿景,呈现理想、信念与社会诉求的乌托邦情趣与理致。因而在历史、现实和未来的社会进程上,意识形态都充任着精神文化的主动引擎。意识形态的这种文化主导性,也自然、很集中地渗透和嵌入文化的空间生产和空间的文化解读过程中,在生活世界表现出意识形态的空间赋义与释义。前者是社会把意识形态物象地形塑在空间筑造中,实现心性的意识形态之物化、外化、感性化;后者则把物形的空间文化给予精神性的还原,使之得到意识形态的解读、叙事和提升,实现空间文化生产的意识形态功能与意义。这两个

---

① 包亚明主编:《现代性与空间的生产》,第62页。

表面上看似反向的政治思想文化行为，实则是意识形态自身的再生产，以及它对整个社会精神生活所表达的政治规制这一过程的双向互动，是互为因果、互为表里的意识形态之空间文化再生产过程。关于它们的理解，需要我们把两者联系起来，加以辩证统一的分析与解释。

当人类把空间作为产品加以生产时，社会关系和思想政治意识便以物化形态沉入空间格局和秩序中。生产出来的空间作为人与自然交互作用的产物，其具体"场地的特征可能既包含原有的地理构造，又是人类活动和愿望的结果"①。空间场所及其意象的自然可能性，当然须以特定的地理构造为底，但发生或绘制在这"底"上的图画、形象及其可能派生的文化意象，却是人们活动与愿景复合而成的产物。因此，我们要从造化和人化的统一中，特别是要从主体实践外师造化而改变造化的能动性、主体性方面，去分析和说明空间的文化形象和场所精神。这样一种场所精神发生学、结构论的原理，也就预设了对场所精神及其环境意象进行文化分析的基本方法。他如美国学者林奇所说的："环境意象经分析归纳，由三部分组成：个性、结构和意蕴……意象首先必备的是事物的个性，即其与周围事物的可区别性，和它作为独立个体的可识别性，这种个性具有独立存在的、惟（唯）一的意义。其次，这个意象必须包括物体与观察者以及物体与物体之间的空间或形态上的关联。最后，这个物体必须为观察者提供实用的或是情感上的意蕴，这种意蕴也是一种关系，但完全不同于空间或形态的关系。"②经验表明，空间场所的文化意象，往往是由栖居者及其社会遵奉的一系列信念、习俗构成，是生活方式可能性的选择和现实性的组织者。我们对空间场所的意识形态分析，应当关注各类相关场所的特征，关注它们各自的物理形态与社会政治功能，同周围事物的关系，以及与活动主体、观察者的关系，包括人们嵌入其中的实用意义、象征意义和审美、道义等情感与理致上的意义，才能理解其政治思想内蕴。

---

① ［美］凯文·林奇：《城市意象》，方益萍、何晓军译，华夏出版社2001年版，第84页。
② ［美］凯文·林奇：《城市意象》，第6页。

第一节　政治中枢的意识形态聚焦

政治生活的中心舞台，从物理层面讲，是民族、国家政治活动的中心点，如首都、国家政务活动广场，各类重大政治事件的发生地、持续节点等。它们需要也必然会把国家形象、生活秩序、民众愿望、社会意识直接伴随政治生活的实际开展而具体地镌刻在其空间场所、形象中，造成政治生活集中的精神文化景观与界说，以及与政治活动相互烘托、彼此支持的空间意象与场所精神。对此，我们可以做出一些具体说明。

第一，首都空间形塑的国家形象。各国首都，既是政治的中枢之地，又是诉求意识形态的"首善"之区，发挥着政治与文化对领土主权空间建设及公民知行的领引和支配作用。首都的空间区位决定它必然是国家的政治中心、社会治理中心、国际交流中心，因而多为国家的思想文化中心。首都文化要与其国家政治生活中枢的地位和功能相适应，深刻体现国家对文化生活的意识形态主导、价值领引、理性规范、民魂凝聚、国家形象展示的功能。它与首都地位、功能相适应，必然是历史与当代、地域与全国、民族与世界文化的对接点和融汇中心，要充分体现这些方面彼此涵化、相互激活、共生共荣的要求与特征。因此，首都空间生产与利用的内容、方式和政治思想文化诉求，必然要把国家的主旨、核心观念形象地布展在空间格局、秩序、样貌、功能等方面。关于首都的政治功能与文化位势的空间匹配问题，我国古人早有定见，《汉书·儒林传序》云："故教化之行也，建首善，自京师始。由内及外……以风四方"。人们十分看重首都政治教化在地域—空间文化关系中的权重与优先地位。首都与其政治中枢地位和功能相适应的国家意识形态的文化空间布局，体现着对国家文化战略重要使命的承载和彰显。古今国都大多以时代性、地域性的文化座基，作为国家意识的代表性、话语权，引领、组织并推动国家文化的发展，建构、追求和坚守国都文化"首善"界域的空间地位和文化区位优势，努力用思想主旨、价值核心、精英创造、形象示范和组织措施，衍射自身文化在国土空间的制导作用，借以维护精神文化王国的统一与空间秩序。国家首都基于对自身文化的思想政治理解和把握，基于对首都之区位态势、时代责任、国家使命的展示与实践，便在文化的地域建设和空间的筑造、布局中，严重关注文化及其设施对政治活动的适应，在文化空间筑造中认真处理首都与全国地方之权力关系的配置，注重国家意识的文化特征与世界文化的地域关系在首善之区的空间设计。这样，首都文化与其他区域文化的关系，便决定了首都空间的文化设计、筑造、布展，无论在区位特征、重要场所建设、标志物的矗立、典型空间的形塑，以及其他基本设施方面，都形成了首都文化的空间意识形态画面与造形。它们物象地、隐喻地或政治宣示地实现着国家意识对全民文化的区域统领，对民族文化卓越传统的承继、创新、展示与光大，对域外文化的交流与互渗，使之形成诸多不同于一般都市的文化空间特色。

第二，首都文化的空间设计和筑造，强烈而复合地展示社会政治、国家意识的统领地位与历史上的"皇家气象"。这带来了政治活动空间文化形象、氛围的大气、雄伟、庄严、肃穆、崇高，有诸如由皇城、宫殿、国会大厦、各类权力机构、政治广场、重要宗社、庞大精神生产和传播机构等一系列空间筑造物支托的空间气象。它们是政治文化或文化政治的空间形塑与表征。首都空间如此这般的政治构筑，表明历代统治者都以治所的历史性和自然性因素的结合为出发点，持续对其空间进行了政治性的加工与塑造，使它们成了政治化的空间，充斥着意识形态的表现。

第三，历史上的皇城国府作为政治生活中心，其空间建筑留下了严肃而庄重的政治秩序画像。例如，北京故宫，旧称紫禁城，为明清两朝24位皇帝的宫廷。它之所以叫紫禁城，乃出于天人应对的理念与君权神圣的用意。中国古代星象学说认为，紫禁垣位于中天，圣君所居，天人合一，皇宫以紫禁城相称，显示出君权合应上天方位与意旨，为帝王统治抹上了一层神圣色彩。故宫位于北京轴线中端，建筑面积约15万平方米，宫殿周围环绕着高10米，南北长961米，东西宽753米的城墙，为一长方形城池，墙外有52米宽的护城河环绕，形成一个森严壁垒的城堡。宫殿建筑雕梁画栋、金碧辉煌、气象恢宏。故宫殿宇共9999个半房间，分外朝、内廷布局，因其空间位置及其政治功能不同而气派迥然有异。外朝"三殿"是皇帝行使权力、举行盛典的地方。其中太和殿为王朝举办盛典、大事之所，地位显赫，是政治首位之区。中和殿则位于太和殿、保和殿之间，是皇帝去太和殿大典之前休息，接受执事官员朝拜和准备朝政之所。保和殿为明皇册立皇后、太子，在此殿受贺之用；至清代则为宫中节庆，皇帝赐宴外藩、王公及一二品大臣之用。此外两翼东有文华殿、文院殿，是皇帝举行朝会的地方；西有武英殿、内务府等建筑，为大臣办理政务之所。内廷以乾清宫、交泰殿、坤宁宫为中心，两翼为养心殿、东六宫、西六宫、斋宫、毓庆宫，后有御花园，是帝王与后妃居住之地。这种空间布局折射出来的是，前朝后廷，前政后栖，东重西轻，君主臣辅等由政治生活秩序之场所配置的空间意识形态。宫廷与外界的通道设午门、东华门、西华门、神武门，出入各门等级森严，礼制苛刻，规范诚恐，如午门是皇帝下诏书、下令出征的地方；其正门平时只有皇帝才可以出入，殿试考中"三甲"者可以经此门走出一次。文武大臣进出东侧门，宗室王公出入西侧门。皇宫重地，所有这些东西南北、上下左右的空间分割和不同功能的布局，把一整套封建伦理和上层政治秩序，都以文化空间的版式布展在皇城内外的空间建筑与使用格局中，全是王朝政治的物象意识形态宣示。因为这封建王朝的政治体制与权力秩序被定格在建筑空间中，使空间的变异或功能调整，意味着政治格局的改观。例如，明清两朝对中和殿使用方式的改变，直接意味着朝政方式的变迁；又如慈禧太后办理朝政之所的挪移，由以往的太和殿或太和门迁至养心殿，则是君主实权由男性掌握变为女性把控，成为以垂帘听政方式处理朝政的空间表达。皇城空间严肃的政治意义，灌注明清两朝540多年历史，其帝位兴废，权力交接，宫闱争斗，政权安危等许多重大事件，都是借助皇宫空间政治秩序的重构而展开的。例如，明代正统皇帝复辟的"夺门之变"、泰昌帝病死后围绕新皇登极的"移宫"风波、清朝初年诸王大臣为确立皇权的三官庙之争等，它们或导致皇宫空间政治秩序的改观，或使带血的宫殿空间弥漫着更加庄严、阴森、厚重的政治文化气息。一个皇朝首府，就是一个王朝政治意识形态鲜活的空间展示，就是一部以四维时空方式立体展开的封建政治史。这种空间政治的意识形态表达使我们的理解再次和苏贾的言说相遇："空间性的社会生产占用并改变了心理空间的表象，把这些表象具体化为社会生活的一部分和第二自然的一部分。观念（和意识形态）生产因此是空间性生产的一个重要组成部分，但是这种关系有着深刻的社会根源。"[1]

---

[1] [英]德雷克·格利高里、约翰·厄里编：《社会关系与空间结构》，第94页。

第二节　政治宣教场所的意识形态昭示

空间文化的意识形态赋义，有一种比较直接的表现，就是政治宣教场所的思想文化宣示。政治宣教直接是占统治地位的社会政治力量，利用政治话语权和文化传播的主导权，对社会成员进行一种维护其统治地位、权利的意识形态宣扬、教化。因空间与身体行为、视觉感受直接作用，政治宣化主体十分重视对空间文化力量、场所精神的开发和利用，把国家的政治法律思想及道德、宗教意识等核心价值观念，竭力嵌入空间物象的宣示中。让那些展开此类活动的宣教场所，其空间形塑和物质建筑，必然地承载政治宣教的诸多具象的或隐喻的意识形态精神。一般而论，政治宣教"神圣的场所系以某种方式向人表露其自身。在环境中神圣的场所扮演着'中心'的功能，成为人类方向感和认同感的客体，同时组成了一种空间结构"[①]。在宗教神权与封建政权互相支持和利用的社会体制中，敬天祭神等活动场所，往往成为政治宣教场所的典型。这类空间筑造，在中国影响卓著的有唐代的乾元殿、明清两朝的天坛、先农坛，以及各类宗庙、帝陵等。其中，天坛是最有典型意义的空间宣教场所，它的诸多建筑，各个局部空间造型，以及那繁多而奇妙的数字、形制的象征意义，复合性地组成了天坛空间文化体系——一个典型的封建王朝的政教意识形态系统。

帝王祭天，我国古已有之，至迟也自周代就已成形制。《礼记·郊特牲》有过详细的记载与诠释。其中的郊祭定制与礼数，都和当时人们的空间观念、方位意识、场所精神及其背后对它们的政治、人伦附加紧密相连，莫不体现了古代人们在政治宣教的空间活动方面所给予的意识形态赋义。其中的主旨自然是天人合一，物我一理，以天道论政治人伦：天地乾坤，君臣尊卑，位置轻重，相互取譬。由此定制，成后世帝王进行祭天敬神一类政治宣教活动之空间意识形态安排的思想原型。北京皇城的天坛祭祀活动，始于明，盛于清，远承商周，有许多与《礼记》论祭天活动及其场所布局、用意相通之处。

---

① [挪]诺伯舒兹：《场所精神：迈向建筑现象学》，第25页。

它们丰富地展示了天坛空间筑造的意识形态赋义。

据明清史料记载，两朝每年冬至日的圜丘祭天，继承古代郊祀最主要的形式，礼仪极其隆重而繁复。其中，空间祭位有如此设置：圜丘坛专门用于祭天，台上不建房屋，对空而祭，称"露祭"。圜丘坛共设七组神位，每组神位都用天青缎子搭成临时的神幄。上层圆心石北侧正面设主位——皇天上帝神牌位，其神幄呈多边圆锥形。第二层坛面的东西两侧为从位——日月星辰和云雨风雷牌位，神幄为长方形；神位前摆列着玉、帛以及牛、羊、豕等牲畜肉和酒、果、菜肴等大量供品。上层圆心石南侧设祝案，皇帝的拜位设于上、中两层平台的正南方。之所以做如此规制，都是借祭天之名，行树皇帝权威之实，以帝王独享与上天沟通、神会的道场论证、空间展示其神圣统治地位，贯彻"君权神授"封建皇权教化。

祭天场所的各类主要建筑和空间布局，更是费尽心思，巧设名堂，用大量物象隐喻和空间形塑的感官效应，十分具体地给出了种种意识形态的赋义和名目繁复的皇权意识狡黠，建构了一个封建意识形态的空间表达系统。天坛圜丘地面开阔，范围广大，极少建筑物，为苍松翠柏衬托，成天阔地远的感官效应，放大天地而矮化个人，借以强化敬天意识。圜丘用晶莹若玉的白石砌成，台面高举、空阔，象征天之空灵圣洁。天坛地面分割用心良苦。坛基地上建内外两层围墙，墙南面两角为方角，北面两角为圆形，象征天圆地方。内墙偏东，圜丘和祈年殿也向东移，在整个坛基上它们向东偏出 60 余丈。（1 丈≈3.33 米）这一则表征主祭东方之天神；二则使祭祀队伍从西门进入圜丘祈年殿的路径大为增长，入坛时间延长，让人们在庄严肃穆的氛围中较长距离地行走，产生一种超凡脱俗、近天入圣的敬畏心理。再有，坛基地的两重围墙仅高一米许，反衬坛台之高大，外设"丹陛桥"南北通道，长 120 余丈，高出地面 1.2 丈，祈年殿经过三层白石圆台的拱顶，又高出连接它的"丹陛桥"1.8 丈，这些由建筑物与环境造成的高低视差，让人有一种步步升腾、直入云天的错觉，强化天人相连，上天可近的心理意象。在皇帝向上天诉求风调雨顺、社稷安福的同时，也在庄严地向民众宣示，天下兴盛，百姓福祉，全系于皇帝一人的皇权理念。祭天拜神活动及其场所的空间意象经营，以政治教化活动及其空间布局的场所精神去喻理传神。诸如此类空间形塑与赋义，无不是以政治教化活动之具象演示与意义铺陈，宣扬一种服务于封建皇权的空间意识形态。它们既把皇权政治的精神外化为物质建筑的实在，又以这种物化的场所精神无言地、隐喻地进行着意识形态的教化。

　　由上可知，空间建筑构成的环境特征的形状表达着也象征着它其中蕴藏的各种精神，这些精神可能有用，也可能无用，它们或集中或分散，或深奥或肤浅，或纯粹或混杂，或虚弱或强壮，最终必须利用植物、选址、塔、石头等对其进行控制和强化。[①]类似天坛这样一些有严格政治文化秩序的场所，通过环境特征的构作，以及各类建筑元素的特意运用，使它提供了更宽广的参照系，是栖居者行为、信仰和知识的组织者。[②]

　　此类空间文化，在宗庙这一特殊的意识形态宣教场所中，也有丰富的陈设和表现。宗庙祭祀，许多民族大都把祭天、祭神、祭祖合而为一，把上天帝皇与人间政治生活秩序相互贯通，把先祖崇奉提到神位加以膜拜，天地两界，人神两域，同场祭祀，因而其活动与场所同样充满意识形态气息。诸朝皇陵，若从始建之初的样态而言当以明孝陵地面建筑设计巧妙，结构最为复杂，意识形态文化元素也最丰富。自起点下马坊至孝陵正门，中经神烈山碑、禁约碑、大金门、功圣德碑、外御河桥、神道石刻等一系列建筑、雕塑，组成长陵空间布设。其建筑上承中国帝王寝陵文化大统，又新开明清皇家寝陵文化先河，通过朱元璋自己设计的陵墓格局，将道家哲学中天人和合的本体思想与儒家封建礼治秩序观念达到了皇权认可的统一。它在"前朝后寝"的功能区划与"前方后园"的空间结构之统一中，经"天圆地方"的意象，使帝皇由生前之"朝"到死后之"寝"，变成由地升天这样一种脱凡入圣的过程和结局，隐喻其功业、权威和圣贤的永生。它以独特的神道设计理念和精美的神道石刻艺术交相辉映，筑造长达2400余米，有众多建筑、文臣武将石雕人像分立两边的神道，在崇高、壮美与绵长、统一的追求中展示着一脉相承的政治理念与皇权愿景。这是空间对时间的超度，场所对精神的导引，艺术对观念的展示，是历史、传统、文化在空间和物象中的存留、复活与衍射。它以一种有形无言的历史感昭力量，让受敬者如幽灵般在空间现身、游走，让祭拜者与先人史事相互激发，收摄魂夺魄、伏惑断妄意识形态之效。

---

　　① [美]凯文·林奇：《城市意象》，第106页。
　　② [美]凯文·林奇：《城市意象》，第3页。

这种政治的意识形态教化用心，即使在开明智、新民德、重民主、争民权的孙中山寝陵空间筑造中亦有另类表达。中山陵平面图呈警钟形，有"警钟长鸣""唤起民众"之寓意。陵园建筑没有旁边孝陵的神道石刻，但依次而上的通道设有"牌坊""陵门""碑亭""祭堂""墓室"。谒陵者走在松柏侍立的墓道上，释读诸文化符号，对孙中山先生的怀念和崇敬之情油然而生。陵墓用青色琉璃瓦盖顶、白色花岗石面墙，是中华民国国旗"青天白日满地红"对天下为公的表征，显示孙中山为国为民的博大精深。从牌坊上达祭堂铺石阶392级，代表当时中国三亿九千两百万同胞；8个平台，象征三民主义五权宪法。逝者已矣，但人们将他的政治理念镌刻在其寝陵之地，成为让拜谒者永铭的立体文化意象。

第三节　公共政治场所意识形态的多维成像

空间是任何公共生活形式的基础。公共政治活动场所的形成是居民聚落规模扩大、人口增加、社会交往拓展的必然产物。人类社会进入文明时代，公共活动的最高级别与最大规模，自然是国家组织的政治活动或全国性的群众广场政治集会、游行等。因此，从活动场所的空间意识形态赋义而言，公共政治活动场所是最具典型意义的。这类场所，又多为各国中心城市尤其是首都的广场最典型。笔者从世界闻名的一些规模宏伟的大广场之空间形塑、建筑结构、内外秩序、文化象征等方面的对比分析中，清晰地发现了这些空间的意识形态赋义，以及由民族文化和国家礼制带来的特征。它们更鲜明、更具体地展示了空间意象的文化精神及其意识形态表达的"能、所"机理。经此，我们能在公共政治活动空间的穿行中，悟到一种政治与空间相互生产、彼此依存的法则：借助以想象、话语及物质的、社会的和制度的形式建构的场所，让历史呈现出自己的空间意义，把过去时间同未来时间联系起来，同时又承认记忆、环境经验和栖居者诉求的重要性。这是通过场所精神这个概念所揭示的主题。[①]通观世界各著名政治广场，无一不具有把主体精神与物象

---

① [美]戴维·哈维：《正义、自然和差异地理学》，第252页。

存在、社会政制与空间建筑、历史事变与现代文明融为一体，而生成的意识形态主题场所精神。

广场政治，由政治广场作为空间条件和秩序支托而组合、展开。因而这方面的空间意识形态赋义，是丰富、深刻而各具特色的。历来十分重视空间政治意象形塑与展示的中华大广场——天安门广场，堪称广场世界的典范。天安门广场是首都北京的心脏地带，是全世界最大的城市中心广场。现占地44万平方米，东西宽500米，南北长880米，地面全部改由经过特殊工艺处理的浅色花岗岩条石铺成，可容纳100万人的盛大集会。

天安门广场至高至重的空间政治意识形态意义，是由这一庄严场所的建设者、政治事件的参与者、空间社会政治功能的承载者，以及历史文化的现代复合构成。天安门，原名承天门，始建于1417年即明成祖朱棣于永乐十五年营建北京的时候，清顺治八年即1651年改建后称天安门。1919年，标志中国历史根本性转折的五四运动在这里爆发；1925年的五·卅运动，中国人民向帝国主义、封建主义宣战的一二·九抗日救亡运动等，都在这里留下了中国现代革命史的浓重印记，使它成为发起和推进中国社会变革的空间节点。1949年10月1日，毛泽东在天安门城楼上向世界宣告中华人民共和国成立，亲手升起第一面五星红旗。从此，天安门城楼成为中华人民共和国的象征，它庄严肃穆的形象是中国国徽的重要组成部分。之后，凡中华人民共和国的重大庆典和重要集会、阅兵仪式，都在天安门广场举行。正是这一系列的重大政治事件、政治活动，推动了天安门广场的建设，并多维度地强化了它的国家政治意象特征。在中央政府指引和支持下，继20世纪50年代北京市拆除部分旧城，拓展和明晰广场的空间秩序，建造了人民英雄纪念碑、人民大会堂等标志性建筑，初步形成了天安门广场格局之后，又修建了毛主席纪念堂，并对广场地面进行了全面改造。这些大规模改、扩建工程的完成，使古老的广场更加宏伟壮观，成为中华民族凝聚力和中国繁荣昌盛的象征。

在天安门广场，那金碧辉煌的城楼是中华人民共和国重大政治庆典的宣示和观礼之所，寄寓着庄严的政治召唤和殊荣；人民英雄纪念碑镌刻着近现代革命斗争史的壮丽画卷，见证了人民不屈不挠的革命精神和大无畏的英雄气概；人民大会堂的雄伟厅宇为举国盛会、人民共商国是、制定治国理政大政方针和战略及接待外国政要提供场所，它同样是中华人民共和国奋发图强、和平崛起的光荣岁月与历史步伐的见证；而国旗台每天清晨和落日时分举行的升、降国旗庄严仪式，那朝晖、夕阳中飘荡的鲜艳五星红旗，让无数游客和行人心中升腾洋溢的总是激情与自豪。人们漫步天安门广场，每一座构成广场政治文化的建筑及其集成的整体氛围，会让穿行其中的人们浮现那民族历史的幕幕活剧和国家兴盛的篇篇辉煌；会无比激越地体验到，什么叫中国，什么是中华文明，什么是中国人的自信、尊严与豪迈！这是民族精神、国家意识最为经典的空间造型。这一神圣场所使人们生发出来的家国情怀，让笔者更加认同诺伯舒兹的见解：相对于首都的中心广场而言，国家的性质是其最主要的人文地理概念。国家之所以成为人们心目中的国家，重要依据之一，是由于它和政治中枢的场所精神特性相互表征被大众广泛认同。①

  国家公共政治活动场所的意识形态赋义，作为一种普遍性的空间意象的国家经营，在世界诸文明国家，也广泛存在。例如，俄罗斯的红场作为国家政治活动的中心广场，在俄语中即为"美丽的广场"。它同样有其光荣历史。17世纪莫斯科从波兰贵族军队手中解放出来时，米宁和波查尔斯基公爵的军队从红场开进克里姆林宫。十月社会主义革命时，苏联红军从红场攻下了克里姆林宫。十月革命后，红场成为俄罗斯人民举行庆祝活动、集会和阅兵的广场。红场中心，用红色花岗石和黑色大理石建造了列宁陵墓，墓背靠克里姆林宫城墙，在城墙和列宁墓之间整齐排列着有半身像的墓碑，安葬着已故苏联共产党和国家的领导人。再往后的城墙墙壁里安放着苏维埃先烈的骨灰盒。在这些建筑南端昼夜不熄地燃烧着一团地火，奠念着为国牺牲的英烈。从这一点看，红场是革命陵园与广场的合一，更具政治意象。红场南端是著名的瓦西里·勃拉仁内大教堂。离教堂不远处有一圆形高台，是沙皇政府宣读诏书、判决书并执行死刑的地方。红场北侧的马涅什广场上，有一座典型的俄罗斯风格的朱红色建筑物——历史博物馆，内有大量文物珍藏。红场作为莫斯科最古老的广场，它多次改建，但历史的风采，革命时期的光荣，行政首府与宗教活动的功能，以及现时代的国家意识同在，展示了多重文明的包容性和建筑文化的民族性，古朴庄严，丰富多彩而不失主体政治与肃穆气氛，立体地展现着古老东方帝国的历史魅力，同样也张扬着现代社会的巨大进力。

---

  ① ［挪］诺伯舒兹：《场所精神：迈向建筑现象学》，第98页。

古老国都的政治活动广场，如意大利的圣马可广场（又译圣马尔谷广场）就十分典型、非常系统地体现了公共政治活动场所的国家意识形态的空间文化特质。圣马可广场的出现充满了文化空间的神奇。它原来是马可大教堂前的一座小广场。马可是圣经中《马可福音》的作者，威尼斯人将他奉为守护神。相传828年两个威尼斯商人从埃及亚历山大将耶稣圣徒马可的遗骨偷运到威尼斯，并在同一年为圣马可兴建教堂，教堂内有圣马可的陵墓，大教堂以圣马可的名字命名，大教堂前的广场也因此得名"圣马可广场"。1177年，为了教宗亚历山大三世和神圣罗马帝国皇帝腓特烈一世的会面才将圣马可广场扩建成如今的规模。1797年拿破仑进占威尼斯后，赞叹圣马可广场是"欧洲最美的客厅"和"世界上最美的广场"，并下令把广场边的行政官邸大楼改成了他自己的行宫。加之广场所在地圣马可区是威尼斯的政治与司法中枢，自共和国早期起，即为威尼斯生活的核心，因而广场有了强烈而稳定的社会政治色彩。圣马可广场在历史上长期成为威尼斯的政治、宗教和节庆中心，它具备公共政治活动场所共有的空间文化特征：有过非凡的发生史、变迁史，是区域历史的重要见证；是政府和政要所在之地，又是多种重大政治活动的举行之所；它还是世界重要的宗教生活中心，吸引万千信众前来朝觐。这样一种神圣而优美的场所，其空间文化之历史积淀，之丰富多样，之圣俗一体，之官民共享，之强大的吸引力和宣示力，使其空间形塑、政治意蕴和民族特色的内涵几近饱和，使其外向衍射功能几近穿山凿壁。它全面而系统地证明了一个重要的公共政治活动场所，之所以能够承载并展现世人对其空间文化之意识形态赋义的基本根据。

由此，笔者认为讨论公共政治活动场所精神的意识形态赋义，阅读国家或大城市中心广场一类环境及其意象展示出来的空间文化，有一些共同的要件构成了国家政治空间意象及其解读的依据。

其一，公共政治活动场所，因与国家重要政治生活空间共存，其建筑设置、使用和保有不曾缺席政治，国家首府、元首官邸、政要公署，都远近不同地坐落在这些场所附近。其原初意义是便于政务，衍生意义是国家政治文化的历史标志和空间记忆，如美国国会山广场，设有由美国国父华盛顿奠基、林肯指导重建的国会大厦，分别为众议院、参议院办公地和历届总统宣誓就职之所，诸多地演绎着美国的政治思想文化。印度新德里的姆拉斯广场旁边，措置着总统府、国会大厦等一些典型的中亚细亚式建筑,但又鲜明地带有莫卧儿王朝遗风,使印度国家政治史气息强烈地散发在广场的场所精神中。广场空间文化源于其场所的政治功能,又彰显和强化这种功能的情形表明,城市公共政治活动空间"给人最精彩的感觉应该是'起源于艺术,发展于需求'。主动调整环境,区分和组织感官所感知到的事物,是人类亘古以来的习惯,生存和统治都需要基于这种感觉上的适应性"①。此即为意识形态空间形塑的功能学依据。

其二,所有公共政治活动场所之所以立体地彰显民族、国家意识形态,是因为都有丰富而悲壮的历史事件发生其间。建筑现象学研究者认为,环境最具体的说法是场所。一般的说法是行为和事件的发生。若不考虑地方性而幻想的任何事件是没有意义的。②空间场所的文化意象与意识形态衍射,不能离开各类重大事件的发生、影响与区域的具体结合。巴黎协和广场旁边的克里翁高级酒店,是法国1778年与美国缔结《法美同盟条约》及《法美友好通商条约》,承认美国独立的签约地,也是1793年法国大革命送路易十六上断头台的地方。彼得堡的参政院广场,不但立有以武力夺取沙皇宝座的普鲁士女人叶卡捷琳娜二世为了证明她是彼得大帝正统的继承人而修建的彼得青铜骑士像,让其成为彼得堡的象征;而且也是为了纪念俄罗斯反奴隶制度的热血贵族青年,于1825年12月组织的十二月党人起义斗争,因而这片广场称为"十二月党人广场"。诸如此类广场的空间史事,将它们或深或浅,或隐或现地变成了一部展开的历史书卷,让人们在这些场所中,能形成一些与历史对话,同先贤会晤的精神体验与空间意象。由此可见,富有意识形态意蕴的空间"场所作为一种独特的人工物,是由它的时间和空间、它的地形维度和它的形式、它作为一连串古代和近代事件的场所、它的记忆所决定的"③。某些特定场所的精神涵蕴,正是依赖这些重大历史事件而使自身成为纪念碑的,进而也才使意识形态的空间文化持存和张扬成为可能。

其三,重要的公共政治活动场所,一般都有能引导、召唤和凝聚人们的

---

① [美]凯文·林奇:《城市意象》,第73页。
② [挪]诺伯舒兹:《场所精神:迈向建筑现象学》,第7页。
③ [美]戴维·哈维:《正义、自然和差异地理学》,第255页。

某些政治意向和民族人文情怀的标志性建筑。加拿大渥太华联邦广场位于国会大厦南面，是群众集会的场所。广场上耸立着为第一次世界大战中为国捐躯的加拿大战士而立的国家战争纪念碑，碑顶立有一座和平与自由神雕像，碑下有22个象征多兵种形象的铜质雕像，它们把如何理解自由、和平与战争的关系，从国家历史角度立体地做出了意识形态诠释。巴黎协和广场，正中心矗立着一座高23米，重230吨，有着3400多年历史的埃及方尖碑，1831年由埃及总督赠予法国，碑身的古文字记载着古埃及拉美西斯法老的事迹。法国国王路易·菲利普把这座方尖碑当作他在保皇派和共和党之间政治中立的象征标志立在协和广场上，使广场真有了几分"协和"的意象与韵味：它既有3000多年前的法老事迹碑刻，又有今人以它作为平息政治纷争的历史界尺立于其中，同时睿智的古埃及人还使此碑成为一个巨型日晷的晷针，它以协和广场作"晷面"，每天随着日移地转，方尖碑在协和广场上一分一秒默默地投下时移之影，时间又一点一滴静静地凝集成历史。古今时空文化集于方尖碑一身，是记载，是诉说，是导引，是诠释，无论怎样，都在叙述和宣示着空间的盛名："协和"！

其四，公共政治活动场所，因历史上许多国家的政教合一体制，致使许多大广场旁边立有雄伟高耸的教堂，这自然直接强化了广场的政治宣教功能。因为"神话的、宗教的、集体记忆的以及国家和地区身份的世界是时空构造，它们构成了与众不同的地方形式，并反过来被其构造（如圣地、礼拜之地、故事中的偶像等）。表现为与众不同的信仰、价值、想象和社会—制度实践的地方长期以来一直在物质上和话语上被建构。……许多传统制度，如宗教和民族制度，至关重要地依赖整个象征性地方的网络的存在，以保存它们的力量并表现它们的社会意义。作为一种永恒，地方成为象征性的，并使人想起那些通过时空实践建构的价值（如声望、权威、身份和权力）"[①]。意大利的圣马可广场，宗教气息是全覆盖的；德国法兰克福罗马广场同时矗立着帝国大教堂和圣尼古拉旧教堂；而政教合一的意识形态在红场则由其瓦西里·勃拉仁内大教堂的坐落而得到体现。至于那些非政教合一的国家或时代，其政治活动广场意识形态的复合性展示，则多由历史文化场所的宣教功能补充，

---

① [美]戴维·哈维：《正义、自然和差异地理学》，第252页。

如我国天安门广场旁边的太庙和社稷坛曾代行此功能,而如今的历史博物馆,就是用现代文明、科学思想,支持着进步的国家意识宣传,衍生和呼应着广场的空间政治文化。位于美国国家广场的美国国家博物馆和华盛顿纪念碑、林肯纪念堂,以及位于拿破仑广场旁的卢浮宫极其丰富的艺术精品布展和建筑物上 86 尊世界文化名人的雕像等,都是这些空间意象宣示机制的文化写照。这些由标志性建筑引发出来的对公共场所精神的共识与意象聚焦表明,街道、广场等能形成共识的空间,是由那些主要建筑对场所意象的奉献实现的。场所共识的表现在公共性建筑中成为焦点所在,具体表达了使共同生活成为可能和有意义的共享的理解。①

---

① [挪]诺伯舒兹:《场所精神:迈向建筑现象学》,第 182 页。

第 九 章

空间现象的文化解读

马克思恩格斯在关于空间现象多维度的唯物史观研究中,科学地展开了对空间生产的社会文化考察。他们揭示了空间生产与文化生活的辩证关系,为我们今天在现代化建设尤其是城市化过程中,正确理解和对待文化—空间的互建构机制,具有重要意义。

第一节 空间"距离"的文化透视

关于空间现象的文化诠释,马克思恩格斯把空间"距离"的文化观照作为重要切入点。但二人对问题的介入路径互有差异。恩格斯更多地从物理方面直接探讨和解释空间距离及其位置移动、空间事物接触律的机制,其论述集中在《自然辩证法》一书中。当然,这并非恩格斯空间理念的全部。他在写作《自然辩证法》的同时进行了《反杜林论》的写作,其序言明确指出:"本书所阐述的世界观,绝大部分是由马克思确立和阐发的,而只有极小的部分是属于我的,所以,我的这种阐述不可能在他不了解的情况下进行,这在我们之间是不言而喻的……在各种专业上互相帮助,这早已成了我们的习惯。"[①] 可见,《自然辩证法》关于空间距离的论述,应是马克思恩格斯共同赞

---

① 《马克思恩格斯选集》第 3 卷,第 383—384 页。

成的空间观。

其中,恩格斯对事物的空间位移、距离和相互作用之间的辩证关系有过如此论述:"如果两个物体相互作用,因而它们中的一个或两个都发生位置移动,那末(么)这种位置移动就只能是互相接近或互相分离。"相互作用的两个事物未受到第三方影响时,其作用"沿着联结两个物体中心的直线进行"。[1]这一论述,透露了一种重要思想法则:事物总是在其空间距离的接近或疏离中运动的;相互关联的两个事物之互动矢量随其空间距离而变化,"吸引或排斥和距离的平方成反比"[2]。此重要理念,启示人们从社会活动及主体的空间位置变迁、作用间距与强度,以及互动方式之互关律、涵变性机制方面,去考察、揭示和诠释生活空间与社会文化的复杂机理。

思想史表明,马克思在恩格斯撰写《反杜林论》之前,就在《资本论》写作中深刻关注和思考过空间事物的距离对于它们相互联系、相互作用的影响,曾有这样的精彩论述:"一物和另一物有距离,这个距离的确是该物和另一物之间的关系;但是距离同时又是跟两物之间的这种关系不同的东西。这是空间的一维,一定的长度,它除了能够表示我们的例子中两物的距离外,同样能够表示其他两物的距离。……当我们说距离是两物之间的关系时,我们是以物本身的某种'内在性'东西,某种能使物互相存在距离的'属性'为前提的。语音A和桌子之间有什么距离呢?这个问题是没有意义的,当我们说两物的距离时,我们说的是它们空间位置的差异……把它们统一为一个范畴,都作为空间的存在物,并且只有在空间的观点上把它们统一以后,才能把它们作为空间的不同点加以区别。它们同属于空间,这是它们的统一体。"[3]马克思这一"距离观",表达了他对空间—事物之内在关系的三点基本看法:其一,距离只是两事物空间关系的一维表达,不是其全部关系,两物还分别与之外的多个他物发生关系,多事物纵横交错的复合关系才使三维空间成为现实;其二,分析事物间的距离,即研究其空间位置的差异,须尊重事物的空间"内在性",即事物之间互为对方的坐标、参照物和环境,彼此

---

[1]《马克思恩格斯全集》第20卷,人民出版社1971年版,第409—410页。
[2]《马克思恩格斯全集》第20卷,第410页。
[3]《马克思恩格斯全集》第26卷,第3册,第154页。

构成距离"属性"是以共时异在的空间占有性为前提的，空间形式是构成并识别事物具体性的重要基础；其三，只有当个别事物统一于共在的空间，成为空间的统一体，才能将其作为空间的不同点加以区别，事物的空间统一性是确认和揭示其空间差异性的前提。显然，这种把事物具体性的呈现、相互间关系的确认，置于空间的统一性和具体事物空间关系的差异性去审视的方法，既肯定了空间的物质性，又肯定了具体物质存在方式的空间差异性，在物质与空间的一致性与其具体关系差异性的结合上，坚持了两者关系的唯物论与辩证法原则。这是对以往唯心主义空间论和形而上学物质观的拨乱反正，为恩格斯的时空哲思提供了某种理论预设：即从物质及其运动的具体性状去考察时空问题，从两者的统一中说明时空的物质性和物质运动的时空性。这种物质—空间辩证法，为正确认识社会化空间与文化现象的内在关系，提供了思想先导。它预设性地表明，社会生活的空间位置、距离，既是空间实践的方式与条件，又是它的产物和尺度，同时还对社会生活、思维方式形成内在规定性，从空间特征、活动方位、联系远近、运行速率、作用直接与间接等方面，建构、影响并表达着社会事件的文化意义。

　　研究和诠释文化现象与社会空间的关系，马克思首先从人类生命活动方面肯定了时间和空间相互转换的文化意涵："时间实际上是人的积极存在，它不仅是人的生命的尺度，而且是人的发展的空间。"[①]他把时间当作人生积极发展的空间，不仅是因为人的潜能之发掘和展开只能在生命历程中实现，更在于生命时间在空间的分配与转换对于主体之价值实现具有重要意义。马克思认为，资本主义的异化劳动造成了生命时间分配方式的异化：谋生的劳动时间，挤压了人的生理恢复时间，牺牲了学习、创造、实现自我发展的自由支配时间，广大劳动者因此丧失了涵养、发挥和释放生命潜能的空间。正是基于这种时间活动频密、紧张转换为空间挤压的关节点上，马克思揭示了生命意义时空转换的文化机制。这让他一再把提高社会劳动生产率，缩减劳动时间，增加自由支配时间，当作人类解放和文明进步的趋势，当作人的自由全面发展的空间。而科技进步、生产力提高、交通与通信改善、经济加速，无一不是"用时间消灭空间"。也就是说，"把商品从一个地方转移到另一个

---

① 《马克思恩格斯全集》第47卷，第532页。

地方所花费的时间缩减到最低限度。资本越发展,从而资本借以流通的市场,构成资本空间流通道路的市场越扩大,资本同时也就越是力求在空间上更加扩大市场,力求用时间去更多地消灭空间"①。这种社会实践的时间提速趋势,打破了慢节奏小生产者趋近拒远、自我封闭的空间行为方式,鼓励人们冲破狭小、闭锁的交往圈子而走向世界。活动空间变构带来文化观念更新:"由于运输和交往手段的革命……它决(绝)不听从诗人的亲切话语:'既然福在眼前,何必舍近求远!'"②人们在快速交通工具的推动下,追求时空双重节约的社会效益,在单位时间内让更多的生产要素在更大的空间流转因而压缩空间、节省时间,或增加单位时间内的活动密度、效度,更有效地利用空间而减少空间占用的耗费。例如,资本家"为了从空间上夺回在时间上失去的东西,就要扩充共同使用的生产资料如炉子、厂房等等,一句话,要使生产资料在更大程度上集中起来,并与此相适应,使工人在更大程度上结集起来"③。这种生产要素的空间集中,距离阻隔一定程度的克服,带来时间的节约,造成空间的社会性变构,都发生在大规模的城市化运动中。所有这些实践活动的时空方式变革,都培养并依赖着大机器工业生产的科技文化、竞争和效率意识、资本逻辑理念、城市精神等直接与间接地同空间社会化形塑方式相关联的文化精神。都市时空文化意识集合到一点,就是对以往自然经济条件下人们活动之空间、距离意识的颠覆与重构:尽量延伸单位时间的长度,更多地压缩活动的空间距离和缩小单位产品生产所需要的空间。这种生产活动时空距离变构机制的运用,其直接方面并非社会文化的空间形塑,但它直接倚重人类对空间之科学开发利用这一空间文化的实践。

社会文化现象与其存在的空间有一种距离上的对应性,人的生存空间之距离变迁总会引发文化建构与革新。马克思认为,科技进步引发生产方式和交通条件变革,进而导致生产要素的空间集中,城市规模急剧扩大,经济的世界性分工深化与协作加强,它们以人类活动时速加快的新行为方式而"消灭"或压缩空间距离,带来了人类交往的全球化。空间距离在实际生活中的

---

① 《马克思恩格斯全集》第 46 卷,人民出版社 1980 年版,第 33 页。
② 《马克思恩格斯全集》第 50 卷,人民出版社 1985 年版,第 90—91 页。
③ 《马克思恩格斯全集》第 23 卷,第 521 页。

大转型，引发了思想文化观念的大变革。资本主义工业革命造就了与全球性的经济空间相应的文化空间：不断扩大新产品销路的需要，驱使资产阶级奔走于全球各地。它必须到处落户，到处开发，到处建立联系，开拓世界市场，使一切国家的生产和消费都成为世界性的了。"过去那种地方的和民族的自给自足和闭关自守状态，被各方面的互相往来和各方面的互相依赖所代替了。物质的生产是如此，精神的生产也是如此。各民族的精神产品成了公共的财产。民族的片面性和局限性日益成为不可能，于是由许多种民族的和地方的文学形成了一种世界的文学。"[1]这里，民族封闭的消解就是人们的相互接近、互相依赖和彼此互动，是社会实践的空间重构、并置与转换，是交往与接触向"零距离"的趋近。它们使社会不同聚落群体相互间的文化意识由以往的另类、异己变成了近邻甚至族群化的认同，形成文学一类精神创造及其产品共享之超越距离、空间阻阂的世界性，构建着多民族精神生活的空间同一性及其语义、价值观的共融性，决破民粹文化的隔膜，化解着群体精神的对抗。正如马克思所说的，"资产阶级，由于一切生产工具的迅速改进，由于交通的极其便利，把一切民族甚至最野蛮的民族都卷到文明中来了。它……摧毁一切万里长城、征服野蛮人最顽强的仇外心理"[2]。这一叙述，既是对当年世界空间变形的经济、文化描绘，更展示了从交通距离思考人类交往关系及其思想方式、文化意趣的空间理念与叙事方法，世界历史的发展证明它是科学的理念。当年，英国称霸世界，其"日不落"的殖民统治空间面积等于本土面积的150倍，不知打破了多少地方的闭关锁国状态，英语借此成了世界流行最广的语言。它给人类的相互认知、相互接纳、相互交流带来了空间意识、地理情结、民族观念的深刻变革，像世界殖民主义之后立国的马来西亚、新加坡那样说三四种语言的国度，以往的"仇外心理"必然化解，"世界文学"自然流行，资本精神也普遍认同。

论及空间距离的文化意蕴，回顾传统乡土社会那种分散、闭塞、稳定的空间状态给思想观念带来的影响，能从中得到更多具体启示。恩格斯指出："农村的生活条件——住处分散、环境安定、职业固定，因而思想也就

---

[1]《马克思恩格斯选集》第1卷，第276—277页。
[2]《马克思恩格斯选集》第1卷，第276—277页。

保守——对任何发展都很不利"。①这表明，传统乡土社会空间闭锁而狭隘、地缘僵固，带来的思想保守、不思进取的弊端，很大程度上源于人们的空间距离与心理距离的相关性。因为小农经济使生产主体长期与其耕作的某一狭小的固定土地—空间稳定地拴在一起，乡民之间地缘关系强固，情结厚重，邻里守望相助成为交往常态，熟人社会还将家庭血缘关系泛化，近邻之间以老幼尊卑冠之以老少辈分的称呼，文化心理距离几近乎零。加上经济生活之自给自足，人们无须走出大山、走出乡土、走出封闭；与外界隔阂，与生人社会疏离，使涉外交流的心理距离大大超出了用交通工具去克服的物理距离。因之，乡土社会的文化景观是：马铃薯式的疏松而又凝滞的时空聚落，人际交往时空合一、彼此在场，活动空间恒定、时速悠缓，乡民的生活方式、思想观念同质化。这样，人际交往文化地缘至上，远亲不如近邻，彼此守望的近邻，其心理与文化的相洽性、依赖性超出空间阻隔的远亲。这种逆反"距离产生美感"的命题，表明距离使人恐惧，产生疑外、惧外意识。空间上的距离，甚至让民族同胞关山阻隔也形成非我异类的心理。

当然，对于空间距离与社会交往、文化认同的对应性分析，绝不可把宗法社会、自然经济条件下人们自发形成的交往空间意识及其文化凝聚力绝对化。人类的空间距离意识及由此生成的交往策略，不纯然是空间的、不计利害的产物。社会交往的心理—文化距离，并非总是正向对应于社会成员相处的空间距离。社会生活中，各民族、各群体的活动，往往也会因为空间接近而产生激烈的竞长争高、空间博弈现象，社会主体间会因为空间接近或共处，彼此过于了解对方、过于紧贴对方利害关系，而导致相互摩擦系数增高的社会、文化冲突。这一现象，聪明的先贤圣哲早有关注和研究。先秦时期，战略家范雎就很深刻、周密地思考过依据国家、民族间的距离处理交往关系的策略。针对七国争雄、政治博弈的复杂局面，他向秦王提出了"远交近攻"策略："王不如远交而近攻，得寸则王之寸，得尺亦王之尺也。今舍此而远攻，不亦缪乎？"②他以为与邻国争天夺地，得寸进尺，能收立竿见影之效，故争利不能舍近求远。后经思想家、文学家的演绎，近攻远交便成了

---

① 《马克思恩格斯全集》第2卷，第554页。
② （汉）刘向编集：《战国策》，贺伟、侯仰军点校，齐鲁书社2005年版，第55页。

一种待人、处世的计谋。葛洪提出,"志合者,不以山海为远;道乖者,不以咫尺为近"①。王勃则有诗云:"海内存知己,天涯若比邻。"张九龄亦唱和:"相知无远近,万里尚为邻。"他们都发现并强调在社会交往中,利益、道义、志趣之同可以超越空间距离阻隔而亲密无间、友好相处。由此揭示了栖居的空间距离和交往的心理距离之相乖性,交往中具有某种物理空间向社会空间转换的两重可能性与文化态势。空间距离的远近,既能因其邻近形成的文化认同度高、利益关联性强、沟通稳便、往来密切而致人们睦邻友好、休戚与共;或者相反,彼此面对面、知根知底、同性相斥,相互利害缠绕、空间拥挤、触碰频密,常生摩擦。同时,交往的远空间距离也能因其远而不发生直接利害冲突、交恶无由、差异能互补的协同优势,可超越空间阻隔趋向合作。基于此,空间距离的文化观照和交往意义评估,须做历史的、具体的分析,综合自然、经济、政治、文化诸因素,全面考量它们相互作用的系统机制,才能给出合乎实际的社会—文化解释。

早期空间社会学家齐美尔对此有更具深见的哲学论述,他认为,"空间距离的意义仅仅是排除感性的近所引起的动荡、摩擦、引力和斥力,因此在整个进行社会化的心灵过程之中,为智慧的过程赢得多数的位置"②。他对社会空间距离造成思维方式特质的机理给出了交往心理—文化学的深入说明:"由于空间上的贴近,人们不可能小心谨慎和选择,只能在双方最为不同的地位和情绪中进行接触,面对空间上的贴近,一般只有坚定的感受,因此这种近既可能是最激情洋溢的幸福的基础,也可能是最忍无可忍的强迫的基础。"③人们由于拥挤在一起又不断迁移、穿行,对于空间上的彼此接近须漠然处之才能自我保护,否则大城市里的人流如织,会因为彼此的紧张选择、了解和记取而导致心力衰竭。在齐美尔看来,各种远距离关系的妥善处理首先是以智力的某种发展为前提。与此相反,地区接近的更为感性的交往则经常出现在邻里间友好的或敌对的关系中,即非常实际的关系中,其心理反应的情绪化更为鲜明。狭窄空间里的人们,一般不会相互冷漠。交往智慧主导交往行为,

---

① 杨明照撰:《抱朴子外篇校笺》下册,中华书局1991年版,第38页。
② [德]齐美尔:《社会是如何可能的:齐美尔社会学文选》,第309页。
③ [德]齐美尔:《社会是如何可能的:齐美尔社会学文选》,第309页。

有助于降低交往中的感情极端。它不偏不倚的原则，能一定程度地调节人们的利害关系和情感、意气，不致让空间栖居者总是在强烈的爱恨情仇中相见。①而且，交往空间"纯粹有形的障碍并不像道德的障碍那样具有令人愤世骇俗的东西，它发挥作用并不作为一种针对个人人格的事实，而是毋宁说，作为普遍的人类命运"②。齐美尔这些鞭辟入里的诠释表明：人们的空间距离制约社会交往方式，影响人的情感和认知，影响思维方式与文化态度；由此进一步揭示了心灵—文化空间与物理的、社会交往空间的某些对应性，尤其是关于交往空间距离之远近，与交往策略、思维方式之感性、理性建构的互关律说明，最具深意，能帮助人们具体而细致地理解空间与文化的丰富关联。

第二节　城乡空间的文化观照

人类生存空间社会化形塑造成的最大文化差异，莫过于城市与乡村。因而，在研究和阐释空间与文化的社会性联系时，马克思恩格斯总是把城乡空间差异对文化特质的影响作为重要内容予以关注。

马克思认为，城乡空间的历史性形塑，是物质生产和精神生产这一最大社会分工的产物，是人类文明重大转型的起步。他写道："物质劳动和精神劳动的最大的一次分工，就是城市和乡村的分离。城乡之间的对立是随着野蛮向文明的过渡、部落制度向国家的过渡、地方局限性向民族的过渡而开始的，它贯穿着文明的全部历史直至现在。……城市本身表明人口、生产工具、资本、享乐和需求的集中这个事实；而在乡村则是完全相反的情况：隔绝和分散。城乡之间的对立只有在私有制的范围内才能存在。城乡之间的对立是个人屈从于分工、屈从于他被迫从事的某种活动的最鲜明的反映，这种屈从把一部分人变为受局限的城市动物，把另一部分人变为受局限的乡村动物，并且每天都重新产生二者利益之间的对立。"③对城市空间文化这种社会学的描

---

① [德]齐美尔：《社会是如何可能的：齐美尔社会学文选》，第308页。
② [德]齐美尔：《社会是如何可能的：齐美尔社会学文选》，第308页。
③ 《马克思恩格斯选集》第1卷，第104页。

述表明，城市既是物质与精神生产大分化、人口与经济要素大集中、市民社会与乡土社会大裂变、社会文明与地理位置大改组的产物，同时又以其特殊的空间结构、空间利用方式加剧和延展着上述社会文化现象。城市形成了一种完全不同于乡村社会的生存空间、活动环境和交往方式，社会文化随城乡分化而变迁。人类推动物质生产力、工商业文明要素集中于城市，在铸造城市物理的、社会经济文化空间的同时，使城市居民的行为方式、思维方式多方面地被城市空间实践所陶冶、规范和支配。它们与承接工商业等文明因素相对稀薄，被时代疏远、文明挤压而落后的农村、乡民意识，与长期滞留于粗放的自然经济空间中的广大乡村文化，形成巨大鸿沟，原初地生成了一种城乡文化的空间分界。之后，这两种空间文化又作为一种既定的环境，生产着为它们所要求、与之相适应的城乡文化。此后者，便成为城乡对文化之空间表达中的文化滋生或文化的空间性生产。传统的乡土世界，自给自足的手工劳动生产方式靠授受相传的经验支持，四季轮回，周而复始，信息单一而稳定，对外交流闭塞而稀疏，社会、文化缺少变革和张力，形成了一种保守、封闭、悠缓的精神生活态势。这与城市工业的不断革新，商贸的南来北往，人财物的八方对流，政治的上传下达，文化的群英荟萃，利益的冲突与竞争，行为的有序与规范，信息的快速传播与交流，科技的创造与进取，行为的互动与互制，思想激烈碰撞，观念经常更新，成了鲜明的文化反差。

恩格斯在论述无产阶级作为自觉的革命力量登上政治舞台的历史情势与环境缘由时曾具体地揭示了城市环境——空间对于促进无产阶级政治成熟的社会文化机制："大城市是工人运动的发源地：在这里，产生了工会、宪章主义和社会主义。社会机体的病患，在农村中是慢性的，而在大城市中就变成急性的了，从而使人们发现了这种病的真实本质和治疗方法。如果没有大城市，没有它们推动社会意识的发展，工人绝不会像现在进步这样快。此外，大城市清除了工人和雇主之间的宗法关系的最后残迹……当他和自己的雇主疏远了的时候，当他明显地看出了雇主仅仅是由于私人利益、仅仅由于追求利润才和他发生联系的时候……工人才开始认清自己的地位和利益，开始独立地发展起来，只有在这个时候，他才不再在思想上、感情上和要求上像奴隶一样地跟着资产阶级走。而在这方面起主要作用的就是大工业和大城市。"①这种关于无产阶级首先在大工业城市成长和发展起来的历史分析，揭示了城市化的空间环境与工人思想文化嬗变的内在联系及其特色：其一，城市作为政治经济文化要素的集中地，亦是社会矛盾最紧张、要求解决这些矛盾最迫切的地方，社会疾病表现鲜明，传播迅速，刺激强烈，动员人们起来变革现实的力量也更深厚；其二，城市的工业革命把居民简单地划分为无产阶级与资产阶级，并使两者利益关系尖锐对立，促成其心理距离拉大，摆脱了以往主、雇间的宗法关系残留，促使工人在思想政治上日趋成熟与独立；其三，城市人口集中、信息集中且流量大、变化快，容易产生和传播各新的社会文化思潮。城市既造成了新的社会关系，并经由它们生成了新的文化空间；同时又以新的文化精神维系、拓展新的社会关系，彰显空间文化的社会力量；另外，城市还以物象形态空间化地表达和外化着人们的社会—思想—文化关系，将市民文化物质地书写在城市环境中。这些因城市生活环境所形成的文化精神特质表明：作为纯粹的构建物，城市的存在有待于解读。然而，城市即使作为一种心灵状态，也有自身能量需求的物质现实。②人们无法在社会存在与社会意识的关系之外，去解读和把握城市的空间特征及其文化本旨。

上述现象，齐美尔在空间社会学研究中高度关注，留下了大量富有启示意义的深刻论述。他认为，在社会化的空间中，不同实践主体在政治经济社会方面相互给对方的划界，从来是空间的社会性分割与心理、思想的文化差异彼此规定的结果。因为，"如果说这种相互划定界限的普遍的概念是取之于空间的界限，那么后者——更为深刻地——只不过是惟（唯）一切实的、心灵的划分界限过程的结晶或空间化"③。正是因为空间社会性的形塑与划界，同主体之间的人际知觉和心灵划界，在城市文化中彼此互动、相与规定、同为表里，所以在城市居民面前，一直有两个城市在运转：一个是可见的、一个是看不见的；一个是表面的、一个是地下或隐藏的；一个是可掌握可控制的、一个是神秘而骚乱的。④城市空间这种物理和心理或物质和精神的两重化存在，

---

① 《马克思恩格斯全集》第 2 卷，第 408—409 页。
② 薛毅主编：《西方都市文化研究读本》第 3 卷，第 334 页。
③ ［德］齐美尔：《社会是如何可能的：齐美尔社会学文选》，第 300 页。
④ 薛毅主编：《西方都市文化研究读本》第 3 卷，第 336 页。

为人们给出了在城乡比较中对城市空间做出文化解读的必要性和可能性。

本着这样的思想范式，齐美尔在对城乡空间的社会文化比较中，进一步论述了空间特质对人们思想认知的文化影响。他写道："整体而言，在原始的意识之下，惟（唯）有外在的接触才是内在的感动的载体——哪怕后者的性质是多么不同——未分化的想像（象）不能正确地把二者相互分开，犹如今天还处于小城镇的落后的情况下，同邻里的关系和对邻里的兴趣起着一种完全不同于在大城市里的作用一样，在大城市里，由于外在生活景象的错综复杂和混乱，人们变得习惯于持续不断的抽象，习惯于对空间上最贴近的东西无所谓和同空间上很遥远的东西有密切的关系。有些时代，跳越空间的抽象是客观环境所要求的，然而受到心理学不发展的阻碍，因此在这些时代里，关系形式的严重后果是产生社会学上的种种紧张。"①齐美尔从人类所处的生存空间状况揭示两种差异悬殊的意识方式：在人对人与人对自然的关系都很狭隘的情况下，人对外界的感性接触与内心思维的浅近性高度契合，空间的感性体验成为思想的边际与载体，所思不超出所感，抽象思维能力亦如人们的生活空间那样十分狭窄、粗陋，类似于"大山"深处日出而作、日落而息的木讷山民，思想限于感官所及的世界，变化与张力极小。而当我们把目光投向城市，映入视帘的是：人群熙熙攘攘，财物集散频繁，交通便捷，通信发达，生活节奏迅疾，空间现象日新月异、跃动不息、复杂交集。它们必然推动城市居民跳出感性世界的狭窄纠缠，关注那更大、更远、更深的时空地平线，用抽象思维的理性力量代替有限的感性意识去把握生活世界，以适应且有效地利用城市那复杂多变的生存空间。这在社会文化方面展示着生存空间对人的主观世界的培育和规定。基于这种"存在决定意识"的命意，齐美尔还从社会化空间与思想文化的对应性，深化了马克思在《关于费尔巴哈的提纲》中对人与环境双向互动机制的诠释。他从生存空间、环境制约思维同时又受到思维强大反作用这样一些复杂而又辩证的运转机制出发，进一步解释了感性认识与抽象思维在空间现象中的诡谲变换：思维与生存空间之间相互规定——"假定在这种相互关系之内有一种历史的反作用。一部分人精神上占优势或者环境迫使关系保持某种距离成为不可避免的，克服距离的意识

---

① [德]齐美尔：《社会是如何可能的：齐美尔社会学文选》，第307页。

尚未真正成熟，在这种地方，这必然十分有利并促成进行抽象的培养，同时仿佛大大促进了精神的伸展能力……比如，中世纪欧洲同罗马的关系——当然在并非由于空间的距离而使关系失灵之时——恰恰变成为培养抽象能力的学校，即超出感性最为贴近地进行感受的能力，仅仅由于其内容而发挥作用的各种势力战胜依赖空间方面现时存在的势力的能力。"①

马克思恩格斯曾经谈到，城市的兴起是由于工商业的分工与繁荣，提供了乡村城镇化的可能性，而把"这种可能性之变为现实，取决于现有的交通工具的情况，取决于政治关系所决定的沿途社会治安状况，以及取决于交往所及地区内相应的文化水平所决定的比较粗陋或比较发达的需求"②。这一关于"乡村城市化"变迁的论述，从一个重要侧面表明，城乡空间的生产和分野，不仅是生成其空间文化特质的环境原因，同时这一环境差异的形成也依赖于社会文化的底蕴。类似于交通状况、政治氛围、交往方式、文化水平、社会需要的发育与成熟程度等，都是使某一地区能否在经济的推动下顺利实现城市化的广义文化原因。我国的新兴大城市深圳，原来只是一个毗邻香港的边陲小镇，在改革开放的推动下，作为现代化建设的经济特区，经过一系列政治、经济、文化的推动，短短 30 多年就发展成为人口近千万的大型国际都市。全国各地，改革开放与经济、社会、文化建设的系统推进，使农村 4 亿多人口农转非、乡转城，形成人类有史以来最为壮观的城市化运动。这一伟大空间实践，无疑是社会转型、经济与文化跃迁给空间生产带来的天地翻覆之变。都市抑或乡村社会都必然依据物质生产要求建构客观的空间形态，同时又根据空间的实际秩序、格局来组织物质生活，孕育社会文化精神。它们使城乡空间转换与文化样态变迁彼此生成、相互表征。亦如哈维所指出的：特殊的空间实践和社区建设过程——与特殊的文化实践和意识形态倾向相联系。一种特定的经济状况和社会、政治、文化环境所产生的空间实践和社区风格，完全不同于在其他环境中所发现的情况。③"社会文化实践'不仅在时间和空间中或者通过时间和空间而发生'，而且它们也'构造（创造）它们

---

① [德]齐美尔：《社会是如何可能的：齐美尔社会学文选》，第 307—308 页。
② 《马克思恩格斯选集》第 1 卷，第 107 页。
③ 薛毅主编：《西方都市文化研究读本》第 3 卷，第 314 页。

在其中发生的时空'。因此,行动者'具体地生产了他们自己的时空'。"①这些空间事件,从乡村城市化向度昭示了空间生产与文化跃迁之间双向互动的辩证关系。

第三节 空间景观的能、所言说

空间的文化再现与文化的空间再现,总是借助一定的空间格局、秩序、形态简言之空间景观的展示而实现。它们实际地构成了空间与文化之互为表里、互为能指、所指的辩证关系,成为空间生产之文化诠释的重要内容。哈维认为:再现的空间是社会发明的代码、符号,甚至物质构造,如符号空间,特别是人工环境、绘画、博物馆,等等,它们试图创造空间实践可能性的新含意。②

在考察和描述阶级社会空间—住宅的等级分化现象时,马克思十分关注人们的空间栖居差异对于空间意识对立性的规定作用,透露出了一种空间文化学的思考。他指出:"一座小房子不管怎样小,在周围的房屋是这样小的时候,它是能够满足社会对住房的一切要求的。但是,一旦在这座小房子附近耸立起一座宫殿,这座小房子就缩成可怜的茅舍了。这时,狭小的房子证明它的居住者毫不讲究或者要求很低;并且,不管小房子的规模怎样随着文明的进步而扩大起来,但是,只要近旁的宫殿以同样的或更大的程度扩大起来,那么较小房子的居住者就会在那四壁之内越发觉得不舒适,越发不满意,越发被人轻视。"③这里,马克思通过住宅空间的等差比较分析,揭示了栖居空间在文化意义上对于主体形成的价值展现、身份象征和心理攀比现象。它们表明,人的空间处所之大小、质量、样态、环境,不仅是物质生活状况的展示,更是其社会地位、主体身份、文化品位、精神追求的表达和实现。人们的栖居空间即精神寓所,是生活状况及其幸福指数的重要构成。在城市空间

---

① 薛毅主编:《西方都市文化研究读本》第3卷,第98页。
② 薛毅主编:《西方都市文化研究读本》第3卷,第309页。
③ 《马克思恩格斯选集》第1卷,第349页。

日益拥挤、不动产价值日益彰显、住宅日益昂贵的今天，生活空间符号化的文化意义也愈益浓重。

马克思恩格斯从来都注重从人们的生存环境、栖居状态去揭示其社会文化意义，对空间现象作文化社会学的观照，并始终如一地贯彻于他们对工人住宅的人文关怀中。恩格斯早期就从工人的悲惨住宅环境解析过英国工人阶级的生活状况及其产生的恶劣文化影响，他的研究成果深刻影响了马克思，以致他在《资本论》的撰著中特设"空间"问题，以类似于恩格斯的眼光和笔触诠释了资本主义条件下工人的住宅空间问题及其社会文化意义。

马克思就工人住宅状况对资本主义社会发起强烈控诉与批判："没有足够的抗寒能力；居住面积狭小到了引起疾病或者加重疾病的程度；家具器皿几乎一无所有；甚至保持整洁也成了破费和难于办到的事。如果出于自尊心想保持整洁，那末（么）任何这样的尝试都会加重饥饿的痛苦。住的地方是房屋最便宜的地区；是在卫生警察的工作收效最少，排水沟最坏，交通最差，环境最脏，水的供给最不充分最不清洁的地区，如果是在城市的话，阳光和空气也最缺乏。"①他连用了 7 个"最"字描绘工人生存的非人空间，可见环境之惨，让人有刺目锥心之痛！令马克思最不可容忍的，还在于这样的生存空间中男女老少蜗居一室，不仅受着经济—社会的煎熬，而且在文化上承受着人体无遮、混杂衍生出来的道德灾难。他严正地指出："在灾祸达到较严重的程度时，几乎必然会使人们不顾任何体面，造成肉体和肉体机能如此龌龊的混杂，如此毫无掩饰的性的裸露，以致使人像野兽而不像人。受这种影响会使人堕落，时间越久，堕落越深。对于在这样可诅咒的环境下出生的儿童来说，这种环境本身就是一种寡廉鲜耻的洗礼。如果想让处在这种境况下的人们在其他方面努力向上，追求以身心纯洁为本质的文明气氛，那是绝对无望的。"②因为栖居状况的悲惨与野蛮，"很多人没有床，穿着衣服睡在光秃秃的地上，青年男女，已婚的和未婚的，都混睡在一起，这些房子大都是些阴暗、潮湿、污秽、发臭的洞穴，根本不适合人住"③。恩格斯在自己对工人住

---

① 《马克思恩格斯全集》第 23 卷，第 721 页。
② 《马克思恩格斯全集》第 23 卷，第 722—723 页。
③ 《马克思恩格斯全集》第 23 卷，第 728 页。

宅的调查研究中与马克思的分析和结论毫无二致。他写道："在曼彻斯特的工人小宅子里，既不可能保持清洁，也不可能有什么设备，因而也就谈不上家庭乐趣；在这些住宅里，只有那些日益退化的、在肉体上已经堕落的、失去人性的、在智力上和道德上已经沦为禽兽的人们才会感到舒适而有乐趣。"①

在深刻揭露工人栖居空间的悲惨境况给主体精神、文化品格造成灾难性影响的过程中，马克思恩格斯没有停留于对环境灾难的道德声讨中，而是对这些人间苦难的社会原因做出了深入剖析，对生存空间的资本主义形塑方式发起了政治经济的批判。恩格斯痛斥了英国工业资本家掳掠工人、肆虐城市空间的原罪："属于旧曼彻斯特的那几百所房子老早就被原来的住户遗弃了，只有工业才把大批工人赶到里面去；只是工业才在这些老房子之间的每一小片空地上盖起房子，来安置它从农业区和爱尔兰吸引来的大批的人；只是工业才使这些牲畜栏的主人有可能仅仅为了自己发财致富，而把它们当做（作）住宅以高价租给人们，剥削贫穷的工人，毁坏成千上万人的健康；只是工业才可能把刚摆脱农奴制的劳动者重新当做（作）无生命的物件，当做（作）一件东西来使用，才可能把他赶进对其他任何人都是太坏的住所……所有这些都只是工业造成的。"②工人栖居空间如此惨状，让马克思恩格斯发出了改天换地、重塑栖居空间的革命呐喊："必须这样安排周围的世界，使人在其中能认识和领会真正合乎人性的东西，使他能认识到自己是人。……既然人的性格是由环境造成的，那就必须使环境成为合乎人性的环境。"③

对人之生存空间做出社会文化的追问和解释，不能满足于只是肯定生存空间孕育和张扬着某种与之相对应的文化现象，而应当深入揭示：生存空间何以会如此这般地引发、催生某些特定文化现象的原因。马克思恩格斯在对工人栖居之所的剖视，隐约透露出了审视上述问题的一些方法论原则。

其一，工人在恶劣的居住空间中出现的某些道德堕落，是其非人景况在物质和精神上的一致性表现。工人物质生活空间动物般的状态诱发精神上动物般的野蛮、粗痞和愚昧，许多不齿于人的道德灾难在行为文化层面发生了。

---

① 《马克思恩格斯全集》第 2 卷，第 345 页。
② 《马克思恩格斯全集》第 2 卷，第 335 页。
③ 《马克思恩格斯全集》第 2 卷，第 166—167 页。

这印证了一个严肃命题,在普遍贫穷的社会,一切腐败的东西都会死灰复燃。贫富两极分化,是物质的、空间的也会是精神文化的,社会空间极不合理的占有与利用方式,实践性、生活化地制约并表达人的文明状况。

其二,工业化的资本主义造成了工人栖居的悲惨境况,应当从社会生产方式来审视生存空间的生产、形塑及其样态,明晰空间生产的社会性。工人蜗居的"穷街"脏乱差,是丑恶资本主义秩序及其文化观念在城市规划和空间筑造方面的物性展示。正如列斐伏尔所说的:"空间是一种社会关系……不过它内含于财产关系(特别是土地的拥有)之中,也关联于形塑这块土地的生产力。空间里弥漫着社会关系;它不仅被社会关系支持;也生产社会关系和被社会关系所生产。"①"空间是社会性的;它牵涉到再生产的社会关系,亦即性别、年龄与特定家庭组织之间的生物—生理关系,也牵涉到生产关系,亦即劳动及其组织的分化。"②因此,我们对空间景况要以生产力与生产关系对空间的双重形塑为基础、为中介去理解,以其引自知识、引自意识形态、引自意义系统的理性来调停。③空间在被文化所生产的同时,也生产着一定的社会文化,这是空间与文化互为能指、所指关系的底蕴。

其三,空间与文化表征与被表征的关系,存在于包括空间生产在内的一切实践活动中,都是人类本质力量公开展示的认识论,是人生的自我投射、自我复现。同时,这种实践的感性世界对思想意识、主体性文化具有现实的生成力与规定性。空间与文化是函数关系,不存在单向规定或被规定、单面表征或被表征的片面性。凭此我们能正确回答列斐伏尔之问:"精神空间(感知的、想象的、被表现的)与社会空间(被建构的、被生产的、被规划的,尤其是都市空间)之间是什么关系?即表现的空间与空间的表现是什么关系?""空间(被表现的、被设计的、被建立的)是如何进入社会、经济,或者政治、工业与都市的实践中的?"④事实表明,生存空间完全充斥着意识形态的表现,是社会、主体文化精神的物性展演。因此,人居空间对于社会文

---

① 薛毅主编:《西方都市文化研究读本》第3卷,第25页。
② 薛毅主编:《西方都市文化研究读本》第3卷,第25页。
③ 薛毅主编:《西方都市文化研究读本》第3卷,第25页。
④ 薛毅主编:《西方都市文化研究读本》第3卷,第37页。

化，从来都具有表达与被表达的双重意蕴。

其四，从语言的能、所关系看，空间景观文化不只是"能指"或者"所指"，而是集"能指"和"所指"于一体的表达系统。空间生产的文化言说表明，人们会为关于空间的话语设计出一种语义学来。人们同样会意识到一种空间的符号学，作为普通符号学的一部分。整个空间都是能指吗？如果是，是什么的能指？更准确地说，整个空间，或者空间的碎片，都不是一个社会文本，它本身是特定文本的语境，也就是某些书写物：铭文、布告等的语境。因而，人们需要一些关于不同的信息的编码，或者要恢复，或者要建立这样的编码，以便破解它们。①从列斐伏尔的这些见解中我们不难发现，其空间文化分析方法，十分接近马克思关于工业造成的环境是一部感性地摆在眼前的心理学的理念。②他们确证了一个基本事实："人不仅像在意识中那样理智地复现自己，而且能动地、现实地复现自己，从而在他所创造的世界中直观自身。"③人类生产出来的对象世界、社会化空间，是人本质力量镌刻的大地之书，从中能见出人的思想、情感、意志、好尚、信念等内在文化的魅影，它们有语言、文字、意义、逻辑等文化的意涵与表征系统，可供人们反复阅读、赏析和理解。

马克思曾经对德国意识形态阶层的唯心主义思潮展开过深入批判，其中多方面地进行了生存空间与主体思想观念之互关性的文化解释。他指出："一切理论观点，只有理解了每个与之相应的时代的物质生活条件，并且从这些物质生活条件中被引申出来的时候，才能理解。"④物质生活条件当然包括社会化了的空间。这意味着马克思将人的生存空间，当成语言的所指，或决定言说的能指与所指之语义逻辑操作的语境条件。他在对雾月政变中"正统王朝"和"七月王朝"两股力量相互攻讦的现象进行文化解释时，曾科学地指出："它们彼此分离是由于城市和农村之间的旧有对立、由于资本和地产之间的竞争。当然，把它们同某个王朝联结起来的同时还有旧日的回忆、个人的

---

① 薛毅主编：《西方都市文化研究读本》第 3 卷，第 35 页。
② 《马克思恩格斯全集》第 42 卷，第 127 页。
③ 《马克思恩格斯全集》第 42 卷，第 97 页。
④ 《马克思恩格斯全集》第 13 卷，第 526 页。

仇怨、忧虑和希望、偏见和幻想、同情和反感、信念、信条和原则。"①生存空间的城乡对立及其背后的资本与地产的争斗,成了两个巨大社会思潮相互对立的基础和语境,尽管各自对现实的言说和政治诉求还有许许多多的主观因素,但对这些主观因素起激发、组织、导向与定义、命题作用的,则是社会化了的空间及其主体生活的具体遭际、背后的权益关系,它们是不同社群之言说、之文化表征的语境基础。马克思在批判施米特一类因活动场域狭窄而生成教书匠的思维方式时,指出他们被"钉死在汉堡门以内",其"教书匠的思想在对……经验的事实进行思考时也是按照教书匠的方式而反思和琢磨的"。②生存空间狭窄、视野闭锁、孤陋寡闻、脱离社会实践等,作为施米特们生存空间的具体语境,最直接地制约着他们的思想文化。由此透露出来的空间与言说亦即文化的空间与空间的文化关系,在一个重要方面构成了我们研究空间文化学的重要内容。恰如勒翰所指出的,在难懂的街道背后,或许有先验的意义,或许只是土地。③但在对城市空间的文化解读中,如果只注意到物理的土地空间,而"没有了先验的能指,城市符号开始漂移,意义被神秘取代"④,那便失之主观、物性、愚钝和浅陋。

关于栖居空间人格化之文化表达的解读,哈维还从"景观社会"的视角,研究和分析了这一现象的物语逻辑:"布迪厄定义'符号资本'是'证明主人品味(位)和特性的奢侈品的聚集'。当然,这样的资本是一种转换了的货币资本,但'它产生了特定的作用,是由于,仅仅是由于,它隐藏了这样的事实,即它源于资本的"物质"形式,这种物质形式归根到底也是其作用之源。'……因此,象征资本的产物起到了意识形态的功能,因为它借以促进'现存秩序的再生产及统治的永久性'的机制'依然是隐秘的'。"⑤在他看来,人们的生存境况,会通过他们栖居的空间景观展示出来。现实生活中,那居住在价值上亿元的超豪宅中的新贵旧富,与那些拥挤在破旧陋室里的穷人,生存景况的天壤之别不言而喻。栖居的空间景观,在人们的身份识别、交往关

---

① 《马克思恩格斯选集》第1卷,第611页。
② 《马克思恩格斯全集》第3卷,第279页。
③ 薛毅主编:《西方都市文化研究读本》第3卷,第333页。
④ 薛毅主编:《西方都市文化研究读本》第3卷,第326页。
⑤ 薛毅主编:《西方都市文化研究读本》第3卷,第316页。

系建构、社会文化特质表达的过程中，又似乎是双重的物性符号。一方面，它是其中特定社会主体生存境况的直观性表达；另一方面，它还是资本、货币拥有状况的空间铺陈，是资本逻辑的空间化演绎。"'景观是发达的现代货币的补充，在那里，商品世界的整体性在总体上看起来大致相当于整个社会能够成为并能够做的事情。'景观成为'欺骗性注视和虚假意识的共同基础'程度之深以至于它自己也表现为'一种联合的手段'。"[①]这不仅因为生存之空间景观是人们用资本的力量筑造出来的，成为货币、资本的变体；而且，更在于拥有相同景观或不同景观的人们，囿于环境对人性、人格、文化的陶冶，他们会形成相近的或相异的思想意识与行为方式，在栖居的空间景观中把主体深层的内在世界隐性地培育和物化地展示出来。因而，在人们用资本的力量与某种文化精神设计和生产出自己栖居的空间景观时，这景观便同时作为一种社会化的存在，生成、维系和宣示人的社会品格与文化精神。这使我们在人的栖居空间之景观的建构和拥有中，能读出他们的人生状态和意义。景观是属人的空间化存在，人的生存样态本身亦是一种景观，并与他人的生存景观相互晕染，最后成就了景观社会和景观人生，把一个大写的社会—文化自我，书写在栖居的空间中。这正是栖居空间景观之所以写照人生状态的根本理由。

---

① 薛毅主编：《西方都市文化研究读本》第 3 卷，第 318 页。

第 十 章
空间文化释义分类

把人类生存空间的生产实践与社会文化现象联系起来观察、思考，绝不是一种故意为之的标新立异或猎奇，而是两者不可避免的内在联系，决定空间社会逻辑的寻绎必须对其中的一些规律予以揭示和诠释。

自然科学与社会科学两个不同论域的研究结果一致表明，空间作为一切物质运动的形式，是基于物质运动及其物质、能量、信息的变换而具体生成的。从本体论意义上讲，它是由物质运动派生的，是物质形态、空间物质事件及其属性的一种在场性的关系。"空"，是物质、事物之间的空；"间"，是物态、物性之内的间；反之亦然，物事及其属性，也总是通过其空间存在和展现的。"色即是空"，空间与事物、运动是一体性的存在，事物的空间与空间的事物是同一本体的两面性。人类社会生活，有其物质和精神的两面，有其经济、政治和文化的结构。物质生活中渗透和展示着精神文化的内容，文化生活依托也引导着物质生活。同样，社会的经济、政治、文化生活，作为社会的基本构成，也总是相互生产、彼此构建的。它们作为社会领域特殊的物性运动形态，必然形成各自殊异的空间实践，并受到这类实践对社会生活的反创造、反规定、反表达。在社会的物质—经济生活、政治生活与文化生活的互动中，必然以社会行为的不同方式将各自内容复合地形塑于空间，并受到空间关系的反制。这样一来，便形成了空间的文化形塑和文化的空间规制，从唯物史观的论域考察和解释空间—文化现象，必须从文化的空间与空间的文化两者相互生产、相互规定的辩证机制上，去分析和说明问题。

第一节　空间文化的地理学考问

　　对社会文化现象进行空间—地理学的追问和解读,从最一般的意义上讲,属于人文地理学领域的学术事务。这门学科探讨各种人文现象的地理分布、扩散和变化,以及人类社会活动之地域结构的形成和发展规律。作为地理学的两个主要分支学科之一,地理学的"人文"二字是与自然地理学的"自然"二字相对应的,泛指关涉地理学的各种社会、政治、经济和文化现象。人文地理学有广义与狭义之分,广义的人文地理学包括社会文化地理学、政治地理学、经济地理学等,狭义的人文地理学则专指文化地理学。文化地理学主要研究人类文化的空间组合及其样态变迁,探讨人类活动所创造的文化在起源、传布、演化等方面与人类生存环境的关系及其规律,说明各区域人类社会的文化定型、流变运动,人们对地理景观的开发、利用和影响,人类文化在改变生态环境过程中所起的作用,以及各区域地理特征的文化继承性,研究人类文化活动的空间生成与变化机制。就内容而言,文化地理学的研究是考古学、历史学、人类学和自然地理学的多重复合,但侧重对文化现象的地理学解释。探讨人地互依赖、互作用关系中的地区文化景观、生活方式、思想观念等方面的发展,与生活环境变迁的双向施受机制,对诸如人口聚落、民族、宗教、语言、心理、行为等方面做出空间—地理学的致因分析及其纹迹考察。从哲学上讲,他如哈维所言,是一种"地理—唯物史观"的叙事。但本书所做的"文化—空间"研究,与文化地理学研究还有相当多的差异。一方面,它的视域较文化地理学狭窄,地理问题诸如气候、水文、陆地、生态、资源等,虽属广义的空间因素,但不能完全归属于人类空间实践的领域,像气候、水文、海陆分布、矿产资源等地理因素并非人类实践所能主导。另一方面,它又较之文化地理学更为具体、丰富和精微,诸如通信、建筑、场所、交往等不为地理学具体考察的内容,它必须认真面对,因为它们更贴近社会的实践与生活方式,更多地展示着社会文化因素在空间实践中的能动作用。对两者关系可做个不很贴切的比喻:如果说文化地理学是对"文化—空间"现象的宏大叙事,那么,文化空间论则是对"文化—空间"现象的微观叙事。前者是后者展开的自然前提,后者是前者深化和延伸的社会文化结果。

因此，文化—空间研究，必然涉及文化地理学的有关内容，并在其基础上进一步做出自己的解释。

一、空间文化叙事的大、小"宇宙"

对文化—空间问题作如是观，最基本的判据是人类文化只能发生和发展于人与地理环境的实践关系中。马克思的"自然历史观"表明，人是自然的一个特殊部分，它必须依赖自然、适应自然，才能改造自然、利用自然。自然是人的无机的身体，人是自然的精灵。人在实践中与自然发生能动和受动的双重关系，这对人类社会生活包括文化在内的一切领域形成最为基础的规定性。文化—空间论，是从空间的角度研究文化与从文化的角度研究空间的统一，关注文化对日常生活空间的影响，将文化视为现实生活实际情景中可定位的具体现象。

人在对自然发生依赖、改造、超越的实践关系中，形成了人之属于人的本质力量。其中，包括文化赖以创生和发展的属人的意识和空间观念。诺伯舒兹曾经严重忽视了马克思在这一观点上的理论建树，认为马克思只是把自然当作一个与人的意识毫不相干的"客观的事实"，而对人与其环境的精神关系忽略了，没有在环境方面对人的"方向感和认同感的机能"做出说明，并且"对'住所'也就没有很完全的理解"。[①]他没有觉察到的曾为马克思所关注的人与自然在实践基础上达成同一的内容，被空间社会学家哈维给予了高度肯定和深刻诠释。哈维引述洛克伍德的话指出了人在与自然的实践关系中对空间观念的文化建构："在某种意义上，当代物理学和生态学认为，世界就是我的身体；我和世界相互渗透。由于我们历来都假设'我'内在地同全部自然相关，因此我们也能够合理地认为自然也内在地具有价值。""因为自然是充分展开和扩散开来的自我，并且自我、互补性聚集在一个网络或生活之交叉点、'结'上，或者聚集在四维时空连续统中的世界分界之一的轨迹上，所以在自我内在地具有价值这种意义上，自然内在地具有价值。"[②]对于这种人与自然相互"内在"的价值规定性，从关系主义角度看，则是因为"有机

[①] [挪]诺伯舒兹：《场所精神：迈向建筑现象学》，第168页。
[②] [美]戴维·哈维：《正义、自然和差异地理学》，第189页。

体和环境并非两回事——一只老鼠一走进绝对真空，它将不再是一只老鼠。有机体预示了环境。同样，人是自然的一部分，从而他或她是整个领域中的一个相关的接合点。认同过程是这样一个过程，在其中，规定接合点的各种关系扩大开来而包含越来越多的东西。'自我'朝'自我'发展"[1]。这种人与环境的原发性同一，在人类生成初期更为突出。正如古列维奇所主张的："人依赖自然环境，且他不能把环境理解为自己能够从外边施加影响的客体，在人这个'小宇宙'和世界那个'大宇宙'之间内在相似性的观念中，我们发现这种依赖性的文化映像。那两个宇宙具有相同的结构，并由同样的要素组成。我们也可以在'宇宙的'人的身体形象上发现这一文化映像，那是不完整的身体，不能清楚区别于它所融入的周围世界，易受这个世界影响并将之吸收进自身。"[2]

哈维引述多个学者的言论所表达的基本思想，就是从必然性与可能性的结合上，对人之为人的生命活动之实践地展开，对被这种实践活动开启的人身自然与身外自然的互动关系，对由这种互动关系所激发、所推进的人之为人的灵与肉的发生和进化，给予生物学和环境论相一致的深度解释。认为人的发生及其价值形成，并非孤立于人的现实世界，而是"自然及自我的可能性"之双向作用的融合。人类赖以创造文化的那种最基始的主体性能力，人类得以生产和拥有文化成果的那种最原初的精神基元——自我意识与价值意识，它们都原生地来自人身自然与身外自然之天然关系，同时更来自其相互创造的活动——后来即为属人的生命活动即实践活动中。人身自然与外部自然世界的发生学关联，使人永远是自然的一部分，它的身体机能、行为方式、思想意识，永远不能摆脱自然的纠缠，永远持存着内部世界和外部世界的同一性。而具有人之为人的生命活动主体，却又实在地证明它并非一般的自然物，它依赖人独具的生命本质力量，对身外自然展开能动的实践改造和意识把握，不满足更不拘泥消极地受动于自然，而诉求超越性地利用和改造自然。正是人的这种生命可能性、生命诉求、生命张力，实践地造成了人的文化潜质和现实的文化世界。人对自然这样一种原生的同一性和衍生的超越

---

[1] ［美］戴维·哈维：《正义、自然和差异地理学》，第190页。
[2] ［美］戴维·哈维：《正义、自然和差异地理学》，第242页。

性，使发生其中的文化现象，在客观形态和主观精神方面，不仅具有一切物理事件所具有的空间性，而且具有使这种空间性赖以发生和发展的自然环境机理。此即是说，一切文化创造都不能摆脱人与自然的实践关系及其空间规定性。人必须立足于此，从文化地理学的意义上，揭示文化空间性的自然机缘和空间文化性的社会致因，只有这样，才能解释清楚文化—空间现象的本体论基础和实践论成因。这要求我们必须把文化—空间问题置于文化地理学视界，才能深入解读文化的空间问题和空间的文化问题，才能置人类的社会文化空间创造于坚实的自然—物理空间的基础上，达成实践论与本体论、人类学与地理学、意识论与存在论、建构论与原生论、行为顺应论与同化论、文化创造与空间生产的深度辩证统一。这种统一，能帮助我们既立足于外部自然对人身自然和内部世界的预成图式之规定性上，来说明文化空间性的自然元素和机理；同时又帮助我们立足于人的文化创造对世界之能动建构中，说明空间生产及其形态的文化致因和内在构成。进而，文化空间视域中诸如场所精神、"空间句法"、栖居意蕴、人文景观、文化类型、思想流播、交往方式、人格空间等问题，才可得到周延而深刻的逻辑证明和价值解释。

从文化地理学来解释文化—空间问题，自然不能停留于主体内在精神的"小宇宙"，与外在自然的"大宇宙"之径直、简单且不科学的对应关系之文化推演上。而应当揭示文化—空间互动关系中的自然—社会的复合作用机制及其具体表现。首先需要肯定的事实是，人类及其生命活动是地理空间与社会文化相互创生的接合点。在不同的自然环境下，人类遭遇不同的生存空间条件，形成不同的生产方式，进而创造不同形态的文化。这在文明初期是更为显著的事实。在人类文化的发生史中，人类对外部自然环境、生存条件，先是适应，然后才是适应中的利用和能动改造。人类走过"靠山吃山，靠水吃水"那样一种被动迁就自然生存环境的时期，正是依靠这种适应才逐步积累机体的进化成果，形成原始的生存经验，才逐步学会制造和使用工具、并不断发明和改进工具，形成与环境特性相适用的生产方式。对此，人文地理学研究举证了大量确凿而鲜明的文化人类学事实：高山密林形成了山地民族与狩猎文化；草原大漠造就了游牧民族和牧区文化；平原地带培育了农耕民族和农作文化；滨海地区生成了渔民部族和海洋文化；等等。地理环境通过气候、地貌、物产、水土资源等因素对人类生产方式的物质性预设，先在地规定着人类对于工具的制造和利用，对环境的适应与改造，对生活资料的生产与培植。这类具体而强大的空间因素，造就了与自然环境相适应的人类聚落的民族特色，因而在生产方式的环境相洽性基础上，形成了与民族生活方式、身心特征、语言思维、空间格局相一致的民族区域文化。通常情况下，它们总是环境特色、生产方式特色、人类种族特色的有机复合。因而，这种起源于地理环境和人类实践互动关系中的文化特质，亦为空间的文化孕育和文化的空间形塑的统一。人类依据在特定自然环境—空间条件下发源的生产方式和文化力量，不断延伸着为环境所要求、所可能的方式，亦为人类自身所需要、所可行的方式，在改造环境的同时改造人类自身及其社会。因而也就将起源于特定地理环境—空间的文化，不断深化、扩展地回置于特定的地理环境—空间，加固和延续着空间的文化生产，进而用特定文化反复地生产、形塑和强化着特定的空间。这样，使进到高度文明的当代地球居民，仍然能十分清晰地依据地理环境看到文化由其民族特色、区域特色、产业特色等元素构成的空间特色，也能在相应的空间中发现人类社会文化的上述特色。如此由空间生产与文化创造的交相互动、反复循环，便铸就了文化地理学的空间论基底。

二、空间物境与主体心境

我们还需要从自然环境、地理空间格局对人类交往方式进而对思维方式的某些直接影响中，观察和说明空间—文化的相关性。在现代交通、通信工具诞生之前的漫长历史时期，人类生存和交往的空间格局，很大程度上是依据地理条件、物产资源可能承载的人口密度，为人类提供栖居方式及其交往的空间关系：流动的或固定的、稠密的或稀疏的、聚落的或零散的、通达的或封闭的等。它们直接和间接地影响着社会的生活方式、文化心理、思维取向乃至价值观念等诸多的文化成分及至整个文化形态。齐美尔在对空间的社会文化研究中得出了这样的结论：空间通过对其土地面积的划分，往往被分割为若干部分，这些分割以奇特的方式使居民当中的关系和居民与局外人的关系具有各自的色彩。最为众所周知的例子是山区居民，他们奇特地把自由思想和保守主义、相互之间态度冷淡和热烈眷恋土地融为一体，然而眷恋土地创造着他们之间的一条强有力的纽带。而尼罗河提供给它的两岸的居民以它能够保障给他们以及开发利用所需要的活动的东西,一方面极端均匀,千篇一律;另一方面,它的河谷十分肥沃,因此居民一旦到了那里,就没有理由进行动荡不安的移动。这些十分积极的理由给该地区不断重复的生活内容打上形式单调的烙印。①这种环境文化的分析,表明生存空间总是以其自然特质给栖居者在知与行的结合上以多方面的影响。

关于地理空间格局足以造成社会不同的心理反应,场所精神的研究也提出了另一视角的举证。诺伯舒兹认为,"平原、山谷、盆地、高地、山丘、高山。所有这些场所都有清楚的现象学的特性。平原是扩展的表征,山谷则是被界定的、具有方向性的空间。盆地是集中化的山谷,空间成为包被的、静态的。因此山谷和盆地具有超大或中等的尺度,峡谷所表现的特色则是'可怕的'狭小。峡谷有'黄泉'的特质,足以深入大地的'内部'。在峡谷中我们有被束缚或跌入陷阱中的感受……山丘和高山与山谷和盆地是互补的空间,在环境中的功能主要是由空间所界定的'物'。山丘和高山一般的结构特质是由'坡度''山顶''脊脉'和'顶峰'这些词汇加以描述的"②。大地的空间形态派生并制约着人类生活场所的建构,径直影响着作为空间文化的场所精神。

黑格尔作为辩证法的顶级大师,虽然有抽象的逻辑主义之嫌,但在其对人类历史的哲学研究中,同样发现了地理空间形态经由对人类交往方式的制约而影响社会思想文化的情形。他从海岸居民与海洋交通的空间关系揭示了海洋文化的空间特质:"大海给了我们茫茫无定、浩浩无际和渺渺无限的观念;人类在大海的无限里感到他自己无限的时候,他们就被激起了勇气,要去超越那有限的一切。大海邀请人类从事征服,从事掠夺,但是同时也鼓励人类追求利润,从事商业。平凡的土地、平凡的平原流域把人类束缚在土壤上,把他卷入无穷的依赖性里边,但是大海却挟着人类超越了那些思想和行动的有限圈子。航海的人都想获利,然而他们所用的手段却是缘木求鱼,因为他们是冒了生命财产的危险而来求利的。……从事贸易必须要有勇气、智慧必

---

① [德]齐美尔:《社会是如何可能的:齐美尔社会学文选》,第299—300页。
② [挪]诺伯舒兹:《场所精神:迈向建筑现象学》,第34页。

须和勇气结合在一起。因为勇敢的人们到了海上,就不得不应付那奸诈的、最不可靠的、最诡谲的元素,所以他们同时必须具有权谋——机警。"① 与此同时,黑格尔还揭示了那种既不同于海洋文化又相异于高原地理文化的平原农耕文化特征:"农业在事实上本来就是指一种流浪生活的终止。农业要求对于将来有先见和远虑,因此,对于普遍的东西的反省觉醒了,所有权和生产性实业的原则就孕育在这当中。"但这些地方的居民,因为生计的自给自足及缺少海洋所赋予的开放性文明,以致占有这些耕地的人们闭关自守,墨守成规。② 通过这种对比性的思考,黑格尔把他所钟情的海洋文化,与他那强烈的哲学精神寄寓其中的希腊文明,美妙地结合在一起,予以特别的礼赞:开放、民主、自由、智慧、勇敢。他的这种海洋空间文化意识,深为英国著名科学史家丹皮尔所认同,并做出深入阐释:"从古希腊神话的神身上,我们得到一种从别处得不到的对于希腊人的气质的认识。我们可以看到这个种族虽然也虚伪、自负,或许还放荡不羁,但是却有美的感觉,生活乐天,对人热情,充分表现出他们是一个勇敢善战,生气勃勃,胸(襟)怀坦白的战胜的民族;这个民族具有异常聪颖的禀赋,生长在风光明丽的国土中,这里有酒浆般深暗的海水,把全世界的商品和知识举到他们门口,气候对他们的堡垒式的家屋非常适宜,还有大量奴隶使生活优裕,有闲暇来发展最高度的哲学、文学和艺术。"③ 所有这些带着被后人看来有几分"地理唯物史观"元素的论述,都是从地理环境制约人的生存样态和交往空间,进而影响思想文化特质的逻辑理路,去解释地理对文化的空间作用的。这种思维范式其实也为马克思恩格斯所提示。恩格斯曾明确指出,人类文明是沿海岸、顺江河而传开的,"内地,特别是贫瘠而交通阻塞的山区就成了野蛮和封建的避难所"。"因山区交通阻塞而更加巩固的宗法关系产生愚昧、野蛮又造成冥顽鄙野……风俗习惯、性格、制度绝(决)然不同的一打民族由于对文明有着共同的反感而团结起来了"④。中国化马克思主义的先驱李大钊则从地理气候的差异直接推演出文

---

① [德]黑格尔:《历史哲学》,王造时译,上海书店出版社2006年版,第83—84页。
② [德]黑格尔:《历史哲学》,第93—94页。
③ [英]W. C. 丹皮尔:《科学史及其与哲学和宗教的关系》,李珩译,商务印书馆1975年版,第42—43页。
④ 《马克思恩格斯全集》第4卷,第518—519页。

化的资质分殊及其空间格局：南道得太阳之恩惠多，受自然之赐予厚，故其文明为与自然和解、与同类和解之文明。北道得太阳之恩惠少，受自然之赐予啬，故其文明为与自然奋斗、与同类奋斗之文明。一为自然的，一为人为的；一为安息的，一为战争的；一为消极的，一为积极的；一为依赖的，一为独立的；一为空想的，一为体验的；一为艺术的，一为科学的；一为精神的，一为物质的；一为灵的，一为肉的；一为向天的，一为立地的；一为自然支配人间的，一为人间征服自然的。[①]所有这些思想，都肯定了地理空间对思想文化的某些规制作用。它们从不同的侧面表明，人类作为地球居民抑或万物之灵长，它是大地之造物又造化着万千地理环境、景观，在受自然之造化和改造自然之蛮荒的双向过程中，其精神世界和文化创造，总是从不同的维面和以不同的渠道与方式，接受着自然环境和生存地理空间的作用和规定的。在以生物进化的方式适应自然，形成人类物种的基础上，又把从大自然获得的生物进化成果——物种优势，与生存行为—物质生产实践结合起来；把来自自然环境、地理空间对人类生命活动的天然造化和要求，亦即形成的对自然的本能意识和物种记忆，上升为一种文化反映的力量，一种"获得性遗传"的财富，附加在生产实践及其劳动工具上，在改造和延伸物种的生命本质力量的同时，以人类文明的手段把物种的生命本质力量返还给自然，形成对生存空间、地理环境的文化形塑——即所谓的空间生产。这样，空间的文化形塑和文化的空间生产与表达，本质上便成为自然造化和造化自然双向过程辩证统一的活动与结果。因而，人类文化必然烙上地理—空间的深刻印记，以致解读地理景观和地域文化，必须引入空间思维的逻辑和视界，必须做出文化地理学的科学解释，才能在一个重要方面把握文化的空间形态和韵致。基于这样的事实，人类在长期的历史发展中，形成了一种由生存的空间聚落酿成的地域文化情结："地理区域的交汇处伴随着相关气候、种族与文化的关系。"因此自然的地景具有一种空间的结构，足以集结和表现人与地理的文化关系。[②]

在人类活动与地理环境影响的长期互动中，社会主体把其栖居之所的大

---

① 《李大钊文集》上册，人民出版社 1984 年版，第 557—558 页。
② ［挪］诺伯舒兹：《场所精神：迈向建筑现象学》，第 117 页。

地当作日常生活的舞台，将人生的物质诉求和精神愿景嵌入其中，实行某种程度的空间形塑，形成一种友善的关系。这样，自然地景乃成为文化地景，亦即让人发觉富有意义的场所存在于一个整体之中的环境。在平面上，人选择并创造了中心、路径、领域，组成了人类日常世界的具体空间。[①] "在文化地景中，人'构筑'了大地，同时表现了它潜在的结构成为一个有意义的整体。文化地景系以'文明'作基础，包括了界定的场所，路径和领域，具体化了人对自然的理解。"[②] 另外，地景所包含的栖居之所，作为对人们内在自我外化的表征和"诠释"，同时也包含了自然对人类活动的内在规定性及其要求。故生存空间及其组合的地理景观，便成为大地向人生的展示与人生对大地之改造与解读双重规定性的文化复合。我们能够从文化地理学视角去描述诸种"有意义的场所"，正是因为它们具有由人与自然的互动而形成的意义结构及其文化特质才为人所知。而且，在地理空间景观中引发出来的文化意义，是情理交融、真善美合一的。其人地之间的空间情结，恰如哈维引述利奥波德的话所指出的多重价值关系那样："对我来说，离开对土地的爱、尊敬和赞扬以及对其价值的高度重视，还能够与土地保持一种伦理关系，这是不可想象的。提到价值，我当然是指远比经济价值更广泛的东西；我指的是哲学意义上的价值。所以，当一件东西趋向于保护生命共同体的完整性、稳定性和美的时候，它才是对的。反之，它则是错的。"[③] 环境、地景决定了生存空间主要的存在论意义以及栖居者对它们的深刻体验、牢固记忆，这种观点可以由许多人搬到陌生的地景、场所栖居时不禁生发的失落感，或在当今卷入城市化而失落故园情结的国人"乡愁"中获得证实。

当年，黑格尔在其《历史哲学》之"历史的地理基础"章节中曾多角度地解析过地理环境与民族性格、社会文化的内在相关性。他指出：在世界民族的生存方式和精神世界中，具有来自空间的属性。"每一个世界历史民族所寄托的特殊原则，同时在本身中也形成它自然的特性。'精神'赋形于这种自然方式之内，容许它的各种特殊形态采取特殊的生存……这些自然的区别第

---

① [挪]诺伯舒兹：《场所精神：迈向建筑现象学》，第37页。
② [挪]诺伯舒兹：《场所精神：迈向建筑现象学》，第50页。
③ [美]戴维·哈维：《正义、自然和差异地理学》，第178页。

一应该被看作是特殊的可能性,所说的民族精神便从这些可能性里滋生出来。"各民族的栖居之地并不外在于他们,"这些地方的自然类型和生长在这土地上的人民的类型和性格有着密切的联系。这个性格正就是各民族在世界历史上出现和发生的方式和形式以及采取的地位"。[①]黑格尔从人文地理学的角度充分肯定了民族性格、文化与地理环境的空间关联。但他并没有陷入单面的地理决定论,历史辩证法给了他足够的智慧,让他看到了自然环境给民族性格和文化的规定性或者影响力,只是一些"特殊的可能性","我们不应该把自然界估量得太高或者太低:爱奥尼亚的明媚的天空固然大大地有助于荷马诗的优美,但是这个明媚的天空决(绝)不能单独产生荷马。而且事实上,它并没有继续产生其他的荷马"[②]。黑格尔把人当作具有反思和超越自然某些规定性的能动力量、自由者,故自然对民族生存方式、文化精神施以影响不是单面的、万能的,仅仅是提供了长成某些特质的可能性而已。而把这众多可能性变成某种文化创造之现实的,还有赖于人的实践、人的社会、人的自由,自然仅仅是人获得自由的第一个立足点。如此说来,我们讨论文化的空间或空间的文化,必须坚持实践唯物论取向,从人类的空间生产实践中去考量文化与空间的辩证关系。历史学家汤因比认为,人与其环境的关系具有挑战与回应的双重性。大体而言,环境是实质的自然。所有伟大的历史学家都强调自然环境的重要性,同时也强调人回应与塑造自己世界的能力,建造了环境中的"自己"。社会文化生成和发展于人类改造自然并建构自身的过程中,以致人可以在不同的生活方式造就的人与外部世界的具体关系内,用不同的方法诠释一种既有的环境。[③]外部环境与其空间自然物之于人的意义,不仅取决于物质环境的本然,而且更取决于人的需求,以及人与物的实践价值关系,包括使用价值与情感认同、自然意义和人为意义,它们的统一构成空间事物的文化价值。例如,疏离感最主要是由于人对于构成其环境之中自然的和人为的物丧失了认同感所引起的。这种丧失也阻碍了集结的过程,因而种下了我们实际面临的"场所沦丧"的祸根。物已变成是用后即丢弃的消

---

① [德]黑格尔:《历史哲学》,第74页。
② [德]黑格尔:《历史哲学》,第74页。
③ [挪]诺伯舒兹:《场所精神:迈向建筑现象学》,第168页。

费客体，自然则被视为是"资源"。只有当人重拾其认同感和集结的能力，才有可能遏止这种破坏性的能力，才有可能遏止这种破坏性的发展。第一步是要完全理解有关认同感与集结的客体，亦即理解物的概念。因此我们应该也可以定义人为意义的本质以及人为意义与自然意义之间的关系。天地存在于壶的壶性中。以壶为例，壶被理解为能满足某种目的的人造物。不过壶的功能形成了在天地间所发生生活的一部分。壶参与了这种发生，壶是使生活具体化的场所的一部分。[①]基于此，我们必须引入空间生产的实践理念，才能深刻地、科学而具体地理解空间与文化的互规定、互创造关系，形成对空间的文化解读与对文化的空间理解的一致。

第二节　社会实践基础上的空间文化书写

生存空间之于社会主体的文化意义，不仅因为空间是栖居之所，更因为它是生产之物，内蕴着社会生活的诸多规定性，因而在人文化成方面具有主体与客体、意识与存在、生产与环境、物的筑造与社会关系运行等一系列彼此互动的相关性，生成了空间文化的丰富内涵。

一、空间实践—文化的互建构与自组织

空间的文化叙事，必须以社会生活的空间实践为基础，从空间生产、栖居体验、社会交往、空间意识的联动互制中做出解释。

1. 空间—文化链接中的社会生产机理

无论是马克思恩格斯，还是其思想的后继者齐美尔、列斐伏尔、哈维等人，都或隐或显地表达了一共同的理念：人类生存的环境—空间，从来不是自洪荒时代至今亘古不变的。空间不仅有其自身统归于宇宙世界运行的物理变化，诸如地壳运动、冰河解冻、火山喷发、大地震动、陆海浮沉、山川河湖的伸缩，以及动植物资源的增减等。这些空间事件，孕育着人类这一特殊

---

① [挪]诺伯舒兹：《场所精神：迈向建筑现象学》，第168页。

物种，而且以动态的空间影响着人类的生存与发展。它们天然地要求人类顺应环境的变迁，在改变自身的同时适应和改造自然，形成物种进化的遗传性获得之生物优势和相宜的空间活动能力。而且在积极适应自然环境—空间的过程中，利用和创造工具，改造着外部自然界，进而更深刻地改造着自身，形成与空间实践相一致的获得性遗传的生命本质力量与掌握和改造空间的行为能力。因而，人从自然的奴隶到将军，也总是伴随着一条由不断摆脱消极顺应自然到积极改造自然的前进之路。这一历史的转化表明：人不仅是空间中的生命，更是能够生产空间，给空间以社会—文化活力的生命。人不像动物那样是空间匆匆来去的过客，人要以与自然有别因而一定程度地超越和再生产自然的主人身势，有计划、有理想地生产着属于自己的生存空间。虽然动物也有某种选择，也会通过自己的行为改变它们的后代必须要应付的物理的和"社会"的条件。但它们是根据变化了的条件改变自己的行为，或通过迁移使自己面临新的条件，这些活动只是为物种演化觅到不同的可能性。而人在生物进化过程中，以生产实践把物种在环境变化中遭遇的进化可能性有选择地变成属人的现实。社会实践中的人这一特殊的"有机体'不只是自然规律的客体，改变自己以适应必然性，而且是活跃的主体，根据自然法则改造自然'"①。这样，也就形成了人身生命的生产、自然物质世界的生产和社会文化的生产，在循环往复中的互动与统一。人类在改造自然、生产物质空间的过程中，改造着自身尤其是社会—文化的特质，并且把这种积极改造的活动成果，以获得性遗传的历史文化力量返还给孕育它们的广义的空间生产实践，形成空间的社会—文化形塑和表达。

社会学家穆恩在她的《加瓦的名声》对海岛居民行为的研究中，把空间、时间和社会—文化价值这三个概念置于观察、思考和诠释其诸种关系网络的中轴上，从中揭示这种网络的"一种模板或生成图式"，发现其"价值得以创造和指示的主体间关系"。最后她得出结论："社会文化实践'不仅在时间和空间中或者通过时间和空间而发生'，而且它们也'构造（创造）它们在其中发生的时空'。因此，行动者'实际地生产了他们自己的时空'。"②有鉴于此，

---

① ［美］戴维·哈维：《正义、自然和差异地理学》，第218页。
② ［美］戴维·哈维：《正义、自然和差异地理学》，第244页。

哈维肯定了人类生命活动对生存空间具有生产性这个一般的结论，而且还主张从实践的具体社会经济技术文化属性，去考察空间生产的具体文化历史特征。他认为，"不同的时空形式源自不同的社会实践。这意味着……空间和时间是多维度和等级的，取决于被观察的各种社会实践的类型"①。人的生存环境之始创和发展，都受动于人的生态、经济、政治、文化活动的进程与功能。这样，空间必然成为社会构造物。我们必须把人类生存的空间及其历史变迁，置于物质生产史、社会交往史、科技文化史的演进中去考察，揭示"空间—文化"链接中的社会机理。

关于空间的变迁和格局、形态的文化彰显之考察，自然最先必须从物质生产对空间的再创造入手，因为它是直接作用于生存空间的社会—物理力量。历史上，资本主义是一种革命的生产方式，总是不安地寻找新的组织形式、新的技术、新的生活方式、新的生产和剥削模式，因此也寻找新的时空客观定义。空间关系和空间再现的周期化重组总是具有非常有力的影响。收费公路、运河、铁路、汽船和电报、无线电和汽车、集装化运输、喷气飞机运输、电视和远程通信等，已经改变了时空关系，并促成新的物质实践和新的空间再现模式。②哈维这一段近似重复马克思恩格斯在《共产党宣言》中对资本主义空间拓展史论述的文字，从生产的物质技术变革对空间生产和空间关系形成的再生产模式之关联中，揭示了物质技术经由生产实践对空间形塑带来的社会文化雕刻的事实。它是与马克思关于物质生产改变和发展人与自然包括环境、空间在内的关系之实践唯物论的思想相一致的。

马克思主张从生产实践尤其是工业化生产去理解空间生产的文化形塑。工业作为将大量现代科学技术凝聚于物质生产实践中，把反映自然规律及人对自然的能动性集合成为一种规模宏大、内容丰富、深刻改造自然的生产方式，更为完整而具体地展示了人的本质力量，表达着人对大自然之认识和价值的诉求。因此，必须对工业实践及其空间造化，进行人的本质力量进而人的精神文化世界的对象性观照，当作人类镌刻自我的大地之书去解读，才能全面领悟其文化人类学的真谛。如果仅从经济效用关系之浅表而片面的维度

---

① ［美］戴维·哈维：《正义、自然和差异地理学》，第244页。
② ［美］戴维·哈维：《正义、自然和差异地理学》，第273—274页。

去解释工业生产及其造化的物质对象性，那断然是一种"丢人"的庸俗唯物论，最终必然扭曲人与自然的物质、能量、信息变换关系，必然忽视和遮蔽物质生产之空间实践的文化和人学内容。

顺着马克思实践唯物论的空间逻辑，我们可以从物质生产的内在要素与空间生产的具体关联，说明生产实践是如何在空间形塑中将社会文化的元素嵌入其中的。人类的物质生产，离不开生产工具、劳动对象、组合方式和生产品等具体要件。生产工具作为物质生产实践的决定性因素，它一方面是生产主体之自然器官及其体力的延伸和集合，同时更是人类关于改造和利用自然物的科学知识、生产经验、价值诉求的凝结。它们灌注着人与自然的相互作用与彼此规定：把关于劳动对象变成劳动产品的可能性之认识，把生产主体对劳动对象实行创造性加工的设想、意图，实践地、技术地物化在生产工具这个中介上面。同时，按照生产工具系统的内在结构，按照生产的分工水平与协作规模，把生产过程及其环节、构件配置在一定的时空之中。因而，直接生产的物质技术方式，现实地规定着、实现着对空间的生产性形塑与利用。例如，一定的或手工，或机器，或自动化生产线的物质技术，会要求生产的加工、动力（人力、自然力、人造能源）、传动、控制系统配置在不同的作业面上，进而规定劳动对象的不同集聚规模和空间措置方式，再而要求交通、运输、仓储的不同配置格局和时空结构，等等。人力、畜动力的农耕生产，水利带动的手工作坊，电力推动的机器工厂，现代化的自动生产线，其空间的开发和利用方式，其对空间事件创造及其产生的空间形塑，深刻而巨大相异；人畜体力负重的运输、火车轮船的运输、飞机海轮高速列车的运输，都将使物质生产嵌入不同的时空结构中，因而都会生成不同的空间形塑。对于交通改变空间环境，左拉在其文学著作《金钱》中有如此描述："在那没有人烟的平原上，在这些荒凉的山峦中，我们的铁路线将从那里穿过，你将看见一种复兴，是的！田园会开垦出来，道路和运河会开辟出来，新的城市会从地上出现，像生命力将重现于病人的身体上一样。"[①]这些事实的背后，是人类把对自然的理性认识、价值诉求、实践意识的乃至审美感知的理解、知识，经由物质技术及其实际运用的转换，变为改造自然事物因而生产空间的

---

① ［美］戴维·哈维：《正义、自然和差异地理学》，第149页。

实践，使空间的形塑，成为人与自然诸种关系之思想文化的环境书写和地理镌刻。这也就是马克思所谓的工业及其造物是人的本质力量打开的书卷，是一部物化的心理学或认识论思想的空间文化底蕴。对此，马克思有进一步的解释："工业是自然界同人之间，因而也是自然科学同人之间的现实的历史关系。因此，如果把工业看成人的本质力量的公开的展示，那么，自然界的人的本质，或者人的自然的本质，也就可以理解了；因此，自然科学……将成为人的科学的基础。"①

2. 交往关系、空间格局与空间意识的相互创造

人类的物质生产，进而在这一过程展开的空间生产，绝对不只是人与自然的物质、能量、信息变换关系。由于物质生产是在结成一定的社会联系中实现的，它同时包含人与人之间的经济利益、社会能量和文化信息交往与变换关系的再生产。这使生产力的不断再生产过程，同时实现着生产关系的不断再生产。在生产力直接实现对空间事物，进而对人类生存空间的不断再生产中，同样也伴随着物质生产关系的运行对生存空间的不断再生产。它们既把人与自然的关系及其思想文化内容注入空间形塑中，又把人与人的经济关系及其思想文化内容也一并注入空间形塑中。我们必须在空间—文化的双向释读中关注来自生产关系的内容。马克思认为，"自然界的社会的现实，和人的自然科学或关于人的自然科学，是同一个说法"②。这就是说，包括空间在内的自然界被社会化了的现实，既是人关于自然科学之认识的复现，又是关于人及其社会性的科学认识的对象化投影。空间的社会化或文化形塑与文化的空间表征，首先集中体现在生产力运动对人的本质力量及其科学技术知识的物质外化中。但人的社会存在，以及物质生产的社会属性告诉我们，在考察和诠释人类空间生产的文化规定性时，一定要从人的社会关系出发思考问题，才能澄清人在空间生产中的对象化亦即人文外化的问题。因为"我们知道，只有当对象对人说来成为人的对象或者说成为对象性的人的时候，人才不致在自己的对象里面丧失自身。只有当对象对人说来成为社会的对象，人本身对自己说来成为社会的存在物，而社会在这个对象中对人说来成为本质

---

① 《马克思恩格斯全集》第42卷，第128页。
② 《马克思恩格斯全集》第42卷，第129页。

的时候，这种情况才是可能的"①。同时，也只有社会化的人，联系起来的生产者，才能"合理地调节他们和自然之间的物质变换，把它置于他们的共同控制之下，而不让它作为盲目的力量来统治自己；靠消耗最小的力量，在最无愧于和最适合于他们的人类本性的条件下来进行这种物质变换"②。这样，祛除了空间生产的社会异化和主体性缺位，把握了空间生产的人文真实，人们对于空间的文化形塑和空间对于文化的物理表征，才能有更为合理的解释，也才能见出空间对于文化更为直接、更为真实的表现。

生产关系对于空间的再生产，会不断再生产出与社会交往方式相一致的空间格局来。空间生产的研究者发现，生产关系的历史变迁和时代特征，的确给空间生产带来了不同的经济文化意蕴。与封建社会自然经济条件下的空间生产格局及其停滞、封闭的文化样态不同，"今天多数环境都主要取决于资本主义的行为、制度和权力结构。当代环境的可持续性主要取决于保持资本主义的发展。……按照马克思的说法，我们可以共同希望生产自己的环境历史，但只有在特定环境条件中进行，这种条件经由资本循环、剩余价值榨取、货币化交换和商品循环的漫长历史地理学传给我们"③。资本的快速流转和世界市场的高频率交易，以及人财物的大流通，让铁路等现代交通快速发展和运行，而这些又深刻地改变着人们的时空观念和经济交往空间的文化意涵。近代以降，铁路及后来高速度、大运力的交通工具不仅改变了世界的空间联系，甚至还改变了气候、季节的空间差异给社会生活的影响。人们可以超越地区差异、季节和气候差异，按照同样的法则组织经济和社会生活，以致人们欲求市场获利，绝不能以一种完全不符合由铁路的新时空性所强加的新型评价模式的价值体系来做生意。④这种交通发展、生产关系运行与经济空间的相互创造，不仅是物理层面的，同时也是精神层面的，它让人们深刻而又多方面地生成与生产关系文化精神相一致的空间意识与感性体验，形成以生产关系为基础的空间思想意识形态。

---

① 《马克思恩格斯全集》第 42 卷，第 125 页。
② 《资本论》第 3 卷，人民出版社 1975 年版，第 926—927 页。
③ [美]戴维·哈维：《正义、自然和差异地理学》，第 222 页。
④ [美]戴维·哈维：《正义、自然和差异地理学》，第 277 页。

人们对于空间的文化理解和诠释，其视角、方法和理念鲜明地随着社会生产方式的改变而改变。现代人理解的空间范畴与以往历史时代的人所体验和理解的空间几乎很难一致了。当今，无论是东方还是西方，不断变化的时空秩序也是文化、美学和政治激烈争论的焦点。[①]人们在市场经济的发展中，发现货币交易的同质性与市场法则的普世性对城市空间区域特征的消蚀成为普遍现象，因为空间范畴中的地产权和空间产品的货币化、资本化，引导空间生产接受价值规律的制约。正如德国戏剧导演约翰尼斯·布林格所说的"空间崩溃"情形："城市躯体（物质的和文化的社区表象）的散裂和瓦解已经达到一种幻觉程度"；"所有空间都具有可相互交换特性，或者可见的（静态的）参照点为持续的表象之流"。[②]在资本和市场力量的作用下，生产关系的空间形塑使城市原有的空间秩序被大量解构。货币的跨通交易、资本的均利法则、市场的白炽竞争，以及投机的剧烈博弈，让城市空间更多地呈现出一种土地争夺的无序性和建筑复制的雷同性。这种资本文化的空间形塑，钟情于空间生产研究的列斐伏尔早有觉察：商品世界随后引发了某种对空间的态度，某种施于空间的行动，甚至某种空间概念。实际上，所有由黄金这个交换之神凭空建立起来的商品链、循环体系和网络，都具有一种明显的同质性。然而，在商品链中，每一个位置和环节，都被物占据着。因此，商品空间可以定义为由各种特异性组成的同质性。按照这种方式理解的空间，既是抽象的又是具体的；除了其所组成部分的可交换性，它没有具体的存在，所以是抽象的；它在社会上是真实的，并且同样地存在某处，所以又是具体的。这就是空间，它是同质的然而又被分解成碎片。[③]列斐伏尔对商业城市的空间文化解读，具有以资本关系为经济基础的唯物精神，又有与市场交易机制相契合的辩证思维。唯其与商品货币交易法则相适应，城市建筑都按市场机理要求实施空间布局，把体现价值规律的均质性法则作为空间资源分配的基础，以赚钱赢利为空间利用的目标及其计算尺度，包括空间本身的拥有和置换都以价值规律为轴心，而抹平其主体身份、产权归属、地域名义等方面的特质。这样便形

---

① [美]戴维·哈维：《正义、自然和差异地理学》，第277页。
② [美]戴维·哈维：《正义、自然和差异地理学》，第276页。
③ [美]戴维·哈维：《正义、自然和差异地理学》，第312页。

成了空间的抽象性和计价方式的同一性。加之以便利市场开发、加快挣钱升值为使用法则,城市的空间筑造在社区之间乃至城市之间形成了市场法则带来的诸多重复性、均质性,千城一面的建筑让其空间虽有感性的具体处所和物象,但因失去了地域的和风格化的特色而变得抽象。传统意识里的街道与广场不复存在,一般的结果是单元任意的组合。这意味着一种明确的图案与背景的关系不再存在;地景的连续性已遭破坏,建筑物不再形成簇群或群集。虽然一般性的秩序仍旧存在,但这种秩序并无法让人有任何场所的感受。这种变迁也发生在既有的市镇中。都市纹理被撕裂,空间场所的连续性遭到破坏,空间和谐遭受毁灭。结果,节点、路径和区域丧失了它们的认同性,传统都市结构沦丧,地景失去了它原有的意义成为广泛的扩展,而且被约简成人为构建网状组织的残渣。栖居环境失去特色而沦为单调,某些多样性的刻意雕琢也经常出于商业揽客的算计。大部分建筑物的风格迁就通用的建筑技术、材质和经济节约,具有非实体性的抽象化特征,缺乏特色意味着空间感知及其文化的贫困。"这种症候表示着一种场所的沦丧。就一个自然的场所而言是聚落的沦丧,就共同生活的场所而言是都市焦点的沦丧。大部分的现代建筑置身在'不知何处';与地景毫不相干,没有一种连贯性和都市整体感,在一种很难区分出上和下的数学化和科技化的空间中过着它们的生活……可说是一种'环境的危机'。"①另外,商品经济及其市场竞争,又总是把雷同当作天敌,把个性彰显当作制胜法宝。在追求市场经营功能和实用效益的驱使下,城市的空间格局及其具体建筑的安排,又不时出现五光十色甚至千奇百怪、形态杂呈的乱象,生成大量碎片化意义世界,它们构成了城市空间的地理、产业、人文的具体性。可见,当代城市空间生产,出现了空间价值交换带来的均质性和抽象性,与空间产品使用价值带来的驳杂性和怪诞性并存的局面。这成为空间生产市场化的盲目性产物和病态,亟待进行空间文化的统筹和治理。

这样结合生产关系的特质及其运行机制来考察它们对空间筑造及其文化形塑的深刻影响,实际地表明并确认了这样一个事实:经济生活引发的物理空间变构,自然会引出空间观念的文化更新。哈维在总结人们对于空间形态

---

① [挪]诺伯舒兹:《场所精神:迈向建筑现象学》,第186—187页。

的文化解读法则时集中探讨了这一问题。他提出了六条原则性意见：①关于空间"建构任何种类的知识，'绘制空间'的话语行为都是先决条件。离开对情境、区位和位置在其中发生的空间的绘制，任何有关'情境性'、'区位'和'位置性'的谈论都是无意义的"。②空间的"绘制是一种具体体现权力的话语行为。以一种而不是其他方式绘制世界的权力是一种至关重要的政治斗争工具"。③"社会关系总是空间的，并且存在于某种生产出来的空间性框架中。……由此得出的结论是，空间关系（以及那些空间关系的话语）的生产是社会关系的产物，改变一种就是改变另一种。"④"物质实践改造着作为全部空间知识来源的经验空间。这些变革性的物质实践部分地与话语地图和计划一致（并且因此是社会关系和权力的表现），但它们也是象征意义、神话和欲望的表现。通过物质实践创造出来的空间性（如果它们是生活、交往、工作、象征活动和仪式以及享乐的框架）也构成物质框架，在其中，社会关系、权力结构和话语实践得以展开。"⑤"制度是生产出来的多少具有持久性空间。在最显见的意义上，它们是领土化——控制和监禁的领地、管辖的地形、组织和管理的领域。但是，它们亦带来了象征空间的组织化（纪念地、圣地、围墙、大门、房屋的内部空间）和符号体系的空间控制，这些东西支撑和指导着各种形式的制度实践和忠诚。对象征空间秩序的干预以及学习解读制度化景观的语言学，这是权力作用于个体的结果，这种结果在保障社会秩序方面具有主要的作用。"⑥"想象（思想、幻想和欲望）是各种可能的空间世界的肥沃资源，那些世界能够预示——尽管没有条理——形形色色的话语、权力关系、社会关系、制度结构和物质实践。在这一点上，许多社会和文学理论的结构常常是借助某种想象对不同的和难以处理的过程和事件的秘密图绘。"①哈维关于生产关系、整个社会关系对空间的生产及其文化形塑的现象与内在机制的观察是全面的、思考是深入的、分析是中肯的、诠释是系统的，为我们从文化方面理解生产关系的空间生产，提供了重要的方法论线索。咀嚼这些论述，我们在对生产关系之空间生产的文化释读中，至少要认真注意以下一些原则。

其一，社会关系总是空间的，空间关系及那些关于空间关系的话语，是

---

① [美]戴维·哈维：《正义、自然和差异地理学》，第129—130页。

社会关系的产物。我们必须以社会生产方式包括生产力、生产关系对物理空间生产的实践为基础，去解读空间—文化现象。这是唯物史观的空间生产论、文化论的思想基石。

其二，所谓的"空间绘制"，无论是物质的界划或是语言的宣示，都是一种实际体现权力的具体行为。社会生存空间的生产、分配、占有和使用，其深处总是隐藏着利益、权力和阶层或阶级、民族、国家的意志，空间中人为的物理事件带着强烈的社会权利属性。这一方面形成了权利的空间生产，同时权利化的空间又表征着特定的社会关系。

其三，物质的空间生产实践，生成和改造着作为全部空间知识来源的经验空间，因而成为观念地、语言地、文化地实施"空间绘制"的基础。空间生产的物质实践与空间的意识图绘总的来说是一致的，前者制约后者，后者指谓和引导前者。这是空间文化论的唯物辩证法。

其四，在社会生产关系及其制度对于空间的物质性生产和文化形塑中，人们多少会生产出一些具有持久意义的历时性空间。它们除了领土化的国家、民族统领的空间地域之外，还通过一些象征性的空间筑造和符号控制等形式，来支撑、维系和指导人们对社会制度的实践与忠诚。这在帮助社会个体学习和理解制度化景观、场所精神和空间仪规的同时，还实现着社会权力对于个体知行活动的干预和控制，成为一种物质化、空间性的立体意识形态教化。

其五，人类对于空间的物质性生产和精神性理解，除了现实主义的基本内容外，还有超越现实生活及其环境条件的理想性成分。它们以空间想象、幻想、欲望、祈祷、愿景等形式，把对社会、人生、自然的美好向往、期盼与诉求，与对现实的批判、否定、改造联系在一起，形成空间性超越的乌托邦或"异托邦"。诸如"三山五洞"、"世外桃源"、人间天堂、"蓬莱仙境"等空间向往及其美丽言说，都是以各种可能的空间世界为资源，以对社会生活的预见、象征和期盼为指引，所构建出来的美好人生的空间—文化图景。它们的形式是虚幻的，它们的内容则多少是现实的。因而对空间的文化解读或对文化的空间叙事，应当把现实主义和有几分浪漫色彩的理想主义结合起来，为哪怕是有些空灵的"理想国"留下一片天地，让社会主体的栖居多少带些诗意。

其六，对空间的文化理解和言说、绘制，还需重视言说对实践、能指对所指的思想引导和知识建构作用。对于空间生产及其文化形塑，各种空间知识，"绘制空间"的话语行为都是主体性的先决条件。离开在情境、区域、位置、距离、交通和境况等方面对空间的感性体验、机制理解、逻辑推导、意识把握和具体描绘，任何有关历史事件、实践行为、社会关系之空间性问题的讨论、解决或建构都是无意义的。因为各项事务的处理，都须置于具体的时空条件下，获得明晰的空间规定性，才能实现。

上述诸项，都是空间—文化问题在社会关系方面于思想认知和实践建构的辩证联系中，以及对它们的科学处理引出的言说内容和知行策略。我们必须看到，空间与文化、认识与实践、能指与所指虽有同一性，但每组关系中的两项并非等同。它们之间的互规定、互创造、互表征机制的具体实现，需要经过某些"转换"。在空间—文化现象的认知、言说和实践中，一环节向与之相应的另一环节转化和过渡，难以不差分毫、彼此对应，每一过渡或转化，或因错位，或因漏失，或因条件不济，或因意识模糊，或因无意加减，或因译解不当，总会发生某些偏差乃至无意识的后果。因而对空间—文化链中各个相对的两项之关系要辩证思考和理解，要承认有观测不准、理解不周、言说不当、践行不妥的偏差现象，而不致失去了空间—文化解读的灵动。马克思深谙此中奥妙，早就看到空间的利用方式对于社会财富关系的迁就和屈从，空间格局对于人生意义真假虚实之吊诡："生产对富人所具有的意义，明显地表现在生产对穷人所具有的意义中；这对于上层来说总是表现得精致、隐秘、含糊，是假象；而对于下层来说则表现得粗陋、露骨、坦率，是本质。工人的粗陋的需要与富人的考究的需要相比是一个大得多的收入来源。伦敦的地下室给房产主带来的收入比宫殿带来的更多，也就是说，地下室对房产主来说是更大的财富。"[①]如此说来，"正像工业利用考究的需要进行投机一样，工业也利用粗陋的需要，而且是人为地造成的粗陋的需要进行投机。……英国的酒店是私有制的明显的象征。酒店的奢侈表明工业的奢侈和财富对人的真正的关系。因此，酒店理所当然地是人民唯一的至少受到英国警察从宽对待的星期日娱乐"[②]。在人们栖居空间的巨大反差中，"一方面所发生的需要和

---

① 《马克思恩格斯全集》第 42 卷，第 138 页。
② 《马克思恩格斯全集》第 42 卷，第 138 页。

满足需要的资料的精致化，在另一方面产生着需要的牲畜般的野蛮化和最彻底的、粗糙的、抽象的简单化……甚至对新鲜空气的需要在工人那里也不再成其为需要了。人又退回到洞穴中，不过这洞穴现在已被文明的熏人毒气污染"①。所有这些，在空间生产、享用与权利、需求、消费、社会、文化等联结方面发生的真假虚实、美丑善恶、表里清浊的异化和诡谲，都是剥削关系、资本逻辑对空间实践中形成的野蛮性的不对称，它们给空间文化的解读带来了历史的、具体的语境要求。同时也鲜明地展示，贫富阶级对空间的需要和占有状况，制约着空间的生产及其文化形塑，它们显示着空间—货币交易中抽象的平等和事实上的不平等。我们享用和理解空间，品味其中文化，千万不能迷失自我，忘了经济—政治的坐标和自己的身份与处所，不要让文化的空间表达和空间的文化解读发生主体性失真。坚持这样的视度和理解方法，我们将能顺畅而深刻地理解这样的空间社会文化学结论："客观空间和时间的社会定义深深地扎根于社会再生产的过程之中。例如……在北非卡拜尔人那里，时间和空间的组织（日历、住宅内部的分割等）如何通过把人与活动分派给不同地方和时间从而构成社会秩序。与特定时空组织模式一致，群体有序地安排其等级、性别角色和劳动分工。其实质性嵌入的选择最符合时空的社会构造物，这种选择使社会关系（以及机构的和社会的权力）内在化。例如，在卡拜尔人社会中，妇女的角色是以特定时间中所占有的空间来定义的。特殊的时空再现（与使用相反）方式通过保障社会秩序而指导着社会实践。……在印第安人宇宙结构中得到表述的空间—时间原则既是'当前经验的想象投射'，又作为'同时控制当前经验和塑造其有机组成部分的投射'发挥作用。空间和时间的表象源自社会实践世界，但是又成为这些实践规范的一种调节形式。"②这为我们深刻理解空间文化之生产关系玄机，提供了具体而鲜活的典范。

二、空间文化的情理氤氲

空间乃万物之所生、之所藏、之所变的场域、关系，是"色""空"统一

---

① 《马克思恩格斯全集》第 42 卷，第 133 页。
② [美]戴维·哈维：《正义、自然和差异地理学》，第 240—241 页。

体,即事物的构成与存在方式。"氤氲"为空间万物彼此交织、蕴涵、互动的气象和机理,从中国哲学上讲,乃万物由交互作用而生长变化之意。文化之于空间生产、形塑,乃是一种清气弥漫、天地升腾、万物化育之运动生成的精灵,它成为空间的神魂和结晶。空间精神,作为浩然悠长的天地之气,在文化层面无不是义理情致的有机构成。其中,理为情宗,情为理基,情理相互创生,彼此涵化,一道升华,遂成文化景象。因此,考察和解释空间—文化现象,不仅要关注社会主体的空间意识何以以自然空间为起底,了解其发乎自然的气韵;而且更要以社会的空间生产实践为基础,揭示空间精神的实践根据。但止于此并不足以说明空间精神的文化气息。我们还须从精神文化的情理结构及其在自然环境和空间实践的双重推动下,揭示空间文化精神之情理互动、相与催生的蕴化之机。故对"空间文化精神"须做"理致氤氲"之究,考察和说明其情何以相生,其理何以相成,其情其理何以人文化成。这些问题的回答,又自然地会出现两面性的因果关系:一方面是人类的空间实践造成的空间形态会生成并维系着一定的文化;另一方面是人们的文化特质及其指引的空间形塑,又将使空间记录、展示着某种文化,生成文化的空间景观。而且人们在不同的空间实践和空间栖居中,会对文化的资质从情感和理性方面发生强度不同、向度不同的催化作用,致使空间文化景观具有情致、理义的区域特色。

1. 情、理意识的空间文化寻因

对空间文化学探究颇深的齐美尔在分析城市紧致、频密的交往空间给人们的心智文化造成的诸多影响时,就认真地关注了交往的物理距离和心理距离的变量及其文化反应的特征。他首先指出,"整体而言,在原始的意识之下,惟(唯)有外在的接触才是内在的感动的载体——哪怕后者的性质是多么不同——未分化的想像(象)不能正确地把二者相互分开,犹如今天还处于小城镇的落后的情况下,同邻里的关系和对邻里的兴趣起着一种完全不同于在大城市里的作用一样,在大城市里,由于外在生活景象的错综复杂和混乱,人们变得习惯于持续不断的抽象,习惯于对空间上最贴近的东西无所谓和同空间上很遥远的东西有密切的关系。有些时代,跳越空间的抽象是客观环境所要求的,然而受到心理学不发展的阻碍,因此在这些时代里,关系形式的严重后果是产生社会学上的种种紧张"①。此处齐美尔对人的空间文化意识特征,从三个变量即心智发展程度、空间关系远近与思维抽象水平的相互联系给出了解释,让我们从中看到了空间实践与空间意识在文化上的互作用、互规定机制。

相对于心智水平较低的原始意识者而言,他们对外界环境、对人们的相互关系的空间感知,更多地依赖空间近距离的直接触及,依赖感性直观,空间可触摸的事物是能被理解的,是真实可靠的;而空间里不可企及的辽远事物,则难以被理解和相信。人们的空间意识是感性具体的,未能达到高度的思维抽象。临近的事物被紧张关注,辽远的事物则漠然处之。这如同孤陋寡闻的乡民之于繁华都会的市民之空间意识特征的比较。乡民对四邻八里的人际关系和空间事件,直接触及,亲身体验,感慨系之;而对远距离空间的人和事则知晓不多,空蒙渺茫,冷眼相对。即使某些空间实践或社会活动提出了超越狭隘空间范围的要求,但人们在空间意识方面的心力不济也让主体难以实现这种超越,以致走不出封闭。这里出现的是空间实践范围、空间思维抽象程度、人的心智水平彼此间的正相关规定性,暗含实践对于认知的制约。原始意识对于现代思维,如同乡民观念对于市民精神的关系那样,前者重感性、重具体直观、重近亲密谊而非效率关系,后者重理性、重思维抽象、重功利大小而非距离远近的关系,它们完全是由人的空间实践、交往能力与方式造成的。未走出封闭而带几分原始性的主体,其生产实践和社会交往实际展开的空间,因为生产工具和交通、通信条件的简陋,非常狭窄。囿于直接触及的空间事物、彼此交往关系之感知,持守狭隘而感性具体的空间意识,有对空间之耳闻目见的亲身体验与觉知,有对贴近事物、他者的关切、理解和信赖,而拒斥间接的、辽远的人与事。因为狭窄的空间实践和社会交往,让人们一般不会指向辽远的空间或形成抽象把握这类空间事件的意识能力。而栖居于信息繁复、熙熙攘攘、车水马龙的城市空间环境中的市民,面对人财物的大流转,各类信息的大汇集,交通、通信的四通八达及其造成的空间压缩,长期在一种关联紧张而变幻不定、交通快捷而活动范围大幅张弛、人际生疏而权利计较严格的空间环境中,加之市场经济的资本主导而人缘淡薄,市民社会中的生存意识与空间观念,在文化特质上便显出它的重契约而轻人

---

① [德]齐美尔:《社会是如何可能的:齐美尔社会学文选》,第307页。

缘，重利益而淡情谊，重计量而薄感受，重当下而略过往，重选择而弃盲从，重开放而斥封闭，重创新而厌守旧的特征。所有这些，就意识取向看，都是从感性向理性、从具象向抽象、从情感向思维、从时间向空间的递进。它们顺应着城市生活方式与市场经济法则，具有一种超越狭隘而稳定的地缘、人缘空间关系局限，能同时关注远近空间、中短期利益、疏密交往格局、异同社群关系的价值普适性和情态同质性特征。利益是永恒的原则，空间首先是赢利的处所。空间的接近或疏远不像乡土社会那样带来情谊的浓淡，更不会形成本体论的真假虚实。天涯可毗邻，反过来咫尺可天涯，远近亲疏之间不只是距离大小，更在于权利的异同、事业合作的疏密、赢利空间的阈值，当然后者也难免空间距离的制约。因此，在人们的社会生活中，那些原则上相同的利益、力量、思想意识对社会交往的维系作用，将会根据它们的参与者在空间上是否相互接触，或者相互分隔，而改变它们的性质①，即具有同样利益、力量、思想意识的各方，会因空间关系的不同而出现不同状态的社会交往行为和方式。并且，会生成与相近利益关系、力量对比关系不一致的空间秩序意识和空间行为法则。就像市场交易的经济空间结构及其城市丛林法则的训练，使人们逐步告别了纯真而幼稚的近距离空间—人缘—情感—具象思维的行为链那样，在不断进行的抽象思维训练中生发出较为成熟的理性思维和更强的抽象能力，去生产、去理解、去把握现代城市的经济交往及其空间实践。并且克服空间距离的难度大小和手段强弱，也会直接或者间接地影响人们的相互关系。齐美尔在自己的城市空间文化研究中，充分肯定了这一不争的事实：一种社会化在空间上的张力容量在相同感情和利益条件下，取决于抽象能力的现有程度。意识越是原始，就越不可能想象空间上分开的东西具有共同的归属性，或者空间上接近的东西不具有共同的归属性。在这一点上，进行社会化的力量的方式直接追溯到精神生活的最后的各种基础上，即追溯到：尚未受过训练的想象的幼稚的统一性，根本还不能很正确地在自我及其周围之间进行区分。在这种心灵的状态下，感性上的贴近对于意识到相互归属在一起是具有决定性意义的。②这里隐含一个空间—思维的因果关系，

---

① [德]齐美尔：《社会是如何可能的：齐美尔社会学文选》，第305页。
② [德]齐美尔：《社会是如何可能的：齐美尔社会学文选》，第306页。

即在封闭而又狭窄的落后自然经济空间——乡土社会的生活中,人的空间意识能力很低下:既不能在相近的或共同的空域中发现事物、社群等现象相异的疏离性,也不能在空间相隔、距离较远的区域中发现事件、社群等现象相近或相同的归属性。人与身外自然空间融为一体,这既是空间实践狭隘性的必然,又是以空间之远近或异同为坐标判定事物归属性之异同,这样一种对事物属性做出混沌的空间归递的思维之因。同时它反过来还作为一种思想定式、方法,维系着从空间异同直接而同向地推导出事物属性异同的经验论准则。这再次表明,人的空间实践及其建构的社会空间关系,对人的心智发育及其特征产生强烈的规定性。空间实践的狭隘性随着生产力发展、交通条件改善,必然突破其封闭性的桎梏,造成对狭隘空间意识的冲击与解构,形成远远跨出活动空域的延展思维张力。一部分人精神上占优势或者环境迫使关系保持某种距离成为不可避免的,克服距离的意识尚未真正成熟,在这种地方,这必然十分有利并促成进行抽象的培养,同时仿佛大大促进了精神的伸展能力,社会学上的必然性必然会培育它的个体心理学的器官。[①]

2. 情理交融的空间体验

社会主体的空间文化意识,情与理是两个基本构成。其中,情感与理性成分不是静态、对称匹配的,相对于不同的空间格局、秩序、关系有不同的构成,而且与栖居主体之社会地位、价值倾向和角色个性相结合,有形无形地错落于生活世界,成为丰富多彩的空间文化意识表象。

人的空间实践及其造成的空间结构对空间意识的培养和规制,与空间范围的大小,活动场域的间距,主、客体各方之间交互作用的直接性或间接性密切相关,但这种相关性绝不止于空间几何的方面,深层处更与空间构成要件、空间之于人的生存意义、空间具体蕴涵内生的特定价值相关。在同样几何规模内的空间,可以生成人们不同的空间意识。前述城市栖居空间与乡土社会的栖居空间,之所以生成市民与乡民差异很大的空间意识,很重要的方面在于城市空间具有乡村空间不同的内部构筑和文化意涵。人的空间意识发生学和成长史表明,主体对其生存空间的情感体验和价值判断,总是从其幼

---

① [德]齐美尔:《社会是如何可能的:齐美尔社会学文选》,第307页。

小生命的摇篮——家庭空间的感知和依恋开始的。因而，住宅的空间结构及其文化形塑，是生成人的整个空间意识的文化基因与意识基底。法国空间诗学的研究者巴什拉认为：无论是情感的还是知识的，人们的认同感多少是与居住的原初条件、功能有天然联系。然而成年以后人们的生活却不断剥夺"这些原初的财富，人与宇宙的关系在成人的生活里是那样疏离，以至于人们不再感受到他们对家宅这个宇宙的原初依恋。我们不乏抽象地'建立世界'的哲学家，他们通过自我与非我的辩证游戏找到一个宇宙。确切地说，他们认识宇宙先于认识家宅，认识地平线先于认识安身之处。相反，如果从现象学来研究真正的形象的起源，我们可以确切地说，它就是居住空间的价值，它是保护着自我的非我"①。人的幼小生命至孩提时期，其意识的内容既是非常空疏、单纯而质朴的，又是相当幼稚、原始而敏感的，它伴随生命的成长而炽热地追求着对外界包括空间的感知。同时，家庭空间作为人类孩提咿呀学语、蹒跚学步并尽情享受母爱至情的场所，它是令人温馨、陶醉、终生怀念的温柔之乡、幸福之所。由此生成的主体的原始空间意识，在持久性和作用强度方面总是顽固地以其远超其他空间作用力的方式发生着对后续空间意识的基础性影响。人的后发空间意识林林总总，气象万千，但总是或多或少连着最初的家宅空间意识，或是家宅空间意识的拓展与延伸，或是它的变形与转化，或是它的失落与追寻，或是由它引发的嬗变与伸缩。尤其在情感世界和价值维度上，成年人的空间意识总是影影绰绰地显出家宅意识的原型。诸如本家、自家、娘家、婆家、邻家、外家、上家、下家、老家、厂家、铺家、东家、寒家、通家、冤家、良家、皇家、国家、地球之家、宇宙之家、精神家园之类的生活化或诗性话语，都多少不一地道出了个中"家化"的空间滋味。人们不仅以"家"关系、家空间延伸指谓不同的社会关系、不同的社会结构或不同组织的处所，而且指谓不同位置的主体或主体的不同位置，把"家"作为确认人我关系、物我关系、物物关系、物人关系、人人关系的空间观察点。这样，使我们沿着家宅空间意识的生成流变之路，去寻访和解读人们的空间—文化意识机理，也就不失为一条可行途径。巴什拉认为，家宅是收缩、紧致、温暖的庇护所。"家宅早已成为人性的存在，我的躯体躲避其中，家宅

---

① [法]加斯东·巴什拉：《空间的诗学》，张逸婧译，上海译文出版社 2009 年版，第 3 页。

丝毫不向风暴屈服。家宅把我紧紧搂在中间,像一匹母狼,有时候我感到它的体味如母亲的爱抚直达我的心房。在这样的夜晚,家宅确实就是我的母亲。"①我国脍炙人口的歌剧《白毛女》"北风吹"唱段中有两段歌词:"北风(那个)吹,雪花(那个)飘,雪花(那个)飘飘年来到。风卷(那个)雪花在门(那个)外,风打着门来门自开。我盼爹爹快回家,欢欢喜喜过个年,欢欢喜喜过个年。""门神门神骑红马,贴在门上守住家,门神门神扛大刀,大鬼小鬼进不来,哎,进呀进不来。"它们既形象生动,又亲切感人、发人深省地道出了家宅那种温馨、安全、具有守护功能的精神寓所意义。

家宅有一种丰富而充满活趣的空间意义,是社会细胞寄寓之所,是生命主体血缘的和社会经济文化的复合性存在,是情爱和人伦、生育与休息的人生系带,是人生出发和归来的同一,是抗击风雨、补给能量、躲避危险、庇护荫私的堡垒,是展开现实生活、伸张理想风帆之现实价值和非现实价值的空间同体。在关于家宅的情感记忆、人生张望和诗性遐思中,人们通过遥远家宅的灯火,深深体悟到家宅在注视,在守望,在嘱托,在等待着家人。家宅既是通往外界的门户,又是与外界相对隔断的樊篱,它具有空间功能和价值、情感等方面相对的自足性。它使栖居人似隐者之于他的小木屋,守着自己孤独的清静和超然的安宁。正如巴什拉所诉说的:隐士的小木屋是修道院的原型。集中的孤独向四周发散出一个冥想和祷造的宇宙,一个宇宙之外的宇宙。小木屋不能从这个世界接受任何财富。它幸福地拥有强烈的贫穷。隐士的小木屋是光荣的贫穷。越是赤贫,我们就越接近绝对的庇护。②这就是说,小木屋般的家宅使其主人既在社会之中,又独处社会之外。在其中,他是社会共同处所中的一员,成为参与社会的主体;在其外,他有殊分于社会、相对独立地观察、思考和处理社会生活的客位空间。因而,家宅空间意识不仅是识别和评价空间事物、空间实践、空间关系的价值、情感、社会文化原点,它客观地拥有这种现实可能性;而且家宅原初格局的改变或解构,会通过家宅意识的空间发酵,引发人们的生存空间—文化思维和精神世界的深刻嬗变,形成不同的关于空间自我、空间方位的认知和评价,如今天我国3亿多进城

---

① [法]加斯东·巴什拉:《空间的诗学》,第47页。
② [法]加斯东·巴什拉:《空间的诗学》,第32页。

务工的农民在社会空间遭遇的尴尬处境那样,他们家在乡村,活儿在城市,乡村有家无活儿,城市有活儿无家,劳动、生计与神魂栖居之所发生严重错位,造成了情感世界的"家乡沦陷"!这不仅是城市中没有属于他们的安身之所,还在于城市的空间格局完全颠覆了他们家宅所在的乡村世界的空间秩序和意义。因为大城市的"家宅不处于自然之中。居所和空间之间的关联成了人为的。在这种关联中一切都是机械的,内心生活从那里完全消失了。'马路就像管道,人被吸了进去'"①。栖居是民生要务,3亿多农民工的家庭分处,劳动和生息的阻隔,老少亲情、家庭温馨的缺失,钢筋水泥森林对诗化田园的吞噬,带来多少疏离、切割、破碎和不幸,人们在空间文化意识之殇中深切感知到了"乡愁"背后的隐痛!

空间实践及其形成的空间格局,对社会主体之空间文化意识的铸造和规制,还在于它们的不同状况,深刻而又诡谲地调动主体的思维对情感与理性的关系产生奇妙的建构作用,形成不同的空间文化意识。对此,齐美尔做过细心的观察和深入阐发:在感情关系上,某种空间的距离在一段时间内可能会把相互间的感受带到其可能达到的最高强度,不过,从某一个时刻开始,感情的力量可以说是消耗殆尽,并导致冷淡和无所谓。很小的空间距离按其内容,只能微乎其微地改变其感受,很大的空间距离则会令感受宛如熊熊烈火到绝望的剧烈程度。另外,正是那种在空间上不严重的分开,如果分隔无法克服,往往导致最悲剧性的情况,因为相互背道而驰的势力在其实质的力量上会更加明显地被感受到,比本身没有差异的空间插足其间的情况更强烈地被感受到:纯粹有形的障碍并不像道德的障碍那样具有令人愤世骇俗的东西,它发挥作用并不作为一种针对个人人格的事实,而是毋宁说,作为普遍的人类命运。②齐美尔这段关于空间情感心理学的叙述表明,在通常情况下,交往主体间情感的强度和变化,很大程度上取决于人们距离的远近与活动空间的大小。

其一,交往空间过于密切,虽容易点燃情感的烈焰,但由于太过亲近也容易引发情感的过度释放而快速地生成疲劳和冷却。由于无间隔地"粘"在

---

① [法]加斯东·巴什拉:《空间的诗学》,第27页。
② [德]齐美尔:《社会是如何可能的:齐美尔社会学文选》,第308页。

一起，一方面彼此太熟悉令双方的缺陷无法掩饰；另一方面因太过贪婪地欣赏甚至享用了对方的审美价值，在无法增添和发现新的审美元素及其他人格魅力的情况下，便会自然地产生感觉陈旧和审美疲劳，造成炽热之后的骤冷。其交往情趣如鲁迅说的，热烈得快，平静得也很快。

其二，处于狭窄空间的交往主体，即使有新的价值或审美增长点，但因为彼此的近身关注，新的价值元素容易陈旧，愉悦性消退、影响力衰减很快，让人不觉其新。同时空间身份的紧密，导致彼此观察和感知对方的角度、方式比较稳定，没有空间上的大幅调整与更新，彼此只能细微地改变对方的感受和情趣。相反，那种远距离、大范围的交往，其主体对他者的观察、感知和理解，总是大写意的、朦胧的，有几分空白、几分误解、几分猜测存于其中，以致能不时触发新的情感、认知的增长点。同时，远距离的雾里观花，对许多新变化、新发展不能及时感知、迅速领略，因而总有新奇异趣在等待彼此去发现、去欣赏，总是能持存一种审美猎奇的诱惑与惊喜。再加之远距离交往，不可朝朝暮暮，让人形成和持存许多接近、融合的期盼与愿景，它们的积累与压抑，能形成强烈的情感动力。同时，远距离的空间交往不仅避免了直接触碰的利害关系，而且为彼此调整视角、位置去观察、认识和处理横亘其中的诸多问题预留了回旋余地，而不致陷入某种狭窄空间顶牛的死胡同。那些"相互背道而驰的势力"，也不会因为长期积压在紧张的空间内形成爆炸式冲突。即使有爆发的力量，也因其空间广阔、消散迅速而不致造成巨大伤害，其空间提供的缓冲余地会降低矛盾爆发引出的剧烈感受。

其三，空间距离生成的情感关系与变异，是人类交往心理、空间文化的普遍现象，而不是针对个别人格或特殊事件的。这需要超出单纯情感的，或道义的个性化体验，而以抽象性的理性思维去考量和把握，尤其是发生在远距离、大范围中的空间事件与交往活动，更需理性的智慧去认识和处理各种空间关系及其性质归属、价值区间，才能克服感性直观和情绪反应的局限，形成空间文化的合理意识。因为空间中远距离的交往，除了有利于避免直接利害冲突之外，还会有助于理性空间意识的成长。

栖居者关于空间的情感与理性意识，在整个空间文化精神中的组分，随着空间关系的不同而发生变异，这是空间生活之文化表征的又一重要机理。我们在实际生活的观察中不难发现，社会主体在相互交往中，对空间联系的把握，在经验、情感层面和理性、抽象思维层面的占比，往往与隐藏在交往空间距离关系中的接触频率的高与低、交往的广度与深度之反比关系联结在一起。传统乡土世界的居民，生活在一个空间相对狭窄、关系超级稳定、信息比较贫乏、接触频率很高的"熟人社会"里，邻里守望相助，彼此知根知底，老幼尊卑关系常常泛化为亲缘关系，七大姑八大姨的，生活空间弥漫着浓浓乡情。因而对社会—空间的理解和把握多是经验的、情感的、人缘价值层面的，不会灌注更多的抽象思维和科学理性。与此相异，城市市民的空间理念与交往意识，则是另一番光景。城市里熙熙攘攘，交往对象杂多、各类信息繁芜、活动范围广、接触面宽、空间变换快。空间之于市民，是谋生获利的环境、密集交易的市场、资本喧嚣的街墟、商旅如织的过道、新闻不断的议巷，以及充满计算和竞争的名利场，是一切围绕商业、市场、资本、功利旋转的大平台。面对这种空间形态，人们之间的情感投入，在凹凸不平、充满利害博弈且面积硕大的空间里，必然只能稀薄地敷施。因而，市民对于空间及其人际关系的理解和把握，更多地只能是抽象思维的而非感性具体的，是理性考量的而非经验直觉的，是社会经济功利的而非人缘情谊的。正是因为市民精神少了许多人情世故的拖累、狭隘经验的桎梏、执着如一的坚守，市民的空间文化精神才有了远胜于乡民生活空间的理性狡黠。借助在这种相互交往的空间关系中培养出来的市民意识，才得以让"水泥森林"里的"城市动物"有了一种对城市空间适应有余的智慧。这种智慧尽管提供一种普遍理解的基础，但是也因此在人之间设置一种距离；因为它能使相距遥远的人之间相互接近和协调，所以它也在最贴近的人之间促成一种冷静且往往令人疏远的客观求实性。如果说与在空间相距遥远的人们的关系往往显示出某种平静、稳重、不感情用事，那么这对于空间幼稚者的思维来说，似乎是其超距离训练的直接结果，恰如同样的思维根据穿过空间的程度把抛物运动的减弱看作单纯空间遥远的结果。实际上，空间距离在人际交往的意义上有助于排除因感性地过于贴近所引起的动荡、摩擦、引力和斥力的直接触碰，在人的心灵社会化过程中空间距离能为智慧的成长赢得更多位置。因为空间上过于紧密的感性贴近，人们难以小心谨慎和从容选择、应对，当双方在彼此的地位、身份、好尚、情绪之巨大反差中发生接触时，一般只好坚忍。因此，这种空间贴近既可能是最激情洋溢的幸福之所，也可能是最忍无可忍的痛苦之地。①如此，人们在交往实践的锻炼中不难形成这样的空间智慧：在社会交往的邻近空间关系中容易遭遇两极现象，要么是友好关系，要么是敌对关系。邻居做朋友是好事，但朋友做邻居则往往出危险，特别在都市社会，人们之所以能在社会交往中理性地处理好情感心理距离与空间物理距离错位的关系，之所以能不因居住空间之近而情感纠葛严重，同时也不因相距甚远而彼此疏离，很重要的方面是取决于城市空间格局及其交往实践所培育、所需要的空间关系智慧。人们为了在一个地域广阔的空间内把相距遥远的群体各要素凝聚起来，必须凭借丰富多彩的空间文化体系，首先是客观文化中均质性、普适性的在相同圈子内任何一个节点上相互跨通的东西，包括相同的语言、法律、习俗、普遍的生活方式、建筑物和用器风格等支持空间认同的因素。这些因素沉淀了建构和处理空间关系的理性原则和实践智慧，倡导、维系和践行它们能防止感情上的极端，理智地遵守空间秩序的某些客观要求。紧聚一起如蜗居蜂房的"城市动物"，正是靠着理性的空间意识，借助严密的行为秩序和严肃的权利契约，去维系频发冲突之空间的稳定与安全，保障那瞬息万变的市场经济秩序和磕磕碰碰中的和谐。所有这些都双向地表明，空间生成自身的文化，文化形塑自己的空间，空间与文化的相互生产、彼此表征，以一种距离远近、交往疏密、情理兼容而互制的空间—社会—心理—文化氤氲机制，为空间—文化的形塑及其解读提供一种现实根据。基于此，我们可以进一步研究生存空间及其环境对空间文化及其意识的生成与受动机制，实现对心灵空间与物理空间、社会空间之文化互动关系的深入阐释。

---

① ［德］齐美尔：《社会是如何可能的：齐美尔社会学文选》，第309页。

第 十 一 章

空间意象经营的文化机理与"句法"

人类经过物质生产在改变自然物之存在形态与属性的同时,也改变着物质存在的空间形式,进行着与生产、生活方式相一致的空间生产。这种空间生产的总体趋势是使空间由狂野的空间变成人化的空间,由自在的空间变成属人的即为人服务的空间,由单纯物理的空间变成社会化、人文性的空间。在空间生产中广泛且深刻地注入了主体的人文意识与价值诉求,使得空间的生产、展示和理解,从来不是纯自然的物理现象,而是空间筑造和利用者参与其中,并与之相互创造的一个充满自觉、自为主体性的社会文化现象。由人类创造出来的空间事物及其形态,成就了形形色色、仪态万方的场所精神与空间意象。它们作为"人文化成"的产物,有其自身生产与意象经营的文化机理、"空间句法"。对于它们的生成、理解与诠释,要求我们认真研读这镌刻在大地上的唯物史观,自觉从物质生产与空间生产、精神生活的有机联系,来分析、说明和运用空间形塑的社会文化机制与精神意涵。

第一节 空间形塑中自然秩序的文化转换

空间生产及其形塑的文化设计、诉求和效果的展示与理解,从环境、场所与其中的活动主体这样一种主、客体关系来看,它们总体上是人类依据和利用自然规律形成的空间秩序,嵌进社会生活的功能要求和精神生活的道德、审美、理想、信仰的理致，才成其所是的那样一些形态。它们是人类将自然秩序立体地转换成社会生活样态的文化筑造，是一种社会文化逻辑的大地之书。而这种"地书"群集，又将作为一种物化的生命活动教材，影响和培育着一代又一代人的空间文化意识乃至社会生活理念，成为一种规范人们知行的物性社会逻辑。

关于它们的分析和说明，从空间筑造的技术—文化—社会互关性而言，要特别关注隐蕴其中的"空间句法"问题。"空间句法"理论，是英国伦敦大学巴格特建筑学院比尔·希列尔于20世纪70年代首先提出的，其主要思想认为：个体空间元素不能完全影响社会经济活动，而整体性的空间元素之间的复杂关系，才是社会经济活动开展的空间因素，它们深刻制约着社会经济文化现象。把"空间句法"理论作为一种描述建筑与生存空间模式的语言系统，就是要对空间进行尺度划分和区域分割，分析和说明它们复杂的关系，关注局部空间的可达性，强调它们与整体空间的关联性。这样来分析和描述空间生产的模式，要重视三个方面的内容：空间本身的几何规律；人们运用空间规律去展开日常活动的基本法则，如对左右上下等基本空间关系的创造性运用；空间本身的几何法则及其创造性运用的社会逻辑，会限制人们的空间生产方式与日常生活，空间的组合方式是多样的但不是无限的，有其基本秩序。它们在空间生产的具体叙述中着眼于对以下三者关系的正确处理：空间的自然法则，包括空间的分割、再现、连接等基本的几何关系；社会对空间的影响和个人的空间认知；空间作为自然和再建构的环境对个人与社会的影响。由此形成了一条由自然法则到文化体认与利用，再到空间造物的社会文化意义这样的空间文化认知理路。"空间句法"理论的拓展还涉及自然环境、交通与经济运行，不同文化的空间特性，城市空间结构中不同场所的集中点，家与住宅，行为的空间模式，交通与用地的互动，空间秩序的区域中心性与联系、过渡、转移的可持续性，形态的自组织结构，空间模式语言等。按照"空间句法"理论进行空间文化分析，应当认真关注超越文化的空间共性；不同文化的空间特性；空间与社会在集体关系层面上的互动；空间与社会主体的集体互动关系与个人行为，社会对个人行为的空间约束性等。在这样的分析中，"空间句法"理论还经常使用空间秩序的特征及各自的可达性，不同空间相交的连接值与可控度，某一空间与其他空间集聚或离散的程度即集成度等范畴。

很显然,"空间句法"理论是从空间实践的自然规律与社会逻辑的结合角度,来分析空间秩序、格局的生产、利用及其社会文化机制的。它们的着眼点在硬环境方面,而且以一种技术—工具理性的实践意识去分析和说明问题。因而,它成为当代城市设计与建筑工作中的新型理论基础。但不能忽略或否定它对于从社会、文化方面来分析空间的重要理论意义。依据"空间句法"理论,我们对空间实践及其文化机理的说明,必须认真关注空间筑造中文化赋义和诠释的"空间句法"与逻辑。

人对自然的实践关系和理性关系双重地证明,地球居民"只有当他们试图了解自己,并拒绝上帝安排好的安乐窝之后,他们才变成了真正的人。……任何在地球上建立天堂的企图都会导致人性的毁灭。我们必须放弃天堂,重申自己是凡夫俗子,才能实现真正的定居"[①]。这个道理表明,人类只有形成栖居筑造的意识,并将其付诸实践,一定程度地超越天然世界的宇宙秩序,即脱离了自然对人类活动的自发安排,从自然的襁褓中爬出来走进自己的小屋时,才成了自主的人。空间社会学家吉登斯认为:"场所是指空间提供互动环境的用途,互动环境反过来成为说明其情境性的基础。……一般来说,场所可以通过它们的物理特性来表示,而这些物理特性要么是物质世界的特征,要么更普遍地是物质世界特征与人工制品的结合。但是,如果认为场所只能从那些物理特性来描述,那么就犯下了一个基本的错误……只有观察者认识到一所'住宅'是一个'住所',具有一系列由它在人类行为中的使用形式所规定的其他特性,一间'房子'才会被认为是一间'房子'。"[②]正是人为空间这种对自然秩序的文化转换,亦即正是人为空间对自然秩序的利用,才有了人的自主和人的文化世界,才有了空间的文化生产和文化的空间生产。在属人的和为人的空间实践中,人们逐渐认识了人类生命活动空间的需要,才不断有了空间的种种生产,以及在空间生产中不断发生、积累起来的空间经验、空间意识和空间文化。不过,人为空间的实践和思想虽然对自然空间

[①] [美]卡斯腾·哈里斯:《建筑的伦理功能》,申嘉、陈朝晖译,华夏出版社2001年版,第245页。

[②] [英]德雷克·格利高里、约翰·厄里编:《社会关系与空间结构》,第270页。

形成了巨大的能动作用，进行了秩序与格局的社会文化重构，但正如人类无法抓提自己的头发离开地球一样，人类空间的生产也永远无法从根本上改变自然界的宇宙秩序。物理世界的资源、气候、环境，物质的具体形态和运动规律，物质空间的场结构、引力结构等，从根本上规定着人类的空间生产及其秩序建构，只能适应和利用自然空间的各类要素及其结构关系。从本体论意义上讲，人永远属于孕育他的自然界。这一基本规范，并不排除人类在实践论意义、在相对性的程度上，对自然空间秩序的改变和利用。这样一种空间本体论的绝对性和空间实践论的相对性，也就决定了人类空间生产的可能性及其自由度，决定了空间文化的自然环境基底和人为作用建构的内在关系。在各类具体的空间文化生产中，人们都要面对并处理好这样一个基本问题，即空间构造的一般物理法则、实用原理与人工创造、人文展示的关系。就前两者而论，它们在空间生产中常常表现为"以'宇宙式'命名建筑乃因其明显的一致性和'绝对的'秩序。宇宙式建筑可以被视为是一个整合的逻辑系统，就超越个体的具体情境的观点而论，似乎是理性的和'抽象的'。宇宙式建筑以欠缺某种'气氛'而著称。同时有受局限的基本特性。既不是'幻想的'也不是'田园的'。虽然有直接参与的意义不过相当的冷淡。其造型是静态的而非动态的，好像吐露了'隐藏的'秩序，而非具体组合的结果。主要目的是'需要'远超过'表现'"①。这一建筑现象的特质表明，在空间筑造中，自然界的物理法则作为原生的宇宙秩序，是所有空间关系的基本秩序。人为空间无论怎样追求各种实用需要和个性的、文化的表现，都必须以自然界的物理法则为一般的绝对性秩序和法则。人类空间生产的物用功能与对于宇宙秩序的普遍遵循和利用关系最为紧密，因而这类空间的生产常常表现为对物理法则或宇宙秩序原发性、直接性因而也是一般性、抽象性的遵循和运用。这类空间生产中，物理法则表现突出，人文精神及主体个性化审美创造则比较贫乏，因而其场所精神不充沛、不鲜明、不生动，平淡而无多少张力。空间的物理秩序作为一种隐结构，冰冷地、静态地甚至是非人地在空间筑造及其结果展示中起着基础性的支配作用。所以，其建筑缺少"风格"与审美创造的艺术表现，从人化深度而言，止于实用而疏于表现。它们是空间建筑

---

① ［挪］诺伯舒兹：《场所精神：迈向建筑现象学》，第70页。

中物理秩序向人文秩序的初始转换和浅表融合,因而其建筑样态是缺少艺术风格、审美个性的最一般化的"宇宙式"。与此相反,当空间生产的审美追求、象征意义表达超出了基本的实用需求时,那么空间筑造中的物理法则或宇宙秩序的人文化转换与延伸,就会是多环节、长距离、复杂化、具体性的。它们一般在人类文明程度的较高阶段,是人类空间生产的艺术审美诉求更为发达、更趋丰富时期的产物。它们同样表现出人为空间更强大的文化创造性,自然的、一般化的宇宙秩序,也似乎在人工造物及其人文秩序中得到了更多样、更丰富、更具体的鲜活表现。空间生产的多样性,以及人为空间创造性的相对增强,激活了将物理秩序向人文秩序转换的张力,在认识与实践中拓展了两者对话的广度和深度。这样的情形,自然是空间生产的象征意义诉求一定程度地接近或超出了它们对于空间实用需求的地位。很自然,人们在空间生产中所赋予、所投射、所表达的精神文化诉求,必然更加丰盛、厚重而多样,它们体现了空间文化生产的发展和高致。

  人类空间生产史的这种发展趋势表明,空间文化的生产力,总是伴随着人们对空间自然秩序的理解和人文转换的进步而发展的。文明史早期,伴随着人类对空间物理秩序的初步认识与体验,"宇宙在这里意味着赋予人类的稳定秩序及其适当位置。解释什么是宇宙,使人类有在家的感觉。建筑有助于建立或加强这种感觉"[①]。在今天看来,无论是自然科学层面还是人文层面,对空间秩序认识不深、利用不足、表达不多的这样一种时代,空间生产的文化特质更多的是面向大地,迁就自然,如"古罗马保存着古老的大地力量,以及古典神祇人神同形的特性以及天空抽象的、宇宙的秩序"[②]。人们在栖居筑造中径直地将自然秩序拟人化,以人身自然与身外自然的直接比附拟构栖居空间,结果使空间形塑出现了天人、神人的直接对话和意义转换。人们把不甚了了的自然奥秘直接而武断地给予人身或人性的解释和表达,如人们解析古罗马城建筑所展示出来的那种意象:古罗马成为主要宇宙的角色无疑是由自然情境所决定。古罗马集结了所有存在意义的主要范畴,没有其他的场所与之相似。这种集结不只是因为其位居城市中央的位置,而是因为对各种

---

① [美]卡斯腾·哈里斯:《建筑的伦理功能》,第250页。
② [挪]诺伯舒兹:《场所精神:迈向建筑现象学》,第163页。

意义生动的象征。因此,峡谷世界在古罗马日常环境的街道与广场中受到重视,而且神祇由山丘被引领到城市的神殿中居住。由于这些神殿、神祇扩展了他们的影响力到达整体的环境中:古典的造型出现于正面上和住宅与王宫的中庭内,同时将他们"自然的"结构"人性化"。这种大地的和古典的综合体构成了古罗马"田园景致"的本质。[①]在这样的空间生产中所奉行的文化精神,是将自然场所与人之基本特征相比拟,亦如马克思所说的,是将自然直接视为人的无机的身体,其中充满着移情、寄趣、喻理、形象的以人化物和以物征人的认知和实践法则。它们较为武断地以象征方式把不能科学理解的自然秩序,生硬地、表象式地演绎成为人文秩序,因而形成了空间文化生产一系列的基础性关系:两种秩序——宇宙与人文秩序;两重价值——实用与审美价值;两类场所——自然与人工环境;两相文化——空间生产的文化和空间文化的生产之互动与复合。这成为空间生产的文化基因逻辑链,以致后来的所有建筑文化现象、空间文化现象,无不需要在这些关系中,或通过这些关系而做出具体的探讨和说明。空间意象的原始与文明、粗陋与精致、简单与浮华的差异,只是空间生产中人们对自然秩序之文化转换的强度、难度和高度的历史性区别。正是这样的机制,使人类空间文化创造出来的意象越来越丰富、越来越鲜明地成了一种人身样态、生活信念、社会习尚、价值符号等文化因素的具体象征,是将自然秩序和文化可能性凝为一体的空间组织与表达。

第二节 空间生产的实用价值与人文赋义

人类是从构木为巢、洞穴蜗居的原始状态进到栖居之空间筑造的。空间生产最初始的动力,自然是遮风避雨、御寒防害等实用需要。空间文化生产史的逻辑起点,是人类对实用空间的创造和完善。但人为空间作为一种长久性、稳固性的工程,其生产和使用的时间相对其他劳作要长得多。再加上它

---

① [挪]诺伯舒兹:《场所精神:迈向建筑现象学》,第163页。

们与人类的基本生命活动、行程,以及与人类婚育、成长这类最美好或老病、死亡这类最悲哀的大事件紧密联系在一起,必然被加注更多的情感体验与人文诉求。当人类的生产劳动在创造对象化世界也创造自身,在理解和利用万物的尺度也形成了自己的内在尺度与审美法则时,那么,人类在栖居筑造的空间生产中,就不会再满足于只是实用。他们必然在栖居之所的生产中贯注人文情怀的同时,赋予日益增多的审美诉求和艺术表现,必然在实用价值的创造中渐多地注重象征价值的创造和展示。

  空间生产中人文价值的突出表现,是人们对栖居空间的审美创造和人格空间追求。从思想意义上讲,它是空间物用价值的"形而上学",即它是以实用意义为价值本体的,是对这一价值本体的回溯、转译和升华,是实用性基础上的精神价值附加与延伸。从特定意义上,空间生产的艺术与人文旨趣,包括空间的分割、定位、界划,建筑物的造型、设色、结构、体量、置景和环境处理,空间的雕塑与装饰等方面的审美艺术创作与人性赋义。栖居空间艺术的存在和展示方式是三维的,对人的感官印象是多向度覆盖的,包括视觉、触觉、运动觉等。空间生产艺术形态的这些特征,决定了它们与空间主体的生活实用多是处在一种以人的生命活动为中轴的同心圆关系中,或者至少是处在一种部分重合的交叉关系中。这种空间价值的实现方式,使空间的物用与艺术审美总是与人的活动相互交织着、缠绕着、同时空地实现着。它们使空间文化的生产存在实用与审美价值的彼此内包、相互创造、直接融通的特质。空间实用价值的创造与实现,必然形成审美的创造与诉求,同时也要借助审美的创造和价值实现才能更好地完成。那环境优美、建筑艺术上乘、"空间句法"理论运用得体的栖居建筑,自然更具有宜居性、效用性和经济认可度,其审美价值的创造和实现,会正向地增加其实用价值。例如,栖居空间的巧妙隔断能延展视觉深度,扩大体量感;空间的形象美化能调谐与环境的关系,增加融入自然的感受;空间界面的合理设色能缓解心理紧张、降低疲劳、增加愉悦感;空间的合理采光与艺术化借景能改善室内亮度、增加视觉美感;等等。反之,缺乏空间艺术构作与附加的栖居建筑,虽然在空间大小和功能区划方面也可能满足单位空间对人和物措置的容纳量,但它们一定会影响或损害人们对空间使用的满意度和空间功能发挥的充分值。当然,如果与空间实用价值相冲突的艺术附加,则不仅会浪费或挤占空间,而且会引发主体对空间环境的厌恶，严重伤害主体对空间功能的全面关注、深度发挥和意义认可，削减空间的实用价值。基于这样一种物用与人文的价值依存关系，人们在栖居空间的筑造中，不会忘记对各类建筑的象征意义和叙事功能的营构和运用。说建筑物是象征，即赋予建筑物以描绘的功能。要理解某个建筑物的象征意义，就必须了解它是如何描绘的，即它运用了什么样的象征方式。[①]人们运用艺术手段创造空间的审美意象与价值，有多方面的诉求。但绝大多数情况下，人们是以艺术的象征营构场所某些虚拟性的完美，用感官的愉悦和满足，努力在栖居之所添加自我感觉缺少的部分，意象地实现为主体所希望却因经济或环境局限而无法如愿的内容。空间生产在审美等方面的人文价值的赋予，使建筑物有了个性的或艺术化的意义表征，如"曼哈顿岛天际线的意象可能代表生机、权力、颓废、神秘、混乱、伟大，或是其它（他）什么，但在任何情况下这些轮廓分明的图像都体现并加强了这种意蕴"[②]。同时，空间生产还通过审美等人文价值的创造，对空间实用价值以某些文化的延伸表达，给栖居者尤其是城市居民"诗意栖居"的精神化育，如在城市肌理中，那些标志物、交通节点和建筑的特色区隔，能强化人们的空间识别，在复杂的空间活动中起到活地图的导航作用。又如城市道路旁的艺术雕塑和城市的园林艺术敷设，能有效疏解空间的拥挤与噪声、粉尘污染的恶性刺激，增加空间的舒适性与城市环境的认同感。这些，让建筑行为成了场所精神的铸造过程，使空间形塑成了各种空间元素的有效组织。空间筑造者通过对建筑元素，如地形地物利用、空间划分、建筑构形、材质纹理匹配、色彩处理、标志设计、立面装饰、天际线描绘、门窗图样选择、功能开发等途径，在一个建筑密集的城市，造成各建筑小区的空间特色和个性化的场所精神。人们还通过上述空间营构措施将特定空间建筑的文化理念加以生产性运用，实现着对文化空间的物性创造。这使各种空间筑造的元素成为栖居空间的文化意符，成为场所精神的字、词、句和篇章言说。建筑物作为一种公开展示的空间生产者的人文画面，作为场所精神的组织者、生成者与负荷者，以静默无声、立体感性的形式表达和叙述着隐匿在环境中的文化意义。

---

① [美]卡斯腾·哈里斯：《建筑的伦理功能》，第250页。
② [美]凯文·林奇：《城市意象》，第6页。

空间生产中实用价值和审美、人文价值的相互创造和组织的机制，还有一个不能忽略的前提，即栖居空间的实用价值，绝不止于物理关系上满足人的生产、生活要求，不止于空间对这些活动之存放量、容积率的提供。栖居空间之于人，绝不单单是一种物理空间，更重要的是一种精神空间，即内涵精神文化意义的空间，能满足精神生活需求的空间。生命活动空间的这种精神需求和价值实现，虽然不能直接而简单地用空间的长、宽、高这类物理尺度去度量，但它们却对这类物理尺度界定的空间提出了类似于"0.618"黄金分割律那样的审美秩序追求和尺度运用。例如，人类触觉空间感知的是实在空间或事物的体积、板块、形态，只能触摸到实际触碰人身的空间事物。人类的动觉空间感知的对象是同一方向的空间运动，是方向、力度、速度的统一，可以称为行为空间、方向空间或矢量空间。人的视觉空间则是多维的，表现为实空间和虚空间的结合。它较触觉空间和动觉空间更不稳定、更自由。但人的空间知觉不是单向度或单值的，而是多维统觉的。不同的空间知觉通过身体运动、中枢神经的综合，会形成相互引导、相互补充的机制。因此，空间秩序、尺度之于人的空间实践和认知，不是和感官一一对应的机械卯榫关系，而是一种自变、因变的函数关系。这在本质上强化了人们在空间生产中对其秩序、格局的创造性安排、价值开发的能动诉求与人文赋义。人类的感知能力及其将生命之社会属性对象化投射和复现的能力，进而将感性世界人文化成的能力，会对空间生产形成丰富多彩的主体性组织机制和人文尺度、法则，并对空间物用价值的创造与实现形成多样性，体现人文精神对物用价值的组织、转译与创造。即使是纯物理容积的安排，空间秩序美好或丑陋的不同处理方式，也会使空间对人的精神生活形成良性或恶性刺激，因而形成精神生活空间截然不同的价值。这种自然秩序、尺度与人文秩序、尺度在空间生产和利用中的价值关联，即物用价值的创造与实现受到人文价值的引导和组织；人文价值、精神价值的生成和实现，则依赖于对自然规律、空间法则的认识、遵循和自觉利用。它们从根本上体现了人对物质世界之认识与实践关系中的同一性适应和能动性超越，体现了人的内部尺度对外部万物尺度之受动与施动的辩证关系，体现了人类对包括空间生产和利用价值在内的价值世界之建构的实践唯物论意蕴。人是万物中的一个"物"，生活在宇宙秩序中并受其规定。虽然经过劳动锻炼，使人获得了属人的造化，但永远不能摆脱自然界包括时空秩序在内的各种运动规律的制约。另外，人又终究是万物之灵长，能化自然为神奇，创造属人的空间与价值。正是这样一些法则，决定了空间生产在面对自然与人工、环境与建筑、物理与人文等一系列基础性的关系时，必须处理好"道法自然"与"造化自然"的关系。人类也正是经过空间生产本身的锻造，才不断提升恰当处理上述关系的认知与实践能力，才形成了空间文化的生产和价值。

第三节 空间向度的文化意涵

空间形塑的文化意涵，首先是空间事物的方向安排。空间是立体的，有长、宽、高三维。高是垂直方向的，长和宽作为底边的两端是水平方向的。这两种不同的指向，隐含由人类长期生命活动经验铸造的心理体悟和文化直觉。在绝大多数条件下，空间向度的"水平建筑不仅意味着宽大舒适，无边无际，充满了未知的机遇，同时也暗示了屈服、睡眠和休息、死亡和崩溃，而纵向建筑则代表了进攻性"，代表向上拔高的张力。"纵向建筑所表达的自信、果断同人类自豪、骄傲的情感之间有明显联系。"而空间的纵向和横向维面具有的象征意义，"是自然生成的，它是从人类躺、坐、爬山、下山、举高、支撑这些动作中得到启示的。这种体验和感知大地与天空、黑暗与光明、物质与精神的对立是一致的"。[①]这里，似乎呈现出了由"空间句法"理论引申出来的人类的机能逻辑、实践逻辑、价值逻辑等三重逻辑在空间文化中的统一。人直立活动，头上是青天，脚下是大地，与头重脚轻或头贵脚贱的智力、体力活动价值秩序相匹配的，自然是天"高"地"厚"或天"上"地"下"，垂直向度的事物总是拥有一份高于水平方向事物的权重和荣光。在这样一种价值的空间秩序及其逻辑演绎中，空间事物的评价从体量上讲，高与大，高在先，大在后；从位置上讲，上为贵为大，下为贱为小；从造型上讲，上为首为神，下为身为形；从数量关系上讲，上为稀贵，下为众多；从权重比值

---

① [美]卡斯腾·哈里斯：《建筑的伦理功能》，第 176、178、179 页。

上讲，上为大、为重、为主，下为小、为轻、为次；从生命行程或态势的隐喻而言，上为动、为升、为进，下为静、为沉、为退；从性别差异而论，上为乾、为阳、为男，下为坤、为阴、为女；等等。"水平构件与垂直构件之间强而有力的互动关系是罗马而非希腊的特性，而且当我们在庞大而膨胀的图斯肯柱间行走时，感受到了古代深峡谷世界的回响，同时想起了维吉尔说罗马的环境带有'邪气的恐惧'。这里的恐惧并不是宣告众神之王宙斯的存在，而是为进入圣彼德（得）教堂作准备，这教堂可说是继万神庙后罗马的'室内性'最伟大的表征。"①

与此空间向度相联系的，还有东、西、南、北的方位文化意识。一般而论，因为东边为日出之地，是一天之始，能象征人生之初，万物复苏，在时间上为春季或人生之青春期，因而也有了时空的着色，其为青色；南方为热风暖雨之源，其时为夏，其色为赤，其意为迅长和兴盛；西方为骄阳朗月下沉的方位，因生命的收敛与结果而为秋，其色为白；北方因其地冻天寒的气候与物候，其时为冬，其色为玄，其意为生命冬藏或终止。与东、西、南、北这些方位的文化意义相匹配，便又有了价值的秩序与地位等级的空间表征，如面南为君，面北为臣；皇宫后院有东宫、西宫的尊卑之分；国家与人生命运有南胜北败的表述。空间生产的所有这些文化意象与诉求表明，人之栖居空间周围的方向性并不只是几何图形而已，而是到处暗喻着人的品质事实，尤其跟人与社会联系的特性有关。人们通过天地乾坤、南北东西，以及引申的男女阳阴、君臣父子等级秩序上面透露出来的社会价值、人伦关系、生命智慧等文化精神，在空间筑造中的区位划割、形制安排、功能布局、形象设计乃至场所意象经营等方面的精心敷施，很细致地把诸多文化意思灌注于空间形塑之中，让它们具备为人解读、遵循的理由和逻辑。对于一切人为的空间场所，我们欲理解其内含的文化精神，必须确立这样一种从空间向度去解读场所文化意涵的方法：场所精神的特性系由场所的材料组织和造型组织所决定。因此我们必须问：我们行走在怎样的地面上，在我们头上是怎样的天空。总之，界定场所是怎样的边界，以及边界如何依赖其造型上的明确性与其如何被"构筑"有关。从这种观点注视一幢建筑物时，必须考虑它是怎样

---

① ［挪］诺伯舒兹：《场所精神：迈向建筑现象学》，第160页。

坐落大地，又怎样耸向苍穹的。①场所精神这样一些取法自然、引申社会、外师造化、中得心源、真善美圣、交相成趣的形成机理，成为空间向度之文化赋义与释义的建筑学密码。

第四节 场所意象的"图""底"关系

由于空间联系的普遍性和绝对性，作为人类特定活动空间的场所，总是处于和外部空间联系的绝对性与自身独立存在、与外界间隔的相对性关系中，于是有了生活场所与周边环境的联系机制。我们从场所精神来分析空间的意象经营，首先需要从场所及其精神、意象如何在环境中形成、如何独立显现文化机理来说明问题。

在建筑现象学的研究中，诺伯舒兹深入揭示了人为场所与自然环境之间形成空间产生关系的三种主要方式。"首先，人要使自然结构更精确。亦即人想将自己对自然的了解加以形象化，'表达'其所获得的存在的立足点。为了达成此目的，人建造了其所见的一切，自然暗示着划定界线的空间，即人所建造的一种包被，自然变成'集中化'，人竖起了一座纪念性矗耸。自然乃暗示着方向性，人便铺出了一条道路。其次，人必须对既有的情境加以补充，补足其所欠缺。最后，人必须将其对自然（包含本身）的理解象征化。象征化意味着一种经验的意义被'转换'成另一种媒介。好比自然的特性换成建筑物，建筑物的特质明显地表达出自然的特性。象征的目的在于将意义自目前的情境中解放出来，使之成为'文化客体'，可以成为更复杂的情境要素，或被转移到另一个场所。这三种关系意味着人集结经验的意义，创造适合其自身的一个宇宙意象或小宇宙，具体化其所在的世界。"②这种关于人为场所如何从自然之境被空间筑造者人性化地"集中"、象征化地表达、系统化地补全、情境性地解放与意义转移的说明，从空间生产与形塑的角度看，无非建

---

① [挪]诺伯舒兹：《场所精神：迈向建筑现象学》，第15页。
② [挪]诺伯舒兹：《场所精神：迈向建筑现象学》，第17页。

构一种场所与其所在大环境之间的"图""底"关系：人为场所是人文的集焦和意义的形塑，它成为从环境中解放出来并加以突显的文化景观或场所精神意象，自然成为文化空间之"图"。而处于"图"之周边作为背景、底色的自然环境或大环境，便是文化空间或具体场所精神及其意象之"底"了。"图""底"之间，相互依存、相互创造、相互生成、相互映衬，充满着空间文化生产的许多值得关注的内在机理。

　　首先，这里需要关注的一个问题是，在自然空间与人为空间之关系中对场所的理解，以及由此生发的场所精神如何在空间展示根据建筑现象学研究者的理解，场所是自然的和人为的元素所形成的一个综合体，系建筑现象学的主体事物。两种元素之间的主要关系由世界的区位所表示。人在何处安置其聚落？自然在何处能够邀请人来定居的场所？这些问题必须用空间和特性的观点来回答。从空间的观点而言，人需要一种包被，因此在自然中便企图定居于能够提供一个界定空间的场所。从特性的观点而言，自然场所包含许多有意义的物，如岩石、树木和水，能表达一种邀请。①此处，说明了人之栖居场所的基本属性：它是自然造化与人工创造的综合产物。从自然而言，其空间要素与特性能"邀请"人栖居，即具有栖居其中的可能性与吸引力，因而引发人们对环境的改造与场所的建设。就人为而言，人需要适合于自身生存的、属人的特定空间，人在空间实践中也形成了能够选择、利用自然条件建构栖居场所的能力。因此，场所本身表明它不是一种纯自然、纯物理结构的空间。如哈维所言：人之栖居场所的空间不是实体之间的关系，而是属性之间的关系。②人类栖居场所的建构机理表明，场所"'空间是由区位吸收了他们的存有物而不是由空间中获取'。外部与内部的关系是具体空间的主要观点，暗示空间有各种程度的扩展与包被。因此地景是由各种不同的，但基本上是连续的扩展所界定，聚落则是包被的实体。因聚落与地景有一种图案与背景的关系，任何包被相对于扩展的和背景的地景而言是非常清楚的，像是一种图案一样"③。很显然，场所对它发生于其中的一般性空间即无特定属人

---

① [挪]诺伯舒兹：《场所精神：迈向建筑现象学》，第172页。
② [美]戴维·哈维：《正义、自然和差异地理学》，第300页。
③ [挪]诺伯舒兹：《场所精神：迈向建筑现象学》，第13页。

性的空间而言，处于被外界环境所"包"的"包被"关系中，即"一个特殊的区域借建筑边界从周遭中分离出来"①。又因场所之人身活动的聚落与结构—功能的一致、意义认同的集中，形成了特定的空间形态与意义的复合性、指向性、独特性，场所便成为一般环境中的特定区域。这是一种艺术展示的"图""底"关系，一般性的空间环境是"底"，特殊聚落的场所是"图"。"底"是场所的自然之基，它显示了空间联系的持续性、不可中断的绝对性；"图"是局部处所的特性内聚，它显示了具体空间事物联系的特殊性及其与外界空间联系的间隔性，对另类空间事物的排他性，是对抽象空间关系一般化的否定。因而"图"具有空间的"可意象性"，能从中引出空间的人文意义。但空间的这种"图""底"关系，不是绝对的。从场所与周围世界的关联看，周边环境的诸多元素会因为场所的空间活动、结构—功能的单元聚落而被场所凝聚、组织和建构，成为场所"属有"或"所是"的外部环境。相对于外部更大的空间，它们又成为一个更广泛的场所，成为更大的空间意象图景。另外，每个场所又由若干内部具体空间事物构成，意味着它集合了许多更细小的场所，它们是"次场所"及其专属的亚空间。因此，场所的空间关系中存在联系的普遍性和区间的特殊性。"正如只有一个惟（唯）一的、普遍的空间，所有单一的空间都是普遍空间的块块一样，每一个空间的局部都有某种惟（唯）一性，几乎不可能与之相类似。"②认识和诠释场所精神，首先要看到场所与周围环境的关系，场所无论如何，成功的节点不但在某些方面独一无二，同时也是周围环境特征的浓缩。意大利的圣马可广场，是将许多这类特征综合在一起的典范。它个性鲜明、丰富多彩，又与城市的主要特征——大运河形成呼应与和谐，生成一幅自身系统与周边环境高度组织性的场所意象。佛罗伦萨主教堂的穹顶是城市的重要标志，无论距离远近、白天或夜晚都不容置疑它突出的尺度和轮廓既与城市历史紧密相连，又恰好是宗教和交通的中心，通过穹顶和钟楼的相对位置，人们可以从远处判断所处的方位。可以想到，如果这座城市没有这样一个伟大的建筑，将会失去它的灵魂和标识。这突显了场所精神之发生和展现在上述"图""底"关系中的双因性机制，我们必须

---

① [挪]诺伯舒兹：《场所精神：迈向建筑现象学》，第59页。
② [德]齐美尔：《社会是如何可能的：齐美尔社会学文选》，第294页。

从场所与其周围环境的互动关系中来观察和理解它的空间文化意象。而从场所内部来看，"一个'场'的特质是由中心，或一个规则而重复的结构的特质所决定。许多场所相互作用时将产生复杂的空间结果，各式各样的密度、张力和动态感"。"场所精神由区位、空间形态和具有特性的明晰性明显地表达出来。"①我们不难设想，在生成空间场所精神的元素中，应当既包括了空间筑造的主要结构和实用功能的特质、聚落类型，又内含了空间的营构方法和人文赋义。而且，空间场所的"图"与"底"也是相互渗透、相互规定、相互创造的。"图"既要从周围环境之"底"涵摄自然元素或另类场所的元素，接受其物质、能量、信息的作用；同时又会把自身的特点及其物质、能量、信息反馈于周围环境，使其打上特定场所的印记，形成特定的空间文化氛围。一般而言，城市空间文化筑造及其场所精神的建设与维系，对于集中表达城市整体与典型社区的文化形象既具有重大意义，又特别需要认真处理好大、小空间文化意象相互间的关系，以及它们各自与周围环境之间的"图""底"关系。否则，房屋的乱搭乱建、道路的横七竖八、空间利用的相互对抗、文化意象的鸡零狗碎等，就会形成严重的场所破碎、意象丑陋与意义沦丧。这意味着一种明确的图案与背景的关系不再存在；地景的连续性已遭破坏，建筑物不再形成簇群或群集。城市的建筑空间秩序，包括建筑物形态、体量、间隔、天际线，包括车站、码头、道路、街市、店铺、民居的空间关系组织，包括机关、学校、医院、银行等公共服务设施的布局，无论在经济物用、生态系统、地表景观还是人文氛围方面，都失去了和谐性、整体性，充斥着冲突、对抗甚至"敌意"，无法让人形成场所感、方向感和价值认同。许多美好环境的空间元素、格局，被约简成人为的、机械建构的网状组织残渣。"这种症候表示着一种场所的沦丧。就一个自然的场所而言是聚落的沦丧，就共同生活的场所而言是都市焦点的沦丧。大部分的现代建筑置身在'不知何处'；与地景毫不相干，没有一种连贯性和都市整体感，在一种很难区分出上和下的数学化和科技化的空间中过着它们的生活……可说是一种'环境的危机'。"②这样的场所沦丧和环境危机，在当今一些城市规划与建设的败笔中屡屡现身，

---

① [挪]诺伯舒兹：《场所精神：迈向建筑现象学》，第59、180页。
② [挪]诺伯舒兹：《场所精神：迈向建筑现象学》，第186—187页。

特别需要人们从场所精神的文化机制方面去深刻反思与认真矫治。我们的空间文化认知应当明确"图、底互生论"与场所精神"主、客体共生论"的这样一些理念。只有当空间实践主体在空间生产、空间利用和空间体验中,对上述场所精神形成机制中的"图""底"关系有了明晰的认知,特别是对自身的处所、社区之空间秩序、结构、功能、价值、意象有了特殊的体验、理解和认同时,场所精神的建构、表达和把握,才既有了物理空间的现实基础,又具备了主体心理空间的意识条件,获得了主、客观的双重现实性。

其次,从场所内部的关系而言,场所精神的产生和被理解,涉及主场所与次场所、主建筑与附属建筑、场所的稳定性与场所精神表达和理解变动性的系列关系。德国著名哲学家齐美尔以其广博的学术视野研究了栖居空间的不同构成在社会生活中的互动现象。他指出,社会化的空间有一种品质就是其相互作用对人们的行为产生着重要的影响。"这种品质在于:对于我们的实际的利用来说,空间是分割为一些块块的,它们被视为一些统一体,而且——既被视为其中的原因,也被视为其中的影响——被一些边界所框围着。"①这就是说,在被社会实际利用的不同功能的空间场所,具有为空间实用的衔接性和社会活动的连贯性带来的区域统一性。这种由实用功能及其价值构成的空间统一性,既是社区、场所空间形成的原因,也成为它们对外界产生影响因而形成社区、场所划界的内在根据。齐美尔从空间的社会实用性反推空间的社会化格局,自然有其合法性,因为空间最先总是由人们对其物用性需要而被生产出来并加以划界的。空间社会功能的区位联系和差别,是场所空间的区划、间隔和彼此互动的首要根据。一个场所的相对独立性、与外界空间联系的区隔性,首先是由这一空间的专属或特有实用功能决定的。同时,场所内各建筑单元之间的相互关系,包括相依、相属或相对立的关系,也都是由这些建筑的特有实用功能及彼此关联互动决定的。如同一个居民区,有大片住宅,有管理机构驻守和居民公共活动的会所,有公共绿地、园林,有幼儿园、中小学、社区医院、超市、银行、邮政所、饭店、车站、菜市场等附属建筑。它们以其空间的专门功能与特殊结构规定着自身的建筑,首先保障自身功能的顺利实现;同时又在向社区场所的总体空间做出积极贡献的

---

① [德]齐美尔:《社会是如何可能的:齐美尔社会学文选》,第297页。

过程中，在影响其他建筑和次场所的过程中，接受它们的影响与建构，如车站、码头、饭店与邮政所主要体现场所的内外交往功能，银行、交易所与商场主要体现场所的金融商务功能，学校与幼儿园主要体现场所的文化教育功能，社区医院与体育场所主要体现居民健康的保障功能，博物馆、美术馆、展览馆主要体现场所的展示功能，等等，它们都因功能的相关性而处在空间邻近的局域中。这些由空间功能—结构塑造的建筑与场所，不仅相互匹配，而且在规模、空间格局和建筑风格等方面也相互渗透、相互规定、相互体现，表达着空间生产中场所功能对结构的预设和反规定性。这样，每一建筑小群、每一次场所，既作为小的空间板块为社区场所精神做出贡献，又作为整个社区场所精神的"分有"而存在，作为社区整体意象的局部而体现和维持其空间文化总的特质。场所的这种聚落性与单一性的组织法则，前者体现了场所的整合性或局域性，后者体现了空间事物或次场所的特殊性或分立性。这是在空间场所的相互联系中，由其空间联系的普遍性和绝对性，带来的场所之间空间过渡的持续性，与由场所的空间分划的相对独立性、联系的阻断性、场所特质的跳跃性之统一，所生成的场所精神或区间文化相互联系的内在逻辑。场所精神由其空间关系所决定，永远只能是多样性的统一，或空间统一中的局域多样性。我们分析场所精神及其空间文化，必须遵循空间生产与空间自身秩序的辩证法，才能深刻把握其内在机制。这在我国城市化进程中，在空间生产几近天翻地覆的时期，对于场所文化意象的合理营构值得深切关注。

第 十 二 章
场所精神与空间文化

　　空间的文化解读，多是着眼于从人类的空间生产结果，亦即从人类面对的既成空间格局来叙事的，而非从空间生产的活动与过程去分析问题。这样，就必须对人们生存的处所，对各种社会活动出场的空间舞台——场所的文化精神予以考察和解释。此研究对象，从建筑现象学而言，即"场所精神"之谓。建筑是人类最直接而具象的空间实践，其筑造的场所精神既是建筑设计者、工人在空间事物生产之前存活于他们头脑中的某些规划理念和诉求，即关于建筑蓝图欲实现的环境特色、构筑物效果和空间氛围的观念性预设；或者说更多的是筑造者以自己的生产行为所营造的空间境况流露和展现出来的一些文化现象与精神特质，它们让进入这些场所的人总是能在享用各种物质效益的同时，还能特别地感受、领略和欣赏到某些精神效果，油然而生出一种由环境、场所及其各种构成元素带来的精神文化体验。同时，栖居之所的精神"焕发"，又只能在主体的栖居行为与思考进而与场所的对话中实现，如海德格尔"诗意栖居"之空间哲思的著名命题所强调的，生活处所"筑、居、思"的统一，是生成、展示、赏析、审视人生意义真谛与文化旨趣的内在机理。其应有之义，是要从栖居场所与主体互动中去体悟由以生成的空间文化氛围，即场所精神。因而，场所精神当是空间筑造的灵魂，是各类空间事件之文化聚焦而生成的空间精灵与氛围。

　　那么，何谓"场所"呢？建筑现象学家诺伯舒兹指出：关于场所，"我们所指的是由具有物质的本质、形态、质感及颜色的具体的物所组成的一个整体。这些物的总合决定了一种'环境的特性',亦即场所的本质"①。很明显,这种关于场所的界定更多地限定于建筑学的视界,是建筑之"空间句法"在环境氛围营造方面的一种运用。若从空间文化的宽阔视野而论,场所精神应当具有更为丰富的内容,它关乎环境生成和展示出来的整个文化气象,且不是一堆与栖居者活动无涉的死物的文化表达。它以栖居者的介入及其活动的演绎为条件、为重要内容。优美而完善的场所氤氲着丰富的场所精神,它们来自地景、建筑及人身行为,来自栖居者相互存在、互动的活体表演,同时也反过来影响人的行为。从一定意义上讲,正如马克思在《关于费尔巴哈的提纲》中所指出的,人实践地创造环境,同时又是环境的产物,被环境所创造,那样一种人与环境的互动机制,也非常适合用来说明场所精神与栖居者的关系。场所精神的营造和持存,不能离开介入其中的人身行为,在很大程度上它们是由人的活动决定的。人们的空间筑造,建构了一个商店、一个街市、一个广场、一个公园、一个博物馆、一个戏台、一个学校、一个宅院、一个社区等,若没有人进去购物、行走、嬉戏、游览、参观、表演、教学、居住、交往,那么这些物理事件及其空间建构,就只能是无言的存在和空无人气的处所,无法形成让人感受到并影响人的什么精神。所以,没有人参与其中活动的场所是没有精神的,场所精神要靠人的活动去组织、去激活、去维系。唯其如此,才能在人与空间相互创造中形成那样一种超越单纯物理存在"属人"的思想文化关系,才使场所也成为精神的空间、寓所、舞台和激发点。

自然,强调空间栖居者与场所的互动而激活和维系场所精神,并非全然否定场所设计和建造过程的文化用心、价值诉求对于孕育场所精神的预成作用。理解场所精神,应当明了场所设计的基本程式和法则。概括起来,场所设计有以下一些普遍性的法则和特殊要求:①特异性,"图""底"分明、界线分明、封闭;表面、形状、密度、复杂性、体量、功能、空间位置的相互对应等。②形态简单性,可见形态在几何意义上清晰和简明,使空间元素更易于被结合到意象中去。③连续性,边界或表面的连续;各部分的和谐相邻;有节奏的间隔重复;表面、形状或功能的相似、类比或协调,增进场所的意

---

① [挪]诺伯舒兹:《场所精神:迈向建筑现象学》,第 7 页。

象关联性、整体感和氛围一致性。④主题性，某一部分在规模、密度或重要性上超出其他部分而占据统治地位，使场所整体成为一个基本特征鲜明、内部和谐统一的建筑组群；通过对某些意象的忽略、包容、简化，借以集中人们的注意力，形成一种能主导并辐射、发散到各具体意象上的精神圭臬和中心理念。⑤连接清晰，建筑连接点和衔接处的高度可见性、清楚的相互关系。⑥方向差异性，参照物的不对称、渐变和放射状的特征，能区别元素的两个端点，两个侧边，或两个主要方向。⑦视觉范畴，能在事实上或象征性地增大范围和渗透性的特征，包括透明度、重叠、景观及其深度，表达清晰的空间元素，对某些不可见元素的提示、暗喻，增强景观的意象有效性。⑧运动意识，让观察者通过视觉和运动知觉，感受到自身真实或潜在的运动特性，如道路、坡度、视焦、连续、方向、次序等（如天坛建筑中的"丹陛桥"，通过与周边建筑反差坡度的设计造成一种近天入圣之感）。⑨时间序列，通过时间变迁感知的序列，包括建筑物之间在建筑时间、体量大小与高低、形态等方面的连接，通过起始、过渡、高潮、结尾等元素的发展与继替安排，以及成串的空间、纹理、运动、光线、轮廓的演绎与照应，强化场所建筑的韵律或节奏特性。⑩名称和意蕴，能提高元素可意象性的无形特征，明确地位与角色，关注无形元素的结合，使其意蕴要素无论是社会的、历史的、功能的、经济的，还是个体的，共同构成基于我们所涉及的物质特征之上的一个完整领域。①所有这些场所建筑的设计成法，集中到一点，就是要通过"空间句法"和建筑元素有效而合理的营构，构建出一种与场所物用功能及主体诉求相洽的文化意象和精神氛围，使介入主体在享用物质使用价值的同时，还能得到一种空间文化、场所精神的滋润和化育，增益空间筑造的真善美圣价值。

第一节 人与物的场所共生

俄国学者古列维奇在谈到中世纪人与空间的相互规定时说："居住场所与

---

① [美]凯文·林奇：《城市意象》，第80—83页。

它的所有者如此紧密地'联结在一起',以至于离开一方就不可能想象另一方。只有当人们拥有农场,它才反过来'拥有'他,并且把自己的记号刻印在人的个性之上。……斯堪的纳维亚的地形并不只是根据地理坐标绘制的;它充满了情感和宗教意义,并且地理空间同时代表着宗教的—神话的空间。其中一个非常容易地转化成另一个。"[1]这一见解道出了一个不争的空间文化事实,即海德格尔所讲的空间事物相互存在、相互对话的机制。在人居场所中,人与周遭的空间事物不是一种无机的几何关系,而是通过物质、信息、能量转换生成的充满活力的互依存、互作用、互规定的社会化关系。空间因为其栖居者的身份与社会—文化特质,会生成属于其主体的精神氛围,有了人的灵性。空间在人的实践中不断向着人文生成,同时也让实践者的人文性不断演化为空间的定在。栖居者不仅以占有和享用空间的规模、方式对象化地展示和确证自身的社会存在与文化品格,而且还以诸如住宅、园林、庙堂、学校、街市、里弄、村落、社区、交通、机关、公用事业建筑等方面的人文形塑生产空间,把社会文化筑铸在天地之间,让人的生命本质力量以文化空间的方式投射于空间建筑上。对于生存环境、场所精神的体悟,需要用一种共生理念去观照。马克思的实践唯物论认为,人"所以能创造或设定对象,只是因为它本身是被对象所设定的"[2]。即是说,人创造对象、场所与被对象、场所设定是互为前提、同相因果、彼此生成的。人与环境、场所的联系,不是消极被动地去适应物理化学环境,人在接受环境制约的同时,会主动地生产和重构栖居环境。栖居与筑造活动从来是施动与受动的统一。主体在空间生产中文化地改变空间的原始与蛮荒状态时,在赋予其属人的形态与品质时,在主体文化客观化的所有过程中,空间也总是以自身的物性存在、自然力量、原始禀赋对人的生命活动和空间实践先在性地形成诸多预设。它们使人的空间实践只能依凭自然空间提供的现实可能性及其物质条件去展开,这实则是以人为的方式与途径延伸着自然造化,包括对人类文化的先在规定、后续规定。思辨地说,人类是依据空间对人的规定去实现自身对空间的再生产的。人在显性地实践着对空间能动性的文化再造中,同时隐性地延续着自身对空

---

[1] [美]戴维·哈维:《正义、自然和差异地理学》,第242—243页。
[2] 《马克思恩格斯全集》第42卷,第167页。

间物性规定的受动性接纳和确认。空间栖居及其场所筑造，是一个历史性的活动，不可能一次完成，不可能脱离自然演化史和人类空间实践史、文化史。每一代新人，总是首先面临前人在生产空间留下的历史遗产，总是必先承受这份厚重的历史财富才有可能去利用和改变这份财富。因而，空间在文化方面与人的相互存在、对话，还内包着历史空间中前人的文化遗存对今人、后人的物质与精神造化，暗中涌动着前人与今人、后人在空间文化生产、栖居、筑造方面的互动和规定。

空间的栖居者从空间的自然属性和历史文化属性两个方面获得了客观的预设性：前者表现为自然地理对空间场所筑造者、栖居者生存方式的自在规定，后者表现为人文地理对场所主体知行方式的历史规定。此两者在现实生活中的统一，构成了场所主体的空间社会—文化潜质：前者让栖居者成为林区山民、草原牧民、濒湖海区渔民、稼作区农民、城镇企业市民等经济地理中的谋生身份和技能方面的社会文化人格；后者让场所主体将自然环境提供的谋生可能性，经区域社会文化的选择、化育而生成职业身份之下的某种特定历史文化品格，如同属渔民的洞庭湖渔民同潮汕、舟山濒海区的渔民，因为地域的历史文化之别便在主体谋生之场所精神方面形成巨大差异。这是人与物的场所共生，在自然与文化两个方面于历史与现实的对话、复合中的两重交集和互化。

对此，我们通过洞庭湖中的君山渔民与莲花坳洲岛渔民生活方式的比较研究，便能发现他们因为具体物境、生活场所之精神营造中的人文差异，所形成的主体与客观环境之文化的天差地别。君山，洞庭湖的一个小岛，与岳阳楼遥相守望，四面环水，小巧玲珑，空气新鲜，峰峦盘结，沟壑回环，竹木苍翠，风景如画，深受古今文人墨客政要青睐。人们围绕君山的"奇""小""巧""幽""古"，或著文赋诗，或题书刻石吟咏赞颂。有中国历史上最早的摩崖石刻、"星云图"、新石器遗址；有惊天泣神的爱情见证——斑竹、二妃墓、柳毅井；有秦始皇的封山印、汉武帝的射蛟台、宋代农民起义的飞来钟、杨幺寨等。一处古迹诉说一段厚重历史，一个传说就是一束悠远的记忆，浩气齐天，凄美动人。自唐以来，李白、杜甫、黄庭坚、辛弃疾等文学巨匠都曾登临君山，览胜抒怀，留下许多千古绝唱，其中李白的"淡扫明湖开玉镜，丹青画出是君山"、刘禹锡的"遥望洞庭山水翠，白银盘里一青螺"的咏赞，更让君山名声大噪，文气氤氲。居此山渔耕作业的岛民，也自然是一片山水、一句诗文、一船湖产，将"百里烟波浩渺，九万户青烟人家"集于一身，颇有几分半人半仙，或儒或道的神韵。君山人藏着让外人看不透的文化内蕴，他们的行踪既是演绎君山场所精神的符号，又以自身对君山文化的承载和宣扬而成就着君山人的栖居气派。时至今日已成旅游胜地的君山，那从业于此的服务人员，哪怕是托盘献茶的姑娘，也活脱脱地通过"玉女"神情、君山茶道一类的文化上演、阐释着属于君山的场所精神，以形体语言表达着岛民们生活的空间文化归属。

与君山同中有异的莲花坳洲岛，是一个纯粹的渔村。以往渔民常年漂荡湖上，随波逐流，捕鱼为业，水退洲上住，水涨船为家，是居无定所的"渔花子"。他们的生存空间就是八百里洞庭，烟水浩渺，芦荡摇曳，风波浪里，一桨一舟，河港湖汊，往来穿行，渔网收放，演绎悲欢。严格地说，他们生产作业和生活起居，缺少稳定的场景和丰富的空间参照物，因而其场所精神及其主体意识总是那般空蒙和飘忽，顶多就是水、船、渔、苇、天气、湖岸等一些简单空间事物的经验性联系与参照，缺少家园的庇护，空有"鱼水深情"。改革开放以来，莲花坳洲渔民生活时过境迁，有了新的空间活动方式与文化意识。岛民一改过去外湖捕鱼、天养人捕的生存方式，实行捕养并举、以养为主，放养名贵鱼类，人有定所，鱼有定域，生活的场所感大大强化且稳定。借着天造地设的碧山秀水，以及别样景致的渔村风情，人们着力开发渔村游览观光资源，接待八方来客体验渔村生活，领略湖光山色。游人可乘快船穿芦荡、看湖岛，登岸游览渔村，所见之处，家家门前停着渔船，晾着渔网，有的在赶鸬鹚下水捕鱼，有的在晒网补漏；游人可以在渔村，日吃正宗全鱼席，夜宿渔家或听渔歌，或追寻当年杨幺义军故事，或享受湖中特有的宁静。

八百里洞庭的君山和莲花坳洲，从自然地理、物候条件、生活环境、劳动方式来看，应当说大体相差无几。但因其历史文化的场所遗存不同，人文地理特色在市场经济的开发中也各放异彩，生活的场所精神更具风韵。君山渔村文气悠悠，诗情绵绵，在一方小巧别致的湖山之上，人们追梦历史的美丽传说，品读墨客骚人的诗文，欣赏地方茶道茗品，飘飘然超脱了现代都市的喧嚣，体验着穿越时光隧道那亦真亦幻的神奇与空灵，让人在历史与现实、湖山与人文的对话中，有了一种心境的净化、抚慰与安怡，妙不可言，美不胜收。后者莲花坳渔村，依旧做着"渔"文章。但随着当地生活的改善与旅游环境的建设，从根本上改变了旧时一网一船的生存方式，往昔那四处爬虫、满地泥泞、潮湿难耐、湖风袭人的穷洲苦滩旧貌，已无影无踪。排排新房，门庭整洁，绿树掩映，绳网工厂，餐馆酒肆，岸畔舟楫，渔市交易，往来游客，浑然一体，把湖光洲景、生态、产业、人居建筑、观光资源开发错落有致地融为湖洲空间新聚落，向来客展示着"魅力洞庭、生态渔村"那带着几分粗犷、几分原始又几分现代的复合环境气息。其场所精神成了地理风物、产业特点、民居建设、劳作生息的综合表征，同样是自然与人文、历史与当代的对话和交织。与君山相比，它是"渔纹"的，而非"诗文"的。到此一游的旅行者，在领略湖洲风景和品尝可口美味的湖鲜之余，留在心头挥之不去的还是那洞庭风光中的渔文化。捕鱼、养鱼、卖鱼、烹鱼、品鱼等生产生活过程，给人们的感受深深烙上了一个"鱼"字，甚至空中飘荡的气息都带着鱼香味道，真乃"鱼味无穷"！

两地生活环境、场所精神的比较表明，文化地理作为历史人文与生态环境结合的持存，总是会在后人的新的生产方式支持下获得选择性的开发，使原来隐没在自然环境中的人文因素、资源价值被个性化地发掘出来，彰显弘扬，渐成主调。它们作为一种从经济出发对环境、场所的选择性文化赋义、突显、重构和诠释，使两个湖洲形成了放大其某些文化元素和资源特征的文化场所精神，赫然变为两种不一样的环境氛围和区域气象。

可见，在场所精神的形成和展示中，自然的风韵固然是底色，但栖居者的空间实践，总是在生产方式、产业特征、环境功能等方面给它带来"天人合一"的局域特色。因此，精神"'场所的形成'经常是定量的、'机能的'感受，意味着空间分布和向度化。……对场所的需求有不同的特质，以符合不同的文化传统和环境条件"，"场所是一个具体的'这里'，有特殊的认同性"。① 从某种意义上讲，场所精神营造中人与物的共生，还包括社会性的物质现象，如物质技术、物质环境、物质资本。这些物性因素在人之生存场所氛围再生产的在市场社会，其与人的对话，背后却隐匿着经济资本与文化

---

① [挪]诺伯舒兹：《场所精神：迈向建筑现象学》，第7页。

资本、象征资本的相互交流、彼此转化的机制。人的栖居、生存、作业自然首先需要有经济资本的支持和运作。但人活着并非只是吃饭、穿衣、居住、交通等物的消耗与生产，它还有精神需求，要有环境、场所的文化运作和象征意义的欣赏。因此，场所建设总是有经济物用资本向文化资本、象征资本的转化，并反过来从那里获得回馈，经此实现场所精神的再生产和经济维持。此外，场所是人生空间，众生成长、交往、创业甚至终老如斯，总会留声留痕，成此境此情，所以场所精神是由其栖居者、筑造者主、客观世界的精神化成，是栖居者精神气息与人格范式的历史凝练与物质固化，是物化的精神历史、故事、活剧、人物的复调式共演。它们引导和制约场所的再生产，维系和传承场所精神。诚如马克思所说的，历史每一阶段的人都遇到前人留存的一定物质结果，人与自然以及人与人之间在历史上形成的关系，尽管这些环境为新的一代所改变，"但另一方面，它们也预先规定新的一代的生活条件，使它得到一定的发展和具有特殊的性质。由此可见……人创造环境，同样环境也创造人"[1]。事实证明，囿于历史的传承和空间实践的局限，当人们长期生活在一个相对稳定的空间场所时，那么情况就会如哈里斯指出的，"我们的文化就孕育自这封闭的空间。从某种意义上说，我们的文化是建筑的产物，如果我们想提高文化品味（位）的话，就不得不改造我们的建筑"[2]。这正是栖居者经空间对其精神的衍射，而使其场所有了人与物的互渗与共生。场所对于栖居者，不仅是土地、空气、阳光、雨露等生命赖以存活的自然因素的有机构成，还有构成这一感性世界的主体活生生的空间行为，更有让人的灵魂、情感、理想、智慧、愿景等精神因素得以寄寓、表达与发展的文化底蕴和氛围，此三者的复合与共生，才有场所精神的鲜活展示。

第二节 场所精神对社会人生的复现与演绎

场所精神的空间筑造理念认为，场所赖以形成的"建筑是一种由建筑物

---

[1]《马克思恩格斯全集》第3卷，第42页。
[2]［美］卡斯腾·哈里斯：《建筑的伦理功能》，第188页。

来实现的精神上的秩序""建筑——一种建在无穷无尽的空间中的思想。它体现人的精神能量和力量,是人的命运和生命的物质形式与表达方式"[①]。一切建筑都内含有近乎宗教般庄严的文化意义。这些把空间场所的筑造和享用,当作栖居者精神生活及其社会文化秩序的物性、形象表达的见解,耐人寻味。人类在自身栖居空间的筑造中,之所以能生成一种立体的文化精神,让进入其中的人们能够感受和体验到某种文化的活跃、魅力、影响与受教,全在于这空间的生产本身灌注着某些文化理念,是按照一定的文化范式将空间元素结构成具体空间的。空间格局与空间事物的形态,虽然在立体的组合中总会给人以某种心理影响,形成文化层面的空间效果,但空间毕竟不是文本,它没有语言文字那种细致、精准和具体的表达。它和一切人工造物一样,作为"对象性的存在,是一本打开了的关于人的本质力量的书,是感性地摆在我们面前的人的心理学"[②]。在这无字的大地之书中,人造场所、环境的首要目的虽然是栖居与作业,物用价值居于首位;但它们又是一些物理性的固态的文化事件,总是表征着,或集合着,或发散着特定的场所精神。因为空间场所作为广义栖居者的生产结果,总是一种"为自身而存在着的存在物",主体必须既在自己的存在中也在关于这存在方式的知识中确证并表现自身。人把自然当作自己无机的身体,当作精神生产的原材料,当作生命活动展开的舞台,总是凭借现实的、感性的对象、场所去复现和展示自己的本质力量。[③]其中自然与人化、物性与人性相互存在和彼此作用的奥秘,除了空间化的抽象语汇具有精神的能指作用之外,大量的文化叙事和情理传达,是由场所精神的隐喻和象征方式实现的。从空间文化视域研究场所精神,不能不关注它们的文化隐喻和象征。

场所精神的文化隐喻和象征,与所有审美的或艺术的隐喻和象征有共通的意义。隐喻,即暗喻,从本体事物引出喻体事物的意义。通常喻体与本体有着多方面的相似之处,借着喻体的意义能把本体描绘得更加形象生动,更具有衍生的深意或大义。这样,从符号与意义的能指与所指关系而言,本体

[①] [美]卡斯腾·哈里斯:《建筑的伦理功能》,第224页。
[②] 《马克思恩格斯全集》第42卷,第127页。
[③] 《马克思恩格斯全集》第42卷,第168—169页。

和喻体之间似乎具有一种互为能、所的关系。一般而论，本体是较为具体的、直观的事物，喻体是较为抽象的、意象性的事物；喻体事物能对本体事物的形象给以装饰和点化，对其意义加以提炼和延伸。本体给喻体事物及其意义以直接的感性展示，使主体能从本体事物显示出它自身原本不曾具备的形态，如火一般的激情，这一隐喻使激情有了直观的形象。从这个意义上讲，本体是喻体的能指、符号，喻体则是本体的所指、意义。然而，从另一种语义逻辑来看，喻体事物又可成为本体事物的代码、符号，而使本体事物变为被符号表征的内容。如"这种兰花如蝴蝶一般"，稍作转换便变为"蝴蝶像一种兰花"；原来的喻体事物便由"喻"转"本"，成了对某种兰花的指代，使特形兰花之审美意义有了升华：植物成了动物，静态变为活态。这样，原属喻体事物的意义，便以形式化的符号隐喻和它相似的本体事物，使兰花的形态成了喻体，蝴蝶的本义成了本体。"蝴蝶兰"则成为内含喻体与本体意义于一身的复合概念或现象，它使蝴蝶与某种兰花有了直接互征的现实性、具象性。

在空间的文化筑造、场所精神的赋义中，隐喻这一修辞手法的运用，往往不同于文学方式。因为空间事件的感性具体及其内在意义的隐匿与艺术化，使空间筑造中的本体和喻体事物之间的关系，既可以从抽象到具体，化抽象的情感、意义为具体事象；也可以从具体到抽象，化具体的事物为抽象的情理。但皆有定则，本体事物总是当下在场的"现有"，喻体事物则可能是"现有"也可能是"虚在"。在我国传统的民居建筑中，如木雕构件的蝙蝠图样，它除了创造空间的视觉美感之外，就是要以"五蝠（福）呈祥"一类的祈福寓意，创造福喜祥瑞的场所精神。这显然是由具体到抽象的表征。反过来，几乎一切建筑中，那有一定坡度的入门处，都设台阶或缓坡爬升，将"步步高升"的抽象祈福写在人们身体力行的具体空间格局和实际活动中。通过对隐喻修辞的法则梳理，我们可以具体地介入空间文化筑造中之隐喻机理的内在逻辑。

一、外师造化与神往自然

人类栖居空间筑造在场所精神的营构中，以具象空间形塑的方式隐喻精神文化的氛围或某些特征，其最基本的前提，是栖居者、筑造者本来是大千世界的成员，他们来于自然，与养育他们的自然环境有着切割不开的天然联系。野蛮人把自己本能地归于自然，文明人天人相分，一定程度地超拔于自然，但永远不会摆脱也摆脱不了自然。人们总是通过自然这具无机身体的有机操作，这一精神生产原材料的文化加工，这一投射和确证其本质力量的对象世界建构，而展开物质与精神生活的。这决定了一切空间生产、栖居筑造，必然要体现人与自然、与环境之间那亲善友好的关系，以及那无限深情的自然挚爱与自然美的吟咏、抒发。这决定了在空间筑造的场所精神中，那隐喻的内容必然大量的是人们对自然环境的心理体验，以及社会生活情怀的自然投射。而且其间还内含一个历史发展中的机变：越是远离现代空间生产的时代，场所精神越有质朴的自然韵致。如城邦国家或封建时代，由于地广人稀，社区空间聚落规模狭小，人类改变自然环境的力量和程度有限，因而大量的栖居筑造是亲自然、接地气的，无论是建筑的风格还是建筑造成的空间变异，都与自然环境疏离不远，隔阂不深。人们对自然的眷顾可以更多方面直接地留在空间的形塑中，无须繁复的人工制作去隐喻地表征那份自然情结和环境理念。即使在城市空间的生产中，也不会让栖居之所远离自然而变得突兀。古希腊雅典卫城的筑造就形成了一种让乡村自然的色调未曾退去的历史特征："房舍是用土坯作墙，瓦片作屋顶，有些甚至是用泥巴和笆片作墙，茅草作屋顶建造而成的，全都带有简陋农村的印记。"① 正是基于这样的原因，古代民居建筑对自然环境体验的隐喻性表征并不注重，亦无特殊的需要，人们直接生活在充满自然气息的空间中。自此之后，随着建筑工程力量的发展，城乡疏离化的加剧，人们的栖居筑造，尤其是那些高官巨贾的豪宅，或国家权力空间、宗教场所的筑造，便日趋远离自然，需要用一种非实际物用的建筑手段，艺术性、象征性地表达人对自然的亲切感受与流连。于是，在建筑技术的推动下，在城乡分割因而城市建筑与自然环境日益疏远的情况下，在人们的审美意识愈加复杂和抽象这样一种思维条件的支持下，栖居建筑和空间生产，无论是其内部结构或是外部装饰，便日趋多样地采用隐喻的方式表征人与自然的亲近，寄寓栖居者对自然的眷恋与回归。在这方面，中国中世纪建筑中的园林艺术、民居艺术，多有十分用心的智慧处理。

---

① ［美］刘易斯·芒福德：《城市发展史——起源、演变和前景》，第174页。

我国园林筑造对于自然情趣的追逐，十分强烈而精彩。它有一个总的理念，即"道法自然"：朝自然靠拢，向自然请教，得自然韵致，享自然之美，以自然表征自然。明末造园家计成所著的《园冶》，为中国第一部园林艺术理论的专著，作者多方面地论述了借自然以喻象自然的造园宗旨。他提出"园林巧于'因'、'借'，精在'体'、'宜'"的主张："'因'者：随基势之高下，体形之端正，碍木删丫，泉流石注，互相借资；宜亭斯亭，宜榭斯榭，不妨偏径，顿置婉转，斯谓'精而合宜'者也。'借'者：园虽别内外，得景则无拘远近，晴峦耸秀，绀宇凌空，极目所至，俗则屏之，嘉则收之，不分町疃，尽为烟景，斯所谓'巧而得体'者也"[①]。这"精而合宜"之"因"与"巧而得体"之"借"，所诉求的场所精神，便是贵在自然，尽少人工做作之痕，多成宛自天开之趣，使天人合一的人生理念尽在栖居筑造的诗性空间得到彰显。

为了体现这种栖居筑造的自然韵趣，在其空间分割与营构中，还有许多精妙的料理技艺。稍作梳理，前人至少用以下几种隐喻方式来营造栖居空间的亲自然气象。一是叠石造山，凿池引泉，以人工方式塑造缩微的自然景观，置于民居庭院或私家园林中，在美化环境的同时，以人化物，以小譬大，用人工山水置换自然山水，让栖居者在有限的空间之内能感受大自然的野趣，不因墙隔路阻而与自然疏离。二是理水渡人，以小巧池水隐湖山情怀。理水方法主要有"掩""隔""破"三法："掩"即以建筑和绿化，将曲折的池岸加以掩映；"隔"即筑堤横断于水，或置曲桥浮廊，或立墩石点水；"破"即在小水面用乱石为岸，配以细竹矮树，朱鱼翠藻，野而化之。如此这般，虽是一洼池水，然断处通桥，曲径深幽，疏水为无尽，演绎出了沧浪胜景。三是巧用错觉，妙设空间。如漏窗的运用，让户外空间若隐若现，既非一览无余，又不碍视觉流畅，透窗外瞰，近处花卉，远方竹树，迷离摇曳，疏影横斜，风姿绰约，成幽深朦胧的空阔意境，居屋斗室，似在嘉木繁花簇拥之中。又如巧设露台，开阔视野，让人凭栏远眺，纵目自然，翠岚叠嶂，天边云飞，湖山暮霭，牧野炊烟，可收眼底，足不出户而能享受"纳千顷之汪洋，收四时之烂漫"的天高地远气象。而且这窗和台的建构形制、气韵也自然得体：

---

① （明）计成：《园冶》，江苏文艺出版社 2015 年版，第 2 页。

成一种"窗牖无拘，随宜合用；栏杆信画，因境而成"的风格。①再如巧植花树，或隔或掩，或接或断，形成以虚拟实的空间格局，如计成所言，"梧阴匝地，槐荫当庭；插柳沿堤，栽梅绕屋；结茅竹里，浚一派之长源；障锦山屏，列千寻之耸翠，虽由人作，宛自天开"②。真是贵得自然机趣，妙不可言！其实，像中国园林艺术以此类空间处理方式而求得自然天成之效的场所精神，即使在现代西方空间生产中，也多有发挥和开新。美国著名建筑家赖特的名作"流水别墅"就是经典。在此空间筑造中，赖特始终把别墅的风格定位于和周边自然环境融为一体，让其如从土地中自然长出来的一个空间事物。其外观，人们看到的是那些水平伸展的地坪、腰桥、便道、车路、阳台及棚架，沿着各自的延展轴向，越过山谷向周围凸伸，以一种诡异的空间秩序紧紧地集结在一起，巨大的露台扭转回旋，如瀑布曲折迂回地从每一平展的岩石突然下落。这个建筑以其自然喻象让人体验到它具有活生生的、初始原型的、超越时间的质地。它坐落在宾夕法尼亚的岩崖之中，调动整个幽谷，置山体、建筑、形塑、材质、色泽、瀑布、树木于浑然一体，景观巧构而错落有致，场所的内外空间相映成趣，使流水山庄得自然野趣与人工艺术融合之美。其建筑造型和内部空间互有彰益，在沉稳、坚定、从容、镇静的空间结构中正力与反力相互集结，那不同凡响的室内陈设如梦境一般，进入巨大起居室空间的路径，是先通过一段狭小而昏暗的有顶盖的门廊，然后踏上反方向的主楼梯，迎面而来的是那些粗犷而透孔的石壁。这一过程，同样是粗犷与细腻、幽深与通透、水平与倾斜等以正、反因素相互作用、微妙平衡的过程，展现了一种人为与天然和谐共处的空间理念。流水别墅以瀑布逐层跌落的意旨安排空间，它的气场和氛围，强烈地生发出一种自然和人悠然共存的精神境界。这些空间筑造的人工制作与自然气象，它们彼此喻象、互成表里，共同营造、表现和演绎栖居空间那样一种师造化、法自然、返璞归真的场所精神，透露出来的是对城市水泥森林结构而成的机械空间的反叛与人性自然的追求。现时人们似乎日益清醒地意识到了，能融入外部空间的房子，才是我们真正的

---

① （明）计成：《园冶》，第18页。
② （明）计成：《园冶》，第18页。

家园。[①]自然、自在、自得的场所精神追求,在当今城市工业化营造的物性空间挤压下,似乎越来越多地从陶渊明和陈白沙的诗性哲理走进了栖居空间的筑造中,它们强烈地透露出当代空间意识和生活理念隐蕴的后现代精神,体现了工业空间批判和生态理想追寻的实践统一。

二、生活方式的空间形塑

人对自然的实践关系和理论关系,或者物质关系与精神关系的建构,只能建立在由生产力与生产关系组成的生产方式,以及由此派生的生活方式基础上。人类的生存空间,既是生产方式的产物,又是它的表征。空间由生产方式形塑,反过来它又规制并表征生产方式。生活方式是生产方式的延伸和社会泛化,必然同质性地延伸着生产方式与空间的辩证关系。一方面,栖居空间是生活方式的实践产物,有何种生活方式,亦即栖居方式,就有何种空间筑造与形塑。另一方面,空间又是生活方式的物理—社会文化形式,它对生活方式予以具体的规定和表征,从社会生活的空间结构及其文化秩序的相关性出发,通过建筑物形塑与环境空间格局的建构,人将生活的真善美意予以具体表现。这使建筑物的场所集结形象化、象征性、整体式地展示出生活方式的样范。因此人的栖居之所变成一个非常有意义的家,他在物质的享用和精神的复现中获得了完整的寄寓。从栖居场所中,我们可以深刻而具体地揭示某一历史时期的生活方式。这样一种空间与生活方式的互规定性,也就从根本上决定着空间筑造所生成的场所精神,它在内容上必定是对生活方式或直接或间接,或具体或抽象的反映与表征。人们的栖居空间,不仅是身体的物理处所,而且是精神活动、社会交往和再创、表现自我的殿宇、庙堂、剧场、舞台、会所、课室、厅屋、书斋,等等。空间筑造形成的场所精神,无论是隐喻或者明示,都应关注场所与生活方式在物质关联背后的精神文化关联,对场所精神给出生活方式的解读,才能让其人文释义植根于社会沃土中。

空间场所作为人之生命活动展开的物理—人文形式,被当作生活实践的必要条件,水乳交融地存在于生活中,本身就是生活的一部分,是生活的基

---

① [美]卡斯腾·哈里斯:《建筑的伦理功能》,第240页。

础和立体的呈现。它在被生活形塑和规制生活的两相作用中，形成了一种厚重、多姿多彩、随处都是的生活气息与空间理趣。这些内容十分直白且具象地嵌入人们的生活中，并感性地形成人的空间认知和意识。它们是场所精神最为直观而又十分坚实的内容和形式，其感性的真实和具象，时时刻刻、事事处处都能为人们真切地体验到，如乡土的温湿、里巷的亲切、住宅的自我、卧室的私密、厅堂的庄重、书斋的雅致、园圃的泥香、工场的汗味、酒肆的喧闹、街市的繁华、衙门的森严、寺庙的肃穆、学校的活力，等等，一处日用场所一缕神魂。处所的文化特质，是由生活本质属性之具体的空间展示而流淌出来的气息，成为场所固有的文化圭臬和精神氛围，规定和感染一切进入者、栖居者，同时又是他们作为空间主体之文化角色化的直接呈现。这是生活方式多维面的空间匹配而形成的场所精神，它们与生活的具体内容、具体空间、具体行为方式各相对应地联系在一起，成为人生的空间文化典籍和栖居规范。

我们需进一步深究的是，那并未直接表征于外，但却深刻深入人心之内的隐形场所精神。它们由人的空间抽象思维所把握。场所精神的研究者诺伯舒兹早就关注了这样一种由生活方式的鬼斧神工"阴刻"在空间筑造中的文化精神。他发现，在伊斯兰建筑中，宇宙式混沌得到了神奇的表现，伊斯兰城市是几何空间和迷幻空间的巧妙结合。这事实上表达了伊斯兰文化的沙漠根源以及阿拉伯聚落的社会结构。[①]他从伊斯兰建筑风格与阿拉伯人的生存环境及生活方式、社会结构的关联中，揭示了场所精神里的生活魅影。伊斯兰文化生长和发展于阿拉伯人聚居的地区，是干旱少雨、天高地阔、植被稀疏的沙漠，因而，栖居场所的筑造没有林木的遮蔽，没有更多绿色的润泽，色调与建材、外部环境的状态一致——沙色，偶尔也有绿色圆顶，那依然只是将某种对植被丰厚的期盼写在屋顶上而非与环境的同调。即使树叶常被装饰于建筑物上，但那主要是出自对真主安拉万能法力信仰的曲折表达。因为这些图饰总是简单的叶蔓反复绕行，用无始无终的折线组合，辅之以几何纹和花纹的匹配，展示无限变化。其间，简单的纹样表征生活环境与行为方式的单调，而对叶面图案曲折回复地使用，则隐喻安拉力量的无与伦比。在室内

---

① [挪]诺伯舒兹：《场所精神：迈向建筑现象学》，第70页。

设色方面，多用白色、绿色、蓝色，分别表征纯粹的阳光，植物和水，以及那湛蓝深处的天堂。其深刻的生活原型，则是在沙漠中劳作、行走的民族，对没遮没荫的阳光的感受，对水和植物的珍视与渴望，对辽远天堂的景仰和畅想，室内空间的饰色，以具象化、象征性手法，把人们行走于大地和苍穹之间的特殊感受，把大漠人生的经验积淀和美好愿景，缩微并集中化地搬进了室内，体现了生存方式的立体形象。与此同时，像伊斯兰教堂的建筑方位与室内墙面安排，亦有特殊讲究。其寺内布局，方位须坐西朝东，这一方面是沙漠干热无南北风向冷热对流的讲究，更重要的是着眼于让信徒在向礼拜殿堂后墙圣龛祈祷时，朝向阿拉伯麦加克尔白，宗教信仰和环境意识相结合隐性地规定着建筑的方位。在这种意义上，伊斯兰建筑如同其宗教仪式一样，直接脱胎于信众的日常生活，堪称"绿洲建筑"，具有环境、生活方式、信仰三合一的文化气韵。它们让我们从中看到了植根于特定自然环境中的生活方式，影响空间筑造的文化机制："自然环境是简单而强烈的，而且决定了环境一般的特性。不过这并不表示自然环境满足了人对认同感的需求。"① 人无论栖居何地，在与环境为友的同时，必须增加一个属于他自己的人为世界。也就是说，人必须在身心寄寓处嵌入一个精神上或社会上刻意安排的内在文化神魂。其中的信息大都顺应特殊的地方性，满足栖居者的社会认同感，使之在文化上直接与场所形成有机联系。

在这一问题上，我们是可以做比较研究的。例如，同样是用于宗教生活的基督教堂，因为它原生于北温带的西欧，其自然条件远胜于阿拉伯人的沙漠地区。同时，这里率先发展了城市文明，宗教建筑及其场所精神也更早、更多地打上了都市生活方式的印记。学者在自己的研究中已经看到，"哥特式教堂属于浪漫的中世纪城镇，不过超越了在自然环境中的依恋，在教堂里气氛性的光被转换成神的表征，几何形分割的结构代表对烦琐哲学所描述的井然有序的宇宙加以形象化""因此教堂结合了浪漫式和宇宙式的特质，同时透过透明的墙，对基督福音存在的意义所作的局部地诠释被传送进城，使得日常生活世界能有一个宇宙的向度"。② 这种城市生活空间与原生态自然的分

---

① ［挪］诺伯舒兹：《场所精神：迈向建筑现象学》，第134页。
② ［挪］诺伯舒兹：《场所精神：迈向建筑现象学》，第74—75页。

隔，使基督教堂既远承中世纪市民生活的浪漫，又受文艺复兴运动人文精神的激扬，它作为一种城市生活空间的宗教转译，其繁复的结构表征了细致的哲学思维对秩序和宇宙思考的形式化外显：华丽、精细、繁复。它外部的尖形屋顶直插云端，把人的注意力引向上帝所在的天堂，实行一种外在的灵魂超升。而它的内在空间，除了上帝世界、耶稣形象等天堂秩序、故事一类视觉文化的演绎之外，就是那高举而狭窄的空间造形，让人们的灵魂受到一种横向的挤压和纵向的牵引，造成强烈的压缩和超拔的双重心理效应。其无言的宣示是：在世俗生活中收敛，向天堂与上帝靠拢。这把《圣经》理念立体地展示在信众的眼前。其场所强烈的宗教文化精神，与伊斯兰清真寺文化的巨大反差，全由自然环境与时代背景不同，人们生活方式的差异所造成。它们以不同的空间场所发散开来，让我们从中看到了不同的生活方式对空间的文化筑造。自然环境是简单而冷峻的，只能从最一般的方面即最基本的可能性方面决定生活环境一般的特性，而不满足人们对栖居及其场所的精神文化需求。人无论栖居何地，在与环境为友的同时，必须嵌入一个属于他自己的人为世界。这是自然的一般特性、栖居的物用—精神要求与地域特色相结合而生成的具体场所精神，以致形成民居或宗教场所的伊斯兰式、欧洲式、亚洲式或非洲式的有地方与民族特色的建筑风格与文化氛围。它们与栖居者一道演绎着生活世界的风采。

这类情形，在民居空间的文化筑造中，更是屡见不鲜。住宅是栖居者内部意识、精神文化的空间呈现，把生活方式多种属性立体地结合在一起。例如，我国北京典型的四合院民居，那种对生活方式的场所精神展示，简直达到了一种教科书式的严谨与具体。这种民宅，成"回"字形建筑，四面以房墙包围，单门独户，自成一体，是自给自足传统生活方式在居制上的体现。房屋一般分前、后两院，前院窄长，是宅外通向后院的过渡之境；后院方阔，为住宅主体、重地。前院被一座中门及其墙体隔在后院之外，成家庭生活内外有别的立体写照。中门所对的后院正房即为堂，是全院中心，地位最高，为敬神祭祖、举行家庭礼仪、接待尊贵宾客之所。堂的左右接出耳房，居尊者、长辈；耳房后的照房做小辈用房。后院主体一正（堂屋）两耳（左右厢房）布局，也称"纱帽翅"，它点明了作为家庭祭祀、宣教、礼仪、修读的重要场所，以及两厢房的居尊地位之空间格局，如同人身之首脑，具有特殊重要的意义和尊严。而连通正房、厢房的前廊，有如人之两手，从正房左右展开把整个后院环抱起来，名之曰"操手回廊"。这样一种空间结构，便将人身形态活脱在住宅空间中，但人身空间在精神文化的写意上则突出的是尊卑殊分，长幼有序那样一种生活方式的人伦规范，印证了我国古代礼文化经典《礼记》反复强调的"居处有礼"的戒律。孟子曾在《尽心篇》中意味深长地指出，"居移气，养移体"，认为建筑、居室空间对人的精神气质造就，如同饭食营养人的身体那样，作用非常重要。正是基于空间形塑对场所精神的生成论关注，基于生活方式对场所空间筑造的规定，我们更多地从具体的或抽象的空间文化中体验到了生活方式在栖居之所的投影。南宋陈元靓所撰的古代中国日用百科全书型的民间类书《事林广记》，曾对栖居空间的民俗闺习有这样的描述：凡为宫室，必辨内外。男治外事，女治内事，男子昼无故不处私室，妇人无故不窥中门。诸如此类的礼制教化，几乎一字不差地被工匠写在砖瓦木石构作的空间秩序中，使建筑的空间样态成了生活方式及其道德礼仪的有形表达。我们透悟其间的人本原型和文化意蕴，能更深刻地理解一个场所精神营造的现象学命题。美国建筑文化学家哈里斯认为，空间筑造从来不只是一种审美价值的追求，而是对筑造者、栖居者整个精神世界多方面的综合表达。建筑"是人类想要认识自己在世上的灵魂，从而能有在家的感觉。建筑是精神性自我表现的艺术。它通过插入高空、挖空地面、在远离地面的高处规划和翱翔并向各个方向扩张来支配空间；它通过实和虚来支配空间；它通过空间支配空间"[①]。这"通过空间来支配空间"，应当说是建构场所精神的神奇"空间句法"。它依据栖居之所的位置、朝向、体量、物用、文化赋义等空间元素的轻重、主从、虚实关系，以间断性与连续性、局部性与整体性相统一的策略，做好空间的分划与建筑匹配，使生活空间具有一种意义或价值体系的有机秩序。同时，它通过对某些特殊空间严肃的文化赋义，使与之相连的其他空间承载和服从这一特殊空间发散出来的文化主旨和价值规范，实现场所精神的整体性、主旨性布设。这成为增强空间文化彰显度、解释力和凝聚性的重要建筑策略。

---

① ［美］卡斯腾·哈里斯：《建筑的伦理功能》，第 224 页。

三、从物用到场所精神升华的人文逻辑

场所精神作为人类空间生产个别的、具体的文化成果与意义世界,它们的形成不是随着建筑活动的结束、空间场所的落成一蹴而就的,而是有一个历史发育与认知、意义提升过程。诺伯舒兹给我们提供了这方面的一件历史个案:近代,宇宙秩序的意义已退化成具体化的政治、社会或经济结构的空间系统。例如,美国城市格子网的平面并不表示任何宇宙论的概念,而是表明一个机会公开的世界。这世界是水平式与垂直式地开放。社区水平式扩展,个人的成就借着由标准的地基所耸起的建筑物高度来暗示。因此,离开空间历史、环境的具体性、整体意蕴,是很难从空间建筑的某一局部去清楚理解其场所精神的。[①]他的这一看似平常的叙述,却道出了场所精神随同建筑物的功能发挥,对应参照物的挪移,环境改观,解释语境变迁,必然发生相应改变的空间历史—文化逻辑。

1. 人类的空间意识循着一条"抽象—具体—再抽象"的思维之路发展

诺伯舒兹认为,纵观城市空间布局由以往表征那猜想中的宇宙秩序,到封建皇城的社会等级秩序形塑,再到当代城市的网络式街道交通,城市空间场所精神似乎更趋实用化了。因此,离开空间历史、环境的具体性、整体意蕴,仅从空间建筑之某一时段、某一局部去理解场所精神,是很难达到理性具体的。[②]这一见解,道出了场所精神随同建筑物的功能发挥、参照物的挪移、环境改观及解释语境变迁,而必然发生相应改变的空间历史—文化逻辑。

建筑现象学的研究发现,人们对空间场所精神的意义表征、领悟、转译和社会化地加以利用,隐蕴一条由抽象到具体再到抽象的思维逻辑理路:"意义的蔓延很显然是由于普遍的兴趣使然,亦即由于它们是'真理'的一部分。象征使得真理明显地表达出来而形成文化。文化表示转换既有的'力量'成为能够延伸至另一个场所的意义。因此文化系以抽象性和具体化为基础。经由文化,人得以在事实上扎根,同时人能由完全依赖特殊的情况下解放出来。

---

① [挪]诺伯舒兹:《场所精神:迈向建筑现象学》,第71页。
② [挪]诺伯舒兹:《场所精神:迈向建筑现象学》,第171页。

我们了解既有的经济、社会、政治和文化的条件不可能产生由人为场所具体化的意义。意义乃世上固有的，而且在所有的情况下多半来自地方性，成为一种特殊的'世界'表征。不过意义可能被经济、社会、政治与文化的力量所利用。这种利用是在意义可能性中的一种抉择。……一般而言，物集结世界因而揭露了真理。塑造一物意味着'履行'真理。一处场所是这么一种物，因而是一个具有诗意的事实。"①此番议论表明，空间场所精神的漫延和外溢，首先是其意义具有某种真理性的抽象意识品格，能被人们的普遍兴趣所采纳与认可。然而，它要作为一种文化事实被广泛认可、被推广，必须把理性内容的抽象与表达形式的具体密切结合起来，使之成为能让人触摸并入驻内心的文化事实，成为在场所挪移中而不丢失其可感性的文化布设。场所精神的生成和转移都是地方性的，有其特殊而具体的空间品格。但当社会对生长和持存于具体场所的空间文化广泛地加以倡导和利用时，又须让其一定程度地摆脱具体空间的局限，当作有普世意义的空间理性去接受，这样才能让人们从完全依赖特殊环境的状况下解放出来，获得哲理般的自觉和诗意般的自由。可见，对于场所精神的建构和理解，不能没有抽象—具体—抽象这样一种逻辑思维的支持。

　　古代的地球居民，生产力和科学技术水平低下，对宇宙万物的空间秩序和生存其中的空间环境，认识和改变环境、场所的能力有限。实际认知与改造场所的力量不足，从反面动员人的出奇想象力。对星空的仰望和遐思，对大地的猜测和虚构，对环境事物的揣摸和祈愿，构成了一篇篇空间畅想曲目，并用以小喻大、见微知著、化隐为显的方式，把许多空间大事件的猜测与畅想书写在有限的空间场所中。于是，在古人生活的遗址里，留下大量让今天文明人反复猜度的历史之谜、场所精神之谜。例如，西安半坡的原始村落，从发掘的房屋遗迹来看有圆形的、方形的、半地穴式的、地面上的。墙体用木骨涂泥的方法构筑，其建筑风格：门前有雨棚，似近古民居"堂"的雏形；向屋内发展，形成了后进的"明间"。隔墙左右置两个"次间"，成"一明两暗"格局。若横向观察，又将隔室与室内分为前后两部分，似一种"前堂后室"的样态。半坡村落中心，是一座约 160 平方米的大房子，分前、后两居，

---

① ［挪］诺伯舒兹：《场所精神：迈向建筑现象学》，第 169、171 页。

前面是供氏族成员聚会、议事的场所；后面则分为3个小间，为氏族公社最受尊重的老祖母或氏族首领的住处。从这种"前堂后室"的大房格局中，我们能确凿见出古代社会中"前朝后寝"的宫室，乃至更晚近的北京四合院前后院空间格局的雏形。半坡人的空间意识很原始，对空间的栖居布局全是出自实用的安排，如大房前堂的公共事务用场，后室的尊长居室，一方面让部落成员能入厅议事，方便、快捷、管用，在建筑空间十分有限的情况下免去了过长的通道对空间的占用。另一方面让尊长深居后室，也有利于保护其安全，照料其生活，自然也有尊重其权威的意义。但无论怎样诠释与演绎，都无法在半坡遗址中找到近古时代宫室和民居建筑中那丰富的场所精神。它们跨越数千年而隐蕴其中的互通空间秩序，全由人类生命活动、社会行为最一般的机制所规定，它们的不同赋义与解读，则由于后人的空间意识与文化旨趣的改进有了极大的丰富和提升。人们对生命活动的基准原理附之以政治、经济、文化价值的意义，用原始生命活动空间基准法则培育出来的空间理念，塑造和发展着后人的生活方式与人伦观念及其空间赋义与叙事法则，并且被后人在一种极大提升的空间认知和社会人际知觉的空间理解中，在建筑工艺、技术、能力极大发展的条件下，予以历史的丰富和推进。这一场所精神及其表达力量的演变，也自然给栖居场所的文化建构与解读带来了历史性和具体性。以往大量空间概念的混沌，如天地、东西南北、前后左右上下、山水地貌、建筑形态等无象征意义的料理，后人则在这些方面或以科学知识给予安排，或从象征意义给予赋义与解读。同样生命活动的空间机理，在不同时期便给出了各别的具体解释和体认。这是场所精神由贫乏的抽象性到丰富具体性的发展。

但场所精神也同时走着另一条反向的发展之路，即由实用、感性的具体，经过意义的升华而达至抽象意义的赋予、表达、体悟与理解。诺伯舒兹以美国大城市空间格局的变迁为历史个案，说明近现代城市街道纵横直通的网格建构，更多地展示了栖居筑造与交通的变迁。在空间实践意义上，一方面，人类因工程力量大提高能大规模、高水平地改造地形地貌，从而克服传统旧城因工程力不足而随弯取势的街市建筑风格，甚至推旧出新，有了以几纵、几横、几环的大手笔重构城市空间的现实可能性。另一方面，近现代城市人口剧增，车辆爆满，要求加快城市交通，也带来了街市、马路裁弯取直的功能性要求。此外，现代城市建筑大幅度增高、加密，街道拉直还有出于采光、空气流通的关照与对策。基于此，传统城市空间场所那曾经象征过某种宇宙秩序意义的建筑，在空间再造或再体认中，已被"具体化的政治、社会或经济结构的空间"意义所取代。同时，人们又在新的生活方式与价值秩序、观念结构的变迁中，衍生出了更高层次的抽象空间理念。例如，现代城市建筑中那抽象而笔直的街市通道对地面空间的分割，似乎完全退掉了历史的空间文化意蕴；那横向的水平互联，却实在地是人们相互开放、便捷交往、平等对话之社会关系的形塑；至于那高楼垂直的竞长争高或海拔较量，同样本真的是空间场所、建筑物主人的财力丰度与事业成就的标榜。这些空间形塑的抽象，却几何学地透露出了背后的社会经济文化信息。因而，现代建筑中由空间事件的自变、因变参量构成的场所精神，既具体又抽象、既物化又隐喻地表达着近现代的城市生活、社会结构和市民精神，内包着场所精神建构和解读的历史具体性与言说情境性的统一。因而，"相同的空间组织，经过空间界定元素（边界）具体的处理手法，可能会有非常不同的特性。基本的空间造型在历史上已经以特性赋予新的诠释"[①]。因此，在我们面前，生存空间在剧变，场所精神及其人文赋义与释义，也充满时代气息。

2. 场所精神立体地展示空间审美传统与时尚的交织

在空间场所的生产与文化表达中，人们"透过建筑物，具有独特场所精神的人为场所被创造出来。这种精神系取决于如何形象化、补充、象征化或集结。在风土建筑中，人为的场所精神必须和其自然场所有密切的关联"。而都市建筑则比较广泛，"因此城镇的场所精神必须包含地域的精神以求其'根源'，不过场所精神也必须以大众所关注的内容加以集结，内容在各处各有其根源，借着象征化加以改变"[②]。空间场所的精神营构，从建筑艺术的"空间句法"而言，当然须通过建筑物的方位、体量、立面、板块、形态、结构、光色、风格，与环境的对话，室内的空间构作，大小场所的安排与呼应，各类构件的技术和艺术处理，装饰等手段与方法的系统实施，使人们追求的场

---

① [挪]诺伯舒兹：《场所精神：迈向建筑现象学》，第11页。
② [挪]诺伯舒兹：《场所精神：迈向建筑现象学》，第54页。

所氛围、文化主旨、情趣基调能得以形象化、象征性地集结与显示。其中，古代建筑、乡土建筑形成的场所精神，更具深厚的自然气息。因为人们的生活方式还带有厚重的亲近大自然的特质。也正因为这些时代和地域的空间生产及其栖居筑造，大多还处在个别的、单独的、任性的自由化阶段，在空间筑造与外部环境的关系中，与相邻建筑物、人为空间的相洽关系还未普遍发生，与自然环境的关系是基本的、首要的。这种背景下展开的空间生产，场所精神的基底仍然是地形秩序与自然空间法则，对社会情态与审美时尚的关注和刻意表征，显得十分粗犷与简陋。空间筑造物在社会精神方面还欠缺普遍性的主宰，多是个别性、地域性的具体认同，其共性的东西多是个别性、地域性的浓缩与集中。而晚近的城市空间与栖居筑造，因其在地理分布上的空间广泛性、因其城市功能的普遍性、因其全球化的趋同性，这些空间生产新的地理、社会、文化背景，使城市空间筑造中消退了传统建筑许多强烈的地形秩序和自然基调，而更多的是对社会经济文化生活时代特色孕育出来的大众的空间诉求和审美感知的表达。这在现代都市那种千城一律、千街一样、千房一面的病态空间处理中，得到了充分体现，也饱受世人诟病。

空间筑造之所以发生这样时代性的悲喜剧，很重要的一个方面，是当代城市建筑的空间文化，没有处理好一个重要的空间造型关系，即人类源于自然的亲地理集体无意识，与现代甚至后现代城市居民那种疏地缘、远自然的现实，以及由此衍生的城市建筑过于注重物用价值、空间功利之间，形成的错位与冲突的紧张关系。人类的形成史是一部自然史，其生理和心理，在与大自然数百万年的交流中承受其作用与陶冶，形成了难以消退的空间—自然环境亲近意识与眷顾情结，经过漫长的文化心理凝练而成为一种自然空间的集体无意识。城乡空间的隔离，把人们从乡土中拔出来集中到城市那蚁窝般的栖居空间中，断裂了人与自然环境的天然联系，但改变不了人类生命密码中那些亲自然基因。为了舒缓这种冲突，城市空间的筑造者在无法借用本真自然的条件下，或以花园、小区和道路绿化，城市水景建设、环境艺术敷衍，似是而非地满足人们重返大自然的渴望；或以节假日的疯狂旅游、投向大自然怀抱而实现场所精神的移位体验或空间束缚的"放风"。这些，都是以感性具体的形式，对城市栖居那种非自然氛围压迫的实践性降解。但空间建筑的技术条件和艺术手法，让人们不会满足于这些感性具体的消减形式。空间生产者，调动技术手段，把人们对自然空间元素的身心体验和诉求，集中起来，用象征的、艺术幻化的形式加以表达，形成了城市建筑一种另类的场所精神。其中，实与虚、真与幻、用与美、物与神、自然与人工等多元对称性关系，被集中性地留在人与自然的空间对话中，形成场所的仿自然、仿自然精神，表达一种眷恋大地的意识。关于城市空间这方面建筑营造的刻意追求，只要看看那些在城市拔地而起的住宅楼盘名号，就显而易见了。例如，近水或多少有一小片水面的楼盘，便大做其水文章，什么"海景花园""新河湾""水景坊""丽江新苑""湖畔庄园""荷塘月色""水岸春天""翠湖名苑"等；又如近山或多少能与山拉上关系的楼盘，那随处可见的便是，"恒大山庄""云山诗意""山畔雍庭""云景花园""翠谷鸣幽""尚景雅苑""云山居""福泉居""西岭云苑""紫薇居"，等等；还有大量新区无山水文章可做，就在小区植物绿化上延伸山水自然气象，什么"桂园""梅园""桃园""枫园""紫竹苑""香樟苑""樱花苑""松涛居""兰苑""菊苑""杏花村"，等等。如此这般，因山借水，移花接木，穿凿附会，咫尺天地，万水千山，风景无限。这空间名号运思的背后，确实是建筑商在努力满足栖居者对大自然环境气息的空间诉求，虽然多是一种物业开发和营销的策略，但它们真切地表达了空间的生产与享用，在场所氛围方面人们对自然气象的渴望与珍视。其背后，乃是城市建筑空间自然元素和气息的缺失和亏欠，需要用名号、语符的呼唤去激活人们内心的"生态"意象、想象，舒缓真实栖居中的生态凋敝。

值得讨论的是，城市空间筑造中，日益密集的水泥森林对自然气息的挤压与吞噬，从反面激发人们对自然气息的向往、反顾和追求，在空间建筑艺术的处理上常常表现为传统与现实的紧张对话与人工贯通。建筑总有一种对原先场所精神或环境氛围的背驰与回归。人是世界的行者，走在路上，不断越出既定的界域，又渴望稳定、安全、温馨的处所、家园。如同围城内外的穿行、出城与返城，都是人生的空间辩证法。人们认为，在历史过客的栖居筑造中，传统的地方性住宅是内向性的，都市化的住宅是外向性的，同时表达了人与自然间不同的关系。① 内向性是传统社会、个体经济、"马铃薯结构"

---

① ［挪］诺伯舒兹：《场所精神：迈向建筑现象学》，第135页。

等因素构成的狭小、保守、封闭生活方式的空间写照，它们更多地产生了地方性、风土性的建筑。外向性空间则使一种连续性的公共环境变为现实，为市场经济、社会交往、对外开放、多向互动的生活方式，提供了空间可能性。空间筑造的内向性和外向性，在较大的环境中是复合性的存在，让现代空间似乎在场所精神的无形围墙或边界上安置着一张神圣的文化大门。它对外、对内都是关闭与开放同在，让栖居者的在内、外世界的联系中成为场所精神的舞者：踏着空间双重性的文化旋律上演着联系与疏离，凝聚和发散，隐匿与暴露，进入与出走，主位与客位，自我与他者，回归与远行，吸纳与排斥，返本与开新等矛盾性的栖居行为和场所意识。这一系列空间筑造之异质的场所精神及其矛盾性的文化体验，使栖居空间的扩大再生产形成了归属自然与超越自然，秉持传统与着力开新的辩证法则。它们给城市场所的营建带来了不同的审美理趣，前者是乡土、风情、亲自然风格，后者是城堡、都市、化自然风格。两种力量较劲，生成了当代空间构作的内部张力。一方面，人类空间生产力的迅猛增长，大面积、大规模地改变了环境的自然生态，让原来的田土山水林路旧貌不再，变了模样，连同空气质量都变了味；另一方面，也使那些原来从自然环境中长出来的亲自然的传统空间建筑，大量被解构和摒斥，离乡离土的亿万居民告别了家园走进矗立在城市新区的高楼单元房内。空间变迁把一批批人投入一个又一个陌生的环境，流动、单子化、亲邻系带的剪除，使栖居者产生了莫名的孤独、疏离和无助。再加上城市的喧嚣代替了田园的宁静，空间的拥挤代替了乡土的宽敞，紧张的节奏代替了旧时的闲适，污浊的气息代替了洁净的清风，人们万般无奈地成了城市动物，在享受繁华、效率、便捷、多变、丰富的同时，派生了疲惫、烦恼、紧张、孤独、失落等精神生活的亚健康或病态。这样的生活方式及其空间状态，以极强的反作用，让人们生出了对旧时亲自然环境、乡土生活世界、传统栖居空间的回味和重建的反城市冲动。于是，那似是而非的都市里的村庄便以各种直接的或变形的方式在城市横空出世了。其直接的方面就是将建筑的环境安排、整体设计、外部造型、内空布局、墙面装饰、小区绿化、路径联通、园林创设等一切可直接嵌入并影响生活方式的具体空间元素，都尽量生发出一些类自然的或类风土的气息来。它们或是放慢生活的节奏与速率以降解城市的压迫与紧张，或是改变水泥森林的感官形象以释放稠密聚落的空间压力，或是营造自然景观的风土叙事以舒缓焦虑的生活情绪，或是局部改善空气、噪声的污染以实现人们对城市焦土的有限逃离，或是在社区活动的场所安排中营造邻里交流、守望相助的机会与氛围以适度化解"蚁穴"居民单子化的孤独与自闭。凡此种种的空间匠心与筑造句法，无一不是以传统对现代的入驻，以原始对文明的减负，以自然对人工的润泽，以乡土对都市的滋养，以生态对污染的降解，这样一些冲淡方式，从反面改善或降解现代对于传统、文明对于原始、人工对于自然、都市对于乡土、污染对于生态的破坏作用。这如同空间生产和使用方式的"归去来兮"，从传统、原生态出发，经过工业化的疯狂运作，在遭遇各种强阻抗的情境下空间生产方式经过自组织机制的作用，又部分地发生回归运动，构成了一种空间生产的"返本开新"形势，使现代都市空间部分地或系统地引入了许多类自然、类乡土、类传统的场所精神。这种现象的深层机理，乃是现代城市或城市新区从空间利用的经济原则出发，所形成的抽象性、几何式的一般化选址和空间筑造，与城市地域之自然环境、传统建筑文脉、特殊风情相结合，生成的城市空间筑造的一般对地域文化精神之特殊、之个别的吸纳与移用。因而也表现为地方城市空间文化对各类建筑之特殊意义的抽象、概括、集中与诠释。正如诺伯舒兹说的，"风土建筑，即农庄、村落，表达了地方性的地与天的直接意义。因此风土建筑是'环境的'建筑，与特殊的情境有密切的关系。相反的，都市建筑具有更一般性的价值，由于它是以象征性和转换作为基础。因此都市建筑的前提是一种造型语言，一种'样式'。在城镇中'外来的'意义与地方性精神相遇，创造出一种更复杂的意义系统，都市精神不只是地方性而已……都市的集结可以理解为依照真实社会的价值观与需求，而对地方性精神所做的一种诠释。一般而言，我们会说意义是由构成场所的场所精神所集结产生的"[①]。正是基于城市空间筑造的一般性平面，需要涵摄地域性空间的自然资质、文化滋养的本土特色，而又不能不根本性地改变原生态环境的非城市状态的情况下，城市空间筑造的一般与地方风土、传统的特殊相结合，便要在空间筑造的一般性底图上，大量运用象征、隐喻等诸多艺术手段，去实现城市空间筑造的亲自然、属地化特质。因而城市空间筑造的场所精神，总是城市的一般与地域的特殊

---

① [挪]诺伯舒兹：《场所精神：迈向建筑现象学》，第171—172页。

相结合的产物。它们克服了城市空间筑造那简单、苍白、枯燥的几何性、功用性敷设，而注入了地域性的自然风情与人文气息以致成为灵性活现的生命空间。这样一种空间文化经营的理性与实践，在现代城市的建设中，能让大量乡民进城有了许多连接城乡、沟通传统与现代的通道，不至于彻底丧失自我；同时也使城市原来居民在接受城市膨胀带来的诸多巨大压力的时候，有了许多释放和排解的弄堂，有直腰伸腿抬头运动、换气的宽松与清新。这同样是一种空间场所精神营建中的传统与现代的紧张对话和频繁进出。

除上述有形的直接嵌入生活方式的空间元素之外，还有一些非直接或非具象介入生活方式的空间元素，在城市化筑造中被大量运用。它们多以意象经营的抽象手法，用象征或隐喻方式延伸空间筑造的场所意蕴及其表征力、解释力。在我们的时代里，建筑是量体在阳光下相结合时所演出之巧妙的、精确的和壮丽的戏剧。这方面有成功的范例。以我国首都建设的一些大型工程为例，1959年由国家直接组织的北京"十大工程"，可以说是以天安门这一全国政治生活中央大舞台为核心的长安街空间筑造的典范，它们巧妙地实现了现代建筑与皇城故宫为代表的传统建筑的无缝对接，如民族文化宫的造型与故宫的风格，人民英雄纪念碑与天安门前的华表，人民大会堂的立柱、墙体、屋盖虽然现代气息乃至希腊风格强烈，但经过人民英雄纪念碑在形象、风格与意义上的三重过渡，便与古老庄严厚重的天安门浑然一体了，更深刻地彰显了首都古老文明的现代生机。这在世界各国的首都建设之空间处理上，其场所精神的营构，无论是实用价值或是象征意义，都是无与伦比的杰作。

四、场所精神营建中的时空错位

任何建筑及其空间文化的营造都有地域、环境、物用、愿景及其象征性表意的集成，是自然与社会、物用与精神、现实与理想的复合性展现。现代都市的空间形塑，在场所精神及其文化营建中，人们对历史与现代、自然与人工、传统与创新等一系列矛盾关系的思考和处理，曾有过不少困惑、迷茫和失误。它们负面地展现着当代城市化过程中，人们面对的空间文化的建设和解读，是一系列充满悖论的复杂现象，其中经常发生且最有空间意义的是场所精神营建中的时空错位。毋庸置疑，场所精神作为空间文化的具体展现，它同一切空间事物一样，都不是脱离时间、离开历史而发生、而存在的。空间是三维的，空间中的一切事物的存在形式是四维的，是三维空间加一维时间的存在。因之，空间场所的营建和被人理解，也总是具有时空统一的四维性。当代空间生产及其形成的空间文化、场所精神，所有困惑、失误，莫不与其中的时空错位相关。

首先，在现代化挤压下人们实行一种对历史空间的机械复制。随着城市化及其空间形塑的拓展和深化，大量历史旧城被"擦黑板式"地从空间抹掉，大部分原有街区推倒重建。大量千篇一律的马赛克贴墙、玻璃幕墙、长方形高楼的崛起，城市模样雷同化、风格形式化，消灭了地方特色、民族的传统个性，改造后的城市，既没有留住过去，也没有形成时代风貌。它们引发了城市精神的深度失落和区域认同感、市民社会主位立场的危机。情急之中，人们又粗陋地耙梳历史，以表面的仿造恢复某些视觉的旧观。于是衍生了城市空间形塑的仿古复制潮，不管新区开发、旧城改造或旅游点建设，"复古风"阵阵泛起，形形色色的唐宫宋城、明街清巷、风土民居，乃至祠堂庙宇，像雨后春笋般冒出，各式冒牌的古楼旧坊、名阁府邸竞相出现，愈演愈烈，让人淹没在无序的时空变换隧道里。还有不少地方别出心裁，把一些历史文化的符号形象化地贴在立体建筑上，形成荒诞的空间造型，如河北省三河市的"天子"大酒店，彩塑"福、禄、寿"三座90多米高的立像作为酒店正面从头到脚的形象；广州的"铜钱楼"造型，将设计者原为玉璧的形象立意物化成了十分俗气的一枚大铜钱，等等。所有这些用心或者客观的视觉效果，给人们带来的顶多是一些市井气息或暴发户的祈愿，其形塑的场所精神可谓既非历史的美好与厚重，亦非现代的文明与时尚，更无原生的自然与社会亲和，缺少空间文化的血脉与生机，除了精神的苍白和形象的丑陋外，实在没有更多的颜值和理趣！

其次，对空间形象的历史元素与现代精神生硬拼图。这类空间生产行为让历史变形，让现代怪诞，留下了许多空间"杰作"。例如，北京火车站的建筑，以盔甲纹样的厚重墙体、大城门加绿色琉璃瓦盖造型，似在复活皇都历史风物和场景，但有点场所方向错乱。本来是出城离京但车站入口正面却给人以进京的印象。同时北京多栋高楼建筑，还在西式主体屋顶上加绿色琉璃瓦盖，形成不中不西、不今不古的空间怪诞，人们嘲讽它们是"西装革履加瓜皮小帽的土洋结合"。

最后，依据某些"伪现代"的荒唐理念，进行空间筑造的异型设计。它们生产出了一些没有灵魂、没有隐喻、没有审美价值的空间怪物。一些地方的城市建筑，在现代与传统、返本与开新之间的摇摆、迷失中，生发出了的某些搞怪的作品：中央电视大楼的"大裤衩"、上海仙霞路尚嘉中心和苏州市工业园区的两座"靴子楼"、重庆火车站附近的"方便面桶楼"、厦门岛东面瑞华高科技研发中心的"拧麻花大楼"等，无一不是离开空间文化的地域或民族特色，砍断城市建筑的历史文脉，也不顾土地和空间利用的经济原则，更是挑战广大市民的审美感知，以十分突兀、十分怪诞、十分刺眼的方式形塑空间建筑。它们的出现，完全打乱了周边建筑物的和谐关系，造成了空间秩序的冲突和场所精神的非理性、错乱和失语。其实，这类突兀的建筑在改革开放之初的城市建设中就多有发生。例如，湖南株洲市百货大楼前交叉路口曾经建筑的"大火锅"街景，既难看又阻塞交通，被人们讽刺为"大锅饭"。简直是对城市建筑及其场所精神莫名其妙的嘲弄！自然，它们都被城市建设的后继者不惜工本地铲除了，浪费的是社会财力，留下的是辛辣的历史嘲讽和建筑教训。

所有这些在理智的人们看来，多为荒诞不经的空间文化事件，为什么一再发生在共和国的土地上呢？其中的致因当然十分复杂，但从城市建筑与场所精神营构的空间文化视角来思考，却能做出某些基本概括。具体地说，至少有以下几个方面的原因。

第一是场所建筑的时空错位。民族的或城市的历史不只是在教科书中，更是在有质感、有形体、有生命的空间建筑里，那古城深巷、旧楼老舍、殿宇亭台将历史的信息传至当下，才令以往的文明活色生香。城市的空间文化总体，由各单元空间筑造的场所精神复合而成。各单元的空间筑造，既是城市的空间拓展，又是城市建筑文脉的时序延伸。城市空间文化的历史传承与时代开新，总是通过新旧建筑及其场所精神的过渡、对接和延展而实现的。新旧建筑空间的场所精神若彼此冲突、前后对抗，那整个城市的空间文化一定杂乱无章、缺少自组织性和有序的意义张力。其中，一个突出的问题是，不能以现代城市空间的拓展去碾压建筑物意义的时间持续与历史传承，亦不能脱离城市建筑的自然—人文地理规定性，盲目把西方建筑及其风格移植到中国各地，形成生硬而单调的现代性空间复制，如千篇一律的高楼大厦、千栋一面的马赛克与玻璃幕墙。这里，应自觉解决一个关于现代化与西化的关系问题。无疑，现代化是由欧美发达国家率先实现的，它们为后发国家提供了许多有益经验，其中有些经验甚至具有超越地域空间的普世性。但同样重要的是，空间筑造的文化及其场所精神，总是具体的、场所的、与环境和生活方式紧贴的。我们不能否定空间文化的空间—地域具体性，不能否定场所精神的场所—环境具体性，更不能搞空间文化的地域或民族历史虚无主义。千万不能奉行这样一种错乱的时空置换理念：西方建筑和空间文化理念率先进行了现代性的变革，所以在空间筑造现代化过程中，凡早于我们发生的西方空间筑造模式，都是先进的、可资效法的典范。这是一种把空间事物的时间领先性变换成空间普适性的形而上学思维，它在逻辑上和价值上都没有合理性。

先前发生于某地的特定空间事物，绝不会因其时间领先就具有普遍适应一切领域的优势，时间上某事物的"先行"不等于它在一切空间的"可行"。人们不应无视空间文化的地域性、特殊性、具体性，盲目追随他国、他域的空间生产轨迹。这方面的错觉和误判，明显存在三个悖谬：一是认为现代化在西方率先实现，那么凡发生在西方的事物都是先进的，欧美自然成为当代空间文明的心脏与灵魂，城市建设可以跨空间、跨地域照搬。二是用社会经济文化发展的历史落差，取代空间筑造、城市建设、文化意义的地域、民族特色。一方面否定了西方空间文化的自然—人文地理基座及生活方式的空间具体性表现，把西方建筑文化从其具体环境中拔出来实行超空域的运用。另一方面把国内城市的地标建筑与西方建筑无差异对标，盲目仿制和追逐西方建筑，再上演赶超美国"帝国大厦"高度的"垂直主义"闹剧。殊不知文化的传承和发展都须在原有文化基础上进行，离开传统、断绝文脉，就一定会迷失方向、丢掉根本。三是在捍卫和传承民族的、地域的空间文化、城市特色、场所精神的历史意义、风格的过程中，也否定或割裂了这些因素在当时、当地的历史的、具体的时空联系，无原则的机械复制，把彼时彼地的空间事物一味粗鲁地搬过来，变成此时此地的现象，使师古成了形式上的复古，生成一些割裂城市建设之地域性、人文性、时代性内在统一的、丑陋难看的垃圾工程，堪称空间文化、场所精神营造中的时空错乱。在城市建设和每一场所精神的经营中,我们都需要从传统文化中汲取创意灵感,以民族优秀的传统文化资源涵养城市空间、美化建筑,同时又充分体现当代中国人的追求。一切理性的建筑总是对时间和空间开放的,它们在空间上向世界开放,在时间上既对历史也对未来开放,建筑的创新伴随审美观、社会文化精神、生活意识的更新。因此,空间理念及其审美观的良性发展变化,总会努力和既成的、已被接受的东西保持联系,同时又与时俱进,充满时代气息。但这种时空理念在空间生产中并非消除了所有矛盾。专家的研究发现,空间建筑"聚落的本质在于集结,而集结意味着不同意义相互结合。排斥性建筑主要告诉我们现代世界是开放的,这种陈述在某种意义上是反都市的。开放性是无法加以集结的,开放性意味着分离,而集结则意味着回归"①。北京首都建筑艺术委员会审图室高悬着一款城市空间规划理念的宣示:"民族形式,地方风格,时代精神",它以十分精辟的语言不断提醒人们对城市建设及其空间文化现象的处理要关注时空的统一。事实上,城市空间文化的生产和发展,总是穿行在古今中外贯通的时空中。传统是经过与每一历史的当下现实的对接而被激活和存留的。传统与现实的有机结合,把自然与人为双向力量的互动嵌入了空间筑造的场所精神中,使不同的文化传统顺应地方性情境而鲜活生根,使自然的基底更广泛、更长久、更生动地成为空间文化内蕴和建构要素。这是在场所精神的连续与再生产过程,人们必须深入理解和认真持守的历时性机制。在今天的现实空间文化生活及其场所精神的体验中,人们大都有一种若有所失的空虚:莫名地感到"故乡沦陷",乡愁萦怀,不约而同地喊出了"记住乡愁"那充满空间文化失落感的呼声。这自然是对城市化及其空间栖居筑造的非本土化的曲折批判与抗争。面对城市化大潮,21世纪初中国境内竟有数十个城市喊出了要把本市建设成国际大都市的口号。这虽然是一种改天换地、彻底抛却故乡山水云月的激进意识,却也推动诸多城市在旧城改造、新区扩建过程中实实在在地抹去了不少旧街古巷、村落老屋。茫茫人海,乡关何处?于是有了冲淡这些激进潮流的乡愁情绪,它呼唤人们将那些在旧居聚落里、古渡码头边、街墟里巷中、城郭门楼处、历史云天间发生的平凡而又生动的故事从记忆中请出来,依靠故乡古老建筑及其场所的环境、景观、风

---

① [挪]诺伯舒兹:《场所精神:迈向建筑现象学》,第191页。

物而得以叙述、流传；或凭着缕缕故乡情怀，将那些承载家园情愫的空间事物施以再生性还原，留住且能重温乡村社会美好的集体记忆。因此，"乡愁"话题便成了让故乡云月、历史风铃得以回现、得以见闻、润泽当代生活的空间事件驻足。它们需要人们把那些承载历史传统与地方特色的事物依旧保护好，将那些文化名镇、名村，那些旧有的历史建筑，古桥、河流、街巷、场院、门楼保护好，让它们嵌入当代生活场景，复活民族和祖先传留下来的精神财富。这自然是一种场所精神在空间筑造中的历史性回归或再现。

第二是场所精神中的价值冲突。现代城市所进行的任何建筑或空间生产，无不需要处理好实用与审美、科技与人文、功利与伦理等方面的文化关系。每一城市的空间筑造，在今天首先当然是出自经济物用的考量，即使是社会政治文化活动场所，如会堂、办公楼、文博馆一类建设，也总是首先要服务于这类场所实用的要求。就此而言，场所的实用意义往往远大于它们的象征意义和审美价值。而且，每每是前者为后者的基础与服务的内容，后者的合理性之一在于更好地从场所精神方面有效地实现前者。若是离开场所空间及各类建筑的实用价值，那建筑的文化赋义与审美提升，便会走向虚华、扭曲和苍白。虽然空间建筑是艺术，但它毕竟是生产、生活的物质条件、手段和环境，与人们的生命活动融为一体，而不是纸上文学、帛上作画的非实用作品，可以离开物用价值而存在。正是基于这一点，空间筑造的文化设计、艺术追求、场所精神营构，要做整体价值的界定，须兼顾具体的物用需求和审美需求，并且将两者融入场所的设计与建构中。城市是文化的聚焦，建筑是精神的空间。要体现空间筑造的文化象征意义，必须依据城市的具体历史、场所的具体环境、建筑物的具体功能，去进行空间文化的具体设计与营建。城市的地域特色、物候、历史、风土人情，是相关场所精神的大背景或主文脉，场所精神和空间文化的营造，当与城市总体风格相洽，进而依据场所的物用、对城市精神的承载和彰显，去设计和建构每一空间单元的体量、形态、风格、内外布局、设色及相互之间的文化呼应，使城市建筑在满足基本物用功能的同时，有人文特质与审美意义的活现与灵动。这里，一不能舍本逐末，追逐时髦样式，标新立异，哗众取宠，戏弄审美原则和价值；二不能违背建筑包括经济和工程技术的规律，叠屋架床，以过滥过杂的审美附加的"形象工程"，损害建筑本身的意义；三不能离开建筑的民族理念和历史文脉，去进行空间生产与场所精神的建构。即使是工程技术的运用，在材料、结构、地质力学与几何构型原理的背后，还应注意它们运用中的人文差异。如西方建筑强调的是建筑物本身，关注单体的元素多于群体的元素，重视每一建筑设计和工程的个性彰显；而中国的建筑传统更强调时空的系统协调，包括文脉传承与当下建筑、单体建筑与场所环境的相洽关系。这种工程理念运用的人文差异，使得一些从学习、接受西方建筑技术理论的设计师也自觉或不自觉地陷入了西方建筑传统中。面对从传统文化成长起来的中国城市建筑设计，难免遭遇东西方建筑文化的冲突，难以达到建筑样式与历史文化的和谐统一。这是一种隐含在工程技术理论中的知识文化差异，给空间筑造及其场所精神构建，在原生环境、历史文脉与现代建筑的关系处理中，形成的中、西方及历史与当代的文化矛盾。它们的解决，特别需要建筑家、城市规划师有一种科技—人文的自我审视与批判精神，在运用现代工程技术时，能注意中、西人文差异，不至于不加分析地照搬西方理念；同时在维护、传承民族建筑文脉与空间文化理念的过程中，能注重现代科学技术和时代空间意识的学习和运用，使民族化、本土化的空间筑造能与时俱进、返本开新，焕发鲜活的时代气息。

第三是物理高度与人文精神深度的悖反。后发国家的城市建设，基本上都是追赶性、效法性、时尚性地暴长，而非渐次性、累积性、自创性地生成。城市的地位和衍射力，多以其规模的膨胀和标志性建筑的空间形体之高与大为象征符号。因而，城市空间筑造每一"新高"之后，马上又有规模更大、楼层更高、形态更异、造价更贵的建筑物出世，标志性建筑不断易帜。这种以空间筑造的高、大尺度来展现城市发展水平或单体建筑地位的理念与方法，自然是以空间的物理主义、功利价值、数量法则为场所之意义尺度的。许多时候，它没有甚至无法等到某一社区、某一建筑群生成的场所精神为人们所体验、所理解的时候，又遭遇新起的另一空间系统、另一建筑场所的冲撞。居民注意力极其快速的空间转移，建筑的物理总量在急剧攀升，场所精神却芜杂混沌、发育不全、意义不清、主旨迷惘。以高速发展的深圳为例，它的空间筑造给市民造成的场所意象是，"80年代看国贸，90年代看地王，新千年看市民中心"，一切都以时序和建筑的体量来定，无怪乎人们将其称为没有历史和文化的繁华都市。高楼大厦成了中国城市现代化的代名词。自20世纪

90年代以来，上海市的高层建筑达2000余座，其中有高达632米的上海中大心厦、492米的上海环球金融中心、468米的上海广播电视塔、420.5米的上海金茂大厦、370米的徐家汇中心ITC等300米以上的九座超级高楼；曾为"上海第一高楼"的是420.5米的上海金茂大厦，很快就被其后继者上海中心大厦、环球金融中心和广播电视塔超越。城市建筑的竞长争高，虽有土地紧张的推力，但如此盲目的海拔攀比，如同与之相连的建筑物体量追新造奇的比赛一样，都是以空间筑造的物理形式的比拼，抢夺统领城市精神的某种表达权和解释力。然而，这是对场所精神、空间文化的一种极大的误解。城市标志性建筑的内涵，应是城市历史文化的积淀和与时代气息的对话，反映出城市固有的个性风貌，是向外界标志城市独特存在价值的标识和载体，可以存在数百年而不改。现在人们以建筑物的高与大，以及造型怪诞为标志性建筑，脱离了城市建筑的原有基础与文脉，非但不能代表城市精神的原生意义、地域特色、历史传统和新的气象，而且因为阻碍和疏远了对历史的尊重和延伸，徒增了大量的不和谐噪声与乱象，肢解和遮蔽了城市精神的意义。结果便在空间文化方面造成了建筑的拔高与场所因而城市精神之稀释的悖论式发展，建筑空间的物理体量与城市精神的矢量成反比推进。这是我们至今在许多地方所看到的城市立方体伸长，城市精神加倍萎缩的空间原因。显然，它们是以空间筑造的共时态增长，代替场所精神与城市文化的历时态延伸的悖谬和悲剧！

　　人们对城市建筑中这类片面追高的"垂直主义"做过这样的空间文化解释：要理解和正确处理"建筑物如何站立、耸起以及如何吸收阳光"的问题。"'站立'是表示与大地的关系，'耸起'则是与天空的关系。……因此在垂直方向的强调是企图加以解放（即超拔于大地和平民的约束——笔者注）。垂直线条和造型表达了与天空主动的关系以及对吸收阳光的渴望。垂直主义和宗教热忱是相互结合的"，包括对城市地标王拜物教的狂热追求。但它们对高耸建筑与大地的依赖关系，以及与活动于平地环境中人们的相互交往，却常常忽略甚至麻木不仁。[①]显然，这种对"高攀"意识的空间现象学分析，是值得人们深深玩味的。

---

① [挪]诺伯舒兹：《场所精神：迈向建筑现象学》，第65页。

对此，我国历史名城西安的城市设计和建筑者的文化自觉，是值得关注和参验的。作为关中民居的典型代表，西安城市多以院落展开水平方向的群体组织，注重屋顶形式的变化，建筑厚重，细节考究，其民居尤以砖石材料为主。例如，长安里"1912项目"的设计，就十分注意以传统关中民居为基调，融入自身建筑风格，产生出既扎根西安，又符合长安里"1912"群落自身物用与文化景观的空间要求。该项目紧邻城墙，将建筑的第五立面之屋顶与历史建筑相谐，以硬山坡屋顶为主，局部采用悬山坡屋顶点缀，且以瓦顶为主；平屋顶则作为露台，丰富屋顶层次。建筑群层层叠叠、高低错落，和城墙产生积极的互动和良好呼应。墙面建筑材料以砖石或仿砖石材料为主，形成统一的灰色调；以木质、金属及玻璃等新材料为辅，作为点缀，增加材料使用的丰富性。材料选择力求和传统民居形成一致性的逻辑贯通。同时注重建筑的细节设计，从传统民居中抽取出各种符号，用现代手法重新诠释，但均以实现"骨子里的关中"为准则。通过如此用心的工程设计与实施，西安曲江等新区建设，在场所精神经营方面，力求历史文化街区保护与现代商业建筑适用的成功结合，从历史文脉传承、城市发展、建筑物用、现代意识相一致的目标出发，对传统建筑精髓及艺术特性承古开新，续写经典，向世人展示西安"古老皇城""人文之都"的无限魅力。这充分证明，城市空间布局和建筑，是一个系统工程，需要平衡人、城市、历史、现代生活、物用与文化等各方面的关系。只有这样，才能在大大小小的城市空间场所中，营造让人快适、便利、和谐、友善、愉悦那样一种精神氛围，在经济物用价值得以实现的同时，重新寻回人的尺度和价值。

第十三章

空间文化现象解读的主体性与历史性

空间文化的生产、展示和理解，从来不是纯自然、纯自在的物理现象，而是空间筑造和利用者参与其中，并与之相互创造的一个充满主体自觉、自为性的社会文化现象。这要求我们注重从空间文化构成中的主、客体关系来分析和说明问题，唯物辩证地去释读这一特殊的文化现象。

第一节　空间文化体认的主体性

就空间文化或文化空间而言，空间意象是空间文化意义的形象性显现。它的形成、展示与被理解，从来都以空间主体的参与为必要条件。其最基础的理由表明，只有人类才具备建构和理解空间文化意象的主体能力或精神条件。空间意象是人们空间生产的预制蓝图和精神的形象化成果；从空间栖居或利用的过程看，空间意象是人们对空间体认的经验成像、历史记忆和未来愿景的复合，是对既成空间的观念再现和再创造。恩格斯的论文《齐格弗里特的故乡》；鲁迅的小说《故乡》、散文《从百草园到三味书屋》；曹禺的戏剧《茶馆》；贺敬之的诗歌《回延安》；校园歌曲《外婆的澎湖湾》；等等，无一不是带着强烈的空间文化理致与情怀对主体所经历过的特定空间的意象创造或再现，能激发人们对相似的空间经验或相类的生活空间的热情畅想与眷恋。这些关于场所精神或空间意象的经典表征，很深刻地说明了一个空间文化原理:"场所精神,斟酌着人类的认同感。"①在场景中我们不仅仅是简单的观察者,与其他的参与者一起,我们也成为场景的组成部分。"人'构筑'了大地,同时表现了它潜在的结构成一个有意义的整体。文化地景以'文明'作基础,包括了界定的场所、路径和领域,具体化了人对自然的理解。"②空间生产者和享用者,自身的生命活动会对其生存空间发生能动的再建构作用,使自然空间成为渗入人为因素的空间,使历史的空间成为现时的空间,使异化的空间成为被同化的空间,因而空间意象的创造和被理解,总是带着空间主体的"原在"或"先在"成分,具有强烈的主体性。大量事实证明,人们的栖居空间之文化意象、场所精神的展现与被理解,从来都是在空间主体与所处环境的相互作用中实现的。环境存在差异和联系,观察者借助强大的适应能力,按照自己的意愿对所见事物进行选择、组织并赋予意义。因此对一个特定现实的意象在不同的观察者眼中会迥然不同。③人们以往的经验不同,使其对场所、对象之信息的感知和加工有选择性和个人性特征。"一看便知",并非只是熟悉,更多的是与观察者头脑里的"理解前结构"相吻合。哲学家关于文本阅读的解释学理论,对于理解空间文化现象同样具有解释力。

　　空间文化意象之主体性的意涵还远不止于此。空间主体不仅以其空间实践生产和再建构空间,而且它们自身的存在本来就是空间事件,就是空间的构成要素。人的存在,作为一种特殊的物质现象,携带主体的社会性及精神文化品质,占有并影响着空间。它以形形色色的生命时空形式,构筑属人的生活世界。人的生命繁衍之方式与速率,人口的密度与规模,人类空间活动的范围与迁移形态,人类的交通工具与交往方式,人类的家庭结构、社会关系和栖居制度等,都直接作为空间元素而构筑人的生存空间及其特性。人本身及其生命活动、社会实践属于空间事件,是空间形式的存在,又是空间的存在形式,还是一种存在的空间形式。海德格尔曾经说过,存在是存在者的存在,存在者存在是该存在者能够对其他存在者实施影响或相互影响的本源,也是能被其他有意识能力存在者感知、认识、判断、利用的本源。这种在人

---

① [挪]诺伯舒兹:《场所精神:迈向建筑现象学》,第64页。
② [挪]诺伯舒兹:《场所精神:迈向建筑现象学》,第50页。
③ [美]凯文·林奇:《城市意象》,第4—5页。

们相互依存、彼此作用的空间施受关系中来考察人之社会、文化的属性，在一定意义上揭示了人之生命活动、空间关系和社会、文化现象的共生机理。人是一种社会化、文化性的存在，其存在方式的特殊性，对于他者存在的影响力和规定性，既受空间关系之接触律、互渗性的制约，又必然给人生空间嵌入社会文化属性，构成人类生命活动的空间界划，构成形态万千的空间文化形象。

任何空间建构和空间文化形象，总是发生在主、客体关系中。从空间文化而言，其"意象是观察者和被观察事物之间双向过程作用的结果，其中设计者可以操作的外部物质形式起着主要的作用"①。此种从主、客体关系出发对空间文化的讨论已备说详细，这里需要关注或者肯定的原则是，空间文化意象的生成、观察和诠释，表面上是主体由内而外，实际上是由外而内的。因为人类总是只能首先适应外界空间才能生产和体验属于人的空间，外部物质环境、空间事件及其相互关系，对于人类的空间生产起着基础性的决定作用。场所精神一类空间文化意象的创造，是一个观察者和被观察者之间双向作用的过程。"观察者的所见来源于环境的外在形态，但是他表达和组织的方式，以及引导自身注意力的方法，都会反过来影响观察者的所见。人类的感官具有很高的灵敏度和适应性，对同一个外部现实，不同群体产生的意象可能完全不同。"②这是空间文化创造与释读之环境的基础性作用与主体之能动性作用的相互统一，成为生成与理解空间文化意象的辩证机制。这种机制引导人们，观察和诠释空间文化意象，不能脱离自然要素的基底，但更要特别关注空间主体的社会文化规定性。美国空间社会学家萨克认为：空间信息就包含在被我们称为它的空间观察指令的物质规律之中。社会科学中的空间关系概念规定遵循着这些指令，并展现了空间和物质在规律语境中所实现的概念上的重新结合。③这就是说，空间文化现象的解读本身包含解读者的再创造，尊重空间的自然形态并不能因此否定空间文化形象、意义之生产与识读的主体性及其社会性。客观世界的物质规律是自在的秩序，人类的空间生产、生

---

① [美]凯文·林奇：《城市意象》，第90页。
② [美]凯文·林奇：《城市意象》，第99页。
③ [美]罗伯特·戴维·萨克：《社会思想中的空间观：一种地理学的视角》，第66页。

活如何遵循和利用这些规律，却受到社会规律左右。因之，空间文化之生产与识读，从来是自然物质规律与社会人文规律相互结合的产物。不可离开空间文化生产、生活的社会、文化规律，仅从自然方面去对待它们。这一空间文化在一个重要方面，呼唤空间生产、生活方式对主体性乃至人权的尊重。我们要切实解决好空间文化建设和场所精神营构对栖居者之个体、群体特性与社会共性之对立统一关系，能认真细致地从空间筑造的场所性、区隔性与空间自身的连续性、整体性的辩证关系中，处理好不同栖居者之间的社会—文化共处。

这有空间筑造者、栖居者精神文化层面的要求与规定性。主体对空间文化的场所精神之体认，其意义是一种精神的函数，取决于认同感，同时暗示一种归属感，因此构成了住所的基础。我们必须重申人的最基本需求，对于他体验自身的存在是最具规定性的。现实生活中，"人为场所的意义系由经济、社会、政治及其他文化现象决定的"[①]。因此，从文化的方面揭示人与其生存环境的关系，讨论它们的文化意义，绝对不能离开人的社会关系和文化属性。人的主体性，本质上是人的社会、文化规定性。正是这样一种主体的社会文化品质，使其空间实践和空间体验，总带着某种社会的认同感和文化的方向性。人按照自己的社会需求和文化旨趣生产自己的栖居空间，而这种空间实践不仅将主体原有的社会、文化品质物性地嵌入空间格局中，而且经由这种社会、文化的空间定在对空间主体的环境产生的影响乃至规定，维系着人的空间文化意识。这对于每一代新人则不断再生产出他们对于空间的社会、文化体验，构成人们不断延伸的关于空间之社会、文化，乃至审美的共同意识与集体记忆。因此，人的空间实践和栖居生活，既生产着文化空间的客体，又生产着空间文化的主体，生产着主体对于空间文化的实践和认识能力。人塑造自己的空间世界，且在这个世界中塑造自己，承受自己的实践产物对自身的反塑造。人由此接受社会、文化对自己的规定和解释，同时又凭借这种规定和解释去生产和解释自己的栖居空间。基于这一系列的相互作用、相互创造的循环往复，人们认为，"建筑是背驰与归返的一种辩证。人，流浪汉，走在自己的路上。人的任务是洞察意义，实现其意义，此为'安顿'的字义。

---

① [挪]诺伯舒兹：《场所精神：迈向建筑现象学》，第167—168页。

一个聚落使真理存于建筑之中。付诸实现在此意味建筑边界或'门槛',聚落因而展现。门槛是'外部'与'内部'的交接处,而建筑正是这种交接处的化身。'场所追求的与场所形塑的特性在可塑性的化身里'发现了它们的'模样',同时人也找到了自己的'展望'。因此门槛是'集结的媒介',物以'清澈的明亮'出现其中"[①]。这空间的"模样",人在空间中的"展望",以及物的"明亮",统观的合理解释,即那既给人以安顿又驱动人不安守本分、总想创造一个有别此在的新天地的,便是空间的文化意象或文化的空间定在,它们从生产与生活、认识与实践、施动与受动等多维面的复合中,构成了主体的空间文化意识。可能正是基于这种思考,哈维指出,海德格尔的关键概念是"在场",它的意思是把外部世界的本真品质内化进自我。这要求以学习如何适当地和情感地在大地上栖居为先决条件。如果我们要揭示与自然共栖的艺术,那么,无论如何,我们得学会建造、栖居和解放地方。通过在环境中做事、生活、思考和行动,才会有对它的体验。[②]哈维的见解,无疑使笔者关于空间文化意象之主体性探讨获得了学理支持。它告诉我们如何观察、思考和说明人的空间定在和空间文化的主体规定性,以及两者间的内在关系。

第二节　空间文化解读的历史性

空间是三维的,但空间的真实存在、空间事件的真实发生和人类空间实践的真实演绎,从来都是四维的,它们不能脱离时间维度,不能超越四维时空的统一性。空间文化现象更是一种四维时空的事物,无时间则无空间文化可言。空间及其文化现象这种本体论、存在论意义上的时空统一性,本然地决定了人们对空间文化现象解读也具有鲜明的过程性、时代性、历史性。这是在说明空间文化现象时,坚持"历史的"唯物主义万万不可忽略的方法论原则。哈维对此非常重视,有深刻论述:"经济的、社会的、政治的和文化的

[①] [挪]诺伯舒兹:《场所精神:迈向建筑现象学》,第172页。
[②] [美]戴维·哈维:《正义、自然和差异地理学》,第192页。

意图必须以再现场所精神的形式具体化。要不然,地方将丧失其同一性……因此,我们认识到,城市必须被视为单个地方,而不是'盲目的'经济和政治力量可以在其中自由驰骋的抽象空间。维护场所精神并不意味着复制旧有模式。它意味着以一种不断更新的方式决定地方的同一性,并解释它。只有那样,我们才可以谈论活生生的传统,通过把它与本土建立的一套规范联系起来,这一传统使得变化充满意义。……'过程的艺术是在变化中保持秩序,在秩序中实现变化'。"①哈维对场所精神、空间文化意象的表征功能和文化凝聚作用十分看重,而且对于怎样历史地、具体地理解和把握它们,给出了方法论的说明,为我们认识和阐发这一问题提供了重要思想线索。

一、空间实践方式与空间文化解读方法

处于手工劳动的生产方式条件下,社会历史的主调是自然经济和宗法制度。人对自然的改造和利用能力相当有限,生存的方式更多的是被动迁就气候、水土、物产、交通等自然地理因素。人类生活的空间聚落依据自然环境先在地提供的生存可能性,逐自然环境的适宜性而居,加之交通闭塞,人的空间存在狭隘而超稳定。这使空间文化多表现为一种聚落之内的密致性、同质性、封闭性,聚落之间的离散性、区隔性、地缘差异性。邻里守望,亲如一家,熟人是信用的基础,聚落是精神的王国。"近邻胜远亲""十里不同风,百里不同俗",便是地缘空间文化意识中的人际知觉。人们生于斯,老于斯的空间生活方式,让传统社会的居民有了一种厚重的乡土情结,"美不美家乡水,亲不亲故乡人"的乡党文化意识,使人们的乡情、栖居地的眷恋、空间的身份认同,是那样地强烈、稳定乃至坚硬。但这一切,随着大机器工业崛起,城市化运动的纵深展开,全球性快速交通的勃兴,信息通信技术的现代化,都变成如烟往事了。当代的人类生活在一个私人和公共空间都不断转换的过程中。空间在改天换地的生产中被不停地解构、重建、翻新,人们的栖居不停地大范围迁移,它们冲淡了人们关于出生地的籍贯意识和生命活动的历史天空记忆。交通便捷和旅游发达更是让人们有了全球性地观察和体验空间文

---

① [美]戴维·哈维:《正义、自然和差异地理学》,第354页。

化的现实可能性,网络世界的虚拟空间也无时不在颠覆和置换人们栖居的空间坐标与文化知觉。深入研究过时空问题的海德格尔,对于城市化中的故乡沦陷现象早有关注:"许多德国人失去了家乡,不得不离开他们的村庄和城市,他们是被逐出故土的人。其他无数的人们,他们的家乡得救了,他们还是移居他乡,加入大城市的洪流,不得不在工业区的荒郊上落户。他们与老家疏远了。而留在故乡的人呢?他们也无家,比那些被逐出家乡的还要严重几倍。每个钟点,每一天里,他们都为广播电视所迷住。每周里,电影都把他们带到陌生的,通常只是习以为常的想象区域,那里伪装出一个世界,此世界其实不是世界。到处唾手可得的'画报',现代技术的通讯(信)工具时刻挑动着人,搅扰和折腾人——所有这一切对于今天的人已经太贴近了,比农宅四周的自家田地,比大地上面的天空更亲近,比昼与夜的时间运转,比乡村的风俗习惯,比家乡世事的古老传说更熟悉。"① 处在这样的空间生活方式中,人们的空间观念及其理解空间文化的思维方式自然有了许多深层次的变革。简略地说,空间文化意识的视域急剧扩大了,边界性模糊了,稳定性差了,执着性弱了,经过空间秩序、形态的频繁变换和反复对比,空间意识的转换性、综合性趋强。栖居空间的文化关注聚焦于家庭空间,原有的外部空间、环境意识与场所精神,则在新旧演替中有了某种增删而变得淡漠与朦胧。人们在紧张而频繁的空间迁移中,形成了一种动感十足的空间适应性,随遇而安成了典型的空间生存策略。同时,对于空间文化的价值取向也在急剧变化,空间文化的关注多了实用主义成分,以有利谋生、合算购房、环境宜居为首选,至于故国情怀、乡土眷恋、宗人血亲、邻里旧谊、离散伤感,则只能任其存废了,顶多有啥是啥吧。真可谓"飞鸟无旧林,狐死难首丘;尽是天涯人,难言故乡情!"中国中央电视台专开《乡愁》节目,看去聊来,故乡"沦陷"之殇,也多是老年人对少壮时"云浮四海"的回味和慨叹,面临暮年的孤独与失落油然而生的沧桑和彷徨。这种空间文化意识的时年特征,既反映了空间文化历史变迁的事实,也表达了生命主体在不同的时年有不同的空间情怀与认知。因为不同生命阶段的人,其空间驾驭和适应能力不同,空间活动范围和生活的体验不同,便有了对空间文化感知和解读的不同价值取向、

---

① [德]海德格尔:《海德格尔选集》下册,第 1234—1235 页。

方法和结论。这种人们对空间文化变迁的认知情态，同样体现了空间文化现象之解读的宏大叙事与主体微观叙事，在历时性上的一致。"儿童的'真实构筑'意味着学习认知变幻的现象成为具有代表性的相同事物，同时包括了'客体''空间领域'和'时间领域'，与我们所区分的范畴'物''秩序'和'时间'相符合。这表示每个小孩所谓的重复理解过程，反映于古代的宇宙进化论中。毋庸置疑地，小孩对其所认知客体的表现和特性也发展出一套与本身的场所结构有关的理解方法。事实上孩子们就像'原始的'人类一样无法区分精神与实质、所体验的事物是'生气蓬勃'的现象。一般而言，意义是一种精神的函数，取决于认同感，同时暗示一种归属感，因此构成了住所的基础。"①我们必须重申人最基本的需求，对于体验他的存在是最有基础意义的。人在不同的生命时段，不仅对场所有不同的感知广度、深度和价值向度，而且在感性体验和理性把握方面也有差异。青少年的空间意识感性成分和理想成分多于理性和现实成分，中老年人凭借厚重的空间经验积累，也限于空间实践能力的局蹙，对于空间文化和场所精神的感知则是理性多于感性、现实多于理想。

如实而论，人的空间认知的变化，更多的还是空间实践尤其是空间生活方式的历史性变化使然。美国空间社会学家哈里斯在对这一现象的深刻关注和分析中发现，社会生活的空间变迁，人口地理大挪移使地域对生活的限制大为削弱。但"这种解放带来了令人不安的问题：人类感到了前所未有的飘（漂）泊无依的感觉。有人说通讯（信）革命使地球变成了我们的家，我们生活在地球村里，恐怕这个说法只是一厢情愿而已。我们再来看看电视的作用。毫无疑问，它把距离完全忽略掉了：不管远近，所有的事情都被毫无二致地送到我们的居室。但事件被变成画面，我们成了局外人。再来看电话公司的广告语。虽然我们可以用电话联系他人，但这是一种多么缺憾的方式！只有两人相对才能产生真正的亲近感。""削弱地域限制也造成了亲情的疏离。亲情和距离是相伴随的。削弱了一个，另一个也被削弱了。同样地，人与人之间的距离也是这样。通信和面谈是有很大不同的。每个人都互相直呼其名，做爱成了平常事，性伴侣也频繁地更换。这使得我们很难建立真正的亲情。

---

① ［挪］诺伯舒兹：《场所精神：迈向建筑现象学》，第167页。

这是因为我们剥夺了那种象征性的距离感,所以才有这些事情发生。""我们没有了亲情,取而代之的是反常的东西:对任何人的距离都一样,对任何事情的感觉也趋于同一,对地理位置越来越漠视。……削弱地域限制使得人们不再追求居有定所了,活动住房的出现就是一种表现形式。从这个意义上讲,我们中的大多数都生活在活动住房中。毫不奇怪,人们会随意地离开这样的家,迁移到它处再另安新家。人们越来越感到飘(漂)泊无依……如果所有的地方对我们都意味着毫无区别的话,我们就真的成了流离失所的人了"。[①]哈里斯的这番叙述和不无真情实感的慨叹,虽然是描述性的现象学语言,但深刻地道出了当代空间生活方式的一个悖论:空间限制的消减与空间隔膜的增长,成了一种双向互动的过程。人生空间的高度自由,带来了人文空间的高度失落;空间活动范围的不断拓展,却让人们大大缩略了真正属于他自身的空间;漂泊是无依靠的原因,失所是流离的结果;社会交往方式的快捷意味着高频率的转换和大范围的应接,心理和情感的疲劳带来人与人的敷衍和高度的陌生化,促成了拥挤中的孤独、短暂亲近中的长久隔膜,等等。我们似乎陷入了一种空间生活的异化状态,它是时代的特征,也可能是一种空间文化及其认知的隐忧。但善于应变的美国人哈里斯却在为天涯沦落人直抒胸臆的同时,又不忘给流离颠沛者提供一个自疗的单方。他告诉人们,"地理位置,不管远近,对我们的生活不再起决定作用了。地域的偶然性不再决定我们所要从事的工作,要结交的朋友,要到哪里购物等等。毫无疑问。这意味着,传统意义上邻里关系的瓦解。但我们没有必要对此表示遗憾。科技进步,地域限制作用的削弱,使得个体能够参与到更多的团体和亚文化群中,这是现代文明生活的一个标志"[②]。空间文化生活中的"脱域"和无根,是否真像哈里斯说的那么轻松与乐观呢?现实生活的展示,与哈里斯对同一现象的两种言说,已经明确告诉我们,它绝对是一个双面性的现象,我们不可单面地观察和解释它们。这好像一座围城,进入的人想规避外界风险,但又可能受到封闭;出走的人追寻外面多彩的世界,同样可能沦为流浪汉。基于这样一种空间文化的矛盾性意识,笔者认为会更容易理解从湘西走出来的著名画家黄

---

① [美]卡斯腾·哈里斯:《建筑的伦理功能》,第166—167页。
② [美]卡斯腾·哈里斯:《建筑的伦理功能》,第165页。

永玉先生，为何90高龄之后热忱于文学创作和故乡叙事，写出大部头的自传式文学著作《无愁河的流浪汉子》，并常回桑梓之地的家宅小住之情之理了。他把游走世界的自我神形一体地挪回70多年前的故园，其实是人生之旅的一种空间文化的情感回归。

二、空间文化解读与空间生产的历时性同构

它们是整个社会生产方式的空间表征和记载。在自然经济条件下，手工操作方式对自然的开发和利用，无论是广度或深度，都极为有限。加上农业生产必须有固定的水土资源和气候等生态环境的稳定保障，生产者不可能经常地、大范围迁移。这种固土生活方式，也就在空间文化及其认知中嵌入了生产方式超稳定空间结构的基础性作用。它使我们看到了空间文化现象的形塑与解读，同生产方式直接和间接的历史性联系。造园家计成所著的园林筑造经典《治园》的立论主旨，强调"因、借、体、宜"原则，认为凡结林园，无分村郭，择址为要，地偏为胜，掇山、选石、依林巧于因借；立基、架屋、置景，贵在体宜；随形就势，成景随机，虽由人作，宛自天开。他的园林旨趣聚焦于自成天然，很有明代心学"人贵自然、学贵自得"的雅致，尊重和追求一种田园乡野的审美理念和人生旨趣。其实，这全是传统乡村社会、自然经济时代那种扎根田土，仰赖自然，友睦生态，安土重迁的空间生存方式在包括园林在内的栖居空间筑造上的文化投射。它曲折地反映了自然经济生产方式对空间生活方式及其文化认知的规定性。由于当时社会生产力和经济技术条件落后，城乡聚居点分布与建筑方式强烈地受到自然条件的制约。空间文化筑造的历史发展，在西方由封建社会的古典到现代的转型，中间经历了一个野性十足的"哥特时代"。虽然这种空间文化的形塑并非直接由生产力的历史性飞跃所派生，但它仍然是社会生活方式深刻变化的产物。从古罗马空间文化到哥特文化的发展，是空间文化生产的意象嬗变。如果说罗马式的空间文化意象是以其坚实、厚重、不可动摇的形体来显示教会的权威，形式上带有复古传统的意味，那么哥特式空间形塑则以蛮族的粗犷、奔放、灵动、上升的力量体现教会的神圣精神。其高耸的尖顶，直升的线条，奇突的空间推移，透过彩色玻璃窗斑斓的光线和各式各样轻巧玲珑的雕刻装饰，复合成

一个"非人间"的境界,给人以神秘感。如果说古罗马建筑是地上的宫殿,那哥特式建筑则是天堂里的神宫。从审美层面看,罗马式建筑宽大雄浑,透出一种唯我独尊、闭关自守的文化精神;而哥特式建筑则表现出一种人身解脱、自我腾飞的意念冲动,它不仅是宗教文化的空间筑造,而且是城市文化、市民精神的物化表达,于最黑暗的中世纪透出一缕自由、开放的阳光。这同样得益于社会经济、文化的进步。率先在法国出现的哥特式的空间文化筑造,是欧洲封建城市经济占主导地位时期的产物。10世纪后,手工业从农业中逐渐分离出来并获得较快发展,它走出乡土向城镇集结。这种产业发展与空间挪移又推动了城市商业的快速兴盛,在一些交通要道、关隘、渡口及教堂和城堡附近,工商联动在不断扩展旧市镇规模的同时,还兴起了许多新城镇,并且在自由经商的经济活动中让封建宗法意识大为褪色的市民精神也快速成长起来。到12世纪,一些城市通过赎买或武装斗争从封建领主和教会手中取得了不同程度的自治权。这种社会经济政治文化生活方式的变迁,反映在空间文化的形塑中,便在教堂建筑样式变革的同时,还出现了满足商品经济、工商业发展要求的诸多空间形式,如反映城市经济特点的公共广场、市政厅、手工业作坊群及其行会建筑等应运而生。市民住宅的排屋结构也常以前店后厂形式组成一条条街巷,建筑风格完全脱离了古罗马式的束缚而多了自由、开放的商业气息。富商巨贾的豪宅建筑,多以尖券、尖形肋骨拱顶、坡度很大的两坡屋面,常用钟楼、扶壁、束柱、花空棂等为其配置特色,建筑富有空间质感。很明显,哥特式空间文化样态属于浪漫的中世纪城镇,它一定程度地超越了自然环境限制,如同工商业者在市民社会中超越了乡土社会及其宗法制度那样,其空间生活方式与栖居空间文化,也都双重地表征了社会经济生活方式的变迁。即使是哥特式教堂的建筑,那弥散在教堂宗教气氛中的光照在被转换成神性的表征时,也多了一种以几何形式分割的结构对井然有序的宇宙秩序的形象化写意,神性的意义在物理秩序的意象空间中得以展示。基于空间文化意象的这种历史性变迁,我们似乎可以认定,哥特式空间文化样态是由古罗马到近代工业革命时期空间文化生产发展的一个中介或过渡时期。如同手工业与商业在城市空间的集结,对于典型的市民社会、资本主义市场经济和工业革命具有先行意义那样,表征它们的哥特式空间文化样态也具有对近现代城市空间文化的开启作用。

其后的大机器工业生产时代，伴随城市化运动的勃兴，人们的空间生产、生活方式及其文化认知就远非往昔了，其中直接嵌入了大机器生产力的强烈历史作用。自工业化运动以降，机器不再是一种我们能用以达到某种目的的工具了。如今，机器已成了发号施令者，无论我们是否乐意，机器决定我们所面临的最大可能性，并决定我们生存和建筑的方式。[①]机器的生产和使用，需要大量地开采矿物资源，需要大规模的冶金、制造、运输和可控动力，需要人、财、物、资本的空间大集中，这必然形成工业的现代化、交通的高速化和聚落的城市化。它们直接改变了传统社会的空间生产模式，大规模地重构地形地物的空间形态和人居环境，并且诸如交通、通信方式的现代化还根本改变了人对空间之物理格局的利用方式、价值关系、审美感知和文化体验。地球居民不再彼此隔离，世界不再难以涉足，地域不再难以跨通，空间限制不再难以超越，天涯近在咫尺，地球成为村落。所有这一切，都会让空间文化现象的识读发生历史性的变迁。例如，审美的空间文化认知，就明显地发生了乡土社会与都市社会的时空冲突和撕裂。现代都市生活方式，是以密集的人口，拥挤的交通，昂贵的土地、便捷的通信、文化传播的切身性体验、高频率的生活节奏、公共场所的极度共享为条件的，这些都难以许可我们同生活需要保持一种审美距离。现实说明我们如今已是多么服从于机器的命令了：我们已为它牺牲了手工艺，并正在为它牺牲乡野。我们已不得不让它来为我们提供最重要的交通工具和最重要的产业基础。[②]与此同时，由现代严缜物理逻辑支撑起来的机械生产力，还直接或间接地把它的物性空间秩序嵌入人们的空间生产、生活方式及其审美观照与理解中。现代化的新兴城市，都有一种像美国波士顿北碚区差不多的空间格局：道路网纵横交错，直来直往，把一排排房屋、商铺、写字楼等建筑物规整有序地安排在如同棋盘格一样的方块网形中，它们物性地体现了机械化工业生产的空间模式：整齐划一、有序、僵硬、充满力学的刚性。可以说，这种条块分割的空间格局及其带来的通透、直白、可视、祛魅的空间理念和审美趣味，都是大机器工业生产方式的空间文化表达。

---

① [美]卡斯腾·哈里斯：《建筑的伦理功能》，第230页。
② [美]卡斯腾·哈里斯：《建筑的伦理功能》，第231页。

工业革命带来了生产力的迅猛发展，使大中城市如狂飙勃兴。新城市一座座横空出世，旧城改造日新月异。在改天换地、告别历史空间的过程中，很长一段时间人们没有认识到保护古城和古建筑的重大意义，甚至一度形成了建筑中的历史虚无主义，加剧了古城古建筑的破坏。城市在旧的躯体上迅速膨胀，无序扩展，建筑拥挤，功能布局混乱，工厂与居宅混杂，火电厂、化工厂、冶炼厂建在居民聚居区，缺乏环境意识与整体规划，生态败坏，空气严重污染，建筑艺术衰退，空间景观质量下降，城市乱象环生。直到第二次世界大战以后，人们在重建家园的实践中，面对战争留下的城市废墟，面对大量历史建筑毁于战火的惨状，城市空间文化的生态意义与历史传承才得到广泛关注，一些国家对于有历史意义的城区与乡土建筑加以精心保护，维护其自然生态、人文环境和文化特色，使城市建筑逐步走出工业污染的阴霾，城市的空间文化特性、建筑的历史文脉得以延续和保持。空间环境意识觉醒，由关注维护自然生态到关注保护历史的空间文化生态。进到 21 世纪初，人类栖居空间的生态危机因工业污染更趋严重，城市空间文化走向也因城市化运动而日趋困惑。当今时代，人类处于全球化的空间实践大格局中，不同地理环境、文化背景、民族传统、生活习性的人们以前所未有的交往频率、密度共居于地球村中，尤其在城市聚落的居民总是更直接地与他民族、他区域的人们形成文化触碰，也更具体、更强烈地把自身的文化特质和诉求呈现于他者面前，文化的空间竞争与共存，比以往任何时候都强烈及突显。城市栖居空间筑造中，如何协调城乡空间关系，如何恰当处理来自不同民族、地区的人们在宗教、道德、风俗、习尚等方面的文化、历史矛盾与冲突，便成为城市建设严峻的文化问题，以致有人说，人类 21 世纪正在全球范围内掀起一场城市文艺复兴运动，以日益紧迫的环境问题为肇始，在改善城市环境硬件建设的同时，进一步优化城市空间文化等方面的软环境建设，成了当前城市文艺复兴的主题。城市的空间文化形塑，寄寓着当代人的生活理念和对真、善、美的审视与追求，形成大量诸如建筑的"空间句法""建筑现象学"一类对空间文化筑造予以形上之思的深层审问和言说，它们表征当代人对空间筑造有了前所未有的人文觉醒和关注。此如美国著名城市学家伊里尔·沙里所说：让我看看你的城市，我就能说出这个城市的居民在文化上追求的是什么。如果说文化是城市的灵魂，那么城市建筑及其空间形塑则是城市灵魂的文化象征。不同历史阶段，城市的空间形塑都以它自己的方式见证了该时代的社会状况和文化精神。城市建筑及人们的栖居筑造是一个历史发展的持续过程，不同时期人们有不同的栖居诉求和空间文化意识，对空间文化筑造会形成不同的理念、表现策略与识读方法。曾几何时，人们关于城市建设的理念由"技术、工业和现代建筑"演变为"文化、绿野和传统建筑"，到了当代又提出了"环境、文化、游憩、生态"的综合诉求。这种空间文化意识的更新，历史地表征了社会生活方式的进步，空间文化价值的复合性增长，是人类文化自觉进程的历时性空间镌刻。

城乡建设永远在进行中，一些问题的解决，又会派生许多新问题。我国城市化发展中，受全球化影响，在高喊创新城市建筑文化的口号下，出现了三种倾向：一是西化建筑大行其道，摩天大楼、玻璃幕墙、哥特式屋顶、希腊式石柱比比皆是，而且彼此"复制""克隆"，形成了空间文化样态莫名其妙的"欧陆风""国际化"。二是仿古一条街建设，以张显和开发历史文化名城、名区的旅游价值为由，搞了许多不伦不类的"古"建筑，穿衣戴帽，搔首弄姿，神形分离，亵渎历史与文化，弄出不少大煞风景之作，屡屡受到社会诟病。三是以民生建设为由，搞了许多大草坪、大广场、大游乐园、大水面，热闹一阵，挤占珍贵空间，缺少真实价值。究其病根，是对当代社会生活的栖居文化诉求、区域历史文化特色、城市建筑"空间句法"等缺乏深层理解和系统整合，以致空间筑造出现种种"文化危机"。而推动这种流行病的力量，不少是来自地方长官的"政绩工程"意识，把城市空间的文化形塑变成了自己的形象工程。为了解决这类由社会病理给空间肌理带来的危害，在健全城乡建设的法治管理，克服仅凭长官意志左右建设思路之类病象的同时，我们也需要在城市空间文化筑造的理念方面来一番自我反思、批判和更新，注意虚心吸纳城市设计的先进思维和空间文化理念。诸如外界有识之士提出的城市空间筑造要遵循生态、实用、人文"相互协调的原则"，空间环境与建筑"有机秩序的原则"，空间形塑艺术审美"表现的原则"，以及三者一致的系统思维，对于克服现代城市建设病端，矫治城市气象紊乱，恢复合理的空间文化秩序，应当说是大有裨益的。它们是现时代人在空间生产的文化困境中，对诸多空间病象、诸多文化纠结、诸多环境问题加以科学与人文相统一的考问、探索与解读之后，做出的积极回应。这同样在社会层面展示了空间文化生产与空间文化现象解读双向过程的历时性统一。

三、空间文化现象解读中的时境理致

"时境",本为建筑现象学概念,意谓在积极的建筑实践中,主体接受外部环境挑战和内心灵感激发的同时,主动完善自身,对时代、环境做出动态回应,既不墨守成规,亦非随波逐流,而在自觉选择中将历史文化与现实生活创造性地结合起来。将此概念置入空间文化的解读中,"时境",即强调主体生活及其体验、思考、言说的历时性、情境性。任何认识都是具体的,人们总是在特定时间、地点、环境、精神状态下体认、理解事物。空间的文化形塑及其意象解读,有一个深层机理,即空间文化景观作为社会主体之生命本质力量的投射与复现,其物性的客观存在,会以某种集体表象、历史记忆的方式把寓于其中的主体精神,在人们观察和理解的当下情境中复活,发散出历史与现实化合的空间文化理致,显现出时境性机理。它们或作为某种思想文化原型,或作为一种充满灵性的活态空间,或作为一些具有言说功能的文本,处于同当下观察者、解读者在场性的对话关系中。其间有了一种思想文化的感染力、衍射力、凝聚力和规制力,促成观察者和解读者在历史与当下、对象与自我的交流中如此这般地体认和理解空间场所的思想文化内涵。大量有生命活趣的建筑,仿佛成了一种人性灵动的文化存在与社会角色,向人们诉说、演绎它们所表征的一切。而空间文化的受众及其解读,也总会带着自身的主体性、现实性、建构性情理,与之对话,寻觅、发现其愿意看到也能够看到的形形色色。对此,城市意象的美国研究者林奇曾作如是说:"景观也充当着一种社会角色。人人都熟悉的有名有姓的环境,成为大家共同的记忆和符号的源泉,人们因此被联合起来,并得以相互交流。为了保存群体的历史和思想,景观充当着一个巨大的记忆系统。"因此,莫里斯·赫伯瓦克在谈到现代巴黎时也"认为不变的物质景观和对巴黎的共同的记忆,是将人们联系在一起的并得以相互交流的强大力量"。[1]这里,似有一种反客为主的吊诡,筑造空间文化景观的前人、他者,在将自身的精神文化外化为某种空

---

[1] [美]凯文·林奇:《城市意象》,第95页。

间意象、形态之后，其空间文化作品会在人们的解读中复活其创作者的主体性与文化叙事能力，以物化的活性文化存在，在与观察者的交流中共同创造着对于每一观察主体是其所是的空间文化意象及其思想、情感内涵。因此，"一个场所很显然可以用不同的方式加以'诠释'。事实上，保护和保存场所精神意味着以新的历史脉络，将场所本质具体化。我们也可以说场所的历史应该是其'自我的实现'。一开始的可能性，经由人的行为所点燃并保存于'新与旧'的建筑作品中"①。可见，空间文化意象的活力不仅存在于它们生产的当时，更存活于它们被反复观察、理解、叙述的历史过程中，复活在每一当下及其情境中。每一空间文化意象都是其历史的生产者与当下观察、释读者在精神会晤中的共同创造。唯其如此，空间文化意象及其内涵才得以在长久存在的过程中不断被后人唤醒、复活，才有空间生生不息、与时俱进的历史文化活趣。

因此，空间文化意象也就只能历史地存在、历史地复活、历史地展示其内涵和品格了。每一代新进入既定文化空间的主体，总会面临与当初筑造那些空间文化不同的生活现实与社会环境，会形成有时代特征或新的地域特色的生活需要、文化诉求、理解方式、价值观念、审美情趣和空间实践经验。这些文化的主体性因素会从主观方面制约着对物性空间文化意象的感知和释读，形成由不同文化主体延伸的对空间文化意象的历时性释读。研究者对这一问题从不同的方面做出了自己的说明。林奇认为，城市不但是成千上万不同阶层、不同性格的人们在共同感知或享受的事物，而且也是众多建造者由于各种不同原因不断建设改造的产物。城市发展始终是由一系列连续的片断组成，局部控制只能作用于它的发展和形态，并没有最终结果。②这就是说，空间文化意象无论在生产之当时，还是在其被理解之过程，都是一种历时性的现象。其存在的本体在不断被改造或延伸的过程中，其理解也会因时因人而变化。意义的存在与认同，终究是相对性、过程性的现象。人们应当清晰地意识到空间文化现象的解读，是一种将历史与现实、他者与自我联系来的空间经验对话：环境意象是观察者与所处环境双向作用的结果。环境存在差

---

① [挪]诺伯舒兹：《场所精神：迈向建筑现象学》，第18页。
② [美]凯文·林奇：《城市意象》，第1页。

异和联系,观察者借助强大的适应能力,按照自己的意愿对所见事物进行选择、组织并赋予意义。因此对一个特定现实的意象在不同的观察者眼中会迥然不同。[①]不同时代、不同地域的人,各有其生活经验、文化品格、环境意识,内在的差异使其对空间场所及其文化意象的信息之感受、提取和加工,充满当下经验决定的选择性和倾向性。观察者对某种空间文化意象一看便知或一见钟情,那一定不只是因为熟悉或喜爱,更多的是与观察者头脑里的"理解前结构"相吻合,有一种当下信息刺激与观察主体之"前有、前见、前设"相匹配的文化自洽或自组织性在无形地发生作用。是故,在空间文化意象的释读过程中,任何东西都不可能体验自己,研究它们需要联系周围的环境、事情发生的先后次序以及先前的经验。人们对空间文化意象的观察与理解之历时性,不仅来自对象,来自主体的继替,也深层地源于每一主体自身的文化积淀和当下精神状态。对空间文化意象加以理解和思考,"这个方向并非由政治、科学所发的口令,而是存在并深植于日常生活的世界里。使我们能由抽象和疏离中解放出来,带领我们重返于'物'"[②]。

也曾有人从社会生活的历史变迁去说明对空间文化意象释读的历时性。诺伯舒兹以布拉格的空间形态变迁为研究个案,得出了场所精神体认的历史具体性、情境性结论。他认为,目前布拉格已略有不同,不过仍保有昔日的风采。四海为家的社区已消逝,往日多彩多姿的通俗生活亦已消失。经济结构也有了重大改变,古老城市的商人必须顺应新的机能与机构。不过场所依旧是原有的都市空间,原有的特性,晚期巴洛克多色彩的装饰漂亮地修复,使得方向感和认同感能够超越由直接的经济与政治系统所产生的安全感或畏惧感,如人们从布拉格新的社区街巷,伴着旧式马车、现代轿车穿行的身影走到老城广场那样,定能对不同空间场所及其文化意象生发一种融贯时代沧桑的城市整体性认同。作为曾到此一游的旅行者,笔者对他所做的场所精神解读十分认同。布拉格市民现代新的生活与栖居方式,具有某种向旧城周围衍射的空间文化张力,形成不能回避的城市疏离感。但每当人们走出住宅、社区,路过堪称建筑艺术瑰宝的提恩教堂、圣尼古拉斯教堂,走进位于瓦茨

---

① [美]凯文·林奇:《城市意象》,第4—5页。
② [挪]诺伯舒兹:《场所精神:迈向建筑现象学》,第197页。

拉夫广场和查理大桥之间的老城广场，仰望那思想启蒙者扬·胡斯雕像，闻听那来自 600 年前的天文钟的声鸣，还有那踩在脚下古老街巷花岗岩铺设的道路，那旧式马车滴答的声响，都会让人们被这古城的空间文化拥进共同的城市氛围，克服物理空间的远近与新旧场所的许多差异，实实在在地作为布拉格的市民共同呼吸着历史名城的文化气息。试想，如果没有连接历史的查理大桥，没有那通达古老城市中心的旧街老巷，没有那教堂传出能唤起历史记忆的悠扬钟声，布拉格在空间与文化的两面都将变得荒芜，居民城市意识也将被肢解成疏离的碎片。1890 年布拉格政府下令整顿犹太区，致使这一古老社区不久彻底坍缩，面貌改观，但与整个布拉格的城市空间文化契合、共语的灵魂仍在。该区居民、著名作家弗兰兹·卡夫卡对此城市空间变故以亲身体验做过如此叙述："它们仍旧与我们共存，阴暗的街角、神秘的巷道、百叶窗、污秽的内庭、嘈杂的酒馆、隐匿的客栈。我们走在新城镇宽阔的街道上，不过我们的步子和形色是那么忐忑不安。骨子里仍是步伐蹒跚，好像是走在古老而可怜的巷子一样，我们晓得没有任何的余地。不卫生的古老犹太区比新的卫生环境更接近我们真实的生活。我们犹如在梦中漫步，唯有在昔日的幻影中才能找到自己。"① 人们在与城市空间文化意象不断邂逅的历时性活动中，往往会形成一种常看常新的信息增值与观念再生过程。例如，巴黎城市环境历史文化的丰富性与人们对其空间特质的美学欣赏息息相关。这些特质不仅以多样化著称，同时也构成一个可以想象的整体。这需要用许多中介来表征其空间结构的丰富性。由于这种空间结构是历史与当代、自然与人文的复合，因此可以有很多诠释，并在人们的体验和想象的延伸中，带来许多令人惊奇的发现，如同聆听一曲伟大的音乐，每次总是会有新的感受。空间文化生产及其意象的历时性复活与恒久价值，正在于它们一经形成，便会在人们的不断解读中以新的形式和内涵入阅读者的视野和意境。人们在与时俱进的空间境遇及其文化认知中发现，生活世界不断变化的时空秩序安排，也是文化乃至政治激烈争论的焦点。环顾资本主义时代文化和政治生活领域的某些紊乱，在后现代批判中形成的混沌文化意象，大量内容是在新旧时境的比对与通约中对城市文化之时空秩序的形象游目与驳杂驰说。

---

① ［挪］诺伯舒兹：《场所精神：迈向建筑现象学》，第 112 页。

人类历史走到 1848 年后，巴黎等欧洲城市的文化、艺术发生了一系列特殊变化，它们是特定时空内发生的政治、经济转型的思想文化表现。当时政治—经济在资本主义世界中首次呈现为一种未曾有过的同时性，相当令人不安，要求以新的观念解释它们。基于此，马克思恩格斯在《共产党宣言》中对世界历史的变迁、人类文明进展及其价值取向，做出了空间文化的解释和历史辩证法的崭新概括，形成了"世界历史"的时空观。这种宏大时空文化叙事当然极大地超越了具体场所空间文化的说明，但它对于后者无疑给出了一个原则性的时空叙事框架，普照社会空间的时代精神。这一关于空间文化认知方式历史性转换的诠释，深刻地告诉我们，对空间文化的解读，一定要结合社会、经济、政治生活方式的变革，结合空间实践及文化认知方式的发展，才能理解和掌握其内在的真义。当今时代，高速交通与移动网络通信，现代文化传播与商品交易方式的刷新，使大量社会活动瞬间完成，非物质、零距离地展开，社会行为的即时性、泛在性带来了活动空间的脱域性，空间生活方式及其文化样态的历时性意义遭遇前所未有的深刻挑战。这种活动的瞬息性、共时态与零距离，从客观方面并非对文化时空的取消，而只是利用方式的变更和实际意义的改观，其历史性并未丧失。因而需要我们以一种类似于相对论、耗散结构论、协同论、分型理论等非线性的复杂时空思维，去观照和诠释当代空间文化现象，才能得到新时空态中的空间文化奥义。这将是一场空间文化生产与认知的深刻革命，它们必然多方面地促成空间文化历史观的开新。

第十四章
社会行为方式变革的空间诠释

当我们以马克思的实践唯物论为空间哲学基础,将人类的生存空间纳入物质生产过程加以审视和解读时,必然的结论便是,在生产方式发展的不同形态下,人类便为自己的生活、栖居筑造了不同的空间。这样,一方面空间以其作为生产力、生产关系双向作用的生产品,会呈现出不同的样态和社会属性,因而要求人们以与之相洽的方式展开社会活动。空间因此实现着对与生产方式相应的社会行为的塑造和维系。另一方面,生存空间除了直接与生产方式相关联之外,同时还受到社会、政治、文化等活动的多重影响,因而也受到多种社会行为的再建构、再形塑。这使社会生活方式、多种行为的变革,必然带来空间生产和格局、秩序等多方面的改观。如此复杂的联动关系,要求我们对当今社会转型中人们的行为方式变革及其空间机制做出说明,得以深化空间问题的唯物史观解释。

第一节 生活世界时空关系的转型

当代社会,伴随全球化、城市化和信息技术服务泛在化的深入、磅礴展开,人类活动的地理—空间格局的变动成为社会经济政治文化转型的核心与基座。这些社会现象本身内容的变化及其空间运行方式的改观,在全球化、网络化潮流中生成了一种后现代社会行为的新型时空逻辑。它的崭新法则,不仅反映或体现在全球—地方关系的空间重组中，更深刻地表现在社会活动的时空关系变构中。其间，无论是时间与空间的地位、相互规定机制，还是人们的时空知觉、思维和利用法则，都有了显著不同于传统社会、慢生活时代的样式。此问题域内含的深邃理致，是探讨当代空间思维和社会认知方式变革的逻辑中枢。

一、社会转型与生活世界时空关系变构

在谈到空间问题的辩证思考时，恩格斯将事物的空间并存性与事物运动的时间继替性联系起来思考。他明确指出："如果地球是某种逐渐生成的东西，那末（么）它现在的地质的、地理的、气候的状况，它的植物和动物，也一定是某种逐渐生成的东西，它一定不仅有在空间中互相邻近的历史，而且还有在时间上前后相继的历史。"[①]恩格斯的论述给我们这样一个启示：人类生存空间的各类现象不仅有时间演绎的发生、发展史，而且有空间并存的互依赖、互制约、互作用关系。因而，我们必须从生存空间各类事物之空间演化的历时性和空间互动的共时性这样一种时空秩序的复合性中，去考察事物历史发展的空间性和事物空间样态的时间性，学会把事物存在的空间样态置于历史的发展中去理解，从而形成空间实践、空间思维的历时性视角与方法。这一原则在解释社会实践的空间机制时尤须认真关注。

对于空间形态变化的物理学解释，爱因斯坦的相对论揭示了当物体具有很大的相对质量时，可使从它旁边经过的任何其他事物，即使是光线，也改变路径，发生空间弯曲现象。同时，他还揭示当一个物体运动速度接近光速时，会发生时空变异，出现"钟慢尺缩"现象，物体周围的时间会迅速减慢、空间会迅速缩小。这种认知表明，物质存在的时间和空间形式，是依物质的质量分布和运动状态为转移的。参考爱因斯坦对时空形态和物质运动状况相关性机制的揭示，我们把它们从特定物理情况变为思考社会生活的时空问题，则能在更广泛的情况下得到一种学理启示：必须联系社会行为的历史状况来考察其中的时空问题，形成具体的关于生活世界的空间思维。

---

① 《马克思恩格斯全集》第 20 卷，第 367 页。

空间社会学家列斐伏尔曾以他对不同社会发展时期的空间关系考察，实证了上述社会空间思维法则。他写道："农业时代的时间和空间，伴随着一些独特的东西，比如地理位置、种植与养殖的气候、人的族群等等。工业时代的时间和空间，在过去和现在，都在追求着均质性、统一性和强制的连续性。都市时代的时间和空间则变得不同了，其特征要通过分析才能说明。一些非常不同的网与流互相重叠、互相纠缠着，从公路网到信息流，从产品的买卖到符号的交易。构成性中心的辩证法，引发了一种强大的权力的非常不同的运动。"[1]他所谈到的社会发展的三个时代，以及人类行为因生产方式不同而具有不同的时空方式和观念。道理很显然，以种养业为主的农业社会，时间是以动植物生长发育的物候为参照的，空间是以生命之基的土地为依托的。故行为的时空方式和思维逻辑，都与生产方式一致，是农业自然经济的行为和空间思维。而工业化生产时代，人类凭借整齐划一的机械技术和交通工具，能够也必然要求以连续、均质、统一的空间方式与思维展开社会生活。到了商业竞争激烈、市场环境复杂、信息鼎沸的都市时代，经济交往和社会行为的空间关系则变得虚实相混、内外套嵌、此在和遥在并置、在场和出场错位、泛在和脱域互动等这样一些极为复杂的情况，它们超出了直观空间的感性形态，需要进行空间辩证法的逻辑梳理才能理解和把握。这样，既形成了社会行为不同的、具体的空间模式，又规定了空间研究及其逻辑思维的历史具体性。正如哈维所描述的："每个社会形构都建构客观的空间与时间概念，以符合物质与社会再生产的需求和目的，并且根据这些概念来组织物质实践。"[2]

人类在社会生活中的空间实践和空间思维是相互规定、相互创造的。空间实践的特点是生成空间思维的经验依据和逻辑基础，同时又贯彻空间思维并使之物化为空间的秩序、各类空间产品的灵魂；空间思维则是空间实践经验的理性总结和逻辑领引。这种关系在社会生产方式变革、社会行为换式的过程中，可以通过社会生活时空形式的秩序、位置、权重及其历史演化逻辑而体现出来。

在社会发展史中，当人类生产方式因生产力对环境的作用有限，交通工

---

[1] [法]亨利·勒菲弗：《空间与政治》（第二版），第71页。
[2] 包亚明主编：《现代性与空间的生产》，第377页。

具一类克服空间距离和困难的手段低下时,"自然界和人的同一性也表现在:人们对自然界的狭隘的关系制约着他们之间的狭隘的关系,而他们之间的狭隘的关系又制约着他们对自然界的狭隘的关系"[①]。人类被局限在狭隘的人与自然的关系中,而这种狭隘关系又进一步生成人与人交往关系的狭隘性。两重关系的狭隘性形成复合效应,将人类活动牢牢地囚禁在狭小而稳定的空间中。这种社会行为的空间态势,让人的时空观念偏向于历时性的社会发展纵轴,变换的是时间和历史,不变的是地理、境况和空间。从某种意义上说,这时期的社会运行是以时间的统一性约束空间的多样性的,人类行为的历时性制约共时性,其权重高于共时性。它们把人类行为的取向引向时间,倚重时间的推移迎来寒暑易节及其农事之春种、夏育、秋收、冬藏的变换,迎来以时间的消耗去实现空间的跨越,迎来人的少青壮老及其生老病死的生命行程,也不时迎来改朝换代的历史变迁。即使到了资本主义时期,人们也是依据劳动时间、资本周转时间计量产品价值、工资等构成价值规律和资本逻辑诸要件的。所有社会行为和生活秩序都十分紧张地聚焦于时间方面。对于社会生活的时空结构,人们总是趋于一致地指向历史、指向传统、指向时间。哪怕是马克思,也提出过"用时间消灭空间"的命题。"这在当时条件下,马克思使时间优先于空间未必是错误的。毕竟,从事资本循环的那些人的目标必定是在社会必要周转时间内控制剩余劳动时间并将其转变成利润。因此,从资本循环的角度来看,空间一开始似乎是一个需要克服的障碍。马克思的推断有惊人的洞察力,他认为资本主义的一个必然特征是,不断地努力克服一切空间障碍并'用时间消灭空间'。但是,这些目标实际上只有通过生产固定的空间配置(运输系统等)才能够实现。因此,我们接着碰到了这样一个矛盾:空间组织是克服空间的必要条件。"[②]当然,社会中的不同阶层对社会生活关注的时间之维是有差异的,有侧重点和方法论的不同,不过都是从有利于各自的生存权益出发而已。德国学者舍勒深刻注意了这一时间思维的阶级差异,他道出了其中秘密:上层阶级总是倾向于把新近不断生成的东西从已经生成的东西中推导出来,而下层阶级则总是倾向于把已经生成的东西从

---

① 《马克思恩格斯全集》第 3 卷,第 35 页。
② [英]德雷克·格利高里、约翰·厄里编:《社会关系与空间结构》,第 143 页。

正在生成的东西中推导出来,也就是说,从各种动态的可能性之"辩证"冲突中推导出来。对于第一种思维类型来说,历史是一个静态的、由过去组成的王国,这种王国与一座为伟大人物和伟大作品建造的名人纪念堂相似。对于第二种思维形式来说,历史则从来不是某种静态之物,而是一股生成之流,它只不过偶尔把那些消失和沉入这种流之中的结构保存下来——一旦创造这些结构的力量不再发挥作用,这种情况就会出现。[1]在同样地着重对社会生活的时间关注中,上层阶级自觉和不自觉地把社会空间的特殊优越位置带入其中,维护自己的已有地位、特权、传统,因而更具保守性,即如睿智者所说的,拥有特权者倾向于把既定的各种社会性事态,当作一种稳定的、客观的、有意义的、目的论的世界秩序的结果来经验。[2]而底边阶层则从改变社会状态的创造性、革命性要求出发,强调社会更新和流变,希望在"时过"中实现"境迁",这同样是其社会生活的空间格局隐在地影响了他们对社会发展的历时态思维。然而没有原则分歧的却是人们在社会理论和研究中错误地形成了时间优先于空间的惯常偏好。[3]

到了当代社会,人们对生活世界的观察和思维的时空向度有了颠覆性的改观。社会生活的感性体验和理性思考,发生了由以往的时间优先向空间优先的转型。甚至社会哲学层面的抽象阐释,也由时间注重转向空间注重,"整个论证可以有益地反过来描述。柏格森主张,人类智力'使宇宙空间化了',而怀特海认为,这样做是因为'空间化是通向通俗哲学的最短路线'"[4]。同样没有疑义的是,人们的空间意识或思维方式变革,也是因为社会生活的空间实践方式有了根本性改观。

首先,现代生产力对自然环境有了重构性的巨大伟力。它广泛而深刻地再造生存空间的格局和秩序,颠覆了以往环境、地理、自然空间元素先在地、久固地决定人与自然,进而人与人的关系这样一种单向度的人类地理学的空间思维,形成了"空间生产理论",将空间作为一种可以人为改变的、可以社

---

[1] [德]马克斯·舍勒:《知识社会学问题》,艾彦译,华夏出版社2000年版,第222页。
[2] [德]马克斯·舍勒:《知识社会学问题》,第223页。
[3] [美]戴维·哈维:《正义、自然和差异地理学》,第304页。
[4] [美]戴维·哈维:《正义、自然和差异地理学》,第303页。

会化的现象。这样，才有了空间产品、空间产权、空间重组及其资本化的运动与思维，才有了社会现象时空关系的变构和思维革命。

其次，人类高速发展的交通工具，使空间阻隔被打破，地理疏远被改变，全球化在经济、文化、社会交往方面成为深刻的现实。这样，一方面如马克思所说的：人财物等经济因素在高速运输中快捷流转，实现着人们"力求用时间去消灭空间"的资本增值企求，亦即实现提高资本周转速率、节约时间成本、拓展赢利空间的资本增值的时空逻辑。也就是说，"把商品从一个地方转移到另一个地方所花费的时间缩减到最低限度。资本越发展，从而资本借以流通的市场，构成资本空间流通道路的市场越扩大，资本同时也就越是力求空间上更加扩大市场，力求用时间去更多地消灭空间"[①]。应当说，马克思对于资本运行逻辑的时空关系分析，绝不止于经济意义，推广而论应当说是对工业化时代社会行为方式的一种时空分析。他基于行为速度的提升，以尽短的时间越过尽长的空间距离，在实际效应上达到了时间延长和空间缩短的目的，亦可以想象为"时间—速度—距离"三要素组成的空间行为变量关系中的"钟慢尺缩"相对论效应。虽然，马克思仍然是首先立足于从时间论空间这样一种历时态的空间思维方式，置时间为主导的逻辑要素，但他以辩证法的智慧开启了时间、空间可转换的新思维。联系到他在微观经济行为之时空分析中强调工厂工位的合理空间配置、劳动技术方式中合理的分工协作，可以节约空间、提高时间利用率而形成不花钱的社会生产力之论述，便能清晰地认定马克思的空间思维无论在宏观地理学方面，还是在微观工厂空间技术工程学方面，都确凿地形成并得到了辩证诠释的时空函数关系及时空转换思维。这种空间意识和逻辑思维，为当代西方马克思主义空间理论的发生和诠释，在历史束缚现实、时间一统天下的传统空间思维中打开了缺口，奠定了当代空间新思维的理论基础。

另一方面，即当代空间理论家所发现的，因为新型交通的大提速使空间距离大收缩，空间距离的意义缩略让时间的地位大幅下降，有了一种在效应性方面的空间超过时间的现象。此其一。其二，更为重要的是现代信息技术、网络空间对物理空间的虚拟，极大地破除了社会主体及其行为的在地性限制，

---

① 《马克思恩格斯全集》第46卷，第33页。

人类获得了空间自由的伟大胜利。其三是依托移动网络的泛在服务技术,使社会主体进到一种天马行空的自由极致境界,有了"脱域性",即能瞬间实现空间位置无所不至地挪移的零时耗性,这是在极重要意义上的空间对时间的胜利。哈维在综合这些时空关系新变化的基础上,对当代人类社会组织的时空形式给出了这样的总体性解释:国家作为一个实体从多种交叉的空间过程中历史地诞生。它们作为一个实体受到环境的限制,同时与其分割开来,并且通过确保它们个性和内部完整性的制度获得某种稳定性。这可以被解释为"空间对时间的胜利",这种胜利使国家能够在自己的范围中实施各种战略来确保内部纪律和合法性,同时追求外部地缘政治战略。作为这些战略追求结果的空间,同时被其空间创造过程发生的信息流、货币流、资本流、移民潮、文化习性和意识形态的流动反复重构。这使社会的地方稳定性被打破,它好像不再由具有确定范围的社区来确定,似乎成为无轨道的弥散、漫游,在整个社会运动中生成了"布朗运动"现象。国家状态不断变化,表面上强有力的永恒性在瓦解,社会空间事件的离合与飘移,应当被理解为位置—空间辩证运动不可避免的结果,它们不仅在根本上破坏政治、经济、科学的所谓"合理性",而且使社会组织、行为据以立足的"位置"所建构的战略世界,同常常由复杂过程确定的多样性空间的任意轨迹处于冲突之中。因此,我们需要合理解释并积极应对"自由的空间"和"对抗的空间"及其相互关系,甚至赋予福柯的那种超越于人们外在监控的空间即"异托邦"观念,以某种实际的意义。①

　　显而易见,哈维的国家空间论所彰示的"空间对时间的胜利",是缘起于空间行为方式的变革但又不止如此,他从更宽阔、更深层的方面思考了当代社会组织和行为之空间意义的上升。他所引申强调的,是国家一类的社会组织、人类群落的存在与发展,以其不断变化的状态改变了历史延续的守恒性;以外部多种交叉的空间过程历史地改变了其个性和内部制度的完整性;以过程多样性空间的随机轨迹解构社会运行对于世界位置的固守。正是社会组织和行为对空间、环境的高度开放,使其由以往那种时间延续性力量见长,并因此而得以维系和发展的历时态状况,逐渐为受到空间、外部环境多样性因

---

① [美]戴维·哈维:《正义、自然和差异地理学》,第299页。

素、力量的作用所左右而呈现出更多的空间共时态性状来。

最后，空间封闭的破除和距离阻隔的消弭。人们在全球化空间中有了一种崭新的生存方式，那就是由以往注重代迭更替的历史之轴转向了注重横向并居、比肩前行的共时性空间之域，因而生存境遇的空间意义远超出历史承续的时间意义。福柯描述了这样一幅时代光景：当今的时代或许应是空间的纪元。我们身处同时性的时代中，处在一个并置的年代，这是远近的年代、比肩的年代、星罗散布的年代。我确信，我们处在这么一刻，其中由时间发展出来的世界经验，远少于联系着不同点与点之间的混乱网络所形成的世界经验。或许我们可以说：特定意识形态的冲突，推动了当前时间之虔诚继承者与被空间决定之居民的两极化对峙。①当代社会时空因素对于人类行为之影响机制及人们的空间思维反映的这种互动性是需要进一步解析的。其中一个突出的内容是，在社会的组织、维系和发展中，在人类实践的组织和推进中，在人们的交往和行为互动中，横向并存的相互作用即空间毗邻的互动关系及其生发的驱动力，远远大于由历史传承因素和力量在代际演替中形成的先预设后延伸、先定构后复制、先原因后结果等承前启后、继往开来的作用和机制。人类社会发展和文明进步，更多的力源与前进方式，不是狭窄空间内封闭群体的代代相袭、陈陈相因的因果连环和历史滚动式延伸的线性推进，而是全球化开放、世界性互动、多种社会力量和文明因素参与、互渗、共振、合力的系统演化和多向度发散。这种情势，不仅是空间力量及其运动方式，对时间层面的历史力量和纵向运动方式的大幅度消解和替代，而且是社会行为严格的空间边际淡化，人类历史不同形态相互开放与彼此连动的增强，以及其中多因性、多样性、系统性的勃兴。因此，历史由以往顺着对称性因果时序的纵向传承转型为依循空间不对称互动秩序的横向并进，成为一个后传统时代。这种社会行为的情势，在时空关系上，是把历史上存在的时间统一性对空间多样性的约束，即社会生活之历时性对共时性的权重，转换成现时的空间统一性与时间多样性的关系，变为前者对后者即共时性空间秩序对历时性即时间秩序的约束和权重。社会学家吉登斯敏锐而深刻地觉察到了这一崭新历史景观：后传统社会是一个终结，但也是一个开端，是行为和经历的

---

① 包亚明主编：《后现代性与地理学的政治》，第18页。

一个全新社会世界。这是何种社会秩序呢？它会变成什么样子呢？这种社会秩序是一个全球社会，它不等于世界社会，而是"模糊空间"意义上的社会。在这个社会中，社会纽带不是从过去继承而来而是必须被制造出来——在个人层面和集体层面上，这是个十分令人烦恼的苦差，但它也可能带来极大的报偿。在权威方面，这种社会是无中心的，但在机遇和困难方面却又是有中心的，因为它聚焦于新型的相互依赖关系。[1]这种人类社会崭新态势，不仅再次确证了马克思关于"世界历史"的空间机制，而且也新证了中国共产党人反复强调的尊重文明多样性、发展相互包容的人类命运共同体的社会历史观和价值原则。因为它们都是空间社会观的社会认知方式和逻辑思维的辩证叙述和科学结论。

二、社会行为方式空间性强化的表现和机制

社会行为方式是以物质生产方式为基础建立起来的整个社会的活动方式，包括生产方式、交往方式、狭义的生活方式、格物致知的认知方式等。它们的统一集合生成整个社会的运行方式。时间与空间作为物质运动的方式，同样也是社会这种特殊物质运动的方式。物质运动的内容包括其内在要素、结构、功能、秩序和运行法则，它们是其时空关系、时空方式的决定者，但反过来又受到后者的组织和再生产。不同的社会行为方式，意味着人们借助不同的技术手段和条件组织和展开人与自然、人与人之间的交互关系。这些活动的物质技术不同，其广度、深度、速度和强度必然不同，因而也必然构建行为不同的时空秩序和格局，造成社会行为不同的时空方式，最终在生活世界形成特定的社会时空关系。

唯物辩证法告诉我们，时间和空间作为物质运动形式是客观的且两者不可分割。时间是空间事物历时态的生成流变和运行过程，空间是事物运动和发展过程的共时性集合，是事物的横向立体结构与因素互动的关系。离开时间的空间不能存在、不可捉摸，离开空间的时间更是虚无，也没法存在和理解。时间计量事物存在的久暂、变化与发展的速度和持续性，表达事物之历

---

[1] [德]乌尔里希·贝克、[英]安东尼·吉登斯、斯科特·拉什：《自反性现代化：现代社会秩序中的政治、传统与美学》，赵文书译，商务印书馆2014年版，第134页。

史惯性与因果顺序；空间计量事物存在和发展的广度、规模、体量与横向并存的交互作用。基于时间、空间对事物运行的表达方式不同，辩证法又认为时间与空间与社会事物之结合，在运动状态不同的情况下亦有差异，会发生主从、互嵌合的某些重大变化。它们是研究生活世界行为方式变迁必须认真关注的时空关系。

首先，当代社会的全球化，以及各类栖居群落之间在行为方式上的高度互渗和联动，使横向并存关系中人们的相互开放与彼此创造的空间驱动力，远远超出历史发展的纵向规定性。这样，不仅使社会生活更多指向空间关系方面，而且使时间流逝中的历史影响因素在更宽广的不同空域中受到人们的多重选择和再创造，历史作用的时间之轴受到八方空间的规定。在社会运行之时间过程的历史影响让位于空间并存互动作用之再创造的条件下，空间对于时间便在生活世界有了意义的优先性和矢量的主导性。正如福柯所说的：我们正处于一个同时性和并置性的时代；我们所经历和感觉的世界更可能是一个点与点之间互相联结、团与团之间互相缠绕的网络，而更少是一个传统意义上经过时间长期演化而成的物质存在。[1]显然，他非常准确地把握了当代社会行为方式的空间优势，认定了事物空间并置和交互作用关系的意义超过了其时间先后相继关系的意义。在这样一种空间优先于时间并规范时间的实践活动方式及其主体的时空经验支持下，人们的空间思维也发生了相应变革，由以往的时间主导意识转向了对空间主导的认可和理解。其逻辑机理如迪尔所言，当下是"空间范畴和空间化逻辑主导着后现代社会，就如同时间主导着现代主义世界一样"[2]。在这样一种空间思维的领引下，社会主体的全球观念、开放意识、普世主义、现实精神、选择和进取心理会极大地得到张扬，而多方面地深刻改变传统社会那种本土观念、封闭意识、昝旯主义、传统精神、盲从和守成心理，给人类文明提供丰富多彩的样式和蓬勃向上的进力。

其次，当代空间实践在改变人的空间地位、地域身份和空间利用方式的同时，也重构了生活世界的时空关系，引发人们对时空关系的体验、知觉、理解方式乃至价值态度的变化。由于人口增加，空间环境趋紧，人类对自然

---

[1] 包亚明主编：《现代性与空间的生产》，第9页。
[2] 包亚明主编：《现代性与空间的生产》，第99页。

资源争夺激烈，空间价值自然彰显；由于空间生产和利用的科学技术迅猛发展，空间资源可开发、可利用的方面日益增多，其社会意义不断强化；由于空间生产价值的多样性，空间功用在社会经济政治文化等领域，或作为资源，或作为生存场所，或作为工具，或作为政治经济博弈平台，或作为思想文化的立体书写和表达，等等，被人类广泛运用于生活的方方面面。这使空间具有了丰富而深厚的人类价值，因而在价值权衡和意义解析中获得了前所未有的关注和深入探赜。列斐伏尔对这一时空变局做出了如此研判："空间是一种使用价值，但是与之紧密关联的时间更是一种使用价值，因为时间就是我们的生命，是基本的使用价值。时间已经在现代性的社会空间中消失了。除了工作时间以外，生命时间已经失去了其形式与社会利益。经济空间使时间臣服，政治空间则由于时间威胁其既有的权力关系而加以抹除。经济的，以及特别是政治的优先位置，引致了空间相对于时间的崇高地位。"①他对时空关系变易的解释，思想深邃但意义吊诡而远险。关键是如何理解作为生命形式的时间为什么会轻易丧失它以往的价值权重。问题还是源自社会行为方式的时空关系。高新科技支持的当代经济，以其无极、快速的优点大大战胜和克服了时间限制，就像量子计算机、光子探测和通信设备、云计算、第五代移动通信技术那样一些几乎让时间占用无限小的技术手段、行为方式，造成时间的社会经济地位大大弱于空间。因而，无论是国家之间、民族之间、社群乃至个人之间的竞争和发展，似乎时间不成问题，关键是领土、领域、环境、位置、平台、途径、前景等空间因素的占有、开发和利用。因而，如今的时代好像彻底颠覆了马克思在工业社会时代关于时间空间关系的一个基本论述："用时间消灭空间"；正好相反，今天的情形恰恰是"空间主导了时间"！

三、主体行为方式嬗变的时空新态势

这种情形，除了虚拟空间嵌入和部分地替代现实空间带来社会行为时空关系的重组之外，更多的是如前所述的移动网络之"泛在"技术服务所提供的可让社会组织及其主体离开所处的具体物理空间，多方面地展开"脱域"

---

① 包亚明主编：《现代性与空间的生产》，第53—54页。

性活动。这样的空间态势，极大地改变了人类实践的空间关系，在空间的生产、栖居、交往、角色、身份、地位、权益、责任、分配、治理、意识、思维逻辑等诸多方面，形成不同于现实空间中的行为和思维方式特质。扼要地说，有这样几个问题很值得关注。

1. 社会生活中全球与地方空间定位的突破

英国学者曾指出，卫星等媒介—连通方式的出现，把越来越多的人与媒介技术联系起来。这就要求我们不仅要对全球性的社会概念进行重新考虑，还要重新考虑"地方"概念的含义。"地方"现在正在迅速地脱离其传统环境，以致达到了这样的程度：位置本身只是一种位移的临时现象。人们发现越来越难以给自己在时间和空间上定位。我们面对着由位移、迷失和不合节拍组成的洪流。[1] "泛在"之无处不在且多方面的无所不能，其结果必然是社会组织和主体行为方式对空间束缚的超越而形成"脱域"。进入泛在技术系统中的人们，其活动空间是全域的，位置是漂移的，空间实务作业的主体面临一种创造性极强、碎片化极多、转换率极高、稳定性极差、互动性极广的网络化空间，并在这方面出现了"感觉结构"的转型。联系由此引发的政治经济文化生活方式的改变，学者更加关注克服空间障碍的交流手段非物质化的方式。例如，能指与所指之间距离的消蚀是在赛博空间最显著地实现的，那是一个极大地抛弃了"物质基石"的世界：在此，技术上采取的主要步骤是转换，从依赖惯性和摩擦力的物理传输，转换到有效地克服了阻力和时滞的电子传输。[2] 虚拟空间和泛在技术对社会生活空间的影响，从物理性看，就在于让空间事务在办理和交流中克服了直接接触及其摩擦力，因而能极大地节省物质和能量，能脱域进行诸多活动。人们在空间中虽然其生理身躯总是居有其所，置身具体场所，但社会事务的办理、交往的展开、信息的收集和处理，却不受具体场所限制，"随处""即刻"可行。它根本性地改变了地方与全球的定位关系，全球是可以地方化的，地方也是全球性的。这不仅是实践处事的便利及其空间关系的紧致、密切以至于无间；更是人们可将全球性事务操于掌

---

[1] [英]芭芭拉·亚当、乌尔里希·贝克、约斯特·房·龙编著：《风险社会及其超越：社会理论的关键议题》，赵延东、马缨等译，北京出版社2005年版，第254—255页。

[2] [美]戴维·哈维：《正义、自然和差异地理学》，第278—279页。

中在任何时空办理。其空间效应必然是中心和边缘的融汇、地域和位置关系的漂移、主体空间认同的泛化及其空间角色、定位的某种缩略。由此而致，人们的地域文化、故园情结、乡党意识也必然大大淡化。但国人普遍性地在感情世界生发出了一种强烈的"乡愁"，这不仅是对城市化破坏了故园的乡土空间格局和联系的失落，也是人们处处是家而终无栖居定所这样一种身心异置的尴尬处境，长期的奔波和虚幻的漫游所形成的"故乡沦陷"，强烈唤起了人们对往日家乡温情的回味和期盼。它们多面地透露出了社会中广泛存在的地理或空间身份迷失的心理焦虑。

2. 此在与彼在、在场与出场关系的错位性重合

在寻常的物理空间中，人的身心及其活动是同时空的，身在此地心系此境，认知与实践活动的空间处所高度一致。人无分身术，心非猿马行，此人此时在此地做此事就不能又在此时彼地做彼事。活动的空间此在与遥在严格区分，事务承担者之出场和在场高度一致。但在现代网络信息技术支持建构起来的虚拟空间和泛在服务的环境里，情况就变得神奇了，行为主体不仅分身有术，而且可让此在叠合或嵌入彼在、遥在。正如宇航中心的指挥员操作万里之外的航天器那样，亦如北京大学医学部教授借助遥控技术给广州某医院患者做疑难手术那般，出场作业者无须在场，却实现了"缺席主导在场"那样一种行为方式的空间神奇。从形而上学上讲，声光电影形象和符号能帮助我们的视听甚至触觉挑战固体物理世界的本体论。它们可以把人带入一种虚拟的现场，并实现与真实环境那样的诸多回馈性交流。在这种感知中，人就不会因为一心关注未来而无视甚至脱离现在，而且会强烈地意识到自己居于空间中的有形在场，并且是与无数其他在场相互关联的。在虚拟世界，人觉得空间就是悉数归属于我的一切。梅洛·庞蒂这样描述过如此的空间意识："我的视觉再也看不到物体之间的关系网络了，几何学者欲从外部察看和重建它也看不见它了。它更像是一个以我为空间关系的零点或零度、以我为起始点的空间。我不是从它的外部来看它的；我生活在它的内部；我身在其中。总之，世界就是我周围的一切，而不是在我的面前。"① 知觉现象学家对虚拟

---

① ［英］彭茨主编：《空间》，马光亭、章邵增译，华夏出版社 2011 年版，第 72 页。

空间之主体空间意识的描述,完全切断了人与真实空间所有的那些物理互动作用和思维对存在的迁就,或主体对环境的追随。主体我是空间的零度与起点,我与空间中的建构因素有机地构作了这种空间,我在其中。另外,它们也因我而设,因此也可以说在我之中。"世界是我周围的一切",倒装句法便成为"我的一切是周围世界",或者"我是周围世界的一切"。这种看似极端唯我论的空间意识,真是大胆地颠覆了存在优先的本体论,但作为真实空间的模拟,它们的确是因人而起、由人所设、为人所用的。因而,不是人跟随空间,而是空间随人;不是人被空间之位置、距离、环境所限,而是这些环境因素皆为人所拟。正是由于虚拟空间这样的极端主体性,当人类把它们和遥感、遥控、计算机网络技术联成一体时,其行为、认知、作业、交往等活动的物理空间、环境制约便大大被超越、被克服。泛在技术让人们栖居之所的安身空间和行为、处世、作业、交往等活动空间得以分置、模拟,因而可以实现物理性脱域,如股掌之上的电脑鼠标能玩转世界、数字符号的网上视频搏杀可使世界市场风云突变、帷幄之内的信息处理可指挥千军万马的海陆空立体战争等。距离不再使人们分割,边界不再让人封闭,地理差异不再使人关山阻隔,环境背景不再给人烙上土著特色。因此,网络空间对地理空间的超越,强烈地促成并彰显了全球化对距离障碍的消解,生成了"缺席主导在场"的社会空间特质。[①]空间对人类行为的制约性被虚拟手段超越,具有极大的实际意义。它们广泛而深刻地让行为主体从地域囚困中解放出来,在空间的生产、组织和利用中有了巨大的创造力、自主性,似乎获得了一种克服地球引力而遨游天空那样一种空间自由。

3. 空间行为全面沉入无时间限制的即刻性中

虚拟空间形成的"脱域"情境,让人类行为"异区同工"地实现了空间超越。人们发现,电脑仿真让我们能与其所显示的"再表现"形式进行互动或直接参与其中。它们获得了将其外在环境内化的能力,这种能力造就了另类世界。在这个世界里,"在场"被扩展和控制的程度远远大于其他的"表现"式,且立刻具有了此处的空间性和当下的时间性。人工智能视频图形的此处

[①] [德]乌尔里希·贝克、[英]安东尼·吉登斯、斯科特·拉什:《自反性现代化:现代社会秩序中的政治、传统与美学》,第121页。

和当下，在时空里被彻底地从其生成流变过程去背景化了。它们可以以电子化的形式储存和传输，并进而被及时地带入全球性在场的意义，使传统意义上那种稳定的栖居空间方位和严格的今昔时序界线变模糊了。空间、环境、作业乃至行为主体的仿真性再现，脱离现实环境背景被传送到遥远的彼在空间，让接受者同时作为当事者介入虚拟空间，在没有真实现场的条件下完成真实的行为。这是主体不在场的出场，不着地的就地作业，使"在场"及其"场所"泛化而有了全球性意义，世界任意空间都可即时成为特定行为主体的活动场所。故"这里"不是从"那里"而来，因为"此在"即是任意的"彼在"。主体活动内容的特殊，与其空间的"泛在"和"普适"，即借助科技手段去掉活动之空间形式在物理学上的特殊性，造成普适空间，人为地结合在一起。空间成为无穷多的全球化"这里"，舍弃了差异和距离，也省去了移动的过程和由此达彼的时间。空间的地方与全球之位置、地理差异被克服，其必然的时间形态只能是碎片化的刹那[①]，它适应着行为主体即刻就在世界任意地点那样一种空间瞬息万变的场所泛在性。其空间意蕴亦如学者所说的：信息传播媒介的扩散及媒介之间联结种类的增加，重组了社会相互作用的时空流。然而，聚合不仅意味着技术的连通性，而且意味着功能上的交叉及新的社会互动形式和规则的建立。[②]这一系列新的社会互动形式，不仅是物质、能量和信息交流、变换有了新的技术条件和传输方式，更抽象地分析，则是它们有了新的时空形式。人类以高新科技推动的行为之空间方式变革，基本目的就是拓展空间和节约时间，甚至以空间的泛在技术"消灭"在克服距离等空间阻碍、限制因素所需要的时间。时间虽然还在生活世界的舞台上伴随人类生命的律动，但被规划、被碎片化的空间试图将它消除。空间包含时间。人们通过空间，被生产和再生产出来的，是一种社会时间。[③]这种社会化的时间形式，作为空间生产和重构的必然产物和支持条件，其发展趋势和利用方式，就是在人类单位活动中尽可能地将其缩微、小化而达到包括空间生产和

---

① 佛教经典《仁王经》中提到："一弹指六十刹那，一刹那九百生灭"，算得事相的生成消灭率为每秒 216 000 次，或说每次生灭约 4.6 微秒，喻事变时间之短。

② [英]芭芭拉·亚当、乌尔里希·贝克、约斯特·房·龙编著：《风险社会及其超越：社会理论的关键议题》，第 252 页。

③ [法]亨利·勒菲弗：《空间与政治》（第二版），第 110 页。

利用效益在内的效率最大化。此类社会行为方式的微观表现，也就是社会生活场所空间泛在化、全球空间地方化、地域空间全球化、特殊空间普适化所带来的时间挤压与节省。它们以无时间限制的即刻性方式、无特定时段限制的全天候方式，体现在社会主体的各类微观活动中。

第二节　网络虚拟空间与社会知行方式变迁

在当代，举凡空间之论，莫一能够回避网络虚拟空间与现实空间的关系。随着全球性因特网、移动互联网的高密度普及，物理空间原来许多不可思议的现象大量发生了。现实空间所有的活动与秩序，几乎都可以用虚拟方式在网络空间中创设和展示出来。网络虚拟空间对现实物理空间之意义和部分功能的置换，多方面地解构或置换了社会生活的物理时空秩序，颠覆了以往附着于固定地理空间的行为方式，因而也广泛而深刻地引发了空间思维的变革。这种新的网络时空行为秩序引出的空间新思维，主要有以下一些内容。

一、虚拟空间同现实空间的仿、真关系

网络对空间的虚拟，实质上是人类以电脑、手机、互联网及一切可以快捷传送信息的媒介作为载体，以包括文字、声音、图像、视频等各种各样形式的信息为建构要素，以现实空间为原型而进行的空间模拟性创设和呈现。在网络空间中人们的联系有了新的格局，如美国学者米切尔所说，不同层次的网络都将以一定的方式联结在一起；个人身体网与建筑网、建筑网与社区网、社区网与全球网都将连结为一体。从我们随身携带的手势传感器到全球范围的通信卫星设施和远程光纤，比特世界中的诸元素最终将串在一起，构成一个极为密集的交互系统。[①]它们以信息编码和图像组合方式，以各种形式的非物理空间，拓展人类生活领域，事实性地复制、替代、延伸利用人类生

---

① [美]迪尔：《后现代都市状况》，第317页。

活的物理空间。虚拟空间的"虚",在于它的非物理性、非现实性,是对物理空间的符号化虚置和超脱;虚拟空间的"拟",在于它是现实空间的信息化复制、功能化模仿、价值性置换、秩序性重组。因而它们源于现实空间,又通过空间的仿制和重组而超越现实空间。可见,人类网络空间的虚拟化存在与现实空间的物理性存在有着本质的区别和深刻的联系。虚拟空间实质上是人类活动方式的空间变革,是人们的社会交往在克服物理空间限制方面的重大飞跃。

二、虚拟空间形态之虚和功用之实的两重性

在信息化虚拟的空间中,空间事件被符号化、数字化了,人们的物质交往和行为这一真实空间的基础性事件,也用各种数符指代。这样,虚拟空间就略去了真实的物理事件,让主体以非人身化方式进入空间,以非物理化方式开展活动,以非感性化方式实现目标。诸如虚拟社区、虚拟工厂、虚拟商场、虚拟银行、虚拟学校、虚拟会场、虚拟手术台、虚拟战场、虚拟社群、虚拟经济、虚拟各类行为等,都放弃和剔除了它们在真实情况下必然具有的物理性、接触性和实在性。但保持和强化了这些事物、主体、行为、环境的真实功效。这种空间事物、设备、场所、主体、行为的功能模拟,实现着社会生活空间成本的最小化,或者空间利用效益的最大化,因为它们是以物理空间趋向于零的方式获取了在真实空间得到的各种效益。就像网上银行不要点钞、不要会计和出纳、不要钞票、不要这些事物的各式空间那样,能照样实现真实物理空间达到的金融目的。至于网络技术进一步展开的对大量社会活动如经济的虚拟化开展,利用证券、期货交易方式对实体经济进行的虚拟化经营,则有了空间及其物质内容符号化置换的巨大经济意义,甚至成了社会经济的一种形态。这是虚拟空间所实现的效应对物理空间效用的仿真和虚拟化置换,它们具有让人类行为摆脱物理空间限制的巨大社会价值和意义。

三、虚拟空间对社会生活时空秩序的变构

由于空间事件、场所、行为的虚拟,人类可以在空间实践中舍弃对地点、

位置、场所、距离、环境、交通的依赖和迁就,能无处不在、无时不行、无功不能地展开网络和信息技术支持所能开展的各种活动。这种行为及其服务方式的空间"泛在"性,带来的必然结果就是大量社会行为的空间"脱域"性。它们对传统行为方式的空间格局和秩序实行了广泛的解构:距离消失,地点任意移动,位置差别夷平了,活动空域范围打破了,中心和边缘不见了,因空间处所而形成的主体身份、地位、权益等方面的差别和限制在网络世界都抹平了,甚至国家领土空间也被超越,有跨国企业等具体生产关系对于领土空间的脱域性建构。我们可以说,网络空间的泛在技术和虚拟手段强化了人类对现实空间的脱域和建构能力,虚拟空间的思维,使空间生产有了更强的能动性、理想性和创造性,增进了空间的乌托邦或"异托邦"力量,人类行为及其意识真正有了一种去空间化的奇幻和诡谲。

  在谈到网络虚拟空间的特质及其给人的空间行为、空间意识的影响时,英国传媒学者莫利和罗宾斯指出:后现代主义强调的是国际传播图像网络所造成的新空间性的本质和体验。这是一个由图像、屏幕和外观构成的全球空间,在这里,现实的秩序与想象的秩序交织在一起。在这种无中心的超空间,在这个具有完全接近性和瞬间性的空间里,要么体验迷失方向、混乱、分解,要么有可能心甘情愿地想办法解决无序,承认迷失方向和分解是种现实状态。①之所以会形成这样的世界图景和空间意识,从信息技术和网络虚拟空间来考察,就在于当今世界性的网络信息空间技术之经营者凭借自己拟构空间的权力,获得了一种超越地理性的空间存在和展示权。人们无视权力地理、社会生活地理、知识地理这些界定国家领土空间或文化实在空间的因素,创造出了一种新型的空间—地域关系。"因为新技术有能力越过疆界、打乱疆界,所以它们卷入到非领土化与再领土化的复杂互动当中。尤其重要的是,新技术必然造成边界与空间的关系发生变化。人们不再像过去那样以其边界、界线或疆界来界定、区分事物。"②也就是说,主体空间身份和实践的

---

① [英]戴维·莫利、凯文·罗宾斯:《认同的空间:全球媒介、电子世界景观与文化边界》,司艳译,南京大学出版社2001年版,第101页。
② [英]戴维·莫利、凯文·罗宾斯:《认同的空间:全球媒介、电子世界景观与文化边界》,第100—101页。

脱域，使其行为和结果有了向物理空间挑战的可能性，有了摆脱特定地理空间界限规制的可能性，因而有了脱离掌控这些地理空间权属关系之主体对他者行为约束和控制的可能性。主体身份和行为及其后果的脱域，实质上在许多方面给予了在非物理、非领域空间漫游之主体以更多的自由和更大的活动领域。

四、虚拟空间对主体行为方式及意义世界的复建

空间的虚拟，使物理空间在社会活动中被大量虚置，带来了社会场所和物质场所的分离，社会通道和物理通道的错位，主体社会身份和人本身份的界线模糊。由此，人的空间思维会引出一些深刻变化：一是思维与存在关系的变化，过去本体优先的存在论被现在思维拟构优先的意义论取代。二是主体的真实性确认可能受到主体虚拟性展示的冲击而发生危机，主体受到虚拟事件、虚拟空间、虚拟主体、虚拟行为的挑战甚至置换，出现自我意识困惑、空间责任迷惘。三是文化价值真实性的变构。鲍德里亚认为，自文艺复兴以来人类的文化价值经历了三次"仿真"变构，即文艺复兴到工业革命之初的古典文化价值仿造、工业化时代文化价值的机械复制、当代符号化时期文化价值的模拟，这三种文化价值的建构法则分别遵循自然价值规律、商品价值规律和结构价值规律。[①]空间的虚拟使价值的客观根据被淡化和缩略，使现实空间事件和活动的真实价值被符号伪化，价值的相对性、临场随机性因此强化。进而，空间真实或空间生活真相也虚置不少，成为社会进入"后真相时代"的重要空间性或符号化原因。可以说，在网络虚拟空间活动中，人类通过信息技术的空间运用会生成、发现一个深不可测的另类意义世界。它们使空间的相对性在存在论和价值论方面得到双重强化，使社会行为、社会交往关系获得极大的自由，使社会主体的认识与实践在空间性方面得到前所未有的解放。

---

① 汪民安、陈永国、马海良主编：《后现代性的哲学话语：从福柯到赛义德》，浙江人民出版社 2000 年版，第 302 页。

五、超域性空间生产与全球化思维

"全球化指的是压缩时间和空间范围,创造瞬即、深不测底的世界。全球空间是流的空间、电子空间、没有中心的空间、可以渗透疆界和边界的空间。"①移动网络等泛在技术,对空间生产的脱域性布局和实施,随同国家、民族社会空间的对外开放,现代快速交通工具的全面采用,世界市场的深度开发,多方面地加剧了人类社会生活的全球化。从物理空间和虚拟空间的关系而论,全球化是一体两面的。就物理空间而言,全球化是社会、经济、政治、文化、生态事务的全球布局和交互展开,是世界发达国家、民族占据的中心地带,以强大引力组织和推动全球各地区的相关事务、社会和行为作同轴心的相向运动,形成社会空间、行为方式及其价值秩序的世界性同构,人类历史真正变为由发达生产力和文明进步力量主导的世界历史的同轨进程。当然,这种物理空间中的社会事务的全球化,只能是相对的。因为它受到地理空间的诸多限制,受到交通条件、土地使用成本、领土主权安全、民族利益矛盾等方面的某些阻隔。或许正是这些限制,激发人们以网络泛在技术和空间虚拟手段,脱域性地展开社会活动,借以实行全域性开放与交流,弥补物理空间中不可顺利完成的全球性社会事务。这种由虚拟空间支持和推动的全球化,在空间实践和思维方面具有物理空间全球化不具有的鲜明特质。

1. 社会空间组织和行为独特的出场方式

社会学家吉登斯认为,全球化的社会行为方式使传统的时间、空间关系发生转型:传统通过对时间的控制而控制空间,全球化则正好相反。从本质上说,全球化就是"对距离的行动";"缺席主导在场",其中原因不是因为时间的积淀而是因为空间的重构。这里展示的全球化思维,强调了空间的重构,以空间制约时间;强调了行为的脱域,以不在场的方式出场,缺席主导在场。这种社会行为的空间出场方式,与社会组织的空间形态,是互为表里、彼此互动和建构的。我们不难理解,在网络世界,正是因为社会能以虚拟的空间形式组织成诸如虚拟社区、虚拟企业、虚拟学校、虚拟舞台、虚拟战场、虚

---

① [英]戴维·莫利、凯文·罗宾斯:《认同的空间:全球媒介、电子世界景观与文化边界》,第156页。

拟会议、虚拟图书馆甚至数字化国土空间、资源空间等,对其相应组织之物理形态的非物理模拟建构,才让社会主体凭借计算机网络技术得以超越物理时空限制地非"真身"出场,泛在性、脱域性地展开各类行为;但同时又是这些行为方式让社会组织的空间形态得以非物理性地存在和运行。在特定意义上,社会组织的空间形态虚拟,是社会主体出场方式虚拟的空间集合与组织化,并因它们的运作而得到支持。而主体行为方式的虚拟化出场、演展,又是凭借社会组织空间形态的虚拟为其场所和平台的,并因而使社会获得系统化的组织与协调。

2. 虚拟空间生成全球化交往的非空间规定性

以计算机联网、移动电话、信息处理终端等技术手段组织起来的网络,其虚拟和仿真功能可以打破虚与实的空间界线,融通主体智能与人工智能的关系,具有化外于内和化内于外这样一种使主体与环境处于"无间"状态的空间魔力。有学者认为:电子传播打破了机械和有机之间的区分(与生物技术类似),因而也不再允许把"本源"和"复制"割裂开来分析。对这种"机械—有机结合体"理论化,这就是人工智能模型,一个能够自我控制、自我复制的传播系统,不仅能够内化其外部环境并产生特定的反应,而且能够根据从对外部环境反应的影响那里得到的反馈信息来调节这种内化过程。[①]正是凭借人工智能打破了机械物理作用与生物反应的壁垒,才有了人身智力及其作业能力工业仿真的超主体、超时空运用,才有了泛在解构定在、脱域取代在地、普世融通界域等空间实践的崭新方式。其特点、内秘在如此情势:在即时全球电子通信技术发展的影响下,大家都进入了"局内人"的世界,已存在的传统难免要与其他传统接触,而且必须与非传统生活方式接触。在这个世界里,他者不能再被认为是无活动能力的,他者不但会反击,而且可能相互盘诘。[②]这就是说,网络虚拟社会空间中的交往,是一种无地方特性的虚拟地理交往,不问主体来自何方,不看你的空间属性,不以空间分隔定你、

---

① [英]芭芭拉·亚当、乌尔里希·贝克、约斯特·房·龙编著:《风险社会及其超越:社会理论的关键议题》,第252页。
② [德]乌尔里希·贝克、[英]安东尼·吉登斯、斯科特·拉什:《自反性现代化:现代社会秩序中的政治、传统与美学》,第122页。

我、他的身份关系，而以网络圈群认证主体，既区分意义世界的他者，又平等接纳和包容不同意见交锋的他者。更有甚者，在现实空间的人财物大流转和网络空间无国界交流的双重推动下，多方面地改变了发达中心地区与边缘落后地区的空间关系。过去发达的欧美国家稳居中心地位，隔着老远轻蔑地谈论非洲文化和亚洲文化，然而现在异质文化的他者及其庞大的主体队伍已经落户经济轴心国的腹地。边缘地区的空间力量，以一种逆袭嵌入方式突破中心隔离边缘的时空保护层，渗进了当代世界文明的心脏地带。可以说，在当今世界这个大舞台上，经济、政治、文化诸因素、诸群落已陷入零距离的紧密接触，大量他者离开"那边"而进入此域、"内部"，甚至在特定空间反客为主，把原来视他们为他者的人们翻转为他者。这种地位和空间角色的转换，在空间思维方面要求原居民"学会倾听他者，学会向他者讲话，而不是替他们讲或是谈论他们"①。但不乏反动派，特朗普当政就逆潮流而动：一方面他的"长臂管理"、霸权行径大大超出国土空间，在全世界耀武扬威，欺凌异己；另一方面又无端拒斥自由贸易，大搞关税壁垒，画地为牢，退群毁约，构陷对手，打压企业，独断孤行。其世界理念有一种十分荒唐的空间逻辑悖论：当要求美国权益时，权力逻辑没有国界，世界要美国化；当需要承担大国责任时，国土空间壁垒森严，概莫能入，美国绝对不能世界化！地球上除了朝奉者、依附者，其余都是对手、敌人，没有商谈、合作、共赢的他者。其实，特朗普政府这种唯我独尊、霸凌全球的理念在美国已早受诟病。新帝国主义的批判者哈维曾深刻分析过美国政治权力的"领土逻辑与资本主义逻辑"的内在矛盾："权力的领土逻辑倾向于固定在空间中"即国土领域之内，而"无休止的资本主义积累对权力的领土逻辑"必然形成越出张力，因为它的发展是交错的、无界的。②后者需要国际社会参与者在主权独立前提下更多地共商、共建、共享，而非独霸。显然，美国主宰世界"公开的主题是单边主义。但这终究只是主导地位的一个故事罢了"③。特朗普政治颠覆国际正常

---

① ［英］戴维·莫利、凯文·罗宾斯：《认同的空间：全球媒介、电子世界景观与文化边界》，第 156 页。
② ［美］戴维·哈维：《新帝国主义》，付克新译，中国人民大学出版社 2019 年版，第 21 页。
③ ［美］戴维·哈维：《新帝国主义》，第 46 页。

秩序，撕裂国内社会，落得天怒人愤的下场，说明网络世界带来的人类社会空间秩序，是与单边主义、霸道行径尖锐对立的！

3. 主体空间行为能力在虚拟空间的超拔

这种情势我们不难理解。后现代社会在网络空间技术支持下，似乎使人们进到了一种"超级空间"的世界。作为一种空间转化的结果，人们的空间行为终于能够成功地超越个人的能力，超越物理空间的某种人身限制，交往中的人们无须在空间布局中为其自身定位。相反，传统社会那属地化的僵化定位，会使网民无法以感官系统组织围绕他们四周的一切，也不能透过认知系统为自己在外界事物的总体设计中找到确定自己的位置方向。人的身体和他的周遭环境之间的惊人断裂，可以视为一种比喻、一种象征，它意味着我们此前的认知方式和思维能力遭遇空前挑战。在当前的社会里，庞大的跨国企业雄居世界，信息媒介透过不设特定中心的互联网而纵横全球；作为主体，人们只感到重重地被困于其中，无奈力有不逮，始终无法掌握偌大网络的空间实体，未能于失却中心的迷宫里寻找自身究竟如何被困的一点蛛丝马迹。由于空间的虚拟超越了人身感官能力可直接触及的具体物理世界、实在环境，人们难免网络虚拟世界中的时空迷惘，面对它不分深浅、瞬间变换、游戏真实的特点，广大网民幻相地生活在一个空间和时间的领域被压缩、坍塌了的世界中，有了与周遭现实环境断裂之感、被悬搁之感，有了被无穷大的信息空间所困而自我迷失的莫名危机感。

4. 社会交往体验的历史积淀被其虚拟方式以即时性稀释

网络虚拟空间中的社会交往是立体多极互动的，没有历史的前定和严格预设，没有既定的权威和经典，没有中心和边缘的明确划界。这种空间秩序中的行为方式构成的空间思维，是主张空间延展方向非单一、趋势不稳定的发散性思维，是认为上下左右前后空间边界模糊的混沌思维，是认定空间因素向四面八方扩散，又从四面八方凝聚的高度互渗性思维。就交往理性而言，它培养和维系的是一种只求广度而不求深度、只求速度而不求牢固度、只求强度而不求向度的交往思维，其中，隐含丰富的非线性复杂系统的辩证法。这种思维特质来自当今全球化无方向的发散性现实行为，来自相互依存、渗透、包容、互动的空间关系和实践，它们需要人们在探索中做出新的理论概括和解释。

第 十 五 章
当代空间思维与社会认知

  时代性的空间思维反映、表达当代人类生活的空间秩序和规律，因而必然成为人们立体地体察和理解当代社会生活的逻辑路径，其时代性变革必然引发社会认识论的深层革命。在人类需要反复分解的由"社会"与"空间"构成的因式中，"空间实践"—"空间秩序"—"空间思维"—"社会认知"等因素交互作用的复杂辩证关系，要求我们对其内在机制做出实践唯物论和历史辩证法的深层解释。

  空间思维，是对社会的空间生产、主体的空间生活之实践经验的理性思考和总结；是关于自然的物理空间向社会的人化空间转型过程中人与自然交互作用机制的深刻揭示和意识把握；是对作为人类生命活动之环境前设因而成为历史自然原因的空间，与作为社会生产、生活结果的空间相互创造之规律性的揭示；是关于空间这一社会物质运动形式随同社会发展而对社会构作如对社会生产力的自然创造、对社会关系的物性建构，和空间同时被社会形塑如受到社会生产力、社会关系之再生产，这样两种社会物质运动互关律的历史逻辑寻绎、理解和叙述。当作社会观念，空间思维是社会意识的基础性构成，具有丰富的人与自然和人与人两重关系交集的复杂内容，是自然向社会、向自觉人类生成的精神记录与自我意识；当作人生智慧和空间实践理性，它们又是人类从地理、空间、环境等方面改造和利用自然的科学技术之哲学抽象，包括对自然生态、人文地理、经济地理、政治地理、环境科学、建筑科学、交通运输、市政建设，以及网络虚拟世界等领域的空间学说的哲学审视和概括。同时，空间作为社会生活和交往的场域，它们同样被空间思维所理解和把握，包括对城乡关系、国家领土关系、民族关系、各类社会群落关系，以及不同主体之权益、组织秩序、行为方式的空间观照和解释。自然还有当代网络虚拟空间的建构和作用机理，以及它们与现实空间及主体实际生活的依存与互动关系之法则的总结与说明。空间思维这样一种复杂向度的多义性、系统性和社会关涉的全面性、总体性，决定着它与人们对社会的认知，在指涉、方向、法则、价值立场等方面有广泛、密切、深刻且敏锐的关联互动。空间思维以其对社会生活、运动规律的基础性理论总结和思想表达，深刻影响人们对社会的整体认知。反过来，社会科学理论、哲学思维也深刻影响、制约人们的空间实践及空间的体验、感知和思考。由这样的思维结构和关系所规定，当代人类空间实践推动的空间思维发展与深化，必然引发社会认知的深刻变革。

第一节　社会生活逻辑寻绎的空间之维

社会生活，无论是其组织还是其活动，乃至包括主体自身，都是作为空间要素、事件和动能而存在的。由物理学的空间理论我们得知，空间作为物质运动最一般的形式，它受到物质运动这一内容的规定，物质运动状况不同会引出空间秩序、结构、质量、功能的变化。反过来，不同的空间秩序、结构、质量、功能，不仅是物质运动状态的表达，而且也作为原因给物质运动以不同的影响和规定，使之形成不同的相互关系、作用机制和生长流变的环境。后者对于生物界、对于人类这样敏感于空间环境的事物，尤其如此。因此，当我们把空间和物质运动的互规定性导入社会生活领域时，我们很显然地能够发现并确认空间与社会生活及其主体——人类的相互创造、相互规定的历史机制。如果说，社会生活作为特殊的物质运动，是社会化空间的内容的话，那么，社会化空间这一特殊物质运动的形式，也反过来对社会生活加以秩序、格局和形态的某些规制。在这里，我们甚至可以说，空间形式也参与了空间物质内容的生产和创造。在当代空间社会学家那里，大量思想资料已确证他们认定的内容是不容置疑的事实。

然而，对社会生活及其形态做出空间思维的解析，并非当代空间社会学家的首创。且不说历史上有地理决定论者的诸多学说，它们片面但不无根据地肯定了地理空间对人类社会的建构和规定性。若站在历史唯物主义的科学立场上来审视这一概念史，那么我们必须肯定马克思恩格斯对此问题的创造性理论奠基。在著名的《关于费尔巴哈的提纲》中，马克思从哲学高度充分肯定了社会主体与生存空间环境相互创造的客观机制。他一方面认定人是环境的产物这一唯物主义思想，暗含环境、空间对人及其社会生活的规制。另一方面，他更强调人对环境进行实践改造的能动性，要求对客体世界、自然环境做出主体性的实践唯物论解释。最终得出的基本结论是，"变革的实践"是"环境的改变和人的活动的一致"。①对这一原理的理解，我们以往只是停留于从实践的能动性、观念预构性和行为目的性方面去理解。与此相关，对人类在改造世界的同时改造自身这一命题的理解，也仅仅局限于实践活动、物质技术方式，以及形成的社会关系对实践者的规定与创造方面。这样两条实践唯物论原理的传统解释，都忽略了人类实践所依赖的自然环境、空间秩序对人的生命活动、社会组织和实践的预设性规定和互动性生产。社会永远只能凭借自然条件提供的物质可能性去进行物质资料和社会关系的再生产。同时，我们还必须充分关注和深刻理解：人类被自身创造的环境、生产的空间所规定、所再生产的事实和机理。后者是实践主体将自身的生命力量、样态和社会关系在客体、环境、空间的投射和复现，它们作为既定的环境事实与空间秩序，要求一切重新进入和利用这一空间、环境进行再生产的主体，必须接受并学会按照自然的、人工的环境和空间秩序的规定性去进行生活与社会关系的再生产，把以往空间实践的结果当作社会历史的、物质的前提，展开新的生命活动。这样，便形成了自然和人工环境、空间对人及其实践、社会关系复合性的再生产。当作实践产物的人工空间对社会主体及其生活、关系的再生产，无疑是实践的对象化对实践主体的反身作用，它们构成了人及其社会生活历史发展的空间财富储备和物质实践的前设，使人类在适应和反复开发、利用自身创造的空间财富过程中加速历史的进步。这些抽象的思辨性推理，完全能够从马克思恩格斯对空间与人类社会发展的互规定、互创

---

① 《马克思恩格斯选集》第1卷，第59页。

造的具体论述中获得支持。马克思在谈到大机器工业生产力、地理大发现、世界市场与社会历史发展的因果链时,曾充分肯定了市场空间拓展促进交通,这两者又进一步促进工业发展,最终使历史告别中世纪的社会发展逻辑:"大工业建立了由美洲的发现所准备好的世界市场。世界市场使商业、航海业和陆路交通得到了巨大的发展。这种发展又反过来促进了工业的扩展,同时,随着工业、商业、航海业和铁路的扩展,资产阶级也在同一程度上得到发展,增加自己的资本,把中世纪遗留下来的一切阶级排挤到后面去。"①这是从人类生存与经济空间变革反推生产力、社会关系变革的一件思想个案,深刻反映了工业革命中生产方式与社会化空间彼此互动、相随发展的历史事实。

另外,在总结人类社会形态演变史的重要原因和典型空间特征时,1857年马克思还对资本主义社会以前"公社的各种形式"进行了城乡空间结构的研究,以否定之否定的辩证法论定了人类社会演变的历史—空间逻辑轨迹:"古典古代的历史是城市的历史,不过这是以土地财产和农业为基础的城市;亚细亚的历史是城市和乡村无差别的统一(真正的大城市在这里只能干脆看作王公的营垒,看作真正的经济结构上的赘疣);中世纪(日耳曼时代)是从乡村这个历史的舞台出发的,然后,它的进一步发展是在城市和乡村的对立中进行的;现代的历史是乡村城市化,而不像在古代那样,是城市乡村化。"②马克思以城乡空间关系为基准,对人类社会各个大的发展时期之生产方式、历史样态给出了空间论的解释。这既是他对社会本体论从空间方面做出的另类深刻探讨与史实描述,又是他对社会认知辩证法提供的一个空间逻辑论证。马克思以城乡空间界划方式描绘了社会发展的典型样态,从其空间形塑对社会生产方式形成的反身"生产"机制,去审察和揭示社会形态演变与城乡空间关系建构的相关律,合乎逻辑地证明了划分社会形态之空间尺度的有效性与合法性,为阐释人类历史形态及其演化轨迹给出了一个全新的论证方法。

再有,马克思在确认和解释人类历史发展总趋势、总规律的有效性和作用机制时,总是把这些趋势和规律回置于具体的历史时空,强调环境、空间对社会发展的制约会让历史规律以不同的空间、环境特性表现出来。他非常

---

① 《马克思恩格斯选集》第 1 卷,第 273—274 页。
② 《马克思恩格斯全集》第 46 卷,第 480 页。

严肃地指出了人类历史发展共同趋势、规律中的地区差异:"一定要把我关于西欧资本主义起源的历史概述彻底变成一般发展道路的历史哲学理论,一切民族,不管他们所处的历史环境如何,都注定要走这条道路……这样做,会给我过多的荣誉,同时也会给我过多的侮辱。"①任何民族历史步入世界历史总趋势都是有条件的,都是在特定的时空环境下进行的。1877 年马克思在给《祖国纪事》杂志编辑部的信中说道:"极为相似的事情,但在不同的历史环境中出现就引起了完全不同的结果。"②在马克思看来,给人类社会发展史以线性的抽象逻辑解释是不科学的,把他关于世界历史道路的规律性揭示,奉为脱离一切具体时空环境之必然趋势的预见,实为理论污名。应当把历史法则所展示的总趋势,放在由各国环境、历史、重大人类社会事件所构成的具体时空条件下去观察和诠释,才能生动具体又科学合理地揭示与把握社会历史走向的一致性与其实现的多样性、具体性的辩证关系。

马克思上述关于社会认知之空间维度的解释表明,从空间解析展开社会认识论思考的当代西方马克思主义学者,虽然有不少新见,有时还误解甚至埋没了马克思在空间理论诸多方面的发现权,但他们的言说宗旨和基本逻辑,最终还是无出其右的。

让我们循着这样的理路,来厘析和领悟西方马克思主义学者的一些代表性思想吧。反复论述"空间生产"理念,并认真关注也颇具深意地说明了社会生产方式与空间相互作用、相互规定的事实及其内在机制的列斐伏尔认为,"处理空间问题的方法不能够仅仅包括一种形式的、逻辑性的方法;它应该而且同样也能够是一种辩证的方法,对社会和社会实践中的空间的矛盾加以分析"③。他的这一见解是在哲学方法论意义上研讨问题的。一方面,肯定了空间思维的逻辑性,同时主张不能形式主义地停留于抽象逻辑思辨,而应当深入空间和社会生活的内在关系,从社会的空间矛盾去发现其社会致因,解析社会生产方式与其空间的相互生产、彼此形塑这样一个矛盾体的内在机理,使社会发展形势、内在动力、支持条件和逻辑轨迹的揭示与说明,贯彻空间

---

① 《马克思恩格斯全集》第 19 卷,人民出版社 1963 年版,第 130 页。
② 《马克思恩格斯全集》第 19 卷,第 131 页。
③ [法]亨利·勒菲弗:《空间与政治》(第二版),第 49 页。

向度的审视、分析和形态描述，增进历史叙述和社会分析的场域感和立体表征性。基于社会实践空间的频繁迁转性、泛在性和具体活动空间的相互套嵌性、交错性，后现代主义的代表人物卡斯特则干脆认为，当代社会中存在的是流动的空间，是空间组织了时间而不是相反。这所谓流动的空间就是由泛在技术和发达交通支持和构建的活动空间对于地理空间的脱域性。如果用关于事物运动的辩证法来隐喻这一空间现象，那么，空间事物及由它们组成的空间格局便是"在这一点上又不在这一点上"——处于变动、发展的过程。人类活动空间不再滞止、固守一地。人们频繁地"行走"在高速通道上，同时经常地多方面地更换栖居之所与从业之处。这种生存空间的频繁转场非同游牧民族放牧的草场迁徙，那是单一作业的空间变换。而当代人的生活与从业空间的变更，常常伴随着主体职业、身份、角色、地位、社会关系的调整或更改，它们多方面地加快了经济要素、社会构件、行为方式、场所文化精神、城乡建设和治理的变化发展。当代社会的交通、市场经济、场所和社会关系的联动、互创机制表明，空间交通与社会关系的相互生产现象更加深刻、普遍：世界市场的经济秩序，需要大量的自由劳动力，以及使用可靠而又高效的交通基础设施，去实现自由贸易。同时还越来越倚重现代物联网和金融网络化处理方式。这些因素改变了社会与场所的古老地域融合。把社会与人类活动场所的基本融合转变到更大空间范围，超越了栖居场所甚至国土空间，有了全球性的人力流、物资流、资金流、信息流的大循环、大转换。诸如交通等空间因素的发展对于社会关系的生产性形塑和推动，甚至具有跨社会制度的普遍性，无论姓资姓社还是东西南北，都是事实。看看中国改革开放以来，在经济市场和高速交通发展的空间条件支持下，社会结构及人们的实践和思维方式产生的深刻变革，我们对其内在机理便不难理解了。社会生活的基础性元素人、财、物、信息的大规模、深层次、高频度快速流转，使社会主体好像时刻"走在路上"，不断地变更自己的从业、生计、栖居、聚落等足以引发社会变动的空间存在方式；成千万上亿的人不断地加入全球规模最大的旅游队伍，创造了把空间自然、人文要素直接变成巨大经济体量的奇迹。这些空间生产和社会行为方式的联动、互创，客观地表明地域的社会变迁与空间的经济转移、涨落，总是围绕新的交通和通信系统等空间基础设施建设，所带动的资本、人口、技术、产业、市场的聚集，对局域空间的重构而发展的，具有一种地理格局并进的同一性。这些空间要素的生产和重组，实质上又在运动中不断建构着多种多样的具体空间场所和社会微结构，推动着空间的流动和变异；进而通过社会微结构变更的叠加引发中观乃至宏观社会空间和结构的变化，如城乡空间和社会结构的变化，演绎为中国社会的历史转型。由此观之，作为社会产物，人化的生存空间是社会行为和社会关系的媒介，同时又是其结果、前提和形塑的统一。空间是社会生活的物质基础、存在形式和生产过程，这是对空间进行唯物主义解释的思想原点。列斐伏尔由此得出如下正确结论："社会生产关系仅就其在空间中存在而言才具有社会存在；社会生产关系在生产空间的同时将自身投射到空间中，将自身铭刻进空间。否则，社会生产关系就仍然停留在'纯粹的'抽象中，也就是在表象和意识形态中……在言语表达、用语和语词中。"[1]另一方面，这些空间要素及其组合方式的变革，又以空间产品需求市场的迅猛扩大，对高速交通建设、城市建设、住宅建设等供给侧提供了快速发展的驱动力，带来了主要属于空间生产的基础设施建设和网络泛在技术为主体的第三产业的高速发展。这使社会经济的空间权重不断加大，远远超过了传统社会结构及其生产方式中劳动时间积累所能达到的效应。经济、社会的时间矢量向空间动量转化，并在内容和运行方式等方面受到社会空间实践的牵引和组织。看看我国房地产经济成为世界该门类经济之最的事实，其中所蕴含的对土地利用、城乡建设、企业组建、住宅安置、政府财税、民众资产保值与升值、社会公平正义等复杂现象的承载和制约，我们就能容易理解空间作为社会产品的生产和分配、交换，对于社会建设有多么重大的意义！即使是大众文化生活资源的开发和利用，也都将文化的内在价值越来越多地赋义形塑于空间，强调文化的地方特色与国际开发利用的空间复合，甚至把民族文化在地理上嵌入的和具有地方特点的差异当成国际旅游商品出售。这些空间—社会双向互动现象在更高的社会哲学层面上证明：空间生产和经营，无论是其直接的物用价值，还是间接的社会政治文化价值，它们都对社会关系的再生产和历时性维系形成巨大作用、意义。因而，"具体的社会—经济空间看起来既是分析空间的具体表现，是一种产物，是社会关系清晰度的反映，同时就已经存在的空间而言，也是限制

---

[1] [英]德雷克·格利高里、约翰·厄里编：《社会关系与空间结构》，第95页。

这些社会关系调整的客观因素。我们可以说，社会以一个过去确立的、既定的具体空间为基础再造了自身的空间"①。

再者，现代网络引发了商务、政务、公务等社会事务和一般平民交往方式的空间变异，人们简捷地、公务式地展开各类社会交往，以交往空间的广度、穿行速度替代传统社会交往时间的长度与内容深度，交往空间重构交往时间及其利用方式。这不仅在一个重要方面引发社会关系的维持和再生产方式更多地转向现实空间，而且还深刻地创新了主体的生活内容、方式乃至人际关系和社会知觉。现代社会人际关系、群落关系的处理不少方面流行着"广交往、浅交流、伪交结"的符号化、表演性乏情交往。人们的交往态度从《沙家浜》里春来茶馆式的生意经："摆开八仙桌，招待十六方……相逢开口笑，过后不思量"；到酒桌宴席上的投机逢迎式应对："酒逢知己千杯少，话不投机半句多"的情形，无不反映了社会交往公共关系学的泛滥和商业化的矫情。人们的真情实意就像一杯体量有限的果子酱，敷施于面包上的厚度与面积成反比，涉及面越大越稀薄。这大概是网络泛交往空间挤压时间难免的宿命吧，但它们对于当代社会和文化生活却产生了难以估量的影响。因而也在一个重要方面呼唤人们从社会交往和社会关系再生产的空间实践、特征，去审视和理解当代社会为什么是一个空间主导因而空间压倒、重组时间的社会，必须注重从空间方面去考察和理解社会的运行机理，去创新乃至重构社会认知的思想方法。萨克在总结当代社会认知之空间意识不断强化的趋势时指出，文明社会比原始社会更有意识地努力把社会与场所联系起来，人们有意识地把社会形塑成一片领土，这往往更强调社会的领土释义而不是领土的社会释义。前者意味着社会关系主要由处于领土中的位置而不是由先前的社会联系来确定，而后者指的是地区或领土的使用首先依赖于对一个群体的归属，这在本质上属于非领土性的限定。在文明社会，一个人的住所通常决定了他在社会组织中的成员身份。②正是基于这样的现代性趋势：人类空间生产的拓展和深化，更多方面、更加明显地把社会与空间生产及其结果的内在机制更充分地

---

① [英]德雷克·格利高里、约翰·厄里编：《社会关系与空间结构》，第 99 页。
② [美]罗伯特·戴维·萨克：《社会思想中的空间观：一种地理学的视角》，第 191—192 页。

暴露出来，因而在全球化、城市化这样的空间大裂变、大改组环境中，人们触到了需要更多地从空间方面去认知和理解社会的必要性，并且也得到了实现这一时代性要求的科学技术条件。我们可以根据空间世界的生产和变迁规律，以及对社会关系运行机制的受动和施动两方面的辩证统一法则，更具体也更为深刻地去认知和诠释现时代生产方式及整个社会的发展趋势和某些新的规律，顺应社会变革的现实而实现社会认知的变革。

第二节　社会结构网络化与空间思维

当代社会认知特别需要当代空间思维的支持，有一个十分重要的现实原因，那就是社会组织结构在空间形式方面发生了重大改变，由以往的条块结构变为网状结构。人类的生存空间在地理大发现、现代交通连接和世界市场建立与开拓的支持、推动下，已广泛地嵌入了一种新的时空秩序。它们打破了狭隘，冲开了封闭，解除了孤立，有了许多如雨后春笋般发生的市场、企业、新的交通联结点和不断增多的城市。以往据守一方、彼此分割像散落一地并无多少横向联系的马铃薯那样一种社会的空间组织形态，被市场经济及其交通设施建设极大地改变了。人类有了漂洋过海的远程商贸，有了串联各个大陆板块的交通工具，有了跨国家领土空间的企业建构，以及以霸权主义和殖民方式推开的政治军事和文化交往。到了英帝国主义日不落的联邦制构建起来之后，人类社会的地理分割和空间闭锁状态，便得到了极大的改观。传统社会那种狭窄地缘的、血缘宗法管制的封闭空间模式，被工业化推动的初级全球化所改变。由此，社会发展和历史进程，开始由过去束缚于单一的纵向时间维度，逐步显现了朝横向空间维度转变。但是，因为工业化和现代化的进程在不同地区和国家的发展差异巨大，加上社会制度的抵牾，以国家领土空间为板块的社会组织建构仍然是普遍的社会空间存在形式。它的基本组织法则在社会建构形式的选择和权力配置方面，多以国家中央集权下的科层制组织方式出现，其空间特点是高度远超过广度，呈宝塔形条块架构，条与块的垂直联系大大超过块与块的横向联系。这样的社会组织，必然是经济上市场体制欠缺,政治上民主法治不足,对外关系的大门只开一些缝隙,很像我国改革开放前的社会形态。由于经济的计划管制和政治的权力过分集中,使社会空间因素的横向互动低于它的纵向承接,其时间轴上的纵向历史延续力亦因此增强,造成社会组织、群落在地域空间中碎片化的封闭和持存。社会空间这种条块结构顽强地碾压社会行为和组织的横向并联机制和交互作用张力,它们在生产关系方面突出地表现为社会分工的简陋和广泛协作的龟裂。社会空间板块平面边界的僵化与社会组织的空间垂直叠构相结合,似乎成了半工业化、半开放社会的普遍性空间构型。它们大体像吉登斯所说的情形那样:18世纪以来资本主义的发展使城市作为一个重要的权力容器已让位给民族国家。有一种意见认为,绝对主义的国家是阶级分化的社会的一部分,在这个社会中,城乡关系是社会秩序的基础。随着旧的城乡共生关系的瓦解,民族国家取代城市成为引导资本主义社会发展的"权力容器"。民族国家的边界被精确地划定,这类似于从前城市被城墙圈定。[1]德国学者贝克也有类似见解:社会组织形态的板块结构之突出特点是国家垄断了权力,将特定民族束缚在特定地域上,并对这一民族行使自己的权力,这片地域是由国家圈定的,在这片地域上,国家将自身的合法性同有形的暴力手段结合起来,以此赢得自身的权力。[2]国家主权领土化当然不可避免,但如果由此使国土空间对外封闭,对内分割,变成各自为政、彼此孤立的围城式板块,那么可以肯定,这种空间形态的社会是缺少活力的,其经济方式与市场体制,与国际分工协作,与全球化及人类历史世界化的空间秩序和要求,必然格格不入。它们必将在生产方式和社会结构的现代化发展中,被改造和完善,而与全球化、城市化这样一些社会空间与生活方式的变革趋向一致。这种新趋势,也是社会建构和认知向空间转型的重要现实原因。深入思考生产关系的空间机制,我们不难发现,生产的地理组织可以从生产关系的空间结构方面进行理性分析与概念化总结。人们通常所说的社会—经济区域关系、生产力地理布局,实则为生产关系的空间结构。从这种经济、历史地理的意义上说,"空间关系"概念

---

[1] [英]德雷克·格利高里、约翰·厄里编:《社会关系与空间结构》,第82页。
[2] [德]乌尔里希·贝克、约翰内斯·威尔姆斯:《自由与资本主义:与著名社会学家乌尔里希·贝克对话》,路国林译,浙江人民出版社2001年版,第44页。

指的便是这样的事实：社会不同门类的经济职能是在两个不同地域交往中展开的，社会的分工、协作，市场的运行，总是要经由原本措置于不同空间的经济要素实行空间挪移，才能实现。因而，社会经济关系的运行，总是在生产专业、作业空间分离，与社会经济总体及其运场运行的无空间划分这二者之间的结合。在不同的空间结构中，特别是在总体生产关系内部的职能组合当中，不同地区被分配给不同的工作任务，社会经济总体职能地方化、角色化，亦即地方经济职能国家化、社会化。这意味着社会经济、国家职能对地理空间既有支配又有从属的关系，而且生产关系不同、经济水平不同、地方与国土空间的关系不同，这种关系的建构和运行有不同的形式和机制。因而不同的空间结构意味着社会生产关系有不同的组织方式。这是空间与生产关系相互建构、彼此表征的实践机埋。这些法则，当然受到交通、通信条件的制约。空间社会学对当代人类生活做出的空间解释学释义，其根据在于当代社会的全球化、网络化等强大的空间生产和建构能力，多方面地深刻改变了社会生活的空间格局，拓展和密切了人们的横向并存和互动关系，加大了空间关系在社会发展中的作用。社会的组织模式和主体的行为方式，变成了现在的以经济的世界性分工协作和市场化组织为基础，以世界任意地点 24 小时内快捷到达建构起全球生活圈的交通条件，以全时空立体进行的通信，以泛在化信息服务等物质技术支持的空间行为方式。人类各群落、各民族、各国家、各阶层、各团体乃至各社区，以前所未有的频密性发生各式交往，形成四方八面上下左右几乎无所不有、无处不至的相互缠绕的网络。人们在空间中全方位地发生的交互作用紧密、多样、敏锐、强烈、迅捷，其对于社会发展的影响远远大于时间之轴上的历史影响。今天社会生活空间对于时间的胜利，绝不止于以尽量压缩的时间实现空间的生产、开发、利用而致空间效应最大化，诸如通过尽可能少的时间实现对空间距离的克服、超越等；更重要的是，在社会组织和行为机制方面，空间因素的力量超过了时间因素。对此，福柯做出了有哲学意义的解释：我们正处于一个同时性和并置性的时代；我们所经历和感觉的世界更可能是一个点与点之间互相联结、团与团之间互相缠绕的网络，而更少是一个传统意义上经过时间长期演化而成的物质存在。[①]在他看

---

① 包亚明主编：《现代性与空间的生产》，第 9 页。

来，社会因素空间并置的结构超过了垂直层叠的结构，其条块分割的形态被相互交织缠绕的形态取代，因而横向互动的作用也超过先后相继的惯性力量。并且，这种社会行为空间方式的改变，也是循着唯物史观所认定的生产方式、社会经济生活对社会事物的基础性决定作用、先导作用展开的。因为人们发现：在全球化的条件下，经济获得某种外迁的权力，它可以抛开地域性的权力关系。在国家与社会依然束缚于地域，因而旧的关系一如既往地存在的同时，经济已在下国际象棋了，而且经济时而下连珠棋，时而下国际象棋。国家觉得自己还在下连珠棋，却忽然发现自己被将死了。[1]贝克对社会空间网络化建构的机理性揭示，进一步表明，空间组织对于社会发展的意义表达，是沿着社会自身的经济—政治—文化这样一种系统功能的作用顺序，以经济空间与政治空间错位又同位的辩证结合实现的。政治生活、权益方面严格以国土空间的板块联结方式，在时间序列中落后于经济全球化的空间变革，在活性力量方面不及经济的脱域行为、飞来复去的跳跃行为和彼此套嵌错综缠绕的网络行为。但它又不能全然脱离经济的空间格局，所以在经济行为以"连珠棋""国际象棋"复合方式推进的环境中，固守线性运动局限于"连珠棋"方式的政治行为往往被动甚至出现"死棋"局面。这不仅表现了政治由经济所推动、所规定的被动性，而且还深刻地揭示出社会行为的非线性空间展开方式，强于线性推进方式。当代经济和政治的复杂关系，在空间方面则往往以线性运作的"连珠棋"空间同位，与经济把"国际棋""连珠棋"有机结合于一体，而政治恪守"连珠棋"这样一种空间错位的形式矛盾地联系在一起。当然，经济与政治这种某些时候和领域的空间错位，并非僵化而长期不变。当代政治许多具体事务的处理在一些需要联合行动的方面，也从空间形式走出了固限于领土的范式，同样下出了大量"国际象棋"的好局，斗折蛇行、合纵连横、捭阖有度，以复杂的也几近网络化的国际政治行为的空间演绎策略，处理经济全球化、网络结构提出的大量社会问题；同时也逐渐建构了一些国际政治棋局对弈与合作的空间策略和秩序，创建了许多国际合作组织与行为机制，使以往更多各自固守于领土板块的政治空间秩序和行为方式，在

---

[1] [德]乌尔里希·贝克、约翰内斯·威尔姆斯：《自由与资本主义：与著名社会学家乌尔里希·贝克对话》，第42页。

人类共同体中有了对社会组织、行为网络化的空间同构和实践匹配。这种变革又使政治生活与组织方式以其对整个社会组织和行为方式的建构、维系和治理作用，反过来强化了社会行为全球化、网络化的空间系统联动、互创作用，强化了社会因素立体共存、系统运行的空间机制在社会发展中的作用和地位。

具体来分析，我们看到的社会行为网络化建构的情形是这样的画面。经济全球化，资本和劳动力大幅度流动，生产力布局、资本投放和市场建构的地理空间不断地变构，完全不以国家主权领土空间为疆界。一方面是经济的全球化组织和运行格局造就了全球化的经济空间，一方面又是全球化的经济空间格局容纳和促进了经济的全球化布局和运行。经济秩序与其空间格局处在相互创造、相互依存的自因自果关系中。这样的经济空间模式，带来了生产资料所有制的相互渗透和彼此混合，带来了不同资本及其运营方式在企业乃至地区间的彼此交汇和相互融合，带来了管理体制和权益关系在不同企业主体、社会主体、国家主体间的超空域编配；进一步，则引发了上层建筑方面某些经济立法、民事司法、调控体制、思想观念的跨国家主权空间、跨社会基本制度的同构共建。这对于传统的以国家主权领土空间为边界去阐释生产关系社会属性的唯物史观方法，无疑是一种巨大挑战。这种经济全球化、网络化乃至脱域性空间建构，使生产关系社会属性的说明变得异常复杂，由以往的社会单质性和国家单一性，变为在社会和国家层面都是复合性的了，生产关系的历史定性有了国际空间的新视域。它使社会生产力的历史属性界划也超出了以国家为单元的简略，生产力的多元性、多历史层次、多空间布局、多主体结合，有了全球化的超国界意义。它使经济的组织、管理和发展，无论是资源调动还是区域投放，无论是体制建构还是机制运行，无论是权益操控还是利益分配，都大量发生了超国土空间的新态势。它还使主权国家的经济基础有了超国界的建构和持存。一方面是大量本土企业移至境外经营，接受非本国社会属性的异地社会经济制度的统驭，烙上非本土经济体制的印记而成为跨国混合经济。另一方面大量入境投资兴业的外资企业带着其所属国的经济体制品格，如同我国引入的外资企业，它们在适应中国特色社会主义市场经济环境的同时也不免资本主义经济营运的道统。这样的经济基础真是吻合了 20 世纪杨献珍所讲的"综合经济基础"了。由此，它们会对上层建筑产生怎样的规定性作用呢？都是中国化的或都是中国特色社会主义的吗？英国学者费斯克认为：资本主义如今向公司资本主义的转变，是走向不可见性的一种转变；体制变得越来越抽象，越来越远离日常生活的具体经验，因此也就越来越难以理解。晚期资本主义进一步转向超越民族国家的跨国状态，在此过程中，资本主义体制已变得如此遥远、如此疏离、如此不可理喻，以至于其控制并安排日常生活细节的权力，已经富于悖论色彩的消弭殆尽。[①]这一见解或许能帮助我们加深对新型经济基础和上层建筑关系的理解，改变以往局限于依据国家领土空间范围做解释的习惯，把目光投向世界领域，从经济行为的泛在和脱域等多层网络交织的关系中，去把握政治行为的守域、定在和经济的某些脱域、泛在之间的一些错位的空间特性和彼此结构的状态、机理。国家治理经济的职能和行为方式的空间变化，所引发的与国家社会政治生活之关系的变化，从唯物史观的理论框架来讲，则是经济基础与上层建筑关系的变化，同时也是社会经济、政治与思想文化三大基本结构关系的变化。它们既表现为三者社会空间关系的变化，又表现为权利与义务、结构与功能、形式与内容关系的空间重构。若不避表面上的牵强，假如我们将社会经济结构、政治结构和思想文化结构三大板块依次向上的垂直叠码，转化成为一种以经济结构为原色，以在经济结构之上的政治结构为次生色，以在这两者之上的思想文化结构为经济原色和政治次生色上的敷施色，这样一幅平面的色彩图样，那么，就会发现政治结构一定将散布的经济图样聚焦于国家领土这个中心，而经济和文化的色块则在核心部分与政治结构同心的基础上还会向四周不规则地漫延开去，呈现出以领土空间为中心的不规则的、颜色多种且不重合的图样。它们表明经济、政治、文化三大社会结构在平面空间上并非全部重合措置，有大量游离于主权政治空间之外的经济和思想文化组织与实践。主权政治一般不能脱离国土领域，而经济和文化则在不同社会体制和发展水平中有不同的样态，越是现代化水平高的社会，它们就越散漫地遍布全球，并且有大量内容是泛在地经营、脱域地展开和持存的。因此，经济行为、思想文化活动的空间秩序、结构，与国家及其政府的职权范围尺度

---

① ［美］约翰·费斯克：《理解大众文化》，王晓珏、宋伟杰译，中央编译出版社 2001 年版，第 53 页。

之错位与乖离，意味着当今社会基本结构、两对基本矛盾及其运动机制的空间秩序有了深刻变化。要科学地解释由社会结构空间关系改变而引发其相关社会组分之关系及其运行机制的变化，必须引入空间分析方法，才能有合乎实际的结论。在经济全球化所导出的现时代强化经济之空间分析的语境中，我们需要重释国家与社会的关系及国家发挥政治、经济、文化职能的空间新机制，辩证思考世界市场与国际社会的行为方式与秩序的空间对应性，并说明它们给整个人类生活空间带来的重大影响。最后，在对社会认知给予空间观照的过程中，我们还需要认真处理好定在与泛在、在域和脱域的复杂关系。一个永远不能改变的基本事实是，人类只能脚踏实地地生活在物理空间中，合理利用阳光、空气、水土资源才能生存，才能进行物质财富生产的作业。每个人都是地球一员，不能提起自己的头发摆脱地理空间。就这一点而言，一切社会组织、主体和行为都是在地的、定点的。但现代信息技术的确有虚拟空间的功能，可一定程度地让人脱域行为。并且全球化也让大量人类活动转进了世界旋涡，诸多地、远距离地超出国土空间和稳定的栖居空间，游走在无数交织如麻的路上。我所在何处、实为何方人氏、空间身份和特质怎样确认，都是一些远非依凭国籍和居住证就能解释清楚的问题。因为世界性和地方性高度地互渗、复合。全球化不是全球化，而是跨国化；全球化不是全球化，而是地方化。①在德国学者贝克看来，全球化始终是个辩证的过程，它赋予了地方以新的意义。全球地方化自然有很多意思：一是康采恩面向各种地方性文化开放，并融入这些地方性文化中去；二是康采恩同环境没有任何关系，在一种地方全球化的空间中活动，仿佛位于某个乌有之地。②而且，使人们发生这种空间知觉错乱的原因，还是与网络空间相关。赛博空间是网络文化的集散地。分布式网络那违反直觉的逻辑和人类社会的各种特异行为在此相遇。而且，它还在迅速地扩张。拜网络经济所赐，赛博空间已经成为一种越用越丰富的资源。赛博空间是一种特殊的地产——越开发它的面积就越

---

① [德]乌尔里希·贝克、约翰内斯·威尔姆斯：《自由与资本主义：与著名社会学家乌尔里希·贝克对话》，第50页。

② [德]乌尔里希·贝克、约翰内斯·威尔姆斯：《自由与资本主义：与著名社会学家乌尔里希·贝克对话》，第50页。

大。①这种空间的叠合与自我延展，代取环生命体的物理空间的无限可能性、随意性，在给社会行为带来虚拟和真实空间错位的同时，也给人的社会空间认知带来某些错觉，形成空间乌托邦幻象。

第三节　纵向因果的时间序与横向互动的空间系之辩证分析

现在决定未来，现有选择和重建曾有，空间因素规定时间因素的走向。这一时代性的新现象，使许多学者有了一种"空间压倒时间"的世纪性感叹。对如此景观给出空间的历史辩证法的审视，必须对时空现象给当代人类社会行为和发展的影响、规定、意义，做出动力学的社会解释。

自然，在探讨社会生活之时空关系及其重心转换时，我们首先应当从最一般意义上确认时间和空间作为物质运动的形式，本身就存在相互贯通的内在机制。人们在抽象的哲学意义上十分辩证地肯定了两者相互依存和转化的法则。恩格斯曾对自然进化中的时空依存关系做过深刻的辩证解释，他将事物的空间并存性与事物运动的时间继替性联系起来思考，明确指出："如果地球是某种逐渐生成的东西，那末（么）它现在的地质的、地理的、气候的状况，它的植物和动物，也一定是某种逐渐生成的东西，它一定不仅有在空间中互相邻近的历史，而且还有在时间上前后相继的历史。"②这种时空依存、转换的关系，更是在对当代社会生活的空间研究中被诸多学者具体发挥。他们的普遍性见解，是将空间与人们的实践位置、方式及其众多参量的相互作用联系起来思考、界说：当人们思考方向、速度和时间变量时，空间便存在了。因此，空间由运动要素之间相互作用而组成。空间是一种结果，它由给它方向、给它位置并使之具有时间限制的操作所创造。简言之，空间是一种操作性位置。因此，由城市规划在几何学上定义的街道便转变成由行

---

① ［美］凯文·凯利：《失控》，第274页。
② 《马克思恩格斯全集》第20卷，第367页。

人定义的空间。①

应当明确，在马克思恩格斯那里，对于时间和空间的社会动力学意义，决非盲区。他们关注到了这一现象，并直接和大量间接地做出了原则性的论述。在谈到经济范畴史的纵向时序推移与横向现实制约的关系时，马克思透露了他对社会思想文化现象之时空作用机制的看法："把经济范畴按它们在历史上起决定作用的先后次序来排列是不行的，错误的。它们的次序倒是由它们在现代资产阶级社会中的相互关系决定的，这种关系同表现出来的它们的自然次序或者符合历史发展的次序恰好相反。问题不在于各种经济关系在不同社会形式的相继更替的序列中在历史上占有什么地位，更不在于它们在'观念上'的顺序。而在于它们在现代资产阶级社会内部的结构。"②这是一个关于研究学说史或思想史的科学方法论，强调要坚持历史与逻辑相一致的原则，十分深刻、经典。它的意义远超出经济学范围，对于处理一切思想文化史中的范畴时序与现实规制关系、进而建构学说体系内在逻辑的时空关系，都具有非常重要的指导意义。但从最一般的哲学思维范式来看，这一论述的意义还高高溢出了思想史的论域，它给了我们分析社会现象之历时性和共时性关系，即历史的时间因素和现实的空间因素的相互作用关系以方法论指引。在马克思这一深邃的时空理念中，历史上发生的事物及其出现的时序，在理论体系建构中不是逻辑的根据，因为范畴出现的先后有历史跳跃和逻辑偏移，即有对规律性的乖离。理论体系中范畴的重要性及其相互关系，是由它们在现实生活中的地位和相互关系决定的，或者说，是由社会生活的现实结构这一空间性因素对历史资料这一时间性因素的取舍、改造和重组决定的。推广而论，举凡历史上发生的并流传下来、影响至今的各种现象及其作用，对于现实生活而言，要真正成为某种意义的"历史原因"，它们必须首先接受现实的选择和改造，必须依它们能顺应现实、有效服务于现实而定。因而历史的或时间性的因素，要与现实的或空间性因素相结合，首先就要受到空间性因素的裁夺和再造，决定其能否进入和怎样进入现实生活世界的守门人是属于现实世界的。这样，现实的空间性因素，便最终成为历史的时间性因素作为

---

① [美]戴维·哈维：《正义、自然和差异地理学》，第298页。
② 《马克思恩格斯选集》第2卷，第25页。

现实之"历史原因"的原因，纵向的因果关系或因果链，虽然形式上是由历史与现实或时间性因素的流变与空间性因素的聚变关系决定的，但最终还是由现实的空间性因素决定的。就此而论，对于现实生活的任何"历史意义"，都只能是现实对于历史的赋义、释义和再生义，意义论的历史永远活在现实中。

笔者对马克思的论述作如此引申推断，还有多种文献依据。这见诸他在许多相关问题的论述中。他认为，"一切科学工作，一切发现，一切发明。这种劳动部分地以今人的协作为条件，部分地又以对前人劳动的利用为条件"①。这今人协作肯定是现实主体的横向并存、互动的空间性因素，而对前人劳动的利用则是历史成果的现实开发，是空间性因素对时间性因素的再生产。在谈到现实生活对历史思想资料的选择与规定性时，他再次指出，"经济在这里并不重新创造出任何东西，但是它决定着现有思想资料的改变和进一步发展的方式"②。为什么呢？因为是现实生产力的发展状况和要求决定着对前人留下来的工具、技术、资金和环境的开发和利用方式；是以现实生产关系为基础的社会关系决定着历史关系的存续及其方式；更直接的是现实主体由社会存在决定着他对历史因素之所见所思所取，各类主体对于历史传承的因素"他能看到什么，能看到多少，这不仅取决于世界上事物的决非由他所创造的现存状况，而且也取决于他的钱包和由于分工而获得的生活状况，也许这种生活状况使他对很多东西都不能问津，尽管他的眼睛和耳朵十分贪得无厌"③。代表生产方式的社会主导力量会依据自己的经济、政治、思想文化地位，对历史流传的一切时间性因素进行自己的选择和再生产。所有这些，多少表现了马克思对于社会生活中纵向因果的时间序与横向互动的空间系之辩证法的某些基本取向：现实决定历史走向，空间性因素制约时间性因素。

当代空间社会学家，对于社会发展中纵向因果的时间序与横向互动的空间系之辩证机理，有了更加直接、更加专业、更富时代气息的具体论述，因而大大展开和深化了唯物史观在这方面的思想理念。美国学者苏贾早在1989

---

① 《马克思恩格斯全集》第25卷，第120页。
② 《马克思恩格斯全集》第37卷，人民出版社1971年版，第490页。
③ 《马克思恩格斯全集》第3卷，第334页。

年就指出：今天"或许与其说是时间倒不如说是空间在我们面前掩盖了因果关系，与其说是'历史的构成'倒不如说是'地理的构成'提供了最发人深省的战术和理论世界"[1]。他的这一思想，很准确也很学理地揭示了社会发展中时间轴上前因后果的历史启承作用，在当代已被现实生活中各类事物的横向并存、互动关系的作用所重构、所涵化甚至遮蔽。因而如贝克所说的，处在全球化环境中，从本质上说，社会发展和建构的主要致因在于空间性因素的相互作用，其中原因不是因为时间的积淀而是因为空间的重构。[2]横向并存的空间性因素对社会的现实驱动和建构已超过纵向承继的时间性因素的历史作用。对于社会实践中这种时空性因素作用机制翻转的深刻变革，我们可从以下几个方面寻求更深入的解释。

一、横向并存、互动的空间因素作用升位与社会结构变化

马克思曾经说过，在传统社会里每个民族的发展都似乎在重复同一的历史必然性；但当相互交往跨通区域、步入世界之后，"民族的片面性和局限性日益成为不可能"；"过去那种地方的和民族的自给自足和闭关自守状态，被各民族的各方面的互相往来和各方面的互相依赖所代替了"。[3]社会发展和关系建构中横向并存、互动的空间性因素提供的作用上升为主导方面，就在于全球化条件下各民族、各国家都由原来相对封闭的系统变成高度开放的耗散结构系统，人们在特定空间中的社会关系、活动内容、行为方式和思想观念，受到与之广泛开放、多边互动的外部环境、无数社会群落的强烈作用和深刻影响，大家在共存、共振、共识、共融中相互创造和推动发展。这在交通日益发达的今天，社会生活空间秩序的整体性、齐一性和价值性更是大幅提升。铁路的修筑改变了全部规则。季节性差异、日夜差异及天气的易变性彻底地改变了，规律性联系及相当精确的时间表使商人们处在一个非常不同的运营

---

[1] [英]戴维·莫利、凯文·罗宾斯：《认同的空间：全球媒介、电子世界景观与文化边界》，第146页。

[2] [德]乌尔里希·贝克、[英]安东尼·吉登斯、斯科特·拉什：《自反性现代化：现代社会秩序中的政治、传统与美学》，第121页。

[3] 《马克思恩格斯选集》第1卷，第276页。

环境中。人们欲求市场获利，绝不能以一种完全不符合由铁路的新时空性所强加的新型评价模式的价值体系来做生意。①这使空间因素横向依存、互动的作用，许多方面不仅超越了纵向的历史影响力，而且还给这种时间性因素的影响力以现实的空间性过滤与整合，使之在横向空间关系中产生作用。这样也就一定程度地化解或冲淡了历史纵贯作用对现实生活的直接冲击力和规制性，使时间轴上的因果作用机制有了空间门阀的调节，显出更多的空间样态和现实性气息。这种解释来自对于现实时空关系的抽象。我们在城市的兴废或中心地带迁转的空间事变中发现了空间力量对时间的历史遗产的切割与重构。在经济发展中，当新的资源、产品、市场被开发出来之后，意味着经济及其人财物等要素会向这里集中，致使原产业布的空间结构改观，老的地方不得不贬值、破坏和重新开发。历史上繁华的城市可能失去历史的光环而变成了遗产中心，采矿业社区或抛荒成为鬼城，旧的工业中心非工业化了。而投机性发达市镇或者高尚社区，会不断在经济发展的边界或在非工业化社区的灰烬中诞生。因此，古老城镇的历史和旧有经济格局会不时地被剧烈的经济"造山运动"的空间重组所打断。历史文明在现实生活中的去留兴衰，要服从社会的横向互动关系及其空间重组。秦王朝的长城对外封锁御敌，其"直道"对内沟通联合，并且经"车同轨"强有力地起着国家统一作用。但当时这种社会空间建构及其历史作用，经过城市发展和政治中心迁移就不断被改变，到了当代交通条件下秦王朝的长城与"直道"不仅彻底丧失了当时的社会作用，而且其物理建筑也只是残痕颓迹了。空间性因素的力量是现实的，具有坚实的规制性与强大的建构力。此历史机理在生产的社会空间组织方式中，表现非常典型。生产空间结构的先后层次为某种空间分工的连续体提供了依据。在任何一个时间点上，与新空间结构相联系的经济活动地理类型被铺陈在以往各个时期产生的类型之上，并与之结合。先后各个层次的每一次新的结合，产生或者说可能产生某种新形式的不平等或者不平等的某种新的分布，这种新形式和新分布反过来又成了下一回合投资的地理基础。因此，"地区问题"，或者说更一般意义上的空间不平等，是一件很复杂的事情，它将随时间的推移发生形式和类型上的改变。它可能会在底层的地区间关系的

---

① [美]戴维·哈维：《正义、自然和差异地理学》，第277页。

性质方面、在它测量的社会差别和不平等方面、在其地理形态方面发生改变。而这种不断变动的国内不平等，本身就被锁结进入一个更广大的、国际系列的空间结构和分工当中。①英国学者马西提供的生产结构中时空性因素相互转换关系的过程推移机制表明，虽然每一次生产结构的空间变革都会作为历史的空间性因素影响新的生产结构重组，但这新的空间性重构却主要不是依据"历史的天空"，而是通过现实的特定空间组织的收缩与放大，让历史性空间结构"锁结进入"更广大的或更合理的现实空间结构中，经过自身的变构及其对新空间的适应而发生作用的。这就是历史因果链的作用被横向空间互动作用重组、扬弃的情形，显示了时间因果关系服从空间横向互动关系的机制。

二、空间因素的"两重性"与因果作用转换

哈维认为，关于空间发展有两种理解方法："一方面，进化论者把世界看成是一个活生生的、正在成长的形态或有机体；另一方面，创造论者认为这是一项有计划的艺术工作。这两种类型代表了两种世界观：一种是把世界理解为生成，另一种把世界理解为形成的产物。"②这样两种理解空间的理念、方法不能单面、偏执，也就是说，人类生存空间的形成和发展是复合性的，既有自然进化之道，更有人类创造之功。而且，空间的这种复合性还进一步衍生出空间的历史遗存和现实创新的复合性。在社会生活的空间实践中，无论是物理空间环境的生产，空间设施的改造，还是社会关系、思想文化的空间形塑，它们都和物质再生产过程一样，处在一种反复再生产的循环中。原有的空间环境、结构、秩序、景观，都会作为既定前提或基础支持并影响新的空间生产和实践，而新一轮的空间生产又会把原有空间在作为基础和前设的同时再作为被改造的生产对象，加工成新的空间产品和环境。在此空间生产及其不断更新的过程中，生产主体既接受在地空间因素的影响甚至制约，还要直接或间接地受到聚落环境外部空间因素的渗透和影响，在不断地再生产空间中添加更多、更广泛的横向互动因素的作用于其中，使空间生产在内容上丰富，形式上更新，形成扩大再生产的机制。苏贾在其空间再生产的研

---

① [英]多琳·马西：《劳动的空间分工：社会结构与生产地理学》，第118页。
② [美]大卫·哈维：《希望的空间》，第226页。

究中解释过这种现象:"具体的社会——经济空间看起来既是分析空间的具体表现,是一种产物,是社会关系清晰度的反映,同时就已经存在的空间而言,也是限制这些关系调整的客观因素。我们可以说,社会以一个过去确立的、既定的具体空间为基础再造了自身的空间。"① 正是因为空间生产使空间同时具有前提和结果、对象和致因、媒介和产品、环境和关系、形式和内容、自然和社会等一系列的两重性,所以对空间现象的分析和解释一定要把它放在因、果同体的情势下,在空间—社会关系及其变化中揭示其自因自果的机制,而非只是时间序列的前因后果机制。并且,空间生产、空间实践这一系列的两重性之所以成为其即因即果的根据,就在于构成每一两重性之对应的双方都不是绝对被动的,都是能够在接受另方的作用时又作用于对方,形成依存和互动的辩证运动,从而使空间生产和自身的发展变化有了源源不绝的内在动力。就像其中的前提和结果,既有空间作为新的空间生产的前提预设这种生产,而新的空间生产又把这前提作为改造和再生产的对象,并且不改变它们就不会有真正的空间生产。又如空间作为社会关系的媒介,中介着人与人、人与自然等多重关系,并在一定意义上制约着建构和处理这些关系的方式;同时它又是这些关系再生产的产物,是一定社会的经济、政治、思想文化等众多关系的空间形塑、物理表达与物质存在方式,其对关系的媒介和被关系所生产是同时同体、互为因果的,舍弃一方则另方不存在。再如空间的自然和社会,更是两个相对独立又各有内在动力的系统构成的矛盾统一体,自然是社会之母、之基、之物库,人类社会由自然而生,为自然发展之果;但社会一旦生成又以积极主动的力量改造自然、重构环境、生产空间,给自然注入人类的目的、实践动力,使其物质内容和空间形式成为人化的、属人的、具有人类灵性的社会产物。自然在派生出人类物种之后受到其深刻的社会化改造,社会在改造自然的过程中建构了自身的关系和形态,造就和发展了社会—主体的人。凡此种种的空间两重性,无一不是因果连体、既因又果、彼此联动、相互转化的辩证关系,它们在横向并存互动的形式下给空间生产和社会发展以不可阻遏的推动力。如果说,空中生产和发展中每一矛盾体是作为统一空间的部分而存在,而诸矛盾体的交互作用形成的总体性结果是作

---

① [英]德雷克·格利高里、德雷克·厄里编:《社会关系与空间结构》,第99页。

为统一的整体空间而存在的话，那么空间的"部分和整体的相互交叉状态必然导致主体与客体以及原因与结果之间的互换性"①。深刻理解和阐释其中的辩证机理，是唯物史观空间思维的一个重要方法论。已有智者论定：空间的生产（和历史的创造）既可以说成是社会行为和社会关系的媒介，也可以说成是二者的结果。时空结构化的双重性把社会结构和空间结构联系起来，从而社会结构在空间结构中以具体的形式出现。也就是说，空间结构和空间关系是社会结构和社会关系的物质形式。社会生活的空间性亦由参与其中的物质事件构成，这一认识是当代对空间社会性的唯物主义解释的理论基础。②"因此，空间的生产并不仅仅是机械地挤压出不活跃的冷冻基质以容纳社会。空间性与时间性、人类地理与人类历史交织在一个复杂的社会过程中，这个社会过程创造出不断演变的、空间性的历史序列，也就是社会生活的时空结构化——它不仅形成了伟大的社会发展运动，而且形成了日常活动的循环实践。"③我们必须在实际生活的运行中如实地确认一个基本理念："'空间的处所影响行为''距离影响互动''形式影响功能'。所有物质规律都具有空间信息和对空间条件的解释。"④这样一种空间生产和空间行为的循环，既是构成空间因素双重性的条件，本身又是由这些空间的两重性因素之矛盾运动激发和推动的。这是所有空间现象因果论的总体性根据和说明。

三、空间因果论与观察、理解社会的思维范式

空间因果论，是从空间方面去寻求社会构型和转换的原因，同时又从因果关系揭示空间变构、转型的根由和驱动力，是从空间做出对社会的说明与从社会做出对空间的说明的双向统一。这一理论范式，在空间社会学家那里，又往往被称为"地理因果关系学"。美国学者萨克对它有过如此解释：地理因果关系学和行为地理学在空间和物质的关系上，偏向于客观—主观轴线的主观方向。它们试图通过创造出比在古典社会科学视界内发现

---

① [美]戴维·哈维：《正义、自然和差异地理学》，第62页。
② [英]德雷克·格利高里、德雷克·厄里编：《社会关系与空间结构》，第118页。
③ [英]德雷克·格利高里、德雷克·厄里编：《社会关系与空间结构》，第94—95页。
④ [美]罗伯特·戴维·萨克：《社会思想中的空间观：一种地理学的视角》，第73页。

的更为主观的空间观,来把空间和物质联系起来。地理因果关系学和行为地理学是以不同的方式来实现空间和物质的联系,以及得出这种主观性的空间观的。①

　　这一界定性的理念表明了三层具有空间解释学的方法论思想。其一,地理—空间因果关系学的建立,是与人类的行为地理—空间学联袂而成的,之所以有空间因果关系的寻绎,是由于人类行为影响空间并受空间制约,联系后者才能说明前者,但同时只有观照和解析前者才能彰显和证明后者。这一关系实则暗含社会与自然、主体与空间的内在互动关系,成为一种实践唯物论的空间思维。其二,空间因果论主张,人们须在主、客体的关系中解释空间现象,其侧重点或聚焦点不在自然的自在方面,而在人类实践的自为方面,追溯的重点是人类实践对空间的能动作用,这是空间生产论的主体性证明。其三,空间因果论所要建构和说明的空间与物质的联系不是单纯物理学的,更多的是社会学、实践论的。它要说明社会实践如何建构了社会生活这一特殊物质事物的特殊空间形式。这种空间形式的特殊,就在于它是社会作用与自然规定性的复合造物,是在自然空间基础上的社会构造和人为创造,自在之基是物理自然,自为之功是人类实践。由此,空间物理学的解释才进到空间因果论的社会学解释。所以,主体性或社会化的空间论实为对空间从实践方面进而从主体性方面去解释空间的实践唯物论。其中,包含了空间论和社会学的双重变革。空间论已从纯粹的物理学或地理学进到了社会学、实践论领域,认定空间是被人类不断再生产的对象和产物,是社会生产方式的造物和形塑。而社会学也不再是脱离人类牺居空间、物质生活前提的人类聚落、组织和交往关系的架空研究,在说明社会生产、人类生存空间建构的同时,还使空间生产的物质实践及其产物即人化的空间环境、秩序、状况,对于人类社会结构、行为方式的生产和规定,得到深刻诠释。在这一问题的叙事逻辑中,空间因果论从社会行为与生存空间之联动关系中立论,依据人类行为发生的场所和区域,首先对它们进行特定区域、场所的社会划界和命名,然后通过对特定行为与特定空间的位置、环境特质关联性的分析,揭示空间特

---

① [美]罗伯特·戴维·萨克:《社会思想中的空间观:一种地理学的视角》,第88—89页。

性和物质生产、社会生活特征相互创造、相互规范和相互表征的逻辑。①这样，使生存空间和人类社会及其主体行为两者的相互创造，作为最高层次的因果关系，得到了实践唯物论和辩证法的一致说明。而且这种科学性的、带有几分实证意义的说明，在很大程度上深化和革新了对许多社会现象的认知和解释。

  首先，它更新了现代社会发展"形式因"的主项思考，由以往注重时间性因素转而注重空间性因素。这种思维路向的转换已经泛化为社会性的共识，甚至进入了人们的心灵深处。正如美国学者詹明信所指出的，"在日常生活里，我们的心理经验及文化语言都已经让空间范畴而非时间范畴支配着"②。当今社会，人们的栖居、物质生产的作业、国家权力立足的基础和行施的空间逻辑，仍然必须依据实在的物理空间和场所、领土范围，这是其实在性、稳定性的根据。另外，网络世界提供的"泛在"服务技术，经济交往、社会活动的信息化、数字化，又为人类超越物理时空限制的物质、精神生活提供了无比宽广的世界。以上两者，无论是国家对空间聚落的倚重和领土空间对物质生活及国家权力的维系，还是社会生活的空间脱域性对时间的空前缩略，都生成了一个"空间对时间的胜利"之当代意义。这虽然包含了空间为社会组织圭臬的内容，但乏立于当代空间关系去审视和诠释社会因果论的意义。因为它双重地肯定了国家政治、经济生活与领土空间，实际生活的物理空间与社会交往的虚拟空间之互依赖、互渗透、互保障关系，不过他确实为有效证明社会与空间的因果关系提供了一条理路。基于此，当代因果空间论才从空间生产之重大历史意义的维度说明空间性因素对于时间性因素的伟大胜利。

  其次，它丰富了社会生活中环境的规定性与主体实践创造性辩证关系的理论。一方面，我们生活于这样一个社会世界之中，它把所有人都变成了一块块碎片，每个碎片都有特定的附属物、技能和才能，这些东西然后又被整合到社会"生产方式"的强大动态结构中。我们与此相关的位置性、情境性作为社会空间构造，和生产方式同是一个社会产物。这种空间化的社会秩序，

---

① [美]罗伯特·戴维·萨克：《社会思想中的空间观：一种地理学的视角》，第89页。
② [美]詹明信：《晚期资本主义的文化逻辑：詹明信批评理论文选》，张旭东编，陈清侨等译，生活·读书·新知三联书店1997年版，第450页。

对于我们是谁或者我们是干什么的常常做出无言的释义。这从空间方面强调并丰富了存在决定意识、环境制约主体性的因果关系。另一方面,人们也十分自觉地强调了社会及其主体实践对空间环境的再生产、再建构的历史主动性。在任意考察特定的生活世界并揭示其一系列的结果和过程中,我们不难发现社会诸多社会因素诸如生活方式、资源开发和利用、生产力布局、市场开拓、交通设施建设、政治版图变迁、思想文化更新等,都在人类生存的地球表面嵌入了不同的空间社会形塑与文化镌刻,造成了社会化空间非凡的历史变迁。这种长时间的人文地理生成过程创造了各具历史特色的社会生活环境和生活方式的地理拼嵌图。而且,它们不断地得到重构,由在多种层次上互相叠加的部分的历史添加物组成,就像不同时期不同的建筑,它们在拥有古老身份的当代城市的人工环境中被分成很多层次,不同层次之间深浅、显隐、轻重互不相同,展示了栖居者在不同时期、从不同方面对地理环境、空间场所的历史性生产与贡献。这不断重新绘出的"地理拼嵌图"即生活空间,在沿用与创新的统一中,生动表达了社会主体对环境的能动改造和对历史的自觉扬弃。主体和空间、环境这种相互创造、彼此规定的辩证运动,实证了空间实践已成为历史地展开主、客体辩证关系的场域,因而也成为展示历史辩证法的重要平台。

再次,"因果地理—空间论"思维有助于人们正确地、更深刻地理解和对待"历史地理学"问题。历史地理学有因果论,但那主要是在时间轴上一向度展开的"前因后果"关系,而未更多关注空间中横向并存因素的"互因果"共在、联动关系。人类每一现时代的空间生产,总是以极大的规模和强度超过此前的水平因而处在叠加增速发展的趋势中,横向互因果作用必然大大超越历史地理学所展示的纵向空间因果作用。在因果空间论的视界里,当代空间生产造成的地理差异远远大于纯历史地理的遗产。它们总是不断被当前发生的政治—经济和社会—生态过程所再生、维持、破坏及重构。思考地理差异如何在眼下被生产出来非常重要,就如同仔细研究历史—地理原材料如何从前一轮的行为中传下来一样重要。① 由此我们能更深刻、更现实地理解,当代之所以"空间战胜了时间",一个重要原因,就是现实生活选择和重铸历史

---

① [美]大卫·哈维:《希望的空间》,第74页。

地理的遗产。即使是一个国家、民族的长期栖居领地,也总是会在每一当下的空间生产及其社会重构中,让历史地理现象成为一个领土化、非领土化和再领土化的连续过程。而且在领土主权得失变动之间地理幅员的大小、边界也一定因时过而境迁。①即使地理变更反映并结合了来自过去的物质、历史、文化和政治的遗产,地理拼嵌图也总是处于由现实生活带来的变动中。这样的社会空间格局,要求人们必须在全球性的层面上确定、把握、推论和思考人类的共同命运与发展大局,既要考虑到中心地区与边缘地区之间的关系,也要考虑亚洲、非洲、北大西洋后发国家、地区等各自的现代化经验与方案。这意味着,要正确认识和处理好现代化的历史延续与实现形式的区域化断裂之间的关系。要充分认识全球化时代人类社会发展的空间特质,处理好现实与传统、我者与他者的时空关系,特别是在即时全球电子通信技术发展的环境里,大家既是网络世界共时空交往的"局内人",又是各自民族、国家、区域之历史差异和社会经济政治文化多样化存在的异时空在地居民,不同历史、社会制度、文化传统的差异化并存,具有现实的合理性与历史、道义的合法性。因此,在当代世界绝不容许用单边主义打压和取代多样性,更不容许以霸权主义取代相互对话、平等交往、协商办事。事实已经证明并将继续证明,一国独大、强者横行、霸凌世界的新旧帝国主义,是和人类命运与共的总趋势背道而驰、没有前途的。当代社会生活形成了新的时空法则,即多样化的横向互动作用超越了单一模式纵向发展的历史规定性,特定传统在扩展了横向空间交往的环境里会与众多他境域的传统相遇,更会被现实生活取舍和再造,因而必然彼此交流、相互渗透、共同重组。这样一些空间行为、区域模式、横向互动的社会方式作用强化,会使传统社会那种"寻常"发展的历史先定,变为现代社会"超常"或"反常"发展中的历史被现实后定,现实有了决定历史的真实意义。"空间压倒时间"的历史学结论,必然是以今鉴古,厚今薄古,现实主导,共时并进。

最后,注重现实性的因果地理—空间论,在社会认知中强化了当代人的空间责任意识、世界历史意识。面对人类空间实践能力的急剧扩大,全球化日益超出单纯经济交往的领域而泛化到社会生活和自然环境的多个方面。纵

---

① [美]大卫·哈维:《希望的空间》,第59页。

横贯穿于空间因果关系网的当代人,不仅有能力再生产自己的空间环境而谋福,而且有可能在空间生产中相互致害并遗祸下一代,如不可否认的生态危机一类恶果。空间福利的享受,国际社会的不同主体因生活空间区隔、空间生产致利目的主体性归属之聚落群体分割而会形成质、量差异。但空间生产之负效应贻害则往往因空间的连续性、空间责任的隐蔽性与外推而殃及全球。这种恶果治理和责任追问又会从反面倒逼对空间行为之因果关系的严肃追溯和规范,形成空间实践对空间因果思维的反推和规定。它们会转化成一种社会行为的秩序和责任要求。迪尔正面论及了这一问题:面对生存空间全球化和空间逻辑主导的现时代,我们的重要任务,就是通过探究人工环境的空间,探究生产方式和文化,揭示出新的后现代超空间的坐标,借助认知地图技巧,助益于形成社会行动的未来纲领。[1]他强调从社会行为的超空间坐标即超越单纯物理空间关系方面,去审视物质生产方式和空间文化意识等人为因素的正、负值及其对未来的深远影响,借以改善、协调和规范空间生产。哈维则从空间的资本集中投注看到了它对经济发展的严重阻滞,认为物质基础设施的大量建设,越来越多的资本被当作不动产资本、被当作固定在土地上的资本嵌入到空间中,创造了从地理上组织起来的越来越限制资本主义发展轨迹的资源结构。结果使资本主义的地理景观随着时间的推移越来越僵化,因此与越来越自由的市场经济运作产生了严重矛盾。[2]经济全球化走向反面导致了资本的焦土化、局域固化,由此产生了全球经济治理的艰巨任务。我们面临一个正确认识和处理世界性空间关系的任务,需要澄清和持守空间行为新的道义原则:后传统社会的秩序是全球化的,它虽然不等于世界社会,但是人类命运的共同体。社会关系、秩序不是从过去继承而来,而是必须重新审视、共同建构、相互认同、彼此遵守。这无论在个人层面、集体层面还是民族、国家层面,都会发生自我更新的某些烦恼甚至痛苦,但它不可避免亦有极大报偿。在社会发展的动力机制方面,这种社会取消自我中心,但在机遇和困难方面却又是有中心的,它需要人类全员负责,反对"外推"、以邻为壑,聚焦于新型的相互依赖、共商、共建、共享关系。那种唯我独尊,或一国优先的

---

[1] [美]迪尔:《后现代都市状况》,第 84 页。
[2] [美]大卫·哈维:《希望的空间》,第 58 页。

自恋与横强，是同后现代社会开放、平等、自由交往的新秩序尖锐冲突的。在大到国际社会关系、小到个体人际交往中，彼此开放、相互包容、和平共处，是社会团结的条件和人类发展、和平、福祉的保障。面对人类生活空间依赖性日趋紧密，广泛的横向互动远超出特定历史传承的作用，轴心空间意义逐渐淡化等新型秩序，上述原则，无疑是对正确认识和处理当代空间因果关系及其责任担当问题的一种积极的认知和行为模式。拓展和深化这方面的空间因果论视域，将在一个重要方面丰富和推进空间社会学和历史辩证法的时代性研究。

第四节　社会事件必然的历时性和偶然的共时性

当代社会生活的时空结构，在全球化、网络化推动下发生深刻变革，其内在机制和时代性的思想文化意义，深刻引发人们对与社会生活时空结构直接相关的必然性和偶然性关系的另类思考，进而引出关于社会历史内在规律的作用机制及其时代变化的新型阐释。探讨、总结和解析这些方面的内容，是刷新唯物史观研究的一项学术使命，也是使唯物史观更好地契合当代社会实际，拓展和深化其解释力的重要思想理路。

一、必然与偶然的时空分析

社会生活的必然性和偶然性及其关系诠释，向来是历史辩证法的重要内容。而将它们与当今社会生活的时空结构变化联系起来进行分析，似乎是另辟蹊径的致思之路。其实此乃题中应有之义，只是以往的学术研究和理论阐释少了一些自觉关注和哲学用心罢了。

在涉及社会行为的时空结构时，当年马克思从交通发展、经济运行提速，以尽少的时间克服距离因而实现空间压缩的情形出发，说明资本的运动"力求用时间去消灭空间，就是说，把商品从一个地方转移到另一个地方所花费的时间缩减到最低限度。资本越发展，从而资本借以流通的市场，构成资本空间流通道路的市场越扩大，资本同时也就越是力求空间上更加扩大市场，力求用时间去更多地消灭空间"①。马克思的这一经典解释表明社会生活中的时空关系是可变的,同样的思维方法还见诸他对分工协作节约生产时空,创造不花钱的社会生产力的论述中。当今社会行为,由于全球化、网络化和普遍实行的"泛在"技术因而节省、替代甚至部分地消释了空间。人们普遍认为,由于世界性的自由贸易对传统空间关系的重组乃至超域,由于网络空间及其虚拟世界对物理空间的部分替代,以往需要花耗大量时间去克服距离障碍与空间壁垒的现象已不复存在,这在社会实践效能方面,便是空间秩序、机制的改变战胜或重构了时间对行为的规定。因此在后现代社会是空间组织了时间而不是时间主导空间。这同样是一种社会生活的时空变构,但似乎是把马克思"用时间去消灭空间"的命题翻转成了"用空间消灭时间"的命题。时空关系的大转型,严格地要求我们对原本与时空关系紧密结合在一起的社会现象的必然和偶然关系给予新的关注和说明。

论及必然与偶然的关系时,莱布尼茨认为:"空间是一种共存的秩序:即事物相互的共时状态的秩序;而时间则是一种相继的秩序,即:事物之各种各样不同的相互共存状态中的秩序";在他看来,"时间和空间'相互并列,哪一方都不比另一方更根本'。作为实体的秩序原理,它们同样重要,两者都是偶然的。"②

但费尔巴哈对此持反对意见,他认为"时间是辩证法的优先领域"③,"凡事各有其时,只有符合当时要求的意志才不是无力的和幻想的意志。……你的意志是受了时间的限制,即你不能逆时间之流,因为符合时间精神的缺点要比不合时宜的或与时间相矛盾的德行约许得更多,说得更多。'真理是时间的女儿',但是同真理同一的自由也是时间的女儿"④。在他那里,表达必然性的真理和掌握并遵循真理而获得的自由,都是属于时间性的现象,因而主张只能从时间之流去确认和诠释必然性。顺此而行,被哈维所关注的塞伊斯

---

① 《马克思恩格斯全集》第46卷,第33页。
② [美]戴维·哈维:《正义、自然和差异地理学》,第286—287页。
③ [美]戴维·哈维:《正义、自然和差异地理学》,第287页。
④ [德]路德维希·费尔巴哈:《费尔巴哈哲学著作选集》上卷,荣震华、李金山等译,商务印书馆1984年版,第421页。

则表达了这样的意见："时间是必然性王国，而空间则是偶然性王国。"①他对必然和偶然之时空归属表述得非常明确而直白。还有人以男女性格差异来指征时间与空间，认为"'时间和空间是真正的存在，时间是男人，空间是女人'"②。这一短语内含丰富，其初心可能是借男人的沉稳、坚毅、经久和规制力来比喻时间及寓于其中的必然性，借女人的活泼、浪漫、易变、多姿、敏感和适应力来比喻空间及寓于其中的偶然性。透过这层意思，实则曲折地表现了一种尊奉时间和必然性，轻看空间和偶然性的传统思想方法和价值观念。同时显而易见的是，将必然和偶然作时空分析亦为不言而喻。当须肯定，这些从时空关系谈论必然与偶然关系的逻辑妙论，对我们思考此类问题是深有启迪的。

一般而论，我们视作必然的现象，在社会演历中是作为一定的、不会轻易改变的总趋势及其内在规律而存在的，即所谓"事有必至，理有固然"，或必至之势和固然之理的统一。但事物的规律是在纷繁复杂的各类现象、各种作用相互倾轧、相互综合而形成和显示出来的一定之规和必至之势，作为社会合力的产物，它们只能积以时日才可形成、才能显现、才会被人所认识和掌握。因而，必然性是杂多的空间性事物、现实性力量在相互作用中经时间之流的整合、过程之流的演历才成其为必然的。恩格斯认为，过程是系统集合的动态推移。必然性见诸系统机制对其遭遇的偶发现象或作用的过程性选择、扬弃与集合，是众多相关系统自身推演在时间之流、过程之流显现出来的总趋势与运行法则。关于这一现象的解释，黑格尔以常人难及的深刻性和缜密性做过更细致的说明。他认为，必然性和偶然性的关系，内含可能性与现实性的关系："偶然性仅是现实性的一个片面环节，因此不可与现实性相混。"③偶然性成多种可能性并置的局面，它们中有可能转化为现实也可能最终无缘为现实，并且以何方式通向现实亦非确然。因而偶然性是多重可能性的分立并存，有一种共时态空间关系，是事物走向现实过程多种潜能较量的状态。其间，某些可能性因素会被中断走向现实的过程而变异为育化另外一

---

① [美]戴维·哈维：《正义、自然和差异地理学》，第287页。
② [美]戴维·哈维：《正义、自然和差异地理学》，第258页。
③ [德]黑格尔：《小逻辑》（第二版），贺麟译，商务印书馆1980年版，第302页。

些事物的条件,"于是偶然性就是另一事物的可能性,也可以说是另一事物可能的条件"①。对于依赖某些可能性因素的变异而使自身获得现实性条件的另一些可能性因素,"那仅仅是通过中介派生出来的事物其存在取决于他物,而非取决于自己,因而它仍然仅是偶然的东西"②。此皆因它们具有不能自决的高度受动的"依他性"。黑格尔把能否自决、摆脱各种可能的依他性制约,看作必然与偶然划界的标准之一。他由此得出结论:"因此对于有必然性的事物我们说:'它是',于是我们便把它当成单纯的自身联系,在这种自身联系里,它受他物制约的依他性也因而摆脱掉了。"③这种对自决的倚重,对横向并存、复杂互动关系所构成的高度依他性的克服,自然是一维一向的时间因素对三维多向的空间杂多因素的扬弃和整流,使特定可能性因素具备了转化成为现实性的条件和驱动力,因而成为必至之事。这就是黑格尔所谓的必然性,"可以正确地界说为可能性与现实性的统一"的内在理据。④正是基于这样一些复杂现象的时空转换,故"发展了的现实性,作为内与外合而为一的更替,作为内与外的两个相反的运动联合成为一个运动的更替,就是必然性"⑤。很显然,黑格尔立足于倚重自性之"内"和倚重他者之"外"的统一运动的"更替",这一过程性、事变之历时性来解释必然性,同样以另类方式证明了必然现象的时间性归属。黑格尔的见解,得到了海德格尔支持。他认为那种让必然性得以显示的"时间性本质上沉沦着,于是失落在当前化之中。唯当上手事物在场,当前化才会与之相遇,所以它也总是遇到空间关系,结果,时间性不仅寻视着从操劳所及的上手事物来领会自己,而且从诸种空间关系中获取线索来表述在一般领会中领会了的和可以加以解释的东西"⑥。虽然他直接论及的是存在的时空性,以及解释存在的时空辩证思维,但他言及时间的深沉而落根于当前化之中,并通过诸种空间关系才得以领会和解释的道理,与

---

① [德]黑格尔:《小逻辑》(第二版),第303—304页。
② [德]黑格尔:《小逻辑》(第二版),第306页。
③ [德]黑格尔:《小逻辑》(第二版),第306页。
④ [德]黑格尔:《小逻辑》(第二版),第305页。
⑤ [德]黑格尔:《小逻辑》(第二版),第305页。
⑥ [德]海德格尔:《存在与时间》(第二版),陈嘉映、王庆节译,商务印书馆2018年版,第451页。

历史落根于现实中并由此得到意义的解释和确证，进而与必然性在时间之流中的潜蕴，且依赖也通过大量现在的偶然性因素铸成并表达自身的道理，完全一致。通过领悟以上经典作家对必然、偶然的时空结构分析，我以为大致能够形成以下几点结论。

其一，偶然性是必然性展开的形式，必然性是现实各环节展开的趋势、过程、规律与轨迹。这一关系的内在机制是：偶然性作为替必然性开辟道路的现时因素，它们的内容是杂多的，发生的形式是瞬间而难以预期的，起作用的方式是碰撞性的，各种作用力的方向是无序的。因而，它们只能以大量突发性、闪耀式的不规则运动呈现出来，只能是一些散点性、不连续的碎片现象，其过程性差、持续性弱，稳定性缺，时间性短，属于典型的偏空间性现象。而必然性作为对无数偶然现象的整流与综合，需要积以时日才能实现；作为社会生活的运行法则和演历趋势，只能出现在事变的片断连接、过程推移和新陈代谢中，因而它们表现为事物点的延伸、面的对接、系统建构和功能生成的机理，只能是系统运行和代谢、社会革故和鼎新的过程性法则和趋势性存在。其典型特征是过程性强、持续性久、稳定性足、重复性高，属于典型的偏时间性现象。

其二，必然性作为事变过程总趋势，作为过程推移的联系之链，其作用是凝练性、约束性、规范性的，这也只能在时间持续和过程演历中实现，因而是历时态的"连续统"现象。偶然性作为孕育、催生和表现事物发展总趋势的当下行为、环节互动、功能碰撞，其作用是并发性、共振性、无序性、离散性、高频度涨落的，因而是共时态的此在现象。它们具有复杂的多向性、不规范性："这外在的、特定存在着的偶然性……它的直接定在同时即是一种可能性，而且就其规定来说，也是被扬弃了的，于是偶然性就是另一事物的可能性，也可以说是另一事物可能的条件。"①正是这样一种轨迹无定、矢量无序、作用多向的空间性特质，让偶然性生成大量可供社会主体选择、竞争和创新的机遇，使社会进步有了丰富的动力源和参照系，因而生生不息。

其三，由于必然性的时间取向和偶然性的空间特质，使其在行为之时空方式不同的社会受到人们的不同关注。传统社会的活动空间狭窄，结构超稳

---

① ［德］黑格尔：《小逻辑》（第二版），第303—304页。

定，发展线路单一，内聚力强，更多地表现出传统主导的强历时性特征。时间组织、统驭空间，历史规范现实，因而人们对必然性的盲目崇拜如天命意识、宿命意识强烈，而关注和利用偶然性的机遇意识、选择意识、创造意识，竞争意识淡薄。现代社会横向并存、互渗、联动的因素无限多项、多样，共时性的现实因素作用力，远大于时间性的历史因素约束力。众多空间性因素的偶然启动引发社会偏移和动量涨落的现象相当普遍，其横向联动共振作用远超过历史因果流的作用。这种社会行为方式的时空关系，使人们对偶然性的关注较必然性更强。"如（众）所周知，古代人认必然性为命运。……古代人的态度却是这样的：因为某事是如此，所以某事是如此，既然某事是如此，所以某事应如此。"①古人将社会历史发展和个人命运紧密结合成为一种不可抗的总趋势，在把它们神秘化的同时，消极地自我圆融相关的各类矛盾，从而建立起对必然现象的宿命式崇服和道义论证。但人类文明进到现时代，社会行为的时空方式有了历史性的改变，以致人们对与此相关的必然性和偶然性的关注度和关注方式有了诸多不同于传统社会的态势。现今人类面临这样一幅无比壮阔而复杂的空间景观：当代全球化更加深入、密致，强化了世界事物的空间并存、互动，横向作用的事物深刻而敏感地搅动人类社会生活；移动互联网等泛在技术把社会主体带入虚实相间、显隐互渗的两重空间境地，社会行为受地理制约和脱域自由同时并存，强化了空间事物的多层缠绕和作用机制复杂性；科学化再造空间与社会存在，人类在空间论域的哲学基本问题是存在决定意识与意识再造存在共时态涵化，强化了空间实践中社会与自然、主体与对象、生产与受纳等关系的复杂性及其自组织、离散、耗散机制，等等。所有这些崭新的时代性空间现象，让空间事件本身及其产生的社会作用之偶然性骤然增加，极大地激发和推深了社会主体对于空间的偶然性解释和偶然现象的空间性解释。偶然性和空间两个范畴及其不曾被人们深切关注、思考的关联问题，现在由实践所推动跃到了学术探讨的前沿，紧迫地呼唤我们给出深入而具有时代感的思考和诠释。这是马克思所说的历史创造原理、原理属于历史之命题的反复再现。

---

① ［德］黑格尔：《小逻辑》（第二版），第308页。

二、社会空间因素的"布朗运动"机制

认识当代社会生活的空间特质与意义,绝不止于在社会认知中高度关注这些现象,更为重要的是要透过人类的空间生产及其形成的社会空间秩序,深入探索和科学揭示内隐其中的复杂性机理。从空间—偶然性的关联中展开问题的探究,笔者认为就是要把空间生产及人们在其中的活动当作一个充满复杂性、随机性的自组织系统加以剖析,借以揭示究竟之理。

关于当代社会生活的空间形式与境况,福柯用简单的叙述道出了它的时代特征:当今的时代或许是空间的纪元。我们所经历和感觉的世界可能并不是一个传统意义上由时间长期演化而成的物质存在,而更可能是一个个不同的空间互相缠绕而组成的网络。[1]他的见解有两个要点:一是空间因素在社会实践中破天荒地上升为主导地位,现时代因此成为空间的新纪元;二是空间因素对时间因素主导性的置换,是通过由不同空间相互缠绕的网络对在时间中长期演化而成的世界之取代实现的,这不仅是空间对时间的胜利,更是空间生产和运行新机制的胜利。因此,我们只有深入解析这种社会空间的新机制,才能从根本上说明社会生活的偶然性与其空间运行的内在联系。

研究后现代社会行为时间、空间方式的人们,从全球化、网络化等人类生存空间的大变局中,去分析以往国家领土空间这个曾经既维系自身内部的政治经济个性、合法性,又追求地缘政治战略空间并因此一定程度地使领土空间内的某些秩序遭受解构,这样一种空间独立性的中断和地缘性的联系所造成的空间关系两重性出发,审视了当今空间因素在立体的交互作用中形成的非线性复杂系统机制。基于它们非对称、无规则、不循环、少边际、难预测等特征,哈维曾以一个十分形象又不乏贴切学理的概念——"布朗运动"加以指谓,为我们对空间因素交互作用及其结果的偶然性机制给出了巨大解释空间。

所谓"布朗运动",是1827年苏格兰植物学家布朗发现水中的花粉及其他悬浮的微小颗粒不停地作不规则的曲线运动。对其原理,人们做过长期探索并经多次诠释形成了不断深入的理解。1877年德耳索指出,"布朗运动"

---

[1] 包亚明主编:《后现代性与地理学的政治》,第18页。

是液体中一些微小颗粒受到周围分子的不平衡碰撞而导致的运动,这一见解后来得到爱因斯坦研究的证明。"布朗运动"也就成为分子运动论和统计力学发展的基础。悬浮在液体或气体中的微粒表现出永不停止的无规则运动,如墨汁稀释后碳粒在水中的无规则运动、藤黄颗粒在水中的无规则运动等。"布朗运动"代表了一种随机涨落的无规则运动现象,其理论在其他领域也有实证和重要应用,如对测量仪器的精度限度的研究,高倍放大电讯电路中的背景噪声的研究等。很多系统存在不同类型的无规则运动,它们具有相似结构。其单个的随机事件不可预测,但大量随机的群体行为,却能精确测知。如同一切概率现象一样,"布朗运动"中微粒子的运动和涨落的偶然性中隐含必然。而且,人们在试验结果中发现,描述"布朗运动"的方程式偏离标准理论,实际的"布朗运动"要比理想化的无规则行走复杂得多。"布朗运动"是"分形"现象的典例,它揭示了任何空间事物都处在相互作用、彼此联动的无规则运动中;进而昭示人们,在非线性复杂系统中,主体面对客体自身运动以及主、客体关系的偶然性、随机性和无规则性,其认识永远存在非完备性和不确定性。

依据"布朗运动"机理,人们对现代资本市场进行了理论假设研究,着重关注证券期货价格的随机性运行法则。这里所谓的随机性,主要指数据的无记忆性或非连续性,即过去数据不构成对未来数据的预测基础,同时不会出现惊人相似的重复。随机过程是建立在概率空间上的模型,随机行为具有统计规律性。人们用其研究股价行为模型,假定股票价格遵循一般化规律即具有不变的期望漂移率和方差率,经此说明只有变量的当前值与未来的预测有关,历时性的变量及其演变方式则与未来的预测不相关。后来人们发现它的运行服从更为一般的分数"布朗运动"法则。这些,为我们运用"布朗运动"机理解释社会生活空间现象的偶然性机制提供了范式。

其一,在空间因素横向的或立体的多维交互联动中,各类空间事物及其社会主体,彼此发生着如同"布朗运动"的微粒子那样高度互渗、散漫游移,且无严格边界和规则的相互碰撞、相互推动关系。就其空间处所而言,是定在而非固守、漫游而非直行、交织而非孤立的状态,置于一种彼此嵌入、随机碰撞、相互变异的混沌系统中,如同水中悬浮、漂荡、漫渍的碳微粒子那样。美国学者米切尔认为,社会生活中空间事物不同层次的网络都将以一定的方式相互缠结,主体人身行为网与建筑网、建筑网与社区网、社区网与全球网层层交织,构成一个极为密集的交互系统。①处于这种相互"内在"、交互作用的密集系统中,我们发现越来越难以给自己在时间和空间上定位。我们面对着由位移、迷失和不合节拍组成的洪流。②在由空间事物交互作用构成的位置漂移、无明确方向和边际、没有节奏的洪流中,具有波普尔所谓的与机械刻板运行的"钟"状态相对立的"云"状态。因其行无定踪且无一定之规而为纯粹偶然现象;因其位无定所没有严格的作用方向而不成其"矢量"之流;因其相互"内在"和"包被",你中有我、我中有你,交互作用的施、受关系不成其前因后果序而难以给出历时性的过程预测;因其成分的随机组合、作用的随机发生、运行的随机变向、形态的随机改观而成为难以精确测量、计算的不确定状态。此为社会空间事件运行之偶然性的内在根据之一。

其二,空间事件及其生成流变之所以形同液体中微粒子的"布朗运动",也在于这些事件的人为性、生产性所带来的主体偶性与环境规定性之交互作用的混沌性。哈维认为,社会关系环节描述了人类卷入其中的各种社会性形式,以及由这种社会性引起的多少具有稳定性的社会关系秩序安排。它聚焦于人类相互联系的方式即社会联系的模式,如人们的各自生活、共同生产和交往等。协作结构,劳动分工和阶级、种族、年龄、性别等社会等级,或者能够进入物质和符号行动以及社会权力的具有细微差异的个人或集体,都是包含在这个环节中的问题。③如此之多的社会因素、环节和关系都是作为空间存在物或空间构成因素而持存、而结构、而发生交互作用的。它们作为社会空间要素在构作空间的同时又适应空间、被空间所构作。同时,相对于每一社会主体,它们既是空间性的环境又是主体各类实践的产物之分类集成。因而都处于交互作用的共时态施、受关系中。相对于一切社会主体而言,"我的相关环境开始和终结的地方本身就是与我相关的生态、经济和其他过程的功能。此外,相关性依赖于我自己的活动"④。这说明在人身上存在"一系列不

---

① [美]迪尔:《后现代都市状况》,第317页。
② [英]芭芭拉·亚当、乌尔里希·贝克、约斯特·房·龙编著:《风险社会及其超越:社会理论的关键议题》,第254—255页。
③ [美]戴维·哈维:《正义、自然和差异地理学》,第90页。
④ [美]戴维·哈维:《正义、自然和差异地理学》,第61页。

确定的、无定形的、不协调的潜能"，它们怎样被激发、被组织和利用也是充满不确定性的。并且社会主体自身在物质上、社会上、性别上、话语上或表象上得以生产的那些方式，以及身体反过来重新铭写并把自己投射到社会文化环境之上从而使环境既生产又反映自身兴趣和形式的那种方式，也正好体现了马克思关于主体和环境相互生产的辩证关系。①人的存在及其活动本身就是人的环境，对我是主体，对他是客体；对每一主体，他者就是其环境，环境的创造者和构件。人与环境的相互创造，也是人与人之间的相互创造。其中，每一主体的身心特征，社会地位和角色，个人经历和际遇，社会权益和诉求，相关经验、知识和能力等，都是形形色色、千人千面、充满个性和偶然的。其多方面的主体性差异会以无数矛盾、碰撞、对冲的交互作用方式，在互促、互创、互融中形成大小不同的合力系统而创造出各式各样的环境和空间格局来，再经过更大范围、更高层次的交互作用形成社会的整体性合力与连续性、协调性空间。但这一由无限多因素、经无数环节而完成的过程，实际上是无数偶然性因素、事件、环节、行为、境况交互作用的系统共振与结果。因而就单一性而言，它们是偶然发生、偶然成就、偶然互动、偶然结果的。这最终结果及其留下的某些有轨迹可寻的过程或路径，作为偶然性的中和与扬弃，是历时态地在时间流逝中完成的。虽然它们以必然性对偶然性的统驭证明了时间之流对空间碎片的拼接与镶嵌，但在空间因素每一交互作用的瞬间及其生成的无数空间碎片而言，偶然性则是其基本属性。

其三，空间因素及其交互作用之偶然性，还由于这类无限多的交互作用必须通过同样是无限多的环节转换才能实现。关于把社会生活多因素当作社会联系、交互作用的环节，马克思早有论定："在现实中，私人权利、道德、家庭、市民社会、国家等等依然存在着，它们只是变成了环节，变成了人的存在和存在方式，这些存在方式不能孤立地发挥作用，而是互相消融，互相产生等等。"②虽然，马克思做此论述更多的是依据历史运动的辩证法，而非依据像今天这样社会事物前所未有的复杂空间关系，但他很深刻、很科学地揭示了社会事物各环节之间相互生产、相互消融的辩证机理。只是这些环节

---

① [美]戴维·哈维：《正义、自然和差异地理学》，第316—317页。
② 《马克思恩格斯全集》第42卷，第172页。

在当代社会空间条件下变得异常复杂了。人们强烈地感受到，社会现象及其空间化的交互作用之形式与结果的偶然性，很重要的一个方面是因活动环节的偶然生成与偶然转换所致。社会空间"布朗运动"的研究者充分注意到了这一现象，并做出了深刻分析："内部关系通过从一种环节向另一种环节的转化而得以形成。但是转化，比如说，从渴求的东西向说、做和制度化的东西转化，充满了危险和困难。某种东西，有时是大量的东西，丢失了。……比如说，从作为物质力量的权力向作为话语的权力的转化，常常是一种难以捉摸的事。不同环节之间总是存在着鸿沟，以致漏失、含糊性和无意识的后果必然发生。"①哈维对空间因素交互作用之环节转换偶然性的关注是敏锐的，但他仅仅从因素转移、演替过程发生的某些"丢失"而论鸿沟和不确定性，则失之偏颇。因为当代非线性复杂系统理论告诉我们，空间因素交互作用不仅有因素的损失和作用的衰减，更有因素的裂变、增生、膨化和作用的聚合与爆发。著名的研究空间交互作用涨落现象的"蝴蝶效应"原理，以巴西一只蝴蝶的翅膀抖动，引发美国得克萨斯州一场龙卷风的形象比喻，说明空间因素的交互作用经过无数环节的转换能巨量地增效，形成与初始原因无法匹配的爆发式后果。因为空间因素的交互作用能引爆许多潜能，并经过一系列复杂系统的自组织运动而急剧放大，形成偶然性裂变和聚变的大爆炸效果。由此我们当知，"根本复杂系统，它们具有'整体大于部分之和'的性质。在这些系统里没有可逆性。经典的可逆热力学必须被不可逆热力学取代，因此，在诸如生物化学和神经生理学等学科中，假设'马赛克地砖'可以被重新拼在一起，从而获得关于生命体的完整图景，这不过是聪明的疏忽"②。复杂系统中空间因素交互作用的"蝴蝶效应"不可还原，不可逆运算比配寻因，合理的解释只能是空间现象的偶然性裂变和聚化难以预测和计量。正如马克思所说的："总的说来……一般规律作为一种占统治地位的趋势，始终只是以一种极其错综复杂和近似的方式，作为从不断波动中得出的、但永远不能确定

---

① ［美］戴维·哈维：《正义、自然和差异地理学》，第 91 页。
② ［德］弗里德里希·克拉默：《混沌与秩序：生物系统的复杂结构》，柯志阳、吴彤译，上海科技教育出版社 2010 年版，第 215 页。

的平均情况来发生作用。"① 严格奉行逻辑主义的黑格尔，却无视这一复杂现象的不可还原性，他坚持一种线性因果匹配关系，主张以果寻因、"简单返回"的还原论追溯："直线式的无穷进程的圆圈化而绕圆为一自成起结的关系也如一般随处皆有的简单返回一样……就是此一因与另一因以及两者彼此的联系。但此种联系的发展，相互作用，本身即是区别的变换，不过不是原因与原因的互换，而是因果关系中两环节的互换，就每一环节各个独立自为，又按照两者的同一性来说，原因之所以为原因，由于是效果的原因，反之，效果之所以为效果，由于是原因的效果——而由于两者的这种不可分离性，所以设定其一环节，同时也就设定其另一环节。"② 显然，这种因果还原论是线性的，无法解释非线性复杂系统中诸如蝴蝶效应一类因果关系不等当的偶然现象。

其四，空间因素交互作用的机理以其丰富而复杂的偶然性喻之为"布朗运动"，还在于它们的难以预估、精算和可控，在主体知行能力方面存在无法有效企及的偶然性。哈维在自己对社会运动的时空结构研究中，很机敏地觉察到了空间在人们的经验世界里似乎具有比时间更多的偶然性。其中一个重要致因是由空间认识的困难性造成的："抽象地看，空间比时间拥有更复杂和特殊的属性。在空间中有可能向不同的方向运动，但是时间仅仅会流逝，是不可逆转的。空间的度量相对也较难标准化。……地理空间一直是具体和特殊事物的领域。"③ 空间现象及其交互作用运动难以精确测度、计量也就在于它们的致因多元性、作用随机性、矢量发散性、序量多相性、运行复杂性等方面的特质。在传统的尤其是乡土社会中，活动的地理格局和主体的属地位置几乎能确定人的命运；你所在的地方通常决定你是何种人或能有何种作为。但是全球化加网络化将这一切都非确定化、非空间化了。以往在人们所熟悉的空间的、同时性的城市里，每一个事物都有一个时间和地点。但是现在延伸到了一个完全不同的城市。时光韵律变成白色噪音，任何事情都有可能发生。主体属地性的消蚀，固定空间身份的退去，意味着行为的泛在和脱域。

---

① 《马克思恩格斯全集》第 25 卷，第 181 页。
② [德]黑格尔：《小逻辑》（第二版），第 319 页。
③ [英]德雷克·格利高里、德雷克·厄里编：《社会关系与空间结构》，第 143 页。

这对于空间本身的结构而言则是特定空间场所在不同地域的漂移，亦是不同空间格局在广泛地域的叠置、套嵌和互渗，空间因素的驳杂性带来交互作用的无序性，加剧了空间结构的混沌性。面对空间事件的偶发、交互作用的随机、空间秩序和结构的混沌这样一幅幅斑斓杂陈、波谲云诡的景观，人们对于空间运行的理解和操控，自然地产生了一种有偶然性魔力、对立性张力、依他性离散力的体验和认知。它们在很大程度上对以往的"历史—地理唯物论"形成解构作用。因此，在近来一段时间，"人们提出了这样一种与众不同但却相当普及的主张：'空间'规定了差异、他性、没有管束、不可预见、意外等等领域，因此也规定作用地点和解放政治支点。空间为全部有关社会过程的元理论规定了不可驯服的残余。这些非常强烈的主张值得我们批判地详察"①。当社会生活范围不断扩大，加入的因素不断增多，不同空间彼此叠置和渗透不断深化时，人们在空间的现实与虚拟、在地与脱域的频繁转换中，空间的无数信息和多向作用力不仅自身是偶发的，而且又成为空间偶然事件的制造者。它们往往会把社会主体带入一种空间失觉、失向、失所的懵懂境地，如汪洋中行驶的小舟被动应对偶然性风浪的冲击，常为不可控、难预见、多意外的"他性"所左右。因而，文明进步在给人类提供更多自由的同时，也给人类增添了更多的偶然性纷扰和不确定性风险。

其五，在空间研究中引入复杂系统理论，深化对其"布朗运动"的理解。

非线性复杂系统理论作为当代在自然科学群推动和支持下形成的综合性学科，把复杂的诸如测不准关系、"云问题"、熵增现象等问题加以多种方法的研究，克服了单一科学方法的不足，同时又摆脱了哲学思辨的抽象和浮泛，为人们破解大量难题提供了新的方法论支持。因而，它们对于认知和理解诸如"布朗运动"这样的空间现象难题也是大有助益的。更让人欣喜的是，复杂系统理论许多方面直接是以空间现象为问题域展开研究的，因而对于解决空间中偶然现象的认知和说明具有直接的解释力。复杂系统理论，从最一般的意义上讲，"它们被概括为自确定、自组织和自更新等术语，概括为对所有贯穿时空的自然动力学系统的相互联系的认识，概括为全部结构中的各种过程的逻辑起点，概括为支配质量定律的涨落作用和赋予个体及其创造性洞见

---

① ［美］戴维·哈维：《正义、自然和差异地理学》，第 126 页。

以机会，还概括为进化的开放性和创造性，该进化既不是由它最新的形态和它正在消失的结构所预先确定，也不是由其最终结果所决定。科学将要把这些原理视为自然动力学的普遍定律"①。这一理论体系认为复杂系统有以下几个共性："第一，每一个这样的系统都是一个由许多平行发生作用的'作用者'组成的网络。……每一个作用者都会发现自己处于一个由自己和其他作用者相互作用而形成的一个系统环境中。每一个作用者都不断在根据其他作用者的动向采取行动和改变行动。正因为如此，所以在这个系统环境中基本上没有任何事情是固定不变的。""这个系统所产生的连续一致的行为结果，是产生于作用体之间的相互竞争与合作。""第二，一个复杂的适应性系统都具有多层次组织，每一个层次的作用者对更高层次的作用者来说都起着建设砖块的作用。""第三，所有复杂的适应性系统都会预期将来。……比如说，对一个持续已久的经济衰退的预期会使个人放弃买一辆新车，或放弃过一个很奢侈的假期的计划，这样反过来又加深和延长了经济衰退。""更为一般性地说，每一个复杂的适应性系统都经常在做各种预期，这种预期都基于自己内心对外部世界认识的假设模型之上，也就是基于对外界事物运作的明确的和含糊的认识之上。而且，这些内心的假设模型远非是被动的基因蓝图。它们积极主动，就像计算机程序中的子程序一样可以在特定的情况下被激活，进入运行状态，在系统中产生行为效果。事实上，你可以把内心的假设模型想象成是行为的建设砖块。它们就像所有其它（他）建设砖块一样，也能够随着系统不断吸取经验而被检验、被完善和被重新安排。""最后一点，复杂的适应性系统总是会有很多小生境，每一个这样的小生境都可以被一个能够使自己适应在其间发展的作用者所利用。正因为如此，经济界才能够接纳计算机编程员、修水管的工人、钢铁厂和宠物商店，这就像雨林里能够容纳树獭（懒）和蝴蝶一样。而且，每一个作用者填入一个小生境的同时又打开了更多的小生境，这就为新的寄生物、新的掠夺者、新的被捕食者和新的共生者打开了更多的生存空间。而这反过来又意味着，讨论一个复杂的适应性系统的均衡根本就是毫无意义的：这种系统永远也不可能达到均衡的状态，它总是处在

---

① [德]弗里德里希·克拉默：《混沌与秩序：生物系统的复杂结构》，第225—226页。

不断展开，不断转变之中。"①

纵观非线性复杂系统理论的这些基本逻辑规定和解释方法，它们的确能从多个方面为解析空间交互作用的随机性和偶然性提供科学帮助。首先，非线性复杂系统理论的研究对象是包含了空间因素交互作用的"布朗运动"机制的，对空间因素互渗互创运动的随机性、无周期、不对称、非规则等现象的研究给出了多方面的支持和工具性技术，有助于提升人们解决空间偶然现象的自觉性。其次，非线性复杂系统理论十分关注空间的开放与互融、关注能量的聚集与耗散、关注事物的协同和突变，这对于研究空间转型、空间开放、空间连续与中断、空间分型等复杂运动是十分有效的，它们能从不同方面给社会生活的偶然性以空间致因和运行机制的解释。最后，非线性复杂系统理论是系统群论的研究方法，以它们为方法论支持，能更好地建构和理解自然物理空间与社会人文空间、生活环境空间与天文空间、政治经济文化空间与一般社会空间、物质空间与虚拟空间、现实空间与理想空间、社区空间与城乡空间等方面构成的互嵌和互创、多边复合联动关系，都是极有指导意义的，应当大力开发，积极采用，推动生存空间的科学研究和有效利用，借以建立和发展空间问题的多学科研究。

三、从空间论域重估偶然性的社会认识论意义

从空间论域重估偶然性的社会认识论意义，主要体现在对于当代唯物史观的创新性研究中。这是一项需要思想者自我革命才能勉励做好的工作。除了深入体察现代生活，关注社会世态变迁，悉心感悟思想文化观念更新，这样一些总的求是之道外，马克思恩格斯和其他先哲在此问题上的一些思想遭遇及其破解难题的逻辑法则，很值得我们参验和撷取。

首先，我们需要从社会规律运行的时空特征去理解历史必然性与偶然性的关系。马克思恩格斯曾经反复告之人们，社会规律起作用的方式不同于自然规律，它是以人的实践为基础，经由人的预期目的和自觉意志推动人的行为而展开的。"但是，不管这个差别对历史研究，尤其是对各个时代和各个事

---

① [美] 米歇尔·沃尔德罗普：《复杂：诞生于秩序与混沌边缘的科学》，陈玲译，生活·读书·新知三联书店1997年版，第197—200页。

变的历史研究如何重要，它丝毫不能改变这样一个事实：历史进程是受内在的一般规律支配的。因为在这一领域内，尽管各个人都有自觉预期的目的，总的说来在表面上好像也是偶然性在支配着。人们所预期的东西很少如愿以偿，许多预期的目的在大多数场合都互相干扰，彼此冲突，或者是这些目的本身一开始就是实现不了的，或者是缺乏实现的手段的。……但是，在表面上是偶然性在起作用的地方，这种偶然性始终是受内部的隐蔽着的规律支配的，而问题只是在于发现这些规律。"[1]这种论述让我们再次看到了敬畏和遵循历史规律、必然性的严肃思想意义。诚然，社会生活因为要以人的目的性实践活动为基础，使得社会规律的作用和表现方式不同于自然规律。它们有更高的或然率，有更多的变化，因而时效更短、形式更杂、波动更大。但它们的客观性、必然性、可知性仍不容置疑。尽管现代生活趋向空间性主导而增大了偶然性出场的频率，形成了似乎偶然性主导社会生活的假象，使必然性的揭示和把握加大了难度；尽管人们的活动与交往方式强化了横向的空间关系，弱化了历史承续的时间关系，使必然和偶然的时空关联有了新的时代特征，但活动方式的时空结构变化并未改变必然与偶然的客观联结，也不曾使其丧失对社会生活本来的规定性。因此，认识和诠释必然与偶然关系的时空视域和方法的某些改变，不应当引发对于社会生活客观规律之信念的改变，不应当成为冷漠必然性、崇拜偶然性的机会主义、应激主义的理由。只有这样理解问题，唯物史观及整个社会科学才能扎进充满时代气息的现实生活，得到创新性的研究与发展。

其次，经典作家的意见也告诉我们，对社会生活必然与偶然之逻辑关系的揭示，的确需要一定的时空条件。那就是恩格斯所说的"所考察的时期越长，所考察的范围越广"，即对社会生活进行较长时间、较大空间范围的观察和研究，才能透过纷繁复杂的偶然性，超越各类社会现象围绕经济发展轴线上下左右波动的迷局，从大趋势、总取向方面把握社会发展变化的逻辑轨迹。社会发展规律作为各种社会因素交互作用的合力结果与运行趋势，它不仅是对各社会空间之生活事件的复杂性自组织，而且是对不同历史时段之社会事件发展走向的系统性整流。人们若过于紧贴具体事件，固守于局部空间，或

---

[1]《马克思恩格斯选集》第4卷，人民出版社1995年版，第247页。

点击式切入事件之流的某个片断,那必然为社会生活的局部现象、间或阶段乃至个别事件遮蔽视野,无法从个别或特殊性中超拔出来,上升到对规律性或必然性做出深入理解的一般逻辑境界。社会规律通常只能从其运行之历史的长时段、多环节,以及空间的大范围、多领域的比较研究中得出。这一由社会规律自身演绎的逻辑特征,对于人们揭示和把握这些规律在认知逻辑上提出的特殊要求,在社会生活节率急剧提速、空间范围骤然扩展的今天,要将它们切实贯彻到唯物史观对现实生活的创新性研究中去,的确存在许多悖论性困难。一方面是社会规律的揭示需要时间的相对长度和认知的丰富从容,但另一方面却是生活的快节奏流变让人们追赶随行;一方面是社会规律的揭示需要不同空间活动特征的比较研究和主体的易位思考,但另一方面却是生活的全球化运转让人们陷入一种同质化、齐一性的知行活动中,难以抽身局外客位地考量和诠释与主体同步旋转并制约主体知行的各类问题。凡此种种的困难和思维的逻辑挑战,都需要我们用新的思维方式和认知方法去破解困局。其中,除更新思维,大量采用非线性复杂系统理论提供的复杂性思维方法如耗散结构论、突变论、协同论、分形理论等新型思维方式,以丰富历史辩证法之外,就是要积极而科学地采用现代信息技术,用大数据的参量分析弥补对广大范围同质化现象之差异化比较的不足;用更大量的即时性信息之快速波动曲线的放大观察、多值分析与深入考量,去克服社会生活稳定性差、信息量大、转换性快给社会认知和趋势判断带来的困难。这自然是以研究方法和研究手段的更新,去创新和推进对当代社会生活的唯物史观研究的技术性法门。

最后,要深入思考和认真解决关于社会生活必然性与偶然性关系之认识的"初始条件"限制。关于社会生活现象中之偶然与必然的关系,在经典作家的论述中似乎有两重界定:一是在本体论意义上讲,社会发展内在的必然趋势以众多偶然事件为其展示的环节,通过表面看去毫无关联的偶发事件之排列、之无序运动,而体现必然之规律的逻辑演绎及其内在秩序。这种关系即社会发展个别事件无序流变中的有序运动,是不以人的意志为转移的客观存在,是社会主体对社会发展之历史规律形成思想的逻辑反映之现实根据。二是在认识论上讲,那些未曾进入人的认识领域,或未被人们认识和把握的社会力量,包括必然性的和偶然性的,它们都以人们意想不到的形式影响或规定人的行为,常常以意料之外,或南辕北辙,或歪打正着的方式冲击着实践的方向和结果,使人们在捉摸不定的盲动中形成对这类社会现象的或然性、盖然性的认识和适应。这种由主体认识局限带来的偶然性体验,其对象性内容当然大量的是偶然性事件本身,但也包括部分与人的盲目行为相对立的自在的必然性因素,因而其根据既有客观的即本体论意义的,亦有主观的即认识论意义的。做这样的理解,还在于人的意志、目的及其实践行为本身,是直接参与建构社会运动必然趋势的要件,社会规律本身是人的活动规律,因而人的盲目行为既是社会自在力量作用之果,又是构成社会自在力量之因。基于这样的复杂机制,恩格斯说:"社会力量完全像自然力一样,在我们还没有认识和考虑到它们的时候,起着盲目的、强制的和破坏的作用。但是,一旦我们认识了它们,理解了它们的活动、方向和影响,那末(么),要使它们愈来愈服从我们的意志并利用它们来达到我们的目的,这就完全取决于我们了。"[①]人类对社会生活的认识,从来都只能是由浅入深、由片面到全面的,认识的不完全性、不准确性所造成实践、生活的或然性,在所难免。马克思曾说过,思想史上的某些范畴,在开始阶段总是只能"表现这个一定社会的、这个主体的存在形式、存在规定、常常只是个别的侧面"[②]。足见认识的不成熟是造成社会行为偶然性的重要原因。

曾对这一问题做出深刻科学分析的波普尔,用著名的"云""钟"理论形象地解释了偶然和必然的辩证关系。他认为"云"是指无规则、不确定的水分子运动,杂乱无章,属难以预测的偶然性现象;"钟"则是指规则严缜而运行稳定并可预测的必然现象。在他看来"所有的云都是钟"的理念,是一种从牛顿理论中引出的"物理决定论",是不科学的,非常不适合解释现代社会生活的运行机制。相反,"所有的钟都是云"的理念则比较合理,且得到了相对论和量子力学的支持。这种对偶然和必然关系的解释,似乎更为现代生活的逻辑所肯定。它昭示了现代空间行为关系有了更多的参照系和相对性,社会秩序有了更多的变动性和自组织性,必然性和偶然性的具体联系在时空结构中有了更多的随机性和境遇性,因而对社会事件的预测和把控亦有了时空

[①]《马克思恩格斯全集》第19卷,第241页。
[②]《马克思恩格斯全集》第12卷,人民出版社1962年版,第757页。

中的复杂性和不确定性。但它们未消解对必然性认识的意义和对偶然性认识的可能。波普尔在其《科学发现的逻辑》一书中，曾谈到了不可预测性和偶然性的关联。他认为，我们可以依据行星运转的必然规律来预测它们运行的未来趋势，但无法像预测行星运转那样去预测投掷骰子每一单次的结果。因为行星运动是循着严格规律的，而每次投掷骰子及其结果则是属于偶然性的。之所以如此，并不是掷骰子就绝对脱离了规律性，而是由于人们对其运动的初始条件缺乏足够的了解。若充分掌握了投掷骰子的初始条件，那么骰子的运动也是可以预测的。由此，他对掷骰子结果概率有过如此解释："概率是我们对合理的投赌机会的估价。它是一种本质上取决于我们对不完全的信息的测量，而且它是我们的信息的不完全性的测量：如果我们能够足够精确地知道有关这只骰子将要被投掷的条件的信息，那么就可以毫无困难地预测到其确定的结果。"[①]如此看来，许多被称为偶然性的现象，只是我们对其运动的初始条件缺乏了解所致。

这一研究和把握事物必然性的思想方法也昭告我们，在社会生活中要透过偶然性去揭示事物的必然规律，必须深入具体地研究和掌握社会事件赖以发生的初始条件。一则不要因为对必然性现象之认识失察而将其主观化地认定为偶然事件。二则不要因为偶然事件的难以把控就放弃对它们进行研究和掌握的努力，因而放纵碰机会、撞大运的偶然性崇拜意识。三则在市场竞争、国际社会多角博弈、知识信息飘忽不定等时代性因素影响下，社会生活不确定性提升，"蝴蝶效应"一类现象的影响力增大，更要求我们努力跟进或及时追踪社会重大事件的交互作用关系及其连续演化的轨迹，尽可能及时地、更多地把握社会事变的初始条件，形成有预见，有用科学对策干预其自发作用的主动性，防止类似世界性金融危机的恶性事件给人类福祉和社会安定造成的巨大破坏。唯物史观的现代思维，应当为此提供科学的方法论与合理的价值观引导。为此，我们更应当把唯物史观的原理由以往那种抽象而死板的教条式理解和机械复述，变成与时代脉动、时代精神水乳交融的鲜活的思想方法和认知工具。要彻底从黑格尔那种把历史变成逻辑演绎工具的错误思想窠

[①] [英]戴维·米勒编：《开放的思想和社会——波普尔思想精粹》，张之沧译，江苏人民出版社2000年版，第209页。

臼中解脱出来。黑格尔在其《逻辑学》中把逻辑思维范式绝对化,用逻辑演绎去取代客观事物本身的历史发展。马克思在对黑格尔哲学的深入批判中称其为"无人身的理性",认为他把一切客观事物的发展变化都幻化成抽象逻辑之历史演绎,生成一种泛逻辑主义的思想错误。他指出,"正如我们通过抽象把一切事物变成逻辑范畴一样,我们只要抽去各种各样的运动的一切特征,就可得到抽象形态的运动,纯粹形式上的运动,运动的纯粹逻辑公式。如果我们把逻辑范畴看作是一切事物的实体,那么我们也就可以设想把运动的逻辑公式看作是一种绝对方法,它不仅说明每一个事物,而且本身就包含每个事物的运动"[1]。这种"脱离任何内容同时又正是对任何内容都通用的"唯心主义逻辑范式[2],是唯物史观现时代创新必须坚决摒弃的。否则,我们无法沉入现实,面向实践,适应时代发展,做出新的理论建树。

历史辩证法,永远包含对人类社会发展规律之时空机制的揭示和诠释,透悟这一理论本身的逻辑机理,认识这一理论与当代社会生活对话、结合的新特征,呼唤我们对它做出更为深刻、更为系统的时空解码。

---

[1] 《马克思恩格斯选集》第1卷,第139页。
[2] 《马克思恩格斯全集》第42卷,第176页。

参 考 文 献

（汉）刘向编集：《战国策》，贺伟、侯仰军点校，齐鲁书社 2005 年版，第 55 页。
（明）计成：《园治》，江苏文艺出版社 2015 年版。
《李大钊文集》上册，人民出版社 1984 年版。
《列宁选集》第 3 卷，人民出版社 1972 年版。
《马克思恩格斯全集》第 1 卷，人民出版社 1956 年版。
《马克思恩格斯全集》第 2 卷，人民出版社 1957 年版。
《马克思恩格斯全集》第 3 卷，人民出版社 1960 年版。
《马克思恩格斯全集》第 4 卷，人民出版社 1958 年版。
《马克思恩格斯全集》第 9 卷，人民出版社 1961 年版。
《马克思恩格斯全集》第 12 卷，人民出版社 1962 年版。
《马克思恩格斯全集》第 13 卷，人民出版社 1962 年版。
《马克思恩格斯全集》第 16 卷，人民出版社 1964 年版。
《马克思恩格斯全集》第 18 卷，人民出版社 1964 年版。
《马克思恩格斯全集》第 19 卷，人民出版社 1963 年版。
《马克思恩格斯全集》第 20 卷，人民出版社 1971 年版。
《马克思恩格斯全集》第 23 卷，人民出版社 1972 年版。
《马克思恩格斯全集》第 24 卷，人民出版社 1972 年版。
《马克思恩格斯全集》第 25 卷，人民出版社 1974 年版。
《马克思恩格斯全集》第 26 卷，第 3 册，人民出版社 1974 年版。
《马克思恩格斯全集》第 30 卷，人民出版社 1995 年版。
《马克思恩格斯全集》第 31 卷，人民出版社 1998 年版。
《马克思恩格斯全集》第 37 卷，人民出版社 1971 年版。
《马克思恩格斯全集》第 41 卷，人民出版社 1982 年版。
《马克思恩格斯全集》第 42 卷，人民出版社 1979 年版。
《马克思恩格斯全集》第 46 卷，人民出版社 1979 年版。
《马克思恩格斯全集》第 46 卷，人民出版社 1980 年版。

《马克思恩格斯全集》第 46 卷,人民出版社 1995 年版。
《马克思恩格斯全集》第 47 卷,人民出版社 1979 年版。
《马克思恩格斯全集》第 50 卷,人民出版社 1985 年版。
《马克思恩格斯文集》第 8 卷,人民出版社 2009 年版。
《马克思恩格斯选集》第 1 卷,人民出版社 1995 年版。
《马克思恩格斯选集》第 1 卷,人民出版社 2012 年版。
《马克思恩格斯选集》第 2 卷,人民出版社 1995 年版。
《马克思恩格斯选集》第 3 卷,人民出版社 1995 年版。
《马克思恩格斯选集》第 3 卷,人民出版社 2012 年版。
《马克思恩格斯选集》第 4 卷,人民出版社 1995 年版。
《马克思恩格斯选集》第 4 卷,人民出版社 2012 年版。
《资本论》第 3 卷,人民出版社 1975 年版。
《资本论》第 3 卷,人民出版社 2004 年版。
包亚明主编:《后现代性与地理学的政治》,上海教育出版社 2001 年版。
包亚明主编:《现代性与空间的生产》,上海教育出版社 2003 年版。
孙江:《"空间生产"——从马克思到当代》,人民出版社 2008 年版。
汪民安、陈永国、马海良主编:《后现代性的哲学话语:从福柯到赛义德》,浙江人民出版社 2000 年版。
薛毅主编:《西方都市文化研究读本》(四卷本),广西师范大学出版社 2008 年版。
杨明照撰:《抱朴子外篇校笺》下册,中华书局 1991 年版。
张杰:《中国古代空间文化溯源》,清华大学出版社 2012 年版。
周禹、杜贺敏、崔海鹏:《三星崛起之道:东方式管控+西方式变革》,机械工业出版社 2010 版。
[阿根廷]劳尔·普雷维什:《外围资本主义:危机与改造》,苏振、袁兴昌译,商务印书馆 1990 年版。
[比]伊·普里戈金、[法]伊·斯唐热:《从混沌到有序》,曾庆宏、沈小峰译,上海译文出版社 1987 年版。
[德]弗里德里希·克拉默:《混沌与秩序:生物系统的复杂结构》,柯志阳、吴彤译,上海科技教育出版社 2010 年版。
[德]海德格尔:《存在与时间》(第二版),陈嘉映、王庆节译,商务印书馆 2018 年版。
[德]海德格尔:《海德格尔选集》,孙周兴选编,上海三联书店 1996 年版。
[德]黑格尔:《历史哲学》,王造时译,上海书店出版社 2006 年版。
[德]黑格尔:《小逻辑》(第二版),贺麟译,商务印书馆 1980 年版。
[德]路德维希·费尔巴哈:《费尔巴哈哲学著作选集》上卷,荣震华、李金山等译,商务印书馆 1984 年版。
[德]马克斯·舍勒:《知识社会学问题》,艾彦译,华夏出版社 2000 年版。
[德]齐美尔:《社会是如何可能的:齐美尔社会学文选》,林荣远编译,广西师范大学出版社 2002 年版。
[德]乌尔里希·贝克、[英]安东尼·吉登斯、斯科特·拉什:《自反性现代化:现代社会秩序

中的政治、传统与美学》，赵文书译，商务印书馆 2014 年版。

[德]乌尔里希·贝克、约翰内斯·威尔姆斯：《自由与资本主义：与著名社会学家乌尔里希·贝克对话》，路国林译，浙江人民出版社 2001 年版。

[法]埃德加·莫兰：《复杂思想：自觉的科学》，陈一壮译，北京大学出版社 2001 年版。

[法]亨利·勒菲弗：《空间与政治》（第二版），李春译，上海人民出版社 2008 年版。

[法]加斯东·巴什拉：《空间的诗学》，张逸婧译，上海译文出版社 2009 年版。

[法]米歇尔·福柯：《规训与惩罚：监狱的诞生》，刘北成、杨远婴译，生活·读书·新知三联书店 1999 年版。

[古希腊]柏拉图：《柏拉图全集》第 2 卷，王晓朝译，人民出版社 2017 年版。

[美]爱德华·W. 苏贾：《后现代地理学：重申批判社会理论中的空间》，王文斌译，商务印书馆 2004 年版。

[美]爱德华·W. 苏贾：《寻求空间正义》，高春花、强乃社等译，社会科学文献出版社 2016 年版。

[美]贝利：《比较城市化：20 世纪的不同道路》，顾朝林等译，商务印书馆 2008 年版。

[美]大卫·哈维：《巴黎城记：现代性之都的诞生》，黄煜文译，广西师范大学出版社 2010 年版。

[美]大卫·哈维：《希望的空间》，胡大平译，南京大学出版社 2006 年版。

[美]戴维·哈维：《新帝国主义》，付克新译，中国人民大学出版社 2019 年版。

[美]戴维·哈维：《正义、自然和差异地理学》，胡大平译，上海人民出版社 2010 年版。

[美]迪尔：《后现代都市状况》，李小科等译，上海教育出版社 2004 年版。

[美]卡斯腾·哈里斯：《建筑的伦理功能》，申嘉、陈朝晖译，华夏出版社 2001 年版。

[美]凯文·凯利：《失控》，陈新武、陈之宇、顾珮嵚等译，新星出版社 2010 年版。

[美]凯文·林奇：《城市意象》，方益萍、何晓军译，华夏出版社 2001 年版。

[美]理查德·佛罗里达：《新城市危机：不平等与正在消失的中产阶级》，吴楠译，中信出版集团 2019 年版。

[美]刘易斯·芒福德：《城市发展史——起源、演变和前景》，宋俊岭、倪文彦译，中国建筑工业出版社 2005 年版。

[美]罗伯特·戴维·萨克：《社会思想中的空间观：一种地理学的视角》，黄春芳译，北京师范大学出版社 2010 年版。

[美]迈克尔·沃尔泽：《正义诸领域：为多元主义与平等一辩》，褚松燕译，译林出版社 2002 年版。

[美]曼纽尔·卡斯特：《认同的力量》（第二版），曹荣湘译，社会科学文献出版社 2006 年版。

[美]米歇尔·沃尔德罗普：《复杂：诞生于秩序与混沌边缘的科学》，陈玲译，生活·读书·新知三联书店 1997 年版。

[美]索杰：《第三空间：去往洛杉矶和其他真实和想象地方的旅程》，陆扬等译，上海教育出版社 2005 年版。

[美]约翰·费斯克：《理解大众文化》，王晓珏、宋伟杰译，中央编译出版社 2001 年版。

[美]詹明信：《晚期资本主义的文化逻辑：詹明信批评理论文选》，张旭东编，陈清侨等译，

生活·读书·新知三联书店 1997 年版。
[挪]诺伯舒兹：《场所精神：迈向建筑现象学》，施植明译，华中科技大学出版社 2010 年版。
[日]广松涉：《物象化论的构图》，彭曦、庄倩译，南京大学出版社 2002 年版。
[日]望月清司：《马克思历史理论的研究》，韩立新译，北京师范大学出版社 2009 年版。
[英]安东尼·吉登斯：《历史唯物主义的当代批判：权力、财产与国家》，郭忠华译，上海译文出版社 2010 年版。
[英]安东尼·吉登斯：《现代性的后果》，田禾译，译林出版社 2011 年版。
[英]芭芭拉·亚当、乌尔里希·贝克、约斯特·房·龙编著：《风险社会及其超越：社会理论的关键议题》，赵延东、马缨等译，北京出版社 2005 年版。
[英]戴维·米勒编：《开放的思想和社会——波普尔思想精粹》，张之沧译，江苏人民出版社 2000 年版。
[英]戴维·莫利、凯文·罗宾斯：《认同的空间：全球媒介、电子世界景观与文化边界》，司艳译，南京大学出版社 2001 年版。
[英]德雷克·格利高里、约翰·厄里编：《社会关系与空间结构》，谢礼圣、吕增奎等译，北京师范大学出版社 2011 年版。
[英]多琳·马西：《劳动的空间分工：社会结构与生产地理学》，梁光严译，北京师范大学出版社 2010 年版。
[英]尼尔·寇、[加]菲利普·凯利、[新加坡]杨伟聪：《当代经济地理学导论》，刘卫东、马丽、张晓平等译，商务印书馆 2012 年版。
[英]彭茨主编：《空间》，马光亭、章邵增译，华夏出版社 2011 年版。
[英]约翰·汤姆林森：《全球化与文化》，郭英剑译，南京大学出版社 2002 年版。
[英]K. R. 波普尔：《开放社会及其敌人》，郑一明等译，中国社会科学出版社 1999 年版。
[英]W. C. 丹皮尔：《科学史及其与哲学和宗教的关系》，李珩译，商务印书馆 1975 年版。

附 录 一
恩格斯空间理念的辩证释义

当今世界，伴随人口的增加、生产力布局的地理改观、环境的恶化、资源的紧缺、生存空间的挤迫、城市化空间再造运动与全球化空间争夺等现象，人们对空间问题的关注越来越多。而人类交通条件的改善、通信方式的根本性变革，以及凭借高科技手段在太空领域进行的种种探索与价值诉求，又在更深层次和更大范围改变着人类的空间理念。科学的发展，让爱因斯坦相对论宇宙学改写了牛顿经典力学提供的空间解释，后者表明空间随着物质运动方式的变化而改变；而宇宙学理论的一再刷新更是不断挑战人类原有的空间观念。但科学领域空间思维方式的变革，却有哲学的先导。正如恩格斯所说的，把宇宙视为一个永恒运动、不可消灭的相互联系总体，"在这种认识在自然科学中实际起作用以前很久，哲学就获得了这种认识"[①]。其中，离现当代人类对空间问题认识最近、深刻引导人们去探索和阐释空间问题的哲学理念，当首推恩格斯的空间学说及其辩证法思想。

恩格斯对空间问题的认识，领跑他在世的许多空间学说，恩格斯的空间学说提出了类似于爱因斯坦相对论的空间可变理念。他的空间思想，逻辑地启发了爱因斯坦的相对论学说，哲学地影响了海德格尔从时间与存在之关系的探讨开始，晚年转到了对人之存在意义与空间之相关性的关注上面，对"筑、居、思"问题施以深刻而机敏的哲学沉思，并就空间再造与人的诗意栖居之价值关联做出人文解释。最为显著的，是恩格斯对后继者齐美尔空间理论的

[①]《马克思恩格斯全集》第20卷，第409页。

思想先导。齐美尔在其论文《空间社会学》中，对恩格斯深入探讨过的空间辩证法，进行了独具新见的开拓性研究，具体地论列了空间的五种属性：排他性、分割性、社会互动的空间局部化、邻近/距离、空间的变动性。[①]应当说，齐美尔关于空间的社会性、等差性和可造性研究，丰富、发展了马克思恩格斯的空间理论，为后来的空间问题研究打开了一扇大门。在西方马克思主义阵营中，列斐伏尔的空间学说将马克思恩格斯的空间理论研究推到了一个前所未有的思想深度与价值高度，从空间中的生产转到了生产的空间之研究上，进一步强化了空间问题的社会—文化意义，带动了同样是西方马克思主义阵营中的哈维等人对空间问题的继续探讨。基于上述，在空间问题被人们从科学、哲学，以及实际生活方面日益重视的今天，重读恩格斯空间理论的辩证法，当是一件极有意义的事情。

（一）空间现象的物质性还原

在讨论问题之前，需要对空间现象的马克思恩格斯的相关学案做个说明。毋庸置疑，从自然方面直接探讨和解释空间问题的，是集中在恩格斯的《反杜林论》和《自然辩证法》两部著作中。其中，前一著作还单辟一章——"自然哲学·时间和空间"，对问题作专门论述。但我们绝不能因此就认为其中的空间理念仅仅是恩格斯的思想。正如恩格斯在《反杜林论》序言中所说的："本书所阐述的世界观，绝大部分是由马克思所确立和阐发的，而只有极小的部分是属于我的，所以，我的这部著作如果没有他的同意就不会完成，这在我们相互之间是不言而喻的。在付印之前，我曾把全部原稿念给他听……在各种专业上互相帮助，这早就成了我们的习惯。"[②]由此可见，《反杜林论》所阐发的空间思想，应是马克思恩格斯共同赞成的学说。

其实，早在恩格斯撰写《反杜林论》之前，马克思在写作《资本论》过程中就深刻地关注和思考过空间问题，并对空间现象做出了精彩论述："一物和另一物有距离，这个距离的确是该物和另一物之间的关系；但是距离同时又是跟两物之间的这种关系不同的东西。这是空间的一维，一定的长度，它

---

① [德]齐美尔：《社会是如何可能的：齐美尔社会学文选》，第291—321页。
② 《马克思恩格斯全集》第20卷，第11页。

除了能够表示我们的例子中两物的距离外，同样能够表示其他两物的距离。但是还不止于此。当我们说距离是两物之间的关系时，我们是以物本身的某种'内在性'东西，某种能使物互相存在距离的'属性'为前提的。语音A和桌子之间有什么距离呢？这个问题是没有意义的，当我们说两物的距离时，我们说的是它们空间位置的差异。因此，我们假定，它们二者都存在于空间，是空间的两个支点，也就是说，我们把它们统一为一个范畴，都作为空间的存在物，并且只有在空间的观点上把它们统一以后，才能把它们作为空间的不同点加以区别。它们同属于空间，这是它们的统一体。"[①]马克思在其论述客观事物的距离——空间属性中，隐约地表达了他对空间—事物之内在关系的基本看法，概括起来有三点：其一，距离只是空间中两物关系的一维表达，不等于两物的全部关系，两物还分别与之外的他物发生关系，这多边关系才使三维空间成为现实；其二，分析两物间的距离，研究它们空间位置的差异，以物本身的某种"内在性"东西，即能使物互相存在距离的"属性"——空间占有性为前提，物的空间存在形式是事物差异性的重要基础；其三，只有在空间上把各别的事物统一起来，肯定它们同属于空间，成为空间的统一体以后，才能把它们作为空间的不同点加以区别，事物的空间统一性是确认和揭示其空间差异性的前提。显然，这种把具体物质形态的存在、相互间关系的确认，置于空间的统一性和具体空间关系的差异性去认识的方法，既肯定了空间的物质性，又肯定了物质存在方式的空间性，在物质与空间的一致性上坚持了两者的客观性，并且在物质的空间统一性和具体物形的空间差异性方面透露了空间辩证法的信息。这是对以往主观空间论和抽象空间论的拨乱反正，为恩格斯的空间哲思提供了某种理论预设，即从物质及其运动或存在的具体性状去考察空间问题，从两者的统一中说明空间的物质性和物质运动的空间性。

恩格斯秉持马克思从物质运动与空间的一致性立场来考察和诠释空间问题的理论原则。一方面，他主张，空间是物质的现象，是物质存在的形式，明确指出：时间、空间"物质的这两种存在情势离开物质，当然都是无，都

[①]《马克思恩格斯全集》第26卷，第3册，第154页。

只是在我们头脑中存在的空洞的观念、抽象"①。另一方面，他认为物质只能在时空中存在，世界通过时空而得以展现，不存在时空之外的事物："一切存在的基本形式是空间和时间，时间以外的存在和空间以外的存在，同样是非常荒诞的事情。"②恩格斯将空间、时间、物质运动联系起来研究的方法，不仅推翻了唯心主义时空观，坚持了时空的客观性，而且科学地定义时空为物质存在的基本形式，坚持了世界的物质统一性原则。

在人类思想史上，把世界、宇宙看作是一切空间和时间的总和，这个道理，早在我国春秋战国时代的文子和尸子就有明论。他们提出了宇是空间，宙是时间，时空合称为宇宙的理念，《文子·自然》曰："往古来今谓之宙，四方上下谓之宇"；《尸子》曰："四方上下曰宇，往古来今曰宙"。恩格斯继承前人先进的时空理念，吸纳近代科学的思想成果，把空间、时间、物质和能量看作构成世界统一体的内容，认定它们组成了世界的时空连续系统。

而在古希腊，亚里士多德认为，空间是固定的容器，容器是可移动的空间；空间可以在其内容物离开以后留下来，因而是可分离的，可以独自存在。空间是这样一种东西：离开它别的任何事物都不能存在，但它却可以离开别的事物而存在。显然，亚里士多德的观点对后来牛顿所主张的"绝对空间"理念是有深刻影响的。亚里士多德与牛顿都主张空间可以离开物质而存在，虽然我们不能简单地将他们的见解划入唯心主义的空间论阵营，但他们囿于感性体认的"空、物"可分的思维方法，至少在坚持唯物辩证法的空间论方面态度是不鲜明的，思维是不严谨的。因而理所当然地受到了恩格斯的批评：主张"空间以外的存在……是非常荒诞的事情"③。

值得重视的是，恩格斯的空间学说所内包的时空理论，很久以来就对人类的空间认识产生了良深的影响。他将时空界定为物质存在的基础形式，划清了与旧唯物主义机械论时空观的界限，颠覆了以往人们关于时空是与物质无关的独立存在理念。面对恩格斯的定义，牛顿的绝对时空观念已无法立足，时间既不是物质之外均匀流淌的河流，空间也不是装储原子的容器。相反，

---

① 《马克思恩格斯全集》第 20 卷，第 579 页。
② 《马克思恩格斯全集》第 20 卷，第 56—57 页。
③ 《马克思恩格斯全集》第 20 卷，第 57 页。

时空作为物质存在的基本形式与物质密不可分，只要是物质存在就必定占领空间，经历时间，时空正是物质存在的情势和体现。这样，恩格斯把时空与物质的关系彻底澄清了，它不仅继承了旧唯物主义关于时空的客观性、广延性、持续性等合理思想，而且在历史上第一次对时空的本质予以科学的界说。这对于爱因斯坦关于时空形态依物质运动性状的变化而变化的规律性发现，不无启发意义。它从哲学上给爱因斯坦相对论时空观预留了思维的逻辑空间。

爱因斯坦的相对论对牛顿绝对时空观念产生了巨大冲击，同时也证明了恩格斯时空定义的科学性。按照恩格斯的定义，时空既然是物质存在的基础情势；那么，时空的特征就应由物质运动的状态所决定，这种逻辑上的潜台词，是可以而且应当能够从恩格斯的时空理念导引出来的。爱因斯坦的相对论恰恰揭示了时空对物质存在状态的依附关系：狭义相对论指出，时空的特征是随着物体运动的速度的变更而转变的，当物体运动速度接近光速时，就会产生"尺缩钟慢"现象，即空间延伸缩短，时间因速率变慢而延伸；广义相对论又进一步揭示了时空与物质运动的内在接洽，指出物质质量散布越大，运动速度越快，引力场作用越强，则空间曲率越大，时间流逝越慢。这表明，现代科学的发展，进一步从物质运动的形态变换所引发的时间、空间及其相互关系的变化，这样一种新的物质与时空的相关性内容，证明了恩格斯从物质存在的基本形式去界说时空的合理性。它为20世纪以来人类在现代科学支持下把空间和时间统一为宇宙，建立关于宇宙的现代科学理论——宇宙学，提供了哲学的思想参照。这首先是时空现象的唯物论，同时更是其中辩证法的伟大胜利。

（二）空间的有限与无限

谈到恩格斯空间理念的辩证法，有一项重要内容是不能忽略的，即空间的有限性与无限性之辩证关系的思考。

恩格斯在《反杜林论》中对"时间和空间"作专题讨论，其关于空间有限与无限之关系的辩证法叙事，表达了他对这一问题独具慧眼的深刻洞察。他指出：一是"世界在时间上没有开端，在空间上没有终点"；二是宇宙"无限性和无限序列的无限性完全不同，因为后一种无限性总是开头就从一，从序列的第一项开始。""这种序列观念不能应用于我们的对象……无限序列一移到空间，就是从某一点起按一定方向延伸到无限的线"。亦即空间有了端点，与其无限性意义势成悖论；同时序列的线性无限延伸，更不符三维空间的无限性。①三是"毫无目的和目标地测度虚无缥缈的空间，也是一无所得"②。

恩格斯的上述思想，既是内容丰富、思维深刻的，又是需要认真厘析、深入阐释的。首先，恩格斯肯定了整个宇宙、自然界存在的永恒性和无限性，它既无时间的开端，亦无空间的边际。这不仅直接否定了上帝创世说的唯心主义观点，也给将有限空间的识见移作无限空间的解释这样一种形而上学观点以严厉批评。受到恩格斯严肃批判的杜林，曾经把宇宙的运动归结为力。恩格斯从整个宇宙物质运动全体的无限性和它的局部运动、个别运动形态的有限性关系出发，指出杜林把有限空间的物质运动形式无限放大的错误："这种观念是荒谬的，因为它把从本性来说是相对的、因而在同一时间始终只能适用于一部分物质的那种状态，当做（作）某种绝对的东西而转移到宇宙。"③这种批判既是充满辩证智慧的，又完全被现代宇宙学研究的科学事实所证明。宇宙学揭示出在宇宙总体中存在规模不等的中、小宇宙，形成宇宙物质的不同结构和存在方式，较大尺度的宇宙之结构、运动和演化模式，不是小尺度宇宙天体系统的简单延伸。广义相对论认为，宇宙中所有事件都具有一组确定的四维时空坐标，对应于四维流形中的一个代表点。任两个代表点之间的联系可能是类时的、类光的，或者类空的。若两个代表点之间的联系是类时的，则它们之间可以存在因果关系；若两个代表点之间的联系是类空的，则它们之间不可能存在因果关系。宇宙中任何事件附近的时空性质则由该处物质的分布所决定。显然，在空间问题上，把局部的、相对性的东西，当作全体的、绝对性的东西推及整个宇宙，于逻辑上就是混淆了空间的有限性和无限性关系，它无法理解有限，更无法理解和把握无限。

在恩格斯的空间意识中，对自然界总体宇宙的无限性与人类"可见宇宙"的有限性是有严格区分的。他指出："我们的自然科学的极限，直到今天仍然

---

① 《马克思恩格斯全集》第20卷，第54页。
② 《马克思恩格斯全集》第20卷，第57页。
③ 《马克思恩格斯全集》第20卷，第66页。

是我们的宇宙，而在我们的宇宙以外的无限多的宇宙，是我们认识自然界时所用不着的。此外，只有几百万个太阳中的一个太阳和这个太阳系，才是我们的天文学研究的主要基础。"[①]值得欣慰及肯定的是，恩格斯关于"我们的"即可见宇宙和整个物质世界的大宇宙之关系的认识论说明，既是对亚里士多德、牛顿有关空间理论的时代性发挥，亦为当代天文学的发展所证明，更为当代宇宙学的建立奠定了思想基础。

空间理论的发展表明，亚里士多德很早就从空间的有限与无限之辩证关系去说明空间问题。他把空间分为两类：一是共有的，即所自物体存在于其中的；另一是特有的，即每个物体所直接占有的。"共有空间"是所有的物体占有的共同场所，"特有空间"是每个物体在共同场所中占有的份额。亚里士多德也把后者称为"直接空间"，它是物体的直接包围者，不大于也不小于内容物，是内容物静止的最直接的界面。牛顿则提出了"绝对空间"和"相对空间"的理念，认为"相对空间"是人们感知到的具体空间，它与具体事物直接相关；"绝对空间"则与外界事物无关，是离开具体事物而独立存在的。这些思想资料表明，牛顿的空间理论曾受到了亚里士多德的影响，其"相对空间""绝对空间"理念，与亚里士多德的"特有空间""共有空间"理念具有某种相似性。而这两位科学家兼哲学巨匠的前贤，其空间理论对恩格斯的空间—宇宙学说，尤其是关于宇宙空间之有限与无限关系的思想，在方法论上同样产生了重要影响。恩格斯关于"我们的宇宙"空间、"无限多的宇宙"空间之分析，无疑有对亚里士多德和牛顿空间分析思想的诸多扬弃。

空间科学的发展快速地转换着宇宙学说的形态。现代宇宙学自爱因斯坦开始，到美国的伽莫夫，分别经历了爱因斯坦的"相对论宇宙学"、弗里德曼的"大爆炸宇宙学"、哈勃的"膨胀宇宙学"、伽莫夫的"热大爆炸宇宙学"等理论或宇宙模型的演绎。这些现代宇宙论学说，通过对可观察宇宙的各类信息的收集、加工、研究，深化和扩展了对宇宙的了解，并对"不可见宇宙"进行了多方面的推导。科学的观察和研究发现，人类观察难以企及的整个大宇宙，是无始无终、无边无际、无中心的，它应当是由无限量的"小宇宙"构成。这些"小宇宙"大小不等，如类星体，星系，星系团和超团等。人类

[①]《马克思恩格斯全集》第20卷，第580页。

所处的太阳系,只是无数"小宇宙"海洋中的一粟。目前,人类对宇宙观察的空间已延伸到 100 亿光年之外。而这个可观察的宇宙,则是有发生起点的,它源生于约 140 亿年前的宇宙大爆炸。若把观察的尺度缩小到恩格斯当年所指的"我们的宇宙"——太阳系来分析问题,那么,这个小宇宙更是有始有终、有边有际的,它是一个十分有限的空间。现有科学根据表明,银河系约有 1000 亿颗恒星,这远超出恩格斯所讲的几百万个太阳;而且,人类对宇宙的探测也远远越出了小小的太阳系。但恩格斯囿于当时科学水平的限制,对银河系恒星数量猜测得不准确,并不妨碍其致思路径的正确性。因为恩格斯把宇宙分为"我们的"、有限的可见宇宙和当时科学不曾或难以企及的、无限的总体宇宙,是十分合理的空间哲思。

在谈到对宇宙空间认识的有限性与无限性关系时,恩格斯还指出:"物质是某种既有的东西,是某种既不能创造也不能消灭的东西……运动也就是既不能创造也不能消灭的。只要认识到宇宙是一个体系,是各种物体相互联系的总体,那就不能不得出这个结论来。……笛卡儿原理——宇宙中存在的运动的量是永远一样的——只是在形式上有缺点,即对无限大应用了有限的表达方式。"[①]物质和运动,这样两个范畴,是对宇宙事件的客观实在性和变化发展属性做出的最高抽象概括,因而它们普遍适应于一切宇宙事件的说明,是绝对的、永恒的,因而是无限的。但具体的物质形态及其运动方式,则是不断转换的、有生有灭的、有限的。物质和运动的无限性、绝对性,正是存在于各具体宇宙事件的有限性、相对性之中,并通过它们表现出来。笛卡儿将无限大的宇宙问题以有限的方式加以表达,形式上有缺陷,内容上却是正确的。恩格斯曾经肯定了从有限性的东西开始,去探索和理解无限性的东西这样一种计数与致思路径的必要性。他说:"开端和终点正像北极和南极一样必然是互相联系的,如果略去终点,开端就正好成为终点,即序列所具有的一个终点,反过来也一样。……在数学上,为了达到不确定的、无限的东西,必须从确定的、有限的东西出发,所以一切数学的序列,正的或负的,都必须从一开始,否则就无从计算。"[②]正是因为无限寓于有限之中,所以人类也

---

① 《马克思恩格斯全集》第 20 卷,第 409 页。
② 《马克思恩格斯全集》第 20 卷,第 56 页。

只能通过认识有限去不断地接近无限。正如恩格斯所说的:"进入我们认识领域的仅仅是有限的对象",但人们能够通过有限对象的认识而达至无限的知识境界。因为,"一切真实的、详尽无遗的认识都只在于:我们在思想中把个别的东西从个别性提高到特殊性,然后再从特殊性提高到普遍性;我们从有限中找到无限,从暂时中找到永久,并且使之确定起来。然而普遍性的形式是自我完成的形式,因而是无限的形式;它是把许多有限的东西综合为无限的东西"。[①]在此,恩格斯谈论的自然是有限空间、有限宇宙现象人的认识,如何从有限对象的理性概括、科学综合而达到对其无限多样性及其恒定性、普遍性把握的辩证法。这与我们所要进一步说明的,整个宇宙无限时空中的事物能否被人类完全认识,还是有严格区别的。因为后者既无法全部进入人的认识视界,同时又不是人类认识所触及的事物在空间上之同构、同态、同性的广延和多样性的铺陈。因此,在认识宇宙空间的各类事件过程中,认识之有限与无限的关系,绝不是我们在课堂上讲哲学原理所谈到的是因人的思维至上性和非至上性那样一种辩证法则能够解释得了的。这种思维能力的解释,在范围上只能应对人类面临的有限世界,在时间上也只能适应于人类生命存活的有限时期。原则上,它不能解决人类对宇宙空间及其各类事件给认识带来的无限性困难。

对于宇宙空间无限性问题之认识的不可企及,科学告之我们,既不是人的思维能力问题,也不是认识工具的功能问题。根据相对论,信息的传播速度有限,因此在某些情况下,如在发生宇宙膨胀的情况下,距离我们非常遥远的区域中我们将只能收到一小部分区域的信息,其他部分的信息将永远无法传播到我们的区域,永远被隔在人类的"可见宇宙"之视界外。这是由于时空本身的结构造成的。

对于"我们能否观测到退行速度大于光速的星系"这个问题,目前大多数宇宙学家的回答是:"不能,因为这些星系处在我们的视界之外"。其中的思想根据是,相对论宇宙学中的速度必须由相对论多普勒红移公式来定义。然而在宇宙学中,红移是"宇宙学"的而非"多普勒"的,并且形成了一个速度的独立定义。宇宙学原理表明,有一个与距离无关的普适时间 t,以及

[①]《马克思恩格斯全集》第20卷,第577页。

一个与时间有关的瞬时距离 l,于是速度可以自然地定义为 dl/dt。利用这一定义以及红移的宇宙学解释,表明:既然"视界"是指由于红移无限大而造成的观测限制,而宇宙学中红移和速度并没有直接关系,因此"视界"与上述问题并没有关系。

这一"视界"问题,源于任何信息的传递速度都不可能超过光速的限制。根据海森堡的不确定性原理,在暴涨时期宇宙中存在微小的量子热涨落,随着暴涨这些涨落被放大到宇观尺度,这就成了当今宇宙中所有结构的种子。如果暴涨的确发生过,宇宙空间中的大片区域将因指数膨胀而完全处于我们可观测的视界范围以外。科学观测发现,宇宙加速膨胀之后,现今可观测的宇宙越来越多的部分将膨胀到人类视界以外而同我们失去联系,最终成为无法认识的世界。与此同时,宇宙学家认为宇宙的未来存在有两种图景:如果宇宙能量密度超过临界密度,宇宙会在膨胀到最大体积之后坍缩,在坍缩过程中,宇宙的密度和温度都会再次升高,最后终结于同大爆炸开始相似的状态,即大挤压;相反,如果宇宙能量密度等于或者小于临界密度,膨胀会逐渐减速,但永远不会停止。恒星形成会因各个星系中的星际气体都被逐渐消耗而最终停止;恒星演化最终导致只剩下白矮星、中子星和黑洞。这些致密星体彼此的碰撞,会相当缓慢地导致质量聚集而陆续产生更大的黑洞。宇宙的平均温度会渐近地趋于绝对零度,从而达到所谓大冻结。此外,倘若质子真的极不稳定,重子物质最终也会全部消失,宇宙中只留下辐射和黑洞,而黑洞也会因霍金辐射而全部蒸发。宇宙的熵将增加到极点,以致再也不会有自组织的能量形式产生,致使宇宙"热寂"。宇宙不断加速膨胀,宇宙正在解体。人们推断,宇宙的寿命约在 10^{196} 年。因此,即使是在可见宇宙中,弱小的人类也无法穷尽对所有问题的观察和认识。宇宙解体的末日,人类在哪里呢?这是靠盲目自信的勇气不能自我圆场的。有限的人类面对无限的宇宙空间,其对空间的认识总是有力所不及的空场。

(三)空间认知中的感性与理性

恩格斯空间学说的辩证法思想,还体现在他对人类关于空间现象的感性体验与理性抽象、理性具体思维之辩证关系的深刻理解与科学说明中。

常识表明,人类在实际生活中,对空间现象既是感性地接触最早的现象,又是理性思维最难以厘清和说明的现象。相对于前者，人降临于世界，生存在一个个具体的空间中，那种没有实物阻隔或挤逼的处所便是人的活动空间，"空"无一物，无物便成"空"。这种感觉经验，是从孩提时代就开始了的。马克思曾经指出："空间，这是第一个以自己的量使小孩敬畏的东西。空间是小孩在世界上遇到的第一种量，因此，小孩以为身材高大的人就是伟人。"①在马克思看来，空间首先是由小孩个体的身躯运动感觉和丈量出来的现象，而且很可能首先是由触摸然后再由视觉感知和把握的。正是出于对空间的丈量及其实体事物的计数，人类的智慧启蒙，才开始用石子、小木棒、手指开始了最原始的计算。而这种计算又总是伴随着空间概念的发育和成熟。因此，空间中人类关于空和物的"计算是摇摆于感性和思维之间的理智的第一种理论活动"②。这种充满感性意识的计数，也标志着人类初始的空间意识总像初始的计算思维活动那样，"摇摆于感性和思维之间"。

恩格斯对人类空间认识过程中一些思想发育现象的梳理，从中揭示出来的感性与理性关系变迁的辩证机理，完全证实了笔者从马克思关于人的空间认识之初始特征出发所做出的逻辑推断。恩格斯认为，"几何学是从空间关系出发"③的，"形状的物体，把这些形状加以比较，然后才能构成形的概念。纯数学的对象是现实世界的空间关系和数量关系，所以是非常现实的材料。这些材料以极度抽象的形式出现，这只能在表面上掩盖它起源于外部世界的事实。但是，为了能够从纯粹的状态中研究这些形式和关系，必须使它们完全脱离自己的内容，把内容作无关重要的东西放在一边；这样，我们就得到没有长宽高的点、没有厚度和宽度的线、a 和 b 与 x 和 y，即常数和变数，只是在最后才得到悟性的自由创造物，即虚数。甚至数学上各种数量的明显的相互导出，也并不证明它们的先验的来源，而只是证明它们的合理的相互关系。矩形绕自己的一边旋转而得到圆柱形，在产生这样的观念以前，一定先研究了一定数量的现实的矩形和圆柱形，即使它们在形式上是很不完全的。……正如同在其他一切思维领域中一样，从现实世界抽象出来的规律，

---

① 《马克思恩格斯全集》第 1 卷，第 37 页。
② 《马克思恩格斯全集》第 1 卷，第 36 页。
③ 《马克思恩格斯全集》第 1 卷，第 611 页。

在一定的发展阶段上和现实世界脱离，并且作为某种独立的东西，作为世界必须适应的外来的规律而与现实世界相对立①。如此说来，"不论在数学或在其他方面……为了继续前进，我们必须汲取真实的关系，来自现实物体的关系和空间形式。线、面、角、多角形、立方体、球体等等观念都是从现实中得来的"②。"纯数学是某种完全经验的东西，是来自外部世界、然后又脱离外部世界的东西。"③

恩格斯关于人类对自然空间的认知及其抽象的数学表达和计量的论述告诉我们：①空间概念首先来自人类对事物形状的感性比较，始成"形的概念"；②数学的重要内容是研究各类物形之量的规定性及其空间联结之量的关系，为了简练而精准的空间计算，人们撇开了数量关系背后的物理内容，这使数学对空间的表达呈现出纯粹抽象的样式，而这种理性抽象对具体对象感性内容的离开正是为了在本质方面实现对它们的真理性接近和掌握；③数学的许多公式可以在数理逻辑的推导中得出，但这只是对事物结构及某些空间秩序的合理表达，并且是经由对许多物形的感性比较及其空间的具体研究才能实现的，故抽象的数学思维并不具有先验的意蕴；④人们从现实中抽象出来的规律性认识，可能因其相对独立而与它们的现实原型相对立，这是最容易引发唯心主义之抽象空间或绝对空间理念的地方。在这里，恩格斯既说明了人的原初空间概念来自对自然空间的反映，自然空间的关系和形态，最先为数学研究所关注的事实；同时又说明，有了对自然空间的抽象数学表达方式之后，这些规律性的知识会和具体形态、具体用途的空间现象相脱离，而作为普遍意义的空间思维范式，被实际地运用于度量各别具体空间的计算、评价活动。数学对空间具体关系的抽象化、独立化、一般化，才使它有了度量和解释各具体空间的可能。自然空间对人类各种活动空间的先在性、规定性，使建立其上的数学也相应地具有某种计量具体空间的预设功能或类似先验性的主观形式。正是这种抽象空间概念及其纯粹数学的计算和表达，最能给人以先验空间意识的错觉，恩格斯才在深刻揭示先验判断的认识论致因基础上，

---

① 《马克思恩格斯全集》第20卷，第41—42页。
② 《马克思恩格斯全集》第20卷，第43页。
③ 《马克思恩格斯全集》第20卷，第44页。

洞开了抽象空间理念之所以导向唯心论和先验论的思维误区。

恩格斯关于空间认识之感性与理性关系的说明,还直接与亚里士多德、牛顿及他本人对空间的"两分法"相关涉。亚里士多德认为,对空间的认识,既需要大量的经验事实,也需要一定的科学抽象。人们能够直接观察、测量、把握的是物体的"特有空间",因为它是物体的直接包围者,与具体事物结合在一起;而"共有空间"则是可以脱离具体事物的,因而超越了人的直观感知能力,需要抽象思维的把握。人们对"共有空间"的认识是以关于"特有空间"的认识为基础的。一定程度地可以说,"共有空间"与"特有空间"在认识论中是一般与个别的关系,前者是后者的概括,后者是前者的体现。亚里士多德本人就是从大量具体的"特有空间"中提炼概括出一般的、"共有空间"之理念的。而牛顿更是认为,"相对空间"是人们直接感知到的具体空间,它与具体事物相关。

恩格斯从具体空间关系引申出空间的抽象理念及其数学表达方式的哲学运思,既深刻说明了空间关系之数学表达和度量的科学性与合法性,同时也尖锐地批驳了空间问题上的唯心主义观点。首当其冲的是贝克莱的唯心主义时空观。贝克莱将其"存在即被感知"的原则运用于时空现象的解释,认为时空只是人们心中的观念:离开了心中观念的前后继承,时间不存在;广袤所在即是在人心中。这种纯粹从人的感性体验去认证时空的存在,自然彻底否定了空间的物质属性,并且还混淆了感性认识与理性抽象的思维关系,将抽象思维的理性认识全部交由感觉去解决。这种感觉主义最终只能走向彻底的主观唯心主义。与此同时,马克思恩格斯辩证法的引路人黑格尔也有唯心主义的空间理论。他认为时空是绝对观念的外化,并且杜撰时异在论,认为自然界先有空间,绝对观念外化为人类社会以后才涌现出时间来。这里,黑格尔似乎是以客观唯心主义的态度对待空间问题,又以隐晦暧昧主观态度对待时间问题,把时间的存在与度量归结于人类的出现。所有这些,应当都进入了马克思恩格斯的批判视域。肯定这一点,也是我们对马克思恩格斯为什么反复从辩证唯物主义原则出发论述空间问题,做出合理解释的理据。

然而,恩格斯在强调抽象的空间理念及其数学表达来自人们对现实空间的观察、比较和研究时,并未放弃空间的理性意识而走向经验论、感觉论的空间认知立场。相反,他依据感性与理性意识的辩证逻辑关系,进一步批判了空间问题上的直观论思想。他指出：机械主义的直观论者"希望从感觉上去认识这些抽象的东西，希望看到时间，嗅到空间。经验论者深深地陷入了体会经验的习惯之中，甚至在研究抽象的东西的时候，还以为自己是在感性认识的领域内。我们知道什么是一小时或一米，但是不知道什么是时间和空间！仿佛时间根本不是小时而是其他某种东西，空间根本不是立方米而是其他某种东西！物质的这两种存在形式离开了物质，当然都是无，都是只在我们头脑中存在的空洞的观念、抽象"[①]。这里，恩格斯显然触及了康德非客观性的时空观。康德认为，时空不是客观存在的物质运动形式，而是人类先验固有的"感性直观的纯粹情势"，抽去人的感性，时空就不存在了。他从人的感性体认出发，确定空间只是一种供人们料理感性经验的先验模式，而否认它是物质存在和运动的本然形式。同时，他把人们对空间的抽象理解归结于人的经验模式，当真是"在研究抽象的东西的时候，还以为自己是在感性认识的领域内"。正是基于这一点，恩格斯一再从思想方法入手，论述了空间理念的思维抽象与具体物理空间的感性知觉的关系，进而强调了空间作为物质存在形式与物质运动本身的不可分性；同时，还通过对感性体验与思维抽象的辩证分析，揭示了直观论者习惯性地用感性方式对待抽象理论研究，从而形成空间错觉的致谬原因。

[①]《马克思恩格斯全集》第 20 卷，第 578—579 页。

附 录 二
海德格尔"诗意栖居"的空间思辨

"筑·居·思",是德国哲学家海德格尔 1951 年 8 月在达姆施塔特举办的"人与空间"专题研讨会上的一个著名演讲,它从"筑造""栖居""思想"三个环节的人文—诗性关联中,向人们展示了人与空间的生存—文化关系,为其"诗意栖居"的深邃人生哲理做出了空间学理的诠释。其主题具有三个层面的逻辑结构:一是人们总是在由筑造到栖居的递进中,才引出对人与空间关系的文化意义思考,栖居源于筑造并且统属筑造,筑造归属于栖居并且本来就是栖居,"筑、居、思"既是主体活动的递进,又是三者在人与空间关系中的相互依存、言说与倾听。二是人与空间的关系,既不是无目的、无意义的"筑造",也不是人在栖居之所单面的、消极的逗留,而是通过栖居的筑造,筑造与栖居互动,实现着人在本质上、价值上、文化精神上与空间的相互创造,人对空间予以文化的赋义,空间对人予以人之所是的规定和彰显。三是"筑·居·思"隐含人在空间实践中一个由物理建构而至精神文化的营造和释读的升华过程,体现着空间的物质生产对空间文化精神的筑造和规定,也暗蕴着人的空间文化诉求和价值理想对其物质生产的领引与驱动。从这样三个层面来理解和诠释海德格尔的命题,的确能帮助我们从生命活动的本质方面深化对"空间—文化"的形态述事与逻辑解读,它们从一个重要方面展示了海德格尔诗性空间的辩证思维。

(一)诗意栖居是人之所是的定在

这是一个关于人本质在筑造与栖居方面的空间本体论究诘与叙事论题。

人何以为人，人的存在何以是人的存在，哲学上有极多的解释和答案。然而像海德格尔这样，把问题置于空间筑造和栖居的关系论域展开讨论，则实属罕见与深刻。其罕见是他从人身栖居的筑造论人的存在之本质，飘飘然超乎生存条件其他诸多方面，由栖居之对于人生的规定性单一地突进人的生存本质；其深刻则在于他把人与空间在栖居中的相互创造提高到人本质的境界来思考，让论题有了至高的人文意义。同时，也为我们今天重新认识住宅一类生活空间之生产与配置中严重而深刻的生存论意义、人本论意义，提供了一种可资参验的思维方法。

在海德格尔那里，人之为人的存在，是一个与空间筑造和栖居联系十分紧密而蕴意深邃的问题。对此，他作如是说：其一，"存在者之存在意味着存在者所是的存在。'是'（ist）在此作及物动词，有过渡之意。存在在此以一种向存在者过渡的方式成其本质。"而"存在"向"存在者"的过渡，即由解蔽向庇护下的无蔽者状态的到达。"到达（Ankunft）意味：自行庇护入无蔽状态中，也即隐蔽地持续，即：存在者存在。""存在者之为存在者以那种在无蔽状态中自行庇护着的到达（sich bergende Ankunft）的方式显现出来。"① 这段词意隐曲、逻辑晦涩的文字表明，海德格尔把人的存在与人作为存在者这样两重意思做了严格区分。人的存在，仅指人处在规定性不明确的此时此间中，是一种无庇的解蔽状态，即缺乏栖居空间规定性的裸在；而人作为存在者，则是有庇无蔽的存在状态，即人获得了栖居空间的规定或庇护而非敞露无隐的裸在。这里，海德格尔用极抽象、极简洁的文字，以"庇""蔽""解蔽""隐蔽"等概念喻指栖居的庇所、人身心的裸与蔽，来区分人之空间栖居规定性的有与无，撇清"存在"与"存在者"的界限。显然无栖居庇护的存在，人只是一个没有空间规定性的"有"，这样的"人"顶多是形成中的或构木为巢的猿人，还没有学会空间筑造和栖居，当然也就是没有从身外自然界超拔出来成为自觉的人。若是处在文明时代，这样一种状态中的人，合理地理解当然是居无定所、行无定向、食无定取的社会与精神双重意义上的流浪者，是主体性上的无我者，是没有条件确立稳定、明确的主体性的人形生命。它是社会不合理状态导致的人的异化与原始性倒退。当人学会了空间筑造和

---

① [德]海德格尔：《海德格尔选集》下册，第836页。

栖居之后，人有了将自身和外界自然的庇护性隔断装置——建筑的住所，人也就有了无蔽状态下的自行庇护意识，学会了自己筑造庇护自身的属人的空间。这时候的人，从身心条件、生存方式和社会组织等方面，已经从原始人至少进到了人类的初级文明阶段。人学会把自己与外部自然界相区分，而且因为筑造、栖居还形成了巩固和发展这种区分的物质条件，人也因为获得了栖居空间的规定性而由一般性的"存在"，进到了有物种差异、有"人"的规定性的存在"者"了。"存在者"高于"存在"，就是因为这样的存在是作为"者"的存在，有了与一般存在相殊的具体划界。若从汉语训诂，则海德格尔理念更好理解。查许慎的《说文解字》"白"部，"者，别事词也"。许慎明确指出用"者"这个字用来分别事物的性质。刘淇在《助字辨略》中引《正字通》云："凡文有者字，所以分别隔异也。"以此看来，海德格尔将"存在"与加"者"的存在即"存在者"相区分，也就在于将具体的、特殊或个别的有明确规定性的存在,与那混沌的没有更多具体规定性的一般的存在相区分，正合着"者"字为"别事词"的语用意义。此外，更让笔者惊诧的是，给予"存在"以"者"的定义，恰好能从"者"字族的引申义，得出海德格尔从人这一"存在者"的栖居空间规定性来叙事的解释学理路。在汉语言文字中，"者"字族都与"家""室"之义有关，"者"的本义可从"家""室"解。因而，"存在者"完全可以理解为居家有室那样一种人。尽管海德格尔用语并未自觉地考究过这些汉语文用意，但人类语义逻辑的普世性却很顺畅地把笔者引向了这一思想境地。而最有说服力的，还是海德格尔自己的明确诠释。

其二，海德格尔通过关于人、存在方式、栖居、筑造等环节的意义统属和关联之逻辑推导，对于人何以经由栖居的规定而获得人之所是的意义问题，做出了存在论、语义学和价值论的思辨证明。他首先指出，"栖居乃是终有一死的人在大地上存在的一种方式"[1]。"我是和你是的方式，即我们人据以在大地上存在的方式，乃是 Buan，即居住。所谓人存在……也就意味着：居住。"[2]这些由栖居而确证人的存在之本质的推论，表面意义的研判是很简明的，但实质上内含丰富的价值义理和深邃的逻辑意蕴。在海德格尔看来，人

---

[1] [德]海德格尔：《海德格尔选集》下册，第1191页。
[2] [德]海德格尔：《海德格尔选集》下册，第1190页。

的栖居之所以成为人在大地上存在的方式,绝不只是因为栖居之所给人以庇护,让人在空间位置上有了居所施予的定在,有了你之所"是"或我之所"是"的空间界划形成的特殊身份、主体品格;在更多的方面,是这栖居之所内包着被海德格尔视为让人成为人的多重赋义或规定。他指出,人的存在基于栖居。而栖居的基本特征就是对人的物质保护和精神、人格的滋养和确证。它们贯通栖居的整个范围。①但栖居保护的对象并非仅仅是单一的人,而是那通过栖居贯通整个人生空间、场域的人与诸事物的关系。人作为界划清晰的"存在者"而非混沌不清的"存在",就在于人通过栖居与他事物、他者处在有区别更有联系的空间格局中。"人通过栖居而在四重(即天、地、神、人——笔者注)整体中存在。"②人在天、地、神、人四元构成的整体中存在,在人与其他三元事物相互依存、相互规定中实现人自身的存在。那么,人在栖居中与天、地、神及他人结成了一种怎样的关系呢?海德格尔非常概括地告诉我们:"在拯救大地、接受天空、期待诸神和护送终有一死者的过程中,栖居发生为对四重整体的四重保护。保护意味着:守护四重整体的本质。"③这似乎是对人之作为"存在者"及其存在方式之根据的本体论解释。诠释此理义,尚需深入一步探究。

何为"拯救大地"呢?海德格尔是这样解释的:"就人居住而言,人存在;但这个词同时也意味着:爱护和保养,诸如耕种田地,养植葡萄。……守护着植物从自身中结出果实的生长。"④拯救大地远非利用大地,甚或耗尽大地。对大地的拯救并不控制大地,并不征服大地;拯救的真正意思是把某物释放到它的本己的本质中。⑤由此推测、深究,可以说海德格尔已经明确提出了生态保护的意义。他深刻地关注到了,生存于大地的人,作为生命本质力量的自觉、自主和自为者,对自然万物特别是给人以活命资源和条件的事物,要倍加珍惜和爱护。这是人类生存的自然前提。对于它们,人类只能耕种、养植、保护,而无法"制造",更不能掠夺和破坏。同时,海德格尔并不肤浅地

---

① [德]海德格尔:《海德格尔选集》下册,第1192页。
② [德]海德格尔:《海德格尔选集》下册,第1193页。
③ [德]海德格尔:《海德格尔选集》下册,第1194页。
④ [德]海德格尔:《海德格尔选集》下册,第1190页。
⑤ [德]海德格尔:《海德格尔选集》下册,,第1193页。

认为，人在耕作、养植方面对自然的利用与保护，只是一种功用关系，更深层的意谓是，耕作与种养也是一种建筑，是对土地、空间的筑造，如同建筑是对空间、土地的耕种一样，即所谓建筑与耕作相比是一种建造。①这成为人在环境空间方面的自觉智慧和社会责任，是对人与自然关系的文明理解与合理善待。人也正是基于这种对大地的依存和守护关系的自觉与自为，人才成为"存在者"。可见，人对空间的生产和处置方式，既构筑人的生存形态，又是人之生存境界的空间写照。

人又如何"接受天空"呢？海德格尔认为，天空是日月运行、星辰交辉、四时轮转、昼夜演替、寒暑易节之所在，是湛蓝的深远。"接受天空"同时意味着人"在大地之上"，两者的统一表明人"在神面前待留"：人存在于大自然安排的天空之下，一任日月星辰运行，不能改变昼夜交替，无法抗拒四时变换带来的幸与不幸，人宿命地承受着天空——自然的给予。这虽然有些被动，但天、地、神、人的并存使诸方归属于人的栖居一体。"终有一死者栖居着，因为他们接受天空之为天空。"②从人之作为"存在者"来说，海德格尔认为必须虚心接受大自然先在地给人带来的空间规定性，人无法在宏观方面改变空间的内在法则与秩序，无论是损益还是祸福，都无法逃避也无力抗拒。人类只有顺天应时，才能作为栖居者在大自然给予的空间条件下筑造和栖居，才能一定程度地影响和改变环绕生命活动的微观空间。这种理念，体现了人在空间实践中的受动与能动关系，人面对的空间之为空间，包含自然的与人为的、异己的与属人的、宏观的与微观的诸方面空间的统一。人的栖居也从来是对空间的适应与创造的统一，在适应中创造，在创造中适应，而不可绝对地偏执于一端。甚至可以说，没有对空间的顺应，就无法形成空间的筑造，而空间的筑造也仅仅是为了更好地适应和利用空间的人生可能性，使栖居获得属人的规定。从这一点而言，我们甚至可以说，"空间"—"筑造"—"栖居"具有一种"意义大三角"的关系：空间规定筑造的客观可能性，栖居预设筑造的实践现实性和人文图式，而筑造又使空间的栖居可能性与人文理想性合而为一，变为现实的栖居。空间预设筑造和栖居，栖居引导筑造，筑造

---

① [德]海德格尔：《海德格尔选集》下册，第1190页。
② [德]海德格尔：《海德格尔选集》下册，第1192—1194页。

建构栖居而形塑空间，三者相互存在、相互对话、相互规定。

至于人作为"存在者"在诸神面前待留，对诸神的期待，海德格尔认为诸神是神性之暗示着的使者。神性在运行的事物中隐而不显，暗示着万物的内性。①对于栖居者的人而言，他们之于诸神，总是"怀着希望向诸神提出匪夷所思的东西"，"期待着诸神到达的暗示"；但"他们并不为自己制造神祇，并不崇拜偶像。在不妙中他们也期待着隐匿了的美妙"。②至此，我们需要进一步明确的是，何谓神性、何谓诸神？海德格尔没有直言。但其论述已隐约地表明，神性即天地万物和人事的一般内在规定性、存在之为存在的普遍根据。诸神即各别事物对普遍规定性的特殊传达，亦即各别事物的特殊规定性及其相互关系。至于栖居者的人，与神的关系，海德格尔用诗性语言作如是说："神本是人之尺度。""人乃神性之形象。"③此言深入一层解释，可以认为，作为诗意的栖居者，总是把隐匿于万物之内的自在尺度——"内性"，与人超越自在之物的自为的己内尺度集于一身的："神"的尺度为人所用，以度量万物、规范自身；人的尺度是对物的尺度的借用和重释，故人成了神性的形象。海德格尔对此还有解释："人之为人，总是已经以某种天空之物来度量自身。""'人……以神性度量自身。'神性乃是人借以度量他在大地之上、天空之下的栖居的'尺度'。唯当人以此方式测度他的栖居，他才能够按其本质而存在。"而"测度乃是栖居之诗意因素"。④因此，在天、地、人、神之间，当我们说到天、地、诸神和人，就都一一分别"一道思及其它（他）三者"⑤。由此，不难进一步推断：海德格尔是从人之栖居的多重空间关系去思考空间事物及其相互规定的。而人对于诸神的态度，也自然地是一种希望明达的期盼，一种思想的留驻，一种美好的遐思，或一种诗意的畅想，多维地努力理解、把握和利用它们，从而使天、地、神、人在栖居中实现共在与统一。这从栖居的空间规定性而言，是"把四重整体保藏在终有一死者所逗留的

---

① ［德］海德格尔：《海德格尔选集》下册，第1193页。
② ［德］海德格尔：《海德格尔选集》下册，第1194页。
③ ［德］海德格尔：《海德格尔选集》上册，第470页。
④ ［德］海德格尔：《海德格尔选集》上册，第471页。
⑤ ［德］海德格尔：《海德格尔选集》下册，第1192—1193页。

东西中，即物中"①。

人之栖居作为天地神人四元构成的确然秩序和价值关系，体现在人的筑造实践及其筑造物中。"在物那里的逗留乃是四重整体中的四重逗留一向得以一体地实现的唯一方式。栖居通过把四重整体的本质带入物中而保护着四重整体。"这一实践过程，又全因为栖居者的人"爱护和保养着生长的物，并特别地建立着那些不生长的物。保养和建立乃是狭义上的筑造。就栖居把四重整体保藏在物之中而言，栖居作为这种保藏乃是一种筑造"。②因为人的栖居，经过筑造而措置天、地、神、人四者的空间—价值秩序和关系，使栖居成为人的栖居，不是躯体在庇护之所简单的物理安放。这种人生天地间的栖居，是充满人、"神"即人与自身文化意识、社会精神彼此对话和互创共生的"诗意栖居"，亦即按照栖居的理想、期愿，在筑造中贯通人的尺度和物的尺度，诗性地处理空间、事物、位置、距离形态等关系，真正使栖居获得成为人之为人的、成为自觉、自主、自由者的根据。正是在这重意义上，海德格尔如此诠释他的命题："人诗意地栖居"，也即是说，处所空间具有文化的诗性才首先让栖居成为人的栖居。诗构造栖居的本质，与栖居相互作用、共存于一体，直接成为一种筑造。栖居的诗意，是自主、自为的人，按照天、地、神、人四位一体的价值秩序以及形象的、审美的和理想超越的人性尺度，对生存空间的筑造，对栖居的人文建构。因而，作诗是无形的筑造，筑造是有形的作诗，它们在物质和精神文化方面双重地建构人的栖居之所。赖此，栖居才有诗意，诗意的栖居才成为现实。正是这样一种"筑、居、思"之思，海德格尔让立于天地之间的"我们面临着一个双重的要求：一方面，我们要根据栖居之本质来思人们所谓的人之生存；另一方面，我们又要把作诗的本质思为让栖居，一种筑造……寻求诗的本质，我们便可达到栖居之本质"③。由此，我们需要在空间文化的视域进一步深思筑造与栖居的统一机制。

---

① [德]海德格尔：《海德格尔选集》下册，第 1194 页。
② [德]海德格尔：《海德格尔选集》下册，第 1194—1195 页。
③ [德]海德格尔：《海德格尔选集》上册，第 465 页。

（二）筑造与栖居的诗性互动

"在何种意义上筑造属于栖居"呢？这是海德格尔问自己也考他人的究诘。他认为，筑造和人类栖居有一种手段与目的之关系："筑造的本质是让栖居。……唯当我们能够栖居，我们才能筑造。"①而灌注于筑造中并给栖居带来的"诗意"，则是关于筑造的测度、想象及其对天、地、神、人相统一的诗性追求和自由表达。"人诗意地栖居"，"也即是说，作诗才首先让栖居成为栖居。作诗是本真的让栖居……作为让栖居，乃是一种筑造"。②这样，诗意栖居的实现，便要完成三重任务：一是依栖居本质来思考人生意义，二是要把对诗的本质之思指向栖居与筑造；三是要把人生、栖居、筑造诗性地统一起来。为了解决和说明这些问题，海德格尔以"桥"作为取譬来帮助思考。"桥"，最为本质的意义是使事物联系起来，超越其空间阻隔性、自闭性的中介，它使河流、河岸和陆地进入相互的近邻关系中。桥把大地聚集为河流四周的风景。③桥不仅让河流自行其道，更让人们南来北往处在不息的交通网络中，让途中的行进者们可能超越其困境和阻断而进到美好之域。因而，桥具有社会文化的理想性意蕴，把天、地、神、人聚集于自身作为特殊的空间筑造物，桥以联通途径为天地神人四重元素提供聚集之所。④"根据这种场所，一个空间由之而得以被设置起来的那些场地和道路得到了规定。"⑤由此观之，海德格尔借助桥的筑造及其沟通、中介意义的延伸解读，喻示空间及其诸事物之于它们自身相互存在的建构性关系，之于人的意义，本质上乃是被设置的东西。被设置的东西通过某一中介、位置，即通过"桥"而被接合、聚集起来。因此，诸空间乃是从诸事物位置的错落那里而不是从"这个"空间那里获得其本质的。事物间之所以形成特定空间关系，乃是因为有了作为空间实践的"筑造"，建构了具体空间赖以生成的诸事物及其位置，有了作为筑造之物的"桥"这样联通诸事物，并以自身的存在设定彼此的位置，才提供了一个容纳

---

① ［德］海德格尔：《海德格尔选集》下册，第 1203 页。
② ［德］海德格尔：《海德格尔选集》上册，第 465 页。
③ ［德］海德格尔：《海德格尔选集》下册，第 1195 页。
④ ［德］海德格尔：《海德格尔选集》下册，第 1196 页。
⑤ ［德］海德格尔：《海德格尔选集》下册，第 1197 页。

天、地、神、人的空间。①在海德格尔那里，对人所栖居的场所、空间有两个基本的前设：一是空间的具体明确，乃是由联通事物周遭关系并彼此中介的像"桥"一类的筑造物的位置或坐标设定的，"如此这般由地点所设置的东西乃是一种特有的空间"②。二是人类生命活动的空间源于自然，成于人的筑造，"筑造物建立位置，位置为四重整体设置一个场地"③。因而，这些空间是被设定、被生产出来的。唯其如此，我们才能谈论人与空间的社会文化关系，才有对栖居的真善美之诗性价值考量。

基于此，海德格尔进一步指出："我们日常所穿越的空间由位置所设置的；其本质植根于建筑物这种物中。如果我们注意到位置和诸空间、诸空间和空间之间的这种联系，我们就获得了一个依据，借以思考人和空间的关系。"④这种人与空间的关系是怎样被思考的呢？

首先，讨论人与空间的关系，不是局限于作为由数学和物理学所研究和表达的关于距离、路线和方向之测度的"纯粹延展的空间"。一则因为数学尺度绝不仅仅由于它普遍地适用于一切延展之物，就成了被测度的诸空间和位置之本质的根据；二则海德格尔明确表示"把宇宙空间的空间性媒介表象为一种由作为动力中心的物体所决定的场的统一性"问题，做出了明确的悬搁处置，存而不论。⑤因此，人与空间的关系绝不只是或者根本地不是一个物理空间及其物理事件的关系。他甚至认为，单纯从物理、数学方面测度生命空间，而否定对人文尺度的尊重和运用，是会有损栖居诗意的。"我们的非诗意的栖居，我们的栖居无能于采取尺度，乃起于狂热度量和计算的一种奇怪的过度。"⑥通观我们空间建筑实践中那些重量不重质，见物不见人，有形而无神的病象，海德格尔对栖居筑造的物理度量和经济计算的狂热或过度的批评，确有几分哲学睿智的先觉。

其次，人与空间的关系，不是作为外在对象性的关系或内在体验性的关

---

① [德]海德格尔：《海德格尔选集》下册，第 1198 页。
② [德]海德格尔：《海德格尔选集》下册，第 1198 页。
③ [德]海德格尔：《海德格尔选集》下册，第 1201 页。
④ [德]海德格尔：《海德格尔选集》下册，第 1199 页。
⑤ [德]海德格尔：《海德格尔选集》下册，第 1199 页。
⑥ [德]海德格尔：《海德格尔选集》上册，第 479 页。

系出场的,并不是有人,此外还有空间。人和空间是一种相互存在的关系,不可拆分两置。当我们说到人,即触及了人之为人的存在方式——栖居,就已进到了用人及其存在方式命名了的那种寓于空间中的天、地、人、神四元素整合中的逗留,即栖居空间,而且是属于人和规定人亦被人所筑造的空间。① 人只能在天、地、神、人四元共在、互动的整体空间中停留,其本身就是空间与空间中的存在之统一。"诸空间以及与诸空间相随而来的'这个'空间,总是已经被设置于终有一死者的逗留之中了。"诸空间的开启是因其纳入了人的栖居之中;而人则于"栖居之际根据他们在物和位置那里的逗留而经受着诸空间"。② 这在笔者看来,也就意味着空间栖居者的人,他们只有当自身也作为空间事件,与周围的其他空间事物发生相互存在的关系时,即处在为他物的存在也为自身的存在,并使他物在为其本己的存在也为人的存在这样的辩证关系中时,他们才能经受空间,即以与他物相互存在的方式构成空间并共拥空间。这一深刻命题表明,在空间中的一切事物,它们既是空间中的存在,又是以自身存在构成空间。每一相互存在的事物,都以自身的位置、与他物的距离、彼此发生的作用而形成空间关系的组分,它们构成他物存在的环境,又以他物为环境而存在。因之,从空间关系的相互性而言,正合着佛家箴言:"色即是空,空即是色。"每一事物既是色又是空,既是存在又是空间,是存在与空间的统一:对他物的存在是以他物为自身存在的前提;同样,与他物建构空间也是以他物为自身的空间建构为条件。空间中包括人在内的一切事物,都只能在相互存在中才能经受空间。人和自身生存的空间相互依存、相互创造、相互规定,是空间栖居之诗性禀赋的元据。

最后,空间之于人的关系,不只是物的自然关系,更主要的是由人们的社会物质生产实践,亦即空间生产实践所筑造的能动性、建构性关系。因此,必须联系筑造活动才能使这一关系得到合理解释。这须对"筑造"之于空间生产意义上的本质规定做出界说。海德格尔认为,类似于"桥"一样的空间事物关联点的"这种物的生产就是筑造。筑造的本质在于:它应合于这种物的特性。这种物乃是位置,它们提供出诸空间。因此,由于筑造建立着位置,

---

① [德]海德格尔:《海德格尔选集》下册,第1199页。
② [德]海德格尔:《海德格尔选集》下册,第1200页。

它便是对诸空间的一种创设和接合。由于筑造生产出位置，故随着对这些位置的诸空间的接合，必然也有作为 spatium（空间）和 extensio（扩展）的空间进入建筑物的物性构造中。""筑造建立位置，位置为四重整体设置一个场所。从天、地、神、人相互共属的纯一性中，筑造获得它对位置的建立的指令。"①"建筑物保藏着四重整体。……拯救大地，接受天空，期待诸神，伴送终有一死者——这四重保护乃是栖居的素朴本质。因此，说到底，真正的建筑物给栖居以烙印，使之进入其本质中，并且为这种栖居提供住所。"②

上述冗长的引文透露出来的意谓，主要解释了这样三个思想：第一，栖居者——存在者所处的空间不是"天地玄黄，宇宙洪荒"的自然之所，它起于人们的筑造并由筑造物所接合、所标定。第二，人类栖居空间的筑造，是从天、地、神、人的四重整体之相互存在中接受指令的，受其规制，这暗示建筑实践要在接受自然空间对人类生命活动的规定的同时，也要贯彻和表达人之生命本质力量对自然环境的创造与超越，一切栖居之所无不是两者的辩证统一。第三，空间筑造将天、地、神、人四元结构于一体并予以整合性的庇护，这是"筑造—栖居"的原生意义，它们给真正属于存在者的栖居之所打上烙印，为人的栖居提供空间庇护和意义、价值持存之所。因此，栖居之所那真正属于人的空间，从来都与筑造融为一体，相互存在，彼此对话、倾听并相应地表达着对方。基于此，海德格尔对筑造与栖居在空间关系上的社会文化意义接合做了十分明确的界说："筑造乃是一种别具一格的让栖居（Wohnen-lassen）。如果它实际上是这种让栖居，那么筑造已经响应了四重整体的呼声。一切计划，一切本身对图样设计开启出相应的领域的计划，都建基于这种响应。"③"筑造"对活动主体来说作为一种"让栖居"的行为，就是要依据天地神人相互存在的要求，去进行"属人"与"为人"的设计和施工，使四重整体各方分别向另三重生成最终是向人生成，成为人的对象化存在，从而使筑造物成为能为人的栖居服务的处所。"让栖居"实则为"使"人"能栖居"，或是使空间能被栖居，通过筑造使原始自然的空间，变成一种庇

---

① [德]海德格尔：《海德格尔选集》下册，第 1201 页。
② [德]海德格尔：《海德格尔选集》下册，第 1201—1202 页。
③ [德]海德格尔：《海德格尔选集》下册，第 1202 页。

佑人并给人以适度自由的"存在者"的空间。这一空间的原型来自天地神人的原始关系，而这一空间在筑造中的最后完备，则是人依据原生空间关系附上自身的价值诉求和人性规定，通过设计与空间生产、形塑而实现。因之，它是原始空间与属人的理想空间，以及人为的再生空间，最终是人的栖居空间等四重意义之精神与物质的统一，体现了物对人的限制与人对物的改造、利用的有机结合。而后者，自然生成了关于"筑、居、思"的空间文化秩序与逻辑。

总而言之，在海德格尔看来，人类的生存空间是从其与外物之"所在"关系中而非从空虚中获得解释的。作为"所在"，是场所中的事物和事物的处所之统一，它们都是由人的筑造活动产生的，或受到人们空间实践的形塑。因此，空间由人类实践造成的事物关系赋予特定的意义。人们筑造某些物，使空间成为具体的空间，有了"所在"的规定性，由此引出了空间的生产及其社会、文化的意义。然而，只有当人们事先思考了那些被筑造物本身必须作为建筑物而产生的本质之后，考虑了筑造与栖居的多重关系及其相互规定之后，才能深刻认识筑造的社会、文化意蕴，理解空间建构的社会文化特质及其形成机制。人类的空间筑造活动，作为一种生存方式的公开展示，它属于人的生命本质力量而非本能。这就决定了我们必须从社会生活的空间文化理念来阅读和思考空间筑造物及其场所精神，并揭示其得以形成的文化机理。在这方面，海德格尔关于诗性空间，即人诗意栖居之所的空间，所进行的辩证思考，为我们提供了一条理性深耕的致思之路。

附 录 三

笔者学术成果要目

（一）学术著作题录

《经典与现实的对话》，中国社会科学出版社 2018 年版。
《文化的意识与逻辑：基于唯物史观的解释》，中国社会科学出版社 2015 年版。
《媒介认识论》，人民出版社 2012 年版。
《守望精神家园——文化现象的哲学叩问》，湖南大学出版社 2011 年版。
《马克思的解释》，中国社会科学出版社 2008 年版。
《缘道：生活世界的哲学审视》，中国社会科学出版社 2006 年版。
《意识的起源与结构》，中国社会科学出版社 2004 年版。
《唯物史观第一原理——生产方式辩证法的现代诠释》，湖南大学出版社 2002 年版。
《文化的形上之思》，湖南美术出版社 2002 年版。
《思想哲学——理性精神的自我观照》，湖南大学出版社 1999 年版。
《民间艺术的文化寻绎》，湖南美术出版社 1994 年版。
《世纪之交的乡土中国》，湖南出版社 1991 年版。
《文化现象学》，湖南出版社 1991 年版。
《理想与现实的沉思》，湖南人民出版社 1986 年版。

（二）代表性学术论文题录

（共发表各类文章 200 余篇，择其要者列后）
《空间正义的唯物史观叙事》，《中国社会科学》2018 年第 10 期。
《社会行为不确定性的认识论解析》，《中国社会科学》2016 年第 11 期。
《资本介入文化生产的耦合效应》，《中国社会科学》2015 年第 6 期。
《空间的社会逻辑——关于马克思恩格斯空间理论的思考》，《中国社会科学》2013 年第 1 期。
《马克思恩格斯关于意识形态的多视角解释》，《中国社会科学》2010 年第 4 期。

"Marx and Engels' Interpretation of Ideology from Multiple Perspectives", *Social Sciences in China*, No.1, 2012.

《从质和量的对应考察生产关系与生产力的内在联系》，《中国社会科学》1984 年第 4 期。

《资本与文化的逻辑悖论》，《中国社会科学》（内刊）2014 年第 10 期。

《当代社会生活的时空变构与偶然性思考》，《中国社会科学》（内刊）2017 年第 6 期。

《"泛在"和"脱域"——当代生产关系空间构型新探》，《哲学研究》2016 年第 10 期。

《社会形态的空间界画——试论马克思关于历史考量的空间尺度》，《哲学研究》2015 年第 10 期。

《马克思主义哲学中国化研究的方法论原则——读陶德麟、何萍主编〈马克思主义哲学中国化：历史与反思〉》，《哲学研究》2009 年第 9 期。

《关于主体性的实践唯物论解释》，《哲学研究》2008 年第 12 期。

《解释学视域中的马克思》，《哲学研究》2006 年第 8 期。

《教师理致的悖论——基于学术资本主义的审视》，《马克思主义研究》2016 年第 6 期。

《毛泽东研究中"辉格"解释的反思——从对"大跃进"的考问说起》，《马克思主义研究》2014 年第 9 期。

《幻象背后的生活真实——马克思、恩格斯关于意识形态幻象思维的还原论解释》，《马克思主义研究》2010 年第 5 期。

《"从地上升到天上"的文化学理式——马克思文化唯物论思想探赜》，《马克思主义研究》2009 年第 4 期。

《"从实践出发来解释观念"——马克思解释学思想片论》，《马克思主义研究》2006 年第 8 期。

《毛泽东之生产方式辩证法思想的理路分析》，《马克思主义研究》2004 年第 2 期。

《教学解释方式的认识论思考》，《教育研究》2002 年第 11 期。

《乡村变革的心理回应》，《社会学研究》1992 年第 3 期。

《乡土文艺的美学特征》，《文艺研究》1991 年第 5 期。

《精神生产方式的变革与意识形态建设》，《马克思主义与现实》2017 年第 2 期。

《意识形态幻象思维的主体性解释——马克思恩格斯关于意识形态虚幻性的一种寻因》，《马克思主义与现实》2010 年第 5 期。

《马克思主义哲学教育生活化的思考》，《马克思主义与现实》2008 年第 3 期。

《论哲学的文化品格——也谈"时代精神的精华"》，《马克思主义与现实》2006 年第 2 期。

《唯物史观视域下的社会时空结构研究——必然、偶然的时空分析与社会"布朗运动"》，《哲学动态》2019 年第 1 期。

《文化逻辑的研究策略》，《哲学动态》2014 年第 4 期。

《空间的"生产性"解读——马克思恩格斯空间理论多维释义之一》，《哲学动态》2012 年第 9 期。

《媒介研究的认识论呼唤》，《哲学动态》2011 年第 12 期。

《语言符号能指、所指关系建构机理的认识论分析》，《哲学动态》2010 年第 11 期。

《论当代媒介研究的哲学偏差》，《哲学动态》2009 年第 7 期。

《论电子文化对哲学思维的逻辑消解》，《哲学动态》2002 年第 9 期。

《论生产关系接受生产力作用的内在机制》，《求索》1985 年第 1 期。

《陈白沙研究的新进展》,《哲学年鉴》1997 年。
《"第三媒介"对言语行为的变构》,《自然辩证法研究》2012 年第 1 期。
《论电子文化言说图式对哲学思维的解构》,《自然辩证法研究》2002 年第 9 期。
《马克思视野中的文化逻辑与资本逻辑》,《教学与研究》2015 年第 9 期。
《意识形态虚幻性的认识论解释——马克思恩格斯社会意识论的一个重要思想》,《教学与研究》2012 年第 8 期。
《生产方式辩证法元理论的审视——恩格斯反思的科学昭告》,《教学与研究》2004 年第 11 期。
《大学教师价值理性的困惑》,《伦理学研究》2015 年第 5 期。
《早期马克思道德批判的元哲学叙事——基于〈1844 年经济学哲学手稿〉的思考》,《伦理学研究》2013 年第 2 期。
《论道德意识的认知特征》,《伦理学研究》2004 年第 5 期。
《原始宗教历史演化的思想轨迹——马克思恩格斯关于早期宗教形式的解释》,《学术研究》2020 年第 11 期。
《经济空间的"中心"与"外围"》,《学术研究》2019 年第 2 期。
《主体行为不确定性的科学技术究诘》,《学术研究》2017 年第 2 期。
《科学技术研究与资本运行的逻辑耦合》,《学术研究》2015 年第 11 期。
《空间现象的文化解读——基于马克思恩格斯空间理念的思考》,《学术研究》2014 年第 9 期。
《论网络文化对哲学思维的解构》,《学术研究》2013 年第 10 期。
《浅议非线性系统理论对矛盾辩证法的补正》,《学术研究》2008 年第 12 期。
《法律思想的认识论分析》,《学术研究》2004 年第 11 期。
《媒介与认知论纲——能所关系的泛语言研究》,《学术研究》2003 年第 2 期。
《论意识的自觉》,《学术研究》2001 年第 3 期。
《论现代观察及主体对客体的认识论设定》,《学术研究》1999 年第 11 期。
《意识形态的空间形塑》,《江海学刊》2019 年第 5 期。
《空间意象经营的文化机理与"句法"》,《江海学刊》2016 年第 6 期。
《论资本逻辑与文化逻辑的价值冲突》,《江海学刊》2014 年第 4 期。
《知识不确定性的认识论寻因》,《江海学刊》2018 年第 1 期。
《货币拜物教的价值论解析——基于马克思拜物教批判的理念》,《天津社会科学》2020 年第 5 期。
《当代社会行为方式嬗变的时空关系论》,《天津社会科学》2019 年第 1 期。
《诗性空间的思维》,《天津社会科学》2016 年第 3 期。
《论资本与文化的效益悖反》,《天津社会科学》2014 年第 6 期。
《奴隶阶级哲学初探》,《光明日报》1975 年第 4 期。
《反革命的政治骗局——评张春桥的"兴趣"》,《中山大学学报(哲学社会科学版)》1977 年第 4 期。
《论思想认识中的非逻辑机制》,《武汉大学学报(哲学社会科学版)》1999 年第 2 期。
《论个体无意识的非个体性——荣格无意识理论片议》,《开放时代》2001 年第 4 期。
《集体无意识与文化无意识的互融性》,《开放时代》1999 年第 6 期。
《论市场经济的文化精神》,《开放时代》1996 年第 4 期。

《荧屏引出的文化忧思》,《开放时代》1995 年第 4 期。
《恩格斯空间理念的辩证释义》,《现代哲学》2014 年第 6 期。
《从解释学的"前见"看意识形态——一种文化认识论的解读》,《现代哲学》2013 年第 4 期。
《人性觉醒的资本逻辑探源——基于文艺复兴运动的思考》,《现代哲学》2011 年第 6 期。
《语符"能"、"所"关系中的认识论意蕴——索绪尔语言哲学解读》,《现代哲学》2000 年第 3 期。
《哲学的反思与超验》,《现代哲学》2006 年第 4 期。
《由知其在到知其所知——论意识之自我意识的认识机理》,《现代哲学》2001 年第 1 期。
《简论阐释中的主体性真实》,《现代哲学》1999 年第 4 期。
《论科学的文化品格》,《现代哲学》1992 年第 4 期。
《论资本逻辑给电视文化带来的病相》,《江汉论坛》2012 年第 3 期。
《农村改革的文化变迁》,《江汉论坛》1993 年第 2 期。
《生产关系的地理学叙事——当代唯物史观空间解释的张力》,《广东社会科学》2014 年第 6 期。
《论印刷文化的逻辑构型——关于文本思维的语言分析》,《广东社会科学》2002 年第 5 期。
《日常意识的超越——论自我反思的理性功能》,《广东社会科学》2000 年第 1 期。
《论思维与想象的互整合机制》,《广东社会科学》1996 年第 4 期。
《艺术是人的对象化世界——浅议马克思关于审美客体的思想》,《广东社会科学》1995 年第 3 期。
《历史辩证法的辉煌——论毛泽东关于社会生产方式矛盾分析的科学性》,《广东社会科学》1994 年第 1 期。
《论印刷文化与电视文化的逻辑图式》,《求索》2002 年第 2 期。
《论客观自我与主观自我》,《求索》2001 年第 5 期。
《论阐释中的个性与共性》,《求索》1999 年第 4 期。
《论民间象征艺术的思维张力》,《求索》1994 年第 5 期。
《民间艺术的哲学寻绎》,《求索》1992 年第 6 期。
《论"实践精神"掌握世界》,《求索》1991 年第 2 期。
《论雅文化与俗文化》,《求索》1990 年第 2 期。
《生产力决定作用相对性的系统分析》,《求索》1986 年第 4 期。
《论生产关系接受生产力作用的内在机制》,《求索》1985 年第 1 期。
《论生产关系与生产力的质量对应运动》,《求索》1984 年第 1 期。
《论精神文明中两类知识发展的平衡与不平衡问题》,《求索》1982 年第 4 期。
《论哲学的逻辑缜密》,《湖南师范大学社会科学学报》2006 年第 1 期。
《言语的诠释》,《湖南师范大学社会科学学报》2003 年第 5 期。
《论自思的形成及其对理性智慧的发生学意义》,《湖南师范大学社会科学学报》2002 年第 5 期。
《论行为文化的无意识机制》,《湖南师范大学社会科学学报》1991 年第 4 期。
《试论生产力的定性定量分析》,《湖南师院学报(哲学社会科学版)》1983 年第 3 期。
《生产力是认识和变革社会的基本出发点》,《新湘评论》1982 年第 2 期。
《当代空间思维与唯物史观》,《中国社会科学报》2018 年 7 月 31 日。
《形而上学猖獗 意在篡党夺权》,《广州日报》1976 年 12 月 13 日(头版头条)。

索　引

B

必然与偶然, viii, xvii, 384, 385, 386, 387, 399
不确定性, iii, vii, 108, 124, 176, 391, 393, 394, 396, 402, 417, 434, 436
布朗运动, vii, xvii, 339, 390, 391, 392, 394, 395, 396, 398, 435

C

产业结构布局, xiv, 87
场所, ix, xv, xvi, 3, 5, 11, 18, 20, 38, 44, 53, 54, 61, 70, 78, 80, 83, 84, 114, 126, 127, 134, 136, 138, 145, 148, 155, 156, 158, 167, 170, 179, 183, 184, 185, 187, 189, 190, 191, 192, 194, 196, 197, 198, 199, 200, 201, 202, 203, 204, 206, 207, 208, 230, 235, 238, 239, 247, 256, 262, 263, 264, 266, 269, 272, 273, 274, 277, 279, 280, 281, 283, 284, 285, 286, 288, 289, 291, 292, 293, 295, 297, 298, 300, 302, 303, 305, 306, 307, 308, 310, 311, 313, 314, 317, 319, 321, 325, 328, 330, 332, 343, 344, 347, 349, 351, 353, 361, 363, 379, 380, 381, 396, 414, 429, 432, 433
场所精神, 2, vii, ix, xvi, 38, 39, 84, 138, 153, 155, 179, 184, 191, 196, 197, 200, 201, 203, 205, 207, 209, 231, 233, 235, 237, 238, 239, 240, 247, 249, 262, 265, 266, 267, 269, 272, 273, 274, 275, 276, 277, 279, 280, 282, 283, 284, 285, 286, 287, 288, 289, 290, 291, 292, 293, 294, 295, 297, 298, 299, 300, 301, 302, 304, 305, 306, 307, 308, 309, 310, 311, 312,315, 316, 317, 318, 319, 320, 321, 329, 330, 331, 407, 433
场所精神升华, xvi, 297
城市乡村化, xiii, 6, 42, 43, 45, 46, 359
城乡空间, iii, vii, x, xv, 5, 42, 43, 47, 50, 51, 60, 62, 71, 217, 220, 221, 301, 326, 359, 362, 398
持存, v, 1, 43, 51, 53, 75, 102, 124, 138, 145, 150, 191, 232, 259, 280, 285, 298, 365, 368, 392, 432, 439
出场, 27, 30, 109, 123, 187, 279, 335, 345, 347, 352, 399, 431
此在与遥在, 345

D

单边主义, 99, 105, 106, 107, 354, 382
定在, 53, 66, 75, 112, 118, 124, 125, 156, 220, 282, 317, 353, 369, 383, 388, 391, 422, 425

F

泛在, iii, iv, vii, viii, xiv, 106, 108, 109, 112,

113, 114, 118, 119, 121, 122, 123, 124, 125, 146, 332, 333, 335, 339, 343, 344, 345, 347, 350, 352, 353, 361, 366, 369, 380, 385, 389, 395, 435

范式, i, ii, ix, xvii, 7, 35, 41, 56, 156, 159, 170, 180, 193, 220, 236, 286, 287, 367, 372, 378, 391, 403, 419

复杂思维, vii

G

概率, 391, 402

公共政治活动场所, 203, 205, 206, 207, 208

共时性, xvii, 51, 158, 178, 189, 334, 336, 340, 341, 372, 384, 389

古典古代社会, xiii, 43

H

哈里斯, 264, 266, 269, 271, 286, 287, 292, 296, 322, 325, 406

哈维, i, 3, 14, 17, 23, 36, 64, 79, 90, 91, 97, 133, 139, 142, 143, 147, 150, 167, 173, 176, 182, 183, 203, 207, 208, 221, 222, 227, 230, 231, 232, 238, 240, 241, 242, 243, 245, 246, 247, 248, 251, 274, 282, 318, 319, 335, 337, 339, 344, 354, 372, 375, 376, 378, 381, 382, 383, 385, 386, 390, 392, 393, 394, 395, 396, 406, 409

还原, xv, 7, 180, 185, 186, 193, 195, 310, 394, 409, 435

海德格尔, xvii, 4, 26, 29, 279, 282, 315, 318, 320, 387, 405, 408, 422, 423, 424, 425, 426, 427, 428, 429, 430, 431, 432, 433

黑格尔, 6, 30, 41, 66, 235, 236, 238, 239, 386, 387, 388, 389, 395, 402, 405, 420

横向并存, xvii, 340, 342, 366, 373, 374, 377, 381, 387, 389

环境, ii, iii, iv, ix, 3, 8, 13, 14, 17, 21, 22, 27, 30, 33, 35, 37, 38, 39, 44, 49, 55, 57, 58, 62,

72, 74, 75, 78, 80, 82, 83, 85, 87, 92, 93, 98, 99, 115, 116, 125, 127, 129, 131, 135, 136, 139, 140, 144, 149, 152, 153, 154, 155, 156, 158, 166, 167, 168, 170, 171, 172, 174, 177, 180, 181, 182, 184, 185, 187, 189, 190, 191, 192, 196, 200, 201, 202, 203, 206, 207, 211, 214, 218, 220, 221, 222, 223, 224, 226, 228, 230, 231, 232, 233, 234, 235, 236, 237, 238, 240, 242, 243, 245, 247, 249, 252, 253, 260, 262, 263, 264, 267, 268, 271, 272, 273, 274, 279, 280, 282, 283, 284, 285, 287, 289, 290, 292, 293, 294, 297, 298, 300, 301, 302, 305, 308, 310, 312, 315, 316, 317, 319, 323, 325, 326, 327, 328, 329, 331, 335, 337, 339, 342, 344, 345, 346, 349, 350, 353, 355, 356, 357, 358, 359, 364, 367, 368, 373, 374, 376, 379, 380, 382, 392, 397, 398, 408, 426, 431, 432

J

吉登斯, 108, 185, 264, 340, 341, 346, 352, 353, 365, 374, 405, 407

建筑的时空错位, 307

建筑现象学, 2, vi, vii, ix, 38, 39, 84, 184, 200, 205, 207, 209, 231, 235, 237, 238, 239, 240, 247, 265, 266, 267, 272, 273, 274, 275, 276, 279, 280, 285, 293, 294, 297, 298, 300, 302, 304, 309, 312, 315, 317, 318, 321, 326, 328, 329, 330, 331, 407

经济地理学, 107, 111, 126, 130, 131, 230, 407

经济外围, 92

经济中心, 12, 88, 92, 93, 94, 96, 98, 103, 104, 105, 106, 107

K

空间, 1, 2, i, ii, iii, iv, v, vi, vii, viii, ix, x, xi, xiii, xiv, xv, xvi, xvii, 1, 2, 3, 4, 5, 6, 7, 9, 10, 11, 12, 13, 14, 15, 16, 17, 18, 20, 21, 22, 23, 24, 25, 26, 27, 28, 29, 30, 32, 33, 34, 35, 36,

37, 39, 41, 42, 43, 44, 45, 47, 48, 49, 51, 52, 53, 54, 55, 56, 57, 58, 59, 60, 61, 64, 65, 66, 67, 68, 69, 70, 71, 72, 73, 75, 76, 77, 78, 79, 81, 82, 83, 84, 86, 87, 89, 90, 91, 92, 93, 94, 95, 96, 97, 99, 102, 103, 104, 105, 106, 107, 108, 109, 110, 111, 113, 114, 115, 116, 118, 119, 121, 123, 124, 125, 126, 127, 128, 130, 131, 133, 134, 135, 136, 137, 138, 139, 140, 142, 143, 144, 146, 147, 148, 149, 150, 151, 152, 153, 154, 156, 157, 159, 160, 161, 162, 163, 165, 166, 167, 168, 169, 170, 171, 173, 174, 175, 176, 177, 178, 179, 180, 181, 182, 183, 184, 185, 187, 188, 189, 190, 191, 192, 193, 195, 196, 197, 198, 199, 200, 201, 202, 203, 204, 205, 206, 207, 208, 209, 210, 211, 212, 213, 214, 215, 216, 217, 218, 219, 220, 221, 222, 223, 224, 225, 226, 227, 229, 230, 231, 233, 234, 235, 238, 240, 241, 242, 243, 244, 245, 246, 247, 248, 249, 250, 251, 252, 253, 255, 256, 257, 258, 259, 262, 263, 264, 266, 267, 268, 270,271, 272, 273, 274, 277, 279, 280, 281, 283, 284, 285, 287, 288, 290, 292, 293, 294, 295, 297, 298, 299, 300, 301, 302, 305, 306, 307, 308, 310, 311, 312, 313, 314, 315, 316, 317, 318, 319, 321, 323, 325, 326, 327, 328, 329, 330, 332, 333, 334, 335, 336, 337, 338, 339, 340, 341, 342, 343, 344, 345, 346, 347, 348, 349, 350, 351, 352, 353, 354, 355, 356, 357, 358, 359, 360, 362, 363, 364, 365, 366, 368, 371, 372, 373, 374, 376, 377, 378, 379, 380, 381, 382, 383, 384, 385, 386, 388, 390, 391, 392, 393, 395, 396, 398, 399, 401, 405, 406, 407, 408, 409, 410, 411, 412, 413, 414, 415, 416, 417, 418, 419, 420, 422, 423, 425, 426, 427, 428, 429, 430, 431, 432, 433, 434, 435, 436, 437, 439

空间本体论, 76, 265, 422

空间的连续性与间断性, 87

空间景观, ix, xv, 18, 72, 180, 222, 226, 227, 238, 252, 326, 389

空间句法, ix, 49, 233, 262, 263, 264, 268, 271, 280, 281, 296, 300, 326, 327

空间聚落, xiv, 18, 139, 180, 237, 289, 319, 380

空间社会学, 2, 35, 162, 216, 219, 231, 264, 316, 321, 335, 357, 358, 366, 373, 378, 384, 409

空间生产, 2, i, iii, v, vii, viii, ix, x, xiv, xv, xvi, xvii, 3, 4, 11, 12, 14, 18, 19, 24, 25, 30, 32, 34, 35, 37, 38, 40, 46, 49, 53, 55, 65, 67, 69, 72, 74, 75, 76, 77, 78, 79, 80, 81, 83, 85, 95, 96, 111, 115, 137, 143, 144, 147, 151, 156, 159, 160, 162, 163, 165, 166, 168, 170, 171, 173, 174, 175, 176, 177, 179, 180, 181, 182, 183, 184, 186, 187, 189, 190, 192, 195, 197, 210, 221, 222, 225, 226, 233, 234, 237, 239, 240, 241, 242, 243, 244, 245, 246, 248, 249, 250, 251, 252, 262, 263, 264, 266, 267, 268, 270, 272, 273, 277, 278, 279, 282, 289, 291, 297, 301, 302, 303, 306, 308, 310, 314, 316, 323, 325, 327, 333, 337, 343,347, 350, 352, 356, 360, 363, 366, 376, 379, 380, 381, 383, 390, 405, 431, 433

空间实践, iii, vii, viii, ix, xiv, xv, xvi, 1, 3, 11, 12, 14, 20, 21, 23, 32, 34, 35, 37, 39, 47, 49, 53, 55, 56, 57, 59, 62, 64, 76, 79, 85, 96, 107, 121, 142, 153, 157, 159, 162, 178, 183, 184, 188, 191, 212, 218, 221, 222, 229, 230, 240, 241, 243, 251, 252, 253, 255, 257, 258, 264, 270, 274, 279, 282, 285, 299, 315, 317, 318, 319, 321, 326, 329, 332, 334, 335, 337, 342, 349, 352, 353, 356, 358, 362, 376, 381, 382, 389, 422, 426, 429, 433

空间思维, v, vii, x, xvii, 64, 79, 237, 253, 334, 335, 337, 338, 340, 342, 348, 351, 354, 355, 356, 358, 360, 364, 378, 379, 408, 419, 437

空间文化, iii, vii, ix, x, xv, xvi, 40, 184, 195, 197, 198, 200, 202, 206, 207, 213, 217, 219, 221, 222, 226, 227, 229, 230, 231, 233, 235, 236, 240, 244, 246, 249, 251, 252, 254, 255, 258, 259, 263, 264, 266, 267, 268, 271, 274, 276, 278, 279, 280, 281, 282, 284, 287, 288, 293, 296, 298, 300, 301, 304, 305, 306, 307, 308, 310, 312,314, 315, 316, 317, 318, 319, 322, 323, 325, 326, 327, 328, 329, 330, 332, 383, 405, 422, 428, 433

空间文化体认, xvi, 314

空间物境, xv, 234

空间向度, xvi, 55, 271, 272, 361

空间象征, xiv, 36, 156, 158, 159, 160

空间性强化, xvi, 341

空间意象, ix, xv, 197, 201, 203, 205, 207, 209, 262, 267, 275, 314, 329, 436

空间与物质, 379

空间正义, 2, ii, vii, viii, ix, x, xiv, xv, 137, 149, 162, 163, 165, 166, 167, 168, 169, 174, 175, 177, 178, 179, 180, 181, 182, 183, 184, 185, 187, 188, 189, 190, 191, 192, 193, 406, 434

空间政治学, ix, xiv, 133, 134, 135, 142, 144, 150, 153

空间筑造, xiii, 32, 37, 39, 45, 78, 155, 184, 185, 195, 198, 200, 201, 225, 247, 249, 262, 263, 264, 265, 267, 269, 272, 273, 276, 279, 280, 281, 286, 288, 291, 292, 293, 296, 301, 302, 305, 307, 308, 310, 311, 314, 317, 323, 326, 327, 423, 429, 432, 433

L

历时性, xvi, xvii, 15, 32, 33, 35, 37, 39, 51, 75, 102, 113, 158, 178, 189, 249, 309, 321, 323, 327, 328, 329, 330, 332, 334, 336, 340, 362, 372, 384, 387, 389, 391, 392

历史哲学, 236, 238, 239, 360, 405

列斐伏尔, i, 9, 29, 35, 61, 69, 70, 72, 77, 78, 83, 85, 97, 134, 137, 144, 146, 159, 183, 189, 195, 225, 226, 240, 246, 335, 343, 360, 409

逻辑, 1, 2, i, ii, iii, iv, v, vi, vii, viii, ix, x, xv, xvi, xvii, 2, 5, 6, 13, 15, 16, 18, 21, 22, 27, 29, 34, 40, 41, 42, 59, 61, 66, 67, 70, 71, 72, 74, 75, 76, 87, 125, 136, 137, 143, 144, 147, 149, 157, 161, 162, 166, 168, 170, 171, 174, 177, 183, 186, 187, 193, 213, 226, 227, 229, 233, 235, 243, 250, 251, 263, 264, 265, 267, 271, 272, 278, 288, 297, 308, 313, 325, 333, 335, 336, 338, 341, 342, 344, 354, 356, 357, 359, 360, 370, 372, 379, 380, 383, 386, 387, 388, 389, 395, 396, 398, 399, 400, 401, 402, 403, 405,406, 408, 412, 413, 418, 419, 420, 422, 423, 424, 433, 434, 435, 436, 437

逻辑寻绎, 1, 2, i, xvii, 356, 357

N

能指与所指, 49, 161, 226, 250, 287, 344

诺伯舒兹, 38, 39, 84, 184, 200, 205, 207, 209, 231, 235, 237, 238, 239, 240, 247, 265, 266, 267, 272, 273, 274, 275, 276, 279, 280, 285, 293, 294, 297, 298, 299, 300, 302, 304, 309, 312, 315, 317, 318, 321, 329, 330, 331, 407

Q

栖居, iii, vii, viii, ix, xi, xiii, xv, 4, 8, 14, 22, 25, 26, 29, 35, 36, 38, 64, 76, 78, 82, 85, 134, 139, 143, 144, 153, 156, 157, 158, 159, 160, 163, 165, 166, 167, 168, 170, 173, 174, 175, 179, 180, 181, 184, 185, 187, 189, 190, 191, 192, 193, 195, 196, 202, 203, 216, 217, 222, 223, 224, 225, 227, 233, 234, 237, 239, 240, 247, 249, 250, 252, 253, 255, 257, 259, 264, 266, 267, 268, 270, 272, 274, 277, 279, 280, 282, 283, 284, 285, 287, 288, 290, 292, 293, 295, 299, 301, 302, 309, 314, 315, 317, 319, 323, 326, 327,330, 333, 342, 344, 345, 346,

347, 361, 370, 380, 381, 382, 422, 423, 424, 426, 427, 428, 429, 430, 431, 432, 433

情理氤氲, xv, 251

全球化, ii, vi, viii, ix, x, xiv, 2, 10, 12, 16, 73, 75, 80, 81, 87, 91, 95, 97, 99, 102, 104, 106, 108, 109, 110, 111, 113, 114, 115, 117, 118, 119, 121, 124, 125, 126, 128, 130, 162 213, 301, 326, 327, 333, 338, 340, 342, 346, 347, 352, 353, 355, 364, 368, 374, 382, 384, 385, 389, 390, 395, 400, 407, 408

全球化思维, xvii, 352

R

人文赋义, xvi, 267, 270, 276, 300

人与物的场所共生, xvi, 281, 283

S

萨克, 77, 91, 133, 316, 363, 378, 379, 380, 406

社会化, 2, i, ii, iii, iv, v, viii, xiii, 1, 2, 3, 4, 6, 12, 16, 18, 20, 21, 22, 23, 25, 26, 27, 28, 29, 30, 32, 33, 34, 36, 37, 40, 50, 58, 76, 77, 82, 119, 129, 134, 136, 138, 145, 148, 153, 157, 159, 160, 169, 174, 187, 212, 213, 216, 217, 219, 220, 226, 228, 244, 254, 260, 262, 277, 282, 297, 316, 338, 347, 357, 359, 366, 377, 379, 381

社会结构网络化, xvii, 364

社会认知, vii, viii, ix, xvii, 42, 334, 341, 356, 357, 359, 360, 363, 364, 370, 382, 390, 400

社会转型, xvi, 221, 333, 334

生产的空间, viii, xiii, 4, 7, 33, 53, 64, 82, 83, 127, 325, 358, 363, 409

生产关系的空间生产, xiv, 87, 248

生活世界, ii, iv, x, xvi, 109, 121, 158, 179, 187, 195, 220, 255, 294, 303, 315, 331, 333, 334, 337, 341, 342, 347, 372, 381, 434

诗意栖居, 2, xvii, 269, 279, 408, 422, 428, 429, 433

时境理致, xvi, 328

释义, iii, ix, x, xiv, xv, xvii, 40, 47, 49, 156, 157, 160, 176, 195, 229, 273, 292, 300, 363, 366, 373, 381, 408, 435, 437

苏贾, i, 2, 137, 139, 140, 149, 159, 160, 165, 174, 180, 181, 188, 190, 191, 199, 373, 376, 406

T

同构, xvi, 8, 116, 120, 121, 128, 151, 163, 183, 184, 277, 281, 323, 352, 368, 416

脱域, 2, iii, iv, viii, xiv, 106, 108, 109, 111, 112, 113, 114, 115, 116, 117, 118, 119, 121, 123, 124, 125, 322, 332, 335, 339, 343, 344, 346, 350, 351, 352, 353, 361, 367, 368, 380, 389, 395, 435

W

外师造化, xvi, 196, 273, 288

唯物史观, i, ii, iv, v, vi, viii, ix, x, xiv, 10, 41, 42, 51, 52, 59, 63, 66, 69, 77, 82, 91, 109, 115, 118, 119, 127, 128, 131, 134, 135, 137, 140, 160, 162, 163, 165, 166, 188, 210, 229, 230, 236, 249, 262, 333, 367, 368, 373, 378, 384, 398, 399, 400, 402, 434, 435, 437

文化地理学, 230, 233, 237, 238

X

相对论, iii, vi, 65, 75, 332, 334, 338, 401, 408, 412, 413, 414, 416

形塑, 213, 217, 219, 224, 225, 229, 234, 237, 238, 241, 242, 243, 244, 246, 247, 249, 250, 251, 252, 256, 261, 262, 266, 269, 271, 272, 273, 282, 288, 291, 292, 293, 296, 297, 300, 305, 306, 307, 318, 323, 326, 327, 328, 333, 356, 359, 360, 363, 376, 379, 381,427, 433, 436, 2, iv, v, vii, ix, xiii, xiv, xv, xvi, 2, 3, 4, 6, 8, 9, 11, 12, 13, 16, 19, 21, 22, 24, 26, 28,

29, 30, 32, 33, 35, 36, 37, 40, 42, 43, 45, 47,
50, 55, 59, 60, 62, 65, 70, 71, 76, 78, 80, 82,
87, 88, 91, 127, 134, 136, 137, 139, 148, 149,
150, 153, 155,157, 161, 164, 171, 173, 177,
180, 182, 183, 184, 186, 187, 189, 195, 197,
198, 200, 201, 203, 204, 206, 207

行为的空间机制, x

行为方式, iii, v, viii, ix, xvi, 83, 118, 131, 138,
153, 155, 158, 213, 218, 228, 232, 293, 333,
338, 339, 341, 342, 343, 344, 345, 348, 350,
351, 352, 353, 355, 357, 361, 366, 369, 374,
379, 389

行为方式嬗变, iii, xvi, 343, 436

虚拟空间, iii, x, xvi, 320, 343, 344, 345, 346,
348, 349, 350, 351, 352, 353, 355, 357, 370,
380, 398

宣教场所, ix, xv, 155, 200, 202

Y

亚细亚社会, 6, 47, 48, 49, 51, 52, 135

意识形态, ix, xv, 11, 36, 37, 42, 52, 65, 67, 82,
126, 137, 156, 160, 161, 166, 170, 195, 196,
197, 198, 199, 200, 201, 202, 203, 204, 205,
206, 207, 208, 221, 225, 226, 227, 245, 249,
339, 340, 362, 434, 435, 436, 437

因果思维, 383

Z

在场, 188, 215, 229, 285, 288, 298, 302, 303,
305, 309, 313, 315, 318, 328, 335, 345, 346,
352, 387

政治中枢, ix, xv, 197, 205

主体性

主体性, ix, xvi, 2, 14, 26, 28, 30, 57, 79, 116,
117, 129, 143, 157, 181, 182, 186, 192, 196,
225, 232, 245, 250, 251, 262, 270, 314, 315,
316, 317, 328, 329, 346, 358, 379, 381, 383,
393, 423, 435, 437

筑•居•思, 422

自然秩序, xvi, 146, 179, 262, 263, 264, 266,
270

自组织, v, vii, xv, 58, 87, 89, 117, 240, 263,
304, 307, 330, 389, 390, 394, 396, 399, 401,
417

后　　记

　　本书的问题研究与文稿最终完成，历时 8 年。它是全国哲学社会科学规划办公室 2013 年立项的重点课题，2017 年获优秀结题评价。书作初稿完成于 2016 年底。遵循鲁迅先生的写作经验之谈，写得快些，放得久些，改得慢些，有意迟滞出版。旨在让自己跳出写作时的思想牢笼，与书作陌生化，能以他者客位立场去重新审视和批判之。2019 年，本书稿承蒙科学出版社看重，推荐申报国家哲学社会科学成果文库立项出版。社内专家认真审读文稿，责任编辑杭玫女士不厌其烦，历时半年余，与笔者反复商议书作的技术性完善，认真办理申报中的琐碎事务；李秉乾编辑也为书稿做了大量校订工作。在出版社创优求全、精雕细刻的精神感召下，书稿有部分章节重写或作重大修改，一些难点究诘再三、数易其稿，著述质量进一步提升。出版社同仁努力追求出版物品位，忠诚服务科学事业，让笔者心存感佩。

　　书稿在课题审结和申报国家哲学社会科学成果文库立项过程中，先后得到 12 位专家的审读意见，热情鼓励之余不吝赐教，于书稿的修订完善多有助益，对此笔者深表谢意。

　　本书初稿成于笔者在广州大学工作期间，申报国家哲学社会科学成果文库立项得到学校积极支持。书稿的修订和出版发生于 2000—2021 年，笔者已任岭南师范学院特聘教授，学院对著作的最终完成和付梓给予特别关照，在此，容当对两校厚意谨致谢忱！

　　书作的出版，使笔者不能自已地思念着在书稿修订过程中逝世的慈母。让我终生难忘的是，母亲鼓励和支持我在十分困难的条件下完成了研究生学业；老人家乐观向上的生活态度让我潜心学术；老人晚年与体弱多病的顽强抗争，激发我壮心不已，未辍耕耘。我谨以此书告慰父母在天之灵，儿当不忘教诲，慎终如始！

最后，我当虔诚地感激夫人尹晓兰女士为我的学术生涯所做的无私奉献。近半个世纪，我学路崎岖，行进坎坷，她独立操持了几乎全部家务，奉老携幼，应付琐务，经常为我查询资料、誊写文稿，传授电脑技能，一路风雨兼程，不避艰辛，任劳任怨，让我心存感激与愧疚！借拙作出版之机，愿天下学者珍惜家人的默默支持与牺牲。这是遮风避雨、前路不孤、学术研究得以持存的人性空间。

胡　潇

2021年5月于广州白云山下